T4-AIL-833

Beiträge zur historischen Theologie

Herausgegeben von

Albrecht Beutel

135

Andreas Kubik

Die Symboltheorie bei Novalis

Eine ideengeschichtliche Studie
in ästhetischer und theologischer Absicht

Mohr Siebeck

ANDREAS KUBIK, geboren 1973; Studium der evangelischen Theologie, Germanistik und Philosophie in Halle, Berlin und Tübingen; 2005 Promotion zum Dr. theol.; Studienreferendar für Deutsch und ev. Religion in Berlin-Kreuzberg.

PT
2291
.75
K82
2006

ISBN 3-16-148882-2
ISBN-13 978-3-16-148882-5
ISSN 0340-6741 (Beiträge zur historischen Theologie)

Die Deutsche Bibliothek verzeichnet diese Publikation in der Deutschen Nationalbibliographie; detaillierte bibliographische Daten sind im Internet über *http://dnb.ddb.de* abrufbar.

© 2006 Mohr Siebeck Tübingen.

Das Werk einschließlich aller seiner Teile ist urheberrechtlich geschützt. Jede Verwertung außerhalb der engen Grenzen des Urheberrechtsgesetzes ist ohne Zustimmung des Verlags unzulässig und strafbar. Das gilt insbesondere für Vervielfältigungen, Übersetzungen, Mikroverfilmungen und die Einspeicherung und Verarbeitung in elektronischen Systemen.

Das Buch wurde von Gulde-Druck in Tübingen auf alterungsbeständiges Werkdruckpapier gedruckt und von der Großbuchbinderei Spinner in Ottersweier gebunden.

F. N. S.

Vorwort

»Der Protestant geht
vom Symbole aus ins Unendliche fort«.

J. G. Fichte

Die vorliegende Arbeit wurde im Sommersemester 2005 von der Theologischen Fakultät der Martin-Luther-Universität Halle / Saale als Dissertation angenommen und für der Druck geringfügig überarbeitet. Ausgegliedert habe ich ein längeres Teilkapitel über Theoriekonzeptionen von intellektueller Anschauung zwischen 1790 und 1795, das sich für den Gedankengang der Arbeit als unpassend erwies, das ich aber demnächst separat zu veröffentlichen hoffe. Eine kurze Zusammenfassung findet sich in dieser Arbeit auf S. 153, Fußnote 63.

Herr Prof. Dr. Ulrich Barth hat die Arbeit angeregt und von Anfang bis Ende kritisch, kompetent und mit hohem persönlichen Engagement betreut. Seine nie ermüdende Bereitschaft zum Gespräch über alle Fragen der systematischen Theologie und ihrer Nachbargebiete wird mir immer ein Vorbild bleiben. Frau Prof. Dr. Anne Steinmeier und Herr Prof. Dr. Lutz Danneberg haben die Mühen der Zweit- und Drittbegutachtung auf sich genommen. Ihnen allen sage ich meinen herzlichen Dank.

Die Studienstiftung des deutschen Volkes hat die Entstehung dieser Dissertation durch ein Promotionsstipendium gefördert. In der Zeit vor Stipendienantritt sowie zwischen Abgabe und dem Ende des Promtionsverfahrens wurde ich von der Ev. Communität Koinonia finanziell unterstützt – ich nenne hier stellvertretend Frau Ulrike Doormann.

Dem Herausgeber der Reihe, Herrn Prof. Dr. Albrecht Beutel, danke ich herzlich für die Aufnahme dieser Studie. Herrn Dr. Henning Ziebritzki und Frau Tanja Mix danke ich für die verlegerische Betreuung und für die Geduld.

Während der Entstehung dieser Arbeit habe ich vielfältige Hilfe und Unterstützung erfahren. Michaela und Andreas Herrmann haben den Berliner Pendler, der zum Doktorandenkolloquium von Prof. Barth anreiste, die ganzen vier Jahre über stets gastlich aufgenommen. Die Kolleginnen und Kollegen aus jenem Kreis haben eine große Bereitschaft gezeigt, sich mit mir auf die »furchtbaren Gewinde der Abstraction« (Novalis) einzulassen. Ohne die Hilfe von Herrn PD Dr. Claus-Dieter Osthövener und Herrn Dr. Roderich Barth wäre es mir wohl kaum möglich gewesen, die Druckvorlage selbst zu erstellen. Viele Freunde haben mich fachlich und persönlich begleitet und übernahmen schließlich das lästige Geschäft des Korrekturlesens: Roderich Barth, Dietlind Grüne, Johannes Kubik, Thorsten Moos, Christian Nottmeier, Björn Pecina, Andrea Polaschegg und Martin Zerrath. Allen Genannten bin ich mit herzlichem Dank verbunden. Was Arbeit und Autor darüber hinaus Christopher Zarnow verdanken, würde er wohl selbst dann nicht glauben, wenn ich es hier schriebe.

Schließlich danke ich meiner Frau und Lebensgefährtin Daniela Boltres dafür, dass sie mich immer unterstützt hat und oft mehr an den Sinn des ganzen Unternehmens geglaubt hat als ich selbst. Dies gilt umso mehr, da sie während der schweren Geburt dieses Buches die weitaus schwerere Geburt unserer Tochter Ioana Silvia durchzustehen hatte.

Berlin-Pankow, Mai 2006
Andreas Kubik

Inhaltsverzeichnis

Abkürzungen

AA	Immanuel Kant, Akademie-Ausgabe
ApH	Immanuel Kant, Anthropologie in pragmatischer Hinsicht
AsW	Georg Friedrich Meier, Anfangsgründe aller schönen Wissenschaften
Ath.	Athenäum. Eine Zeitschrift von August Wilhelm Schlegel und Friedrich Schlegel
AV	Georg Friedrich Meier, Auszug aus der Vernunftlehre
BWL	Johann Gottlieb Fichte, Über den Begriff der Wissenschaftslehre
EPh	Johann Gottlieb Fichte, Eigne Meditationen über ElementarPhilosophie (= GA II / 3)
FM	Immanuel Kant, Fortschritte der Metaphysik
GA	Johann Gottlieb Fichte, Gesamtausgabe der Bayer. Akad. d. Wiss.
GWL	Johann Gottlieb Fichte, Grundlage der gesammten Wissenschaftslehre
JA	Johann Wolfgang von Goethe, Jubiläums-Ausgabe
KdU	Immanuel Kant, Kritik der Urteilskraft
KpV	Immanuel Kant, Kritik der praktischen Vernunft
KrV	Immanuel Kant, Kritik der reinen Vernunft
N	Novalis, Schriften
NA	Friedrich Schiller, Werke Nationalausgabe
NO	Johann Heinrich Lambert, Neues Organon
Ont.	Georg Friedrich Meier, Ontologie
PhB	Friedrich Schelling, Philosophische Briefe
Ps.	Georg Friedrich Meier, Psychologie
PsF	Ernst Cassirer, Philosophie der symbolischen Formen
SA	Friedrich Wilhelm Josef Schelling, Werke, Historisch-kritische Ausgabe
SL	Friedrich Schlegel, Schriften zur Literatur
SW	Johann Gottlieb Fichte, Sämmtliche Werke
ThLG	Georg Friedrich Meier, Theoretische Lehre von den Gemüthsbewegungen überhaupt
VaA	Georg Friedrich Meier, Versuch einer allgemeinen Auslegungskunst
VL	Georg Friedrich Meier, Vernunftlehre
WA	Martin Luther, Weimarer Ausgabe der Werke
WTB	Novalis, Werke, Tagebücher und Briefe Friedrich von Hardenbergs

Einleitung

»Das Symbol ist die Sprache der Religion.«[1] Mit dieser These hat Paul Tillich
prägnant verdichtet, was als eine der Grundeinsichten des Stifters des Christentums angesehen werden kann. Seine Frage war: »Womit sollen wir das Reich
Gottes vergleichen, mit welchem Gleichnis (*parabole*) sollen wir es beschreiben?«
(Mk 4,30) Jesus redete nicht in Gleichnissen, um seinen Hörern das Verständnis
unmöglich zu machen, wie die spätere Überlieferung aus theologischen Gründen unterstellte (Mk 4,11f), sondern weil er wusste, dass sie die letztlich angemessene Redeweise von den göttlichen Geheimnissen sind.[2] Dass es sich hier
keineswegs um einen jüdisch-christlichen Privatbesitz handelt, zeigt die Gleich-
nisüberlieferung anderer Weltreligionen. Das Wissen um die Notwendigkeit von
»indirekter Mitteilung« (Friedrich Schlegel) scheint der Religion überhaupt tief
eingestiftet zu sein, unbeschadet aller konkreter Lehre, die sie ihren Anhängern
mit auf den Weg gibt.

Doch geht Tillichs These nicht in diesem religionsgeschichtlichen Bezug auf.
Es verbindet sich mit ihr auch noch ein spezifisch neuzeittheoretischer Gehalt.
Religiöse Sprache hat es nicht mit gegenständlichen Sachverhalten, auch nicht
höherer Art, zu tun. Sie kann nicht einfach sagen, ›was Sache ist‹. Diese Einsicht geht letztlich auf das Geschäft der Vernunftkritik zurück, indem diese den
Bereich sachhaltiger Erkenntnis auf Gegenstände der Erfahrung beschränkt, und
zwingt alle Theologie, die sich von ihr beeindrucken läßt, zu einer Umformung
ihrer gewohnten Gestalt. Doch ist nach Tillich diese Umformung durchaus nicht
als Verlustrechnung aufzufassen. Denn indem die religiöse Sprache sich nicht
mehr als Reden über vermeintliche Erkenntnisse versteht, streift sie das Oberge-
wand des doktrinalen und ontologisierenden Sprechens ab und steht in der ihr
geziemenden Kleidung da, in den Sprachformen des Bildes und des Symbols.

Der Aufschwung, den das Thema »Symbol« in der evangelischen und auch
katholischen Theologie der letzten Jahrzehnte genommen hat, hängt eng zusammen mit der Wiederentdeckung des Religionsbegriffs. Die erste Hälfte des
20. Jahrhunderts hatte aus verschiedenen Gründen beiden gegenüber eine ge-

---

[1] PAUL TILLICH, Recht und Bedeutung religiöser Symbole (1961). In: GW V, Stuttgart 1964,
237-244, hier 237.

[2] Zu Jesus als Gleichnisredner vgl. den Überblick bei GERD THEISSEN / ANNETTE MERZ,
Der historische Jesus, Göttingen ²1997, 285-310.

wisse Reserve entwickelt, welche sich aber als überflüssig und kontraproduktiv erwies. Der Anstoß zur Korrektur ging im Wesentlichen von der Praktischen Theologie aus, welcher vergleichsweise schnell klar wurde, dass in einer Zeit, wo das christliche Vokabular seine fraglose Plausibilität und Verständlichkeit weithin eingebüßt hat, ein zum Religionsbegriff hin offener allgemeiner Symbolbegriff kaum zu ersetzen ist.[3] Aber auch in der Systematischen Theologie hat man inzwischen weithin erkannt, dass die fundamentaltheologische Aufwertung der Themen »Religion« und »Symbol« keineswegs von vornherein zum Ausverkauf der Propria des Christentums zu führen hat. Hingegen führt sie auf jeden Fall zur Besinnung über die theoretischen Grundlagen der Theologie und zu einer erneuten Anschlussfähigkeit im Zusammenhang der Wissenschaften, die sie schon beinahe verloren hatte. Mit dem »Symbol« ist ein Thema gewonnen, das sowohl in der Systematischen Theologie wie in praktisch-theologischer Hinsicht noch einen reichen Ertrag verspricht. Diese Prognose gilt auch und gerade mit der Einschränkung, dass die theoretische Erhellung des *Begriffs* vom Symbol bislang mit dieser Entwicklung noch nicht Schritt halten konnte.

1. Cassirer als Klassiker gegenwärtiger Symbolphilosophie

Der Bedeutungszuwachs des Symbolthemas in der Theologie geht wohl nicht zufällig einher mit einer gewissen thematischen Verschiebung der neueren Philosophie. Die rasante Zunahme an Literatur zu Themen wie Zeichen, Symbol, Bild und vergleichbaren Begriffen hat einige Beobachter bereits dazu gebracht, einen »Iconic Turn« der gegenwärtigen Philosophie zu konstatieren.[4] Mögen sich solche Feststellungen auch dem nachvollziehbaren Bedürfnis verdanken, in vollkommen disparaten Diskurslandschaften so etwas wie eine einheitliche Großrichtung auszumachen, oder wenigstens sich selbst *à la tête de la course* zu wissen, so können sie doch immerhin Aufschluss über konjunkturelle Eckdaten des wissenschaftlichen Tagesgeschäfts geben. Wie krisenfest die Aktien dieser erneuten ›Wende‹ sein werden, kann nur die Leistungsfähigkeit der Theorien selbst entscheiden.

---

[3] Vgl. WERNER JETTER, Symbol und Ritual (1978), Göttingen [2]1979: »Die Theologie, besonders die protestantische, hat sich lange Zeit nur zögernd auf Fragekreise wie den des Symbols und des Rituals, auf kulturanthropologische und religionssoziologische Forschungen einlassen wollen. Das spannungsvolle Verhältnis zwischen Glauben und Religion hat hier zu manchen Blockaden geführt. [...] Man fürchtete eine Verfremdung oder Verkehrung des theologischen Themas.« (5) Jetter bündelt hier eine Bewegung, die zuvor verschiedene praktische Theologen in Einzelstudien angestoßen hatten.

[4] Vgl. dazu die Diskussion in den Literaturberichten von STEFAN MAJETSCHAK, »Iconic Turn«. In: Philosophische Rundschau 49 (2002), 44-64, CHRISTOPH DEMMERLING, Im Dickicht der Zeichen. In: Philosphische Rundschau 50 (2003), 97-123.

Auch die Protagonisten solcher Wenden entwerfen ihre Theorien in aller Regel nicht im luftleeren Raum, sondern im Gespräch mit von ihnen als klassisch erachteten Autorinnen und Autoren, welche als Bahnbrecher interpretiert werden. Als ein solcher Klassiker des ›Iconic Turn‹ ist vor allem Ernst Cassirer anzusehen. Drei Gründe sind hierfür namhaft zu machen: Erstens, seine Philosophie der symbolischen Formen fußt auf einem allgemeinen Symbol- oder Zeichenbegriff − Cassirer macht hier keine terminologische Differenz −, der ein umfassendes System der Wirklichkeitsauslegung zu entwerfen in der Lage ist, und sich deshalb als Alternative zur inzwischen bereits etwas angestoßenen postmodernen Vernunftkritik anbietet. Zweitens, seine Philosophie versteht sich selbst dezidiert als eine Philosophie der Kultur und stimmt damit passgenau zu der Karriere des Kulturbegriffs in den letzten Jahrzehnten. Und drittens bietet seine Philosophie nicht nur einen Gesamtansatz, sondern erweist sich auch als geeignet, materiale Teildisziplinen zu entschlüsseln und auf neue Art und Weise zu begreifen. Wenden wir uns daher kurz zunächst seinem Gesamtansatz und dann dem Einstiegspunkt der Religionsphilosophie zu.

Nach Cassirer ist das wichtigste philosophische Datum der neueren Zeit die ›kopernikanische Wende‹, die Immanuel Kant auf dem Gebiet der theoretischen Philosophie erbracht hat.[5] Sie besteht darin, dass die Beziehung zwischen der Erkenntnis und ihrem Gegenstand ihren sachlichen Ausgangspunkt in den gesetzmäßigen Erkenntnisfunktionen des menschlichen Verstandes zu nehmen hat. Das zu erkennende Sein tritt uns stets schon als ein geformtes und durch unsere Art der Aufnahme ins Bewusstsein präfiguriertes gegenüber. Cassirers Grundintention ist es nun, diese basale These Kants auch für geistige Gebiete jenseits des theoretischen Erkennens fruchtbar zu machen. Überall, so Cassirer, ist Wahrnehmung bereits schon aktive Aufnahme und eine Formung in eine bestimmte Richtung. Die kantische Wende »bezieht sich nicht allein auf die logische Urteilsfunktion, sondern greift mit gleichem Grund und Recht auf jede Richtung und auf jedes Prinzip geistiger Gestaltung über.«[6] Philosophie hat mithin ihr Zentrum nicht im Gedanken einer Einheit des Seins, das sich aus dessen vermeintlichen An-sich-Qualitäten ablesen ließe, sondern in dem einheitlichen Grundcharakter, wie der menschliche Geist »die passive Welt der bloßen Eindrücke [. . .] zu einer Welt des reinen geistigen Ausdrucks«[7] umbildet. Dieses Bilden haben alle geistigen Gebiete wie Sprache, Religion, Kunst, Wissenschaft − Cassirer hat kein Interesse an einer vollständigen Aufzählung solcher Bereiche − gemeinsam.

---

[5] Zu Cassirers symbolphilosophischem Gesamtansatz vgl. BAREND VAN HEUSDEN, Cassirers Ariadnefaden − Anthropologie und Semiotik. In: Hans Jörg Sandkühler / Detlev Pätzold (Hg.), Kultur und Symbol, Stuttgart 2003, 111-147; BIRGIT RECKI, Kultur als Praxis, Berlin 2004.

[6] ERNST CASSIRER, Philosophie der symbolischen Formen, Bd. 1 (1923), Darmstadt [10]1994, 10.

[7] AaO., 12.

Trotz dieses gemeinsamen Grundcharakters besitzen alle geistigen Gebiete ihr je eigenes Einheitsprinzip, das Cassirer die »symbolische Form« nennt.[8] Mit diesem Ausdruck ist die jeweils spezifische Weise des Auffassens und Bildens der sinnlichen Eindrücke gemeint, »jede Energie des Geistes [...], durch welche ein geistiger Bedeutungsgehalt an ein konkretes sinnliches Zeichen geknüpft und diesem Zeichen innerlich zugeeignet wird.«[9] Die Grundfunktion des menschlichen Geistes überhaupt ist das Herstellen und Deuten von Beziehungen zwischen sinnlichen Zeichen und ihren geistigen Gehalten; die einzelnen Kulturbereiche unterscheiden sich durch die ihnen eigene Art und Weise, diese Funktion auszuüben.

Es ist wohl nicht allein der auf breiter philosophischer Bildung beruhende Kategorienapparat, sondern vielleicht noch mehr die beeindruckende kulturwissenschaftliche Unterfütterung, die seinem Werk die eigentliche Wucht gibt und ihm jenen klassischen Rang sichert, von dem die Rede war. Cassirer hat sich in die empirische Sprachforschung, die ethnologische Religionswissenschaft sowie die moderne Naturwissenschaft und Kunst tief eingearbeitet. Begriffliche Konstruktion und empirische Ausweisbarkeit in Sachen der einzelnen Kulturgebiete sollen aufeinander verweisen und sich gegenseitig erhellen. »Die Kritik der Vernunft wird damit zur Kritik der Kultur«[10] – dieses Programm fordert ein umfangreiches Sich-Einlassen auf die beinahe unendlichen Weiten der Empirie.

Cassirer hat seinen Ansatz zur Religionsphilosophie am Ende des zweiten Bandes seines Hauptwerks dargestellt, der dem mythischen Denken gewidmet ist.[11] Dieser Abschnitt ist mit dem bezeichnenden Titel »Die Dialektik des mythischen Bewusstseins«[12] überschrieben. Der Begriff der Religion wird also in einem kritischen Zusammenhang zu dem des Mythos eingeführt. Auch hier ist das Verhältnis von Zeichen und Bedeutung der entscheidende Punkt. Selbst der Mythos ist keineswegs ein bloßes Befangensein in indisponiblen Vorstellungen, sondern wird von Cassirer zu den »ideale[n] Sinngebungen«[13] gerechnet. Die ursprüngliche Spannung, die sich im Erleben heiliger Mächtigkeiten aufbaut, wird in der Objektivierung der Benennung mit dem Namen des Gottes bewältigt oder in die Figur von der Gottheit oder den heiligen Tanz gebannt. Das mythische Denken hat nun darin seine Gesamtsignatur, dass das gefundene ›Zeichen‹ nicht von seiner Bedeutung unterschieden wird. Im heiligen Namen, in der

[8] ERNST CASSIRER, Der Begriff der symbolischen Form im Aufbau der Geisteswissenschaften (1921 / 22). In: Ders., Wesen und Wirkung des Symbolbegriffs, Darmstadt 1956, 174f.
[9] AaO., 175.
[10] PsF I, 11.
[11] Cassirer hat seine ersten diesbezüglichen Überlegungen in Vorträgen niedergelegt, die er im Kreis um Aby Warburg, dem berühmten Hamburger Bibliothekar und *homme des lettres* hielt. Sie sind versammelt in dem Band »Wesen und Wirkung des Symbolbegriffs«, Darmstadt 1956.
[12] PsF II, 279.
[13] ERNST CASSIRER, Sprache und Mythos. In: Ders., Wesen und Wirkung, aaO., 79.

Statue, in dem rituellen Tanz usw. ist der Gott selbst anwesend. Die mythische Grundanschauung beruht auf der »noch ganz indifferenzierten Anschauung des magischen Wirkens, [...] der Anschauung einer den Dingen innewohnenden zauberischen Kraftsubstanz«.[14] Es liegt eine Verschmelzung oder eigentlich eine ursprüngliche Ungeschiedenheit von Zeichen und Bedeutungsgehalt vor.

Der eigentliche »Anfang des spezifisch religiösen Bewußtseins«[15] beruht nun auf einer Krise des mythischen Denkens. Diese Krise betrifft keineswegs die mythischen Inhalte, denn diese werden in der Religion bewahrt und tradiert. Sie kommt vielmehr dadurch zustande, dass sich das Verhältnis von Zeichen und Bedeutung, also die Form des Bewusstseins ändert. Bei der Herauslösung der Religion aus dem Mythos entsteht das Wissen darum, dass die sinnlichen Anschauungen und Mittel, mit denen man umgeht, nicht die Sache selbst, nicht der gemeinte Sinn sind, sondern auf diese verweisen und immer hinter ihm zurückbleiben. »Die Religion vollzieht den Schnitt, der dem Mythos als solchem fremd ist: indem sie sich der sinnlichen Bilder und Zeichen bedient, *weiß* sie sie zugleich als solche«.[16] Für Cassirer ist die alttestamentliche Prophetie die klassische religionsgeschichtliche Exemplifikation dieser typologischen Beschreibung.

Diese Grundform, also die Einführung einer eigentlichen Verweisrelation zwischen sinnlichen Zeichen und einem überschwänglichen Gehalt, ist, wie jede symbolische Form, unterschiedlicher Sublimierungsgrade fähig. Doch wie vergeistigt auch immer sich diese Beziehung gestalten mag, sie ist doch trotzdem immer noch als ein »Gegeneinander von ›Sinn‹ und ›Bild‹«,[17] letztlich als ein Konkurrenzverhältnis zu interpretieren. Nach Cassirer kann sich die Religion selbst nicht als ein bloßes Sich-Ergehen in höheren Sinnwelten verstehen, sondern gelangt immer an einen Punkt, »an dem die Frage nach ihrem Sinn- und Wahrheitsgehalt in die Frage nach der Wirklichkeit ihrer Gegenstände umschlägt«.[18] Die bereits oben angesprochene Grundform der Religion hat also darin ihre eigentliche Dramatik, dass sie prinzipiell konfliktuös verfasst ist. Damit stellt sich aber die Frage nach einer harmonischen Weise des Verhältnisses von Zeichen und Bedeutung. Eine solche Weise kann nicht mehr die Religion selbst sein, sondern als diese geistige Form macht Cassirer die autonome Kunst geltend. Denn das Kunstwerk als Zeichen steht nicht mehr unter der Knechtschaft eines höheren Gehalts, auf den es allererst zu verweisen hätte, sondern besitzt »eine rein immanente Bedeutsamkeit.«[19] Die Kunst teilt mit Mythos und Religion die Eigenschaft, eine bestimmte Weise geistigen Bildens zu sein. Aber erst in der Kunst bleibt der menschliche Geist in seinem Bilden ganz bei sich,

---

[14] PsF II, 21.
[15] AaO., 285.
[16] AaO., 286.
[17] AaO., 311.
[18] Ebd.
[19] Ebd.

das künstlerische Zeichen oder Bild »ist für ihn zum reinen Ausdruck der eigenen schöpferischen Kraft geworden.«[20] Der Lyrik etwa eines Hölderlin gelinge es, den mythischen Urgrund aufzunehmen und im dichterischen Wort zugleich geistig zu beherrschen. Somit mündet sachlogisch die Dialektik des mythischen Bewusstseins in eine förmliche Apotheose der Kunst aus.[21]

2. Zur gegenwärtigen theologischen Cassirer-Rezeption

Es ist gerade die außerordentliche Reichweite im Erklärungsanspruch, welche dazu führt, dass die kulturwissenschaftlichen Einzeldisziplinen in hohem Maße von Cassirers Ansatz profitieren können. Auch die Theologie hat das Ihrige zum allgemeinen Aufschwung der Cassirer-Forschung der letzten Jahre beigetragen und sich dabei vielfach positiv auf ihn beziehen können,[22] scheint sich doch Cassirers Religionsbegriff für das Bestreben nach einer kulturwissenschaftlichen Anschlussfähigkeit der Theologie nachgerade von selbst anzubieten.

Die theologische Cassirer-Rezeption folgt dabei vielfach einer Interpretationsstrategie, die in der gegenwärtigen Cassirer-Forschung relativ prominent ist. Danach soll seine Philosophie und insbesondere der ihr zugrundeliegende Symbolbegriff mit den Mitteln moderner Semiotik interpretiert werden. Das überwiegend der Tradition des deutschen Idealismus verpflichtete Theoriedesign Cassirers, das an dessen immanenten Theorieproblemen teilhabe, sei auf diese Weise durchsichtiger und leistungsfähiger zu machen. Dabei ist es weniger die Zeichenphilosophie Umberto Ecos, die hier zu Rekonstruktionszwecken an Cassirer herangetragen wird, sondern vor allem die aus der Tradition des amerikanischem Pragmatismus stammende Semiotik, wie sie zuerst von Charles Sanders Peirce und dann besonders von Charles Morris entwickelt wurde.[23] Zwei Positionen seien hier exemplarisch besprochen.

---

[20] Ebd.

[21] Dies wird besonders deutlich in den Schlusspassagen von ERNST CASSIRER, Sprache und Mythos, aaO., 156-158. Dort auch der Verweis auf Hölderlin.

[22] Hier ist in erster Linie an die Beiträge des Sammelbandes von DIETRICH KORSCH / ENNO RUDOLPH, Die Prägnanz der Religion in der Kultur, Tübingen 2000, zu erinnern. Vgl. ferner die Arbeiten von THOMAS STARK, Symbol, Bedeutung, Transzendenz. Der Religionsbegriff in der Kulturphilosophie Ernst Cassirers, Würzburg 1997; MICHAEL BONGARDT, Die Fraglichkeit der Offenbarung, Regensburg 2000; CORNELIA RICHTER, Die Religion in der Sprache der Kultur, Tübingen 2004.

[23] Vgl. zu dieser Interpretationsstrategie HEINZ PAETZOLD, Die Realität der symbolischen Formen, Darmstadt 1994; JOHN M. KROIS, Cassirers semiotische Theorie. In: Klaus Oehler (Hg.), Zeichen und Realität, Bd. 1, Tübingen 1984, 361-381; ENNO RUDOLPH, Ernst Cassirer im Kontext, Tübingen 2003.

Michael Meyer-Blanck hat zunächst in kritischer Abgrenzung zur so genann-ten Symboldidaktik eines Hubertus Halbfas oder Peter Biehl dafür plädiert, den unklaren Begriff des Symbols zugunsten des aufgrund der theoretischen Ar-beit von Peirce und Morris schärfer bestimmten Ausdrucks »Zeichen« fahren zu lassen.[24] Diese Option leitet dann auch seine Cassirer-Interpretation. Wäh-rend der Symbolbegriff meistens eine inhärente Nähe zu einer unausgewiesenen Ontologie mit sich bringe, sei die Grundeinsicht von Cassirer gerade eine »Se-miotisierung von Realität.«[25] Es gibt nicht einfach einen bestimmten Satz an Symbolen, sondern alles auf der Welt kann zum Zeichen werden. Dabei ist be-sonders wichtig, dass das Signifikat der Zeichen nicht isoliert von ihrer syntak-tischen und pragmatischen Dimension betrachtet werden darf. Die von Cassirer namhaft gemachte »Prägnanz« des Symbols, also sein Auslegungsreichtum hin-sichtlich verschiedener Perspektiven eines Sinnganzen, lasse sich gerade von dem semiotischen Modell der Funktionsanalyse in grammatischer, semantischer und pragmatischer Hinsicht her rekonstruieren. Meyer-Blanck schließt sich dabei da-hingehend an Morris an, dass ein Begriff der Bedeutung »völlig entbehrlich«[26] sei. Der Begriff des Zeichens zwinge dazu, jedesmal zu fragen, was für wen unter welchem Gesichtspunkt zu einem Zeichen wird.

Michael Moxter plädiert ganz ähnlich für eine Reformulierung des Cassi-rerschen Symbolbegriffs unter Rückgriff auf die Semiotik von Peirce. Er sei durchaus »an eine entwickelte Semiotik anschlußfähig«.[27] Seine besondere re-ligionstheoretische Valenz bestehe nun darin, dass in ihn zusätzlich Momente einer Phänomenologie Husserlschen Zuschnitts eingingen. Von Cassirer her ge-winnt Moxter als Maxime, die »semiotische Strukturierung der Lebenswelt«[28] zu untersuchen. Unter diesem Blickwinkel nimmt er sich besonders der um-strittenen Frage nach einer aktuellen Kulturbedeutung der Religion an. Seiner Meinung nach kann gerade aus der Perspektive Cassirers eine solche Bedeu-tung nachdrücklich behauptet werden. Der von Cassirer zunächst für die Reli-gion namhaft gemachte »Konflikt zwischen gesetzter Form und Transzendenz« ist nicht nur für diese konstitutiv, sondern im Letzten »für die symbolische Form als solche charakteristisch.«[29] Die Religion zeichne sich dadurch aus, dass dieser allgemeine Sachverhalt gerade in ihr eigens noch einmal thematisch werde. In ihr und nur in ihr kommt jener Konflikt zu einer eigenen Bearbeitung. Weil das so ist, darum »hat das religiöse Bewußtsein nicht nur einen historischen Beitrag zur

---

[24] MICHAEL MEYER-BLANCK, Vom Symbol zum Zeichen, Hannover 1995, 100f.

[25] MICHAEL MEYER-BLANCK, Ernst Cassirers Symbolbegriff – zeichentheoretisch gegenge-lesen. In: Enno Rudolph / Dietrich Korsch, Die Prägnanz der Religion in der Kultur, Tübingen 2000, 91–99, hier 93.

[26] AaO., 95, Anm. 12.

[27] MICHAEL MOXTER, Kultur als Lebenswelt, Tübingen 2000, 102–173, hier 168.

[28] AaO., 317–336.

[29] AaO., 153. Moxter stützt sich hier auf PsF II, 310.

Kulturentwicklung geleistet, sondern es aktualisiert konstitutive Differenzen im gegenwärtigen Selbstbewußtsein der Kultur.«[30] Dies kann die Kunst aufgrund ihres Umgangs mit dem bloßen Schein nicht bewirken.

Die Motive solcher theologischer Cassirer-Rezeption sind durchaus unterschiedlicher Natur. Neben all dem, was im Allgemeinen an seiner Philosophie theoretisch brauchbar erscheint, scheint besonders wichtig zu sein, dass man mit seinen Denkmitteln eine Alternative zum Symbolbegriff Paul Tillichs gewinnt. Darin hat die Theologie, die an Peirce und seine Schule anknüpft, beinahe ihre negative Gemeinsamkeit. Denn Tillichs Symbolbegriff speise sich aus einer Ontologie, die einem »naiven Realismus«[31] des Symbols Vorschub leiste. Hier sei von im Symbol erscheinenden Mächtigkeiten die Rede, die durch nichts ausgewiesen werden könnten.[32] Ein allgemeiner Zeichenbegriff habe hingegen nicht nur den Vorteil, keine doppelte Ontologie annehmen zu müssen, sondern darüber hinaus auch noch den Vorzug, das christlich-dogmatische Glaubenssystem nun mit semiotischem Charme als »Code« – also als ein Zeichensystem, innerhalb dessen Zeichen allein sinnvoll interpretiert werden können – rekonstruieren zu können.[33] Die Orientierung an Peirce's angeblich nicht-naivem Realismus soll auch die Fixierung auf Kants Erkenntnistheorie relativieren. Gerade der letzte Hinweis macht allerdings darauf aufmerksam, dass die Kritik an Tillich letztlich weniger durch dessen vermeintliches Beharren auf einer traditionellen Ontologie, sondern vielmehr durch die idealistische Geist- und Sinntheorie motiviert ist, auf welcher sein Symbolbegriff fußt.[34] Genau aus diesem Grund

---

[30] AaO., 154.

[31] MICHAEL MOXTER, aaO., 36-38.

[32] Vgl. MICHAEL MEYER-BLANCK, Vom Symbol zum Zeichen, aaO., 20, Anm. 20. Tillich vollziehe »unkontrollierte Übergänge von der Theologie zur Ontologie«. Ins gleiche Horn, wenn auch in anderer Tonlage, stößt THOMAS VOGL, Die Geburt der Humanität, Hamburg 1999, 157, Anm. 538: Tillich unterliege »einem substanzontologischen Denkmuster, das von Cassirer mit guten Gründen verabschiedet worden ist«. Der eigentliche Initiator solcher aktueller Tillich-Kritik scheint HERMANN DEUSER zu sein; vgl. ders., Gott: Geist und Natur, Berlin / New York 1993, 140: »Solange im Rahmen traditioneller Ontologie gedacht wird (wie das bei Paul Tillich noch der Fall war), besteht auch weiterhin Anlaß zu dem Mißverständnis, eigentliche und uneigentliche Wirklichkeit lägen sozusagen hintereinander«.

[33] Es ist allerdings gar nicht absehbar, wie auf diese Rekonstruktion der Vorwurf, unausgewiesene Bestimmtheiten würden in die Theologie aufgenommen, nicht zurückfallen sollte. Vgl. MICHAEL MEYER-BLANCK, Ernst Cassirers Symbolbegriff, aaO., 98: Bei religiösen Zeichen handelt es sich »um individuell wie gemeinschaftlich verankerte religiöse Gebrauchs-Codes mit Zeichen, wodurch *eine außerhalb des Menschen liegende Bestimmtheit* so dargestellt werden soll, daß gerade ihre Nicht-Darstellbarkeit erkennbar wird.« (Hvg. A. K.). Noch deutlicher in der Arbeit über Sakramentstheologie unter Verwendung von Peirce's Semiotik von MARTIN VETTER, Zeichen deuten auf Gott, Marburg 1999, 265: »Denn wir *deuten* zu Recht Zeichen auf Gott, weil die *Zeichen* auf Gott deuten. Damit ist eine ›Objektivität‹ der Sakramente behauptet, die [. . .] subjektiven Deutungen immer schon vorausliegt und somit die ›Identität des Glaubenden *extra se in Christo*‹ garantiert.«

[34] Diese Rahmentheorie liegt den frühen Hauptwerken aus den 1920er Jahren zugrunde, in

bevorzugt die theologische Tillich-Kritik die Philosophie Cassirers auch in einer semiotischen Lesart.

Eine theologische Bewertung dieser Motive vorzunehmen, ist hier die Aufgabe nicht. Wir haben allein zu fragen, was diese Richtung zur Klärung von Cassirers Symboltheorie in religionstheoretischer Hinsicht beiträgt. Im Lichte dieser Frage müssen einige Bedenken angemeldet werden. Zunächst ist die Frage zu stellen, ob die ganze Interpretationsrichtung nicht die starke Verwobenheit von Cassirers Symboltheorie mit seinen geistphilosophischen Grundlagen ausblendet; anders gefragt, ob der solchermaßen restaurierte Cassirer immer noch ein Cassirer ist. Mit der Ausschaltung der Geistphilosophie geht ferner das Problem einher, dass der entstehende Zeichenbegriff eine anti-mentalistische Schlagseite bekommt. Eine allgemeine Semiotik wäre aber nicht allgemein genug, wenn sie nicht auch Vorstellungen eines Subjekts als Zeichen interpretieren wollte.[35] Und schließlich zeigt sich, dass die zeichentheoretische Rekonstruktion die Leistungsfähigkeit von Cassirers Religionstheorie nur durch den Einsatz von Eintragungen behaupten kann: Michael Moxter etwa hat eine höchst bedenkenswerte Funktionsbeschreibung der Religion in der gegenwärtigen Kultur angeboten, aber als Cassirer-Deutung kann sie kaum aufrecht erhalten werden. Cassirer äußert sich kaum einmal explizit zur Kulturbedeutung *heutiger* Religion. Moxter muss für seine Deutung stets vom Wertungsaspekt der Aussagen über das Verhältnis von Religion und Kunst abstrahieren: Diese aber allein konserviert nach Cassirer unter heutigen Bedingungen die (mythische) Wahrheit der Religion.[36] Wenn daher im Folgenden auf die Probleme von Cassirers Symbolbegriff reflektiert wird, so ist es geraten, dies im Lichte seiner eigenen Intentionen und Terminologien zu tun.

---

denen er seine Symboltheorie zum ersten Mal breit entfaltet hat. Deren Darstellung, die diese Bezüge umfassend und werkgenetisch aufarbeitete, steht bislang noch aus. Vgl. erste Hinweise bei CHRISTIAN DANZ, Der Begriff des Symbols bei Paul Tillich und Ernst Cassirer. In: Rudolph / Korsch, aaO., 201-228.

[35] Nach Morris können Vorstellungen keine Zeichen sein, da ein Zeichen stets einen physikalischen Träger haben muss: Zeichen sind »nichts anderes als an bestimmten Funktionsprozessen beteiligte Gegenstände der Art, wie sie Biologie und die Naturwissenschaften untersuchen« (ders., Grundlagen der Zeichentheorie (1938), Frankfurt a. M. 1988, 18).

[36] Analog, wenn auch von ganz anderen Interessen herkommend, schönt auch WILHELM GRÄB, Religion in vielen Sinnbildern. In: Korsch / Rudolph, aaO., 229-248, die Cassirersche Religionstheorie, indem er das Moment des Konflikts zwischen Bild und Bedeutung einerseits, der symbolischen Formen untereinander andererseits, ausblendet: »Das religiöse Bewußtsein überführt die realistischen Bildwelten des Mythos in ideelle Sinnbilder« (241). Diese These ist zwar nicht falsch, aber doch verkürzend: zum einen, weil damit nach Cassirer die Frage nach der *Wirklichkeit* der Sinnbilder noch gar nicht suspendiert ist, und zum anderen, weil die Geschichte eben mit dieser Transformation noch nicht an ihrem Ende ist, sondern noch über die Religion hinausdrängt.

3. Probleme des Cassirerschen Symbolbegriffs und die Option für eine Untersuchung von Novalis

Die Weite des Cassirerschen Ansatzes war oben dargestellt worden. Es stellt sich aber die Frage, ob gerade sie nicht gewisse Differenzierungsleistungen eher verhindert als befördert. In sechs Punkten seien die fälligen Bedenken vorgetragen, wobei einige sich speziell auf die Religionstheorie beziehen, während andere sich eher an den Symbolbegriff selbst wenden.

Zum ersten bleibt unsicher, ob der Mythosbegriff Cassirers angemessen ist. Denn betrachtet man seine materialen Ausführungen, so orientiert er sich über sehr weite Strecken an Forschungsergebnissen der englischen Ethnologie des späten 19. Jahrhunderts. Diese untersuchte aber Religionsformen, die man heute als archaisch zu bezeichnen pflegt. Auf sie trifft eher das Etikett ›magisches Bewusstsein‹ zu, das Cassirer ihnen gelegentlich auch anhängt.[37] Ein Mythosbegriff, wie ihn etwa die klassische protestantische Religionswissenschaft ausgebildet hat, und den beispielsweise Hermann Gunkel in seinem großen Genesiskommentar voraussetzt, sieht jedoch den Mythos durchgehend als das Erzeugnis von Hochkulturen an: Der Mythos ist danach eine ätiologische Göttergeschichte von kosmischem Interesse, und kümmert sich nicht um die Beseeltheit dieses Baumes oder jener Quelle.[38] Cassirer scheint also ganze Jahrtausende religionsgeschichtlicher Entwicklung unter seinem Mythosbegriff fassen zu wollen. So nimmt es nicht Wunder, dass die gegenwärtige Mythentheorie weitgehend ohne Rekurs auf Cassirer auszukommen scheint.[39]

Zum zweiten erweist sich als Problem, dass Cassirers Religionsbegriff lediglich an einem ganz bestimmten Typ von Religion orientiert ist, was daran liegt, dass Religion bei ihm der Prototyp der Differenz von Symbol und Sache ist. Er hebt die Religionsformen heraus, bei denen das bildverneinende Moment sich besonders stark ausgeprägt hat.[40] Denn diese sind seiner Meinung nach die eigentlichen entwicklungstreibenden Kräfte. An dieser Norm ist sein Religions-

---

[37] Besonders wenig trennscharf ist dann die Redeweise von der »mythisch-magischen Gestalt« des Bewusstseins; vgl. ERNST CASSIRER, Sprache und Mythos, aaO., 157 u. ö.

[38] HERMANN GUNKEL, Genesis übersetzt und erklärt, Göttingen ²1902, XI–XIX. Die ältesten Sagen der Genesis haben nach Gunkel den Status von »abgeblasste[n] Mythen« (XVII).

[39] Nur ganz am Rande gehen auf Cassirer ein ALEIDA ASSMANN / JAN ASSMANN, Art. Mythos. In: HrwG Bd. 4 (1998), 179–200; sie weisen auf seine Theorie der »Einfühlung« (= Beseelung der Materie) hin (191). Auch ERNST MÜLLER, Art. Mythos / mythisch / Mythologie. In: Ästhetische Grundbegriffe, Bd. 4 (2002), 309–346, kommt in seinem umfangreichen Artikel nur ein einziges Mal auf Cassirer zu sprechen, dem nämlich in seinem Buch »Der Mythos des Staates« (1946) die partielle Hilflosigkeit der rationalen Kritik gegenüber modernen massenmedial vermittelten Resistenzformen des Mythos, v. a. im Bereich des Politischen, trefflich analysiert habe (340).

[40] THOMAS VOGL, aaO., 158, spricht von Cassirers Vorliebe für Religionen mit »ikonoklastische[r] Tendenz«.

begriff denn auch ausgerichtet. Es ist daher mehr als fraglich, ob dieser einen Schlüssel für das Verständnis der Vielfalt religiösen Lebens bereitzustellen vermag, was das Ziel eines allgemeinen Religionsbegriffs sein muss.

Drittens ist darauf aufmerksam zu machen, dass Cassirer mit einem Entwicklungsschema operiert, das Religion faktisch nur als Duchgangsstadium erklären kann. Denn sein Schema zielt letztlich darauf ab, den Mythos zwar allererst in seiner Form wirklich zu verstehen, ihn aber darum doch nur um so wirkungsvoller, nämlich »wahrhaft zu überwinden«.[41] Wahrhaft überwunden ist er aber erst, wenn er auch in seiner Abschattung im religiösen Bewusstsein erkannt und gebannt ist. Cassirer richtet sich zwar ausdrücklich gegen das so genannte Drei-Stadien-Gesetz von August Comte.[42] Konkret wendet er ein, dass Comte die spontan-bildende Seite im Erkenntnisvorgang vernachlässigt habe, und dass Comtes Soziologie schließlich selbst »in einem mythisch-religiösen Oberbau«[43] ausmünde. Doch jenseits dieser Kritik erweist sich, dass Cassirer der Erklärungsmacht von Comtes Gesetz teilweise verhaftet bleibt: Denn wie dieser vertritt Cassirer einen Evolutionismus. Inhaltlich ist dieser freilich ganz anders als bei Comte ausgefüllt und gemahnt an ein allgemein-idealistisches Schema von Unmittelbarkeit, Differenz und schließlicher Vermittlung.

Der vierte Punkt hängt eng mit dem vorigen zusammen. Cassirers Ziel ist es zwar, die Vielfalt der symbolischen Formen so zu entfalten, dass sie in ihrem jeweiligen bleibenden Eigenrecht verstanden werden können. Sie sind der Idee nach gleichgeordnet. Aber indem Cassirer faktisch Religion nur als Übergangsphänomen deutet, gelingt es ihm nicht, die Eigenart religiösen Symbolisierens auch unabhängig von seinem Entwicklungsmodell plausibel zu machen.[44]

Die fünfte Anfrage betrifft den Symbolbegriff selbst. Diesen will Cassirer möglichst allgemein fassen, so dass er jede mögliche Anwendung in den Einzelwissenschaften noch übergreift. Seine berühmte Definition vom Anfang der 1920er Jahre lautet: »Unter einer ›symbolischen Form‹ soll jede Energie des

---

[41] ERNST CASSIRER, PsF II, aaO., XI.

[42] AUGUST COMTE, Die Soziologie, hg. von Friedrich Blaschke, Stuttgart ²1974, 2: »Dieses Gesetz lautet: Jeder Zweig unserer Kenntnisse durchläuft der Reihe nach drei verschiedene theoretische Zustände (Stadien), nämlich den theologischen oder fiktiven Zustand, den metaphysischen oder abstrakten Zustand und den wissenschaftlichen oder positiven Zustand. Mit andern Worten: Der menschliche Geist wendet in allen seinen Untersuchungen der Reihe nach verschiedene und sogar entgegengesetzte Methoden bei seinem Philosophieren an; zuerst die theologische Methode, dann die metaphysische und zuletzt die positive. Die erste ist der Punkt, an dem die Erkenntnis beginnt; die dritte der feste und endgültige Zustand, die zweite dient nur als Übergang von der ersten zur dritten.«

[43] ERNST CASSIRER, PsF II, aaO., XI.

[44] So auch THOMAS VOGL, aaO., 150: »Die Cassirerschen Intentionen, jede symbolische Form als autonome geistige Äußerung zu verstehen, gleichwohl aber alle symbolischen Formen in einem ›ideellen Orientierungsrahmen‹ entwicklungslogisch zu lokalisieren, widerstreiten einander.«

Geistes verstanden werden, durch welche ein geistiger Bedeutungsgehalt an ein konkretes sinnliches Zeichen geknüpft und diesem Zeichen innerlich zugeeignet wird.«[45] Hier stellt sich aber sogleich die Frage, was mit der Rede von den »Energien des Geistes« eigentlich gemeint sein soll. Erzeugt der Geist diese Formen selbst? Oder findet er sie kulturell vor? Die physikalische Metapher lässt ersteres vermuten, aber Cassirer hat keinerlei Bemühungen unternommen, die Tätigkeit des »Geistes« aufzuhellen.

Sechstens schließlich bleibt an der zitierten Definition das Verhältnis von sinnlichem Zeichen und mentaler Ideation unklar. Vermittels des Zeichens soll hier etwas ideïert werden, ein Etwas, von dem nicht klar ist, ob es auch unabhängig von dem Zeichen ein »geistiger Bedeutungsgehalt« ist und weshalb dieser überhaupt einer Bezeichnung bedarf.

Damit können wir ein Fazit ziehen. Die Reichweite des Cassirerschen Symbolbegriffs in kulturwissenschaftlicher Hinsicht soll hier nicht bestritten werden. Für einen religionsphilosophischen Gebrauch bietet er sich aber nur bedingt an. Dabei ist es weniger das idealistische Theoriedesign, das hier Probleme mit sich bringt. Von diesem Hintergrund lebt diese Theorie vielmehr. Es zeigt sich aber, dass der Cassirersche Religionsbegriff, der auf seinem allgemeinen Symbolbegriff beruht, zu eng ist, um die Eigenart der Religion gerade in ihrem bleibenden Recht zu erläutern. Wie dargelegt, ist auch eine Rekonstruktion dieses Symbolbegriffs unter Zuhilfenahme der Semiotik des amerikanischen Pragmatismus nicht unbedingt eine erfolgversprechende Strategie, sieht man von bestimmten formalen Klärungen der Zeichenbeziehung ab.[46] Es besteht für uns also kein Anlass, aus dem Umkreis eines idealistischen Theorieansatzes herauszutreten. Dies gilt um so mehr, als die Grundintention Cassirers, Religion als eine basale Form der Symbolisierung zu interpretieren, durchaus weiterführend zu sein scheint.

Die Rekonstruktion der Symboltheorie von Novalis bietet sich vor allem deswegen an, weil diese einerseits ebenfalls dieser Grundintention verpflichtet ist, andererseits aber verspricht, gerade jenen sechs Einwänden Rechnung tragen zu

---

[45] ERNST CASSIRER, Der Begriff der symbolischen Form, aaO., 175.

[46] Dies gilt nicht zuletzt, dies sei nur am Rande gesagt, da auch diese Semiotik faktisch nicht ohne ›ideale Reste‹ auskommt, wie sich sogar an der Konzeption von Charles Morris aufzeigen ließe. Denn die semantische Dimension des Zeichenprozesses wird von Morris in doppelter Hinsicht entfaltet: Ein Zeichen verweist danach auf ein Designat als einer Klasse von Elementen, die aber auch null Elemente beinhalten kann, und zugleich auf ein Denotat, als ein Element dieser Klasse: »Es ist also klar, daß zwar jedes Zeichen ein Designat, aber nicht jedes ein Denotat besitzt.« (CHARLES W. MORRIS, aaO., 22). Nun ist es Morris' Anliegen, die Semiose grundsätzlich in eine behavioristische Rahmentheorie einzupassen, d. h., aus Reiz-Reaktions-Schemata zu erklären. Damit ließe sich Denotation zur Not noch verständlich machen, wohl aber nicht Designation. Denn die Klasse von Elementen ist ein rein innermentales Gebilde, das sich empirisch gar nicht fassen läßt. Hier grüßt gleichsam von ferne der eigentlich bereits eskamotierte (vgl. aaO., 69) Bedeutungsbegriff.

können.[47] Dies sei hier kurz angedeutet. Zum ersten entwickelt die Frühromantik ihr Konzept der »Neuen Mythologie« im Spannungsfeld von historisch-kri-
tischer Mythentheorie, ästhethischem Bewusstsein und der religionsgeschichtlichen Zuordnung von Antike und Christentum. Es ist zugleich an dem hoch-
kulturellen Mythos orientiert, wie es den historischen Abstand produktiv zu
verarbeiten versteht. Zum zweiten entwirft Novalis mit der Theorie des »Mittlers« eine Religionstheorie, die auf alle konkrete Religion anwendbar sein soll,
indem Religion als symbolisierende Vermittlung zwischen den Sphären des Endlichen und des Unendlichen gefasst wird. Zum dritten wird Novalis Religion als
unverrechenbare ›eigene Provinz im Gemüte‹ (Schleiermacher) aufzeigen und
an der zu ihrem Fortbestand notwendigen Symbolkultur in künstlerischer Produktion mitwirken. Zum vierten entwirft er eine spezielle Theorie religiösen
Symbolisierens, die er gleichwohl einer allgemeinen Zeichentheorie einschreibt.
Diese Zeichentheorie fasst den Zeichenbegriff so weit, dass auch Vorstellungen
darunter fallen. Nicht zuletzt um diesen Umstand deutlich zu machen, wird die
Arbeit mit einem Kapitel über die Semiotik der Aufklärung beginnen, für die die
universale Reichweite des Zeichens charakteristisch ist. Besonderes Augenmerk
legt Novalis auf die Abgrenzung der Symbolisierungsmodi von Religion und
Kunst. Diese wird nicht als eine Überbietung der Religion inszeniert, sondern
ebenfalls als eine autonome Geistessphäre aufgezeigt.

Zum fünften lässt sich aus den Studienheften von Novalis eine tranzenden-
tale Grundlegung der Symboltheorie rekonstruieren, die in den Begriffen vom
»absolut synthetischen Ich« und der »produktiven Einbildungskraft« ihre Brenn-
punkte hat. Um diese Begriffe systematisch zu profilieren, wird ein durchgän-
giger Bezug auf die Philosophie Fichtes gehalten. Und zum sechsten schließlich
kann er die Spannung von Sinnlichkeit und Ideation im Symbol mit dem Begriff
des »Mediums« erläutern. Es sind gerade die bildlichen Qualitäten des Zeichens
selbst, die zum Anlass und zum Material für die Ideation werden. Sie kann unter
Zuhilfenahme jener transzendentalen Grundlagen erläutert werden.

Das Forschungsproblem ist, dass man sich diese sechs Momente bei Novalis
förmlich zusammensuchen muss. Dies liegt an dem Charakter seiner Schriften, die nur wenige ausgearbeitete und abgeschlossene Texte, dafür aber um
so mehr Studiennotizen, Entwürfe und Fragmente enthalten. Dieser Umstand
macht einen Durchgang durch weite Teile des Gesamtwerks unumgänglich. Er
ist aber zwingend erforderlich, da erst die Zusammenschau jener Momente seine
Symboltheorie entdecken macht.

---

[47] Es sei nur darauf hingewiesen, dass der Aufbau der Arbeit nicht diesen sechs Punkten folgt,
sondern den für Novalis notwendigen sachlogischen Explikationsgang nehmen wird.

4. Novalis als Symboltheoretiker: Zur Forschungslage

Der Symbolbegriff hatte bei den Theoretikern, die sich im Umkreis der Philosophie des deutschen Idealismus sammelten, eine gewisse Karriere gemacht.[48] Von daher verwundert es nicht, dass die Idee, Friedrich von Hardenberg (wie Novalis mit Geburtsnamen hieß) als einen Symboltheoretiker zu interpretieren, nicht mehr ganz neu ist. Gleichwohl ist dieser Versuch wiederum auch noch nicht allzu oft unternommen worden. Der Grund dafür liegt sicherlich darin, dass der Begriffsausdruck »Symbol« (oder »symbolisch«) vergleichsweise selten in seinem Werk vorkommt. Bereits der Hegel-Forscher *Theodor Haering* hat deshalb darauf aufmerksam gemacht, dass man zur Klärung des Symbolgedankens bei Novalis auch auf verwandte Ausdrücke zurückzugreifen hat. Sein entsprechendes Kapitel lautet daher: »Der Repräsentationsbegriff und seine Synonyme.«[49] Diese Einsicht ist ein wichtiger methodischer Ausgangspunkt, den es ebenso festzuhalten gilt wie die These, dass »fast auf allen Seinsgebieten der Repräsentationsgedanke oder Synonyme desselben bei Novalis sich finden.«[50] Die von Haering so genannte Repräsentationsphilosophie ist noch vor allem Niederschlag in materialen Einzelgebieten durchaus fundamentaler Natur. Allerdings läßt er diesen Gedanken noch einmal in einer basalen Ontologie wurzeln; dies entspricht seinen eigenen Interessen, kann aber als Novalis-Interpretation nicht aufrecht erhalten werden.

Für *Bengt Algot Sörensen* gehört der Symbolbegriff bei Novalis ganz in den Bereich der Kunstphilosophie. Mit den großen Ästhetikern seiner Zeit wie Herder, Moritz oder Goethe teile Novalis die Auffassung, dass die Kunst weder mimetisch noch allegorisch, sondern »symbolisch« zu sein habe.[51] Obwohl damit die Rolle der Frühromantik vielleicht noch nicht trennscharf benannt ist, ist die Verbindung des Symbolbegriffs mit dem Kunstthema doch richtig gesehen. Sörensen fällt allerdings insofern wieder hinter Haering zurück, als er dieses Programm nicht in einer philosophischen Grundeinsicht wurzeln läßt, sondern es »einer bestimmten Wirklichkeitsauffassung entspringen«[52] sieht, die in einer etwas unklaren Melange aus Naturmystik, Alchemie und Traum bestehen soll. Der Symbolbegriff wird also nicht entfaltet, sondern steht eher als allgemeine Chiffre für den Bereich des Unbestimmten.

---

[48] Vgl. den Überblick bei MANFRED ZAHN, Zeichen, Idee und Erscheinung. In: Manfred Lurker (Hg.), Beiträge zu Symbol, Symbolbegriff und Symbolforschung, Baden-Baden 1982, 217-228; ferner ERNST BEHLER, Symbol und Allegorie in der frühromantischen Theorie. In: ders., Studien zur Romantik und zur idealistischen Philosophie, Bd. 2, Paderborn 1993, 249-263.

[49] THEODOR HAERING, Novalis als Philosoph, Stuttgart 1954, 162-194.

[50] AaO., 162.

[51] BENGT ALGOT SÖRENSEN, Symbol und Symbolismus in den ästhetischen Theorien des 18. Jahrhunderts und der deutschen Romantik, Kopenhagen 1963, 192-204.313f., hier 198.

[52] AaO., 199.

In eine ähnliche Richtung zielt auch *Werner Vordtriede*. Er untersucht den unterirdischen Einfluss, den Novalis auf die Dichter des so genannten französischen Symbolismus gehabt habe. Vor allem durch die Vermittlung Richard Wagners seien dessen Gedanken in Frankreich populär geworden. Den Gehalt des dichterischen Symbols fasst Vordtriede als das »Unbewußte«, das Novalis zwar nicht entdeckt, aber »zum Instrument der Kunst gemacht«[53] habe. Das Unbewusste deutet danach das Symbolische als »das den Gegenständen innewohnende verborgene Leben«.[54] Auch hier wird folglich so etwas wie ein geheimnisvoller Zusammenhang von Natur und Psyche zum Kern der Hardenbergschen Wirklichkeitsauffassung gemacht, ohne auf den möglicherweise seinerseits symbolischen Status dieser Aussage zu reflektieren. Es ist dann zwar konsequent, dürfte aber die Reichweite von Novalis' Symbolbegriff weit unterschreiten, wenn Vordtriede diesen vor allem tiefenpsychologisch versteht. In der Tat spielt die Thematisierung des Unbewussten bei Novalis eine gewisse Rolle, hat aber, wie wir sehen werden, ihren angebbaren Ort im Bereich der Märchentheorie.

Die bislang wichtigste Arbeit zum Thema stammt von *Klaus Ruder*,[55] obwohl sie ausdrücklich nur »als erster Teil einer umfassenden Untersuchung des Novalis'schen Symbolbegriffs konzipiert«[56] wurde, zu dem die Ergänzung aber nie erschienen ist. Ihre Vorzüge liegen zunächst auf methodischem Gebiet. Hier ist zweierlei zu erwähnen: Erstens, Ruder sieht, dass die Symboltheorie bei Novalis sich nicht einfach durch eine konzentrierte Interpretation eines größeren Textabschnitts erheben läßt, sondern »aus fragmentarischen und verstreuten Ansätzen erst zu rekonstruieren«[57] ist. Und zweitens, über Haering hinausgehend weist Ruder zu Recht darauf hin, dass eine bloße Kollektion vorkommender Ausdrücke nicht genügt, sondern dass die Frage nach übergreifenden »Intentionen seines [= Hardenbergs] Denkens«[58] eine Grundvoraussetzung ist. Das Verfahren der Rekonstruktion zumal eines solch heterogenen Textmaterials setzt voraus, dass die zur Erläuterung nötigen Theorieelemente zum Teil aus ganz anderen Kontexten entstammen.

Ferner stellt die Arbeit auch in inhaltlicher Hinsicht einen Fortschritt dar. Das Symbolische ist bei Novalis ein über den Bereich des Ästhetischen hinaus-

---

[53] Werner Vordtriede, Novalis und die französischen Symbolisten, Stuttgart 1963, 111.

[54] AaO., 101.

[55] Klaus Ruder, Zur Symboltheorie des Novalis, Marburg 1974. Diese Arbeit ist vergleichsweise wenig rezipiert worden. Einen Grund dafür kann man auch darin sehen, dass sie in dem großen Forschungsbericht von Herbert Uerlings, Friedrich von Hardenberg, genannt Novalis, Stuttgart 1991, nicht besprochen, sondern nur im Literaturverzeichnis aufgeführt wird. Da dieses Buch auf lange Sicht die erste Adresse der Novalis-Forschung bleiben wird, wäre es günstig, von Zeit zu Zeit den Hinweis Uerlings' ernst zu nehmen, dass er Vollständigkeit nicht angestrebt habe.

[56] AaO., Vorwort.

[57] AaO., 1.

[58] AaO., 19.

reichendes Thema, wenn es auch in ihm einen wichtigen Niederschlag findet. Ruder konzipiert die symbolische Beziehung als eine Repräsentation, welche die synthetische Einheit ihrer Relate und aller möglichen Relate zu einem Ganzen bereits voraussetzt. Zugleich stellt sie diese aber auch selbst dar, »symbolische Darstellung ist indirekte Konstruktion der Synthese«.[59] Die Verbindung des Symbolbegriffs mit dem Thema der synthetischen Einheit ist richtig gesehen, wenn Ruder auch nicht hinreichend auf den philosophischen Status dieser Einheit und ihrer Nachkonstruktion reflektiert. Diese Reflexion anzustellen wird daher eine Hauptaufgabe unserer Arbeit sein.

Trotzdem kann sie sich nicht einfach als jener nicht geschriebene zweite Teil der Monographie Ruders begreifen, sondern muss in mancherlei Hinsicht andere Wege gehen. Dreierlei ist gegen Ruder einzuwenden, so dass ein einfacher Anschluss oder auch ein Fortschreiben nicht in Frage kommt. Zum ersten, Ruder geht nicht werkgenetisch vor. Das Schrifttum des Novalis wird damit unbefragt als eine in sich stimmige Größe vorausgesetzt bzw. der heterogene Charakter – so weit nicht ohnehin bloß behauptet – wird in den inneren Aufbau seines Denkens verlagert. Statt dessen muss es aber Gebot sein, den gedanklichen Fortschritt von einer Schriftengruppe zur nächsten nachzuvollziehen, weil erst im Nachhinein ein Urteil über Einheit und Vielfalt seines Denkens gefällt werden kann. Damit hängt, zweitens, zusammen, dass für Ruder das Basisproblem bei Novalis das Verhältnis von System und Fragment ist. »Die literarische Form des Systems als Individuum ist das Fragment.«[60] Aber nicht nur, dass diese These letztlich nicht belegt werden kann, Ruder transponiert damit auch ein Problem Friedrich Schlegels in Hardenbergs Denken, das diesem nicht eigentlich angehört, denn Novalis lernt die Form des Fragments erst nach der Niederschrift der so genannten »Fichte-Studien« kennen. Sollen diese also zur Rekonstruktion der Symboltheorie herangezogen werden, wie es sachlich notwendig ist und wie es Ruder auch tut, so muss jenes Basisproblem falsch identifiziert sein. Und schließlich, drittens, blendet er den philosophischen Debattenzusammenhang, in dem Novalis steht, planmäßig aus.[61] Man kann sagen: Ruder hat eine werkimmanente Interpretation von Novalis soweit betrieben, wie es möglich ist. Aber wegen der vielen kurzen, teils nur stichwortartigen Aufzeichungen kommt man auf diesem Wege ebendoch nicht zu einer wirklichen Aufhellung. Unseres Erachtens ist eine rein werkimmanente Deutung letztlich nicht durchführbar.

Nicht weiter führt die kurze Studie von *Renate Vonessen*, die Ruders abwägende Untersuchung einfach ein paar Töne heraufstimmt und der frühromantischen Symboltheorie zubilligt, gegenüber der Französischen die »wahre Revo-

---

[59] AaO., 28.
[60] AaO., 13.
[61] Vgl. aaO., 13, Anm. 59: » Auf eine philosophische Kritik muß die vorliegende Arbeit allerdings verzichten, ebenso auf eigene Nachweise der Tradition und Einflüsse«.

lution, nämlich die symbolische, die Umkehr des Denkens zu den Ursprüngen« hervorgebracht zu haben.[62] Hingegen beeindruckt die Monographie von *Tzvetan Todorov*, die zu gegebener Zeit noch ausführlich besprochen wird, durch den großen Bogen, den ihr Verfasser aufspannt. Ihr Titel »Symboltheorien« aber führt nachgerade in die Irre: »Wenn es möglich wäre, die Begriffe in diesem strengen Sinne zu gebrauchen, hätte das vorliegende Werk auch *Rhetorik und Ästhetik* heissen können«,[63] oder aber, vielleicht noch besser, ›Von der Rhetorik zur Ästhetik‹, da der ästhetische Generalumschwung des 18. Jahrhunderts das eigentliche Thema dieses Buches bildet.

Um noch einmal auf die Untersuchung von Klaus Ruder zurückzukommen: Nach seiner eigenen Auskunft wäre »[e]rforderlich [. . .] gleichwohl eine kritische Bestimmung des Novalis'schen Denkens zwischen Kant, Fichte, Schelling und zumal Hegel«.[64] Wenn man davon absieht, dass der Bezug auf Hegel sich lediglich der Forschungstradition verdankt, da dieser maßgeblich die Novalis-Deutung Theodor Haerings inspirierte, ist diese Maxime rundheraus zu unterschreiben. Es gilt also, sich über den grundlegenden philosophischen Ansatz von Novalis zu verständigen. In Bezug auf diesen ist hier besonders, wenn auch nicht ausschließlich, auf wichtige Arbeiten zu Novalis' »Fichte-Studien« als dem ersten größeren Textkonvolut philosophischen Inhalts, das von Novalis hinterlassen wurde, hinzuweisen.

Die Forschung zu diesem schwierigsten Text von Novalis[65] unterliegt einem besonderen Problem: Der Text der »Fichte-Studien« wurde bekanntlich erst in den 1960er Jahren von *Hans-Joachim Mähl* in der jetzigen Form geordnet und herausgegeben. Mähl hat sich auch besonders darum bemüht, philologische Nachweise darüber zu führen, welche Quellenkenntnis bei Novalis eigentlich vorauszusetzen ist,[66] wenn man inzwischen auch seinen diesbezüglichen Hypothesen nicht mehr an allen Stellen zustimmen möchte. Beide Aspekte führen dazu, dass die ältere Forschung wegen ihrer unsicheren Textbasis über weite Strecken als veraltet anzusehen ist. Dies Urteil trifft auch die bereits angesprochene Arbeit von *Theodor Haering*, der noch vor dem Erscheinen der heute gängigen kritischen Ausgabe ohne direkte Kenntnis der Handschriften eigene Ordnungsversuche vorgenommen hat.[67] Ihm kommt immerhin das Verdienst zu, diese Textmasse – wenn auch in falscher Ordnung – als erster in ihrem Eigenwert wahrgenommen zu haben. Er deutet Novalis als Vorläufer der He-

---

[62] Renate Vonessen, Der Symbolbegriff in der Romantik. In: Manfred Lurker (Hg.), Beiträge zu Symbol, Symbolbegriff und Symbolforschung, Baden-Baden 1982, 189-198, hier 195.

[63] Tzvetan Todorov, Symboltheorien (1977), Tübingen 1995, 107.

[64] Klaus Ruder, aaO., 15, Anm. 59.

[65] Ich konzentriere mich auf die wichtigsten Forschungsstationen; Vollständigkeit braucht hier nicht angestrebt zu werden.

[66] Vgl. Hans-Joachim Mähl, Einleitung. In: N II, 29-103.

[67] Vgl. dazu die Kritik von Mähl aaO., 30-36.

gelschen Dialektik. Doch bereits die Hundertschaften von erläuternden Klammerbemerkungen, mit denen Haering seine Novalis-Zitate versehen muss, zeigen an, dass hier eine unangemessene Rekonstruktionsperspektive angelegt wird. Gleichwohl wird das Buch als der eigentliche Auftakt der neueren philosophischen Novalis-Forschung seinen Rang behalten, nicht zuletzt wegen der Fülle von nach wie vor wertvollen Einzelbeobachtungen.

Aus dem gleichen Grund verlieren auch einige klassische Darstellungen nicht ihren Wert. Von *Wilhelm Dilthey* rührt die Einsicht her, dass man das Werk Hardenbergs nur versteht, wenn man zugleich eine Deutung seiner Biographie entwickelt. Diese Einsicht hat sich zumeist sogar bei den Interpreten bewahrheitet, die Dilthey wegen seines vermeintlichen ›Biographismus‹ kritisierten.[68] Wenig erfolgversprechend und von der Forschung nicht weiter beachtet ist allerdings Diltheys Versuch, das Zentrum von Hardenbergs Weltanschauung in einer »Realpsychologie«, d. h. einer »Psychologie, welche den Inhalt unserer Seele selbst zu ordnen, in seinen Zusammmenhängen aufzufassen, soweit möglich zu erklären unternimmt«,[69] zu suchen. An Diltheys Grundeinsicht aber kann *Rudolf Haym* anknüpfen. Was jener nicht zu leisten hatte, nimmt dieser vor, nämlich eine Verortung Hardenbergs im Kontext der ganzen geistigen Landschaft um 1800.[70] Seine souveräne Übersicht über diese macht in vielem die Nachteile, die der damaligen Editionslage geschuldet sind, wieder wett. Insbesondere bleibt Haym darin maßgeblich, die Rolle Fichtes für das Denken von Novalis nicht nur im allgemeinen zu behaupten oder abzulehnen, sondern durch Textinterpretationen zu belegen. Mit Gewinn wird man nach wie vor auch noch die bei Heinrich Rickert geschriebene Dissertation von *Heinrich Simon* lesen,[71] die auf die rationalen Komponenten im vermeintlich irrationalen Konzept des so genannten »magischen Idealismus« aufmerkmsam macht.[72]

Die erste große Interpretation der »Fichte-Studien« nach dem Erscheinen der Kritischen Ausgabe stammt von *Manfred Dick*. Er erzählt in minutiöser Kleinarbeit die Geschichte davon, wie der junge Friedrich von Hardenberg, anfänglich höchst begeistert von der Philosophie Fichtes, sich langsam im Verlauf der »Fichte-Studien« von diesem Vorbild löst und überhaupt die Philosophie zugunsten der Kunst fahren läßt. Er konstatiert bei Novalis »einen solchen Übergang zur Poesie hin, der grundsätzlich die Prinzipien der Philosophie seiner Zeit ver-

---

[68] WILHELM DILTHEY, Novalis (1865). In: Ders., Das Erlebnis und die Dichtung, Leipzig / Berlin [7]1921, 268-348. 469-474.

[69] AaO., 307.

[70] RUDOLF HAYM, Die romantische Schule (1870), Göttingen [2]1906.

[71] HEINRICH SIMON, Der magische Idealismus. Studien zur Philosophie des Novalis, Heidelberg 1906.

[72] In eine ganz ähnliche Richtung zielt auch die viel gelesene kleine Studie von KARL HEINZ VOLKMANN-SCHLUCK. Novalis' magischer Idealismus. In: Hans Steffen (Hg.), Die deutsche Romantik, Göttingen 1967, 45-53.

läßt und zu ihr in Gegensatz tritt.«[73] Während Haering in Novalis den werdenden Systemphilosophen gesehen hat, macht Dick darauf aufmerksam, dass die späten philosophischen Notizen nie den Charakter einer Stoffsammlung ablegen, hingegen zumindest einige der ästhetischen Werke zur Vollendung fortschreiten. Diese Wende in der Gewichtung bereitet nach Dick die »Fichte-Studien« vor. Der Verzicht auf eine philosophische Letztbegründung erzeugt jenes universale ›Heimweh‹, das allein in der Kunst eine gewisse Kompensation erfährt. In der Kunst erscheint noch jener Sinn, den die Philosophie nicht mehr geben kann. Sie allein schützt vor dem Empfinden der »Absurdität«[74] des Daseins. Mit diesem Ausblick, der eher zum *fin de siècle* hundert Jahre später zu passen scheint, geht Dick allerdings vollständig an der durchgängig herrschenden Aufbruchsstimmung im Werk des Novalis vorbei.[75] Ferner wird diese Deutung dem philosophischen Gehalt der späten Aufzeichnungen nicht gerecht. Und schließlich wird eine Fülle von Themen der »Fichte-Studien« als von bloß transitorischem Interesse deklariert.

Auch für *Geza von Molnár* dienen die »Fichte-Studien« zur Grundlegung einer Ästhetik. Allerdings sieht er die Kunst bei Novalis nicht in einem Konkurrenzverhältnis zur Philosophie überhaupt: »[H]is involvement with philosophy must be viewed as the necessary complement to his art.«[76] Der Streit geht lediglich darum, ob die Ethik (wie bei Fichte) oder die Ästhetik als philosophische Leitdisziplin zu stehen kommt. Für letztere Position optiert nach Molnár die Frühromantik. Was seine Arbeit besonders wertvoll macht, ist die Einsicht, dass die Grundidee der »Fichte-Studien« ein gegenüber Fichte veränderter Ich-Gedanke ist: »The Ego leaves its identity in order to become representative of its own self«.[77] Leider bleibt die Ausführung dieser These durch einen bloß kursorischen Rückbezug auf Fichte etwas unscharf. Ferner unterschreitet die Konzentration auf die Ästhetik die Reichweite des Repräsentationsgedankens von Novalis.

Stärker auf Fichte eingelassen hat sich *Stefan Summerer*. Allerdings betrachtet er Fichtes Denken von vornherein mit einer gewissen Skepsis hinsichtlich der Tragfähigkeit von dessen erstem System, die ihm durch seinen Lehrer Dieter Henrich vermittelt sein dürfte. Letztlich kann Fichtes Ich nicht gedacht werden, so Summerers Deutung der frühromantischen Kritik an Fichte, ohne ein ihm Vorausliegendes anzunehmen. Fichtes Lösung, jene innere Aporie des Ich-Gedankens durch das Streben des praktischen Ich hin zu seiner eigenen Totalität, das intellektuell angeschaut werde, zu überbrücken, sei für die Frühromantiker

[73] MANFRED DICK, Die Entwicklung des Gedankens der Poesie, Bonn 1967, 11.
[74] AaO., 469.
[75] Dick muss, um sein Ergebnis zu halten, ebenfalls mit Umdatierungen arbeiten; vgl. aaO., 156f., Anm. 39.
[76] GEZA VON MOLNÁR, Novalis' »Fichte Studies«. The Foundation of his Aesthetics, Den Haag 1970, 13.
[77] AaO., 30.

nicht mehr in Frage gekommen. »Es ist [...] gerade dieser Primat des Sittengesetzes, den Novalis als ›Fatum‹, als die Freiheit beschränkendes Ansich, abtun wird.«[78] Hardenberg schlage »eine Objektivität vor, die zwar allem Wissen als dieses bedingend zugrundeliegt, jedoch nur ästhetischer Anschauung zugänglich ist.«[79] Die Ästhetik dient hier also dazu, das philosophische Grundlagenproblem, um das damals heftig gerungen wurde, einer Lösung zuzuführen.

Allen zuletzt referierten Deutungen ist gemeinsam, dass das Problem der Kunst in ihrem Verhältnis zur Philosophie auf je verschiedene Weise im Vordergrund des Interpretationsinteresses steht. Ohne Zweifel ist dies ein wichtiges Thema des Denkens von Novalis. Merkwürdigerweise kreisen aber gerade die »Fichte-Studien« tatsächlich vergleichsweise wenig um ästhetische Fragen. Erst der Deutung von *Manfred Frank* ist es gelungen, diese Fixierung auf das Problem der Kunst aufzulösen. Da seine Deutung inzwischen beherrschend geworden ist, wird ihr in unserem Kapitel über die »Fichte-Studien« eine ausführliche Darstellung und Kritik gewidmet werden.[80] In einer ersten Annäherung kann man hier aber schon so viel sagen: Frank sieht ähnlich wie Summerer die Leistung der Frühromantiker vor allem in ihrem Beitrag zur Debatte um den Grundansatz der Philosophie. Aber dabei ist nach Frank weniger »das künstlerische Tun«,[81] wie Summerer meinte, die eigentliche Lösung, sondern die Annahme eines transreflexiven Seins, welches die Reflexion in ihrem Streben nach Einheit notwendig verfehlen muss, das aber im Gefühl präsent ist, und dem die Philosophie nachdenken kann. Dabei stößt das Denken dann auf die »verkehrte Stellung des Bewußtseins zu seinem Sein«.[82] Der Reflexion wächst dann die Aufgabe zu, den von ihr selbst erzeugten Schein wieder auszulöschen (*ordo inversus*). Frank hat diese Deutung inzwischen dadurch zu untermauern versucht, dass er Novalis' Teilnahme am grundsatzkritischen Diskurs, der zu dessen Studienzeit in Jena unter den Studenten von Karl Leonhard Reinhold geherrscht habe, nachzuweisen versucht. Nicht Fichte, sondern dieser Kreis von jungen Kantianern habe Novalis seine eigentliche philosophische Prägung mitgegeben.[83] Dieser Nachweis darf rundweg als misslungen betrachtet werden, wie unten zu zeigen sein wird. Die jüngst erschienenen Dissertationen von *Frank Rühling, Bernward Loheide* und *Martin Götze* haben je auf ihre Weise wieder darauf aufmerksam gemacht, dass ohne Einbezug der Philosophie Fichtes die »Fichte-Studien« von Novalis nicht

---

[78] STEFAN SUMMERER, Wirkliche Sittlichkeit und ästhetische Illusion. Die Fichterezeption in den Fragmenten und Aufzeichungen Friedrich Schlegels und Hardenbergs, Bonn 1974, 78.

[79] AaO., 262.

[80] Vgl. dazu unten S. 134-139.

[81] STEFAN SUMMERER, aaO., 263.

[82] MANFRED FRANK / GERHARD KURZ, Ordo inversus. In: Herbert Anton et al. (Hg.), Geist und Zeichen. FS Arthur Henkel, Heidelberg 1977, 75-97, hier 78.

[83] MANFRED FRANK, ›Unendliche Annäherung‹, Frankfurt a. M. 1997, 781-799.

aufzuklären sind.[84] Sie bleiben aber trotz dieser Korrektur der Erklärungskraft von Franks Ansatz verpflichtet.

Dieser Ansatz liegt auch der kürzlich erschienenen, von *Jane Kneller* besorgten englischen Edition der »Fichte-Studien« zugrunde.[85]

Neben den Arbeiten Franks hat sich noch ein origineller Trieb am Stamme der Frühromantikerforschung gebildet. Die Monographie von *Winfried Menninghaus* interpretiert die Fichte-Kritik der Frühromantik so, dass Friedrich Schlegel und Novalis als Vorläufer des französischen Dekonstruktivismus zu stehen kommen. In Weiterbildung der so genannten ordo-inversus-Lehre behauptet er, das Scheitern einer Selbstbegründung der Reflexion führe nicht zur Annahme eines transreflexiven Seins, sondern leite dazu an, das »Spiel der Differenz [. . .] quasi selbst zum (nicht-absoluten) Absoluten aufzuwerten.«[86] Der Anspruch philosophischer Letztbegründung wird nicht kritisch bearbeitet, sondern suspendiert; das frühromantische Bewusstsein hält sich in der »Sphäre der Vermittlung ohne einen an sich selbst unmittelbaren Ursprung oder ein Telos jenseits davon.«[87] Für diese Haltung hat dann der Begriff der Ironie einzustehen. Menninghaus kann die einigermaßen verblüffende These aufstellen: »Es fällt [...] schwer zu sehen, worin Derrida gegenüber den Frühromantikern etwas substantiell Neues zu bieten hat.«[88] Allerdings bleibt gänzlich unklar, worin eigentlich das Erkenntnisinteresse eines solchen Konstatierens von Vorläuferschaft besteht. Die Interpretation selbst frappiert aber vor allem deswegen, weil Menninghaus weite Passagen der »Fichte-Studien« ausblendet, besonders die konzentrierten Texte zum Begriff des Ich.

Die zuletzt genannten Arbeiten kommen immerhin darin überein, dass die Religion bei ihnen kein besonders hervorzuhebendes Thema ist. Selbst der vermeintliche Bezug auf ein transreflexives Sein wird in der Regel eher unter einem ästhetischen Blickwinkel betrachtet. Im Anschluss an diese Forschungsrichtung hat es allerdings *Herbert Uerlings* unternommen, diese Interpretation auf eine »spezifisch frühromantische Religiosität« zu applizieren.[89] Ansonsten muss man sich für dieses Thema aber eher an die ältere Forschung halten. Hier ist noch einmal der berühmte Aufsatz von *Wilhelm Dilthey* zu nennen. Dilthey macht bereits

---

[84] FRANK RÜHLING, Friedrich von Hardenbergs Auseinandersetzung mit der kritischen Transzendentalphilosophie. Aspekte eines Realitätsbegriffs in den »Fichte-Studien«, Diss. Jena 1995; BERNWARD LOHEIDE, Fichte und Novalis, Amsterdam 2000; MARTIN GÖTZE, Ironie und absolute Darstellung, Paderborn 2001.

[85] Vgl. JANE KNELLER, Introduction. In: Novalis: Fichte Studies, Cambridge 2003, ix–xxxiv.

[86] WINFRIED MENNINGHAUS, Unendliche Verdopplung. Die frühromantische Grundlegung der Kunsttheorie im Begriff absoluter Selbstreflexion, Frankfurt a. M. 1987, 87.

[87] AaO., 135. Menninghaus glaubt sich als Fortschreiber der berühmten Arbeit von WALTER BENJAMIN, Der Begriff der Kunstkritik in der deutschen Romantik (1920). In: Ders., Gesammelte Schriften, Bd. I / 1, 7-122.

[88] AaO., 131.

[89] HERBERT UERLINGS, aaO., 229-232.273-276.

auf das methodische Hauptproblem hinsichtlich der Frage nach dem Christentum des Novalis aufmerksam, dass man nämlich die gegenüber früheren Zeiten mit einer völlig veränderten christentumstheoretischen Großwetterlage zu rechnen habe. Nur wenn man dies bedenkt, gelingt es, das »moderne Verhältnis zum Christentum«[90] in dem auch Novalis steht, angemessen zu würdigen. Dieser Grundeinsicht ist dann *Emanuel Hirsch* gefolgt, welcher Novalis in die große Bewegung der Umformungskrise des Christentums in der Neuzeit einstellt.[91] Bereits *Richard Rothe* hatte darauf aufmerksam gemacht, dass Novalis sich selbst durchaus als Modernisierer einer christlichen Frömmigkeit angesehen hatte. Rothes Beitrag zeichnet sich ferner dadurch aus, dass er das Problem des Verhältnisses von Religion und dem Fantastischen scharf stellt, das in unserer Arbeit eine nicht unerhebliche Rolle zu spielen haben wird.[92] Ebenfalls primär geistesgeschichtlich orientiert ist *Karl Barth*, welcher allerdings – im Gegensatz zu Hirsch – die Romantik zur Verfallsgeschichte des modernen Christentums rechnet.[93] Hirsch und Barth stimmen beide aus ganz unterschiedlichen Interessen darin überein, dass der Begriff des Christentums bei Novalis auf das Engste mit dem Symbolischen verknüpft ist,[94] ein Hinweis, der seither nicht in gleicher Konsequenz wieder aufgenommen wurde. In gewisser Weise kann man sagen, dass hinsichtlich des Religionsverständnisses das Erscheinen der neuen Kritischen Ausgabe nicht in gleicher Weise einschneidend war, da unter dieser Frageperspektive vor allem der theorie- und damit theologiegeschichtliche Horizont über die Tragfähigkeit der Interpretation entscheidet.

Als Fazit des Literaturüberblicks können wir festhalten: Bislang gibt es keine Arbeit, die sich den religionstheoretischen und ästhetischen Valenzen des Symbolbegriffs in gleicher Weise nähert. Vielmehr scheinen sich beide Aspekte auf einander konkurrierend gegenüberstehende Forschungsrichtungen zu verteilen. Hier die Stränge zusammenzuführen, und Religion und Kunst gemeinsam, wiewohl in ihrem jeweiligen Eigenrecht, als eigentliche Heimat des Symbolbegriffs aufzuzeigen, ist ein Hauptanliegen unserer Arbeit. Diese Absicht wird dadurch erschwert, dass sich bislang noch kein gesicherter Konsens darüber gebildet hat, was als das eigentliche philosophische Grundanliegen von Novalis zu gelten hat. Diese Unsicherheit fokussiert sich vor allem in den unterschiedlichen Interpretationen der »Fichte-Studien«. In dieser Situation bleibt nichts anderes übrig, als unter Berücksichtigung der weiterführenden Einsichten der bisherigen Forschung selbst eine eigene Interpretation dieses Textes zu unternehmen.

---

[90] WILHELM DILTHEY, aaO., 318; zur These insgesamt 312-321.

[91] EMANUEL HIRSCH, Geschichte der neuern evangelischen Theologie, Bd. 4, Gütersloh ³1964, 432-446.

[92] RICHARD ROTHE, Novalis als religiöser Dichter. In: Ders., Gesammelte Vorträge und Abhandlungen, Elberfeld 1886, 64-82.

[93] KARL BARTH, Die protestantische Theologie im 19. Jahrhundert, Zürich ³1960, 303-342.

[94] Vgl. EMANUEL HIRSCH, aaO., 442-446; KARL BARTH, aaO., 340f.

Um gleichwohl eine möglichst große Kontrolliertheit zu gewährleisten, scheint viererlei geraten: erstens den ideengeschichtlichen Kontext umfangreich darzustellen, zweitens möglichst wenig Rekonstruktionstermini von außen an Novalis heranzutragen, sondern es so weit wie möglich mit seiner eigenen Terminologie zu versuchen, drittens durchgängig das Kontextprinzip anzuwenden, da die »Fichte-Studien« zu einem ›herausbrechenden‹ Zitieren geradezu einladen, und viertens schließlich, den Text im Gesamtwerk zu kontextuieren, d. h., die Ergebnisse an anderen Schriften von Novalis zu bewähren.

5. Zum Aufbau der Arbeit

Die Interpretation der »Fichte-Studien« hat im Zentrum der Arbeit zu stehen. Es gibt gute Gründe für die Vorannahme, dass dieses umfangreiche Textkonvolut eine transzendentalphilosophische Begründung der Symboltheorie enthält (Kapitel 4). Diese Interpretation muss aber ihrerseits im ideengeschichtlichen Kontext vor allem der Philosophie Fichtes selber erfolgen (Kapitel 3). Denn wie immer Novalis auch zu Fichte stehen mag, es ist nicht zu übersehen, dass Thematik und Terminologie der »Fichte-Studien« in hohem Maße vom Wissenschaftslehrer geprägt sind. Wo erforderlich, ist auch auf Kant, Reinhold und Schelling einzugehen. Wie oben gezeigt, ist noch ein weiteres Kapitel vorzuschalten, welches sich mit dem Symbolbegriff der deutschen Philosophie des 18. Jahrhunderts befasst. Hierzu soll auf die Schulphilosophie einerseits, auf Immanuel Kant andererseits eingegangen werden (Kapitel 2). Dieses Vorgehen hat mehrere Gründe: Es führt eine Position vor, welche einen Zeichenbegriff mit einer großen theoretischen Reichweite entwirft. Es knüpft einen problemgeschichtlichen Zusammenhang, der die Dürre der Ausführungen in den Texten von Novalis oftmals allererst zum Sprechen bringt. Und es greift klärend da ein, wo die Frühromantik oft nur appellativ ihre Thesen vorbringt.

Im Anschluss an diese Kapitel sind dann diejenigen Theoriemomente aus dem späteren Werk von Novalis darzustellen, die in seine Symboltheorie mit einfließen (Kapitel 5). Die folgenden Kapitel über die Ästhetik (Kapitel 6) und die Religionstheorie (Kapitel 7) werden diese nicht einfach nur als ›Anwendung‹ der Symboltheorie behandeln. Es ist vielmehr damit zu rechnen, dass bereits die transzendentalen Erwägungen aus religionstheoretischen und ästhetischen Überlegungen sich speisen. Es liegt also eine Interdependenz zwischen dem transzendentalen und dem materialen Teil vor. Durch einen Wechsel in der Erörterungsperspektive kann diesen sachlichen Wechselwirkungen Rechnung getragen werden.

Erst der Schluss wird nach einer systematischen Zusammenfassung folglich die theoretische Struktur des Symbolbegriffs darlegen können. Da die Forschung zu dessen ästhetischen Valenzen bislang im Vordergrund stand, werden die Schlussbemerkungen sich eher auf die theologischen und religionsphilosophischen Konsequenzen dieses Symbolbegriffs konzentrieren.

A. Die symboltheoretische Alternative zum Ausgang des 18. Jahrhunderts

Gegenwärtige Debatten um den Symbolbegriff lassen sich auch unter der Frage betrachten, ob sie es für sinnvoll erachten, den Ausdruck »Symbol« terminologisch vom »Zeichen« abzugrenzen und einen eigenen Bedeutungsgehalt mit ihm zu verbinden. Diese Frage ist nicht nur von systematischem Interesse, sondern hat auch historisch-heuristischen Wert, da ihre Entscheidung mitunter die Wahl des methodischen Instrumentariums bei der Rekonstruktion von Theorien vergangener Jahrhunderte steuert. Auch aus diesem Grund – neben den in der Einleitung genannten – erscheint es als günstig, in einer Arbeit über Symboltheorie an den historischen Ursprung einer Unterscheidung zweier verschiedener Repräsentationsweisen zurückzukehren, um die daraus entspringende Theoriealternative eigens darzustellen. Dieser historische Ursprung liegt in der zweiten Hälfte des 18. Jahrhunderts. Er hängt zusammen mit dem Entstehen einer eigenen deutschen Wissenschaftssprache, welche für die überkommenen lateinischen Termini deutsche Äquivalente zu finden hatte; ein sich über Jahrzehnte, vielleicht Jahrhunderte erstreckender Prozess.

Im Großen und Ganzen trennt das 18. Jahrhundert terminologisch nicht zwischen »Zeichen« und »Symbol«. So ersetzt etwa in dem viel gelesenen Logikhandbuch »Auszug aus der Vernunftlehre« (AV) des Hallenser Professors Georg Friedrich Meier (erstmals erschienen 1752) der Ausdruck »Zeichen« zwei verschiedene Termini, nämlich *signum* und *symbolum*. Die Terminologie ist aber eben noch nicht fixiert, obwohl Überlegungen zum Zeichen und zur Zeichentheorie zum festen Bestand der Aufklärungsphilosophie gehören. Unmittelbar haben diese Überlegungen, wie hier nur angemerkt sei, zwei Quellen: Die eine ist die Philosophie Leibniz', wobei nicht bloß die Schriften zur Grammatik und Semiotik, in denen Leibniz seinerseits auf scholastische Wissensbestände zurückgreift, sondern auch die mathematischen Schriften eine Rolle spielten.[1] Die andere Quelle stellt das dritte Buch von John Lockes »Untersuchung über den menschlichen Verstand« dar, das in der deutschen Schulphilosophie spätestens seit Christian Wolff ausführlich rezipiert wurde.

Sofern in diesem ersten Kapitel also auf die Geschichte des Zeichenbegriffs

---

[1] Vgl. HANS BURKHARDT, Logik und Semiotik in der Philosophie von Leibniz, München 1980, 147-378.

im 18. Jahrhundert eingegangen wird, erfolgt dies ausschließlich im Hinblick auf jene Theoriealternative. Als Repräsentant der Hallischen Schulphilosophie,[2] welche zugunsten einer systematischen Vernachlässigung der fraglichen Differenz von »Zeichen« und »Symbol« optiert, eignet sich in besonderer Weise der bereits angesprochene Georg Friedrich Meier, und zwar deshalb, weil er es in seinen stark verbreiteten Lehrbüchern über weite Strecken als seine Ehre betrachtete, die philosophische Debatte gerade nicht voranzutreiben, sondern sie möglichst fasslich aufzusummieren, also überall gesichertes Wissen zu präsentieren. Für die andere Alternative steht Immanuel Kant, welcher als erster eine terminologische Unterscheidung nicht nur erwägt, sondern auch theoretisch fruchtbar zu machen versteht. Gleichsam als Mittelglied soll noch Johann Heinrich Lambert herangezogen werden. Vom Theoriedesign her steht er den Hallensern sicherlich näher als Kant, aber seine philosophische Untersuchung der natürlichen Sprache stößt auf deren besondere Leistung der Analogiefähigkeit, ein Gedanke, der dann bei Kant in den Mittelpunkt des Interesses gerückt wird.

1. Zeichen und Bezeichnungsvermögen bei Georg Friedrich Meier

Der wissenschaftliche Werdegang Georg Friedrich Meiers kann in gewisser Weise als Paradebeispiel einer schulphilosophischen Karriere gelten.[3] 1727 als Sohn eines Pfarrers in Ammendorf bei Halle geboren, erhielt er eine vorzügliche Grundbildung an der berühmten Schule des Waisenhauses in Halle. Seine wichtigsten Lehrer waren die Brüder Baumgarten, der Theologe Sigmund Jakob und vor allem der Philosoph Alexander Gottlieb, mit dem Meier später auch eine sehr enge Arbeitsgemeinschaft verband. Bereits im Alter von 22 Jahren übernahm er eine Dozentur in Halle, wo er zu allen philosophischen Disziplinen umfangreiche und teilweise sehr breit rezipierte Hauptwerke und Lehrbücher verfasste. Sein Lehrerfolg im Hörsaal war phänomenal, selbst nach Wolffs Rückkehr nach Halle hatte Meier in seinen Hauptvorlesungen stets dreistellige Hörerzahlen zu verbuchen.[4]

Sein persönliches Interesse galt vor allem der Ästhetik. Seine »Anfangsgründe aller schönen Wissenschaften« (AsW), die auf dem lateinischen Kolleghe ft von Alexander Gottlieb Baumgarten aufbauen und dies beträchtlich erweitern, haben

---

[2] Zur Geschichte dieser Richtung vgl. immer noch Max Wundt, Die deutsche Schulphilosophie im Zeitalter der Aufklärung, Tübingen 1945.

[3] Zu Meiers Biographie vgl. Günter Schenk, Leben und Werk des halleschen Aufklärers Georg Friedrich Meier, Halle 1994. Dieses Buch enthält auch eine umfassende Meier-Bibliographie.

[4] Den besten Überblick über Meiers Schrifttum verschafft die vorwiegend dessen Logik gewidmete Monographie von Ricardo Pozzo, Georg Friedrich Meiers »Vernunftlehre«, Stuttgart 2000, 142-175.

als die erste deutschsprachige Ästhetik zu gelten. Ihnen geht noch eine psychologische Fundierung in Gestalt der »Theoretischen Lehre von den Gemütsbewegungen überhaupt« (ThLG) voraus. Gern bewegte Meier sich in Dichterzirkeln, mit den Schweizer Literaturkritikern Bodmer und Breitinger stand er in einem regen Austausch. Lange vor Lessing hatte er eine intensive Auseinandersetzung mit Johann Christoph Gottsched um dessen »Versuch einer Critischen Dichtkunst vor die Deutschen«. Nicht zuletzt ist Meier mit der deutschen Literaturgeschichte dadurch verwoben, dass er als Förderer, vielleicht sogar als Entdecker von Klopstock und Wieland gelten kann.

Meier hat seine Überlegungen zur Zeichentheorie in verschiedenen Kontexten vorgetragen. Den theoretischen Gehalt der Hauptquellen wird man dabei als im Wesentlichen kohärent einzuschätzen haben. Neben den bereits erwähnten Schriften sind hier besonders der »Versuch einer allgemeinen Auslegungskunst« (VaA), die große »Vernunftlehre« (VL) sowie aus seiner vierbändigen Metaphysik besonders der erste Band, die »Ontologie« (Ont.), und der dritte, die »Psychologie« (Ps.), heranzuziehen. Zuerst sollen die Begriffe des Zeichens (1) und des Bezeichnungsvermögens (2) erläutert werden. Anschließend haben wir uns dem Vorgang des Bezeichnens und des Auslegens von Zeichen zuzuwenden (3). Schließlich ist der Unterschied von symbolischer und anschauender Erkenntnis zu beleuchten (4). Ein kurzes Resümmee fasst den Ertrag zusammen (5).

1.1. Der Begriff des Zeichens

Meier setzt in seine zeichentheoretischen Erörterungen stets mit einer Nominaldefinition des Zeichenbegriffs ein. Demnach ist ein Zeichen »ein Mittel, durch dessen Gebrauch die Würklichkeit eines andern Dinges erkannt werden kann« (AV § 440). Ein Zeichen ist also durch seinen Verweischarakter bestimmt. Dasjenige, was durch ein Zeichen bezeichnet wird, heißt »die bezeichnete Sache« (ebd.), wobei gleich zu bemerken ist, dass Meier einen außerordentlich weiten Begriff von ›Sache‹ hat. Unter diesen Ausdruck fallen nicht nur konkrete, sinnlich wahrnehmbare Dinge mit einer raumzeitlichen Ausdehnung, sondern Entitäten jeder Art, auch solche abstrakter Natur.[5] Zwischen dem Bezeichneten und dem Zeichen besteht ein »bezeichnende[r] Zusammenhang« (Ont. § 273). Dabei ist das zweite Glied dieser Relation niemals die Sache an sich selbst, diese kommt vielmehr stets nur als ›bezeichnete‹ Sache in den Blick.

Es ist interessant zu sehen, dass Meier den Begriff der Bedeutung, den er alsbald einführt, nicht als ein Synonym der ›bezeichneten Sache‹ verwendet. Vielmehr bestimmt er diesen Terminus so: »Bedeutung« liegt dann vor, wenn die »Wirklichkeit [scil. der bezeichneten Sache] aus dem Zeichen erkannt wer-

---

[5] Eine wahllose Liste von Beispielen für Zeichenrelationen, die Meier an verschiedenen Orten anführt: Rauch / Feuer, Wort / Gedanke, Teil / Ganzes, Puls / Gesundheit, Wolken / Wetter, Vorstellung / Veränderung des Gehirns.

den kann.« (VaA § 7) In der lateinischen Terminologie, die Meier in den für die akademischen Vorlesungen bestimmten Lehrbüchern mitführt, lässt sich der dadurch entstehende Unterschied präzise fassen: Die »bezeichnete Sache« heißt *signatum*, die »Bedeutung« hingegen *significatus*. Die Bedeutung ist mithin nicht einfach die bezeichnete Sache selbst, sondern ein bestimmter Aspekt an ihr, nämlich der Aspekt ihrer Erschließbarkeit durch das Zeichen. In dieser Unterscheidung ist die moderne Differenz von *reference* und *meaning* mindestens vorgebildet.[6]

Dem entspricht, dass Meier als Absicht des Zeichens die »Erkenntniß der Würklichkeit« (Ont. § 279) der Sache angibt. Jene Differenz bleibt in dieser Zweckbestimmung erhalten, denn die »Absicht« bewahrt ein Potentialitätsmoment. Erst wenn die Erkenntnis wirklich stattfindet und durch das Zeichen vermittelt ist, spricht Meier auch von der »Wahrheit des Zeichens« (AsW § 518).

Der Verweischarakter des Zeichens kann noch etwas genauer ausgeführt werden. Einen Hinweis dazu gibt die bereits angesprochene Weite des Gegenstandsbereichs des Ausdrucks ›bezeichnete Sache‹. Hinsichtlich der Abstrakta leuchtet es sofort ein, dass die Bedeutung eines Zeichens, das ein Abstraktum bezeichnen soll, nur in einer Vorstellung desselben bestehen kann. Genau dasselbe gilt nach Meier aber auch für Konkreta. Nimmt man beispielsweise eine Skizze eines Baumes oder auch das Wortzeichen »Baum« wahr, so ist die Bedeutung dieser Zeichen nicht etwa ein Baum, sondern die Vorstellung eines Baumes. Dieser Sachverhalt gilt selbst in dem Fall, wenn ein konkretes Ding scheinbar ›direkt‹ wahrgenommen wird. Denn: »Wenn wir etwas sehen, so sehen wir dasselbe vermittelst des materiellen Bildes, welches von demselben hervorgebracht wird, und das ist also das Zeichen, woraus wir die Würcklichkeit des Gegenstandes erkennen« (Ps. § 621). In diesem Spezialfall hat also das Zeichen, das in der Vorstellung, ›dass da ein Baum ist‹, besteht, genau die Bedeutung, ›dass da ein Baum ist‹. Sowohl das Zeichen als auch die Bedeutung eines Zeichens bestehen also letztlich in Vorstellungen. An der Sprache lässt sich das am leichtesten exemplifizieren: »Indem wir also ein Wort denken, haben wir allemal zwei Vorstellungen. Eine Vorstellung des Wortes selbst, und zum andern eine Vorstellung, welche die Bedeutung des Wortes ist« (VL § 487). Die »Wahrheit des Zeichens« besteht dann darin, dass diejenige Vorstellung, auf die ein Zeichen verweisen soll, auch tatsächlich aktual im Gemüt vorkommt. Diese ist dann die »wahre Bedeutung« (ebd.) des Zeichens.

An dieser Stelle muss ein nahe liegendes Missverständnis ausgeschlossen werden. Mit dem Terminus ›wahre Bedeutung‹ ist nicht etwa gemeint, dass auch die

---

[6] Diese Unterscheidung geht zurück auf Gottlob Frege, der sie freilich in einer sehr eigenen Terminologie eingeführt hat; vgl. GOTTLOB FREGE, Über Sinn und Bedeutung (1892). In: ders., Funktion, Begriff, Bedeutung, Göttingen [5]1980, 40–65. Vgl. zu Frege RODERICH BARTH, Absolute Wahrheit und endliches Wahrheitsbewußtsein, Tübingen 2004, 197–256.

Proposition, mit der die Vorstellung ausgedrückt werden kann, selbst wahr sein müsste. Die wahre Bedeutung des Zeichens liegt vielmehr immer genau dann vor, wenn das Zeichen tatsächlich auf die Vorstellung verweist, die aktual im Gemüt dessen, der das Zeichen gebraucht, vorkommt. Es kann also auch »die wahre Bedeutung [...] ein falscher Begriff sein« (ebd.) und umgekehrt.

Die Menge aller in der Welt potentiell oder tatsächlich vorkommenden Zeichen wird von Meier in zwei Gruppen eingeteilt: in natürliche und willkürliche Zeichen. Das Kriterium der ersten Gruppe besteht darin, dass der bezeichnende Zusammenhang so beschaffen ist, dass er »auf der Natur des Zeichens und der bezeichneten Sache« (AsW § 513) beruht, anders gesagt, dass ein »nothwendige[r]« (Ont. § 274) Zusammenhang vorliegt. Meiers Standardbeispiele sind der Rauch, der als natürliches Zeichen des Feuers gilt, sowie der Pulsschlag, der den Blutkreislauf anzeigt. Es handelt sich mithin um diejenigen mundanen Vorkommnisse, zwischen denen eine »empirische Korrelation«[7] besteht. Als »Urheber« dieses bezeichnenden Zusammenhangs wird von Meier der göttliche Verstand vorgestellt: »[E]s ist also ein jedwedes natürliches Zeichen eine Wirkung Gottes« (VaA § 38). Meier steht mit dieser Überlegung noch ganz ungebrochen im Gesprächszusammenhang der vorkritischen rationalen Theologie, für die die Welt nicht nur von Gott geschaffen ist, sondern eben deswegen auch als »die beste« (VaA § 35) aller möglichen Welten zu denken ist.

Bei den willkürlichen Zeichen hingegen beruht der bezeichnende Zusammenhang »auf der willkürlichen Wahl eines denkenden Wesens, welches eine Sache zu einem Zeichen einer andern gemacht hat« (AsW § 513).[8] Es handelt sich hier also um alle diejenigen Zeichen und Zeichensysteme, deren Bedeutung auf Konvention beruht. Dabei ist es im Prinzip theoretisch gleichgültig, ob die Konvention bereits besteht, sobald sich ein Mensch entsprechender Zeichen bedient, oder ob die Konvention allererst durch einen Menschen neu gestiftet wird.[9] Urheber des bezeichnenden Zusammenhanges bei willkürlichen Zeichen ist der menschliche Verstand, sei es als individuelle oder als allgemeine Größe. Das hervorgehobene Beispiel für konventionale willkürliche Zeichen, auf das Meier auch am ausführlichsten eingeht, ist das Zeichensystem der natürlichen Sprachen, »Worte« (Ont. § 277) sind als Zeichen für Vorstellungen genommen.[10]

---

[7] Eike von Savigny, Art. Zeichen. In: Handbuch philosophischer Grundbegriffe, Bd. 6 (1974), 1787-1798, hier 1788.

[8] Das Prädikat ›denkendes Wesen‹ trifft für Meier natürlich auch auf Gott zu, insofern ist dasjenige Zeichen, das dem menschlichen Verstand als ein natürliches erscheint, »in Absicht auf GOtt« allemal »ein willkürliches Zeichen« (VaA § 38).

[9] Als Beispiele dafür ließen sich etwa denken die Benennung eines eben entdeckten Planeten, eine eigenwillige Definition in einem wissenschaftlichen Text, die Einführung eines neuen Verkehrszeichens usw.

[10] Eike von Savigny, aaO., 1790, weist mit einem gewissen Recht darauf hin, dass diese Definition lediglich auf »Prädikate (Allgemeinbegriffe) und Eigennamen und nicht auf Partikel«

1.2. Das Bezeichnungsvermögen

Betreffs der natürlichen Zeichen kann man zwar in gewisser Hinsicht sagen, dass der Zusammenhang zwischen Zeichen und Bedeutung an sich besteht. Aber damit ist noch nicht gesagt, dass der Zusammenhang eo ipso vom menschlichen Verstand eingesehen werden kann. Vollends bei den willkürlichen Zeichen gilt jener Zusammenhang nicht an sich, sondern immer nur relativ zum menschlichen Verstand. Um diesen Zusammenhang zu reproduzieren oder auch allererst herzustellen, bedarf es einer besonderen Fähigkeit, welche unterschiedlich stark ausgeprägt sein kann. Diese Fähigkeit des Menschen, Zeichen und Bedeutung miteinander zu verknüpfen, nennt Meier das »Bezeichnungsvermögen« (Ps. § 621), durch das man in der Lage ist, erstens »Zeichen und bezeichnete Sachen sich zusammen vorzustellen« und zweitens »ihren Zusammenhang einzusehen« (AsW § 514).

Diese Fähigkeit wird von Meier im Kontext der schulphilosophischen Vermögenspsychologie entfaltet.[11] Der Mensch verfügt danach über drei Arten von Vermögen: das untere Erkenntnisvermögen, das in den Fähigkeiten besteht, unmittelbare Sinneseindrücke zu verarbeiten, das obere Erkenntnisvermögen, also Verstand und Vernunft, und das Begehrungsvermögen, welches Triebhaftigkeit und Willen unter sich fasst. Diese drei Vermögensarten geben die Basis für die philosophischen Disziplinen Logik, Ästhetik und Ethik ab. Das Bezeichnungsvermögen gehört zur zweiten Gruppe, zur Menge der von Meier so genannten »sinnlichen Vermögen«.[12] Gemäß den Ergebnissen des vorigen Punktes leistet das Bezeichnungsvermögen recht eigentlich die Verknüpfung – oder, wie Meier sagt, die ›Vergesellschaftung‹ – zweier Vorstellungen. Die »Regel« des Bezeichnungsvermögens drückt Meier so aus: »eine von denen Vorstellungen, welche mit einander vergesellschaftet sind, ist ein Mittel, die Würklichkeit der anderen zu erkennen« (Ps. § 622, i. O. hvg.).

Es schließt sich die Frage an, wodurch das Bezeichnungsvermögen zu dieser Verknüpfungsleistung in der Lage ist. Die Antwort erschließt sich daraus, dass Meier das Bezeichnungsvermögen auf zwei andere Seelenvermögen zurückführt (vgl. AsW § 514). Zunächst charakterisiert er es als »eine Aufmerksamkeit auf den bezeichnenden Zusammenhang« (Ps. § 621), sodann als »eine Art der Einbildungskraft« (Ps. § 622). Die Aufmerksamkeit zunächst ist die Fähigkeit, seine Sinne auf einen bestimmten Gegenstand zu richten und gleichzeitig von der Wahrnehmung anderer Gegenstände abzusehen. Sie meint, um es mit einem

---

zutrifft. Die Erforschung der Semantik etwa von Konjunktionen oder Präpositionen kam erst weitaus später in Gang. Daraus folgt aber noch nicht, dass »Repräsentation« *eo ipso* ein ungeeigneter Begriff zur Erklärung der Zeichen ist, wie Savigny meint.

[11] Eine ausführliche Darstellung derselben gibt Meier im dritten Buch seiner »Metaphysik«.

[12] Die unteren Erkenntnisvermögen, insofern sie in der »Psychologie« behandelt werden, hatte Meier auch bereits in den »Anfangsgründen« thematisiert.

Wolffschen Ausdruck zu sagen, ein ›acht haben‹[13] auf sich selbst unter einem bestimmten Gesichtspunkt. Diese Fähigkeit ist für alle psychischen Vermögen gleichermaßen notwendig. Unter der Einbildungskraft dann versteht Meier das Vermögen, sich alle bereits einmal gehabten »Empfindungen wieder von neuem vorzustellen« (AsW § 372).[14] Ohne diese Fähigkeit – in Eintracht mit dem Gedächtnis, welches gleichsam als der Speicher vorgestellt wird, auf den die Einbildungskraft zurückgreifen kann – wäre das Bewusstsein eine reine Durchgangsstation von permanent wechselnden Empfindungen.[15]

Das Bezeichnungsvermögen funktioniert nun so, dass die Einbildungskraft, sobald ein Zeichen wahrgenommen wird, die Vorstellung der Bedeutung desselben mit der Vorstellung des Zeichens assoziiert. Diese Leistung setzt voraus, dass Zeichen und Bedeutung früher einmal »Theile einer ganzen Vorstellung gewesen sind.« (AsW § 514) Ist das nicht der Fall, so kommt das Bezeichnungsvermögen nicht zum Zuge. Das erstmalige Vorkommen einer solchen Verknüpfung, das erstmalige Koppeln zweier Vorstellungen zu einer ganzen, bezeichnet Meier als »lernen« (Ps. § 622).

Es macht sich hier eine leichte Unschärfe bemerkbar: Da Meier die Einbildungskraft so streng an die Reproduktion vergangener Empfindungen und Vorstellungen koppelt (vgl. AsW § 380), kann das Lernen im Grunde nicht aus ihr erklärt werden. Meiers Hauptbeispiel – das Lernen einer Fremdsprache – funktioniert also nur dann, wenn man anzunehmen gewillt ist, dass das Bezeichnungsvermögen in der Lage ist, die Verknüpfung zweier Vorstellungen auch in einem anderen als dem eigenen Gemüt zu identifizieren. Diese Konsequenz hat Meier aber, so weit ich sehe, nirgends gezogen. Erst recht ist durch den Rekurs auf die Einbildungskraft die Initiation eines komplett neuen bezeichnenden Zusammenhangs – mit dem Meier rechnet (vgl. AsW § 516) – nicht deutlich zu machen. Für den weiteren Fortgang der Darstellung kann diese Unschärfe aber vernachlässigt werden.

1.3. Bezeichnen und Auslegen von Zeichen

Das Bezeichnungsvermögen hat konkret zwei Aufgaben zu erfüllen. Die eine nennt Meier das »Erfinden der Zeichen« (AsW § 516). Damit ist zwar auch wörtlich gemeint, »daß wir das Zeichen ganz von neuem erfinden« (ebd.). In aller Regel versteht Meier aber darunter das Bezeichnen im Sinne des Herstellens eines bereits bekannten Bezeichnungszusammenhangs. Meiers Hauptbeispiel da-

---

[13] Vgl. CHRISTIAN WOLFF, Vernünfftige Gedancken von Gott, der Welt und der Seele des Menschen, Halle ⁴1751 (ND Hildesheim 1983), § 191.

[14] Bereits jetzt ist deutlich, dass der Begriff an dieser Stelle von allen idealistisch-romantischen Konnotationen freizuhalten ist.

[15] Eine ausführlichere Thematisierung des Meierschen Begriffs der Einbildungskraft findet sich bei GABRIELE DÜRBECK, Einbildungskraft und Aufklärung, Tübingen 1998.

für ist das alltägliche Sprechen. Die andere Aufgabe nennt er »die Zeichen auslegen« (ebd.), also das Verstehen eines Bezeichnungszusammenhangs. Diese beiden
Tätigkeiten sollen im Folgenden etwas eingehender erläutert werden.

a) Bezeichnen: Der Vorgang des Bezeichnens liegt nach Meier dann vor,
»wenn man erst die bezeichnete Sache denkt, und alsdenn dieselbe durch ein
Zeichen bezeichnet«. (AsW § 516) Er denkt also die Sphäre der Bedeutungen als grundsätzlich unterschieden von der Zeichensphäre. Zwischen einer zu
bezeichnenden Sache und einem Zeichen besteht nun keine eineindeutige, vorgegebene Beziehung, vielmehr ist das Bezeichnungsvermögen zum Zwecke des
Bezeichnens allererst dazu aufgerufen, »etwas zu einem Zeichen derselben [Sa-
che]« (Ont. § 276) zu machen. Welche Vorstellung dasjenige Bewusstsein, das
den *nexus significativus* zwischen Zeichen und Bedeutung herstellt, zu einem Zeichen macht, ist zwar im Prinzip nicht von vornherein festgelegt. Die Wahl der
Zeichen ist an sich arbiträr. Aber der jeweilige Zweck, der durch den Vorgang
des Bezeichnens erreicht werden soll, bringt es mit sich, dass die Zeichen möglichst diesem Zweck entsprechend gewählt werden. Man kann sagen: Trotz der
prinzipiellen Arbitrarität der Zeichen gibt es so etwas wie eine interne Bezeichnungsrationalität, die aus der Absicht des Bezeichnungsvorgangs folgt. Diesen
Gesichtspunkt diskutiert Meier unter dem Stichwort »Vollkommenheiten der
Zeichen« (vgl. AsW §§ 517-521). Die für alle Zeichen einschlägigen ›Vollkommenheiten‹ seien kurz genannt. Ein Zeichen soll »zureichend« (AsW § 517)
sein, d. h. möglichst alle Bestimmungen der bezeichneten Sache erschöpfen. Es
soll tatsächlich verweisen, und diese Verweisleistung soll aus ihm auch erkannt
werden können (vgl. AsW § 518). Es soll distinkt sein und also von anderen
Zeichen unproblematisch unterschieden werden können (vgl. AsW § 519). Und
schließlich soll es möglichst ›lebendig‹ sein, was in diesem Zusammenhang nur
bedeutet, dass es den Reiz, die bezeichnete Sache aus ihm heraus zu erkennen,
verstärken soll (vgl. AsW § 520). Die Zeichen diesen Vollkommenheiten gemäß
auszuwählen, ist im Prinzip jedes rationale Wesen in der Lage. Gleichwohl ist
das Bezeichnungsvermögen bei den Menschen unterschiedlich ausgeprägt. Meier hat dieses psychische Vermögen aber für trainierbar gehalten, indem man sich
an den »Hauptvollkommenheiten« (AsW § 522) dieses Vermögens orientiert.
Diese brauchen hier aber nicht dargestellt zu werden.

Zusammenfassend kann man sagen, dass der Vorwurf, Meiers Zeichenbegriff
bleibe »vage«,[16] aus der Luft gegriffen ist. Vielmehr bleibt der Eindruck zurück,

---

[16] PETER RUSTERHOLZ, Semiotik und Hermeneutik. In: Ulrich Nassen (Hg.), Texthermeneutik, Paderborn 1979, 37-57, hier 38. Rusterholz kommt zu diesem Urteil, da er zur Erhebung von Meiers Zeichenbegriff ausschließlich auf den »Versuch einer allgemeinen Auslegungskunst« zurückgreift. Der Zeichenbegriff ist zwar auch dort nicht »vage«, aber doch – dem
Charakter dieses Buches entsprechend – nur in seinen Umrissen angedeutet. Viele der Nomi-
naldefinitionen erschließen sich erst über die entsprechenden Erläuterungen vor allem in Meiers
»Ästhetik«.

dass es auch in neueren Zeichentheorien kaum einen Aspekt gibt, der von Meier nicht wenigstens schon angedeutet wäre.[17]

b) Auslegen: Die Hermeneutik ist derjenige Teil der Zeichentheorie Meiers, der bislang in der Forschung am ausführlichsten behandelt wurde. Der Grund dafür liegt in einem in jüngster Zeit neu erwachten Interesse an der Hermeneutik der Aufklärung insgesamt.[18] Meiers Hermeneutik[19] gehört in die Geschichte der Entwicklung einer *hermeneutica generalis*[20], also einer Auslegungswissenschaft, welche noch diesseits von den theologischen, juristischen oder sonst fachspezifischen Spezialhermeneutiken nach den allgemeinen Grundlagen von Verstehensprozessen überhaupt fragt. Meier hat dieser Wissenschaft ein eigenes Buch gewidmet, da er sie als noch zu wenig erschlossen ansah, als dass er sie einfach als Teilbereich einer anderen Wissenschaft hätte verhandeln wollen: Sein »Versuch einer allgemeinen Auslegungskunst« enthält »den Versuch einer Wissenschaft [...], die gewissermaßen noch neu ist. Ich will mich nicht für den Erfinder dieser Wissenschaft ausgeben; so viel aber weiß ein jedweder, daß die allgemeine Auslegungskunst unter diejenige Teile der Gelehrsamkeit gehöre, welche bis jetzt noch sehr schlecht angebaut sind.« (VaA Vorrede)

Der Vorgang der Auslegung liegt nach Meier genau dann vor, »wenn man erst die Zeichen denkt, und dadurch veranlaßt wird, auch die bezeichneten Sachen zu denken.« (AsW § 516) Der Terminus »verstehen« (ebd.) ist enger gefasst und wird der Auslegung von Wortzeichen vorbehalten. »Verstehen« ist also ein Spezialfall des Auslegens. Dieses ist nach Meier ein Erkenntnisvorgang, und zwar ist es nichts anderes »als die Bedeutungen aus den Zeichen erkennen.« (Ont. § 276) Diese Erkenntnis kann auf geregelte Weise vor sich gehen; diejenige Wissenschaft, die sich mit den Regeln der Auslegung befasst, ist die Hermeneutik, welche von Meier also als Regelwissenschaft – im Unterschied zu beschreibenden Wissenschaften wie etwa der Physik – vorgestellt wird.

Die bislang referierten Bestimmungen lassen noch offen, was denn eigentlich ausgelegt wird. Die nahe liegende Auskunft, es würden Zeichen ausgelegt, reicht indessen nicht weit genug. Auslegen bedeutet vielmehr, »den *Zusammenhang* der bezeichneten Sache mit ihren Zeichen klar einsehen« (VaA § 9; Hvg. A. K.). In einem Interpretationsvorgang wird nicht einfach ein Etwas interpretiert, son-

---

[17] Als Beleg können die einschlägigen Artikel in den philosophischen Begriffslexika nachgeschlagen werden, vgl. nur Kuno Lorenz / Dietfried Gerhardus / Bernd Philippi, Art. Zeichen. In: Enzyklopädie Philosophie und Wissenschaftstheorie, Bd. 4 (1996), 823-827.
[18] Vgl. die beiden Sammelbände von Axel Bühler (Hg.), Unzeitgemäße Hermeneutik, Frankfurt 1994, und Manfred Beetz / Giuseppe Cacciatore (Hg.), Die Hermeneutik im Zeitalter der Aufklärung, Köln / Weimar / Wien 2000.
[19] Über ihren historischen Ort und Entstehungszusammenhang informieren Axel Bühler / Luigi Cataldi Madonna, Von Thomasius bis Semler. In: dies. (Hg.), Hermeneutik der Aufklärung, Hamburg 1993, sowie dies., Einleitung zu dies. (Hg.), Georg Friedrich Meier: Versuch einer allgemeinen Auslegungskunst (1757), Hamburg 1996, VII-CII.
[20] Vgl. Werner Alexander, Hermeneutica Generalis, Stuttgart 1993.

dern stets eine Relation. Die Auslegung als Erkenntnisvorgang beinhaltet also dreierlei: Erkannt werden die Zeichen, die Bedeutungen sowie der Zusammenhang zwischen beiden (vgl. VaA § 10). Nur so bedient sich der Ausleger »der Zeichen wirklich als Mittel, wodurch er die Bedeutung erkennt.« (Ebd.)

Einen Unterfall dieser allgemeinen Bestimmungen stellt die Interpretation einer Rede oder eines Textes dar.[21] Da sie derjenige Fall ist, an dem Meier sich hauptsächlich orientiert, seien diesem noch eigene Ausführungen gewidmet. Unter einer Rede versteht Meier »eine Reihe Worte, welche Vorstellungen bezeichnet, die mit einander verknüpft sind« (AV § 442). Nimmt man die Rede als eine Ansammlung von Zeichen, so heißt die entsprechende Ansammlung von Bedeutungen »Sinn der Rede« (ebd.).[22] Die Bedeutungen der Einzelwörter werden aber nicht einfach mit einander addiert, vielmehr baut sich Sinn aus Bedeutungen auf, »die mit einander verknüpft werden« (Ont. § 277). Sinn ist die zu einer Einheit verbundene Komplexion von Bedeutungen. Eben das meint Meier, wenn er sagt, der Sinn der Rede bestehe in dem »Inbegriff aller einzeln[en] Bedeutungen« (VaA § 104) der vorkommenden Worte – anders gesagt, in der »Reihe der Vorstellungen, welche untereinander und miteinander verbunden sind« (VaA § 112).

Worte und also auch Reden sind in Meiers Verständnis prinzipiell als »willkürliche Zeichen« (VaA § 110) anzusehen. Sie sind also arbiträr, wenn auch meist gemäß der internen Bezeichnungslogik von einem Bewusstsein gewählt, um eine bestimmte Bedeutung und einen bestimmten Sinn zu bezeichnen. Der Vorgang der Auslegung hat sein Ziel darin, genau denjenigen Sinn aus den Worten und der Rede zu verstehen, den das bezeichnende Bewusstsein intendiert hat. »Keine Bedeutung und keine Reihe der Bedeutungen, welche der Autor gar nicht gewollt hat, gehört demnach zu dem Sinne oder ist der Sinn seiner Rede.« (VaA § 112) Das besagt: Die Hermeneutik befasst sich strikt mit der Erarbeitung der Autor-Intention und mit nichts anderem. Der korrekt interpretierte Zusammenhang von Text und Sinn ist nach Meier exakt der, den das bezeichnende Bewusstsein intendiert hat. Und das gilt im Prinzip unabhängig davon, ob dieser Sinn vom Interpreten seinerseits als richtig, wahr oder gut eingeschätzt wird. »Da [...] ein endlicher Autor betrügen oder betrogen werden kann, so kann man von der hermeneutischen Wahrheit [= der Übereinstimmung von intendiertem und interpretiertem Sinn; A. K.] eines Sinnes nicht auf seine logische, metaphysische oder moralische Wahrheit allemal schließen« (VaA § 118). Gelingt der Auslegungsvorgang in diesem Sinne, so »denken der Autor und sein Ausleger einerlei und eben dasselbe.« (VaA § 128)

---

[21] Der Text ist für Meier schlicht »die Rede, insofern sie als Gegenstand der Auslegung betrachtet wird« (VaA § 105).

[22] Ganz ähnlich wird auch heute noch der logisch-semiotische Sinnbegriff bestimmt, vgl. KUNO LORENZ et al., aaO., 825: »In Systemen erhalten Zeichen *Sinn*.«

Das Gelingen eines solchen Vorgangs ist in der Realität freilich stets fraglich. Insbesondere das Phänomen des Missverständnisses scheint ein großes Problem dieses Konzepts zu sein. Hiergegen ist festzuhalten, dass Meier gar nicht damit rechnet, eine Auslegung könne jemals einen Grad an Gewissheit erlangen, wie ihn etwa mathematische oder logische Demonstrationen besitzen. Auch die »allergrößte hermeneutische Gewißheit ist niemals ohne alle Furcht des Gegenteils« (VaA § 242). Jede Interpretation enthält eine Restunsicherheit, ob die Autor-Intention auch wirklich getroffen wurde.[23]

Die Vermittlungsinstanz zwischen theoretisch idealer Interpretation und der stets mitgesetzten Restunsicherheit nennt Meier die »hermeneutische Billigkeit« (AsW § 516).[24] Sie ist derjenige Auslegungsgrundsatz, der alle übrigen Verfahrensregeln der Auslegung begründet und zusammenfasst. Meier definiert sie wie folgt: »Diese Billigkeit besteht in der Geneigtheit, die Zeichen so auszulegen, daß es der Vollkommenheit der Zeichen gemäß ist, bis das Gegentheil erwiesen werden kan.« (Ebd.) Was ist die Pointe dieser Ausführung? Die Vollkommenheiten der Zeichen standen, wie oben gesehen, im Grunde für die Anweisung, den Bezeichnungsvorgang adäquat, also auf Verständlichkeit zielend, vorzunehmen. Bei der Auslegung von Texten wird nun vorausgesetzt, dass eben das geschehen ist. Der Grundsatz der Billigkeit besagt nichts anderes als eine grundsätzliche Konsistenzunterstellung, die sowohl aller menschlichen Kommunikation überhaupt als auch allen einzelnen Kommunikationsakten zugrunde liegt, »bis das Gegenteil erhelle« (z.B. VaA § 94) – so die stereotype Formulierung Meiers. Auch in scheinbar sinnlosen und unverständlichen Texten kann durch verstärktes Interpretationsbemühen ein guter Sinn gefunden werden.

Der Begriff der Billigkeit ist der Schulphilosophie wahrscheinlich aus Aristoteles' Philosophie des Rechts überkommen. Die *epieikeia* kommt zum Einsatz, weil »jedes Gesetz allgemein ist und bei manchen Dingen richtige Bestimmun-

---

[23] Diesen Sachverhalt hat PETER RUSTERHOLZ, aaO., übersehen. Meier erscheint ihm daher hermeneutisch naiv, weil er angeblich eine exakte Eineindeutigkeit von Zeichen und bezeichneter Sache vertrete (vgl. 39f.) Es ist darüber hinaus ein nicht seltener, aber darum nicht weniger grober Schnitzer, wenn die ästhetische Interpretation – bei der es angeblich gerade nicht um das gehe, was etwa ein Autor ›gemeint‹ hat – zum exemplarischen Paradigma von Verstehen überhaupt gemacht wird, wie Rusterholz es tut. Das unterschreitet die Weite von Meiers Zeichenbegriff. Nicht wenige Interpretationsvorgänge lassen sich nämlich in der Tat hinreichend durch die Erhebung der Autor-Intention beschreiben – man denke nur an Verkehrszeichen. Hingegen überlastet Rusterholz Meiers Verstehensbegriff, denn Meier bindet das Verstehen an Wortzeichen; Bilder werden nach Meier zwar ausgelegt, aber nicht ›verstanden‹.

[24] Die maßgebliche Arbeit zu diesem Thema ist OLIVER R. SCHOLZ, Die allgemeine Hermeneutik bei Georg Friedrich Meier. In: Axel Bühler (Hg.), Unzeitgemäße Hermeneutik, Frankfurt a. M. 1994, 158-191. Etwas allgemeiner, dafür weniger energisch in der Interpretation MANFRED BEETZ , Georg Friedrich Meiers semiotische Hermeneutik. In: ders. / Giuseppe Cacciatore, Die Hermeneutik im Zeitalter der Aufklärung, Köln 2000, 17-30.

gen durch ein allgemeines Gesetz sich nicht geben lassen.«[25] Der Richter hat
zur Aufgabe festzustellen, ob der jeweils verhandelte Fall auch von dieser Art
ist. Im Sinne der Gerechtigkeit kann es manchmal geraten sein, dem fixier-
ten Recht nicht das letzte Wort zu lassen. In diesem Sinn ist die Billigkeit ein
normatives Prinzip. In Analogie zur Gerichtsverhandlung sind auch Texte im
Allgemeinen solange es geht *ad bonam auctoris partem* auszulegen. Die besondere
Pointe der Übertragung dieses Prinzips in die Hermeneutik besteht darin, dass
es sich bei ihr nicht nur um ein normatives, sondern sogar um ein analytisches
Prinzip der Kommunikation handelt. Konsistenz muss angenommen werden,
wenn überhaupt kommuniziert werden soll. Der Grund dafür liegt lediglich in
der Teilnahme von Einzelindividuen an der Gattung Mensch und bedarf keiner
weiterer Prämissen.[26]

1.4. Symbolische und anschauende Erkenntnis

Der Vorgang der Auslegung kann nach Meier als ein Erkenntnisvorgang beschrieben werden.[27] Er beruht auf einem Denken in Zeichen, welches Meier
»symbolisch denken« (AsW § 515) nennt. Die diesem Denken entsprechende
Erkenntnis heißt »symbolische Erkenntniß« (AsW § 525). Bereits in seiner Ästhetik hatte Meier behauptet, dass das symbolische Denken den Löwenanteil der
bewussten mentalen Aktivität darstellt. Denn zum einen wird »meist alles unser
Denken« (AsW § 515) als eine Art Gespräch mit sich selbst vorgestellt und ist
also als ›Gespräch‹ natürlich zeichenvermittelt. Zum zweiten – und diese Passage
dürfte zu den erkenntnistheoretisch weitreichendsten in Meiers Werk gehören –
stellt er die These auf, dass selbst da, wo man meint, die »Gegenstände unmittelbar an[zu]schauen« (ebd.), in Wahrheit ein komplexer Vermittlungszusammen-
hang vorliegt, der mit Hilfe von Zeichen funktioniert. »Was ich unmittelbar
empfinde und erfahre, ist die Vorstellung meiner Seele. Diese ist ein Zeichen
einer Veränderung des Gehirns. Diese ist ein Zeichen einer Veränderung der

---

[25] ARISTOTELES, Nikomachische Ethik, 1137b.

[26] Es ist schlicht falsch, wenn PETER RUSTERHOLZ, aaO., 39f. behauptet, »Ausleger und Urheber des Zeichens erscheinen [...] dank ihrer Teilhabe an der besten aller möglichen Welten als
kongenial«. Die Reichweite der Argumentation mit dem Leibnizschen Theologoumenon von
dieser Welt als der besten aller möglichen beschränkt sich ausschließlich auf die »natürlichen
Zeichen«. Vgl. zu Meiers Theorie der Auslegung derselben AXEL BÜHLER / LUIGI CATALDI
MADONNA, aaO., LXVI–LXVII. Bereits ROBERT S. LEVENTHAL, Semiotic Interpretation. In:
DVjS 60 (1986), 223–248, hier 236, Anm. 36, hat Rusterholz' Irrtum korrigiert und auf die Nä-
he von Meiers Billigkeitsprinzip zu dem ›principle of charity‹ der sprachanalytischen Philosophie
(William van Ormand Quine, Paul Grice, Donald Davidson) hingewiesen. Dieser Theorieer-
wandtschaft ist ausführlicher nachgegangen WOLFGANG KÜNNE, Prinzipien der wohlwollenden
Interpretation. In: Intentionalität und Verstehen, Frankfurt a. M. 1990, 212–236.

[27] GÜNTER SCHENK, aaO., 109, benennt als wichtigste Funktionen sprachlicher Zeichen
nach Meier »die erkenntnisfundierende / denkkonstitutive, die mnemonische und kommunikative Funktion«.

Nerven. Diese ist ein Zeichen einer äusserlichen Veränderung in meinem Körper. Diese ist ein Zeichen desjenigen Theils des äusserlichen Gegenstandes, welcher unmittelbar in meinen Körper wirkt. Dieser Theil ist ein Zeichen dieses ganzen Gegenstandes, und dieser ein Zeichen aller übrigen ausser uns befindlichen Dinge welche wir mit ihm zugleich empfinden.« (Ebd.) Abgesehen von der Frage der physiologischen Richtigkeit dieser Ausführungen ist deutlich, dass nach Meier selbst die Objektwahrnehmung – um wie viel mehr aber der kognitive Bezug auf Abstrakta wie etwa Textbedeutungen – zeichenvermittelt ist, was nichts anderes bedeutet, als dass bereits konstruktive Bewusstseinsaktivität in die Objekterkenntnis eingeht.

Im Lichte dieser Ausführungen ist es nur konsequent, wenn Meier einige Jahre später die Linie auszieht und behauptet, dass »wir ohne Zeichen *gar nicht oder sehr wenig und schlecht* denken können« und dass »wir nur vermittelst der Zeichen zu *aller* unserer Erkenntnis würklicher Dinge gelangen«. (Ont. § 276; Hvg. A. K.) Es liegt nach Meier mithin eine Art von Totalität der ›symbolischen Erkenntnis‹ vor.

Trotz dieser Totalität stellt er der symbolischen Erkenntnis noch eine andere Erkenntnisart gegenüber, die er »anschauende Erkenntniß« (ThLG § 57) nennt. Und in gewisser Weise scheint er dieser Erkenntnisart einen höheren Wert zuzuschreiben: »Wenn man das Bezeichnungsvermögen verbessern will, so muß man sich sehr in Acht nehmen, damit es nicht so stark werde, daß dadurch die anschauende Erkenntniß der Sachen selbst, verdunkelt, unterdrückt und verhindert werde.« (AsW § 525) Die Annahme einer anschauenden Erkenntnis einer Sache selbst scheint den oben gemachten Ausführungen über den zeichenvermittelten Charakter aller Objekterkenntnis stracks zuwider zu laufen.

Dieser scheinbare Widerspruch lässt sich kaum über die bloße Begriffsbestimmung der anschauenden Erkenntnis auflösen: »Nemlich die anschauende Erkenntniß einer Sache bestehet darin, wenn wir sie entweder ohne Zeichen erkennen, oder doch eine grössere und stärkere Vorstellung von ihr haben, als von ihrem Zeichen, welches wir uns zugleich neben ihr vorstellen.« (Ps. § 623) Er wird vielmehr bloß verstärkt, insofern hier geradezu eine Erkenntnis ganz *ohne* Zeichen als möglich erachtet wird. Der scheinbare Widerspruch kann vielmehr nur über eine genauere Abgrenzung der Funktion anschauender Erkenntnis aufgelöst werden.

Es ist gerade eine besonders scharfe Formulierung, die auf die richtige Spur führt. Meier schreibt: »Die symbolische Erkenntniß ist überhaupt todt.« (AsW § 525) Dem entspricht die Auffassung, dass »nur die anschauende Erkenntniß [...] lebendig« (ThLG § 57) sein soll. Ein Fortschritt kann also über die Frage erzielt werden, »wie eine Erkenntnis lebendig werde« (ebd.) Meier vewendet an dieser Stelle einen engeren und einen weiteren Begriff von ›lebendiger‹ Erkenntnis. Im weiteren Sinne ist eine Erkenntnis immer dann lebendig, wenn die in ihr enthaltene Vorstellung »Lust und Unlust« (ebd.) – gemeint ist freilich Lust *oder* Unlust – erweckt. In diesem Sinne gibt es auch eine »anschauende Erkenntniß, der Zeichen, und der Vollkommenheiten derselben«. (Ebd.) Damit dürfte der Spezialfall eines rein ästhetischen Vergnügens an den Zeichen gemeint sein. In dem engeren Sinn gewährt Lust nur die »anschauende Erkenntnis des guten oder einer Vollkommenheit« (ebd.) Folglich ist auch nur die »anschauende Erkenntniß und zwar des Guten und des Bösen, lebendig.« (Ebd.)

Die anschauende Erkenntnis hat es also im strengen Sinne gar nicht mit Objekterkenntnis oder überhaupt mit dem Verweis von Vorstellungen auf etwas außerhalb des Bewusstseins zu tun. Sie ist vielmehr die Beziehung einer Vorstellung auf die affektive oder voluntative Dimension des Gemüts. Sie liegt also dann und nur dann vor, wenn »unser Gemüth in Bewegung« (Ps. § 623) gerät, wenn man »gerührt« (ebd.) ist.

Die symbolische Erkenntnis vollbringt im Gegensatz zur anschauenden eine affektdistanzierende Leistung. Kann eine starke Rührung der Seele in Zeichen – seien es Worte, Bilder oder andere – ausgedrückt werden, so nimmt die Rührung in ihrer Intensität ab. Als Beispiel: Man »erfährt daher, daß eine heftige Traurigkeit anfängt, nachzulassen, so bald der traurige zu reden anfängt und seine Noth andern klaget« (ThLG § 94). In seiner »Ästhetik« geht Meier stets von ›edlen‹ Kunstwerken‹ aus, bei denen es sträflich wäre, ihrem aufführenden Gehalt durch eine bloß genießende Betrachtung auszuweichen. In seiner frühen Psychologie, der »Theoretischen Lehre von den Gemüthsbewegungen überhaupt«, hatte er die affektdistanzierende Leistung der symbolischen Erkenntnis noch neutral beschrieben bzw. auch mögliche positive Aspekte dieser Affektdistanzierung ausgemacht (vgl. ThLG §§ 91-94).

Der oben ausgemachte scheinbare Widerspruch lässt sich also auflösen. Die Totalität der symbolischen Erkenntnis gilt, aber mit einer Ausnahme: Ein »geringes Nachdenken kan uns davon überzeugen, daß wir, *ausser in den Veränderungen unserer Seele*, deren wir uns alsdenn bewußt sind, alle übrigen Gegenstände unserer Empfindungen, aus gewissen Zeichen erkennen.« (Ps. § 621; Hvg. A. K.) Allein die Veränderungen der Seele werden nicht in Zeichen ›erkannt‹. Sie kommen aber freilich auch nicht wirklich als solche zu Bewusstsein. Von daher erscheint es allerdings als fraglich, ob es günstig ist, diese Veränderungen der Seele als »Erkenntnis« zu bezeichnen. Denn sie stellen ja eher eine die Vorstellung begleitende ›Betroffenheit‹ dar. Doch sei dies hier nur angemerkt.

Erst von hier aus wird schließlich deutlich, inwiefern das Zeichen auch wirklich »*Erkenntnis*grund der bezeichneten Sache ist.« (VaA § 7) Denn eine »Veränderung der Seele« kann überhaupt nur dadurch zu Bewusstsein gelangen, dass sie bezeichnet wird: zuerst durch eine Vorstellung, die dann auch die Grundlage für ein Zeichen mit physischer Gestalt bereitstellt. Alle von Meier so genannte »symbolische Erkenntniß« ist demnach auf Rationalität im Gegensatz zu affektiver

Unmittelbarkeit abzielende Erkenntnis. Ihr Bereich sind die oberen Erkenntnisvermögen Verstand und Vernunft, welche aber ohne die bezeichnende Tätigkeit des Bewusstseins gar kein Material hätten. Insofern können alle Sachen – in der Weite des Meierschen Begriffs von ›Sache‹ – überhaupt nur durch Bezeichnung in die Diskursivität aufgenommen werden.

1.5. Ertrag

Anstelle einer Zusammenfassung des bisher Gesagten soll der Versuch unternommen werden, mit Blick auf den Fortgang der Arbeit den Ertrag dieses Abschnitts in einigen Punkten zusammenzufassen.

1. Ein Zeichen verweist auf eine bezeichnete Sache. Die Bedeutung eines Zeichens ist von der bezeichneten Sache zu unterscheiden. Sie besteht genauerhin in der Erschließbarkeit der Sache durch das Zeichen. Als Zeichen können alle möglichen Dinge fungieren. Sprachzeichen sind das herausgehobene Beispiel. Auch Vorstellungen können als Zeichen aufgefasst werden. Sie verweisen auf eine Veränderung in der Seele, welche durch einen externen Reiz zustande kommt. Zeichen können von Menschen im Prinzip arbiträr gewählt werden, es gibt aber eine interne Bezeichnungsrationalität, die sich nach der Absicht richtet, welche mit dem Vorgang der Bezeichnung verbunden ist. Die Zeichen, die dem göttlichen Verstand entspringen (»natürliche Zeichen«), gelten als die vollkommensten Zeichen.

2. Zeichen verweisen auf Vorstellungen; allein Vorstellungen, die als Zeichen fungieren, können auf Sachen verweisen. Die Bedeutung eines Zeichens ist niemals mit mathematischer Exaktheit erschließbar. Es bleibt bei der Auslegung des Zusammenhangs von Zeichen und Bedeutung stets eine Restunsicherheit bestehen.

3. Das Bezeichnungsvermögen ist die Fähigkeit des menschlichen Bewusstseins, die Vorstellung eines Zeichens und die Vorstellung einer Bedeutung aufeinander zu beziehen. Es beruht auf der Fähigkeit, sich mental auf etwas auszurichten (»Aufmerksamkeit«), und der Fähigkeit, momentan nicht präsente Vorstellungen zu reproduzieren (»Einbildungskraft«). Seine Tätigkeit umfasst sowohl den Akt der Bezeichnung wie den Akt der Auslegung.

4. Kommunikation ist trotz der prinzipiellen Arbitrarität der menschlichen Zeichen und Zeichensysteme möglich. Das liegt nicht in erster Linie an der Objektivität von Zeichensystemen, sondern an der Konsistenzunterstellung, die in jedem Kommunikationsakt enthalten ist. Unterstellt wird, dass das bezeichnende Bewusstsein im Akte der Bezeichnung eine kommunikative Absicht verfolgt und eine erschließbare Bedeutung intendiert. Wenn das zu interpretierende Zeichensystem ein Text ist, zielt der Akt der Auslegung auf ein Verstehen von Sinn. Gelingt diese Auslegung vollkommen, so wird exakt derjenige Sinn verstanden, den der Bezeichnende intendiert hatte – was immer einen Grenzfall darstellt.

2. Symbolische Erkenntnis bei Johann Heinrich Lambert

Johann Heinrich Lambert (1728-1777) ist seinem wissenschaftlichen Werdegang nach das diametrale Gegenteil zu Meier. Der Sohn eines elsässischen Schneidermeisters war zunächst für den Beruf seines Vaters vorgesehen und besuchte nur die Elementarschule. Die Lehrer dort erkannten jedoch seine außerordentliche Begabungen und sorgten dafür, dass er in verschiedentlichem Privatunterricht gefördert wurde. Im Alter von zwanzig Jahren erhielt er eine Hauslehrerstelle beim Grafen von Salis in Chur, die er acht Jahre innehatte. Während dieser Zeit arbeitete sich Lambert als Autodidakt in fast alle Bereiche des damals bekannten Wissens ein, wobei seine besondere Liebe der Physik (speziell der Astronomie) und der Mathematik galt. Weite Reisen brachten ihn in den fünfziger Jahren ins Gespräch mit den führenden Gelehrten Europas. Lambert wurde in zahlreiche wissenschaftliche Akademien aufgenommen. Sein Wirkungsorte waren zu dieser Zeit vorwiegend Augsburg und Chur.

Zur vollen Entfaltung gelangte seine wissenschaftliche Tätigkeit aber erst, als er im Januar 1765 in die Berliner Akademie der Wissenschaften aufgenommen wurde. Zunächst war er aufgrund seines dörflichen Benehmens, das er nie ganz ablegen konnte, und seines ausgeprägten Stolzes auf seine autodidaktisch erworbenen Fähigkeiten bei Friedrich II. in Ungnade gefallen. Doch der König wurde von mehreren Seiten angesprochen und schließlich umgestimmt. Lambert sah sich nicht zu besonderem Dank verpflichtet, da er seine Berufung für lediglich in der Logik der Sache liegend ansah.[28]

Man kann Lambert nicht anders als einen Universalgelehrten nennen.[29] Die deutlichsten ›Spuren‹ hat er in Physik und Mathematik hinterlassen. Die physikalische Einheit für Leuchtdichte ist nach ihm benannt, die Astronomie kennt einen »Lambertschen Satz«, die Photometrie zwei »Lambertsche Kosinusgesetze«, die Mathematik eine »Lambertsche Reihe«. In der Philosophie ist er vor allem in der Disziplingeschichte der Logik,[30] Systemtheorie und Erkenntnistheorie[31] einflussreich geworden. Als Lambert bereits 1777 an einer Lungenentzündung starb, vermisste ihn nicht zuletzt Kant als einen an der Realwissenschaft geschulten, erkenntnistheoretisch ähnlich interessierten Gesprächspartner.

---

[28] Vgl. zu Lamberts wissenschaftlichem Werdegang ausführlicher GÜNTER SCHENK / FRITZ GEHLHAR, Der Philosoph, Logiker, Mathematiker und Naturwissenschaftler Johann Heinrich Lambert (1990), 130-142.

[29] Einen Überblick vermittelt RUDOLF METZ, Johann Heinrich Lambert als deutscher Philosoph. In: Friedrich Löwenhaupt (Hg.), Johann Heinrich Lambert, Mulhouse 1943.

[30] Lambert könne »ohne Einschränkung als größter Logiker seines Jahrhunderts angesehen« werden (KARL SÖDER, Erkenntnistheoretische und methodologische Aspekte der Zeichentheorie Johann Heinrich Lamberts. In: Zeitschrift für Phonetik, Sprachwissenschaft und Kommunikationsforschung 35 (1982), 627-633, hier 627).

[31] Vgl. dazu GEO SIEGWART, Einleitung. In: ders. (Hg.), Johann Heinrich Lambert: Texte zur Systematologie und zur Theorie wissenschaftlichen Erkennens, Hamburg 1988.

Lambert ist philosophiegeschichtlich nicht ganz leicht einzuordnen. Von seiner Ausbildung her kann man ihn kaum als Vertreter der Schulphilosophie einordnen. Auch eine einseitige Verbuchung als Rationalist dürfte seinem Denken kaum gerecht werden. Gleichwohl sind inhaltlich die Berührungen zur Schulphilosophie recht groß. Lambert kannte und schätzte Meier, dessen großer »Logik« er eine ausführliche Rezension widmete.[32] Insbesondere im Hinblick auf die Zeichentheorie ist m. E. eine große Nähe festzustellen, was wohl daran liegen dürfte, dass die Referenzautoren die gleichen sind. Im Folgenden soll es daher weniger um Lamberts Zeichentheorie als vielmehr um die spezifischen Leistungen gehen, die seiner Meinung nach die zeichenvermittelte Erkenntnis zu erbringen imstande ist. Als Textgrundlage dient vor allem sein philosophisches Hauptwerk, das »Neue Organon« (NO) von 1764.

Das »Neue Organon« gliedert sich in vier Hauptteile, die mit von Lambert eigens gebildeten Kunstwörtern überschrieben sind: Auf die »Dianoiologie« (Lehre von der Erkenntnismöglichkeit; Dian.) folgt die »Aletheologie« (Lehre von der Wahrheitsfähigkeit von Begriffen und Sätzen; Aleth.); auf die »Semiotik« (Lehre von der Bezeichnung; Sem.) folgt die »Phänomenologie« (Lehre vom Schein und den Erscheinungen; Phän.).[33] Die Gesamtintention dieses wuchtigen Werks ist es, eine Art Überblick über das Gesamte der philosophischen »Grundwissenschaft« (Sem. § 1) zu geben. Es stellt eine Methodenlehre und Propädeutik im anspruchsvollen Sinne dar. Philosophiegeschichtlich hat man es als »Versuch einer Synthese zwischen Wolffschem Rationalismus und Lockeschem Empirismus«[34] anzusehen (vgl. NO Vorrede). Lambert stimmt dem Wolffschen Methodenideal einer mathematischen Lehrart im Prinzip zu, bemängelt aber, dass diese nur im Hinblick auf Sätze in Anschlag zu bringen sei. Jedoch: »Jeder Satz, den man als wahr ausgiebt, muss sich uns dadurch als wahr anpreisen, dass die Wörter, wodurch er ausgedrückt wird, eine nach aller Schärfe richtige Bedeutung haben, dass die Begriffe, so wir mit diesen Wörtern verbinden, genau richtig seyen«.[35] Lamberts Hauptinteresse richtet sich demnach auf die Philosophie als Begriffswissenschaft (vgl. Dian., I. Hauptstück).

Im Folgenden sollen zunächst der Begriff und die Grundfunktionen symbolischer Erkenntnis dargelegt werden (1). Danach sind ihre Leistungen im Einzelnen zu erläutern (2). Anschließend ist auf die Spezifika der natürlichen Sprachen

---

[32] Abgedruckt in dem dritten Band der von Günter Schenk besorgten Neuausgabe von Meiers »Vernunftlehre«.

[33] Die beiden zuletzt genannten Kunstwörter hat Lambert in die deutsche Wissenschaftssprache eingeführt. Bei den ersten beiden hatte er weniger Glück; es setzte sich ein deutsches Pendant durch.

[34] MAX EISENRING, Johann Heinrich Lambert und die wissenschaftliche Philosophie der Gegenwart Zürich 1942, 15.

[35] JOHANN HEINRICH LAMBERT, Abhandlung vom Criterium veritatis (1761) (= Kantstudien Ergänzungshefte, Bd. 36).

als des wichtigsten Falls symbolischer Erkenntnis einzugehen (3), bevor dann der
Ertrag sichergestellt werden kann (4).

2.1. Begriff und Grundfunktion der symbolischen Erkenntnis

Die »Semiotik« ist nach Lambert diejenige Wissenschaft, welche von der Bezeichnung der Begriffe und von dem Einfluss der natürlichen Sprache auf die
wissenschaftliche Erkenntnis handelt.[36] Sie stellt im Wesentlichen eine Sprachlehre dar, da die Sprache für Lambert aus verschiedenen Gründen als das wichtigste Zeichensystem zu gelten hat.[37] Diese Sprachlehre ist thematisch sehr umfangreich; sie enthält neben einer ausführlichen Grammatik auch Überlegungen zur
Phonologie, Etymologie und Semantik. Da sie jedoch nur ein – wenn auch besonders prominenter – Spezialfall einer allgemeinen Zeichentheorie ist, schickt
Lambert der Sprachlehre noch ein Hauptstück »Von der symbolischen Erkenntnis überhaupt« voraus. Dies beginnt – nach dem Hinweis auf die Unmöglichkeit
einer vollendeten systematischen Grammatik – mit der »Untersuchung der Notwendigkeit der symbolischen Erkenntnis überhaupt« (Sem. § 6). Was Lambert
unter diesem Ausdruck versteht, soll Gegenstand dieses Unterabschnitts sein.

Lambert setzt mit einem von ihm so genannten Postulat ein, nämlich »daß
wir die klaren Begriffe, so wir durch die äußern Sinne erlangen, wachend nicht
in ihrer völligen Klarheit erneuern können, es sei denn durch die Erneuerung
der Empfindung.« (Sem. § 6; i. O. hvg.) Es ist dieser Sachverhalt, der uns nö-
tigt, »Zeichen zu gebrauchen« (Sem. § 7). Um aus diesem Postulat Lamberts
Verständnis der *cognitio symbolica* erhellen zu können, ist dreierlei erforderlich:
Zuerst wird zu klären sein, was ein Begriff – zumal ein klarer Begriff – ist, dann
folgt eine kurze Reflexion über den Begriff der Empfindung, und schließlich
soll gefragt werden, inwiefern Zeichen Abhilfe für das behauptete Unvermögen
schaffen können. Zunächst also zum Begriff des Begriffs.

a) Anders als Meier hat Lambert kein besonderes Faible für Nominaldefini-
tionen. Deshalb setzt er ein mit einer Interpretation davon, was »eine Sache
begreifen« heißt, nämlich »sich selbige vorstellen können« (Dian. § 1). Als Arbeitsbegriff von »Begriff« gilt dann: »Wir nehmen den *Begriff* schlechthin als
die Vorstellung der Sache in Gedanken an.« (Dian. § 7) Diese Arbeitsdefinition
kann noch differenziert werden. ›Begreifen‹ heißt, sich eine Sache auf spezifische Weise vorstellen, »und zwar so, daß man eine Sache für das ansieht, was
sie ist, daß man [...] sie jedesmal wieder erkennen kann etc.« (Dian. § 1) Ein
Begriff ist demnach ein mentales Schema, in dem dreierlei enthalten ist: erstens
die Vorstellung der Sache, zweitens der korrekte Bezug des Begriffs auf die Sache im Sinne einer Merkmalsadäquatheit und drittens die Re-Identifizierbarkeit
der Sache durch den Begriff (vgl. Dian. § 1). Ein Begriff kann entweder »klar«

---

[36] Vgl. Gesine Leonore Schiewer, Cognitio symbolica, Tübingen 1996, 166–173.
[37] Vgl. dazu unten 48–51.

oder »dunkel« (Dian. § 8) sein. Das Kriterium dafür ist die Leistung der Re-
Identifizierung. Kann eine vorgestellte Sache so unter einen Begriff subsumiert
werden, »daß wir die Sache jedesmal wieder erkennen können« (ebd.), so gilt
der Begriff als klar.[38]

Begriffe werden durch die von ihnen umfassten »Merkmale« (Dian. § 9) konstituiert, welche zugleich ihren wechselseitigen Unterscheidungsgrund abgeben.
Die Begriffsbestimmung verläuft nach Lambert wie folgt: Zuerst hat man sich
mit den Fällen – idealiter mit allen – vertraut zu machen, in denen der Begriff
verwendet wird. Sodann wird der Begriff aus den einzelnen Verwendungsfällen abstrahiert, indem seine Merkmale identifiziert werden. Schließlich werden
die Begriffsmerkmale hierarchisiert, wodurch es zur Aufstellung von Gattungs-
und Artenbegriffen kommen kann (vgl. Dian. § 35f). Man kann sagen, Lambert
vertritt eine Merkmalstheorie des Begriffs, die aber auf der Beobachtung und
Sammlung der Einzelfälle, die unter den Begriff fallen, fußt.

Der Frage, wie man Begriffe bestimmt, geht noch die voraus, wie es überhaupt zu der Verwendung von Begriffen kommt. Dazu führt Lambert aus: »Die
ersten Wege, wodurch wir zu Begriffen gelangen, sind die *Empfindungen*, und
die Aufmerksamkeit, die wir gebrauchen, alles was uns die Sinne an einer Sache empfinden machen, uns vorzustellen, oder dessen bewußt zu sein.« (Dian.
§ 8). Alle Begriffe setzen demnach Empfindungen voraus, welche via Aufmerksamkeit[39] in das Bewusstsein aufgenommen werden können. Dieser Vorgang
geschieht in aller Regel, ohne dass er selbst noch einmal thematisch würde. Die
Reflexion auf die Begriffsbestimmungen und -bildungen bleibt dem philosophierenden Verstand vorbehalten, aber auch dieser bleibt trotz der methodischen
Sammlung von Verwendungsfällen prinzipiell an die Empfindung gebunden.
Damit stellt sich die Frage, was eigentlich unter einer Empfindung verstanden
sein soll.

b) Lambert hat sich über den Begriff der »Empfindung« nicht zusammenhängend geäußert. Allgemein kann man sagen, dass er darunter die sinnliche
Wahrnehmung, und zwar als ›Rohmaterial‹ für das Vorstellungsvermögen, versteht. Empfindung ist das ungeordnete Aufnehmen von Reizen über die Sinne,
doch so, dass der gelieferte Gehalt – denn in den Empfindungen ist »immer etwas Positives« (Dian. § 589) – stets auf Anordnung hin drängt. So gesehen, kann
Empfindung von der »Erfahrung« abgegrenzt werden: Diese beruht zwar auf
Empfindung, aber zugleich soll »die empfundne Sache«, also bereits geordnetes
Material, mit unter ihr verstanden sein. Daher »wird, wenn eine Erfahrung vollständig vorgetragen werden soll, füglich beides zusammen gefaßt« (Dian. § 554).

---

[38] Der Text scheint nahe zu legen, dass Lambert nur die Identifizierung *ein und derselben* Sache
vor Augen hat. Doch ist es ja gerade die Leistung des Begriffs, dass er etwas »Allgemeines« in
den Vorstellungen der Sachen entdeckt, welche daher alle unter diesen Begriff fallen.
[39] Zum aufgeklärten Begriff der Aufmerksamkeit s. o., S. 30.

Aus einigen anderen Stellen geht hervor, dass Lambert unter »Empfindung« darüber hinaus stets nur die *aktual*, zu einem Jetztzeitpunkt gelieferten Sinnesdaten versteht. Im Zusammenhang der Theorie des naturwissenschaftlichen Experiments vermerkt Lambert: Wir bemerken »fast immer nur das, was die Sinnen stärker rührt« (Dian. § 564). Weil der Mensch mehrere Sinne hat, kommt es in der Wirklichkeit stets zu zusammengesetzten Empfindungen, und die stärkste unter ihnen gelangt vor allen anderen ins Bewusstsein. Die Vorstellungskraft fasst die Sinnesdaten zur Vorstellung einer Sache zusammen, von welcher der Verstand als das Begriffsvermögen dann entscheidet, ob die in ihr vorgestellte Sache unter einen Begriff fällt.

c) Damit zurück zu dem oben erwähnten Postulat. Lambert erläutert es wie folgt: Die auf beschriebene Weise erlangten Begriffe sind »von der Art [...], daß sie, wenigstens so lange wir wachen, nicht anders als durch die Erneuerung der Empfindung selbst wieder erregt werden« (Aleth. § 15). Unmittelbar bedeutet das: Ohne Empfindung gibt es, wie ausgeführt, keine Vorstellungen von etwas Realem. Ohne Vorstellungen aber wird das Begriffsvermögen auch nicht aktiviert. Daher wird in diesem Fall der Begriff nicht wieder »erregt«.

Zweierlei ließe sich einwenden: Zum einen, dass es ja tatsächlich, »so lange wir wachen« stets auch Sinnesaktivität gibt, also auch Vorstellungen gebildet werden, die unter Begriffe fallen. Das würde Lambert auch gar nicht bestreiten. Nur sind das eben dann nicht diejenigen Begriffe, deren Wiedererneuerung hier in Frage steht. »Man versuche es nämlich, ob man wachend von Licht, Farben, Schall, und jeden andern Gegenständen der äußern Sinnen, ohne Erneuerung der Empfindung, den klaren Begriff erneuern könne. Es wird nicht angehen« (Sem. § 6). Angesichts von etwas tief Blauem gelingt es nach Lambert nicht, den klaren Begriff »rot« zu »erneuern«. Der andere Einwand wäre der, dass das menschliche Bewusstsein vermöge der Einbildungskraft doch eigentlich nicht an aktuale Empfindungen gebunden sein müsste, da ihr Wesen ja gerade darin besteht, vergangene Vorstellungen zu reproduzieren. Auch dies gibt Lambert zu. Es ist durchaus »möglich, daß ein denkendes Wesen sich solche Begriffe ohne Veranlassung der Sinnen vorstellen könne« (Aleth. § 16). Dennoch behauptet er: Ohne etwas Rotes vor Augen erreicht man »den eigentlich klaren Begriff Farbe [...] mit aller Anstrengung der Einbildungskraft nicht« (Aleth. § 15). Der Grund, warum beide Einwände scheitern, ist der, dass das aktuale Einprasseln von Sinnesdaten der Sinne es verhindert, dass das Bewusstsein den klaren Begriff von etwas Abwesendem rekonstruiert. Dies impliziert auch den Grund für seine ständige Einschränkung, wir könnten »wachend« den Begriff nicht erneuern. Im Schlaf ginge das nämlich durchaus, da – nach dem damaligen somnologischen Wissensstand – im Schlaf die Sinne sämtlich untätig sind und also die Einbildungskraft ungehindert ans Werk gehen kann.

Lambert hat vielleicht das Seltsame dieser Auffassung gespürt, wenn er eingesteht, dass man auch ohne eine Rose vor Augen »wissen« kann, »daß eine Rose rot ist« (Aleth. § 15). Er löst diese Spannung mit der Zugabe der Möglichkeit, »daß die Begriffe selbst [...] an sich schon in der Seele sollten sein können, ehe bei uns das Bewußtsein derselben durch die Empfindung veranlaßt wird.« (Aleth. § 16) Er hält aber daran fest, dass diese Begriffe ohne zugehörige Empfindung allemal dunkel bleiben.

Nach Lambert schafft sich das menschliche Bewusstsein ein Mittel, dieses sein Unvermögen auszugleichen, und dieses Mittel sind die Zeichen. Grundvoraussetzung dafür ist, dass von den Zeichen gelten muss, »daß wir sie jedesmal und nach Belieben wieder empfinden können.« (Sem. § 8) Nur dadurch können sie das Ausgeliefertsein an die Sinne unterlaufen: »So lange wir nun keine Zeichen empfinden, sind wir uns im Wachen jeder andern stärkern Empfindung bewußt.« (Sem. § 16) Das Zeichen ist dazu in der Lage, weil ein Zeichen »eine materielle und eine ideelle Komponente«[40] enthält. Es hat eine materielle Repräsentation, welche sinnlich empfunden werden kann. Und es verweist gleichzeitig auf eine Bedeutung als jene ideelle Komponente, denn Bedeutungen sind ideelle Sachverhalte. Diese Bedeutung aber ist für Lambert nichts anderes als der Begriff. Zeichen repräsentieren Begriffe: »Bei [im Sinne von »anhaftend an«; A. K.] der Empfindung der Zeichen ist das Bewußtsein, daß es diese oder jene Sache, diesen oder jenen Begriff vorstelle.« (Sem. § 11) Genau für diesen Sachverhalt der Zeichenvermitteltheit des (begrifflichen) Denkens greift er auf den Wolffschen Terminus der »*cognitio symbolica*« zurück. Der Terminus des Symbols steht also hier – genau wie bei Meier – noch nicht für eine irgend geartete Form des Bedeutungsüberschusses wie dann später bei Kant, wovon im Folgenden noch zu sprechen sein wird.

Damit ist der Gedankengang vollständig. Zwar kann das Bewusstsein in Abwesenheit der entsprechenden Empfindungen nicht den klaren Begriff von etwas rekonstruieren. Aber es kann mit Hilfe eines Zeichens, das auf den Begriff verweist, die Gebundenheit an den sinnlichen Datenstrom transzendieren. Ohne »die Zeichen der Begriffe« würden wir »von jeder gegenwärtigen Empfindung hingerissen werden« (Sem. § 12). Um es an dem bereits verwendeten Beispiel deutlich zu machen: Das Bewusstsein kann den Begriff »rot« nicht klar denken, wenn momentan nichts Rotes gesehen wird. Fällt aber das (Wort-) Zeichen »rot« ins Auge, so kann das Bewusstsein qua Aufmerksamkeit sich auf dieses Zeichen richten und die an diesem Zeichen hängende Vorstellung des Begriffs »rot« erneuern.

Entscheidend an diesem Zusammenhang ist: Ob das Bewusstsein einen Begriff aus den Empfindungen oder durch das Zeichen rekonstruiert, ist für die Kontinuität seiner Tätigkeit gleichgültig. Zeichen und empfundener Gegenstand sind in Absicht des Begriffs austauschbar. Zusammenfassend kann man sagen:

---

[40] Karl Söder, aaO., 629.

Die symbolische Erkenntnis ist diejenige begriffliche Erkenntnis, welche durch Zeichen, die Begriffe repräsentieren, die Gebundenheit des Bewusstseins an den sinnlichen Datenstrom tranzendieren kann. Dieser Sachverhalt ist es, welcher der *cognitio symbolica* ihre ganz spezifischen Leistungen ermöglicht, die Gegenstand des nächsten Abschnitts sein sollen.

Zuvor aber noch eine Anfrage, welche sich von Meier her an Lambert ergibt. Für Meier konnten auch Vorstellungen Zeichen sein. Dies passt scheibar nicht in Lamberts Konzept, insofern eine rein bewusstseinsinterne Vorstellung ja nicht sinnlich wahrgenommen werden kann. Lambert hat diese Frage, so viel ich sehe, nirgends thematisiert. Mit Lambert könnte man sagen: Dass eine Vorstellung ein Zeichen sein kann, lässt sich nur dann behaupten, wenn die Einbildungskraft gleichsam die Ruhe hat, Vorstellungen zu reproduzieren. Jedenfalls wäre dann richtig gesehen, dass es in der Tat sehr schwierig sein dürfte, unter dem Einfluss von heftigen sinnlichen Reizen frei zu assoziieren.

2.2. Die Leistungen der symbolischen Erkenntnis im Einzelnen

Der Begriff der *cognitio symbolica* wurde durch deren spezifische Grundfunktion erläutert: Sie bestand darin, die Gebundenheit des menschlichen Bewusstseins an die aktuale Rezeptivität zu unterlaufen. Aus dieser Grundfunktion soll nun deutlich werden, »daß die symbolische Erkenntnis uns ein unentbehrliches Hülfsmittel zum Denken ist.« (Sem. § 12; i. O. hvg.) Es können im Einzelnen fünf Leistungen unterschieden werden.[41]

1. Die zeichenhafte Verfasstheit der diskursiven Erkenntnis ermöglicht es allererst, überhaupt etwas im Bewusstsein festzuhalten. Ohne die *cognitio symbolica* wäre es eine Art Fass ohne Boden, durch welches permanent Empfindungen hindurchflössen, ohne sich jedoch zu Vorstellungen zu verdichten. Bestenfalls würde man bei geringer aktual-sinnlicher Rezeption »von andern vormals gehabten Empfindungen nur ein dunkeles und flüchtiges Bewußtsein haben« (Sem. § 12). Die Zeichen sind aufgrund ihrer materiellen Dimension dazu in der Lage, gleichsam einen ›Haltepunkt‹ für die Aufmerksamkeit abzugeben. Damit kann sich das Bewusstsein auf den mit dem Zeichen assoziierten Begriff fokussieren.

2. Eng damit verbunden ist die zweite Leistung der *cognitio symbolica*. Durch den Zeichengebrauch können nicht nur einzelne Begriffe mental rekonstruiert werden, sondern das Denken kann auch in eine geordnete Kontinuität überführt werden. Im Wachzustand rezipiert das Bewusstsein unaufhörlich sinnliche Daten. Die Zeichen unterbrechen nicht den sinnlichen Datenstrom als solchen, aber sie leiten ihn in eine Bahn. Der Zeichengebrauch überbrückt den Hiat von Rezeptivität und Kognitivität, weil Letztere mit dem völlig ungeordneten Da-

---

[41] Damit soll die Einschätzung von CHRISTOPH HUBIG, Die Zeichentheorie Johann Heinrich Lamberts. In: Zeitschrift für Semiotik 1 (1979), 333-344, hier 336f., erweitert werden. Hubig geht nur von zwei Funktionen aus, die hier unter den Punkten 1. und 2. verhandelt werden.

2. Symbolische Erkenntnis bei Johann Heinrich Lambert

tenstrom schlichtweg überfordert wäre, und garantiert damit, wenn man so will, allererst die Einheit des kognitiven Bewusstseins (vgl. Sem. § 16).

3. Das menschliche Abstraktionsvermögen ist nicht darauf beschränkt, Begriffe konkreter Objekte auszumachen. Vielmehr ist das menschliche Bewusstsein auch in der Lage, sich in Gedanken in die »Intellektualwelt« (Sem. § 18) zu erheben, d. h. in die Sphäre der Allgemeinbegriffe. Nun ist es so, dass »alles, was wir unmittelbar empfinden können, individual ist.« (Sem. § 17) Daher können die abstrakten Begriffe niemals direkt auf Empfindungen aufruhen. Sie können lediglich vorgestellt werden. Es gibt nur ein Zeichensystem, dass mit dieser Schwierigkeit umgehen kann, und das ist die Sprache. Sie ist zu dieser Leistung fähig, indem sie im Bereich der intellektualen Vorstellungswelt die Gegenstände und Vorgänge nach Analogie mit der »Körperwelt« (Sem. § 18) bezeichnet.[42] Das bedeutet, dass »unsere *allgemeine* oder *abstrakte* Erkenntnis durchaus [= durchgängig] symbolisch« (Sem. § 17) ist. Alle Abstrakta können lediglich in Zeichen mental erfasst werden, und nur in Zeichen kann abstrakt gedacht werden.

4. Eine vierte Leistung der *cognitio symbolica* wird von Lambert im »Neuen Organon« nicht explizit erwähnt, liegt aber auf der Fluchtlinie des bislang Ausgeführten. Sie findet sich in dem Brief an Kant vom 13.10.1770.[43] Lambert bedankt sich für die Übersendung von Kants »Dissertatio« und nutzt die Gelegenheit zu längeren Kommentaren und Ausführungen.[44] Dabei schneidet er eine Thematik an und vertieft sie, auf die er bereits im »Neuen Organon« kurz zu sprechen gekommen war. Wenn begriffliche Erkenntnis im Prinzip – wie ausgeführt – empfindungsgestützt ist, wie ist es dann möglich, »daß wir uns Wahrheiten ohne sinnliche Bilder deutlich vorstellen können?« (Phän. § 119; i. O. hvg.). In der »Phänomenologie« traktiert er unter dieser Fragestellung v. a. die so genannten Grundbegriffe im Sinne John Lockes. Damit sind all diejenigen Begriffe gemeint, die keine weiteren Merkmale enthalten.[45] Dabei deutet er nur kurz an, was er in diesem Brief weiter ausführt, nämlich ein mathematiktheoretisches Problem. Die Mathematik basiert auf Raum und Zeit. Nun operiert sie aber auch mit Größen, die über alle Empfindbarkeit, also auch über alle Raumzeitlichkeit, hinausgehen. Als Beispiele nennt Lambert die unendliche Reihe oder die Wurzel aus -1 (vgl. AA X 110). Man könnte versucht sein, diese als Erzeugnisse des »reinen Denkens« (109) anzusehen. Aber Lambert ist dieser Meinung nicht. Zwischen erfahrungsgestütztem und reinem Denken haben wir seiner Meinung nach an der »Symbolischen Kenntnis noch ein Mittelding.«

---

[42] Vgl. dazu ausführlicher unten 48-51.

[43] Dieser Brief wird nach der der Akademie-Ausgabe der Kantischen Werke (AA) zitiert.

[44] Vgl. zum Verhältnis Lamberts zu dieser Schrift Kants Lewis White Beck, Lambert und Hume in Kants Entwicklung von 1769-1772. In: Kant-Studien 60 (1969), 123-130.

[45] Lambert zählt dazu ohne Anspruch auf Vollständigkeit Ausdehnung, Solidität, Bewegung, Existenz, Dauer und Sukzession, Einheit, Bewusstsein, Kraft zu bewegen, Wollen (vgl. Aleth. § 36).

(109) Durch das regelgeleitete Verknüpfen von (mathematischen) Zeichen ist es möglich, mit Dingen umzugehen, die wir »nicht mehr überdenken können, und doch versichert sind, daß die Bezeichnung Wahrheit vorstellt.« (109) Auf diese Weise gelangt der Verstand »weit über die Grenzen unseres wirklichen [= erfahrungsbasierten] Denkens hinaus.« (110) Was zunächst als ein Produkt des reinen Denkens erscheint, erweist sich bei näherem Hinsehen als »Proben der symbolischen Erkenntnis« (110). Damit handelt Lambert sich jedoch eine interessante Zusatzannahme ein: Soll nämlich jene Verankerung der Mathematik in Raum und Zeit nicht geleugnet werden, so muss »in der Gedankenwelt ein [. . .] Simalacrum spatii et temporis« (109), also eine »Nachbildung des wirklichen Raums und der wirklichen Zeit« da sein. Diese simulierten Örter und Zeiten sind die eigentliche Sphäre der erfahrungstranszendierenden Zeichenkombinatorik. Kraft der Zeichen kann das menschliche Bewusstsein komplexe Theoriegebilde erfassen, die sich sonst nicht übersehen ließen. In dieser Funktion verweisen sie allerdings auf gedankliche *simulacra* – was ihre Leistung nicht schmälert, sondern eher bekräftigt. Hier ist eine Theorie der Fiktionalität zumindest vorbereitet.

5. Der in gewissem Sinne nächstliegende Punkt sei zum Schluss erwähnt. Zeichen allein ermöglichen die Kommunikation von Begriffen und also von gedanklicher Erkenntnis überhaupt. Dies gilt nicht allein für die Sprache, sondern bereits für vorsprachliche Zeichen wie weisende Handbewegungen usw. Ohne Zeichen könnte das menschliche Bewusstsein nicht in kommunikativer Absicht aus sich heraustreten.

Lamberts umfassende und distinkte Entfaltung der Leistungen des menschlichen Zeichengebrauchs stellt ein theoriegeschichtliches Novum dar. Nicht ohne Grund bezieht sich daher die moderne Semiotik auf Lambert als auf einen ihrer Gründerväter.

2.3. Die Spezifika der natürlichen Sprachen

Lamberts Hauptinteresse gilt in der »Semiotik« der Frage, wie ein System wissenschaftlicher Zeichen organisiert sein müsste. Dieses würde man dann antreffen, »wenn sie [= die wissenschaftlichen Zeichen] nicht nur überhaupt die Begriffe oder Dinge vorstellen, sondern auch solche Verhältnisse anzeigen, *daß die Theorie der Sache und die Theorie ihrer Zeichen mit einander verwechselt werden können*« (Sem. § 23; vgl. NO Vorrede). Gleich zu Beginn des dritten Buches stellt er fest, dass die natürlichen Sprachen als Kandidat für ein solches System nicht in Frage kommen und nicht in Frage kommen können, da in jeder Grammatik »der *Gebrauch zu reden* als ein Tyrann vorgestellet« (Sem. § 1) wird. Der natürliche Sprachgebrauch geht den grammatischen Systematisierungsbedürfnissen immer schon voraus und lässt sich von denselben nie ganz einholen. Lambert diskutiert im ersten Hauptstück der »Semiotik« dann verschiedenste Zeichensysteme – wie etwa die Notenschrift in der Musik, die Choreographiezeichen der Tänze, die

Bezeichnungen der Winde in der Seefahrt usw. –, ob und inwiefern sie diesem Kriterium genügen. Die Algebra gilt ihm als das bislang gelungenste Modell eines solchen Zeichensystems (vgl. Sem. § 35-38).

An dieser Stelle soll Lamberts Hauptinteresse nicht verfolgt werden.[46] Stattdessen soll eine andere Frage in den Vordergrund gestellt werden: Was sind die Gründe dafür, dass Lambert, obwohl er die natürlichen Sprachen gleich eingangs als Kandidat aussondert, ihnen dennoch die restlichen neun Hauptstücke der »Semiotik« widmet? Etwas anders gefragt: Was an der Sprache hat für den Logiker und Mathematiker Lambert diesen Charme, das er ihr ein ganzes eigenes Buch widmet?

Meines Erachtens lassen sich drei Gründe ausfindig machen, die Lambert zu dieser intensiven Beschäftigung mit den natürlichen Sprachen veranlassten. Erstens: Andere Zeichensysteme mögen insgesamt präziser sein als die natürlichen Sprachen. Dafür haben sie allesamt einen stark eingeschränkten Geltungsbereich, sie sind »viel zu spezial« (NO Vorrede S. XIV). Die Sprache hingegen zeichnet sich durch ihren universalen Charakter aus, sie »bleibt immer das allgemeine Magazin unserer ganzen Erkenntnis« (NO Vorrede S. XV). Alle Zeichensysteme lassen sich im Prinzip in Sprache überführen, umgekehrt ist es so, dass nach Lambert alle Zeichensysteme gewissermaßen ›Anleihen‹ bei den natürlichen Sprachen machen. Kein Zeichensystem, nicht einmal die Algebra, kommt völlig ohne Elemente der natürlichen Sprachen aus. Sie lassen sich insofern quasi als deren Derivate verstehen. Der zweite Grund hängt damit eng zusammen. Zeichen haben, wie gesagt, auch eine kommunikative Funktion. Nun ist die Sprache durchaus nicht das einzig verfügbare Zeichensystem, das diese Funktion ausfüllen könnte. Aber sie ist das geeignetste, weil beinahe universale Kommunikationsmedium. Das mag auch an ihrer Doppelexistenz als Rede und Schrift liegen (vgl. Sem. § 9. 14).

Der dritte Grund ist bereits weiter oben angedeutet worden und soll nun noch etwas ausführlicher betrachtet werden. Er ist darin zu sehen, dass die Ausdrücke der natürlichen Sprache analogiefähig sind. Sie sind in ihrem Gebrauch nicht auf ihren puren semantischen Gehalt beschränkt, sondern können als Metaphern fungieren. Der Grund dafür, dass das möglich ist, liegt in der Ähnlichkeit, den der »Eindruck, den die Objekte der verschiedenen Sinnen und des Verstandes in uns« (Sem. § 18) machen, aufweist. Beispielsweise macht nach Lambert ein sehr großes Gebäude einen ähnlichen Eindruck wie ein bedeutender Gedanke, so dass sie beide mit dem Attribut »hoch« versehen werden. In der metaphorischen Verwendung ist dabei die primäre Bedeutung des Begriffes (hohes Gebäude) vorausgesetzt (vgl. Sem. § 20). Die Worte erhalten dadurch »eine doppelte und

---

[46] Vgl. zur Frage der allgemeinen Bestimmung der Bedeutung von Grundbegriffen und -axiomen die eindringliche Studie von GEREON WOLTERS, Basis und Deduktion, Berlin / New York 1980.

zuweilen auch vielfache Bedeutung« (Aleth. § 45). Verdichtet sich die metaphorische Verwendung aus vielen Fällen endlich zu einem begrifflichen Ausdruck, so nennt Lambert denselben »transzendent« (Aleth. § 48). Dies sind die eigentlichen Abstrakta. Lambert nennt als Beispiel den Begriff der Kraft. Ursprünglich auf die Bewegung von konkreten Objekten bezogen, bezeichnet er metaphorisch auch das, was im Erkenntnistrieb und im Begehrungsvermögen wirksam ist. Dadurch ist er ein transzendenter Begriff geworden, d. h. ein solcher, der »in der Körperwelt und Intellektualwelt ähnliche Dinge vorstellt.« (Ebd.)

Insofern man die symbolische Erkenntnis »figürlich« (Sem. § 22) nennen kann, weil die Erkenntnis in ›Figuren‹ (Buchstaben, Zahlen, Noten) niedergelegt ist, muss die symbolische Erkenntnis hinsichtlich der Metaphern oder der Abstrakta als »auf eine gedoppelte Art figürlich« (Sem. § 22) bezeichnet werden, da »wir die abstrakten Begriffe und die Dinge der Intellektualwelt, wegen der Ähnlichkeit des Eindrucks, uns unter sinnlichen Bildern vorstellen«. (Ebd.)

Aus dieser Analogiefähigkeit der sprachlichen Ausdrücke baut Lambert eine Theorie der Wortklassen. Die erste Klasse besteht aus jenen als qualitativ gänzlich einfach vorgestellten Grundbegriffen. Darüber hinaus gehören zu dieser Klasse die Begriffe der körperlichen Objekte, »die an sich schon ein Ganzes sind« (Sem. § 336) und bei denen es folglich keine Schwierigkeiten macht, ihre Bedeutung festzulegen. Die zweite Klasse besteht aus den durch metaphorischen Gebrauch gewonnenen Abstrakta. Sie sind der eigentlich hermeneutisch umstrittene Teil einer natürlichen Sprache. Schließlich gibt es nach Lambert noch eine dritte Klasse, und das sind die Kunstwörter (vgl. Sem. § 341), worunter er nicht einfach das Spezialvokabular der einzelnen Wissenschaften versteht, sondern gänzlich neu erfundene Ausdrücke, die zu Vereinfachungszwecken in eine natürliche Sprache eingeführt wurden. Man spürt an dieser Stelle als Hintergrund die Debatte des 18. Jahrhunderts um die Etablierung einer eigenen deutschen Wissenschaftssprache.

Um diesen dritten Vorzüglichkeitsgrund zusammenzufassen: Die Analogiefähigkeit ist ein Spezifikum der natürlichen Sprachen. Sie ist dadurch vor anderen Zeichensystemen ausgezeichnet. Denn nur weil die Sprache selbst in diesem Sinne steigerungsfähig ist, kann sie gewissermaßen mit dem Erkenntnisfortschritt ›mithalten‹. Und umgekehrt können analogische Sprachverwendungen – die zumeist der dichterischen Sprache entstammen – in den Alltagswortschatz übergehen und so die Sprache ausweiten. Mit dieser Herausarbeitung der Analogiefähigkeit des Zeichensystems »natürliche Sprache« wird Lambert zu einem herausragenden systematischen Bindeglied zwischen der Schulphilosophie und Kant. Denn während jene den Begriff des Symbolischen ganz für die Zeichenvermitteltheit reserviert, macht die Analogie, wie wir im Folgenden sehen werden, für Kant gerade das Spezifikum des Symbolischen aus.

Die verbleibende Ungenauigkeit, die natürliche Sprachen notwendig an sich tragen, muss gegenüber ihren Vorzügen in Kauf genommen werden. Der Umgang mit ihr wird von Lambert der »hermeneutische[n] Billigkeit« (Sem. § 307) zugewiesen. Lambert kommt auf etwas anderem Wege zu diesem Theorem, versteht darunter aber in allem Wesentlichen dasselbe wie Meier. Die Interpretation eines Ganzen von Sprachzeichen ist unter dem Gesichtspunkt des »Hypothetische[n] in der Sprache« zu sehen, welches nichts anderes meint als die grundsätzliche kommunikative Voraussetzung, der ›Autor‹ eines unverständlichen Textes »habe mit einigem Bewußtsein geschrieben, und sich in der Tat doch etwas vorgestellt« (ebd.), mit einem Wort: die Konsistenzunterstellung.[47]

2.4. Zusammenfassung

1. Das menschliche Bewusstsein rezipiert im Wachzustand permanent einen Strom von sinnlichen Daten. Dieser Strom wird durch den Gebrauch von Zeichen nicht unterbrochen, aber in geregelte Bahnen geleitet. Dadurch wird klare begriffliche Erkenntnis im Sinne von Vorstellbarkeit, Distinktheit und Re-Identifizierbarkeit ermöglicht. Begriffe werden entweder durch erneuerte Empfindungen rekonstruiert oder durch Zeichen vorgestellt, was bewusstseinsfunktional gleichwertig ist.

2. Aus dieser Grundfunktion der symbolischen Erkenntnis folgen fünf spezifische Leistungen des Zeichengebrauchs: Zeichen erlauben es, Begriffe mental festzuhalten; sie gewährleisten Kontinuität und Folgerichtigkeit in der kognitiven Bewusstseinstätigkeit; sie erlauben exklusiv abstrakte Erkenntnis; sie ermöglichen sogar eine Transzendierung der Grenzen des erfahrungsbezogenen Denkens. Schließlich bieten sie die dem Bewusstsein die einzige Möglichkeit, aus sich herauszutreten und in Kommunikation überzugehen.

3. Die natürliche Sprache ist nicht das exakteste, aber trotzdem das geeignetste Zeichensystem für das menschliche Bewusstsein. Denn erstens hat sie keinen eingeschränkten Geltungsbereich, sondern kann auf jeden Bereich menschlicher Erkenntnis bezogen werden. Zweitens ist sie – als Rede oder Schrift – das beste Kommunikationsmittel. Und drittens ist sie analogiefähig, und kann daher sowohl mit der Steigerung der humanen Erkenntnisse Schritt halten als auch den Umfang der Alltagssprache von der Dichtung her ausdehnen.

3.   Die Symboltheorie Immanuel Kants

Es bedarf wohl noch näherer Beleuchtung, wann genau eigentlich sich in der gelehrten Welt das Bewusstsein davon bildete, dass die kritische Philosophie Kants

---

[47] Vgl. die Ausführungen von Johann G. Juchem, Cognitio symbolica. In: Peter Schmitter / H. Walter Schmitz (Hg.), Innovationen in Zeichentheorien, Münster 1989, 175-198, hier 181-186.

die entscheidende Wegmarke der neuzeitlichen Philosophie- und auch Theologiegeschichte darstellt. Die traditionellen schulphilosophischen Lehrbücher wurden ja noch gelesen, Philosophen, die Kant nicht weiter zur Kenntnis nahmen oder ihm gar skeptisch gegenüberstanden, hatten weiterhin ihre Lehrstühle und ihre Schüler.

Es gilt hier nachzuweisen, dass Kant auch in der Geschichte der Symboltheorie einen wichtigen Höhepunkt markiert, hinter dessen Reflexionsniveau keine Symboltheorie zurückfallen sollte.[48] Dass das so ist, kann in gewisser Weise erstaunen, wenn man sich vor Augen hält, dass Kant an keiner Stelle seines Werks eine ausführliche Theorie des Symbols entfaltet hat. Gerade in der prominentesten Passage zum Symbolbegriff, dem § 59 der »Kritik der Urteilskraft«, gibt Kant zu bedenken: »Dies Geschäft ist bis jetzt noch wenig auseinandergesetzt worden, so sehr es auch eine tiefere Untersuchung verdient; allein hier ist nicht der Ort, sich dabei aufzuhalten.« (KdU § 59, B 257) Es gilt also, die verschiedenen Aspekte des Symbolbegriffs an ihrem Ort aufzusuchen und in einen Zusammenhang zu stellen, um die Eingangsthese zu erhärten.[49] Die wichtigsten Quellen sind die drei Kritiken (KrV, KpV, KdU), die Religionsschrift (RGbV) und die späte Anthropologie (ApH). Diese Texte werden jeweils nach der Originalpaginierung zitiert; nach der Akademie-Ausgabe werden die »Prolegomena« (Prol.) und die Preisschrift »Fortschritt der Metaphysik« zitiert. Dazu kommen diverse Vorlesungsnachschriften, die jeweils am Ort nachgewiesen werden.

Die Darstellung ist in drei Abschnitte eingeteilt. Zuerst soll in Anknüpfung an die vorherigen Ausführungen Kants Neufassung von *cognitio symbolica et intuitiva* behandelt werden. Hieraus ergibt sich zweitens die Entfaltung des transzendentalphilophischen Symbolbegriffs und seiner spezifischen Leistung. Drittens wird Kants Spitzenbegriff des »symbolischen Anthropomorphismus« und dessen Notwendigkeit unter Bezugnahme vor allem auf die »Kritik der praktischen Vernunft« erläutert. Dabei wird sich zeigen, dass Kants Symbolbegriff religionstheoretisch motiviert ist. Ein vierter Abschnitt soll nach einer kurzen Würdigung den Ertrag der Interpretation zusammenfassen. Es ist wichtig nochmals zu betonen, dass es an dieser Stelle um eine historisch-systematische Darstellung geht, die Frage eines wirkungsgeschichtlichen ›Einflusses‹ hier also gar nicht zu verhandeln ist. Die für Novalis unmittelbar wichtigen Aspekte der Kantischen Philosophie werden im weiteren Verlauf dieser Arbeit jeweils an ihrem Ort dargestellt.

---

[48] Kant bestimmt »auch im zeitgenössischen Diskurs [...] Mindestbedingungen einer transzendentalen Theorie der symbolischen Relation« (MARKUS TOMBERG, Studien zur Bedeutung des Symbolbegriffs, Würzburg 2001, 34).

[49] MARKUS TOMBERG, aaO., 33–69, geht es vor allem um die Stellung der Symboltheorie im Systemdenken Kants. Dazu wäre es allerdings nötig gewesen, diese allererst einmal zu rekonstruieren, was Tomberg höchstens in Ansätzen unternimmt.

3.1. Die Unterscheidung von »character« und »symbolum«

So richtig es ist, Kant als einen tiefen Einschnitt in der Geschichte der neuzeitlichen Philosophiegeschichte zu interpretieren, so richtig ist es ebenfalls, dass er in seinem Denken von den Problemstellungen und Lehren der Wolffschen Schule herkommt. Seine Philosophie der Zeichen macht dabei keine Ausnahme. Sie hat ihren genuinen Ort in Kants Anthropologie, die er seit 1772 regelmäßig in Vorlesungen behandelte und die er 1798 endlich in Buchform – »Anthropologie in pragmatischer Hinsicht« – veröffentlichte. Anhand der kürzlich von Reinhard Brandt und Werner Stark herausgegebenen Vorlesungen Kants über Anthropologie aus dem Zeitraum von 1772 bis 1789[50] lässt sich der Weg recht detailliert verfolgen, den Kant in großer sachlicher Nähe zu Meier und Lambert begann und der ihn schließlich zu einer gänzlich anders gearteten Symboltheorie kommen ließ. Mit der Darstellung dieser Entwicklung wollen wir beginnen. Die Symboltheorie selbst allerdings ist dann aus Kants großen Hauptwerken und benachbarten Schriften zu entnehmen.

Auf den ersten Blick lesen sich gerade die frühen Nachschriften zum Thema »Von der facultate characteristica« (Collins 126) wie bloße Wiederholungen dessen, was man etwa in Meiers Lehrbüchern zum Thema nachlesen konnte. Bei näherem Hinsehen finden sich aber bereits in den 1770er Jahren zwei Thesen, welche nicht in das schulphilosophische Theoriedesign passen. Zum einen behauptet Kant bereits im Wintersemester 1772/73: »Characktere und Symbola [sind] unterschieden« (aaO. 126). Und noch vor dem Erscheinen der kritischen Hauptwerke erfährt seine Hörerschaft: »Die gewöhnliche Unterscheidung der Erkenntniß in Symbolische und intuitirte ist falsch.« (Pillau 770). Beide Thesen, die signifikante Änderungen gegenüber Meier und Lambert darstellen, sind, einmal errungen, von Kant zeitlebens festgehalten worden und bilden den Ausgangspunkt für die Entfaltung des Symbolbegriffs auf transzendentalphilosophischer Grundlage. Als Erläuterung dieser beiden Thesen soll in diesem Abschnitt zunächst der begrifflichen Unterscheidung von ›Character‹ und ›Symbol‹ nachgegangen werden, um anschließend zu erläutern, was Kant unter ›symbolischer Erkenntnis‹ versteht.

Unter dem Oberbegriff »Zeichen« verhandelt Kant durchgängig zwei unterschiedliche Weisen der Bezeichnung. »Der Gebrauch der Zeichen ist eine Sache von großer Wichtigkeit. Es giebt gewiße Zeichen, die nichts weiter thun sollen, als nur Mittel seyn, die Gedancken hervorzubringen: es giebt aber auch andere, die die Sache und den Mangel der Begriffe ersetzen sollen«. (Collins 126) Die erste Art heißt bei Kant in der Regel »Character«; da für ihn wie für die Schulphilosophen die Elemente der natürlichen Sprachen als paradigmatischer

---

[50] IMMANUEL KANT, Vorlesungen über Anthropologie. In zwei Teilbänden hg. von Reinhard Brandt / Werner Stark, Akademieausgabe Bd. XXV, Berlin 1997 (im Folgenden im Text zitiert mit Angabe der jeweiligen Vorlesungsnachschrift und Seitenzahl).

Fall gelten, kann er abkürzend auch von »Worten« sprechen.[51] Für die andere Art findet Kant mehrere Namen, so etwa »Sinnbild« (Friedländer 536), »figürliche Zeichen« (Pillau 770), es dominiert aber von Anfang an der Ausdruck »Symbolum« (Collins 126).

Wenden wir uns zunächst den Characteren zu. Die Bestimmung aus der frühesten Mitschrift, sie seien lediglich »Mittel [...], die Gedanken hervorzubringen« (Collins 126), hat Kant später noch präzisiert. »Sie dienen dazu, um andere Vorstellungen als durch einen Custos vorzubringen« (Friedländer 536).[52] Der »Custos« ist nichts anderes als eine physikalische Einheit – in der Regel das geschriebene oder gesprochene Wort, ein »willkürlicher Schall«, der »an sich nichts bedeutet« (Menschenkunde 1024) –, welche »nur ein Mittel[,] etwas zu bezeichnen« (ebd.) ist. Der Character und das in ihm Bezeichnete werden durch »Associationen« (Busolt 1474) aufeinander bezogen. Kant geht wie die Wolff-Schule davon aus, dass ein Zeichen nicht einfach von sich aus auf etwas verweist, sondern durch einen assoziierenden Akt – Edmund Husserl sprach später von »sinnverleihenden Akten«[53] – mit einer Bedeutung versehen wird. In seiner Behandlung der Charactere konserviert Kant den wesentlichen Ertrag der schulphilosophischen Debatte.[54]

Vom Symbol hingegen sagt Kant in seiner Anthropologie, es sei ein »Sinnbild«, und ein solches zeichne sich dadurch aus, dass »es eine Aehnlichkeit mit der Sache selbst hat« (Friedländer 536). Etwas an dem Symbol selbst legt seine spezifische Verweisleistung nahe, so dass es nicht aufgrund völliger Willkür mit seiner Bedeutung verknüpft wird. Von welcher Art aber ist diese Ähnlichkeit? In einer Hinsicht denkt Kant an nicht-sprachliche Zeichen, Bilder im landläufigen Sinne, bei denen gewisse Züge des Gegenstands abstrahiert werden, die Abbildung aber in ihren entscheidenden Merkmalen auf das Symbolisierte verweist. Kant dürfte also in etwa das vor Augen haben, was man seit Charles Peirce sich »Ikon« zu nennen angewöhnt hat.[55] Bei sprachlichen Symbolen hin-

---

[51] »Zu unsern Erkentnißen als Zeichen des Verstandes schicken sich nichts so gut als Worte« (Friedländer 536).

[52] Die Redeweise vom »Custos« findet sich auch noch ApH § 35, B 107.

[53] EDMUND HUSSERL, Logische Untersuchungen, Bd. 2/1, zit. nach Dieter Mersch (Hg.), Zeichen über Zeichen. Texte zur Semiotik, München 1998, 131.

[54] Es ist von daher ein Irrtum, wenn man meint, Kant habe in der Philosophie des Zeichens seine große Schwäche. Man muss vielmehr bei seinen in der Tat eher schmalen Ausführungen stets den schulphilosophischen Debattenhintergrund vor Augen haben. Ehrenrettungen Kants als Semiotiker unter Absehung von diesem Zusammenhang versuchen JOSEF SIMON, Zeichenphilosophie und Transzendentalphilosophie. In: ders. (Hg.), Zeichen und Interpretation (I), Frankfurt a. M. 1994, 73-98; JÁNOS KELEMEN, Kant's Semiotics. In: Thomas A. Sebeok / Jean Umiker-Sebeok (Hg.), Recent Developments in Theory and History, Berlin / New York 1991, 201-217.

[55] Vgl. CHARLES SANDERS PEIRCE, Phänomen und Logik der Zeichen (1903), Frankfurt a. M. 1983, 64-67.

gegen ist diese Erklärung natürlich nicht möglich. Kant erklärt diese daher so, dass sie auch »selbst Anschauungen; nur blos indirecte« (Pillau 771) sind. Die gebrauchten Worte rufen Vorstellungen auf, welche als »Vorstellungen von andern Gegenständen« (ebd.) gebraucht werden. Hier muss die Ähnlichkeit also in etwas anderem liegen. Die im Wintersemester 1784 / 85 gehaltene Vorlesung spricht zum ersten Mal aus, dass die Ähnlichkeit analogischer Natur ist (vgl. Mrongovius 1294). Der Sache nach findet sich die Analogie aber bereits in früheren Vorlesungen: »Hobbes vergleicht den Staat mit dem Leviathan wegen seiner Stärke.« (Pillau 771) Doch muss man klar sagen, dass für den Kant der 1770er Jahre die Merkmalsähnlichkeit im Vordergrund steht. Man kann daher sagen, dass der Schritt zu seiner Symboltheorie auf tranzendentalphilosophischer Grundlage in dem Übergang von der Merkmals- zur analogischen Ähnlichkeit besteht. Der Analogiegedanke ist daher im nächsten Abschnitt ausführlich zu thematisieren.

Hier ist nun noch zu klären, warum Kant die schulphilosophische Gegenüberstellung von symbolischer und intuitiver Erkenntnis nicht teilt. ›Cognitio symbolica‹ war für Meier und Lambert schlicht zeichenvermittelte Erkenntnis gewesen. Demgegenüber war die intuitive Erkenntnis nach Meier streng genommen gar keine Erkenntnis, sondern hatte eher den appellativen Charakter vor allem ethischer Erkenntnis gemeint. Das ›anschauliche‹ Element dieser Erkenntnisart bestand darin, dass die affektdistanzierende Leistung der Zeichen unterlaufen wurde und man sich der moralisch stimulierenden Wirkung im ›Anschauen der Sache selbst‹ aussetzte.[56] Kant kam recht bald zu der Einschätzung, dass es wenig Sinn macht, hier von einer Differenz verschiedener Erkenntnisarten zu sprechen: Der moralische Nachdruck, die je eigene Betroffenheit ist keine Erkenntnis, sondern allenfalls ein begleitendes Gefühl. Stattdessen operiert er mit einer Differenz im Zeichengebrauch, die wiederum die Schulphilosophie nicht dachte noch denken konnte. Worin ist diese Veränderung begründet?

Um diese Frage zu beantworten, muss bereits hier kurz auf den erkenntnistheoretischen Hintergrund verwiesen werden. Die Schulphilosophie lebt ganz in der auf Leibniz zurückgehenden Überzeugung, dass Erkenntnis zwar ein nach Graden abstufbarer Vorgang, aber letztlich von einem einheitlichen Grundcharakter ist. »Es ist also eine Erkenntnis entweder dunkel oder klar, die klare wiederum verworren oder distinkt, die distinktive entweder adaequat oder inadaequat, symbolisch oder intuitiv«.[57] Der niedrigste Grad ist eine lediglich auf

---

[56] Kant hatte in den frühen 1770er Jahren diese Auffassung selbst noch vertreten: »Das Symbolische Erckentniß muß aufhören und das *intuitiue* anfangen, wenn ein Nachdruck stattfinden soll.« (Collins 129).

[57] GOTTFRIED WILHELM LEIBNIZ, Betrachtungen über Erkenntnis, Wahrheit und Ideen. In: Hauptschriften (hg. von Ernst Cassirer), Bd. 1, Hamburg 1966, 22-29, hier 22. Leibniz hat allerdings einen gegenüber der Schulphilosophie abweichenden Gebrauch von »intuitiv Erkenntnis«, indem er darunter die Erkenntnis von allem, was distinkt, aber nicht zusammengesetzt ist,

Sinnlichkeit basierende Vorstellung, in der weder überhaupt etwas Bestimmtes erkannt wird (Klarheit) noch gar Merkmalsdefinitheit konstatiert werden kann (Disktinktheit). Die Schulphilosophie übernimmt das Grundsätzliche dieser Einschätzung, wenn man auch ihre Geschichte im 18. Jahrhundert als die Geschichte einer Aufwertung der Sinnlichkeit lesen kann. Zu einem weiter reichenden Einspruch kommt es erst bei Kant. Bereits in seiner Dissertation von 1770 hatte er die These vertreten, dass zwischen sinnlicher und begrifflicher Vorstellungsart keine graduelle, sondern eine prinzipielle Differenz besteht. Sinnliche und intellektuelle Erkenntnis stellen zwei verschiedene Typen dar, wobei erstere Dinge erkennt, wie sie erscheinen (*sicuti apparent*), die zweite aber Dinge, wie sie sind (*sicuti sunt*).[58] Weil Kant also von einer prinzipiellen Differenz zwischen anschaulicher und intellektueller Erkenntnis ausgeht, wird die Unterscheidung von symbolischer und intuitiver Erkenntnis, anders als noch seine schulphilosophischen Vorgänger wollten, erkenntnistheoretisch eingezogen. Deshalb nimmt es nicht Wunder, dass die Anthropologie-Vorlesungen, die alle nach Niederschrift der »Dissertatio« gehalten wurden, von Anfang an die Differenz von *cognitio symbolica* und *intuitiva* leugnen. Die abschließende Lösung fand Kant dann aber erst durch seine berühmte Selbstkorrektur in der »Kritik der reinen Vernunft«: Sinnlichkeit und Verstand begründen nicht zwei verschiedene Weisen von Erkenntnis, sondern ermöglichen sie lediglich in ihrer Kooperation. Wo nicht Sinnlichkeit und Verstand auf geregelte Weise zusammen kommen, dort kann man gar nicht von Erkenntnis sprechen. Weder sinnliches noch begriffliches Vorstellen sind für sich bereits Erkenntnisse. Genau diese Zusammenhänge hat Kant vor Augen, wenn er dann in der »Kritik der Urteilskraft« aufsummiert: »Es ist ein von den neueren Logikern zwar angenommener, aber sinnverkehrender, unrechter Gebrauch des Worts symbolisch, wenn man es der intuitiven Vorstellungsart entgegensetzt; denn die symbolische ist nur eine Art der intuitiven.« (KdU § 59, B 255). Kant spricht nicht mehr von zwei Erkenntnisarten, sondern nur noch von zwei Vorstellungsarten. Die wahre Differenz liegt also nicht mehr zwischen zeichenvermittelter und intuitiver Erkenntnis, sondern zwischen diskursivem und intuitivem Anteil in dem einen Erkenntnisvorgang. Das Symbolische wird von Kant ganz der Seite des Intuitiven zugeschlagen.

Damit sind wir schon unvermerkt über den Debattenzusammenhang der Anthropologie hinausgegangen. Wir mussten dies tun, um einige der sehr knappen Bestimmungen Kants angemessen zu erläutern. Es ist noch nachzutragen, dass Kant in der Anthropologie darauf verweist, dass Symbole häufig einen gewissen Mangel im Abstraktionsvermögen ausgleichen sollen und daher in der Regel vor

---

versteht, »während das Denken der zusammengesetzten Vorstellungen für gewöhnlich nur symbolisch ist« (25). An jene appellative – man könnte auch sagen: moralische – Funktion ist hier nicht gedacht.

[58] IMMANUEL KANT, De mundi sensibilis atque intelligiblis forma et principiis (1770), AA 2, § 3f.

allem von pädagogischem Wert sind, dadurch, dass die Symbole in gewisser Weise für Begriffe eintreten können. Jedoch ist nach Kant das Angewiesensein auf symbolische Erkenntnis in diesem Sinne ein überwindenswerter Zustand, sofern nur eine begriffliche Erkenntnis des Gegenstandes auch möglich ist. »Wer sich immer nur symbolisch ausdrücken kann, hat noch wenig Begriffe des Verstandes«. (ApH § 35, B 107) Der Symbolgebrauch ist also nach Kant in der Regel ein defizitärer Modus und soll in Begrifflichkeit überführt werden. Es gibt aber genau einen Ausnahmefall, bei dem er nicht eine solche Mangelerscheinung im Vergleich mit der Diskursivität darstellt. Von ihm wird nunmehr zu handeln sein.

3.2. Die Versinnlichung nicht-sinnlicher Begriffe: Schema und Symbol

Um die spezifische Funktion der »symbolische[n] Vorstellungsart« (KdU 255) im Kantischen Denken verstehen zu können, muss zunächst das Problem scharf gestellt werden, zu dem sie in gewisser Weise eine Lösung darstellt. Zu diesem Zweck sind hier etwas ausführlicher Grundlinien von Kants Erkenntnistheorie zu referieren.[59]

Kants Begriff von Erkenntnis ist in aller Regel an der Erkenntnis von *Gegenständen* orientiert. Es ist eine Theorie der objektiven Erkenntnis bzw. der objektiven Gültigkeit von Erkenntnis, der Kants Interesse in der »Kritik der reinen Vernunft« gilt. Philosophiegeschichtlich stellt sich Kant mit diesem Interesse in die Debatte zwischen klassischem Empirismus und klassischem Rationalismus. Zwischen diesen beiden Strömungen geht der Streit darum, ob ein Erkenntnisurteil seinen sachlichen Ausgang bei den Wahrnehmungen der Sinnesorgane (Rezeptivität) oder bei den konstruktiven Leistungen des Verstandes (Spontaneität) nimmt. Kants Analyse der Objekterkenntnis führt ihn zu einer mittleren Position: Erkenntnis findet nur statt in einem Aufeinanderbeziehen von Anschauung und Begriff. Denn beide Elemente sind wechselseitig irreduzibel. »Keine dieser Eigenschaften ist der anderen vorzuziehen. Ohne Sinnlichkeit würde uns kein Gegenstand gegeben, und ohne Verstand keiner gedacht werden. Gedanken ohne Inhalt sind leer, Anschauungen ohne Begriffe sind blind.« (KrV A 51 / B75) Menschliche Gegenstanderkenntnis ist grundsätzlich zweistämmig.

Jenes Aufeinanderbeziehen stellt sich näherhin so dar, dass die Spontaneität auf das Material, dass die Sinnlichkeit liefert, in einer Reihe von Synthesen zugreift und es so verarbeitet. Es ist wichtig zu betonen, dass die Spontaneität immer schon am Werke ist, wenn Sinnesdaten rezipiert werden. ›Reines Anschauungs-

---

[59] Vgl. dazu in der notwendigen Komplexität und Ausführlichkeit Manfred Baum, Deduktion und Beweis in Kants Transzendentalphilosophie, Königstein 1986; Konrad Cramer, »Gegeben« und »Gemacht«. In: Gerold Prauss (Hg.), Handlungstheorie und Transzendentalphilosophie, Frankfurt a. M. 1986, 41–81; Peter Baumanns, Kants Philosophie der Erkenntnis, Würzburg 1997, 104–238. 390–438; Roderich Barth, Absolute Wahrheit und endliches Wahrheitsbewußtsein, Tübingen 2004, 138–173; Ulrich Barth, Objektbewußtsein und Selbstbewußtsein. In: ders., Gott als Projekt der Vernunft, Tübingen 2005, 195–234.

mannigfaltiges‹ ist bloß eine zu Analysezwecken vorgenommene Abstraktion; in Wahrheit greift die Spontaneität – sei es bildlich verknüpfend als Einbildungskraft, sei es begrifflich verknüpfend als Verstand – stets schon in den Rezeptionsvorgang mit ein.

Die Objektivität der durch diese Synthesen ermöglichten Erkenntnisurteile wird nun dadurch gewährleistet, dass der synthetische Apparat des Verstandes *regelhaften* Charakter besitzt.[60] Er verfügt über ein Arsenal von spontan erzeugten Regeln, welches die Verknüpfung von Erscheinungen[61] steuert. Diese Regeln heißen reine Verstandesbegriffe oder Kategorien. Objektivität kommt also dadurch zustande, dass erstens die Einbildungskraft aus dem Sinnesmannigfaltigen durch figürliche Synthesis Erscheinungen bildet[62] und diese Erscheinungen zweitens vom Verstand mithilfe der Kategorien regelverknüpft werden.

Die Hauptfrage, die sich hier stellt, ist diese: Wenn die Kategorien gänzlich unabhängig von aller Sinnlichkeit spontan erzeugte Regeln des Verstandes sind, was ist dann der Rechtsgrund dafür, dass sie die Verknüpfung von sinnlichem Material steuern können? Die Antwort auf diese Frage liefert Kant in der berühmten transzendentalen Deduktion[63] der reinen Verstandesbegriffe. Sie kann in aller Kürze so dargestellt werden: Die Kategorien können genau deshalb auf Sinnlichkeit bezogen werden, weil ihre Synthese derjenigen Verbindung, welche die Einbildungskraft beim Auffassen des Anschauungsmannigfaltigen vollzieht, gemäß ist. »Es ist eine unmomentand dieselbe Spontaneität, welche dort, unter dem Namen der Einbildungskraft, hier des Verstandes, Verbindung in das Mannigfaltige der Anschauung hineinbringt.« (KrV B 162 Anm.) Der Grund liegt mithin in der »Affinität« (KrV A 122) beider Synthesen.

Die Deduktion hat zwei für unseren Zusammenhang einschlägige Konsequenzen. Zunächst beziehen sich die Erkenntnisurteile stets auf Gegenstände, wie sie uns erscheinen, und nicht auf Gegenstände, wie sie an sich selbst sind. Denn das, was unsere Sinne affiziert, ist notwendig den Anschauungsformen gemäß, die in unserem Gemüt liegen, also subjektiv sind. Ein Gegenstand an sich hingegen müsste auf andere, uns unbekannte Weise angeschaut werden, und dann wäre es ganz unsicher, ob diese Anschauung immer noch der Synthesis der Kategorien gemäß wäre. Die durch die Regelhaftigkeit des Verstandes erzeugte Objektivität unserer Erkenntnisse ist also – entgegen dem naheliegenden Missverständnis in der Annahme des Gegenteils – gerade daran gebunden, dass

---

[60] Wir können den Verstand »als das Vermögen der Regeln charakterisieren. [...] Dieser ist jederzeit geschäftig, die Erscheinungen in der Absicht durchzuspähen, um an ihnen irgendeine Regel aufzufinden.« (KrV A 126)

[61] Erscheinung heißt der noch »unbestimmte Gegenstand einer empirischen Anschauung« (KrV A 20 / B 34).

[62] Zu Kants Theorie der Einbildungskraft vgl. unten 106-115.

[63] »Die Rechtslehrer [...] nennen den ersteren [scil. Beweis], der die Befugnis, oder auch den Rechtsanspruch dartun soll, die Deduktion.« (KrV A 84 / B 116)

wir *nicht* Dinge an sich erkennen, sondern nur Erscheinungen. Die zweite Konsequenz ist diese: Kant macht die rationalen, anders gesagt: die spontanen Momente im Erkenntnisvollzug sehr stark, indem er behauptet, dass es überhaupt
keine Rezeptivität gibt, in die nicht schon Syntheseleistungen des Verstandes
eingegangen sind. Aber, und das ist das Entscheidende, jede Synthesisleistung ist
gleichwohl auf Rezeptivität überhaupt schlechterdings angewiesen. Jedes Ver-
bindungsvermögen hängt davon ab, dass *etwas* verbunden werden kann. Das aber
bedeutet: Der Bereich objektiver Erkenntnis ist strikt beschränkt auf den Bereich möglicher Erfahrung. Die Kategorien »haben keinen anderen Gebrauch
zum Erkenntnisse der Dinge, als nur sofern diese als Gegenstände möglicher
Erfahrung angenommen werden.« (KrV B 147f.) Von Dingen, die nicht sinnlich wahrnehmbar sind, ist keine Objekterkenntnis möglich. Dieser Sachverhalt
bedeutet übrigens nicht, dass Begriffe – seien es nun Kategorien oder nicht –
abgesehen von ihrer Beziehung auf Erfahrung völlig nichtig wären. Sie sind auch
ohne dies immerhin *denk*bare Einheiten von Merkmalen, »allgemeine[] Vorstellung[en]« (KrV A 713 / B 741). Aber, und darauf kommt es hier an, ohne den
Bezug auf Anschauung überhaupt würde der Begriff leer, also »ohne Sinn, d. i.
ohne Bedeutung bleiben« (KrV A 240 / B 299).[64]

Diese hier gerafft referierten Zusammenhänge – um wieder zum Gang der
Untersuchung zurückzulenken – sind es, die Kant vor Augen hat, wenn er im
§ 59 der »Kritik der Urteilskraft« rekapitulierend einsetzt: »Die Realität unserer
Begriffe darzutun, werden immer Anschauungen erfordert.« (KdU 254)

Nun kann man den Bereich aller möglichen Begriffe in drei Klassen von Begriffen unterteilen, welche sich in jeweils spezifischer Weise zu Anschauungen
verhalten. Die erste Klasse ist die der sinnlichen Begriffe, d. h. aller Begriffe,
die vom Verstand im Zusammenhang mit sinnlicher Wahrnehmung gewonnen
werden.[65] Die zweite Klasse umfasst die reinen Verstandesbegriffe oder Kategorien. Sie sind nicht auf dem Wege sinnlicher Wahrnehmung entstanden, sondern
vom Verstand spontan und a priori erzeugte Regeln der Verknüpfung von Vorstellungen. Jeder Begriff, der zu diesen beiden ersten Klassen gehört, ist mithin
ein Begriff, »den der Verstand faßt« (KdU 255). Die dritte Klasse enthält die
Vernunftbegriffe, welche Kant auch Ideen nennt. Sollen nun Begriffe gleich
welcher Klasse in der Anschauung dargestellt werden, so kann dies – in einer

---

[64] Auch die von Kant so genannten »Grundsätze des reinen Verstandes« (KrV A 148-
235 / B 187-294), als höchste synthetische Urteile a priori, haben nur Bedeutung, insofern sie
auf Erfahrung angewendet werden.

[65] Man kann diese Klasse noch einmal unterteilen in empirische und reine sinnliche Begrif-
fe. Erstere sind mithin Begriffe von Objekten im landläufigen Sinn, letztere Gegenstand der
Geometrie. Die Begriffe der Geometrie stellen niemals empirische Objekte vor, sind aber den-
noch durch die Sinnlichkeit gewonnen, allerdings durch die reine Form des äußeren Sinnes, des
Raumes. Für die hier infrage stehende Problemzuspitzung ist diese Unterteilung aber nicht von
Bedeutung.

etwas vergröbernden Übersicht – bei sinnlichen Begriffen schlicht durch »Beispiele« (KdU 254) geschehen. Die Darstellung von Begriffen der zweiten Klasse kann durch das »Schema eines reinen Verstandesbegriffes« (KrV B 181) geleistet werden.[66] An der dritten Klasse bricht nun aber ein Problem auf. Denn die Vernunftbegriffe sind genau dadurch definiert, dass ihnen »keine sinnliche Anschauung angemessen sein kann« (KdU 255). Ihnen kann »kein kongruierender Gegenstand in den Sinnen gegeben werden« (KrV A 327 / B 384). Es sind Abschlussbegriffe, die die Vernunft als das »Vermögen zu schließen« (KrV A 330 / B 386) über alle Anschauung hinaus denkt – denkt, aber nicht erkennt, eben weil Kant unter ›erkennen‹ stets nur die geregelte Verknüpfung von Anschauungen und Begriffen verstanden wissen will.

Dieser Sachverhalt bedeutet unmittelbar zweierlei. Zunächst besagt er eine Anwendung der oben beschriebenen Restriktion der Reichweite der Objekterkenntnis. Sie kann es ja überhaupt nur dort geben, wo sinnliche Anschauungen vorliegen. Ob daher den Vernunftbegriffen objektive Bedeutung zukommt, darüber kann schlechterdings keine Aussage gemacht werden. Eine objektive Erkenntnis der ›Gegenstände‹ der Vernunftbegriffe gibt es nicht. Die zweite Konsequenz ist etwas komplizierter darzustellen. Trotz der erwähnten Restriktion handelt es sich bei den Vernunftbegriffen keineswegs um bloße Hirngespinste, sondern um *notwendige* Erzeugnisse der Vernunft: Sie sind »notwendig und in der Natur der menschlichen Vernunft gegründet« (KrV A 323 / B 380), sie stehen für die Totalitäts- und Unbedingtheitsdimension des menschlichen Geistes.[67] Die Vernunft würde sich selbst verkennen, wenn sie diese Begriffe zu denken sich versagen würde. Denn sie hat als »Vermögen zu schließen« (KrV A 330 / B 387) in sich selbst keinerlei Anlass, ihre Leistung früher abzubrechen als bei dem Gedanken eines letzten Prinzips, das dennoch nicht erkannt wird.

Das Aufeinanderbeziehen von Begriff und Anschauung vollzieht sich nach Kant aber nicht in Schlüssen, sondern in Urteilen. Die Kraft zu urteilen kann im Allgemeinen als das Vermögen der Subsumtion bestimmt werden. Dabei tritt sie in doppelter Gestalt auf: Als *reflektierende* Urteilskraft sucht sie zu einem gegebenen Einzelnen eine mögliche Regel, unter die es subsumiert werden kann. Diese Regel kann als Beurteilungsgesichtspunkt des gegebenen Einzelnen angesehen werden. Die Urteilskraft als reflektierende wird von Kant in der »Kritik der Urteilskraft« thematisiert. Die »Kritik der reinen Vernunft« hingegen behandelt die *bestimmende* Urteilskraft, die zu einer gegebenen Regel fragt, ob ein hinzu-

---

[66] Auf den Begriff des Schemas ist weiter unten in diesem Abschnitt noch näher einzugehen.

[67] »Also ist der transzendentale Vernunftbegriff kein anderer, als der von der Totalität der Bedingungen zu einem gegebenen Bedingten. Da nun das Unbedingte allein die Totalität der Bedingungen möglich macht, und umgekehrt die Totalität der Bedingungen jederzeit selbst unbedingt ist; so kann ein reiner Vernunftbegriff überhaupt durch den Begriff des Unbedingten, sofern er einen Grund der Synthesis des Bedingten enthält, erklärt werden.« (KrV A 322 / B 379)

tretendes Einzelnes unter sie falle, ob es also einen Fall dieser Regel darstelle.[68] Im Zusammenhang der Erkenntniskritik geht es Kant um die Subsumtion »eines Gegenstandes unter einen Begriff« (KrV A 137 / B 176). Die transzendentalen Probleme, die sich dabei stellen, werden uns bald beschäftigen; hier genügt der Hinweis, dass nach Kant sich der Synthesis-Akt von Anschauung und Begriff in einem Urteil vollzieht.

Da der Vernunftbegriff eine solche Regel vorstellt, unter die *per definitionem* keine Anschauung fallen kann, ist es der Urteilskraft in kritischer Selbstbesinnung zwar möglich zu erkennen, dass ihr Geschäft im Falle der Vernunftbegriffe vergeblich ist. Aber dennoch meldet sich in diesem ihrem Bestreben gleichsam ein Versinnlichungsbedürfnis, welches trotz der bewussten Unmöglichkeit vor den Vernunftbegriffen nicht Halt macht. Die Urteilskraft gibt sich mit der nackten Unanschaulichkeit der Vernunftbegriffe nicht zufrieden, sondern sucht einen Ausweg, sie dennoch irgendwie anschaulich zu machen. Und genau das leistet die symbolische Darstellung und nur sie. Sie hat mithin ihre eigentliche und spezifische Funktion darin, das menschliche Versinnlichungsbedürfnis im Hinblick auf Vernunftbegriffe in geordneter Weise zu kanalisieren und handhabbar zu machen. Wie das symbolisierende Verfahren im Einzelnen verläuft, soll gleich im Anschluss behandelt werden. Zuvor sei nur noch einmal daran erinnert, dass die symbolische Darstellung lediglich deswegen eine legitime Versinnlichung von Vernunftbegriffen leistet, weil sie sich eine objektive Erkenntnis der ›Gegenstände‹ derselben nicht anmaßt.[69] Insofern bleibt ihr der Charakter der ›Nothülfe‹ erhalten, nur mit dem Unterschied, dass es in diesem speziellen Fall keine adäquatere Alternative gibt.

Kant erläutert das Verfahren der Symbolisierung in einem ersten Zugriff so: Einem Vernunftbegriff wird eine solche Anschauung untergelegt, »mit welcher das Verfahren der Urteilskraft demjenigen, was sie im Schematisieren beobachtet, bloß analogisch ist« (KdU 255). Um diese Bestimmung interpretieren zu können, muss zuerst der Begriff des Schemas und das Verfahren der Schematisierung erläutert werden, das mit der Symbolisierung immerhin dies gemeinsam hat, dass sie einem reinen Begriff eine Anschauung verschafft, allerdings – anders als diese – zum Zweck der Erkenntnis. In einem zweiten Schritt ist der Begriff der Analogie zu thematisieren, der den Unterschied beider Verfahren vollends deutlich machen wird.

Kant hat sich zu dem von ihm so genannten Schematismus an mehreren Stellen seines Werks geäußert, von denen die wichtigste das Kapitel »Von dem Sche-

---

[68] Die Wissenschaften, die auf der bestimmenden Urteilskraft basieren, sind Medizin und Jura. Gegeben ist eine Pathologie oder ein Gesetz, zu fragen ist, ob ein je gegebenes Krankheitsbild unter diese Pathologie falle, ob das Gesetz auf je diesen Kasus Anwendung finde.

[69] Insofern in der Verknüpfung von Symbol und Vernunftbegriff scheinbar doch eine Erkenntnis stattfindet, kann Kant auf diese Weise sogar das Hypostasierungsbedürfnis im Hinblick auf die ›Gegenstände‹ der Vernunftbegriffe erklären.

matismus der reinen Verstandesbegriffe« in der »Kritik der reinen Vernunft« ist.[70] Es gehört allerdings in der Forschung seit jeher zu den umstrittensten Passagen[71], sowohl was sein sachliches Gewicht als auch was seine genaue Bedeutung betrifft.[72] Im Folgenden sollen lediglich jene Aspekte des Schematismus behandelt werden, die unmittelbar zur Erläuterung des Symbolbegriffs von Belang sind, d. h. diejenigen, die für das Verfahren der Schematisierung überhaupt einschlägig sind. Insbesondere die Fragen nach der Stellung des Schematismuskapitels zwischen Kategoriendeduktion und Grundsatzkapitel[73] sowie nach der genauen zeittheoretischen Erklärung der transzendentalen Schemata[74] können hier ausgeklammert bleiben.

Um den Schematismus zu erläutern, müssen wir etwas ausholen und zunächst das Problem darstellen, für das er eine Lösung anbieten soll. Es ergibt sich unmittelbar aus Kants Erkenntnistheorie. Die Kategoriendeduktion hatte gezeigt, dass objektive Erkenntnis nur in der Zusammenarbeit von Anschauung und Begriff möglich ist. Die hieraus sich ergebende Schwierigkeit exponiert Kant als ein

---

[70] Hinzuzuziehen sind KdU § 59, FM 273-280, RGbV B 81ff. Anm., Brief von Kant an Johann Heinrich Tieftrunk vom 11.12.1797 (AA XII, 222-225) nebst zugehörigem Entwurf (AA XIII, 467-473).

[71] Die Literatur auch nur zu diesem Kapitel ist kaum noch zu übersehen. Die ältere deutsche Forschung wird zusammengefasst von ISO CAMARTIN, Kants Schematismuslehre, Diss. Regensburg 1971, 35-56. Die angelsächsischen Interpretationen und neuere deutsche Literatur referiert STAMATIOS GEROGIORGAKIS, Die Rolle des Schematismuskapitels in Kants Kritik der reinen Vernunft, Diss. München 1998, 8-47.

[72] Der Grund für die Interpretationsschwierigkeiten dürfte darin zu suchen sein, dass einerseits das Vorkommen von so etwas wie einem Schematismus völlig evident ist, andererseits aber Kant selbst zum Ausdruck bringt (KrV A 141 / B 180f.), diesen nicht sachgerecht dargestellt zu haben. Das Problem wird dadurch verschärft, dass sich das Schematismuskapitel an die Kategoriendeduktion anschließt. Diese hat Kant für die zweite Auflage der »Kritik der reinen Vernunft« bekanntlich vollständig überarbeitet, das Schematismuskapitel aber gar nicht, wodurch es zu schwierigen Spannungen im Text kommt. Eine prägnante Einleitung in die Interpretationsschwierigkeiten des Schematismuskapitels bietet GERHARD SEEL, Die Einleitung in die Analytik der Grundsätze, der Schematismus und die obersten Grundsätze. In: Georg Mohr / Marcus Willaschek (Hg.), Immanuel Kant, Kritik der reinen Vernunft, Berlin 1998, 217-246. Vgl. das treffende Urteil über das Kapitel als auch seine Ausleger von HENRY E. ALLISON, Kant's Transcendental Idealism. An interpretation and defense, New Haven / London 1983, 177: »Admittedly, the opening paragraphs of the Schematism chapter cannot be characterized as a model of philosophical lucidity. Still, it would be surprising if Kant were in fact as confused as his commenators assume him to be.«

[73] Vgl. hierzu KONRAD CRAMER, Nicht-reine synthetische Urteile a priori, Heidelberg 1986, 287-298; PETER BAUMANNS, aaO., 523-560; CHUNGJOO KIM, Die Lehre von den transzendentalen Schemata in Kants »Kritik der reinen Vernunft«. Zeitbestimmungen, Schemata und deren Verwendung in den Verstandesgrundsätzen, Diss. Köln 1997, 1-14.

[74] Vgl. hierzu MARTIN HEIDEGGER, Kant und das Problem der Metaphysik (1929), Frankfurt 1991, 88-113; FRANK OBERGFELL, Begriff und Gegenstand bei Kant, Würzburg 1985, 107-235; YOUNG AHN KANG, Schema and Symbol, Amsterdam 1985, 58-119; ALBERTO ROSALES, Sein und Subjektivität bei Kant, Berlin / New York 2000, 211-277.

Subsumtionsproblem. Wenn Rezeptivität und Spontaneität zwei wechselseitig irreduzible Stämme der Erkenntnis sind, *wie* ist es dann möglich, dass eine gegebene singuläre Erscheinung unter einen allgemeinen Begriff subsumiert werden kann? Denn *dass* Erkenntnis so und nur so zustande kommt, hatte die Deduktion gezeigt. Anders gefragt: Wo im Begriff liegt dasjenige Moment, das es erlaubt, eine Sinneserscheinung unter ihn zu verrechnen?

Die Antwort liegt darin, dass Begriffe als Verstandeskonzepte nicht unmittelbar auf Erscheinungen bezogen sind, sondern vermittels einer beide konjugierenden Instanz. Diese nennt Kant das Schema zu dem Begriff. Es hat die Funktion einer »vermittelnden Vorstellung« (KrV A 138 / B 177). Zwar nennt Kant das Schema »ein Drittes« (ebd.). Das darf aber nicht so verstanden werden, dass es durch einen dritten Erkenntnisstamm produziert würde. Das Schema ist vielmehr »jederzeit nur ein Produkt der Einbildungskraft« (KrV A 140 / B 179). Die Einbildungskraft fungiert aber hier wie in der figürlichen Synthesis des Anschauungsmannigfaltigen überhaupt als eine »Anwendung« (KrV § 24, B 152) des Verstandes auf die Sinnlichkeit. Es ist der Verstand selbst, der »unter der Benennung einer [...] Synthesis der Einbildungskraft« (KrV § 24, B 153) sich die Anschauung a priori, das Schema zu seinen Begriffen schafft.

Wie aber ist das Schema zu der erforderlichen Vermittlungsleistung in der Lage? Die vermittelnde Instanz muss gleichsam wie ein mentaler Adapter funktionieren, indem sie den Allgemeinheitscharakter mit dem Begriff, den Anschaulichkeitscharakter mit der Erscheinung teilt. Genau diese Adapterfunktion erfüllt das Schema. *Singuläre* Anschauungen konkreter Gegenstände nennt Kant »Bild« (KrV A 140 / B 179). Aber das Schema ist kein singuläres Bild, sondern eine Art generalisiertes Bild, ein »Monogramm der reinen Einbildungskraft a priori« (KrV A 42 / B 181).[75] Es stellt den allgemeinen anschaulichen Anteil aller derjenigen Erscheinungen dar, die unter einen Begriff fallen. Oder, mit einem etwas anderen Anfahrtsweg: Jeder Begriff besteht aus Merkmalen. Die Einbildungskraft ›zeichnet‹ gewissermaßen jedesmal, wenn der Begriff aufgerufen wird, ein generalisiertes Bild dessen, was der Begriff bezeichnen soll. Dies würde theoretisch sogar dann geschehen, wenn man den Gegenstand des Begriffs niemals vor Augen bekommen hätte: Die Einbildungskraft würde ihn dann rein aufgrund der Begriffsmerkmale wenigstens testweise entwerfen. Der Begriff bezieht sich »unmittelbar auf das Schema der Einbildungskraft« (KrV A 141 / B 180) und nicht auf die Bilder. Vermittelst dieses Schemas gelingt dann die Subsumtion einer Anschauung unter den Begriff. Das Schema ist also genau diejenige Anschauung, die ein Begriff immer schon mit sich führt, noch vor aller Rezeptivität durch die Sinne. Es ist die »logisch-funktionale Vorprägung der Anschauung des Gegen-

---

[75] Kant versteht unter »Monogramm« nicht ein Namenskürzel. Eine Definition dieses Ausdrucks bietet er zwar nicht, aber er erläutert ihn durch Ausdrücke wie »schwebende Zeichnung«, »nicht mitzuteilendes Schattenbild« (KrV A 570 / B 598), »Umriß« (A 833 / B 862).

standes überhaupt.«[76] Das Schema gehört in dieser Hinsicht zu den Bedingungen dafür, dass ein Begriff überhaupt Realität, Kant kann gelegentlich auch sagen: Bedeutung haben kann. Es reicht allerdings allein nicht hin, um die Objektivität eines Begriffs zu garantieren. Denn die Einbildungskraft würde auch einen Begriff schematisieren, der unmögliche Merkmale hätte.[77]

Die Rolle des Schemas aber geht nicht darin auf, im beschriebenen Sinne generalisierte Anschauung zu sein. Die zweite Funktion des Schemas kann man sich in einer ersten Annäherung so klarmachen: Forderte man eine Gruppe von Schülern auf, einen Gegenstand zu zeichnen, etwa einen Hund oder ein Dreieck, so würde man sicherlich völlig verschiedene Bilder erhalten, die aber alle durch dieselbe Arbeitsanweisung hervorgerufen wurden. Es gibt so etwas wie eine bewusstseinsinterne Ausführungsbestimmung, welche die Regeln dafür angibt, wie der Begriff in ein entsprechendes Bild übertragen werden kann. Auch als diese Ausführungsbestimmung fungiert das Schema. Es ist in dieser Hinsicht das »allgemeine[] Verfahren der Einbildungskraft, einem Begriff sein Bild zu verschaffen« (KrV A 140 / B 179f). Dieser Vorgang kann sich aber auch intramental abspielen, ohne Stift und Papier. Der Verstand sieht sich dann gleichsam beim Zeichnen des Schemas selbst zu. Das Schema ist so gesehen nichts anderes als die Anschauung des Verfahrens. Denn es ist so, dass »wir nicht nur Bilder anschauen, sondern« auch das Verbinden, und zwar in eins mit dem werdenden Bild.«[78] Das Schema ist also nicht nur generalisiertes Bild, allgemeine Anschauung eines Begriffes a priori, sondern auch ein Bildgenerator, eine »Bilderzeugungsmethode«.[79] Dem Schematismus kommt also eine Doppelfunktion zu.[80]

Die bisherigen Ausführungen betreffen die Schematisierung aller Begriffe abgesehen von den reinen Vernunftbegriffen, seien sie empirisch, mathematisch oder rein wie die Kategorien. Das soll an diesen drei Klassen von Begriffen nun noch kurz dargetan werden. Zunächst ist die singuläre Vorstellung eines *empirischen Begriffs* stets sehr viel reicher als der Begriff selbst, da sich zahlreiche Bestimmungen eines konkreten Gegenstandes gegenüber den konstituierenden Merkmalen des Begriffs als kontingent erweisen. Jene kontingenten Bestimmungen gehören deshalb nicht zu dem Schema, weil sich dieses in eineindeutiger Anschauungskorrespondenz zu den konstitutiven Begriffsmerkmalen befindet.[81]

---

[76] PETER BAUMANNS, aaO., 533.

[77] Dies wiederum ermöglicht allerdings auch künstlerische Produktivität, indem es Einhörner, Außerirdische, Meerjungfrauen usw. zwar nicht gibt, diese aber dennoch von der Einbildungskraft qua Schematismus rein aus den Merkmalen dieser Begriffe die zugehörigen Bilder entworfen werden können.

[78] ALBERTO ROSALES, aaO., 220 (im Original teilweise kursiv).

[79] PETER BAUMANNS, aaO., 533.

[80] Vgl. HANS BUSSMANN, Eine systemanalytische Betrachtung des Schematismuskapitels in der Kritik der reinen Vernunft. In: Kant-Studien 85 (1994), 394-418.

[81] Vgl. ALBERTO ROSALES, aaO., 222.

Denkt man beispielsweise an einen Hund, so bedeutet dessen Begriff »eine Regel, nach welcher meine Einbildungskraft die Gestalt eines vierfüßigen Tieres
allgemein verzeichnen kann, ohne auf irgendeine einzige besondere Gestalt
[...] eingeschränkt zu sein.« (A 141 / B 180) Zweitens trifft das gleiche auf die
reinen sinnlichen Begriffe zu, wie etwa die Gegenstände der Geometrie. Der Begriff und das ihm korrespondierende Schema besitzen einen höheren Grad an
Allgemeinheit als die einzelne geometrische Figur. Geometrische Gegenstände
werden in der reinen Anschauung konstruiert. Ihrer Idealität kann etwa ein empirisches Dreieck niemals genügen. Aber auch die Anschauung eines solchen
wird durch das entsprechende Schema auf den Begriff bezogen. Jedes Bild eines sinnlichen – sei es empirischen, sei es mathematischen Begriffs – wird »mit
dem Begriffe nur immer vermittelst des Schemas [...] verknüpft werden müssen« (KrV B 142 / B 181). Der eigentliche Zielpunkt – drittens – von Kants
Überlegungen zum Schematismus ist freilich das »transzendentale Schema« (KrV
A 138 / B 177), also die Schematisierung der *reinen Verstandesbegriffe*, der Kategorien. Nun gilt der oben ausgeführte Doppelcharakter des Schemas, dass es generalisierte Anschauung a priori ist und zugleich ein Verfahren der Einbildungskraft
vorstellt, auch für das transzendentale Schema. Dessen Eigenart braucht deshalb
hier nur angedeutet zu werden. Die Inadäquatheit zwischen Anschauung und
Begriff tritt hier besonders zutage, da die Kategorien sich ja gerade dadurch
auszeichnen, gänzlich unabhängig von aller Sinnlichkeit gewonnen zu sein. Jede Kategorie ist ein »Begriff, dadurch *überhaupt* ein Gegenstand gedacht wird«
(KrV § 22, B 146). Deshalb liegt der spezifische Unterschied darin, dass das transzendentale Schema in seiner Anwendung keine Bilder liefert, sondern lediglich
solche Merkmale der Anschauung generiert, die auf Gegenstände überhaupt zutreffen. Das Anschauungsmannigfaltige wird im transzendentalen Schema nur so
zusammengefasst, wie es den Bedingungen von Anschaulichkeit überhaupt unterliegt, also der Zeitlichkeit.[82] Das Schema der Kategorie heißt daher »transzendentale Zeitbestimmung« (KrV A 138 / B177). Die Zeit als Form der Anschauung überhaupt wird vom Schema so bestimmt, dass von jedem Objekt überhaupt
a priori Verschiedenes ausgesagt werden kann, so etwa dass es in der Zeit be-
harrt (Schema der Substanzkategorie).[83] Diese Zeitbestimmungen sind nicht im
Begriff der Kategorie enthalten, sondern entstehen, wenn die Einbildungskraft
die Kategorie auf die Zeitlichkeit der Anschauungsmannigfaltigkeit bezieht. Die
Realität der Kategorien ist auch ohne konkrete Bilder gesichert. Das korrespondierende Schema ist in diesem Falle Anschaulichkeit genug, da Kategorien die
Formen des objektiven Denkens überhaupt sind. Es kann zwar Phantasieobjek-

---

[82] Zeitlichkeit ist deswegen die umfassendere Bedingung als Räumlichkeit, weil doch auch
äußere Anschauungen in den inneren Sinn aufgenommen werden müssen, also auch der Anschauungsform der Zeit unterliegen.

[83] Vgl. HANS BUSSMANN, aaO., 405.

te geben, aber keine Phantasiekategorien. Daher ist es tatsächlich so, dass bereits die transzendentalen Schemata die Kategorien tatsächlich »realisieren« (KrV A 146 / B 185f.), aber gleichzeitig auch auf die Sphäre von Anschauungen überhaupt, also die Sinnlichkeit einschränken. Ein Kategoriengebrauch außerhalb der reinen Form der Anschauung, der Zeit, ist ohne Erkenntniswert.

Kant gibt sich leicht pessimistisch, was seine Erläuterung des Schematismus im Ganzen anbelangt. Dieser sei »eine verborgene Kunst in den Tiefen der menschlichen Seele, deren wahre Handgriffe wir der Natur schwerlich jemals abraten, und unverdeckt vor Augen legen werden.« (KrV A 141 / B 180f.) Das darf aber nicht darüber hinwegtäuschen, dass dies Kapitel ein wichtiges *missing link* im Aufbau der »transzendentalen Analytik« darstellt. Ihr Gesamtgang verläuft von Anschauungen über Begriffe zu Grundsätzen. Eben die Grundsätze des reinen Verstandes (KrV A 148ff. / B 187ff.) können aber nur aufgestellt werden, wenn sich die reinen Verstandesbegriffe auf die reinen Formen der Anschauung beziehen lassen. Genau diese Beziehungsleistung zu erläutern, war Aufgabe des Schematismuskapitels.

Damit können wir nun zum zweiten Punkt kommen, zu der Frage nach der Funktion der Analogie in der Versinnlichung von Vernunftbegriffen. Es war bereits auf die Definition des Vernunftbegriffes hingewiesen worden. Er zeichnet sich gerade dadurch aus, dass ihm keine adäquate Anschauung beigelegt werden kann. Im Lichte der bisherigen Ausführungen kann man diesen Sachverhalt so fassen: Ein Vernunftbegriff führt kein Schema bei sich, da er keinen realen Gegenstand hat. Deswegen gibt es auch keine intrinsischen Bezüge zur Sinnlichkeit, die es sogar bei den Kategorien gegeben hatte. Ein Vernunftbegriff stellt eine unbedingte Einheit von Verstandeserkenntnissen vor, und deshalb kann an ihm auch gar nichts versinnlicht werden – jedenfalls nicht auf die Weise, wie es im schematisierenden Verfahren geschieht. Nun ist die Ausprägung der Ideen aber nicht etwa eine verzeihliche, weil aufklärungsfähige Schwäche der Vernunft, sie haben vielmehr im Ganzen der menschlichen Erkenntniskräfte ihre feste Stelle. Anders als den Kategorien kommt ihnen zwar keine gegenstandskonstituierende Funktion zu. Sie haben aber »einen vortrefflichen und unentbehrlich notwendigen regulativen Gebrauch, nämlich den Verstand zu einem gewissen Ziele zu richten.« (KrV A 644 / B 672) Die Vernunftbegriffe verbürgen gewissermaßen die Einheitsorientiertheit der Verstandeserkenntnis. Diese ist streng methodisch gedacht: Die Vernunft bringt die Verstandeserkenntnisse in einen systematischen Zusammenhang; während der Verstand den Gegenstandsaufbau konstituiert, begründet die Vernunft den Wissensaufbau. Die genaue Weise dieser Leistung der Vernunftbegriffe kann hier auf sich beruhen bleiben, hier geht es nur darum: Sind die Vernunftideen *notwendige* Begriffe der menschlichen Erkenntnis, so ist es gemäß der Funktionsweise des Verstandes, Anschauung und Begriff aufeinander beziehen zu wollen, erneut nicht bloß erlaubt, sondern in gewisser Weise sogar erforderlich, sich eine Anschauung zu dem entsprechenden Vernunftbegriff zu suchen. Wir werden also »nicht allein befugt, sondern auch genötigt sein, diese Idee zu realisieren, d. i. ihr einen wirklichen Gegenstand zu setzen, aber nur als ein Etwas überhaupt, das ich an sich selbst gar nicht kenne, und dem ich nur [...] solche Eigenschaft gebe, als den Verstandesbegriffen im empirischen Gebrauch analogisch sind.« (KrV A 677f. / B 705f.) Ein solcher Gegenstand bzw. die Anschauung eines solchen heißt ›Symbol‹, und das Verfahren, sie zu gewinnen, ist die Analogie.[84] Von ihr wird jetzt zu handeln sein.

Wenn man nach dem Zusammenhang von Symbol- und Analogiebegriff fragt, ist zunächst zu klären, welcher Analogiebegriff in diesem Zusammenhang überhaupt zu veranschlagen ist. Die Genese des in den Hauptquellen zum Symbolbegriff verwendeten Analogiebegriffs kann man an Kants Logikvorlesungen verfolgen. Denn sein Ausgangspunkt ist der Gebrauch des Ausdrucks Analogie in der formalen Logik,[85] wo sie als Schlussverfahren vorgestellt wird. Ein strenger Vernunftschluss geht stets vom Allgemeinen aus und schließt von da auf das Besondere. Es gibt aber auch Schlüsse vom Besonderen auf das Allgemeine. Sie nennt Kant »Schlüsse der Urtheilskraft« (AA XIV, Reflexion 3276). Ihnen kommt – anders als der ersten Gruppe – keine notwendige Allgemeinheit zu, sie erzielen vielmehr bloß »empirische Gewißheit« (Logik Busolt, 679).[86] Denn die Urteilskraft wird in diesen Schlüssen in ihrer reflektierenden Funktion in Anspruch genommen. Streng genommen haftet ihnen nicht Wahrheit, sondern bloß Wahrscheinlichkeit an.[87] Die Analogie gehört für Kant zusammen mit den induktiven Schlüssen zu den »Krücken für unseren Verstand. Denn in allgemeinen Sätzen der Wahrheit werden wir immer zwar nach logischer Strenge Verfahren können, allein in dem Gebrauch unserer Erkenntniß (a posteriori) da müßen wir uns auch oft mit dem Wahrscheinlichen behelfen.« (Logik Blomberg, 287). Die Analogie ist also ein unumgängliches, aber gleichwohl im Vergleich zu den Vernunftschlüssen stets mit Unsicherheit behaftetes Schlussverfahren. Dieses Merkmal, eine – wenn auch unumgängliche – Behelfsfunktion zu sein, bleibt der weiteren Verwendung des Analogiebegriffs erhalten.

Kant unterscheidet in seinen Logik-Vorlesungen zwei verschiedene Arten von Analogieschluss. Der erste ist der von »partialer Ähnlichkeit zweier Dinge auf

---

[84] Zwar fällt der Ausdruck »Symbol« in der »Kritik der reinen Vernunft« und auch in den »Prolegomena« noch nicht. Der Sache nach ist aber diese nach der Analogie vorgestellte Anschauung genau das, was Kant in der »Kritik der Urteilskraft« und in den Anthropologie-Vorlesungen ab 1784 / 85 »Symbol« nennt.

[85] Vgl. ULRICH BARTH, Zur Barth-Deutung Eberhard Jüngels. In: Basler Theologische Zeitschrift (1984), 401. Dieser Aufsatz enthält eine Darstellung des Analogiebegriffs von Kants Logik-Vorlesungen, die dadurch motiviert ist, dass Eberhard Jüngel in seiner Konzeption des Glaubens auf den Begriff der Analogie rekurriert.

[86] Die erhaltenen Nachschriften von Kants Logik-Vorlesungen sind abgedruckt in AA XXIV.

[87] Es ist von daher bereits irreführend, wenn ERNST KONRAD SPECHT, Der Analogiebegriff bei Kant und Hegel, Köln 1952, 42, vom »exakten Analogieschluß« spricht.

totale« (AA XIV Reflexion 3282). Angenommen, ein Gegenstand sei hinsichtlich seiner Eigenschaften bekannt. Nun wird ein zweiter ähnlicher Gegenstand untersucht, der in den zunächst gefundenen Eigenschaften mit dem ersten übereinstimmt. *Per analogiam* kann dann geschlossen werden, dass er auch in den übrigen übereinstimmen wird. Die zweite Art von Analogieschluss ist davon recht verschieden. Hier werden nicht zwei Dinge miteinander analogisiert, sondern zwei Verhältnisse: »Wenn ich eine Wirkung habe und ihre Ursache weiß und sehe darauf eine ähnliche Wirkung anderswo; so schlüsse ich daß da auch eine ähnliche Ursache sei.« (Logik Philippi, 478) In diesem Fall geht es also um den Schluss auf das unbekannte vierte Glied einer Verhältnisrelation mit drei bekannten Gliedern. Genau dieser Schluss gibt den Ausgangspunkt für den Analogiebegriff in Kants Hauptschriften ab. Dort heißt es dann so: Analogie bedeutet »nicht etwa, wie man das Wort gemeiniglich nimmt, eine unvollkommene Ähnlichkeit zweier Dinge, sondern eine vollkommene Ähnlichkeit zweier Verhältnisse zwischen ganz unähnlichen Dingen« (Prol. § 58, 357 Anm.). Im Bereich möglicher Erfahrung geben Analogien eine Regel ab, das unbekannte vierte Glied »in der Erfahrung aufzusuchen, und ein Merkmal, es in derselben aufzufinden.« (KrV A 180 / B 222)[88] Wie aber soll eine Analogie mit einem gesuchten vierten Glied funktionieren, dass *außerhalb* aller Erfahrung liegt? Das ist der springende Punkt im Zugang zum Symbolbegriff.

Denn tatsächlich sollen die Symbole als »Versinnlichung« (KdU § 59, B 255) von Vernunftbegriffen fungieren, und zwar nach einer Analogie. Kant bringt selbst einige Beispiele. So wird eine Handmühle als Symbol eines despotischen Staates vorgestellt (vgl. KdU § 59, B 256). Die Analogie in diesem Beispiel sieht vollständig so aus: Eine Handmühle verhält sich zu den Pfefferkörnern so wie der tyrannische Staat zu seinen Untertanen: wie eine zerreibende Maschine. In einem zweiten Beispiel wird Gott nach der Analogie eines Künstlers vorgestellt (vgl. Prol. § 58, 360 Anm.). Gott verhält sich zur Natur wie die künstlerische Schaffenskraft zu den Kunstwerken. Ein drittes Beispiel geht erneut auf Gott, der in Analogie zu liebenden Eltern vorgestellt wird (vgl. Prol. § 58, 357 Anm.) Gott verhält sich zum Menschengeschlecht wie liebende Eltern zu ihrem Kind. Zunächst zeigt sich, dass die Beispiele den bisher entwickelten Begriff einer Analogie erfüllen. Zwei Verhältnisse werden als ähnlich gesetzt. Ein jeweils viertes Glied wird durch eine Verhältnisanalogie erschlossen. Eine Aussage über dieses vierte Glied hat nicht den Status einer objektiven Erkenntnis, sondern eben nur

---

[88] Die von Kant so genannten »Analogien der Erfahrungen«, welche die dritte Gruppe der synthetischen Grundsätze des Verstandesgebrauchs a priori sind (vgl. KrV A 176-218), bestehen darin, dass die Gegenstandserkenntnis nach Analogie der reinen Denkgesetze aufgefasst wird. So wie die Elemente der formalen und transzendentalen Logik notwendig zueinander gehören, so wird auch der Bereich der Erfahrung als notwendig verknüpft vorgestellt. Durch diese Analogie wird der Erfahrungsbereich überhaupt erst erkennbar. Das ist für uns aber nicht Thema, da es an dieser Stelle um *erfahrungsüberschreitende* Analogien geht.

analogen Charakter, bleibt eine ›Krücke‹. Aber dennoch bleibt die Frage: Wieso ist eine solche Analogie eine legitime, d. h. erkenntnistheoretisch abgesicherte Aussage?

Eberhard Jüngel hat in seiner Deutung des Kantischen Analogiebegriffs eingewandt, im Vollziehen der Analogie müsse »bereits sprachliche *Bekanntschaft* mit der *Situation* der zur Sprache bringenden Größe« wenigstens insofern vorausgesetzt werden, »als uns die Verhältnisse jener beiden Größen zu den jeweils weiteren Größen vertraut sein müssen«.[89] Dieser Einwand liegt nahe. Woher weiß ich denn, dass Eltern Gott symbolisieren, die Pfeffermühle den Tyrannenstaat? Muss nicht von anderwärts her irgendein Wissen (oder eine ähnliche mentale Aktivität) um das gesuchte vierte Glied gegeben sein, dass die Analogie mit dem vermeintlich die Erfahrung transzendierenden Begriff schließt? In der Tat wird irgendein Wissen benötigt. Aber, und das ist entscheidend, dieses ›Wissen‹ kommt Kant zufolge gar nicht von anderwärts her. Es war bereits gesagt worden, dass das Überschreiten der Grenzen der Erfahrung ein der Vernunft selbst eingestiftetes Bedürfnis ist, »denn Erfahrung tut der Vernunft niemals völlig Genüge« (Prol. § 57, 351). Das Überschreiten der Erfahrungsgrenzen aber geschieht wiederum nicht nach Belieben, sondern immer noch am Leitfaden der Kategorien. Durch ihren Gebrauch wird jenseits der Erfahrung nun freilich nichts mehr erkannt. Aber es kann in der Transzendenz noch gedacht werden. Die Gedanken einer absoluten Einheit, einer höchsten Ursache usw. sind anhand der Kategorien erzeugt.[90] Von daher spricht nicht viel dafür, dass hier wirklich eine vorgängige ›sprachliche‹ Vertrautheit vorliegt. Eher könnte man von einer ›kategorialen‹ Vertrautheit sprechen.

Das symbolische Verfahren verläuft, wie gesagt, analog zum schematisierenden. Aber erst mit eben gegebenem Hinweis kann es vollständig erklärt werden. In ihm verrichtet nämlich »die Urteilskraft ein doppeltes Geschäft [...], erstlich den Begriff auf den Gegenstand einer sinnlichen« Anschauung, und dann zweitens die bloße Regel der Reflexion über jene Anschauung auf einen ganz anderen Gegenstand, von dem der erstere nur das Symbol ist, anzuwenden.« (KdU § 59, B 256) Das besagt Folgendes: In einem ersten Schritt betrachtet die Urteilskraft die erste Relation. Dazu wird eine erste Vorstellung (a) aufgefasst. Diese wird zu einer anderen Vorstellung (b) ins Verhältnis gesetzt. Die Kategorie, nach der dies geschieht, wird mental festgehalten. Hierbei handelt es sich noch um ein gewöhnliches Erkenntnisurteil. In einem zweiten Schritt wird eine dritte Vorstellung (c) aufgefasst. Und nun passiert die Übertragung. Von Vorstellung (c) ausgehend beginnt die reflektierende Urteilskraft ihr ureigenes Geschäft: Sie

---

[89] EBERHARD JÜNGEL, Gott als Geheimnis der Welt, Tübingen 1977, 377.

[90] Vgl. zum Programm, die Unbedingtheitsdimension der Subjektivität anhand der Kategorien zu erweisen und als Leitfaden einer Religionstheorie fruchtbar zu machen, ULRICH BARTH, Was ist Religion? In: ders., Religion in der Moderne, Tübingen 2003, 3-27.

sucht nämlich nach eben der Kategorie, die das Verhältnis (a:b) strukturierte, ein (x) zu denken, das zu Vorstellung (c) in genau diesem kategorialen Verhältnis steht. Sie identifiziert versuchsweise den vorgegebenen Vernunftbegriff mit dem (x). Und nun stellt sie zweierlei fest: zunächst nämlich, dass ein Erkenntnisurteil (c:x) nicht in gleicher Weise gefällt werden kann wie das Urteil (a:b). Das liegt an der unauflöslichen Unanschaulichkeit des Vernunftbegriffes in theoretischer Perspektive. Sodann aber, dass doch so etwas wie ein Erkenntnisgewinn stattfindet. Aber seltsamerweise nicht über (x) – obwohl (x) auf diese Weise ›realisiert‹ wird –, sondern über (c). Es wird nämlich diese dritte Vorstellung beurteilt, und zwar unter einem gewissen Gesichtspunkt. Sie wird betrachtet, *als ob* sie mit (x) in dem gleichen Verhältnis stünde wie (a) zu (b). Das Entscheidende ist nun dies: Der einsetzende Reflexionsprozess führt nicht zu dem Ergebnis eines Erkenntnisurteils, er wird aber auch nicht mangels Resultat einfach abgebrochen. Er hat sein Ziel vielmehr in sich selbst. Das reflektierende Bewusstsein *besinnt* sich anlässlich der Vorstellung (b), die eben damit als Symbol fungiert, über das Verhältnis der Vorstellung (c) zu dem ›Gegenstand‹ des Vernunftbegriffs (x). Man kann auch sagen: Die dritte Vorstellung wird im Lichte eines Vernunftbegriffs *gedeutet*. Indem also über (x) eine analoge Aussage getroffen wird, findet mit Blick auf (c) ein Perspektivenzuwachs statt.

Dieser Perspektiven-, man könnte auch sagen: Bedeutungszuwachs, hat freilich stets nur subjektive Relevanz. Ob daher ein Symbol als geeignet oder ungeeignet angesehen wird, hat auch nur subjektive Gründe. Ein Subjekt wird ein Symbol für einen Vernunftbegriff in genau dem Maße für adäquat halten, als dadurch jener fruchtbare Reflexionsprozess in Gang kommt.

Wie oben am schematisierenden Verfahren beobachtet man auch hier eine Doppelstruktur. Das Symbol ist einerseits eine konkrete Anschauung, es ist aber andererseits auch ein Verfahren. Es stimuliert die Reflexion, und zwar gerade als sinnlicher Vorstellungskomplex. Diese Stimulation erfolgt aus dem Zusammenspiel von dem Versinnlichungsbedürfnis, dem kritischen Wissen um die Unangemessenheit der symbolisierenden Vorstellung und ihrer gleichzeitigen kategorial-analogen Adäquatheit. Ein Symbol will angeschaut sein, aber es hat sein inneres Telos nicht in diesem Angeschautwerden, sondern in dem durch es ausgelösten Reflexionsprozess.[91] Das symbolische Verfahren ist dennoch ein anderes, und dem schematisierenden nur analog, weil bei diesem die Urteilskraft als bestimmende, in jenem als reflektierende zur Anwendung kommt. Dieser Reflexionsprozess wird nicht in Bestimmtheit überführt, sondern bleibt im Horizont des Analogen. Dadurch entsteht so etwas wie ein Bedeutungsüberschuss des Sym-

---

[91] Es ist mithin etwas überpointiert, wenn ANNEMARIE PIEPER, Kant und die Methode der Analogie. In: Gerhard Schönrich / Yasushi Kato (Hg.), Kant in der Diskussion der Moderne, Frankfurt 1996, 92–112, hier 106 ausführt: »Das Symbol soll nicht angeschaut, sondern reflektiert werden.« Vorsichtiger hingegen YOUNG AHN KANG, aaO., 13: »The symbol is given [...] and it *leads* us to think.« (Hvg. A. K.)

bols.[92] Er verdankt sich dem Verfahren des Analogieschlusses, welches das Versinnlichungsbedürfnis im Hinblick auf den Vernunftbegriff in geordnete Bahnen lenkt. In diesem Sinne gibt ein Symbol ›viel zu denken‹, wenn auch nichts zu erkennen.[93]

Bleibt noch eine Frage abschließend zu klären. Wenn Kant das symbolische Verfahren erläutert, wählt er als Beispiel recht selten einmal den Begriff des Staates,[94] in der Regel aber den Gottesbegriff. Ist das Zufall? Ich denke, diese Frage kann klar verneint werden. Der Gottesbegriff ist der ureigene Kandidat des symbolisierenden Verfahrens. Im so genannten Prototypon-Kapitel der »Kritik der reinen Vernunft« führt Kant vor, wie es zu dem notwendigen Schein kommt, dass Gott als intelligente Person gedacht wird: Der Vernunftbegriff wird »zuerst realisiert, d. i. zum Objekt gemacht, darauf hypostasiert, endlich, durch einen natürlichen Fortschritt der Vernunft zur Vollendung der Einheit, sogar personifiziert« (KrV A 583 / B 611, Anm.). Der Grund dafür liegt darin, dass wir uns das Ideal der höchsten Einheit der Realität (Gott) nur in Analogie zu der höchsten Einheit, die wir kennen, nämlich der Einheit der Apperzeption, mithin als »Intelligenz« (ebd.) vorstellen können. Daran ist nun falsch, dass dieser tranzendente Vernunftbegriff für ein konstituierendes Prinzip unserer Erscheinungswelt ausgegeben wird. Dies geschieht »durch Weglassung« (KrV A 582 / B 610) der Einschränkung, dass wir über die Grenzen der Erscheinung hinaus nichts mehr erkennen. In der kritischen Besinnung auf diesen Umstand wird der analoge Charakter dieser Personifizierung durchschaut und als Symbol verstanden. Diese Reflexion führt zu der überraschenden Einsicht, dass Kants Symbolbegriff von vornherein religionstheoretisch motiviert ist. Dies kann noch genauer gezeigt werden, wenn wir uns schließlich dem anthropomorphen Charakter dieser Symbolisierung ausführlich zuwenden.

3.3. Symbolischer Anthropomorphismus

Das Material der Symbolisierung des Vernunftbegriffs »Gott«, um den es im Folgenden allein gehen soll, wird, wie die vorhergehenden Ausführungen gezeigt haben, aus der Sphäre der Erfahrungswelt, vorzugsweise aus dem menschlichen

---

[92] JOHN D. GLENN, Kant's Theory of Symbolism. In: Andrew J. Reck (Hg.), Knowledge and Value, The Hague 1972, 13-21, hier 17: »[A] symbol is a concrete object of sensible intuition which possesses *an overplus of meaning* that is not reducible to conceptual meaning or to abstract conceptual analogy.« (Hvg. A. K.)

[93] Es hat in dieser Hinsicht eine Verwandtschaft mit der »ästhetischen Idee«, von der Kant im § 49 der »Kritik der Urteilskraft« handelt. Er definiert sie dort als »diejenige Vorstellung der Einbildungskraft, die viel zu denken veranlaßt, ohne daß ihr doch irgendein bestimmter Gedanke, d. i. Begriff, adäquat sein kann« (B 192f).

[94] Der vollkommene Staat mit einer »Verfassung von der größten menschlichen Freiheit nach Gesetzen [. . .] ist doch wenigstens eine notwendige Idee« (KrV A 316 / B 373), welche als Kriterium bestehender Staatsverhältnisse fungiert.

Sein und Leben entnommen. Kant ist sich nicht im Unklaren darüber, dass insofern hier ein »Anthropomorphismus« (Prol. § 57, AA IV 356) vorliegt. Mit Bezug auf die Gottesvorstellung der Vernunft trifft dieser Umstand vor allem die Lehre von den göttlichen Eigenschaften. Sie erweisen sich in der kritischen Besinnung als Anthropomorphismen. Dieser Erweis gilt auch dann, wenn die symbolische Beziehung als eine solche erkannt wird: Diese Erkenntnis nimmt den anthropomorphen Charakter der Gottesprädikation nicht hinweg, sondern macht ihn lediglich transparent.

Kant hat in seiner Erläuterungsschrift zur »Kritik der reinen Vernunft«, den »Prolegomena zu einer jeden künftigen Metaphysik« diesem Thema einige Ausführungen gewidmet. Die leichten Verschiebungen in der Darstellung gegenüber dem Hauptwerk lassen einige zusätzliche Akzente in den Vordergrund rücken. Kant bestimmt in den »Prolegomena« den Widerspruch der Vernunft, einerseits aus ihrem eigenen Wesen über alle Erfahrung hinaus zu streben, andererseits aber sich aller transzendenten Urteile zu enthalten, als das Problem der Grenze: Beide Seiten des Widerspruchs können aufrechterhalten werden, »aber nur gerade auf der Grenze alles erlaubten Vernunftgebrauchs«. (Ebd.) Die Ideen dienen auch zur Grenzbestimmung des menschlichen Vernunftvermögens. Kant unterscheidet den Begriff der »Grenze« von dem der »Schranke«: Während diese nichts anderes als eine Negation aussagt, setzt jene einen Raum außerhalb des von ihr definierten Raumes. Gerade indem die Vernunftkritik unsere Erkenntnis auf den Bereich der Erscheinungen restringiert, grenzt sie ihn damit ab von einem Bereich der Dinge an sich selbst, die uns unerkennbar bleiben, aber als Grenzbegriffe gedacht werden müssen, um die Eigenheit unseres Erkenntnisvermögens deutlich zu machen.

Sich auf der Grenze zu halten, bedeutet im Hinblick auf Gott, ihm keine von den »Eigenschaften an sich selbst« (Prol. § 57, AA IV 357) zuzuschreiben, sondern lediglich im Verhältnis zu uns. Aussagen über Gott sind also in Wahrheit Aussagen über das menschliche Gottesverhältnis.[95] Die hierbei entstehende uneigentliche Redeweise nennt Kant den »symbolischen Anthropomorphismus« (ebd.), welcher nicht Urteile über ein Objekt fällen möchte, sondern eine Verhältnisbestimmung zum Zwecke menschlichen Klarwerdens über die eigenen Grenzen vornimmt. Schriebe man hingegen dem vermeintlichen Objekt eines Vernunftbegriffs eines höchsten Wesens diese Eigenschaften an sich selbst zu, würde man einem illegitimen »dogmatischen Anthropomorphismus« (ebd.) unterliegen.

Dieser ist an vielen Stellen in seinem Werk ein Gegner, den Kant unnachgiebig bekämpft. Aus diesem Kampf erklärt sich auch Kants Reserviertheit, die er in vielen Schriften gegenüber dem Symbolgebrauch an den Tag legt. Die Gefahr

---

[95] Vgl. hierzu ULRICH BARTH, Gott als Grenzbegriff der Vernunft. In: ders., Gott als Projekt der Vernunft, Tübingen 2005, 235–262.

einer Verwechslung von Symbol und Sache, die Tendenz zur Hypostasierung, ist ihm stets gegenwärtig. Fasst man diese Hypostasierungstendenz erkenntnistheoretisch, so kann man sie so ausdrücken, hier werde »der Schematism der Analogie [...] in einen Schematism der Objektbestimmung (zur Erweiterung unseres Erkenntnisses)« (RGbV B 83 Anm.) verwandelt. Indem Analoga aus dem Bereich der Erfahrung für objektive Bestimmtheiten Gottes genommen werden, versteht man Bilder für Gott, Funktionszuschreibungen etwa als Schöpfer, alle Prädikationen Gottes, etwa als Verstand und Wille besitzend, nicht als Symbole für unser Gottesverhältnis, sondern als An-Sich-Bestimmtheiten Gottes selbst: ein zwar nicht seltener, aber darum nicht weniger fataler »gewaltiger Sprung« (RGbV B 84 Anm.). Hierher gehört auch Kants häufige Warnung vor »Schwärmerei« (ApH § 35, B 107).

Diese Reserve führt zu der letzten Frage, die hinsichtlich Kants Symboltheorie zu stellen ist: Ist der Gebrauch von Symbolen, selbst in seiner reflektierten Gestalt, etwas, auf das man im Prinzip auch verzichten könnte? Kann man sich gleichsam seines Versinnlichungsbedürfnisses entschlagen und sich mit dem nackten Vernunftbegriff eines höchsten Wesens begnügen? Ist religiöses Symbolisieren vielleicht zwar legitim, aber letztlich doch verzichtbar?

Kant deutet dieses Problem in den »Prolegomena« immerhin noch an. Nach seiner Auffassung wäre ein Gottesbegriff, den man von allen Beziehungen auf die Sinnlichkeit freihielte, der »deistische Begriff« (Prol. § 57, AA IV 355) Gottes. Dieser hat den Vorzug, dass er sich weniger angreifbar macht. Aber er kann dennoch nicht genügen, denn der Deismus kann nach Kant uns »zu nichts nützen und zu gar keinem Fundamente der Religion und Sitten dienen« (Prol. § 57, AA IV 356). In der »Kritik der Urteilskraft« hat er das so ausgedrückt: Durch den Deismus werde »überall nichts, auch nicht in praktischer Absicht erkannt« (KdU § 59, B 258). Bereits diese wenigen Stellen scheinen anzuzeigen, dass die Symbolisierung Gottes im Gegenteil ganz und gar nicht verzichtbar, sondern von eminenter Wichtigkeit ist, und zwar für die praktische Sphäre des menschlichen Geistes.

Diese Auskunft erstaunt auf den ersten Blick. Denn in der so genannten »Analytik« der »Kritik der praktischen Vernunft«, die kurz nach den »Prolegomena« erschien, hatte Kant doch eingeschärft, dass der Bestimmungsgrund des guten Willens lediglich das von der Vernunft selbst gegebene Sittengesetz sein kann, und dass, wenn das Sittengesetz lediglich deshalb angenommen würde, weil es etwa ein Gebot Gottes wäre, dies einen Fall von sittlicher Heteronomie darstellen würde. Keineswegs ist die »Annehmung des Daseins Gottes, als eines Grundes aller Verbindlichkeit überhaupt, notwendig« (KpV A 226). Um wieviel weniger scheint also aus dieser Perspektive die Versinnlichung des Gottesgedankens notwendig zu sein! Die diesen Gedankengang motivierende Frage nach der Notwendigkeit religiösen Symbolisierens hat sich damit nur noch einmal vertieft.

Ihre Antwort findet die Frage erst in dem mit »Dialektik« überschriebenen zweiten Teil der zweiten Kritik. Die »Analytik« hatte nach einem Bestimmungsgrund des Willens gefragt und befunden, dass lediglich das unmittelbare Bewusstsein des Sittengesetzes, das sich in einem kategorischen, unbedingt und jederzeit geltenden Imperativ niederschlägt,[96] als ein solcher fungieren kann. Bei dieser Untersuchung wurde von allen materialen Zwecken, die sich ein Wille setzen kann, abstrahiert. Diese Abstraktion stellt sich als eine methodische heraus, denn es ist nach Kant »unleugbar, daß alles Wollen auch einen Gegenstand, mithin eine Materie haben müsse, aber«, fügt er sogleich hinzu, »diese ist darum eben nicht der Bestimmungsgrund«, (KpV A 60), da sich materiale Maximen niemals in hinreichender Form verallgemeinern lassen. Man kann jene Abstraktion auch noch unter einem anderen Aspekt betrachten. Wovon Kant abstrahiert hatte, war das natürliche Begehrungsvermögen des Menschen, welches naturgemäß Glückseligkeit als seinen Zweck hat. Von diesem konnte zwar bei der Frage nach einem verallgemeinerbaren Gesetz der Sittlichkeit abgesehen werden, da es nach Kant evident ist, dass das Glückseligkeitsstreben nicht zu einem solchen taugt, »weil dieses als objektiv in allen Fällen und für alle vernünftige Wesen eben denselben Bestimmungsgrund des Willens enthalten müßte.« (KpV A 45f) Das ist aber nicht möglich, weil alle Menschen sich etwas anderes unter Glück vorstellen und vollkommen andere Dinge ihnen Lust verschaffen. Einzig der kategorische Imperativ, der allein auf die *Form* des Willens achtet, kann dem Erfordernis eines Sittengesetzes Genüge tun.

Aber diese Abstraktion muss doch wieder rückgängig gemacht werden, wenn die Frage lautet, wie sich denn das Sittengesetz realisieren soll in einer Welt von stets neigungsaffizierten endlichen Vernunftwesen. Genau an dieser Frage setzt die »Dialektik« der »Kritik der praktischen Vernunft« an. Auch unter praktischem Aspekt hat die Vernunft das Bestreben, »die absolute Totalität der Bedingungen zu einem gegebenen Bedingten« (KpV A 192) aufzufinden. Das gegebene Bedingte ist nun aber gerade nicht das Sittengesetz, denn dieses gebietet unbedingt. Sondern es ist genau das natürliche Wollen und Begehren, von dem in der »Analytik« methodisch abstrahiert worden war; denn faktisch kann von ihm niemals abstrahiert werden. Die Totalität der Bedingungen, welche die Vernunft sucht, kann in diesem Fall nur ein Zustand allgemeiner Glückseligkeit sein. Wenn es aber die Vernunft ist, die diesen Zustand denkt, so steht er zugleich unter der Bedingung des Sittengesetzes, und ist also der Zustand der vollkommenen Übereinstimmung von Moralität und Glückseligkeit. Diesen Zustand bezeichnet Kant mit dem »Namen des höchsten Guts« (KpV A 193).[97] Das höchste Gut ist mithin,

---

[96] »Handle so, daß die Maxime deines Willens jederzeit zugleich als Prinzip einer allgemeinen Gesetzgebung gelten könne« (KpV A 54).

[97] Die ältere Forschung, die vielfach in diesem Begriff eudämonistische Reste entdecken wollte, reicht in dieser Hinsicht bis zu dem heute noch gängigen Kommentar von LEWIS WHITE

so kann man bislang zusammenfassen, der allgemeine Gegenstand des Wollens endlicher Vernunftwesen.

Freilich ist es zunächst nichts als eine Vernunftidee; die Frage ist, ob es sich auch realisieren lässt, ob es also auch möglich ist. Bei dem Versuch, diese Frage zu beantworten, verstrickt sich die Vernunft in eine Antinomie, welche die eigentliche Dialektik der reinen praktischen Vernunft ausmacht.[98] Es ist nun gar nicht so leicht anzugeben, worin die Antinomie genau besteht,[99] am plausibelsten scheint aber die Reformulierung zu sein, über die sich inzwischen ein gewisser Konsens abzeichnet. Danach lautet die Thesis: ›Das höchste Gut ist nicht möglich‹, hingegen die Antithesis ›Das höchste Gut ist möglich‹. Der Beweis für die Thesis kann in aller Kürze so wiedergegeben werden: Die Verbindung zweier Bestimmungen in einem Begriff kann analytisch oder synthetisch sein. Die »Analytik« hatte nun klar dargelegt, dass Tugend und Glückseligkeit »ganz ungleichartig sind« (KpV A 202). Die Verbindung könnte also nur synthetisch sein. Dann müsste eins von beiden der Grund, das andere die Folge sein. Das Streben nach Glückseligkeit kann der Grund nicht sein, da es sich zur Moral ganz und gar spröde verhält und daher »keine Tugend gründen« (KpV A 204) kann. Aber auch das Tugendstreben kann nicht als Grund fungieren, weil es keinerlei Einfluss auf die naturhafte Verfasstheit der Welt hat, welche zu beherrschen keine Frage der Moral, sondern des technischen Geschicks ist. Das Sittengesetz für sich kann nur die Glücks*würdigkeit*, nicht die Glücks*eligkeit* des tugendhaften Menschen begründen. »Die Verbindung von Tugend und Glückseligkeit ist weder analytisch noch synthetisch *a priori*, noch synthetisch *a posteriori*, d. h. durch Erfahrung, gegeben«,[100] bzw. wäre bestenfalls ein höchst kontingenter Sachverhalt, der als solcher dem Sittengesetz unangemessen wäre.

Die Antithesis hingegen beweist sich ganz einfach dadurch, dass die Vernunft selbst die Realisierung des höchsten Guts fordert. Da wir uns des moralischen Gesetzes wirklich »unmittelbar bewußt werden« (KpV A 53), wie die »Analy-

---

BECK, Kants »Kritik der praktischen Vernunft« (1960), München ³1995, 222-258. Mit prinzipieller Zustimmung zu Beck, aber mit schneidender Kritik gerade an dessen unzureichender Behandlung des höchsten Guts JOHN R. SILBER, The Importance of the Highest Good in Kant's Ethics. In: Ethics 73 (1963), 179-197. Diese Debatte wird aufsummiert und nach ihrer religionsphilosophischen Valenz vertieft bei ULRICH BARTH, Die religiöse Selbstdeutung der praktischen Vernunft. In: ders., Gott als Projekt der Vernunft, Tübingen 2005, 263-307.

[98] Grundlegend zum Folgenden MICHAEL ALBRECHT, Kants Antinomie der praktischen Vernunft, Hildesheim 1978. Auf Albrecht stützen sich bei dieser Thematik REINER WIMMER, Kants kritische Religionsphilosophie, Berlin / New York 1990 und GIOVANNI B. SALA, Kants »Kritik der praktischen Vernunft«, Darmstadt 2004.

[99] Vgl. den Forschungsüberblick in der neuesten Monographie zum Thema von BERNHARD MILZ, Der gesuchte Widerstreit, Berlin / New York 2002, 12-98.

[100] ECKART FÖRSTER, Die Dialektik der reinen praktischen Vernunft. In: Otfried Höffe (Hg.), Immanuel Kant: Kritik der praktischen Vernunft, Berlin 2002, 173-186, hier 182.

tik« aufgezeigt hatte, ist eben damit auch die Möglichkeit der Realisierung des höchsten Guts als des Implikats des Sittengesetzes gewiss.

Dieser Umstand macht die eigentliche Dramatik der Antinomie aus, die nicht so sehr gedanklich komplex als vielmehr sachlich höchst schwerwiegend ist.[101] Das moralische Bewusstsein würde gleichsam kollabieren, wenn es wüsste, dass die Beförderung des höchsten Gutes unmöglich wäre. Die Tugend lebt in dem Glauben, dass sie tatsächlich die Dinge auf der Welt ›verbessern‹ kann. Würde ihr dieser Glaube genommen, würde das vielleicht nicht die Dignität des Sittengesetzes schmälern, aber der moralische Mensch würde zum »Helden des Absurden«.[102]

Die Frage ist also, ob die Antithesis unter keinen Umständen gedacht werden kann, wo sie doch moralisch absolut gewiss ist. Diese Frage muss verneint werden. Der Satz, dass die Tugend die Glückseligkeit hervorbringe, ist »nur bedingter Weise falsch« (KpV A 206), und zwar unter den Bedingungen der Erscheinungswelt. Nun wird aber durch die Akzeptanz des Sittengesetzes das je eigene Dasein bereits auch unter der Perspektive gesehen, dass meine moralische Kausalität nicht aus der Sinnenwelt entstammt, sondern aus dem *mundus intelligibilis* (vgl. KrV A 255ff. / B 311ff.). Es lässt sich daher zumindest denken, dass die Moralität, die uns hier als ohne eigenes Verhältnis zur Glückseligkeit erscheint, »vermittelst eines intelligibelen Urhebers der Natur« (KpV A 207) doch als ihre notwendige Ursache fungiert. Und genau dies ist also die Funktion des Gottesbegriffs: Gott wird in praktischer Hinsicht gedacht als Garant der Proportioniertheit von Tugend und Glückseligkeit. Da dies die einzig mögliche Weise ist, die Antinomie kritisch aufzulösen, so impliziert die moralische Gewissheit das Postulat des Daseins Gottes,[103] »d. i. es ist moralisch notwendig, das Dasein Gottes anzunehmen« (KpV A 226).[104] Die Hoffnung auf die endgültige Realisierung des höchsten Gutes durch Gott, an dessen Beförderung alle Menschen guten Willens hienieden mitarbeiten, ist nach Kant das eigentliche Lebenselement der Religion. Der moralische Vernunftglaube erweist sich als Implikat des Sittengesetzes.

---

[101] Insofern ist es etwas unangebracht, wenn ECKART FÖRSTER, aaO., 183, mit anderen Forschern bemerkt: »Diese ›Antinomie‹ ist also durchaus nicht so ernsthaft, wie Kant glauben machen möchte.« Sie ist vielleicht nicht so schwer aufzulösen wie die Antinomien aus der ersten »Kritik«, aber vom sachlichen Gewicht her gewiss der Freiheitsantinomie gleich zu achten.

[102] GIOVANNI B. SALA, aaO., 263.

[103] Unter einem »Postulat« versteht Kant »einen theoretischen, als solchen aber nicht erweislichen Satz [...], so fern er einem a priori unbedingt geltenden praktischen Gesetze unzertrennlich anhängt.« (KpV A 220) Von daher zeigt sich auch, dass von einem förmlichen moralischen *Beweis* der Existenz Gottes nicht die Rede sein kann.

[104] Zu einer detaillierten Nachzeichnung der Überlegungen, die zu diesem Schluss führen, vgl. ULRICH BARTH, Die religiöse Selbstdeutung, aaO., 287-296. Es ist im Übrigen mit Barth nochmals zu betonen, dass das Postulat der Unsterblichkeit gar nichts mit dem Thema der Glückseligkeit zu tun hat; vgl. KpV A 219-223.

Und damit können wir zu unserer Ausgangsfrage zurückkehren: Bedarf die
Religion einer symbolischen Dimension, oder wäre eine solche ein verzichtbarer
Zierrat? Wenn man sich die Ausführungen der »Prolegomena« noch einmal ins
Gedächtnis ruft, wonach Aussagen über Gott als grenzbestimmende Aussagen
über das menschliche Gottesverhältnis sind, so muss man sagen: Die Religion
braucht eine Symbolisierung des Gottesgedankens, um sich über die – moralische – Stellung des Menschen in dieser Welt klar zu werden. Ja, man kann mit
Kant noch weitergehend behaupten: Die Religion hat sogar einen festen Satz
an Symbolen, wie Kant in einer leicht zu überlesenden Fußnote ausführt. Kant
referiert dort einen traditionellen theologischen Weg, göttliche Eigenschaften zu
bestimmen, die so genannte *via eminentiae*: Gott kommen die hervorhebenswer-
ten Eigenschaften des Menschen ebenfalls zu, nur in überschwänglichem Maße.
Kant dementiert diesen Weg zwar nicht, behauptet aber, es gäbe doch drei Eigenschaften, die sich nicht auf diesem Wege gewinnen lassen,

»die ausschließungsweise, und doch ohne Beisatz von Größe, Gott beigelegt werden, und die
insgesamt moralisch sind. Er ist der allein Heilige, der allein Selige, der allein Weise; weil diese
Begriffe schon die Uneingeschränktheit bei sich führen. Nach der Ordnung derselben ist er denn
also auch der heilige Gesetzgeber (und Schöpfer), der gütige Regierer (und Erhalter) und der
gerechte Richter. Drei Eigenschaften, die alles in sich enthalten, wodurch Gott der Gegenstand
der Religion wird«. (KpV A 237, Anm.)

Heiligkeit als völlige Gleichförmigkeit des Willens zum moralischen Gesetz, Seligkeit als Zustand des unübertrefflichen Glücks und Weisheit als perfektes Wissen um die beiden gemäße Lebensführung sind nicht nach Graden abstufbar
und eignen sich daher in besonderer Weise als Gottesprädikate. Im Lichte dieses
Gottesglaubens deutet der Mensch seine Lage, sowohl hinsichtlich seiner eigenen
moralischen Vervollkommnung, als auch hinsichtlich des Abstandes des Weltlaufs
zur Verwirklichung des höchsten Gutes. Diese Gottesprädikate bleiben freilich
anthropomorphistisch, aber eignen sich doch, da sie sich nicht quantifizieren
lassen, in besonderer Weise für den symbolischen Anthropomorphismus. Dieser hat sich in unserer Untersuchung nicht als bloße Verlegenheitslösung oder
bloß pädagogisches Mittel, sondern als notwendiges Ingredienz des moralischen
Vernunftglaubens erzeigt.[105]

Damit kann die am Ende des vorigen Abschnitts festgehaltene These noch ergänzt werden: Kants Symbolbegriff ist nicht nur von vornherein religionstheoretisch motiviert, Kant ist auch der eigentliche Schöpfer einer religionstheoretischen Symboltheorie. Mit dem Spitzenbegriff des »symbolischen Anthropomorphismus« vermag Kant, zugleich der Unbedingtheitsforderung des endlichen Vernunftgebrauchs wie auch den selbstkritischen Einsichten der Vernunft
Rechnung zu tragen. Auf diese Weise ist es ihm gelungen – und damit bleibt

---

[105] Vgl. zum Thema des Anthropomorphismus jetzt auch PETRA BAHR, Darstellung des Undarstellbaren, Tübingen 2004, 286-292.

er maßgebend –, »die [scil. erkenntniskritische; A. K.] Religionskritik in den Religionsvollzug«[106] zu integrieren.

3.4. Würdigung und Ertrag

Kant hat in seinen ersten Ausführungen zum Symbolbegriff dem Gebrauch desselben nur einen rhetorischen und bestenfalls noch pädagogischen Stellenwert zugemessen. Erst auf dem langen Weg der Vernunftkritik ist ihm die Einsicht aufgegangen, dass Symbole gerade im Bereich der Abschlussgedanken der menschlichen Vernunft eine unverzichtbare Rolle spielen. Aus diesem Grund markiert Kants kritische Philosophie in Sachen Symboltheorie den Ausgangspunkt für die weitere Theorieentwicklung. Das gilt auch hinsichtlich der religionstheoretischen Dimension, die Kant unter den neuzeitlichen Denkern als erster in den Symbolbegriff einzeichnet. Die Einsicht, dass »alle konkrete Religion von der Versinnlichung des Gottesgedankens«[107] lebt, ist für jede Religionstheorie unverzichtbar.

Doch noch ein ganz anderer wirkungsgeschichtlich wichtiger Aspekt ist hier zu verzeichnen. Meier vertrat in symboltheoretischer Perspektive eine Position, die man als Zeichenmonismus bezeichnen könnte. Kant hingegen nimmt eine terminologische Trennung vor: Symbolisieren ist zwar auch eine Form von Bezeichnen, aber eben eine ganz eigen geartete, die nicht unter andere Bezeichnungsweisen verrechnet werden kann. Symbolisieren ist ein uneigentlicher, ein indirekter Bezeichnungsvorgang. Lambert nimmt in dieser Gegenüberstellung durch seine Herausarbeitung der analogischen Leistung der natürlichen Sprache eine Mittelstellung ein.

Man kann die weitere Geschichte des Zeichenbegriffs unter der Fragestellung verfolgen, zu welcher der beiden Theorietypen eine Zeichen- oder Symboltheorie gehört. Wie hier nur angedeutet werden kann, findet sich Meiers weiter Begriff von Symbolisierung (d. i. bei ihm schlicht Bezeichnung) in gewisser Weise bei seinem wissenschaftlichen ›Enkel‹ Schleiermacher in dessen Theorie vom symbolisierenden Handeln wieder und dann auch bei Cassirer, für den *alle* mentale Repräsentation symbolisch verläuft. Zum anderen Theorietyp hingegen gehört etwa Paul Tillich, der ebenfalls die Symbolisierung als eine eigenständige Tätigkeit und das Symbol gegenüber dem bloßen Zeichen als Größe eigenen Rechts mit einem Bedeutungsüberschuss versteht. Diese Frage wird auch bei unserer Interpretation von Novalis eine Hauptrolle spielen. Man wird nicht zu viel vorwegnehmen, wenn man sagt, dass er in die Linie des von Kant inaugurierten Symbolverständnisses gehört. Die Ergebnisse von dessen symboltheoretischen Überlegungen seien hier zusammenfassend vorgestellt.

---

[106] Claus Dierksmeier, Zum Begriff des religiösen Gefühls im Anschluß an Kant. In: ZnThG 8 (2001), 201-217, 216.
[107] Ulrich Barth, Was ist Religion?, aaO., 11.

1. Kant unterscheidet intuitive und diskursive Vorstellungsart. Die ›symbolische Erkenntnis‹ gehört zu der ersten. Sie fungiert in der Regel als pädagogisches oder rhetorisches Substitut der begrifflichen Vorstellungsart. Symbolisierung heißt dann, dass eine anschauliche eine begriffliche Vorstellung vertritt. Bleibt das Subjekt da, wo diskursives Erkennen möglich und angebracht wäre, in symbolischen Vorstellungen behaftet, so ist dieser Vorstellungsmodus defizitär und soll überwunden werden (Anthropologie-Vorlesungen).

2. Eine Ausnahme von dieser Regel stellt die Versinnlichung eines Vernunftbegriffes dar. Bedeutung wird Begriffen dadurch zugeschrieben, dass sie sich vermittelst ihres Schemas auf Anschauungen von Gegenständen beziehen lassen. Nun lassen sich Vernunftbegriffen aber keine Schemata zuordnen, weil sie als Unbedingtheitsideen auf überhaupt keine Anschauung adäquat bezogen werden können. Die Urteilskraft begegnet dem menschlichen Versinnlichungsbedürfnis hinsichtlich von Vernunftbegriffen dadurch, dass sie ihnen Anschauungen nach einer Analogie beigibt. Danach wird eine sinnliche Vorstellung mit dem Vernunftbegriff in ein Verhältnis gesetzt und über dies Verhältnis nach derjenigen Kategorie, die eine analoge Relation verknüpft, reflektiert. Dabei entsteht zwar keine Erkenntnis im strengen Sinne, aber der Vorstellung werden in diesem Prozess neue Betrachtungsweisen, neue Perspektiven zugeschrieben. Die Vorstellung rückt in neue Deutungshorizonte ein. Dem Vernunftbegriff hingegen wächst zwar keine theoretische, aber doch immerhin eine analoge Bedeutung zu.

3. Indem eine Vorstellung in neue Deutungshorizonte einrückt, ändert sich der Welt- und Selbstumgang des erkennenden Subjektes. Der durch die Symbolisierung ausgelöste Reflexionsprozess führt nicht zu einer objektiven Erkenntnis, sondern zu einer Besinnung des Subjekts über sich im Horizont des Vernunftbegriffs. Dessen *theoretische* Bedeutung liegt in der Strukturierung menschlichen Wissens; seine *analoge* Bedeutung zielt vor allem auf die ethische und auf die religiöse Sphäre und ist jederzeit nur subjektiv.

4. Das Material der Analogie, die als Symbol fungierenden Anschauungen, sind allemal aus dem Bereich der menschlichen Erfahrung genommen. Insofern ist alle Symbolisierung ein Anthropomorphismus. Wird die Symbolisierung fälschlich für die Schematisierung eines Vernunftbegriffs gehalten, vermeint also das Subjekt eine Objekterkenntnis zu vollziehen, so liegt ein *dogmatischer* Anthropomorphismus vor. Ist es sich aber der bleibenden theoretischen Unanschaulichkeit des Vernunftbegriffes bewusst, so liegt ein legitimer *symbolischer* Anthropomorphismus vor, »der in der Tat nur die Sprache und nicht das Objekt selbst angeht« (Prol. § 57, 357). Im Felde der Religion heißt das, dass alle religiöse Sprache grundsätzlich gleichnisartigen Charakter hat. Dass alle (religiösen) Symbole grundsätzlich nur subjektive Bedeutung haben, impliziert ihre Relativität. Gleichwohl ist religiöses Symbolisieren keine im Prinzip überflüssige Aktivität:

Das Postulat des Daseins Gottes, das sich als Implikat der Gewissheit der absoluten Gültigkeit des Sittengesetzes erwies, fundiert die moralische Vernunftreli-
gion, in der Gott als Übereinstimmungsgarant von Tugend und Glückseligkeit
gedacht wird. Das Zentralsymbol dieser Religion ist die Vorstellung Gottes als
heiliger Gesetzgeber, gütiger Regent und gerechter Richter. Der Religion als
solcher wohnt nach Kant eine symbolische Dimension konstitutiv inne.

B. Fichtes frühe Wissenschaftslehre als Gegenstand der Auseinandersetzung in Novalis' »Fichte-Studien«

In einem Rückblick auf seine erste Berufszeit schreibt Novalis an den Geheimen Finanzrat von Oppel, er habe damals seine »Nebenstunden alten Lieblingsideen und einer mühsamern Untersuchung der Fichtischen Philosophie« (Ende Januar 1800; N IV, 311) gewidmet. Kein anderes philosophisches System hat Novalis mit gleicher Energie zu durchdringen gesucht: An Friedrich Schlegel schreibt er einmal: »Ich habe es in der Erfahrung, wie sauer dieses Verständnis [scil. Fichtes] wird« (14. 6. 1797; N IV, 230). Diese Beschäftigung mit Fichte hat sich unmittelbar in einem mehrere hundert Seiten starken Nachlasskonvolut niedergeschlagen, das die Herausgeber mit dem angemessenen Titel »Fichte-Studien« versehen haben. Bereits ein kursorischer Überblick über diesen Text zeigt, dass er nach Terminologie und Thematik sehr stark von Fichte bestimmt ist. Dies trifft auch auf weite Strecken des übrigen Werks von Novalis zu.

Diese Auskunft ist nicht als Vorurteil zu verstehen, Novalis habe sich in allem Fichte angeschlossen. Das Verhältnis zu Fichte steht vielmehr gerade in Frage – in theoretischer Hinsicht; ihre persönliche Bekanntschaft war von einem großen gegenseitigen Wohlwollen geprägt. Diese Frage kann aber nur geklärt werden, wenn sich der Interpret ebenso wie Novalis an eine mühsamere Untersuchung des Denkens Fichtes macht.

Dazu kommt noch ein weiterer Grund, der eine Darstellung des Denkens Fichtes zwingend erforderlich macht. Der philosophische Nachlass von Novalis bietet ein höchst heterogenes Konvolut von philosophischen Skizzen, Exzerpten und Einfällen, die auch nur zu zusammenhängenden Gruppen allererst zu ordnen eine philologische Meisterleistung war. Oft genug notiert sich Novalis nur Stichworte. All dies ist gar nicht zu verstehen, wenn man die Terminologie und die Sachprobleme, die seinerzeit im Schwange waren, nicht permanent im Hinterkopf hat. Eine werkimmanente Interpretation des philosophischen Werks von Novalis ist nicht möglich. Ob man sich ihm nun anschloss oder gegen ihn andachte: Um 1795 war es der philosophischen Landschaft völlig klar, dass Johann Gottlieb Fichte neben Kant der Philosoph war, mit dem man sich zu befassen hatte, wenn man mitreden wollte.

Vor allem die germanistische Novalis-Forschung hat allzu oft eine intensive Fichte-Lektüre gescheut und sich statt dessen auf überholte Zerrbilder von

Fichtes Philosophie gestützt, von denen Novalis positiv abzuheben nur allzu leicht fiel. Diese Zerrbilder werden mitunter bis heute, vor allem über die Medien ›Lehrbuch‹ oder ›Einführung‹ perpetuiert.[1] Solchem Vorgehen ist ungewollt von einer gewichtigen Strömung der philosophischen Novalis-Forschung der Segen erteilt worden. Es sind besonders die Arbeiten Manfred Franks, die in den letzten Jahren die These vertreten haben, man könne die Geschichte der philosophischen Frühromantik unter weitgehender Absehung von Fichte verfassen.[2] Wir werden auf Franks Novalis-Deutung im nächsten Kapitel ausführlich eingehen; forschungsgeschichtlich kann man aber schon hier so viel sagen, dass die Lust, sich auf Fichte einzulassen, die schon bei Frank selber nicht gerade sehr ausgeprägt war, seither rapide abgenommen hat. Das (Vor-) Urteil, Fichte sei für Novalis keineswegs von großem Belang, und die nicht eben erschöpfende Kenntnis der Schriften Fichtes verstärkten sich wechselseitig.

Unsere Arbeit schließt dem gegenüber an denjenigen Zweig der neuesten Forschung an, der sich bemüht, diesen offensichtlichen Irrweg zu korrigieren. Zuerst ist einleuchtend gezeigt worden, dass Fichte für Novalis bis in seine letzten Texte hinein ein wichtiger Gegenstand der Auseinandersetzung bleibt.[3] Weitergehend ist wahrscheinlich gemacht worden, dass eine neue Fichte-Lektüre, welche auch die rapide angewachsene Fichte-Forschung der letzten Jahre angemessen berücksichtigt – die Manfred Frank beinahe vollständig übergeht –, auch zu revidierten Ergebnissen bei der Interpretation der Frühromantiker führen würde.[4] Somit kann eine eigentlich alte Einsicht als wieder neu und vertieft gültig aufgestellt werden: Eine Arbeit über Novalis wird in dem Maße an Tiefenschärfe gewinnen, als sie sich auf das mühsame Geschäft der Fichte-Interpretation einlässt.

---

[1] Dies trifft etwa zu auf das an sich sehr verdienstvolle Lehrbuch von LOTHAR PIKULIK, Frühromantik, München 1992. Fichte konnte Novalis »letztlich nicht viel sagen« (35), denn er blieb »allen ästhetischen Fragen [...] fern« (38) und offenbarte eine »Mißachtung der Objektwelt« (ebd.). Fichtes »einseitige Ich-Philosophie« (40) – ein Ausdruck, der nichts erklärt – sei für die Frühromantiker nur ein Gegenstand der Überwindung gewesen. Knapper noch MARIANNE BEESE, Novalis. Leben und Werk, Rostock 2000: Dem Ich ist »eindeutig die Priorität [scil. vor dem Nicht-Ich], ja fast die Alleingültigkeit zugesprochen – was Novalis kritisierte und schließlich überwand« (67). Von Fichtes praktischer Philosophie wird gesagt: Dem Prinzip der unendlichen Annäherung gemäß musste »der einzelne Mensch der Hoffnung entsagen, jemals an eine bessere Welt heranzureichen« (69); bei Novalis hingegen werde diese realisiert. Noch leichter macht es sich BERBELI WANNING, Novalis zur Einführung, Hamburg 1996, die in einer Monographie über Novalis, die Teil einer philosophischen Einführungsreihe ist, einfach gar nicht auf Fichte zu sprechen kommt.

[2] Vgl. MANFRED FRANK, ›Unendliche Annäherung‹, Frankfurt a. M. 1997, der in diesem Buch 30 Jahre Forschung aufsummiert. Der philosophischen Jugend aus dem Kreis um Karl Leonhard Reinhold in Jena, zu der Frank auch Novalis zählt, sei Fichtes Auftreten in Jena »wie ein Anachronismus vorgekommen« (785).

[3] Vgl. BERNWARD LOHEIDE, Fichte und Novalis, Amsterdam 2000.

[4] Vgl. MARTIN GÖTZE, Ironie und absolute Darstellung, Paderborn 2001.

Trotz dieses gewissen Umschwungs kann man nicht sagen, dass die frühe Philosophie Fichtes in der Novalis-Forschung schon so aufgearbeitet wäre, wie es sachlich erforderlich ist.[5] In diese Lücke möchte unsere Arbeit vorstoßen. Die folgende Fichte-Interpretation soll die Grundgedanken des Wissenschaftslehrers in kompakter Weise für sich nachzeichnen und stellt so den Hintergrund für die Entfaltung von Novalis' Grundlegung einer Symboltheorie dar. Dass das erste nur erreicht werden kann, wenn Fichte immer wieder auch in die Theoriebewegungen seiner Zeit eingestellt wird, leuchtet von selbst ein. Somit werden in einem ersten Punkt die berühmten Grundsätze der »Grundlage der gesammten Wissenschaftslehre« im Kontext der Debatte um einen ersten Grundsatz der Philosophie dargestellt. Der zweite Punkt befasst sich mit dem Begriff der produktiven Einbildungskraft.

1. Die drei »Grundsätze« von 1794 / 95

Fichtes »Grundlage der gesammten Wissenschaftslehre« von 1794 / 95[6] darf ohne Übertreibung als einer der gewichtigsten und zugleich wirkmächtigsten Texte der neueren Philosophiegeschichte bezeichnet werden.[7] Sie stellt zum einen eine bis heute inhaltlich viel diskutierte Position auf dem – in letzter Zeit freilich nicht eben beliebten – Felde der philosophischen Letztbegründung und der kritischen Metaphysik dar. Zum anderen wurde sie, während das etablierte philosophische Fachpublikum zunächst reserviert reagierte,[8] vor allem von der damaligen philosophischen Jugend sofort mit wahrem Feuereifer studiert. Exemplarisch mag hier ein längeres Zitat von Hölderlin angeführt sein, der eben in Jena weilte, als Fichte die WL zum ersten Mal vortrug: »Fichte ist jetzt die Seele von Jena. Und gottlob! daß ers ist. Einen Mann von solcher Tiefe und Energie des Geistes

---

[5] Das betrifft auch die Fichte-Darstellung bei Martin Götze, aaO., 47-80. Sie ist gegenüber Frank ein echter Fortschritt, geht aber nicht weit genug, da Götze letztlich doch dem von Dieter Henrich inaugurierten Interpretationsmodell, Fichte als einen Theoretiker des Selbstbewusstseins zu präsentieren, verhaftet bleibt. Fichtes Ansatz sei »weniger von einem genuin ethischen Impuls geleitet, als vielmehr von einem Problem, das im wesentlichen noch dem Bereich der Theorie angehört« (293, Anm. 57). In diesem Urteil verdichtet sich die letztlich irrige Interpretationsperspektive.

[6] In diesem Abschnitt ziehe ich neben dem Hauptwerk zusätzlich folgende Schriften heran: »Über den Begriff der Wissenschaftslehre« von 1794, »Zweite Einleitung in die Wissenschaftslehre« von 1797.

[7] Vgl. das etwas pathetische, aber zutreffende Urteil von Emanuel Hirsch, Geschichte der neuern evangelischen Theologie, Bd. IV (1949), Waltrop 2000, 338: »[E]s gibt keinen geistig Großen in dem Menschenalter nach seiner Verkündigung der neuen Philosophie, der nicht durch das Feuer seines Denkens hindurchgegangen wäre.«

[8] Vgl. die Bemerkungen der Bandherausgeber zur frühesten Rezeption der GWL in GA I / 2, 206-246.

kenn' ich sonst nicht. In den entlegensten Gebieten des menschlichen Wissens die Prinzipien dieses Wissens, und mit ihnen, die des Rechts aufzusuchen und zu bestimmen, und mit gleicher Kraft des Geistes die entlegensten und kühnsten Folgerungen aus diesen Prinzipien zu denken, und troz der Gewalt der Finsternis sie zu schreiben und vorzutragen, mit einem Feuer und einer Bestimmtheit, derer Vereinigung mir Armen ohne diß Beispiel vieleicht ein unauflösliches Problem geschienen hätte, – diß, lieber Neufer! ist doch gewis viel, und ist gewis nicht zu viel gesagt von diesem Manne. Ich hör' ihn alle Tage. Sprech ihn' zuweilen.«[9] Es war für die Schelling, Hegel, Hölderlin, Schlegel, Novalis und andere sonnenklar, dass Fichte der unhintergehbare Ausgangspunkt allen Philosophierens zu sein hätte, ganz gleich wie weit man ihm zustimmte. Ja, die frühen Texte der Genannten geben sogar davon Zeugnis, dass es der von Fichte ausgehende Einfluss selbst war, der sie alsbald über dessen Standpunkt hinaustrieb. Man kann beinahe davon sprechen, dass sie durch Fichte zu einer freien Form des Philosophierens gefunden haben.[10]

Schon den damaligen Lesern, um wieviel mehr den heutigen muss der Text der »Grundlage der gesammten Wissenschaftslehre« als ein »furchtbares Gewinde von Abstractionen« (Novalis) erscheinen. Von daher scheint es günstig, sich den hier zu verhandelnden Problemen auf dem Wege einiger ideenbiographischer Anmerkungen zu Fichte zu nähern.[11] Fichte zeigt in seiner Frühzeit eine durch Lektüre von Lessing und Rousseau vertiefte Nähe zur Aufklärungstheologie; das Gefühl einer moralischen Bestimmung des Menschen ist ihm das Zentrum seiner Lebenseinstellung. Diese gerät aber in eine Krise, als Fichte in verschiedenen Schriften dem Determinismus begegnet und dessen Verfechter wird. Sein Überzeugungsgefühl und die deterministische Spekulation finden nicht mehr in einer Weltanschauung zusammen. In dieser Lage begegnet er der Philosophie Kants. Die Lektüre der ersten »Kritik« ist zwar schon von einer gewissen Zustimmung getragen, hilft ihm aber nicht, seine Krise zu überwinden. Ganz anders dann beim Studium der »Kritik der praktischen Vernunft«: Eher zufällig stößt er darauf, als ihn ein Student, dem er Nachhilfeunterricht in Philosophie gibt, bittet, mit ihm die Schriften des Königsberger Philosophen zu lesen. Der Gedanke einer apriorischen Gesetzgebung der reinen Vernunft, die sich an einen freien

---

[9] Brief an Christian Ludwig Neuffer vom Nov. 1794, FRIEDRICH HÖLDERLIN, Sämtliche Werke und Briefe, Band II, hg. von Michael Knaupp, Darmstadt 1998, 553.

[10] DIETER HENRICH, Konstellationen, Stuttgart 1991, hat die unglaubliche Fülle an philosophischen Systementwürfen zwischen 1790 und 1800 metaphorisch als die »Explosion einer Supernova« (218) beschrieben. Dieses Bild ist nicht unzutreffend. Man wird freilich behaupten müssen, dass sich – um im Bilde zu bleiben – die im Zuge der Auseinandersetzung vor allem mit Kant und Reinhold angestaute Energie erst durch den Impuls Fichtes wirklich entladen konnte.

[11] Zur philosophischen Frühentwicklung Fichtes vgl. WILLY KABITZ, Studien zur Entwicklungsgeschichte der Fichteschen Wissenschaftslehre aus der Kantischen Philosophie (1902), Darmstadt ²1968; REINER PREUL, Reflexion und Gefühl, Berlin 1969; ARMIN G. WILDFEUER, Praktische Vernunft und System, Stuttgart 1999.

Willen im Menschen richtet, leuchtet ihm in einer Weise ein, die man kaum anders als ein Bekehrungserlebnis begreifen kann. »Ich lebe in einer neuen Welt, seitdem ich die Kritik der praktischen Vernunft gelesen habe. Sätze, von denen ich glaubte, sie seyen unumstößlich, sind mir umgestoßen; Dinge, von denen ich glaubte, sie könnten mir nie bewiesen werden, z.b. der Begriff einer absoluten Freiheit, der Pflicht u.s.w. sind mir bewiesen, und ich fühle mich darüber nur um so froher.«[12] Er entschuldigt sich sogar bei seiner Braut, dass er sie auf einen nun als falsch eingesehenen Weg habe bringen wollen.[13] Fichte fühlt sich von einer kapitalen Selbsttäuschung befreit, der Determinismus ist ihm nunmehr vollständig überwunden,[14] er kann statt dessen von sich sagen, »daß ich jezt von ganzem Herzen an die Freiheit des Menschen glaube«.[15] Von da ab fühlt er sich zur Philosophie berufen. Seine erste Buchveröffentlichung, der »Versuch einer Critik aller Offenbarung« (anonym 1792), ist eine derartig kongeniale Religionsphilosophie, dass man sie für die lange erwartete Religionsschrift Kants hielt. Fichte wird gewissermaßen über Nacht zu einer philosophischen Berühmtheit, als Kant verlauten lässt, nicht er, sondern ein bis dato völlig unbekannter Kandidat der Theologie habe dieses Buch verfasst.

Ein zweites, kaum minder einschneidendes Erlebnis hat Fichte während seiner intensiven Beschäftigung mit der »Elementarphilosophie« Karl Leonhard Reinholds. Reinhold, ein zu Protestantismus und Aufklärung konvertierter österreichischer Jesuit, galt Fichte – womit er unter den philosophischen Kantianern sicher nicht allein dastand – als »der scharfsinnigste[] Denker unsers Zeitalters«[16] und bildete in Jena das Zentrum einer aufstrebenden philosophischen Fakultät.[17] Reinhold meint bei Kant einen Mangel feststellen zu müssen, indem dieser nämlich nur die richtigen philosophischen Resultate, nicht aber deren Prämissen dargestellt habe. Diese Prämissen will Reinhold nun angeben, und der geeignete Weg zu ihnen liegt in der Forderung, ein philosophisches System müsse auf genau einen selbstevidenten Grundsatz gegründet sein. An dieses Methodenideal schließt sich Fichte an, wenn auch, wie wir noch sehen werden, in recht eigener Weise. Während seines intensiven Reinhold-Studiums wird ihm nämlich klar, dass die Lösung Reinholds selbst noch nicht überzeugen kann. Im Herbst des Jahres 1793 ereilt ihn dann das Bewusstsein, selbst den wahren Grundsatz gefunden zu haben. Das auf ihn zu gründende System nennt Fichte fortan »Wissenschaftslehre«. Diese kann man in einer ersten Annäherung als

---

[12] Brief an Friedrich Weißhuhn vom August / September 1790, GA III, 1, 167.

[13] Vgl. Brief an Johanna Rahn vom 5.9.1790, GA III, 1, 171.

[14] Vgl. KLAUS UNTERBURGER, Determinismuswiderlegung in der kritischen Philosophie Immanuel Kants und bei Johann Gottlieb Fichte in der Phase bis 1796, Neuried 1999, 93-108.

[15] Brief an Heinrich Achelis vom November 1790, GA III, 1, 193.

[16] Brief an Karl Leonhard Reinhold vom 1.3.1794, GA III / 2, 79.

[17] Zu Reinholds Biographie vgl. ALEXANDER VON SCHÖNBORN, Karl Leonhard Reinhold. Eine annotierte Bibliographie, Stuttgart 1991, 9-64.

den Versuch verstehen, die kantischen Grundeinsichten, die den Determinismus widerlegen und eine Philosophie der Freiheit begründen, auch für die theoretische Philosophie fruchtbar zu machen und damit dem ganzen System eine sichere Grundlage zu geben: die Grundlage der »Tathandlung« des »Ich«, welche die Teilung in theoretische und praktische Sphäre noch von einem übergreifenden Einheitsgesichtspunkt her begründen will.[18] Nur aus diesem Anspruch heraus wird verständlich, wieso sich die damalige junge Generation mit solcher Verve an diesem vordergründig völlig unzugänglichen und hyperabstrakten Text abarbeitete.

1.1. Das Programm einer Philosophie als Wissenschaft

Als Fichte 1794 nach Jena berufen wurde, veröffentlichte er noch von Zürich aus, wo er damals lebte, eine »Einladungsschrift zu seinen Vorlesungen«, in der er zunächst über seine philosophischen Vorhaben Rechenschaft ablegte. Sie trägt den Titel »Über den Begriff der Wissenschaftslehre oder der sogenannten Philosophie«. Gleich zu Beginn der Vorrede dieser Schrift äußerte Fichte die These, »daß die Philosophie, selbst durch die neuesten Bemühungen der scharfsinnigsten Männer noch nicht zum Range einer evidenten Wissenschaft erhoben sei« (BWL Vorrede; SW I, 29; GA I / 2, 109). Aufmerksamen Beobachtern der damaligen Debatte war sofort klar, auf wen Fichte hier anspielte, nämlich auf Reinhold, mit dessen Schriften Fichte sich im vorigen Jahr ausführlich beschäftigt hatte. Reinhold war – wie erwähnt – angetreten, durch Fundamentierung der Philosophie in einem evidenten Grundsatze dem vermeintlichen Mangel der kantischen Kritiken, ihre eigenen Prämissen nicht dargestellt zu haben, abzuhelfen. So erst nämlich könne die Philosophie den Rang einer Wissenschaft beanspruchen: »Jeder bisherigen Philosophie, selbst die *kantische*, wenn man sie als *Wissenschaft* betrachtet, nicht ausgenommen, fehlt es an nichts geringerem, als an einem *Fundamente*.«[19] Wie obiges Zitat zeigt, hatte Fichte sich dieser These vorbehaltlos angeschlossen, nur dass er eben der Meinung war, Reinholds eigene Position sei ebenfalls keine befriedigende Lösung des Problems. In einem ersten

---

[18] WILHELM METZ, Kategoriendeduktion und Einbildungskraft, Stuttgart 1991, 203-207, vertritt die These, dass »Fichte in seinem Grundsatzkapitel das Fundament der Einen Vernunft darstellt« (203). Dieser Sicht hat sich »der Sache nach« ULRICH BARTH, Art. Vernunft II. In: TRE 34 (2002), 738-768, hier 745, angeschlossen, allerdings mit dem wichtigen Hinweis, dass »der Terminus selbst nicht den Leitbegriff der Erörterung« (ebd.) bildet. In der Tat sind alle Belege, die Metz zur Erhärtung seiner These beibringt, *nicht* der GWL entnommen. Eine Gesamtdarstellung der Fichteschen Wissenschaftslehre in ihren verschiedenen Fassungen müsste darauf reflektieren, warum die – vermutlich gleiche – Grundeinsicht über die Jahre unter verschiedenen Begriffen (»Ich« 1794, »absolutes Wissen« 1801, »Vernunft« 1804) expliziert wurde.

[19] KARL LEONHARD REINHOLD, Über das Fundament des philosophischen Wissens, Jena 1791, 3.

Schritt soll kurz das Programm Reinholds dargestellt werden,[20] unter welchen Bedingungen der Philosophie das Prädikat, eine Wissenschaft zu sein, zugebilligt werden kann. Dabei beziehe ich mich hauptsächlich auf seinen Aufsatz »Über die Möglichkeit der Philosophie als strenge Wissenschaft« von 1790.[21] In einem zweiten Schritt ist dann Fichtes Anschluss an dieses Programm einerseits und die Ablehnung der Reinholdschen Lösung andererseits zu thematisieren.

Zu den allgemeinen Merkmalen einer Wissenschaft zählt Reinhold zunächst, dass sich ihr Gebiet in einem kohärenten Gefüge von durchgängig bestimmten Sätzen aufstellen lassen muß. In dieser Hinsicht kann an den Kantschen Kritiken kaum mehr als eine sich im Rahmen der üblichen wissenschaftlichen Diskussion bewegende Einzelkritik geübt werden. Der eigentliche Mangel an Kants System kann erst im Lichte eines zweiten allgemeinen Merkmals einer Wissenschaft erkennbar werden: Das Gefüge von Sätzen muss nämlich zugleich die Einheitlichkeit jenes Gebietes deutlich machen. Sofern Philosophie die Darstellung der einen Vernunft selber zum Thema hat, kann Kant lediglich als der – wenn auch maßgebliche – Wegbereiter zu einer wissenschaftlichen Philosophie im strengen Sinne gelten. Denn aus seinen Kritiken wird nach Reinhold die Einheit der menschlichen Geistestätigkeit nicht erkennbar. Eine streng wissenschaftliche Philosophie müsste »sowohl theoretische als praktische, sowohl formale als materiale Philosophie«[22] übergreifen. Da sie also gleichsam die Basis für alle internen Ausdifferenzierungen der Vernunft abgeben wird, betitelt Reinhold sie mit dem Ausdruck »Elementarphilosophie« (344). Sie kann diese elementare Funktion aber nur ausüben, wenn sie »auf einem *allgemeingeltenden Grundsatze* fest« (ebd.) steht. Dieser höchste Grundsatz ist es, welcher ihr die geforderte Einheitlichkeit mitteilt. Es kann mithin auch nur einen Satz geben, der diese Funktion ausfüllen kann.

Die Leistungsmerkmale, die diesem Satz zukommen müssen, sind diese: Zum einen muss der Satz durch sich selbst evident sein. Dieses Merkmal kann noch hinsichtlich seiner verschiedenen Momente erläutert werden. Einmal darf dieser Satz sich nicht auf andere Sätze zurückführen lassen, um seine Richtigkeit

---

[20] Eine weitergehende Darstellung der Reinholdschen Philosophie braucht hier nicht geleistet zu werden. Vgl. dazu ALFRED KLEMMT, Karl Leonhard Reinholds Elementarphilosophie, Hamburg 1958; REINHARD LAUTH (Hg.), Philosophie aus einem Prinzip. Karl Leonhard Reinhold, Bonn 1974; MARTIN BONDELI, Das Anfangsproblem bei Karl Leonhard Reinhold, Frankfurt a. M. 1995; ALESSANDRO LAZZARI, »Das Eine, was der Menschheit Noth ist«, Stuttgart 2004.

[21] Dass Fichte diesen Aufsatz kannte, belegt ein Briefentwurf vom 27.9.1792, bei dem Fichte oben auf dem Blatt notiert hatte: »Bei Lesung der Reinholdischen Schriften. Ueber die Möglichkeit der Philosophie als strenger Wißenschaft. Abh. V. der Theorie etc.« (GA III, 1, 341).

[22] KARL LEONHARD REINHOLD, Über die Möglichkeit der Philosophie als strenge Wissenschaft. In: Ders., Beyträge zur Berichtigung bisheriger Mißverständnisse der Philosophen, Bd. 1, Jena 1790, 341–372, hier 344. Die im Folgenden genannten Seitenzahlen beziehen sich auf diesen Text. Die Originalpaginierung ist beigegeben in der kürzlich erschienenen Neuausgabe der »Beyträge«, hg. von Faustino Fabbianelli, Hamburg 2003.

zu erweisen, sondern er muss »*durch sich selbst* gegen alle Missverständnisse gesichert seyn« (353f). Dieser Satz »bedarf keiner Prämissen; lässt keine Prämissen zu« (356). Ferner müssen deshalb auch alle Merkmale der Begriffe, die er aufstellt, »*durch ihn selbst* bestimmt werden können« (354). Endlich darf man sich dieser Merkmale nicht anders bewusst werden als durch eine bloße »*Reflexion* über die Bedeutung der Worte, die durch ihn selbst für die Tatsache die er ausdrückt, bestimmt wird« (356). Der höchste Grundsatz ist, sobald man seiner ansichtig wird und über ihn reflektiert, *als Satz* schlechthin verständlich und evident. Zum Leistungsmerkmal der Selbstevidenz tritt nun noch ein zweites, nämlich es muss dieser Satz durch sich selbst auf seine Folgesätze hin auslegbar sein, er muss sich selbst zu einem »System der Principien« (344) der ganzen Philosophie differenzieren. Dies geschieht durch eine vollständige Zergliederung der Merkmale, die in ihm und unter ihm befasst sind. Auf diese Weise werden die Prinzipien des Gesamtbereichs der Philosophie abgeleitet. Zusammengefasst gilt also, dass ein Satz genau dann als höchster Grundsatz gelten kann, wenn er schlechterdings selbstevident ist und sich außerdem durch sich selbst zu einem Prinzipiengefüge differenziert.

Reinhold ist nun – wenigstens um 1790 – der Meinung, diesen Satz gefunden zu haben. Er nennt ihn »Satz des Bewusstseins«. In seinem Œuvre findet er sich in verschiedenen Varianten,[23] von denen die prominenteste diese sein dürfte: »Im Bewusstseyn wird die Vorstellung durch das Subjekt vom Subjekt und Objekt unterschieden und auf beide bezogen.«[24] Die Begriffe vom Subjekt, Objekt und der Vorstellung »quillen unmittelbar aus dem durch diesen Satz ausgedrückten Bewusstseyn, und sind die letzten ursprünglichen Merkmale alles Vorstellbaren« (354), denn der Satz des Bewusstseins ist eine sprachlich adäquate Ausdrucksgestalt der durch ihn ausgedrückten »Thatsache« (356) des Bewusstseins. Über die Vorstellbarkeit überhaupt kann das Bewusstsein niemals hinausgehen; und dass vorgestellt wird, ist schlechterdings evident, ist eben die Tatsache des Bewusstseins selbst. Die Theorie des Vorstellungsvermögens gibt infolgedessen »die *Basis* der Elementarphilosophie« (360) ab. In der Zergliederung zerfällt der Satz in das Bewusstsein von der Vorstellung, vom Subjekt und vom Objekt. Diese drei Konstituenten stellen die Einteilungsprinzipien der Gesamtphilosophie dar: Die Elementarphilosophie handelt von der Vorstellung überhaupt, die theoretische Philosophie von der auf das Objekt, und die praktische von der »aufs blosse Subjekt« (364) bezogenen Vorstellung.

Fichte hat sich, zumindest in seiner Jenenser Zeit, sowohl der Kritik an Kant als auch dem methodischen Projekt einer Philosophie aus einem Grundsatz ex-

---

[23] Vgl. dazu MARTIN BONDELI, aaO., 56–58.
[24] KARL LEONHARD REINHOLD, Beyträge zur Berichtigung bisheriger Missverständnisse der Philosophen. Erster Band, Jena 1790, 167.

plizit angeschlossen,[25] dabei aber verneint, dass Reinhold *inhaltlich* einen Fortschritt gegenüber Kant erzielt habe. Durch die Lektüre Reinhold-kritischer Literatur, insbesondere der Schriften Gottlob Ernst Schulzes und Salomon Maimons, ist er für die Schwächen Reinholds sensibel gemacht worden.[26] Seine Kritik lässt sich so zusammenfassen: Es ist zwar richtig, dass die Begriffe Subjekt, Objekt und Vorstellung im Satz des Bewusstseins noch nicht als bestimmte Begriffe auftreten, sondern sich erst im Laufe seiner Selbstexplikation mit Bestimmtheit anreichern. Aber Reinhold hat gar nicht auf die durch die Verben ausgedrückten Tätigkeiten des Bewusstseins reflektiert, die er mit »unterscheiden« und »beziehen« bezeichnet hat. Sie werden stillschweigend vorausgesetzt, sind aber nach Fichte gerade in hohem Maße erläuterungsbedürftige Begriffe. Die mit ihnen ausgedrückten Handlungen müssen ihrerseits erst vom höchsten Grundsatz her begründet werden.[27] Fichte bestreitet also nicht den Satz des Bewusstseins als solchen, sondern leugnet nur die Behauptung, er sei der oberste Grundsatz *aller* Philosophie. Vielmehr gilt er ihm nur als Grundsatz der theoretischen Philosophie.[28] Es ist also gerade der Anschluss an das Postulat, dass sich aus dem obersten Grundsatz auch die praktische Philosophie deduzieren lassen müsse, die Fichte zu dieser Kritik an Reinhold veranlasst. Pointiert ausgedrückt, könnte man sagen: Inhaltlich will sich Fichte an Kant, methodisch an Reinhold orientieren. Diesen Sachverhalt hat Fichte in einem Brief an Reinhold rückblickend deutlich zum Ausdruck gebracht: Reinhold habe die Vernunftkritik weiter geführt »und für die gesammte Philosophie die Ueberzeugung unter die Menschen gebracht, daß alle Forschung von Einem Grundsatze ausgehen müste. Es scheint, daß Keinem Alles vergönnt sey. Ich habe nichts weiter zu thun gehabt, als Kants Entdeckung, der offenbar auf die Subjektivität hindeutet, und die Ihrige, zu verbinden; habe daher gerade das allergeringste Verdienst.«[29]

Trotz dieser methodischen Orientierung an Reinhold vollzieht sich auch eine Modifikation des Reinholdschen Programms selber. Diese betrifft den Status des Grundsatzes *als Satz*. Nach Reinhold ergibt sich die Evidenz des Grund-

---

[25] Dies geht aus seiner Begriffsschrift überdeutlich hervor und braucht deswegen hier nicht eigens ausgeführt zu werden. Vgl. zur Notwendigkeit eines solchen Grundsatzes BWL SW I, 41f. 47f.; GA I / 2, 115. 120f.; zum Merkmal der Selbstevidenz des Grundsatzes SW I, 43. 47f. 60; GA I / 2, 116. 120f. 131, zur Selbstdifferenzierung des Grundsatzes SW I, 42. 49f. 52. 58; GA I / 2, 115f. 122. 124. 130.

[26] Vgl. BWL Vorrede, SW I, 29; GA I / 2, 109. Die Hauptzüge der frühen Reinhold-Kritik, sofern sie für Fichte bestimmend wurden, sind referiert bei PETER BAUMANNS, Fichtes Wissenschaftslehre, Bonn 1974, 47-56; JÖRG-PETER MITTMANN, Das Prinzip Selbstgewißheit, Hain 1993, 43-73.

[27] Fichte wird diese Ableitung im § 4 seiner »Grundlage« explizit vornehmen; vgl. dazu unten S. 119.

[28] Dies hat Fichte häufiger zum Ausdruck gebracht, am deutlichsten im Brief an Reinhold vom 28. 4. 1795, GA III / 2, 314; vgl. aber auch GWL § 1, SW I, 100; GA I / 2, 262f.

[29] Brief an Karl Leonhard Reinhold vom 28.4.1795, GA III / 2, 315.

satzes aus der Reflexion über die Merkmale seiner Begriffe. Dieses Verfahren ist nach Fichte nicht möglich, denn gerade von den inhaltlichen Komponenten will Fichte ja noch einmal abstrahiert haben, um sie allererst ableiten zu können. Das heißt: Die Evidenz des Grundsatzes kann nicht auf dem Wege sprachlich-analytischer Begriffsreflexion gewährleistet werden, denn der Grundsatz hat solche Merkmale nicht. Eine Stelle aus der erst kürzlich veröffentlichten WL von 1811 mag das Problem illustrieren: Es herrschen nach Fichtes Auffassung »über den demonstrativen Gang im wissenschaftl. Publikum sonderbare Begriffe.-. Einen Grundsatz, an die Spitze: aus diesem nun nach den Gesetzen der Logik abgeleitet. Satz: Subjekt, Prädikat, Kopula:-. Es ist nur nicht gut einzusehen, wie wir, durchaus vor allem Wissen vorher, u. an der Spitze zu einem solchen gediegenen Satz sollten kommen können?«[30] Ohne eine These mit Bezug auf die schwierige Frage der Kontinuität der Fichteschen Lehre eintragen zu wollen, lässt sich doch mit Sicherheit sagen, dass Fichte hier nur pointiert ausspricht, was auch schon für seine Jenenser Philosophie gilt: Der Grundsatz kann nach Fichte kein solcher »gediegener Satz« sein. Was besagt dann aber das Aufstellen eines Grundsatzes? Seine sprachlichen Konstituenten stellen nicht mehr Material für semantische Reflexionen dar – denn woher, so argumentiert Fichte, sollten die zu analysierenden Merkmale stammen? –, sondern sind lediglich Mitteilungseinheiten für etwas, das Fichte »Handlungen des menschlichen Geistes« nennt. Eine Reflexion über den sprachlichen Gehalt führt nicht auf den entscheidenden Punkt. Die Evidenz des Grundsatzes und des aus ihm abgeleiteten Systems von Prinzipien entspringt nicht sprachlicher Analyse, sondern einem inneren ›Anschauen‹ der durch die Grundsätze ausgedrückten Handlungen, welches Anschauen Fichte auch ›intellektuelle Anschauung‹ nennt: »Z.B. die Seele meines Systems ist der Saz: Das Ich sezt schlechthin sich selbst. Diese Worte haben keinen Sinn, und keinen Werth, ohne die innere Anschauung des Ich durch sich selbst«.[31] Diesem Befund korrespondiert, dass es der Fichte-Forschung bislang nicht gelungen ist (und folgerichtig auch nicht gelingen kann) zu eruieren, welches denn die gültige sprachliche Fassung des obersten und der beiden abgeleiteten Grundsätze sein soll.[32] Ja nicht nur dies, es ist überhaupt arbiträr, dass Fichte von Grund-

---

[30] Wissenschaftslehre 1811, GA II, 12, 146f.

[31] Brief an Karl Leonhard Reinhold vom 2.7.1795, GA III / 2, 344. Die intellektuelle Anschauung trägt mithin den Charakter der Tätigkeit, jede rezeptive Konnotation ist aus ihm zu streichen.

[32] DIETER HENRICH, Konstellationen, Stuttgart 1991, 250f. hat unlängst dafür plädiert, dass der Satz »Ich bin« oberster Grundsatz sein soll. Sein Schüler HISANG RYUE, Über Fichtes ersten Grundatz: »Ich bin«, München 1999, hat diese Auffassung dann breit entfaltet. In der Tat hätte dieser »Satz« den Vorteil, dass er die Prädikatlosigkeit des »Ich« weitgehend adäquat zum Ausdruck bringt. Die oben entwickelte Argumentation und die zitierte Briefstelle können dadurch aber nicht entkräftet werden. Ferner ist ungünstig, dass das sprachliche Zeichen »Ich bin« von Fichte sowohl als Ausdruck einer »Thatsache« als auch einer »Thathandlung« (GWL § 1, SW I, 94, GA I, 2, 257) verwendet wird. Insgesamt kann diese Festlegung daher nicht überzeugen.

sätzen spricht. In seinen späteren Wissenschaftslehren fehlt dieser Ausdruck fast völlig,[33] und bereits in der Frühzeit kann Fichte auch genauso von Grund*begriffen* sprechen.[34]

Was also die Grundsätze der Wissenschaftslehre ausdrücken, sind die ursprünglichen Handlungen des menschlichen Geistes. Aus diesem Grundsatzverständnis entspringt Fichtes Auffassung einer Philosophie als Wissenschaft. Der Philosoph hat es permanent mit einer Doppelreihe zu tun. Die eine Reihe bilden diese Handlungen des Geistes, welche die philosophische Betrachtung sich als solche denkt, die der Geist aber auch unabhängig von ihrer philosophischen Bewusstwerdung vollzieht. Sollen sie aber Gegenstände des Wissens werden, so bedürfen sie der philosophischen Aufstellung. Durch diesen Bedarf wird angezeigt, dass sie nie als bloße ›Thatsachen des Bewusstseins‹ vorkommen: Abstraktion und Reflexion müssen sie erst aufsuchen. Die zweite Reihe bilden die durch Reflexion und Abstraktion gewonnenen sprachlichen Ausdrücke dieser Handlungen. Die philosophietreibenden Subjekte sind mithin »nicht Gesetzgeber des menschlichen Geistes, sondern seine Historiographen« (BWL § 7, GA I / 2, 147): Sie schreiben die Geschichte seiner ursprünglichen Handlungen und was sich aus ihnen ableiten lässt. Fichte stellt also ganz auf die Aktivität des Geistes ab, von der keine adäquate Versprachlichung möglich ist. Konsequenterweise nennt Fichte seinen ersten Paragraphen denn auch eine »Erzählung von dieser Thathandlung« (GWL § 1, SW I, 98; GA I / 2, 261).

1.2. Der epistemologische Status der Grundsätze

Wie beschrieben, muss sich der oberste Grundsatz nach Reinhold und Fichte selbst in ein Gefüge von Prinzipien differenzieren, damit aus ihm eine Beschreibung der gesamten Tätigkeit des menschlichen Geistes geleistet werden kann. Dieses Prinzipiengefüge stellt Fichte auf folgendem Wege auf. Jeder Wissenssatz überhaupt lässt sich in zweierlei Hinsicht betrachten, nämlich nach seiner Form- und seiner Gehaltseite. Diesem Doppelaspekt unterliegt auch der oberste Grundatz, freilich in einer ihm eigenen Weise, auf die noch einzugehen sein wird. Dabei versteht Fichte unter der Form die Form des *Urteils*, das in einem solchen Satz ausgesagt wird.[35] Aus dem Postulat, dass der erste Grundsatz absolut gelten soll, folgt erstens, dass er sowohl seinem Gehalt als auch seiner Form nach schlechthin unbedingt sein muss, und zweitens, dass Form und Gehalt im

---

[33] Eine Ausnahme stellt die WL von 1804 dar, welche in ihrem 16. Vortrag einen Grundsatz aufstellt, welcher aber die Oberflächenklarheit von Reinholds Satz des Bewusstseins erneut nicht von ferne erreicht und aus dem darüber hinaus auch gar nichts folgt: »Das Sein ist durchaus ein in sich geschlossenes Singulum unmittelbaren lebendigen Seins, das nie aus sich herauskann« (160).

[34] Vgl. etwa BWL § 8, GA I / 2, 150.

[35] Fichtes Urteilstheorie ist m. W. noch nicht eigens dargestellt worden. Hauptquelle für eine solche Darstellung wäre GWL § 3, SW I, 110-119, GA I / 2, 272-279. Für einleitende Hinweise vgl. HISANG RYUE, aaO., 68-72.

obersten Grundsatz unableitbar zusammengehören, da es sonst noch einen anderweitigen Beziehungsgrund beider geben müsste. Das gesuchte Gefüge von Prinzipien lässt sich im vorhinein so projektieren, dass noch zwei weitere Sätze aufgestellt werden, bei denen jeweils nur eine der beiden Konstituenten – Gehalt oder Form – unbedingt sein soll, die andere aber direkt vom ersten Grundsatz abhängt. »Mithin könnte es auch nicht mehrere Grundsätze geben, als drei; einen absolut und schlechthin durch sich selbst, sowohl der Form, als dem Gehalte nach bestimmten; einen der Form nach durch sich bestimmten, und einen dem Gehalte nach durch sich selbst bestimmten« (BWL § 2, SW I, 50; GA I / 2, 122). Jeder weitere Satz, der im menschlichen Wissen überhaupt vorkommt, ist nach Fichtes Meinung infolgedessen in irgendeiner Weise durch das Gefüge dieser drei Grundsätze bedingt. Es ist noch festzuhalten, dass auch für die beiden Folgegrundsätze gilt, was für den obersten gesagt wurde:[36] Sofern sie absolute Momente enthalten, sind sie schlechterdings durch sich selbst evident und können nicht abgeleitet oder bewiesen werden. Und ferner gilt ebenfalls, dass sie lediglich sprachliche Mitteilungseinheiten zur Beschreibung einer ursprünglichen und notwendigen Handlung des Geistes sein sollen.

Hinsichtlich allen realen Wissens leisten die Grundsätze nun zweierlei. Zum einen geben sie dessen Ermöglichungsbedingungen an. Alles Wissen kann der Form nach auf die Grundsätze zurückgeführt werden, »alles, was Satz irgend einer Wissenschaft sein soll, [ist] schon in irgend einem Satze der Wissenschaftslehre enthalten, und also schon in seiner gehörigen Form aufgestellt« (BWL § 2, SW I, 51; GA I / 2, 123). Wenn immer irgend ein Wissen ist, genügt es seiner Form nach denjenigen Bestimmungen, die die Grundsätze aufgestellt haben. In dieser Hinsicht stellt sich Fichte in die transzendentalphilosophische Tradition, welcher es darum geht, die Bedingungen der Möglichkeit von Erkenntnis überhaupt anzugeben. Ein kurzer Vergleich mit Kant mag das verdeutlichen. Auch Kant stellt Grundsätze in der theoretischen und praktischen Philosophie auf, wenn auch jeweils verschiedene. Sie zeichnen sich dadurch aus, dass sie selbst nicht auf höhere Prinzipien zurückgeführt werden können:»Grundsätze a priori führen diesen Namen nicht bloß deswegen, weil sie die Gründe anderer Urteile in sich enthalten, sondern weil sie selbst nicht in höheren und allgemeineren Erkenntnissen gegründet sind.« (KrV A 148 / B 188) Was immer erkannt wird, muss den Grundsätzen des reinen Verstandes, welche die höchstmöglichen synthetischen Urteile a priori darstellen, entsprechen; was immer geboten wird, muss dem kategorischen Imperativ als dem Grundsatz der praktischen Vernunft genügen. Was also das formale Verständnis von einem Grundsatz angeht, entsprechen Fichtes Grundsätze dem kantischen Verständnis. Zum anderen aber, und das ist ein Schritt über Kant hinaus, gibt der oberste Grundsatz nach Fichte auch apriorischen und reinen Gehalt, welcher unmittelbar gewiss sein soll. *Realitas*

---

[36] Siehe oben S. 89.

ist für Kant immer schon eine bestimmte Qualität, und eine solche kommt den Grundsätzen nur zu, wenn sie auf Erfahrung bezogen werden. Nach Fichte hat aber der oberste Grundsatz bereits für sich »Gehalt« (BWL § 6, GA I / 2, 138). Das, was der erste Grundsatz aussagt, weiß man, »weil man überhaupt weiß« (BWL § 2, GA I / 2, 121). Er gibt mithin auch gehaltliche Bedingungen des Wissens überhaupt an, denn »der Gehalt dieses Grundsatzes [ist] derjenige [. . .], der allen möglichen Gehalt in sich (BWL § 2, GA I / 2, 124) enthält. Wo immer Gehaltlichkeit in Anschlag gebracht wird, ist der Gehalt, den die Grundsätze aussagen, bereits enthalten. Im »Ich« ist alle Realität gesetzt, aber es ist freilich auf der Ebene des ersten Grundsatzes noch vollständige unbestimmte Realität.

Mit dieser Doppelrelation der Grundsätze zu allem übrigen Wissen ist zugleich noch eine andere Behauptung Fichtes verknüpft, die bereits schon im vorigen Abschnitt angeklungen war. Kant hatte unterschiedliche Grundsätze für den theoretischen und den praktischen Bereich des Wissens aufgestellt. Fichtes oberster Grundsatz und seine direkten Derivate aber umgreifen ihrem Anspruch nach diese Dichotomie. Nach Kant ist das Sittengesetz, das sich im Bereich endlicher Vernunftwesen im kategorischen Imperativ niederschlägt, der unhintergehbare Ausgangspunkt der praktischen Philosophie. (KpV § 6f., A 52-56) Fichte ist aber der Ansicht, nicht nur Kants theoretische Grundsätze, sondern auch den kategorischen Imperativ selbst noch aus seinen eigenen Grundsätzen abgeleitet zu haben (GWL § 5, SW I, 260, GA I / 2, 396 Anm.).[37] Bei der folgenden Interpretation der Grundsätze selbst ist stets zu bedenken, dass diese der Teilung der Philosophie in theoretische und praktische Sphäre noch vorausliegen und die formalen wie inhaltlichen Möglichkeitsbedingungen *allen* Wissens angeben sollen. Der oberste Grundsatz charakterisiert »das Eine und höchste Prinzip des vernünftigen Wesens überhaupt.«[38] Die Grundsätze insgesamt stellen daher die Genetisierung des ganzen menschlichen Bewusstseins dar.

1.3. Der Argumentationsgang der Grundsatzparagraphen

Bislang war gewissermaßen von einer metatheoretischen Perspektive auf das Programm und den Status der Grundsätze geschaut worden. In diesem Abschnitt sollen nun die Grundsätze der GWL selbst betrachtet werden. Dabei ist zunächst das Verfahren zu charakterisieren, das Fichte anwendet, um die Grundsätze aufzustellen. In einem zweiten Schritt soll dann das Verhältnis der Grundsätze untereinander thematisiert werden. Eine detaillierte Kommentierung der Grund-

---

[37] In der »Zweiten Einleitung in die WL« von 1797 kommt Fichte auf dieses Ableitungsverhältnis näher zu sprechen, allerdings unter Zuhilfenahme des Terminus »intellektuelle Anschauung«, der in BWL und GWL nicht verwendet wird. Vgl. 2. Einl., SW I, 465-467. 471f., GA I / 4 , 218-220.

[38] WILHELM METZ, Kategoriendeduktion und Einbildungskraft, Stuttgart 1991, 230.

sätze, insbesondere des ersten Paragraphen, braucht für die hiesigen Zwecke nicht geleistet zu werden.[39]

a) Fichtes erstes Hauptwerk, die GWL, beginnt mit den prominenten Worten: »Wir haben den absolutersten, schlechthin unbedingten Grundsaz alles menschlichen Wissens aufzusuchen. Beweisen oder bestimmen lässt er sich nicht, wenn er absoluterster Grundsaz sein soll.« (GWL § 1, SW I, 91, GA I / 2, 255) Das Stichwort »aufsuchen« verdeutlicht noch einmal Fichtes Ansicht, dass die Philosophie lediglich versucht, das, was bereits ist, nämlich die Vorgehensweise des menschlichen Geistes, ins Bewusstsein zu erheben. Reinhold hatte darunter das Vorstellen verstanden und folgerichtig gemeint, es seien »Tatsachen des Bewusstseins« zu eruieren. Das Vorstellen ist eine solche Tatsache, ein empirisches Vorkommnis, und die Abstraktion von allen einzelnen Vorstellungsakten führt auf das Vorstellungsvermögen. Es war aber bereits gesagt worden, dass Fichte das Vorstellen nicht als höchste Tätigkeit des Geistes anerkennen kann, da es noch von Reinhold nicht erkannte Voraussetzungen enthält, welche allererst abzuleiten sind. Nach Fichtes Meinung wird ein solches stillschweigendes Voraussetzen stets dann zu diagnostizieren sein, wenn man von einer »Thatsache des Bewusstseins« ausgeht.[40] Denn von einer empirischen Tatsache, selbst wenn man von ihrem einzelnen Vorkommen abstrahiert, kann man niemals zu einem apriorisch gültigen Satz kommen, der obendrein noch an sich selbst gewiss sein soll. Wenn Fichte, wie wir gleich sehen werden, selbst von solchen Tatsachen ausgeht, geschieht das lediglich in heuristischer Absicht. Er tut dies, um schließlich nach den nicht mehr im Bewusstsein vorkommenden Voraussetzungen dieser Tatsachen zu fragen.

Als Suchanweisung beginnt Fichte damit, dass er sich irgendeinen Satz wählt, »den uns Ieder ohne Widerrede zugibt«. Ein solcher Satz kann nun nichts anderes als eine »Thatsache des empirischen Bewußtseyns« (GWL § 1, SW 92, GA I / 2, 256)[41] sein, denn wenn darauf reflektiert wird, ob man ihn ohne Widerrede zugibt, muss er in einem empirischen Bewusstsein vorkommen, d. h., es muss jemanden geben, der ihn behauptet. Es ist mithin nicht gefordert, dass der Sach-

---

[39] Es wird wohl kaum eine Arbeit zum frühen Fichte geben, die sich nicht in der einen oder anderen Form zu den Grundsätzen äußert. Ausführliche Kommentierungen zum § 1 bieten PETER BAUMANNS, Fichtes Wissenschaftslehre, Bonn 1974, 139-213; JÖRG-PETER MITTMANN, Das Prinzip Selbstgewißheit, Hain 1993, 75-131; JÜRGEN STOLZENBERG, Fichtes Satz »Ich bin«. In: Fichte-Studien 6 (1994), 1-34; HISANG RYUE, Über Fichtes ersten Grundsatz »Ich bin«, München 1999. Einen weniger detaillierten, aber gleichwohl instruktiven Kommentar aller drei Grundsätze gibt REINHARD HILTSCHER, Wahrheit und Reflexion, Bonn 1998, 163-193. Als Kommentar verwendet werden können und sollten darüber hinaus die herausragenden Darstellungen von WOLFGANG JANKE, Fichte, Berlin 1970, 69-121, und WILHELM METZ, aaO., 217-247.

[40] So bereits in der »Rezension des Aenesidemus« (1794), SW I, 8, aber auch noch WL 1804, Zweiter Vortrag, 136.

[41] Seitenzahlen im Text beziehen sich im Folgenden auf GWL. Notiert wird SW I / GA I / 2.

verhalt, den der Satz aussagt, selbst empirisch sei, sondern nur, dass es sich um »irgend einen, im empirischen Bewußtseyn gegebnen« (98 / 261) Satz handelt, der gleichwohl gewiss sein soll. Fichte wählt als solchen Satz einen Grundsatz der formalen Logik. Er tut dies, weil die logischen Grundsätze die geforderten Merkmale am ehesten erfüllen, denn diese Sätze galten für nicht weiter ableitbare Grundsätze. Es würde sein Programm ungemein plausibel machen, wenn es Fichte zu zeigen gelänge, dass selbst sie von verborgenen Voraussetzungen leben. Im § 1 wählt Fichte den Grundsatz der Identität als heuristischen Ausgangspunkt, den er mit »A ist A (oder A = A, denn das ist die Bedeutung der logischen Copula)« (93 / 256), ausdrückt.[42] Er sagt nichts darüber aus, ob es ein A gibt, ob es existiert, ob es, wie Fichte sich ausdrückt, »gesetzt« ist. Er sagt nur einen Zusammenhang aus: »*wenn* A sey, *so* sey A.« (93 / 257).

Von diesem Zusammenhang behauptet Fichte, dass er schlechterdings und »ohne allen weitern Grund« (93 / 256) gewiss ist. Das Stichwort »weitern« führt auf die Pointe der Argumentation. Denn die Gewissheit dieses Satzes ist, anders als die ältere Logik meinte, in Wahrheit doch nicht gänzlich ohne Voraussetzungen. Es gibt nämlich stets eine diesen Satz aufstellende und behauptende Instanz. Diese Instanz nennt Fichte »Ich«. Sie schreibt sich also, indem sie erklärt, der Satz der Identität gelte absolut, »das Vermögen zu, *etwas schlechthin zu setzen.*« (93 / 256). Aber dieser Satz impliziert noch eine weitere Voraussetzung, insofern der Satz der Identität auch als ein konditionaler Zusammenhang (»Wenn A sey, so sey A«) reformuliert werden kann. Als solcher setzt er voraus, dass es wenigstens ein A gebe, von dem er mit Sicherheit gilt, da andernfalls die Richtigkeit dieses Satzes keineswegs ausgemacht wäre. Welche Größe aber könnte dieses A sein, von der *a priori* bekannt ist, dass »A = A« auf sie zutrifft? Diese Größe kann wiederum nur die den Satz aufstellende Instanz sein, denn es ist der einzige dafür in Frage kommende Kandidat. Das »Ich« ist die einzige Entität, für die »A = A ursprünglich gilt.

Aus dieser Einsicht kann bereits auf zwei Sätze geschlossen werden, welche sich dem logischen Grundsatz der Identität gegenüber als systematisch mächtiger erweisen. Den einen drückt Fichte so aus: »Ich = Ich; Ich bin Ich« (94 / 257). Er meint die Identität der behauptenden Instanz, die allererst ermöglicht, »A = A« überhaupt zu behaupten: Identität überhaupt kennt das Ich, weil es sie von sich kennt. Der Satz bezeichnet mithin zugleich die Gewissheit von dieser Identität.

---

[42] Ob die scharfe Kritik von PETER BAUMANNS, Fichtes Wissenschaftslehre. Probleme ihres Anfangs, Bonn 1974, 151-161, weder seien diese beiden Sätze gleich, noch lasse sich »A = A« überhaupt irgend ein Sinn zuschreiben, zutrifft oder nicht, will ich nicht entscheiden. Sicher ist hingegen, dass diese Kritik ein recht eigenwilliges Verständnis von »Kommentar« voraussetzt, indem nicht danach gefragt wird, was Fichte meint, sondern ob Fichte sich mit dieser Äquivalenzbehauptung in der heutigen, völlig veränderten logischen Debattenlage behaupten könnte. Für eine Erhellung des Fichteschen Gedankengangs sind Baumanns' entsprechende Ausführungen daher eher hinderlich.

Wichtig ist ferner, was dieser Satz *nicht* meint: Er besagt nämlich keinen Iden-
tifizierungsvorgang einer Instanz mit sich selbst, so als träfe das Ich auf einen
Gegenstand, den es alsdann mit sich identifizierte.[43] Der andere Satz lautet »Ich
bin« (ebd.). Nur weil dieser Satz gilt, kann das Ich ursprünglich wissen, dass es
mindestens einen Kandidaten gibt, der aus dem logischen Grundsatz überhaupt
einen gehaltvollen Satz macht. Der Fortschritt, den Fichte erzielt, besteht also
darin, dass diese Sätze jeweils auch die Gewissheit eines Gehaltes aussagen, während »A = A« lediglich die Gewissheit über die Form einer Aussage betrifft. Der
Satz der Identität hat also die Seins- und Identitätsgewissheit einer ihn behauptenden Instanz zur Voraussetzung.

Der jetzt erzielte, den Identitätssatz begründende Doppelsatz ist allerdings
selbst nichts weiter als das Ergebnis einer Abstraktion, die von einer »Tatsache des
Bewusstseins« ausgegangen war. Insofern hat Fichte durch die bisherige Operation sein Ziel noch nicht erreicht, nämlich den Bereich der Fakta zu verlassen
und auf seinen Ermöglichungsgrund hin zu genetisieren. Der Satz »Ich bin, ist
bis jetzt nur auf eine Thatsache gegründet, und hat keine andre Gültigkeit, als die
einer Thatsache.« (95 / 258) Um hier hinter den faktischen Charakter zurückzugehen, betrachtet Fichte den Satz »A = A« noch einmal, diesmal aber unter einer
anderen Perspektive, nämlich unter dem Blickwinkel seines Charakters als *Urteil*. Durch diesen Blickwinkel gewinnt Fichte den Begriff der »Handlung«, denn
Urteilen ist »ein Handeln des menschlichen Geistes« (95 / 258). Diese Tätigkeit
ist erneut begründet in der urteilenden Ich-Instanz. Indem das »Ich« urteilt, offenbart es sich als ursprünglich *tätig*. Durch das Handeln des »Ich« wird etwas
hervorgebracht, in diesem Fall die Tatsache des konkreten Urteils »A = A«. Nun
war aber bereits gesagt worden, dass dieses Faktum sich noch auf ein höheres
gründet, nämlich die Identitätsgewissheit der behauptenden Instanz. Diese ist
das ursprünglich hervorgebrachte Faktum. Das heißt aber zusammengenommen
dies: Das ursprüngliche Faktum, welches das »Ich« hervorbringt, ist nichts anderes als – es selbst. Seine Ur-Tat ist die, sich selbst zu »setzen«.[44] Das »Ich« ist
»zugleich das Handelnde, und das Produkt der Handlung« (96 / 259). Dabei ist
festzuhalten, dass das ›Sein‹ des Ich auch nur in diesem Setzen besteht. Abgesehen von seiner Tätigkeit hat das Ich kein Sein. Gleichwohl ist der Produktions-

---

[43] Dies ist der Kardinalfehler der so bedeutsamen Arbeit von DIETER HENRICH, Fichtes ursprüngliche Einsicht, Frankfurt a. M. 1967, indem er von vornherein den ersten Grundsatz als
Beschreibung des Selbstbewusstseins auslegt (vgl. 7). Das bedeutet aber, dass die praktisch-phi-
losophische Dimension des ersten Grundsatzes von vornherein ausgeklammert bleibt. Henrichs
Studie hat aufgrund ihres hohen Reflexionsniveaus die neuere Fichte-Forschung mitbegründet,
gerade in dem Widerspruch, den sie evozierte; ihre Wirkungsgeschichte in der Erforschung der
Frühromantik, von der v. a. im 3. Kapitel der Rede sein wird, kann hingegen kaum anders als
fatal bezeichnet werden.
[44] Der Ausdruck »setzen« ist dem lat. *ponere* verpflichtet und bedeutet im Tiefsten nicht »behaupten« oder »annehmen, dass«, obwohl Fichte den Ausdruck gelegentlich so gebraucht, sondern ein Aufstellen der Realität.

charakter des Ich hervorzuheben, es ist nicht reine Aktuosität, sondern bringt auch einen Gehalt hervor: nämlich sich. Genau dieser Zusammenhang ist es, den Fichte mit dem Ausdruck »Tathandlung« belegt: eine Handlung, die sich nur selbst als Resultat hat.[45] Das Setzen des Ich durch sich ist aber auch die einzig mögliche Tathandlung, da alles andere Handeln des Ich diese seine Selbsterzeugungsstruktur bereits voraussetzt. Es gibt also nicht mehrere Tathandlungen.

Die innere Struktur der Tathandlung wird von Fichte auf dreifache Weise erläutert. Zunächst: Indem das Ich ursprünglich nur sich selbst setzt, braucht es kein anderes Medium, um sich seiner selbst gewiss zu sein, aber es braucht dazu sich selbst. »Ich bin nur für Mich; aber für mich bin ich notwendig« (98 / 260). Ferner hat das Ich seinen Grund nur in sich selbst und kann auf keine externe Instanz zurückgeführt werden. »Ich bin schlechthin, weil ich bin.« (ebd.) Und schließlich verdankt sich aller Gehalt, den das Ich in sich beschließt, auch nur dem Ich selber. Es kann ihm kein Gehalt von anderwärts her gegeben werden. »Ich bin schlechthin, was ich bin.« (ebd.)[46] Dies letzte bedeutet aber ferner: Insofern sich die Gehaltlichkeit überhaupt erst durch die Setzung im Ich generiert, ist auch jeder besondere Gehalt in dieser Tatigkeit fundiert: »[A]lles was ist, ist nur insofern, als es im Ich gesetzt ist, und ausser dem Ich ist nichts.« (99 / 261) Damit ist das Ziel der Genetisierung der ›Tatsachen des Bewusstseins‹ erreicht. Alles, was immer als »Faktum« im Bewusstsein vorkommen kann, ist letztbegründet durch die Setzung des Ich durch sich selber. Für das Ich gibt es nichts anderes als das Ich im Sinne von § 1; was es darüber hinaus noch geben könnte, gibt es nur im Ich. Das »Setzen« ist seine absolute Grundhandlung, und der erste Grundsatz, wie er in § 1 entfaltet wird, ist sein durch Reflexion und Abstraktion erzielter Ausdruck.

An dieser Stelle erscheint es günstig, einen Schritt zurückzutreten, um mit etwas Abstand auf das bislang Entwickelte zu schauen. Es gibt in der Forschung eine lange Diskussion darüber, was mit dem ersten Grundsatz eigentlich ausgesagt sein soll. So wurde die These vertreten, er beinhalte eigentlich eine Theorie des Absoluten.[47] Diese Ansicht hat sich nicht durchsetzen können. Sie ist auch

---

[45] Qua Produktionsstruktur ist das Ich also immer schon bei sich. Daher wird die Frage: Woher weiß das Ich denn, dass es auf sich zurückkommt und auch wirklich ein Ich ist, Fichte nicht gerecht und geht an seinen Intentionen vollständig vorbei. Denn die Frage impliziert einen vorlaufenden Begriff des Ich, auf den man ›zurückkommen‹ könnte, unabhängig von seinem Sich-Setzen; so ULRICH POTHAST, Über einige Fragen der Selbstbeziehung, Frankfurt a. M. 1971, 46-48. Eben dieser vorlaufende Begriff wird von Fichte aber gar nicht zugegeben. Pothast meint, für Fichte sei das Selbstbewusstsein der höchste Punkt der Philosophie; dies ist aber nach Fichte eine abzuleitende Größe.

[46] Für eine ausführliche Erläuterung dieser drei Strukturmomente der Selbstbeziehung des Ich vgl. HISANG RYUE, aaO., 98-115.

[47] Klassisch die Deutung von RICHARD KRONER, Von Kant bis Hegel, Tübingen 1921, 416-429; aber auch noch FRANZ BADER, Die Mehrdeutigkeit der drei Grundsätze. In: Klaus Hammacher / Albert Mues (Hg.), Erneuerung der Transzendentalphilosophie, Stuttgart 1979, 11-41.

schon deswegen nicht zu halten, weil Fichte durch sein Studium vor allem der Kantischen Dialektik ein klares Bewusstsein davon hatte, dass die Merkmale der Aseität, der Suisuffizienz, der Totalität und andere, die in der »Grundlage« zur Kennzeichnung des »Ich« verwandt werden, dem Absoluten nur analogisch zukommen, *sensu stricto* aber nur vom menschlichen Geist – abstrahiert von seiner Endlichkeitsdimension – gelten.[48] Nur von diesem ist tatsächlich in den Grundsatzparagraphen auch die Rede. Wir können daher wie folgt paraphrasieren: Der menschliche Geist fängt nur mit sich selber an und kann nicht auf etwas anderes zurückgeführt werden, weil er sonst nicht als Freiheit beschrieben werden könnte.[49] Das Ich als eine unableitbare Größe zu bestimmen, ist freiheitstheoretisch motiviert. Fichte hat bereits einige Kenntnis davon, dass das menschliche Leben zum Gang der biologischen Entwicklung gehört. Aber aus ihr kann die Eigenart des menschlichen Geistes nicht abgeleitet werden: »Durch kein Naturgesez, und durch keine Folge aus dem Naturgesetze, sondern durch absolute Freiheit erheben wir uns zur Vernunft, nicht durch *Uebergang*, sondern durch einen *Sprung*. – Darum muss man in der Philosophie nothwendig vom Ich ausgehen, weil dasselbe nicht zu deduciren ist« (GWL § 9, SW I, 298, GA I / 2, 427).[50] Ferner ist die Subjektivität[51] für uns unhintergehbar. Es gibt für uns keine Möglichkeit, uns selbst außerhalb des Ich zu lozieren oder etwas, wovon wir uns unterschieden wissen, unabhängig von seiner Bezogenheit auf das »Ich« in Anschlag zu bringen. Hierbei handelt es sich um die Einsicht: »Wir wissen, daß wir es [= das Außer-uns] denken, nach den Gesetzen unseres Geistes denken, daß wir demnach nie aus uns herauskommen« (GWL § 6, SW I, 286, GA I / 2, 416). Jede Kritik an Fichte, die sich auf den vermeintlichen Absolutismus des Ich kaprizieren will, muss sich dieser Einsicht stellen. Schließlich – der Sache nach erstens –

---

[48] Es ist der forschungsgeschichtliche Rang der Studie von KAREN GLOY, Die drei Grundsätze. In: PhJb 91 (1984), 289-307, die Argumente für die absolutheitstheoretische Deutung der Grundsätze einzeln widerlegt zu haben.

[49] Vgl. den Briefentwurf an Baggesen vom April 1795; die einschlägige Passage zitiert GA I / 2, 176f.

[50] Hiergegen hat sich alsbald Schelling gewandt und die These aufgestellt, die naturhaften Voraussetzungen des Geisteslebens müssten von einem System der Philosophie auch noch mit dargestellt werden. Fichte vertrete demnach einen bloß subjektiven Idealismus, vgl. FRIEDRICH W. J. SCHELLING, Philosophische Untersuchungen über das Wesen der menschlichen Freiheit (1809), hg. von Thomas Buchheim, Hamburg 1997, 23-29. Diese Einsicht ist zweifellos ein methodischer Fortschritt, es bleibt gleichwohl die Frage offen, ob damit zur Erklärung des Geistes *selbst* etwas gewonnen ist. Das verdiente aber eine eigene Untersuchung.

[51] Der Terminus »Subjektivität« kommt in der »Grundlage« nicht vor. Dass er dennoch zu Recht hier verwendet wird, belegt der Brief an Reinhold vom 28.4.1795, GA III / 2, 314f.: »Ich bin mit Ihnen ganz einig darüber, daß sie [= Erkenntnisvermögen, Gefühl und Wille] unter ein höheres Princip subordinirt, darüber aber uneinig, daß dieses Princip das des theoretischen Vermögens seyn könne, worüber ich mit Kant einig bin; uneinig bin ich mit ihm, daß jene Vermögen überhaupt nicht subordinirt seyn sollen. Ich subordinire sie dem Princip der Subjektivität überhaupt.«

ist die Identität der Subjektivität Bedingung der Möglichkeit allen Erkennens und Handelns. Nur weil sie uns a priori gewiss ist, kann es überhaupt zu einer theoretischen und praktischen Welteinstellung kommen. Selbst spezifisch neu-zeitliche Erfahrungsmuster, die gelegentlich mit dem Namen einer ›fragmentarischen Identität‹ benannt werden, lassen sich erst erklären, wenn man diese transzendentale Identität zugrundelegt, relativ zu welcher erst eine Identität als fragmentarisch eingestuft werden kann.

Kehren wir nun zum Gang der Untersuchung zurück. Der erste Grundsatz war von Fichte durch den heuristischen Ansatzpunkt bei einem Grundsatz der Logik gefunden worden. Parallel dazu verfährt Fichte auch beim Aufstellen des zweiten Grundsatzes. Als Ausgangspunkt wählt er den Satz der Nichtidentität in der sprachlichen Form »-A nicht = A« (101 / 264), der erneut als Tatsache des empirischen Bewusstseins verhandelt wird und als völlig gewiss gilt. Fichte gibt wiederum zunächst die impliziten Voraussetzungen dieses scheinbar völlig unableitbaren Satzes an, um diese danach auf ihre absoluten Geltungsmomente hin zu reflektieren. Der Satz setzt zunächst voraus, dass irgend ein A gesetzt ist, welchem gegenüber -A als kontradiktorisches Gegenteil betrachtet wird. Ohne ein solches A kann der Satz nicht aufgestellt werden. Es ist insofern schon auf dieser Stufe der Reflexion einsichtig, dass der aufzustellende zweite Grundsatz seiner Materie nach nicht absolut sein kann, denn er gilt immer nur in Beziehung auf etwas vorher Gesetztes. Der Satz setzt als zweites die Einheit des ihn behaupten-den Bewusstseins voraus. Nur in einem einheitlichen Bewusstsein können zwei Gegenteile *als* Gegenteile verstanden werden. Hieraus erhellt nun das absolu-te Moment des zweiten Grundsatzes. Denn dem »Ich« des ersten Grundsatzes kam nichts zu außer der Handlung des »Setzens«. Aus dieser Handlung allein aber kann die Möglichkeit eines Gegenteils überhaupt nicht erklärt werden. Soll daher die Gewissheit des Satzes vom ausgeschlossenen Dritten transzendental ge-netisiert werden, so muss der behauptenden Instanz noch eine zweite Handlung zugeschrieben werden, welche Fichte »ein Entgegensetzen« (102 / 265) nennt. Der Gewissheitsgrund jenes Satzes ist also erneut kein anderer als eine ursprüng-liche Handlung des Ich.

Auch diese zweite Handlung hat ein Resultat, ein Hervorbringnis, welches aber, anders als im ersten Grundsatz, nicht das Handelnde selber ist, da das Ge-setzte nicht dasselbe wie das Entgegengesetzte sein kann. Das Hervorgebrachte kann nur das Gegenteil eines bislang bereits Gesetzten sein. Das einzige, was dem Gehalte nach mit Gewissheit gesetzt ist, ist das Ich selber. Demnach muss das Ich, soll der Satz vom ausgeschlossenen Dritten wirklich gelten, ursprünglich ein an-deres Produkt hervorbringen, und dieses nennt Fichte »Nicht-Ich« (104 / 266). Dieser Ausdruck ist nicht etwa durch einen bloßen Einsetzungsvorgang einer Entität »Ich« in den Satz »-A nicht = A« erzielt, da sonst die Gewissheit dieses formalen Satzes *vor* derjenigen des Nicht-Ich gelten müsste. Fichte behauptet das gerade Gegenteil. Jener Satz gilt überhaupt nur, weil er sich von der ursprünglichen Handlung des »Ich« ableitet, nämlich sich selbst ein »Nicht-Ich« entgegenzusetzen. Dies ist die zweite, formal absolute Vernunfthandlung, die der zweite Grundsatz ausdrückt.[52]

Erneut bietet sich ein Schritt zurück an, um zu fragen, was eigentlich gewonnen ist. Fichte hat eine der Tätigkeiten, die Reinhold im Satz des Bewusstseins voraussetzte, genetisch abgeleitet. Die Handlung des Entgegensetzens ermöglicht nämlich allererst überhaupt ein Unterscheiden. Alles Unterscheiden ist der Form nach auf ein Entgegensetzen zurückzuführen, welches letztbedingt ist durch das Entgegensetzen des Nicht-Ich durch das Ich. Damit hat Fichte eine transzendentale Grundlegung des Objektbewusstseins erzielt. Der Begriff des »Nicht-Ich« ist nicht etwa ein »durch Abstraktion von allem Vorgestellten entstandner Begriff« (104 / 267), sondern die ursprüngliche Voraussetzung davon, dass überhaupt ein Objekt von einem Subjekt unterschieden werden kann. »Wir lernen nicht aus der Erfahrung, was wir zu Uns rechnen, und *nicht* zu Uns rechnen sollen«;[53] dies können wir vielmehr nur aufgrund jenes absoluten Entgegensetzens. Dem apriorischen Charakter dieser etwas von mir unterscheidenden Handlung hätte sich jede Theorie zu stellen, die einen Aufbau des Objektbewusstseins im Schema bloßer Rezeptivität erklären wollte. Denn woher sollte ich wissen, was ich von mir unterscheiden sollte, wenn ich nicht a priori überhaupt unterscheiden könnte?

b) Die Klärung des Verhältnisses der drei Grundsätze hängt unmittelbar zusammen mit der Aufstellung des dritten Grundsatzes selbst. An dieser Stelle wählt Fichte ein anderes Verfahren, obwohl auch der § 3 einen logischen Grundsatz begründen wird, nämlich den Satz vom zureichenden Grunde, von Fichte so ausgedrückt: »A zum Theil = -A und umgekehrt.« (111 / 272) Anders als bei den ersten beiden Grundsätzen aber fungiert dieser logische Satz nicht als heuristisches Sprungbrett, obwohl das im Hinblick auf das Ergebnis nahe liegend gewesen wäre. Diesen Wechsel im Verfahren wird man teils wohl didaktischen Erwägungen zuschreiben können: Fichte war ein großer Freund des Methodenwechsels. Teils ist er aber auch durch den Status des Satzes selbst motiviert. Denn der Form nach soll dieser dritte Grundsatz ja durch die beiden vorigen Sätze bedingt sein, und lediglich dem Gehalte nach etwas schlechthin Neues bringen. Die Handlung bloß als Handlung lässt sich also ableiten, während ihr Produkt eine unableitbare Setzung des Ich, das Fichte auch als allgemeine Vernunft bezeichnen kann, selber ist, also durch einen »Machtspruch der Vernunft« (106 / 268) hervorgebracht wird. [54]

---

[52] Die Formulierung: »[S]o gewiß wird dem Ich schlechthin entgegengesetzt ein Nicht-Ich« (104 / 266; i. O. kursiv) kann nicht als die sprachlich gültige Fassung des zweiten Grundsatzes angesehen werden, da sie das absolute Subjekt dieser Handlung nicht aussagt.

[53] Brief an Karl Leonhard Reinhold vom 2. 7. 1795, GA III / 2, 344.

[54] Wegen der zahllosen Missverständnisse solcher Formulierungen in der Geschichte der

Die Aufgabe, die dieser Machtspruch zu lösen hat, ergibt sich aus einer Paradoxie, die in den ersten beiden Grundsätzen enthalten ist. Diese Paradoxie besteht darin, dass sich die ersten beiden Grundsätze offensichtlich widersprechen: »Insofern das Nicht-Ich gesezt ist, ist das Ich nicht gesezt; denn durch das Nicht-Ich wird das Ich völlig aufgehoben.« (106 / 268) Als einander widersprechende wären sie als ungültig anzusehen. Sie können sich aber, und das ist die eigentliche Paradoxie, nur widersprechen, indem sie beide gelten. Denn erstens ist das Konstatieren eines Widerspruchs überhaupt nur unter der Bedingung der Möglichkeit des Gegensetzens denkbar (§ 2), und zweitens ist ein Widerspruch nur für ein mit sich identisches Bewusstsein ein Widerspruch (§ 1). Demnach widersprechen sich die beiden ersten Grundsätze zumindest scheinbar auch selbst. Diese Paradoxie wird von Fichte mit einigem inszenatorischen Geschick vorgeführt, sie stellt aber natürlich auch sachlich eine gewichtige Anfrage an das Gesamtprojekt dar, insofern dieser Widerspruch ja vernunftimmanent statthat.[55] Gesucht wird also »irgend ein X« (107 / 269), welches in der Lage ist, diese Paradoxie aufzulösen. Dieses X ist das gegenüber den ersten beiden Grundsätzen schlechthin Neue und muss infolgedessen das unableitbare Produkt einer dritten ursprünglichen Handlung des Ich sein. Fichte wählt als Weg zur Lösung des Widerspruchs den Begriff der Einschränkung. Die gesuchte Handlung kann in einem ersten Schritt als »Einschränken« und das Produkt als »Schranken« (108 / 270) verstanden werden. Der Begriff des Einschränkens enthält in sich selbst bereits die Begriffe des Setzens und Entgegensetzens. Wird von diesen beiden Momenten abstrahiert, so stößt man auf den Begriff der »Theilbarkeit« (ebd.): Etwas Gesetztes wird nicht gänzlich, sondern nur zum Teil aufgehoben. Ich und Nicht-Ich limitieren sich gegenseitig, und zwischen ihnen verläuft eine Schranke. Die dritte Handlung kann deshalb füglich als Teilbarsetzen bezeichnet werden.

Erst an dieser Stelle kann das Verhältnis der drei Grundsätze geklärt werden. Zu diesem Zweck erinnern wir uns noch einmal an die Aufgabe, die dem dritten Grundsatz zu lösen aufgegeben war. Er sollte den Widerspruch zwischen erstem und zweitem Grundsatz auflösen durch die Handlung des Teilbarsetzens. Denkt man nochmals über diesen Widerspruch nach, so muss man einräumen, dass dieser Widerspruch in Wahrheit nur das Nicht-Ich betreffen

---

Fichte-Auslegungen ist nochmals darauf hinzuweisen, dass es sich bei diesem »Machtspruch« nicht um einen Willkürakt von Individuen handelt. Vom Individuum ist in der »Grundlage der gesammten Wissenschaftslehre« *an keiner Stelle* die Rede, es wird vielmehr in der »Grundlage des Naturrechts« von 1796 eingeführt, vgl. dort SW III, 42; GA I / 3, 350. Zur Abgrenzung vgl. Fichtes Brief an Jacobi vom August 1795, hier zitiert nach GA I / 2, 231, (i. O. teilweise gesperrt): »Mein absolutes Ich ist offenbar nicht das Individuum. [...] Aber das Individuum muß aus dem absoluten Ich deduciert werden. Dazu wird die Wissenschaftslehre im Naturrecht ungesäumt schreiten.« An unserer Stelle spricht den Machtspruch die überindividuelle Vernunft.
[55] Vgl. Wilhelm Metz, aaO., 234-242.

konnte, denn das Ich des ersten Grundsatzes war als suisuffizient nachgewiesen worden und kann nicht einmal Glied einer Widerspruchsrelation sein. Nur die Handlung des Gegensetzens, nicht die des Setzens war in Wirklichkeit in ihrer Möglichkeit angefragt worden. Es ist freilich »Tatsache des Bewusstseins«, dass entgegengesetzt wird, aber es muss gefragt werden: Wie kann denn überhaupt entgegengesetzt werden, wenn doch aller Gehalt bereits in dem Setzen des Ich durch sich selbst enthalten ist? Die Antwort lautet: Der zweite Grundsatz ist nur durch den dritten überhaupt möglich, der dritte aber wird wiederum erst durch den Widerspruch, welchen der zweite auslöste, evoziert. Fichte folgert: »[B]eide sind Eins, und eben Daßelbe, und werden nur in der Reflexion unterschieden.« (109 / 270) Entgegensetzen und Teilsetzen erweisen sich als zwei Aspekte derselben Handlung. Dies heißt aber wiederum, dass das limitierte Nicht-Ich letztlich kein Neuerwerb des dritten Grundsatzes ist, insofern das Entgegensetzen des Nicht-Ich ja überhaupt nur als limitiertes möglich war. Als absolutes würde es das Bewusstsein schlechterdings sprengen. Das bedeutet aber nichts anderes als dies: Das material Unbedingte und schlechthin Neue, das der dritte Grundsatz aufstellt und das die Vernunft per Machtspruch setzt, ist das durch die Schranke bestimmte, also limitierte Ich. Erst als zwei sich gegenseitig limitierende Größen können Ich und Nicht-Ich gemeinsam in einem Bewusstsein auftreten und aufeinander bezogen werden – womit die zweite der von Reinhold unbefragt in Anschlag gebrachten Tätigkeiten (das Beziehen) deduziert wäre. Erst durch den dritten Grundsatz, welcher die Quantitabilität überhaupt begründet, ist die Möglichkeit eines wirklichen Bewusstseins erklärt, in welchem eine mögliche Vielheit von Bewusstseinsinhalten herrscht. Der ›Preis‹, den Fichte dafür zahlen muss, ist die Verendlichung des Ich. Das limitierte Ich ist als solches »selbst entgegengesetzt dem absoluten Ich« (110 / 271). Reales Bewusstsein ist immer endliches Bewusstsein, und strenggenommen auch nur Bewusstsein endlicher Gehalte. Deutlicher kann Fichte nicht anzeigen, wie sehr er die Grenzen, die Kants Kritiken gezogen haben, respektiert. Es deutet sich hier bereits an, dass Fichtes Durchführung der Grundsätze evidenterweise jeden Realismus, aber auch einen naiven Idealismus zurückweist und den transzendentalphilosophischen Weg eines »kritische[n] Idealismus« (178 / 328) favorisiert.

Es entsteht freilich der Eindruck, als gäbe es in Fichtes Theorie zwei verschiedene Instanzen, die mit dem Ausdruck »Ich« bezeichnet werden. Aber das ist nicht richtig. Es handelt sich um ein und dasselbe Ich in verschiedener Hinsicht.[56] In der ersten Hinsicht ist es der transzendentale Quellpunkt allen Bewusstseins überhaupt, welchen anzunehmen durch Abstraktion und Reflexion vorbereitet wird, dessen aber nur die intellektuelle Anschauung wirklich inne

---

[56] Die terminologischen Hinweise zum Ich in verschiedener Hinsicht, die EMANUEL HIRSCH, Fichtes Religionsphilosophie, Göttingen 1914, 25f. gegeben hat, sind als Einleitung in das Problem nach wie vor sehr hilfreich.

wird.[57] In der zweiten Hinsicht ist es das Ich, das im Bewusstsein vorkommen kann, als Subjekt eines endlichen, wirklichen Bewusstseins. Das endliche Subjekt weiß sich mithin zugleich als das absolute Ich und als von ihm verschieden. An dieser Doppelheit wird deutlich, dass es sich beim Durchlaufen der drei Grundsätze tatsächlich um eine *Selbst*differenzierung des ersten Grundsatzes handelt. Das Ich setzt sich ursprünglich nur selbst. In zweiter Linie setzt es sich etwas entgegen, und in eins damit sich selbst als limitiert. Diese Differenz zwischen dem unendlichen und dem endlichen Ich ist dann der Motor für den praktischen Teil der Wissenschaftslehre, in welchem vom Streben des endlichen Ich zurück zu seiner Unendlichkeit im Sinne einer fortlaufenden Überwindung von Hemmungen durch das Nicht-Ich erzählt wird. Der theoretische Teil hingegen handelt davon, wie es dazu kommt, dass dem Nicht-Ich in der Vorstellung Realität zugeschrieben wird. Überlegungen aus diesem Bereich werden uns im folgenden Kapitel noch beschäftigen.

1.4. Der systematische Ertrag der Grundsatzparagraphen

In einem abschließenden Abschnitt soll unternommen werden, den systematischen Ertrag der Grundsatzparagraphen, zum Teil wiederholend, zusammenzufassen. Dabei müssen hier nur diejenigen Punkte dieses äußerst perspektivenreichen Textes zur Sprache kommen, welche einen organischen Übergang zur Novalis-Darstellung im folgenden Kapitel ermöglichen, ohne dass auf diese bereits vorgegriffen sein soll.

Fichte beginnt seine ›Geschichte der Tätigkeiten des menschlichen Geistes‹ mit einer »Erzählung« (98 / 261) von der Tathandlung des Ich, aber auch die beiden folgenden Paragraphen haben den Status einer ›Erzählung‹ in diesem Sinne. Denn im Bereich der Grundsätze ist noch kein Beweisen und Bestimmen möglich, da sie allererst die Fundamente allen philosophischen Beweisens liefern. Fichte ist also in seiner Darstellung schlechterdings auf den Nachvollzug der rezipierenden Subjekte angewiesen. Denn dieser Nachvollzug setzt »das Vermögen der Freiheit der innern Anschauung« (88 / 253) voraus. Dem freien Nachvollziehen soll die Erzählform eines gleichsam transzendentalen Dramas zu Hilfe kommen. Es ist zu Recht darauf hingewiesen worden, dass vor dem naheliegenden Missverständnis gewarnt werden muss, Fichte wolle »in einem ontischen Sinne«[58] die Entstehung des Selbstbewusstseins aus einer Abfolge von ›Schritten‹ beschreiben. Was die Grundsätze zum Thema haben, sind ein-

---

[57] Fichte hatte bereits in den »Eignen Meditationen über ElementarPhilosophie« (1973 / 94) eine ausführliche Theorie der intellektuellen Anschauung entwickelt, die der Sache nach auf den Standpunkt der WL hinausläuft. Vgl. zu diesem Text JÜRGEN STOLZENBERG, Fichtes Begriff der intellektuellen Anschauung, Stuttgart 1986, 13–164. Novalis hat übrigens mit diesem Begriff nicht sehr viel anfangen können; vgl. zu den kurzen Passagen zur intellektuellen Anschauung bei Novalis unten S. 153–156.

[58] ALOIS K. SOLLER, Trieb und Reflexion, Würzburg 1984, 42.

mal die transzendentalen Möglichkeitsbedingungen der menschlichen, also endlichen Geistestätigkeit überhaupt, zum anderen die Darstellung des Gehalts, der
a priori dem menschlichen Bewusstsein innewohnt.[59] Sie enthalten die »Masse deßen, was unbedingt, und schlechthin gewiß ist« (110 / 271f). *Gewissheit* ist
mithin der oberste Charakter all dessen, was an Wissen in den Grundsatzparagraphen enthalten ist.

Aus der zunächst empirisch vorgefundenen Gewissheit logischer Grundsätze
entwickelt Fichte, dass der Grund dieser Gewissheit nirgends anders als in der
behauptenden Instanz selber liegt. Diese erfüllt die Grundfunktion aber darum
zu Recht, weil gezeigt werden konnte, dass das »Ich« als diese Instanz keinen
anderen Grund außer sich selbst hat, also ein letzter Grund ist. Seine oberste
Funktion ist das Setzen seiner selbst. Zum Wesen des Ich gehört mithin die reine *Thesis* seiner selbst. Die Verfahren der Antithesis – welche Fichte mit der
Analysis identifiziert[60] – und Synthesis sind der Thesis schlechterdings nachge-
ordnet, selbst aber nur zwei Reflexionshinsichten der einen Handlung des Ich,
sich selbst etwas entgegenzusetzen. Alle diese Handlungen waren als Handlungen des Ich nachgewiesen worden, demnach ist es das Wesen des Ich, nichts als
Tätigkeit zu sein. Jede Betrachtung, welche das Ich substantialisierend als eine
an sich bestehende Entität ansieht, muss in die Irre gehen. Es gibt nach Fichte
kein Sein des Ich unter Absehung von seinen Handlungen. Die oberste Handlung des Ich war, wie gesagt, das Setzen seiner selbst. Indem also ursprünglich
nichts anderes gesetzt ist als das Ich, kann es auch als *reine Selbstbeziehung* gelesen
werden. Dies darf keinesfalls als ein Selbstbewusstsein missverstanden werden, da
dieses ein Sich-von-sich-unterscheiden und Sich-auf-sich-beziehen voraussetzt,
wovon aber beim Ich des ersten Grundsatzes noch nicht die Rede sein kann.
Frühestens mit § 3 kann überhaupt von einem ›Selbstbewusstsein‹ gesprochen
werden.[61] Ist klar, dass das Verständnis des Ich als Selbstbewusstsein unzutreffend

---

[59] »Bloß der Begriff des Ich, des Nicht-Ich, und der Quantität (der Schranken) sind schlechthin
a priori.« (BWL § 8, GA I / 2, 150 Anm.) WOLFGANG JANKE, aaO., 103, paraphrasiert zutreffend
wie folgt: »Das einzig Gewisse sind die Einheit und Freiheit der Vernunft, das Anderssein der
Welt und die materiale Schranke der Endlichkeit.«

[60] Vgl. dazu Fichtes Besprechung des sog. ›Satz des Grundes‹ GWL § 3, SW I, 110-
115 / GA I / 2, 272-276.

[61] Weite Teile der Forschung, die in § 1 eine Theorie des Selbstbewusstseins ausmachen wollen, lassen sich von der »Erläuterung« zur Ziffer 7 des § 1 auf's Glatteis führen, exemplarisch
FRANZ BADER, Die Mehrdeutigkeit der drei Grundsätze. In: Klaus Hammacher / Albert Mues
(Hg.), Erneuerung der Transzendentalphilosophie, Stuttgart 1979, 11-41, der zur Stützung seiner (Teil-) These vorwiegend aus dieser »Erläuterung« zitiert. Der Satz: »[M]an kann von seinem
Selbstbewusstsein nie abstrahieren« (97 / 260), setzt der Sache nach einen späteren Standpunkt
voraus, indem er auf einen Vorwurf reagiert, der allererst unter der Möglichkeit, das Ich als ein
»Etwas« zu betrachten, möglich wird – und eine solche Betrachtung ist erst in § 3 möglich,
denn erst dort »kann man von beiden [= vom Ich und vom Nicht-Ich] sagen: sie sind *etwas*.«
(109 / 271) Das Ich des ersten Grundsatzes ist überhaupt nichts, wovon man sich unterscheiden
oder auf das man sich beziehen könnte. Es ist deswegen auch nicht günstig, von einem »reinen

ist, so leuchtet eben damit auch ein, dass sich das Ich nicht erst mit sich selbst identifizieren muss.[62] Es ist vielmehr von vornherein als *reine Selbstgewissheit* zu denken. Und schließlich: § 1 wollte den ersten Grundsatz »alles menschlichen Wissens« (91 / 255) aufstellen. Es muss aber die Tathandlung, die er ausdrückte, selbst noch als ein *Wissen* verstanden werden. Es ist freilich ein Wissen, in welchem Wissensakt und Gewusstes nicht auseinanderfallen bzw. identisch sind. In diesem Sinne könnte man es als ›absolutes Wissen‹ bezeichnen.

Bislang war nur ein Resümee der Interpretation des ersten Grundsatzes gezogen worden. Es lässt sich aber auch noch darüber hinaus einiges sagen, was ebenso a priori gewiss ist, wenn auch in abgeleiteter Weise. Das Ich unterscheidet etwas von sich. Will man den Inbegriff dessen, was das Ich von sich unterscheidet, »Welt« nennen, so ist »das Anderssein der Welt«[63] ausgesagt, ihr Anderssein gegenüber der Vernunft. Epistemisch betrachtet, ist sie die Totalität alles dessen, was man wissen kann. Diese Totalität ist aber in sich gegliedert, kann in verschiedene Einzelgrößen unterschieden werden, insofern in § 2 die Verschiedenheit und in § 3 die Quantitabilität überhaupt abgeleitet wurden. Ohne diese Begriffe wäre das Wissen zwar selbstkonstitutiv, wiese aber keine interne Strukturierung auf.[64] Der Zerfall des Wissens in Einzelgebiete ist mithin für Fichte kein überwindenswerter Zufall, sondern liegt in der Struktur unserer Vernunft selbst begründet. Schließlich ist dem realen Bewusstsein a priori auch das Wissen um die Endlichkeit eingestiftet, seine eigene sowohl als die des von ihm Unterschiedenen. Dieses Wissen bricht nicht erst im Gefühl auf,[65] sondern entstammt der Vernunft selber.

2. Produktive Einbildungskraft bei Kant und Fichte

Es dürfte ein weitgehender Konsens darüber herrschen, dass der Begriff der Einbildungskraft, insbesondere der ›produktiven‹ Einbildungskraft eine Schlüsselrolle bei der ästhetischen Wende spielte, welche mit der Frühromantik einsetzte. Auf diesen Vorgang wird im weiteren Verlauf der Arbeit noch einzugehen sein. Auch Novalis hat in den »Fichte-Studien« vielfältige Reflexionen über eine Theorie der Einbildungskraft angestellt. Es mag allerdings vor dem Hintergrund des soeben Gesagten erstaunen, dass diese Reflexionen – zumal zu Beginn jener Skizzen – keineswegs in kunsttheoretischem Zusammenhang erfolgen. Die

---

Selbstbewusstsein« zu sprechen, so CHRISTIAN KLOTZ, Reines Selbstbewußtsein und Reflexion. In: Fichte-Studien Bd. 7 (1995), 27-48, denn das Selbstbewusstsein zeichnet sich eben gerade dadurch aus, dass es nie ohne Objektbewusstsein vorkommt.

[62] So HANS RADERMACHER, Fichtes Begriff des Absoluten, Frankfurt 1970, 21f.

[63] WOLFGANG JANKE, Fichte, Berlin 1970, 103.

[64] Vgl. REINHARD HILTSCHER, Wahrheit und Reflexion, Bonn 1998, 179.

[65] So ALOIS K. SOLLER, Trieb und Reflexion, Würzburg 1984, 57.

Kontexte sind vielmehr allgemeinerer Natur und betreffen Grundlegungsfragen der Philosophie überhaupt. Es ist daher erforderlich, bereits an dieser Stelle auf die Theorie der Einbildungskraft zu sprechen zu kommen, also noch bevor im engeren Sinne ästhetische Fragen zu thematisieren sind.

Der transzendentalphilosophische Diskurs über die Einbildungskraft, dem dieser Abschnitt allein gewidmet ist, verdankt sich in erster Linie Immanuel Kant, der als der eigentliche Entdecker einer ›produktiven‹ Einbildungskraft zu gelten hat. Dieser Entdeckung wollen wir uns im ersten Schritt widmen. Auf sie geht auch Fichtes Beschäftigung mit diesem Thema zurück. Fichte hat in der von Novalis intensiv studierten »Grundlage« in den Paragraphen 4 und 5 eine ausführliche Theorie der Einbildungskraft entwickelt. Ihr soll anschließend die Hauptaufmerksamkeit gewidmet werden.[66]

2.1. Kants Entdeckung einer produktiven Einbildungskraft

Um die Reichweite der kantischen Theorie der Einbildungskraft würdigen zu können, ist es nötig, kurz auf ihre vorkritische Konzeption einzugehen. Im schulphilosophischen metaphysischen System wird die Einbildungskraft, wie hier anhand von Georg Friedrich Meier gezeigt werden soll, in der Psychologie, näherhin der empirischen Psychologie verhandelt. Dort bildet sie gemeinsam mit anderen »Vermögen« die Sphäre der so genannten ›Unteren Erkenntnisvermögen‹, welche in ihrer Gesamtheit Verstand und Vernunft gegenüberstehen. Bereits in diesem Zusammenhang kommt der Einbildungskraft eine exponierte Stellung zu, denn sie ist »dasjenige Vermögen [...], welches alle unsere Vorstellungen erhält und fortdaurend macht.«[67] Ohne Einbildungskraft wäre das Bewusstsein nichts als ein Umschlagplatz dauernd wechselnder Vorstellungen. Mit ihr aber ist ein kontinuierlicher Bewusstseinszusammenhang möglich aufgrund ihrer Fähigkeit, »sich vergangene Empfindungen wieder von neuem vorzustellen«.[68] Die Einbildungskraft ist also recht eigentlich ein Reproduktionsvermögen. Diese Fähigkeit kann unwillkürlich nach Assoziationsgesetzen ausgeübt werden oder auch willentlich, im Verein mit den Vermögen der Aufmerksamkeit – eigentlich das Vermögen, vom aktuellen Bewusstseinsinhalt zu abstrahieren – und des Gedächtnisses. Ist diese Funktion also beim Aufbau von Bewusst-

---

[66] Es war zu erwägen, auch die Theorie der Einbildungskraft im theoretischen Werk Friedrich Schillers hier darzustellen. Wir konnten aber davon absehen, da sich dessen Ausführungen ganz im Rahmen einer Theorie des Erhabenen zur Grundlegung einer Tragödientheorie bewegen; ein Themenkomplex, der für Novalis überhaupt nicht einschlägig ist. Vgl. zu Schiller ELMAR DOD, Die Vernünftigkeit der Imagination in Aufklärung und Romantik, Tübingen 1985; ULRICH TSCHIERSKE, Vernunftkritik und ästhetische Subjektivität, Tübingen 1988.

[67] GEORG FRIEDRICH MEIER, Anfangsgründe aller schönen Wissenschaften, Bd. II, Halle 1754, § 371, 257. Zum Thema vgl. GABRIELE DÜRBECK, Einbildungskraft und Aufklärung, Tübingen 1998.

[68] AaO., § 372, 258.

sein schlechterdings unverzichtbar, so geht die Einbildungskraft allerdings auch in dieser Funktion auf. »Die Einbildungskraft ist nicht vermögend uns eine neue Vorstellung zu geben, die wir noch gar nicht gehabt haben; denn sie erneuert nur die Empfindungen, die wir schon einmal gehabt haben«.[69] Geht es also um das Hervorbringen gänzlich neuer Vorstellungen, müssen andere Vermögen ins Mittel treten.

Der vorkritische Kant hatte diese Position ebenfalls vertreten, wie die Anthropologie-Vorlesungen vor 1781 belegen.[70] Erst in der »Kritik der reinen Vernunft« als der Ur-Schrift der Transzendentalphilosophie ist von einer »produktiven Einbildungskraft« (KrV A 123) die Rede,[71] welcher auch eine transzendentale Relevanz zugeordnet wird. Wir halten uns in der Interpretation ganz an die B-Ausgabe der »Kritik der reinen Vernunft«, welche sowohl von Fichte als auch von Novalis benutzt wurde. Zwar fällt in ihr die Behandlung der Einbildungskraft etwas knapper aus als in der ersten Auflage. Aber ihre Rolle als integraler Beweisgrund gerade im Zuge der Kategoriendeduktion ist dadurch nicht geschmälert, sondern durch die Straffung eher noch etwas deutlicher gemacht.

Mit der Einführung dieses neuen Begriffs der produktiven Einbildungskraft hat Kant die terminologischen Schwierigkeiten nicht einfach nur verdoppelt. Die Vielzahl an unterschiedlichsten Verwendungsweisen lässt sich kaum in eine einheitliche terminologische Ordnung bringen, zumal Kant weder in der »Kritik der reinen Vernunft« noch in der »Kritik der Urteilskraft« jemals eine systematische Vorstellung dieses doch so zentralen Begriffs vorgelegt hat. Folgendes Schema scheint den Sachverhalt einigermaßen wiederzugeben: Als Grundunterteilung ist die von reproduktiver und produktiver Einbildungskraft anzusehen. Im Anschluss daran ist vielleicht am klarsten der Überblick, der sich aus dem Schematismus-Kapitel extrahieren lässt, von dem oben bereits die Rede war.[72] Danach kann innerhalb der produktiven Einbildungskraft ein empirisches und ein apriorisches Vermögen unterschieden werden. Letzteres teilt sich dann noch einmal in eine monogrammatische und eine transzendentale Funktion (vgl. KrV A 141f. / B 181).

Um nun als ersten Hauptpunkt die Theorie der Einbildungskraft in erkenntnistheoretischer Hinsicht vorzustellen, halten wir uns primär an die Deduktion der Kategorien, da die verschiedenen Dimensionen der produktiven Einbildungskraft hier gleichsam gebündelt zur Anwendung kommen. Hilfreich sind allerdings gewisse Vorbemerkungen, welche im so genannten Leitfaden-Kapitel

---

[69] AaO., § 380, 275.

[70] Vgl. AA 25 / 2, 750-753.

[71] Auch die von Kant 1798 veröffentlichte Anthropologie kennt nun eine produktive Einbildungskraft, vgl. ApH § 25, B 67. Zum Begriff der Einbildungskraft im Rahmen der Kantischen Anthropologie vgl. HERMANN MÖRCHEN, Die Einbildungskraft bei Kant (1930), Tübingen 1970, 9-38.

[72] Siehe oben S. 61-66.

(dem § 10 der B-Auflage) gemacht werden. Sofern diese nicht bereits thetische Vorwegnahme erst später zu begründender Ergbnisse sind, soll mit ihnen hier begonnen werden.

Die Einbildungskraft wird – erstens – von Kant allgemein eingeführt als ein Vermögen, Vorstellungen zu synthetisieren: »Die Synthesis überhaupt ist [...] die bloße Wirung der Einbildungskraft« (KrV A 78 / B 104). Das Arbeitsfeld der Synthesen ist der Bereich der sinnlichen Anschauung, wie er von Kant in der transzendentalen Ästhetik erörtert worden war. Laut der These von der Zwei-stämmigkeit unseres Erkenntnisvermögens stellt die Sinnlichkeit zwar den Stoff zu allen möglichen Erkenntnissen bereit, aber für sich genommen nur als blo-ßes Mannigfaltiges der Anschauung. Dieses wird als ein ungeordneter Haufen an Sinnesdaten gedacht. Für den Aufbau von Erkenntnis ist erforderlich, dass in diesem bloßen Mannigfaltigen Synthesen gebildet werden. Der Vorgang des Synthetisierens kann allgemein wie folgt charakterisiert werden: In einem ersten Schritt werden die Sinnesdaten durchlaufen, in einem zweiten Schritt ins Be-wusstsein aufgenommen (apprehendiert), in einem dritten Schritt aber werden die Vorstellungen zueinander hinzugesetzt. (Vgl. KrV A 77 / B 102f.)

Zweitens wird die Einbildungskraft als ein Vermögen mit einer transzenden-talen Dimension gekennzeichnet, denn ohne sie würden »wir überall gar keine Erkenntnis haben« (KrV A 78 / B 104). Das Stichwort »überall« deutet darauf hin, dass hier bereits jener anspruchsvollere Sinn von ›transzendental‹ anvisiert ist, den Kant in § 3 der B-Auflage präzisierend ergänzt hatte. Danach ist ein transzendentales Prinzip ein solches, »woraus die Möglichkeit anderer syntheti-scher Erkenntnisse a priori eingesehen werden kann.« (B 40) Die Einbildungs-kraft wird also in der Folge nicht bloß als erkenntnisfundierendes Vermögen überhaupt in Anspruch genommen, sondern sogar als ein transzendentales Ver-mögen im eben genannten Sinne.

Drittens schließlich wird das Vermögen der Einbildungskraft nur als notwen-dige, nicht aber als hinreichende Erkenntnisbedingung vorgestellt. Denn für sich hat sie lediglich den Status einer zwar »unentbehrlichen«, aber doch »blinden [...] Funktion der Seele« (KrV A 78 / B 104). Nach der Einleitung zur tran-szendentalen Logik meint »blind« so viel wie ›unbegriffen‹ (vgl. A 51 / B 75). Die Einbildungskraft ist ein nicht-begriffliches Vermögen. Das bedeutet aber nicht die Abwesenheit jeglicher Strukturierungsleistung. Greift die Einbildungs-kraft auf das Anschauungsmannigfaltige zu, stehen wir anschließend eben nicht mehr im *bloßen* Mannigfaltigen. Aber die Synthese der Einbildungskraft ist erst noch »auf Begriffe zu bringen«, und das »ist eine Funktion, die dem Verstande zukommt« (KrV A 78 / B 104). Erst diese Operation verschafft uns »Erkenntnis in eigentlicher Bedeutung« (ebd.).[73]

---

[73] Damit ist klar, dass KrV A 77 / B 103 noch in einem unspezifischen Sinne von »Erkenntnis« gesprochen wird.

Um die Vorbemerkungen kurz zusammenzufassen, führt Kant die Einbildungskraft als ein vorbegriffliches Synthesevermögen mit einer transzendentalen Dimension ein. Er konzediert sogleich, dass wir uns dieses Vermögens »selten nur einmal bewußt sind« (KrV A 78 / B 104). Das Wesen der Einbildungskraft ist also der philosophischen Reflexion zu entdecken aufgegeben. Mit dieser Konzession ist aber zugleich noch etwas anderes gemeint: Sie verweist darauf, dass es sich bei der Einbildungskraft nicht um ein Radikalvermögen wie Anschauung oder Verstand handelt. So etwas wie eine ›transzendentale Imaginativik‹ zur Ergänzung der transzendentalen Ästhetik und Logik ist in der »Kritik der reinen Vernunft« nicht vorgesehen. Die Stellung der Einbildungskraft zwischen jenen beiden wird im Folgenden noch zu thematisieren sein.

Bereits die Verortung dieser Vorbemerkungen im Zusammenhang der »Kritik« lassen den Umschwung in der Theorie der Einbildungskraft erahnen. Kant erörtert sie im Bereich der transzendentalen Logik, welche die Spontaneität des Bewusstseins untersucht. In der transzendentalen Ästhetik hingegen ist von der Einbildungskraft nicht die Rede. Entgegen der schulphilosophischen Psychologie also gehört nach Kant die produktive Einbildungskraft auf die Seite der Spontaneität. Das eigentliche Kernstück der transzendentalen Logik ist nun ohne Zweifel die Deduktion der Kategorien. Mithin verweist die exponierte Einführung der Einbildungskraft darauf, dass diese etwas zu jenem Nachweis der »Befugnis« (KrV A 85 / B 117) der Anwendung der Kategorien auf Erfahrung beiträgt.

Und so ist es auch in der Tat. Denn Kant nimmt genau jene in § 10 vorläufig vorgenommene Begriffsbestimmung in Anspruch, wenn er in der Kategoriendeduktion selbst, nämlich in § 24, wieder auf die Leistung der Einbildungskraft zu sprechen kommt. Um diese angemessen interpretieren zu können, ist zunächst etwas zum Aufbau der B-Deduktion im Ganzen zu sagen. Sie ist als ein zusammenhängender Beweis anzusehen, der jedoch in zwei Schritten durchgeführt wird.[74] Die eigentlichen Beweisschritte sind dabei ganz parallel in den Polysyllogismen der §§ 20 und 26 zu finden. Der erste Beweisschritt, dessen Argumentation an dieser Stelle nicht thematisiert zu werden braucht, kommt

---

[74] Der These von Dieter Henrich, die B-Deduktion beinhalte »nicht zwei Beweise, sondern zwei Argumente« eines Beweises, ist nicht mehr begründet widersprochen worden, vgl. DIETER HENRICH, Die Beweisstruktur von Kants transzendentaler Deduktion. In: Gerold Prauss (Hg.), Kant, Köln 1973, 90-104, hier 91. Lediglich die Frage, wo der Einschnitt zwischen den beiden Argumenten genau zu setzen ist und wie sich die beiden Beweisschritte zueinander verhalten, hat eine lebhafte Diskussion hervorgerufen, vgl. dazu BURKHARD TUSCHLING (Hg.), Probleme der Kritik der reinen Vernunft, Berlin 1984, 34-96; PETER BAUMANNS, Kants Philosophie der Erkenntnis, Würzburg 1997, 452-522; WOLFGANG CARL, Die transzendentale Deduktion in der zweiten Auflage. In: Georg Mohr / Marcus Willaschek (Hg.), Immanuel Kant: Kritik der reinen Vernunft, Berlin 1998, 189-216. Auch MANFRED BAUM, Deduktion und Beweis, Königstein 1986, 11, der die Rede von den zwei Beweisschritten für »unzweckmäßig« hält, will doch nicht hinter die »Zweiteilung der Deduktion« zurück gehen.

zu dem Ergebnis: »Alle sinnlichen Anschauungen stehen unter Kategorien, als Bedingungen, unter denen allein das Mannigfaltige derselben in ein Bewußtsein zusammenkommen kann.« (KrV § 20, B 143) Damit scheint das Beweisziel der Deduktion bereits erreicht zu sein.[75] Dennoch spricht Kant davon, in jenem Satz sei erst »der Anfang einer Deduktion der reinen Verstandesbegriffe gemacht« (KrV § 21, B 144). Der Grund ist darin zu sehen, dass Kant im ersten Beweisschritt noch von etwas abstrahiert hatte, nämlich »von der Art, *wie* das Mannigfaltige zu einer empirischen Anschauung gegeben werde« (KrV § 21, B 144; Hvg. A. K.). Diese Auskunft verrät schon, dass Kant über einen höchst differenzierten Anschauungsbegriff verfügt, der diese zweifache Thematisierung derselben in den beiden Beweisschritten erst ermöglicht. Die besondere Interpretationsschwierigkeit erwächst daraus, dass diese Differenz erst im Kontext des zweiten Bewisschrittes ausgeführt wird, während die transzendentale Ästhetik nur darauf vorverweist. Eben von dieser Differenziertheit hatte Kant also zunächst aus methodischen Gründen abgesehen, nämlich »um nur auf die Einheit, die in die Anschauung vermittelst der Kategorie durch den Verstand hinzukommt, zu sehen.« (ebd.) Man könnte nun zwar mit einem gewissen Recht argumentieren, dass, wenn »jede Anschauung« (KrV § 17, B 138) – gleich welcher Art – unter einer kategorial gestifteten Einheit stehen muss, wenn sie also »für mich Objekt werden« (ebd.) soll, dies dann auch auf unsere empirische Anschauung zutreffen muss. Aber genau diese bloß logische Subsumtion reicht Kant nicht hin. Deshalb wird als Beweisziel des zweiten Beweisschrittes angegeben, dass nunmehr eben »aus der Art, wie in der Sinnlichkeit die *empirische* Anschauung gegeben wird, gezeigt w[ird], daß die Einheit derselben keine andere sei, als welche die Kategorie nach dem vorigen § 20 dem Mannigfaltigen einer gegebenen Anschauung *überhaupt* vorschreibt« (KrV § 21, B 144f., Hvg. A. K.).

Es ist also nicht so, dass dem ersten Beweisschritt noch etwas zu seiner Gültigkeit fehlen würde. Kant gibt sich hier aber die Bürde, nicht nur aus der Eigenart des Verstandes, sondern auch aus der unserer Sinnlichkeit die Gültigkeit der Kategorien zu erklären. Das heißt, das Verhältnis der beiden Beweisschritte ist als ein Konkretionsverhältnis anzusehen.[76] Der zweite Beweisschritt soll streng von der Eigenart der menschlichen Sinnlichkeit her argumentieren. Genau zu diesem Zweck greift Kant, wie wir gleich sehen werden, auf das Vermögen der produktiven Einbildungskraft zurück. Die unterscheidenden Merkmale der menschlichen Sinnlichkeit sind einmal ihre Angewiesenheit darauf, dass Erscheinungen nur durch ein Affiziertwerden der Sinne vorgestellt werden können, und zum anderen ihr Stehen unter den apriorischen Anschauungsformen von Raum und

---

[75] Kant legt dieses Verständnis selbst nahe, wenn er später von der »transzendentalen« Deduktion, die in § 20f. gemacht sei, schreibt (KrV § 26, B 159).

[76] Vgl. Manfred Baum, aaO., 11–17; Wilhelm Metz, Kategoriendeduktion und Einbildungskraft, Stuttgart 1991, 78.91–103.

Zeit. Genau auf diese beiden Momente kommt Kant im zweiten Beweisschritt zu sprechen.[77]

Dieser Schritt verfolgt nun folgende Strategie. Der eigentliche Beweisschluss wird, wie gesagt, in § 26 vollzogen. Die zum Schließen dieses Schlusses erforderlichen Beweisgründe werden überwiegend in den Passagen zuvor, teils aber noch in dem Paragraphen selbst, bereitgestellt.[78] Die Einbildungskraft ist dabei das entscheidende Beweisprinzip. Doch zunächst sei der Polysyllogismus von § 26 interpretierend referiert, um anschließend die Rolle der Einbildungskraft zu erläutern.

Der erste Obersatz ließe sich etwa so reformulieren: Die Synthesis der Apprehension muss den Anschauungsformen von Raum und Zeit gemäß sein. Unter »Synthesis der Apprehension« versteht Kant eine solche »Zusammensetzung des Mannigfaltigen in einer empirischen Anschauung [...], dadurch Wahrnehmung, d. i. empirisches Bewußtsein derselben« (KrV § 26, B 160) möglich wird. Eine solche Synthesis verbindet das empirische Angeschaute und steht, wie die transzendentale Ästhetik gezeigt hatte, unter den Anschauungsformen von Raum und Zeit. Kurz gesagt: Wahrnehmung findet nur unter den Formen von Raum und Zeit statt.

Das folgende Argument hat den Status des ersten Untersatzes. Es besagt, dass die Synthesis der Apprehension Raum und Zeit nicht nur als bloße Anschauungsformen enthält, sondern auch als formale Anschauungen, d. h. mit der Bestimmung der Einheit des Mannigfaltigen, das in ihnen enthalten ist. Der Raum als Anschauungsform wird zwar »als eine unendliche gegebene Größe vorgestellt.« (KrV § 2, B 39) In jeder empirischen Synthesis wird aber nicht dieser Raum angeschaut, sondern ein Raum als Gegenstand, ein Raumquantum, und eben dies nennt Kant eine »formale Anschauung«[79] (KrV § 26, B 161 Anm.) Mit dieser Bestimmung ist bereits der Bereich des bloßen Mannigfaltigen verlassen und von einem bestimmten Raum die Rede.[80] Jede konkrete Raumvorstellung

---

[77] Von dem Moment, dass die Anschauung ein Hinnehmen von Gegebenem ist, konnte Kant bereits im ersten Beweisschritt »nicht abstrahieren«, KrV § 21, B 145.

[78] Von hier aus wäre zu thematisieren, inwiefern die Theorie der Selbsterkenntnis im zweiten Teil von § 24 und in § 25 tatsächlich zum Beweisgang gehört. Denn Kant greift in § 26 nicht auf sie zurück. Gegen die Meinung, es handele sich hier lediglich um einen »Exkurs«, hat besonders WILHELM METZ, aaO., 91, opponiert. Vielmehr sei dieser Abschnitt ein integraler Teil der Deduktion, da der wirkliche synthetische Einfluss des Verstandes auf den inneren Sinn »aus dem Faktum empirischer Selbsterkenntnis zu erschließen« (92) sei. Es erschiene lohnenswert, diesem Einwand einmal näher nachzugehen; gleichwohl überspringt Metz die Tatsache, dass die Theorie der Selbsterkenntnis von Kant selbst lediglich als ein *Fall* von Erscheinungserkenntnis überhaupt eingeführt wird: Denn es wird besprochen, warum der innere Sinn »auch so gar uns selbst, nur wie wir uns erscheinen, nicht wie wir an uns selbst sind, dem Bewußtsein darstelle« (KrV § 24, B 152).

[79] Vgl. zum Thema der formalen Anschauungen ULRICH BARTH, Objektbewußtsein und Selbstbewußtsein. In: Ders., Gott als Projekt der Vernunft, 195-234, hier 211-218.

[80] In ähnlicher Weise wird die formale Anschauung der Zeit konzipiert. Ihre »Einheit der

stellt einen eingeschränkten, wenn auch in seinen Abmessungen noch nicht bestimmten Raum vor.

Daraus zieht Kant nun den ersten Schluss: Eine Einheit der Synthesis des
Mannigfaltigen ist Bedingung der Synthesis der Apprehension. Und zwar wird
jene im Untersatz erwähnte Einheit »mit [...] diesen Anschauungen zugleich
gegeben« (KrV § 26, B 161). Ergo ist diese Einheit, wenn die Synthesis vollzogen
wird, bereits enthalten. Ohne diese Einheit kann die Synthesis nicht stattfinden.

Dieser erste Schluss fungiert nun zugleich als Obersatz des zweiten Schlusses.
Ihm wird als Untersatz beigegeben: Diese Einheit ist keine andere als die in
§ 20 nachgewiesene, nur dass sie auf unsere sinnliche Anschauung angewandt
ist. Bereits in § 23 hatte Kant im Rahmen der Grundlegung seiner Theorie
von Sinn und Bedeutung darauf hingewiesen, dass die empirische Anschauung
den exemplarischen »Fall der Anwendung« (KrV § 23, B 149) der Kategorien
darstellt. Und wenn von Einheit die Rede ist, muss zugestanden werden: Wir
kennen keinen anderen Fall von Einheitsstiftung als durch Kategorien.

Daraus zieht Kant nun den Schluss, der das eigentliche Erreichen des Beweis-
zieles der ganzen Deduktion darstellt: Die Wahrnehmungssynthesis steht unter
den Kategorien. Dieses Ergebnis entspricht der zweiten Conclusio des ersten Beweisschrittes: »Also steht auch das Mannigfaltige in einer gegebenen Anschauung
notwendig unter Kategorien« (KrV § 20, B 143). Es ist hier nur konkretisiert im
Hinblick auf die »Gegenstände der Erfahrung« (KrV § 26, B 161), welche durch
unsere spezifische Art der Anschauung gegeben werden.

Es scheint auf den ersten Blick, als habe jener Ausleger recht, welcher konstatiert, auch »diese Ergänzung der Deduktion führt Kant ohne Bezugnahme auf
die Einbildungskraft durch.«[81] In Wahrheit ist jedoch das Gegenteil der Fall: Ohne die Einbildungskraft würde der ganze Schluss nicht schließen. Diese These
setzt allerdings voraus, dass im Polysyllogismus, wie er soeben dargestellt wurde, noch eine Unklarheit verborgen ist. Es ist zwar klar, dass es so sein muss,
aber noch nicht, *wieso* die einheitsstiftende Kraft der reinen Verstandesbegriffe auch dort zum Zuge kommt, wo unsere empirische Anschauung synthetisiert
wird. Exakt diese systematische Funktion wird von Kant der produktiven Einbildungskraft zugewiesen. Dem entspricht, dass sie bereits in den Vorbemerkungen
als ein Synthesevermögen vorbegrifflicher Art eingeführt worden war. Ihre Synthesis erweist sich nun als die Bedingung dafür, dass der Beweisschluss von § 26
wirklich schließt. Dieser Bedingungsfunktion, welche in § 24 begründet wird,
ist nun noch nachzugehen.

Abmessung« (KrV § 24, B 156) ist nur unter dem Bilde einer Linie vorzustellen, diese aber
wiederum kann nur gedacht werden, wenn die Bestimmung des inneren Sinns den »Begriff der
Sukzession« (KrV § 24, B 155) allererst hervorbringt.

[81] HERMANN MÖRCHEN, aaO., 45. Mörchen will den eigentlichen Höhepunkt der transzendentalen Logik im Schematismus-Kapitel verorten und kommt deshalb nicht zu einer unvorein-
genommenen Haltung gegenüber der B-Deduktion, besonders nicht der §§ 24–26.

Bislang nämlich war jene Einheit, die in der formalen Anschauung impliziert ist, eine lediglich vorgefundene. Wie kommt sie aber zustande, und als Fall welcher Einheit kann sie angesehen werden? Die Synthesis durch Kategorien »bezog sich bloß auf die Einheit der Apperzeption« (KrV § 24, B 150). Betrachtet man die kategoriale Synthesis für sich, so muss man sagen, dass sie von der Art unserer menschlichen Sinnlichkeit gänzlich absieht. Sie ist eine bloße Gedankenform für einen Gegenstand überhaupt, aber durch sie wird »noch kein bestimmter Gegenstand erkannt«. (Ebd.) Deshalb kann Kant sagen, diese Synthesis sei »nicht allein transzendental, sondern auch bloß rein intellektual« (ebd.), d. h. begrifflich. Die Anwendung der *synthesis intellectualis* aber auf Gegenstände unserer Sinnlichkeit ist ja gerade das Problem des zweiten Beweisschritts. Dabei können wir hier vom äußeren Sinn insofern absehen, da auch äußere Anschauung noch durch den inneren Sinn vermittelt sein muss. Daher liegt die reine Anschauungsform des inneren Sinns, die Zeit, »mittelbar auch de[n] äußeren Erscheinungen« (KrV § 6, A 34 / B 50) zugrunde.

Nun enthält der innere Sinn an sich nichts als die bloße Anschauungsform, aber keine »Verbindung des Mannigfaltigen derselben«, also auch »noch gar keine bestimmte Anschauung« (KrV § 24, B 154). Dieses Mannigfaltige muss aber nicht von außen gegeben werden, sondern es ist dem Verstande möglich, den inneren Sinn selbst zu affizieren, und zwar gemäß dessen apriorischer Formbestimmtheit. Der innere Sinn wird durch unsere eigene Spontaneität affiziert, es liegt also eine Selbstaffektion vor. Sofern das reine Mannigfaltige der Anschauung im inneren Sinn durch diese Selbstaffektion hervorgebracht wird, wird es in eins damit durch dieselbe Spontaneität bestimmt. Kants berühmtes Beispiel ist die Vorstellung einer Linie vor dem inneren Auge, die wir uns nicht denken können, »ohne sie in Gedanken zu ziehen«. (Ebd.) Hier liegt nun ohne Zweifel eine Synthesis vor, und zwar eine Synthesis im zuvor völlig unbestimmten Anschauungsmannigfaltigen a priori. Diese Synthesis nennt Kant »figürlich (*synthesis speciosa*)« (KrV § 24, B 151). Das, was sie hervorbringt, könnte man in etwa ›Gestaltlichkeit überhaupt‹ nennen.[82] Diese ist gleichsam das Gegenstück zur Kategorie als reiner Denkform überhaupt.

Diese Synthesis ist freilich eine andere als die Synthesis durch Begriffe im Urteil. Sofern sie sich bloß auf das reine Mannigfaltige der Anschauungsform richtet und Gestaltlichkeit erzeugt, nennt Kant sie »die transzendentale Synthesis der Einbildungskraft« (ebd.). Sie hat mit jener anderen gemein, dass sie transzendental ist und Einheit stiftet. Aber sie unterscheidet sich, weil sie keine begriffliche Einheit ist, sondern eine Einheit des Bildes.[83] »Sie ist, als figürlich,

---

[82] Diese Gestaltlichkeit wird dann von Kant im Kapitel über den Schematismus in ihre verschiedenen Hinsichten ausdifferenziert. Vgl. zu diesem ganzen Zusammenhang RODERICH BARTH, Absolute Wahrheit und endliches Wahrheitsbewußtsein, Tübingen 2004, 162–169.

[83] Für das schwierige Problem des Verhältnisses von Einheit und Synthesis kann angemerkt werden: Die Einbildungskraft ist nach Kant kein Vermögen der Einheitsstiftung abgesehen von

von der intellektuellen Synthesis ohne alle Einbildungskraft bloß durch den Verstand unterschieden.« (KrV § 24, B 152).[84] Nun ist aber Einheitsstiftung stets eine Wirkung der Spontaneität des Bewusstseins. Von daher zeigt sich, dass die Einbildungskraft in ihrer transzendentalen Funktion nichts anderes ist als »eine Wirkung des Verstandes auf die Sinnlichkeit und die erste Anwendung desselben (zugleich der Grund aller übrigen) auf Gegenstände der uns möglichen Anschauung« (Ebd.). Nur vermittels dieser Synthesisleistung ist die kategoriale Verstandessynthesis a priori beziehbar auf die Synthesis der Apprehension. Genau die Einbildungskraft in dieser transzendentalen Bedeutung nennt Kant die »produktive Einbildungskraft« (Ebd.).

Diese ist also recht eigentlich ein an beiden Radikalvermögen partizipierendes Mittelvermögen: Ihr Arbeitsfeld ist das Gebiet der Anschauung, ihre a priori synthetisierende Kraft aber hat sie vom Verstand, denn ihre Synthesis ist nichts als »synthetischer Einfluß des Verstandes auf den inneren Sinn« (KrV § 24, B 154). Gerade diese letzte Bestimmung zeigt aber in gewisser Weise auch an, dass Kant auch deswegen niemals zu einer systematischen Behandlung dieses Schlüsselbegriffs gelangt ist, weil er sich über seine systematische Stellung nicht vollständig klar wurde. Es lassen sich aus der »Kritik der reinen Vernunft« Belege sowohl für die Tendenz, Einbildungskraft und Verstand ganz und gar auseinanderzuhalten – wofür *en bloc* etwa die A-Deduktion stehen mag – anführen, als auch für die These, die Einbildungskraft letztlich als eine bloße »Funktion des Verstandes« (AA 23, 45) zu verstehen – so eine Nachlassreflexion zu KrV A 78. Die Unaufhellbarkeit der Zweistämmigkeit des Bewusstseins und der Einheit der Subjektivität betrifft auch die Einbildungskraft. Es ist insofern zwar verständlich, dass viele Kant-Ausleger gerade vermittels der Theorie der Einbildungskraft hier Verbesserungen vornehmen wollten, welche aber gewiss nicht in Kants Sinne – oder ›Geiste‹ – waren und sich eben auch vom ›Buchstaben‹ her keiner eindeutigen Entscheidung zuführen lassen.[85]

Anstatt also eine solche ›Verbesserung‹ auch nur anzustreben, sei hier versucht, den Ertrag noch einmal unter Berücksichtigung der A-Deduktion sowie eines Nachlasstextes[86] zusammenzufassen.

---

ihrer transzendentalen Funktion. Hier haben wir den paradoxen Fall einer vorbegrifflichen Einheit.

[84] Die Wendung »bloß durch den Verstand« ist als Attribut zu »Synthesis«, und nicht als adverbiale Bestimmung zu »unterschieden« zu lesen.

[85] HERMANN MÖRCHEN, aaO., 69, plädiert in seiner von Heidegger beeinflussten Deutung dafür, die A-Deduktion zu bevorzugen, da in ihr die Einbildungskraft als wahre Einheit des Verstandes deutlich werde. Umgekehrt habe Kant nach WILHELM METZ, aaO., 24 erst in der B-Deduktion zu seiner wahren Argumentation gefunden, da der Schein einer Eigenständigkeit der Einbildungskraft hier weitgehend getilgt sei.

[86] Das »Lose Blatt B 12« ist vielleicht der konziseste Text zur Einbildungskraft, den Kant jemals geschrieben hat, abgedruckt in AA 23, 18–20.

Die Einbildungskraft ist ein vorbegriffliches Synthesevermögen. In der Regel wird die synthetische Einheit dem Verstand zugeschrieben, als Ausnahme nennt Kant die Einbildungskraft in ihrer transzendentalen Funktion, welche auch eine Einheit hervorbringt.[87] Die produktive Einbildungskraft ist – in jenem nicht abschließend zu klärenden Sinne – »eine Wirkung des Verstandes auf die Sinnlichkeit und die erste Anwendung desselben« (KrV § 24, B 152), aber nicht überhaupt, sondern mit dem gelegentlich vergessenen Nachsatz: die erste Anwendung des Verstandes »auf Gegenstände der uns möglichen Anschauung« (ebd.). Dies gilt nur für die transzendentale Synthesis der Einbildungskraft. Ausschließlich für diese kann diese enge Verknüpfung mit dem Verstand namhaft gemacht werden. Die Gemäßheit der Synthesen der Einbildungskraft und des Verstandes kann schließlich dadurch erklärt werden, dass in *beiden* dieselbe kategorial operierende Spontaneität am Werke ist (vgl. KrV § 10, A 79 / B 104f; § 26 B 162 Anm.). Mehr als eine bloße Gemäßheit kann aber auf dem Boden der Zweistämmigkeitsthese auch nicht begründet ausgesagt werden.

Die Einbildungskraft ist somit – und dies kann als das Revolutionäre gelten – nachgewiesen als »ein notwendiges Ingredienz der Wahrnehmung selbst« (KrV A 120 Anm.). Diese Einheit ist also keine Einheit des Begriffs. Die Einbildungskraft nimmt vielmehr eine »Synthesis der Anschauungen« (KrV § 24, B 152) vor. Sie dient dazu, das reine Mannigfaltige der Anschauung nicht auf den Begriff, sondern »in ein Bild [zu] bringen« (KrV A 120). Sie »bringt nichts als Gestalten hervor« (AA 23, 18). Es gibt kein bloßes sinnliches Anschauen, das nicht zugleich ein Strukturieren, Formieren und Figurieren wäre. Kant bleibt mit diesen Ausführungen ganz im Rahmen der Erkenntnistheorie; wer aber Ohren hatte, mehr zu hören, konnte der vorbegrifflichen Gestaltsynthese auch noch ganz andere Konnotationen abgewinnen.

2.2. Fichtes Weiterentwicklung der Theorie der Einbildungskraft

Wir hatten gesehen, dass und wie Kant die Einbildungskraft, ein bis dato – wenn auch in gewisser Weise exponiertes – Seelenvermögen unter anderen, als eine transzendentale Funktion des Bewusstseins entdeckte. Es liegt nun in der Eigenart zumindest der frühen Fichteschen Philosophie, dass er Kants Thesen so gut wie nie bestreitet, dass er sie aber genetisieren will. Das Projekt, was ihm vorschwebt, ist so etwas wie eine transzendentale ›Vorgeschichte‹ der Kantischen kritischen Philosophie. So schreibt Fichte etwa am Ende seines »Grundriss des Eigenthümlichen der Wissenschaftslehre in Rücksicht auf das theoretische Vermögen«: »Das Eigenthümliche der Wissenschaftslehre in Rücksicht der Theorie ist daher aufgestellt, und wir setzen unseren Leser für jetzt gerade bei dem Punkt nieder, wo Kant ihn aufnimmt« (GA I / 3, 208; SW I, 411). Sowohl die Anschauungsformen von Raum und Zeit als auch die beiden Stämme des Bewusstseins

---

[87] Vgl. sehr deutlich KrV § 26, B 161 Anm.

will Fichte noch eigens aus dem System seiner Grundsätze deduzieren. Kant hatte bekanntlich die These vertreten, »daß es zwei Stämme der menschlichen Erkenntnis gebe, die vielleicht aus einer gemeinsamen, aber uns unbekannten Wurzel entspringen, nämlich Sinnlichkeit und Verstand« (KrV A 15 / B 29). Kant war der Meinung, die ›unbekannte Wurzel‹ müsse eben auch unbekannt bleiben;[88] Fichte und andere nachkantische Philosophen aber lesen diese Ausführungen als Aufgabe bzw. als Projekt – nur dass es sich dabei eben um ihr ureigenes Projekt handelt.[89]

Es ist deshalb kaum verwunderlich, dass Fichtes »Grundlage« ihrerseits eine Theorie der Einbildungskraft beinhaltet. Sie kommt in zwei verschiedenen Dimensionen vor. Zum einen in theoretischer Hinsicht: Fichte war angetreten, auf dem Wege der philosophischen Reflexion gerade hinter jene Zweistämmigkeit zurückzugehen. Damit ist *eo ipso* signalisiert, dass der Einbildungskraft eine veränderte Rolle zukommen muss. Sie produziert nicht nur Formen und Gestalten, sondern bringt sowohl die Anschauungsformen als auch den Stoff der Anschauung allererst hervor – doch so, dass dieser Vorgang nicht als solcher ins Bewusstsein kommt und daher die Zweistämmigkeit gleichsam als Effekt abgesetzt wird. Sodann kennt Fichte auch eine praktische Dimension der Einbildungskraft. Sie hat in dieser Hinsicht zu tun mit der Struktur des Zwecksetzens, indem sie *a priori* eine höchste Zweckvorstellung produziert, nämlich die Idee eines Ich, das alles Nicht-Ich bestimmt. Diesen beiden Theoriedimensionen seien die folgenden Ausführungen gewidmet.

1. Der Begriff der Einbildungskraft wird von Fichte eingeführt im § 4 der »Grundlage«. Dieser ganze Paragraph ist der Grundlegung der theoretischen Wissenschaftslehre gewidmet. Er gehört mit Abstand zu den kompliziertesten und unübersichtlichsten[90] Texten, die Fichte jemals verfasst hat. Deswegen erscheint es für unsere Zwecke wenig günstig, einfach am Text entlang zu gehen und zu kommentieren.[91] Statt dessen soll versucht werden, (a) zunächst

---

[88] Vgl. DIETER HENRICH, Über die Einheit der Subjektivität. In: PhR 3 (1955), 28-69.

[89] Diese These schließt übrigens gar nicht aus, dass Fichte dennoch zu den bedeutendsten Kant-Auslegern gezählt werden kann. Ebenfalls ist damit noch lange nicht entschieden, ob eine ›konstitutionsidealistische‹ Auslegung Kants unsachgemäß wäre. WILHELM METZ, aaO., 75, Anm. 21 hält gerade den »Konstitutionsidealismus [...] [für] das Herzstück der theoretischen Transzendentalphilosophie«. Eine bruchlose Subsumtion Kants unter eine realistische Tendenz durchzieht die Kant-Deutung von MANFRED FRANK, ›Unendliche Annäherung‹, Tübingen 1997, programmatisch bereits in der Einleitung: »Eine realistische Grundüberzeugung verbindet sie [scil. die Frühromantiker] tief mit dem kantischen und trennt sie von dem Fichteschen Projekt« (20).

[90] Zwar fordert die dialektische Einteilung geradezu zum Anfertigen von Strukturskizzen heraus. DOROTHEE SCHÄFER, Die Rolle der Einbildungskraft in Fichtes Wissenschaftslehre von 1795 / 95, Diss. Köln 1967, 225 hat eine solche erarbeitet. Diese Zeichnung macht jedoch gleichzeitig deutlich, dass eine solche Skizze niemals etwas zum Verständnis des Paragraphen beiträgt.

[91] Das Urteil von DIETER HENRICH, Der Grund im Bewußtsein, Stuttgart 1992, 347, »den

das Beweisziel und die grundsätzliche Argumentationsstrategie von § 4 zu erläutern. Dazu bieten sich insbesondere die gelegentlich eingestreuten methodischen Selbstkommentare Fichtes an.[92] Vor diesem Hintergrund können dann (b) die einschlägigen Passagen zur Einbildungskraft interpretiert werden. Es wird sich dabei wegen der starken Verflochtenheit des Textes nicht vermeiden lassen, gewisse Zwischenergebnisse Fichtes lediglich thetisch anzuführen.

(a) Den Ausgangspunkt für § 4 bildet die absolute Gewissheit des dritten Grundsatzes, welcher die beiden ersten vereinigt. Er war auf die Formel gebracht worden: »Ich setze im Ich dem theilbaren Ich ein theilbares Nicht-Ich entgegen« (GA I / 2, 272 / SW I, 110). Die Handlung dieses Entgegensetzens hatte ihrerseits ein sich wechselseitiges Limitieren der beiden entgegengesetzten Größen zur Voraussetzung. Aus dieser wechselseitigen Limitation folgert Fichte, dass sich der dritte Grundsatz in zwei Sätze teilen lässt, die in ihm enthalten sind und als die Leitsätze der theoretischen und praktischen Wissenschaftslehre fungieren: »Das Ich setzt das Nicht-Ich, als beschränkt durch das Ich« (praktischer Leitsatz), und: »[D]as Ich setzt sich selbst als beschränkt durch das Nicht-Ich« (285 / 125f.; theoretischer Leitsatz). Die Gewissheit und Richtigkeit dieser beiden Sätze – wir konzentrieren uns jetzt auf den Leitsatz des Theoretischen – steht also, so wahr sie in den Grundsätzen enthalten sind, a priori fest, wenn es auch nur eine abgeleitete Gewissheit ist.[93] Die Aufgabe besteht also nicht darin, die Gültigkeit dieses Satzes zu erweisen, sondern darin zu zeigen, *wie* er gedacht werden könne, und zwar »die einzig mögliche Art zu denken, was gedacht werden soll« (362 / 219). Denn bereits auf den ersten Blick ist deutlich, dass zwischen dem Sich-Beschränkt-Setzen des Leitsatzes von § 4 und dem absoluten Setzen des ersten Grundsatzes ein krasser Widerspruch zu bestehen scheint.[94]

Die anvisierte einzig mögliche Art, jenen theoretischen Leitsatz zu denken, entwickelt Fichte durch eine Analyse des Leitsatzes selbst. Dabei ist zu beachten, was Fichte unter ›Analyse‹ versteht, nämlich die Extrapolation der in einem Satz oder Begriff enthaltenen Widersprüche (vgl. 273f. / 112f.; 284 / 124). Die-

---

bisher niemals erarbeiteten Kommentar dieses Kapitels« müsse man erst noch schreiben, ist ein wenig zu harsch ausgefallen. Eine recht aufschlussreiche, wenn auch etwas zu eng am Text bleibende Detailkommentierung bietet Dorothee Schäfer, aaO. Ebenfalls als Kommentar lesen kann man die souveränen Darstellungen von Wolfgang Janke, Fichte, Berlin 1970, 122-161, und Wilhelm Metz, aaO., 248-354.

[92] Vgl. v.a. 300f. / 143f.; 310f. / 155-157; 362-364 / 219-221.

[93] Fichte unterscheidet terminologisch zwischen den ›Grundsätzen‹, welche aus sich selbst heraus unbedingt gelten, und ›Lehrsätzen‹, deren Richtigkeit durch direkte Ableitung aus den Grundsätzen erhellt. Zu diesen Lehrsätzen gehören auch die von mir als ›Leitsätze‹ etikettierten Sätze, die über § 4 und § 5 stehen.

[94] Auf die – nicht unbedingt einleuchtende – werkgeschichtliche These, dass Fichte mit § 5 noch einmal grundsätzlich neu einsetzt, brauchen wir hier nicht einzugehen; vgl. dazu im Anschluss an Dieter Henrich die Arbeit von Violetta Waibel, Hölderlin und Fichte, Paderborn 2000, 53-70.

se Widersprüche müssen sich, wenn anders die Gewissheit des Leitsatzes nicht a priori feststeht, durch synthetische Handlungen des Geistes vermitteln lassen, ein Tätigkeitsmodus, welcher durch § 3 letztbegründet wurde. Das Beweisverfahren ist also in § 4 – bis zur »Deduktion der Vorstellung« – durchgängig als apagogisch anzusehen, d. h. die Denkbarkeit des Leitsatzes und damit der Identität des Bewusstseins wären bedroht, wenn sich jene vermittelnden Handlungen nicht aufzeigen lassen könnten. Der Gedankenfortschritt in § 4 verläuft also über weite Strecken so: Unter der Voraussetzung der Gültigkeit des Leitsatzes lässt er sich angesichts der sich ergebenden Widersprüchlichkeiten nur denken, wenn die zu erhebenden synthetischen Vermittlungsglieder ebenfalls gültig sind. Die Begriffe, welche sich als diese Vermittlungsglieder ergeben, sind aber stets ihrerseits erkenntnislogisch problematisch,[95] so dass die Reflexion im Theoretischen fortschreitet, bis alle Widersprüche, so weit das möglich ist, gehoben sind und dadurch der theoretische Teil der Wissenschaftslehre ausgeschöpft ist. Das Verfahren besteht also darin, »Mittelglieder zwischen die Entgegengesetzten einzuschieben« (300 / 143). Als diese Mittelglieder – dies sei hier nur erwähnt – werden sich die Kategorien erweisen, welche auf diesem Wege *genetisch* abgeleitet werden sollen.[96] Die für den Fortgang der Argumentation entscheidende Kategorie ist die Wechselbestimmung.[97] Sie wird faktisch bereits im dritten Grundsatz in Anschlag gebracht und gibt, da dieser Grundsatz das Formprinzip der frühen Wissenschaftslehre ist, den Takt des ganzen Buches an.[98]

Es muss an dieser Stelle festgehalten werden, dass Fichte offensichtlich einen anderen Begriff von ›Synthesis‹ verwendet als Kant. War Synthesis bei Kant die Verbindung und regelgeleitete Strukturierung des Mannigfaltigen, so versteht Fichte unter Synthesis die Vermittlung von Widersprüchen in der philosophischen Reflexion. Lässt man diesen Sachverhalt außer Acht, so bleibt der mögliche Hinweis vordergründig, die Einbildungskraft sei bei Kant wie bei Fichte ein Vermögen der Synthesis.

Die bisherige Erläuterung der Argumentationsstrategie kann noch präzisiert werden, und zwar in inhaltlicher Weise. Durch briefliche Äußerungen Fichtes

---

[95] »Erkenntnislogisch problematisch« bedeutet hier nur so viel, dass diese Begriffe, wenn sie im Leitsatz von § 4 enthalten sind, auf jeden Fall gültig sein *müssen*, wenn auch noch nicht sofort eingesehen werden kann, wie diese Gültigkeit gedacht werden kann.

[96] Vgl. zu dem Spezialproblem der Fichteschen Kategoriendeduktion WILHELM METZ, aaO., 248-321; CHRISTIAN HANEWALD, Apperzeption und Einbildungskraft, Berlin / New York 2001, 123-174.

[97] Mit diesem Ausdruck meint Fichte die dritte Kategorie der dritten Gruppe, von Kant »Commercium« genannt.

[98] Vgl. etwa 270 / 108: Die »Handlung Y. [bezeichnet] ein *Einschränken* beider Entgegengesetzter durch einander«. Aus dem Sachverhalt, dass die Kategorie der Wechselbestimmung erst in § 4 förmlich *deduziert* wird, darf mithin nicht geschlossen werden, dass die durch sie ausgesagte Handlung des Geistes nicht bereits vorher thematisch werden könnte. Deduktionslogik und Sachlogik laufen mithin in Fichtes »Grundlage« nicht immer parallel.

wissen wir,[99] dass Fichte den Leitsatz von GWL § 4 als korrigierend verbessern-
de Reformulierung von Reinholds »Satz des Bewusstseins« verstanden wissen
wollte. Das oben genannte Beweisziel kann im Lichte dieses Zusammenhanges so benannt werden: Es geht Fichte um eine »Erklärung der Vorstellung«
(310 / 156), in Reinholds Terminologie also darum, warum im Bewusstsein das
Subjekt ein Objekt von sich unterscheidet und zugleich auf sich bezieht. Im
Verlauf des Argumentationsgangs erprobt Fichte dabei nacheinander, und stets
einander abwechselnd, realistische und idealistische Erklärungsweisen der Vorstellung als »Denkmöglichkeiten« (363 / 219): Ist die Vorstellung lediglich eine
Abbildung der an sich existierenden Außenwelt, oder ist diese nur eine Projektion des vorstellenden Geistes? Diese Denkmöglichkeiten haben stets den Status
von »Hypothesen« (ebd.), welche sich erst zu bewähren hätten. Es zeigt sich
aber, dass beide Erklärungsweisen für sich nicht ausreichen, sondern sich vielmehr wechselseitig fordern – Idealismus und Realismus stehen miteinander in
einem Wechselverhältnis. So stellt Fichte in § 4 immer abstraktere und gleichsam
verfeinerte Idealismen und Realismen vor und erzählt somit eine Art transzendentale Geschichte der Philosophie bis zum Auftreten des kritischen Idealismus:
jener Position nämlich, welche sich bewusst ist, eine Erklärung der Vorstellung
letztlich im Bereich der theoretischen Philosophie gar nicht letztbegründen zu
können. Die Grundüberzeugung des kritischen Idealismus im Sinne Fichtes besteht vielmehr darin, dass »das praktische Vermögen erst das theoretische möglich
mache.« (286 / 126) Wie sich im Folgenden zeigen wird, ist die Erklärung der
Vorstellung der systematische Ort, an dem die Theorie der Einbildungskraft in
erkenntnistheoretischer Hinsicht zu stehen kommt.

(b) Die Auflösung des letztlich aporetisch verfassten Wechselverhältnisses von
Idealismus und Realismus – soviel muss hier vorweggenommen werden – wird
am Ende derjenigen Kognitionsstruktur zugeschrieben, welche damit als ultimative Vermittlungsinstanz eingeführt wird: der Einbildungskraft. Eine Annäherung an diesen Begriff leistet zunächst die erste Reflexion auf das beiderseitige
Scheitern eines naiven Realismus oder Idealismus. Trotz geraffter Darstellung
benötigen wir an dieser Stelle einen gewissen Anfahrtsweg, auf dem der spezielle Charakter der Einbildungskraft nicht nur aus dem Idealismus-Realismus-
Problem, sondern obendrein auch noch aus dem Verfahren der Kategoriendeduktion einsichtig werden wird.

Die ersten Schritte der Analyse nach der Deduktion der Wechselbestimmung
gelten der Ableitung ihrer Unterkategorien der Kausalität und Substantialität.
Fichte nimmt in seiner Deduktion die kantische These sehr ernst, nach der das
dritte Glied einer Kategorienklasse immer als die Vereinigung der beiden ersten anzusehen ist (vgl. KrV § 11, B 110), wobei Fichte allerdings, anders als
Kant, ausgiebig den Begriffs des ›Setzens‹ gebraucht. Zunächst ist nun zu be-

---

[99] Vgl. die Briefe an Reinhold vom 28.4.1795, GA III / 2, 314; 2.7.1795, aaO., 348.

rücksichtigen, dass die Setzung von Realität im dritten Grundsatz dem Gesetz der Teilbarkeit unterstellt worden war: Es ist seither möglich – anders als noch in § 1 –, auch Teilmengen von Realität zu denken. Kausalität wird nun in § 4 von Fichte erklärt als das Setzen derjenigen Menge an Realität in das Nicht-Ich, welche das Ich in sich nicht setzt: Das Nicht-Ich hat für das Ich »nur insofern Realität, insofern das Ich afficiert ist« (294 / 135). Das Nicht-Ich wird als auf das Ich wirkend gedacht. Substantialität hingegen ist bestimmt als das Setzen eines verringerten Grades an Tätigkeit, verglichen mit der absoluten Setzung der Realität im ersten Grundsatz.[100] Das absolute Ich umfasst allen Gehalt; die denkbaren *Prädikate* des Ich hingegen, wie etwa denken, fühlen, anschauen, also jede »besondre Handelsweise« (298 / 140) des Ich müssen demgegenüber als partikulare Tätigkeitsvollzüge verstanden werden: »Iedes mögliche Prädikat des Ich bezeichnet eine Einschränkung desselben« (ebd.). Die Kategorie Substantialität wird also nicht – wie bei Kant – gewonnen aus dem Beharrlichen in der Erscheinung, sondern aus der Betrachtung der Totalität des Ich, insofern wir Akzidenzien (partielle Handlungsweisen des Ich) von dieser Totalität unterscheiden können (vgl. 341 / 148).

Ist aber mit Hilfe dieser beiden Begriffe das Problem der Denkbarkeit des Leitsatzes schon gelöst? Eine einfache Überlegung zeigt, dass dies nicht der Fall ist – unbeschadet der Gültigkeit der erarbeiteten Ergebnisse: »*Wenn* das Ich einen kleinern Grad an Thätigkeit in sich sezt, so sezt es dadurch freilich ein Leiden in sich, und eine Thätigkeit in das Nicht-Ich.« (302 / 146) Die Frage ist aber: *Ist* es auch so? Denn woher soll das Ich einen Grund haben, einen geringeren Grad an Tätigkeit als den ihm von Haus aus eigenen in sich zu setzen? Es gäbe zwei Möglichkeiten, eine solche Verminderung zu begründen: Entweder, der Grund liegt in einer vorausgehenden Tätigkeit des Nicht-Ich. Dann würde in der Tat das Ich durch diese Tätigkeit bestimmt, d. h. limitiert werden. Aber eben weil diese Tätigkeit des Nicht-Ich vorausginge, würde gelten: Das Ich würde zwar bestimmt, aber »*es sezte sich nicht*, als bestimmt« (303 / 147). Oder aber, das Ich hätte in sich selbst einen Grund, seine eigene Tätigkeit zu vermindern: Dann hätte das Ich schlechterdings keinen Grund, eine Bestimmung seiner selbst durch das Nicht-Ich anzunehmen. Beide Positionen können also den Leitsatz von § 4 nur unzureichend erklären.

Es bietet sich an dieser Stelle an, die Argumentation noch einmal an einem anderen Problem zu erläutern. Denn Fichte präfiguriert bereits an dieser ersten Stelle die beiden Argumente, welche durchgängig bis zu den abstraktesten Formen gegen einen einseitigen Realismus und Idealismus vorgebracht werden. Als erstes behandelt er die Position eines Realismus. Er nimmt eine Realität des Nicht-Ich (= der Dinge, der Natur) unabhängig von der vernünftigen Subjektivität an. Diese Annahme ist durch den Leitsatz von § 4 zwar begründet, aber

---

[100] In § 1 sind »Realität« und »Tätigkeit« Synonyme.

dennoch scheitert der Realismus an der Frage, wie denn aus dieser unabhängigen Realität eine Vorstellung, also eine Akt jener Subjektivität werden soll? Er behauptet zwar das Nicht-Ich als »Real-Grund von Allem« (310 / 155), aber daraus leuchtet noch längst nicht ein, »wie denn der Real-Grund ein Ideal-Grund« (325 / 174), d. h. ein Grund der Vorstellung werden kann. Dies ist mithin ohne Aktivität des Bewusstseins gar nicht zu erklären, und es kann sich dabei nicht um eine rein nachgängige Aktivität handeln, da sonst ein Hiat zwischen Ich und Nicht-Ich bliebe, der nicht überbrückt werden könnte: In den Dingen selbst liegt gar kein Grund, warum eine Vernunft sie vorstellen sollte. Die zweite einseitige Position ist die eines unkritischen Idealismus. Sie billigt dem Nicht-Ich lediglich den Rang eines Ideal-Grundes zu, d. h. es soll außerhalb der Vorstellung keine Realität haben. Auch diese Annahme entspricht dem Leitsatz von § 4. Das Ich erklärt das Vorstellen und damit auch das vorgestellte Nicht-Ich lediglich zum Akzidenz seiner selbst. Aber aus dieser Perspektive ist völlig unerklärlich, warum das Ich dieses Verhältnis für eine Einschränkung seiner selbst hält, da sich »für die Einschränkung der Realität im Ich, (für die Affektion, wodurch eine Vorstellung entsteht), gar kein Grund angeben« ließe (310 / 155). Der »Ideal-Grund soll ein Real-Grund werden« (325 / 174): Dieser Satz kommt über den Status eines bloßen Postulates nicht hinaus.

Es zeigt sich also in jeder Hinsicht, dass das Konzept der Wechselwirkung auch in seinen gesamten Ausdifferenzierungen innerhalb der theoretischen Philosophie nicht hinreicht, um die Denkbarkeit des Leitsatzes zu demonstrieren. Jene Einschränkung der Setzungsaktivität des Ich soll gelten, aber gleichfalls muss jede Handlung – auch die des Einschränkens – als eine Handlung des Ich angesprochen werden. Es gilt also, beide Bedingungen zu synthetisieren, und dies geschieht nach dem höchsten Synthesisgesetz (§ 3), nämlich durch Limitierung: »Beide Sätze müssen gelten; aber sie müssen beide nur *zum Theil* gelten« (304 / 148). Sie können aber nur dann zum Teil gelten, wenn eine Aktivität außerhalb der Wechselwirkung von Tätigkeit und Affektion postuliert wird. Dies klingt im ersten Moment sehr unplausibel: Denn was sollte es außerhalb dieses Wechselverhältnisses geben können? Und dennoch ist dieses Postulat nach Fichte der einzig gangbare Weg. Eine solche Aktivität nennt er darum eine »unabhängige Thätigkeit« (305 / 149). Aus zwei Gründen ist allerdings sofort klar, dass es sich nur um eine »*in einem gewissen Sinne*« (ebd.) unabhängige Tätigkeit handeln kann: Denn erstens wurde sie ja gerade so postuliert, dass sie in Relation zu jenem Wechselverhältnis steht, und zweitens kann es nur eine schlechthin unabhängige Tätigkeit geben, und das ist jene Setzung des Ich durch sich selber, die im ersten Grundsatz ausgesagt ist. Alle andere so genannte unabhängige Tätigkeit bleibt doch wenigstens negativ auf das bezogen, wovon sie unabhängig ist.

Die besondere Schwierigkeit, die schließlich zur Einführung der Einbildungskraft führt, besteht nun darin: Gemäß der Kategorie der Substantialität kann das Ich bestimmte, gleichsam attributive Aktionsweisen seiner selbst von sich als Tätigkeit überhaupt unterscheiden. Erstere sind als ein geringerer Grad von Tätigkeit anzusprechen. Gemäß dem dritten Grundsatz bzw. hier *in concreto*, gemäß der Kategorie der Kausalität aber muss der abgezogene Grad an Tätigkeit (also der Grund dafür, dass das Ich diese Unterscheidung in sich vornimmt) ins Nicht-Ich gesetzt werden. Diesem käme danach umgekehrt ein gewisser Grad an Tätigkeit zu. Beide aber sind damit, gemessen an der Totalität der Tätigkeit im absoluten Ich, bloß *als* (relative) Tätigkeit ununterscheidbar geworden. Es muss also ein Grund gesucht werden, durch den diese beiden relativen Tätigkeiten unterschieden bleiben. Dieser besteht nach den Grundsätzen darin, dass dem Ich ein spontanes Setzen ohne Grund zukommt. Die gesuchte unabhängige Tätigkeit »an sich geschieht mit absoluter Spontaneität« (313 / 159); insofern sie aber eine Tätigkeit ist, die ein Wechselverhältnis begründet, »ist sie begränzt« (ebd.).

Der für die Vermittlung von Substantialität und Kausalität gesuchten Tätigkeit sind also folgende Merkmale zuzuschreiben: i) sie ist eine Handlung des Ich; ii) sie ist als Handlung absolut spontan; iii) sie ist durch ihr »Objekt«[101] limitiert, d. h. konkret, sie ist rückbedingt durch dasjenige Wechselverhältnis, das sie begründet. Diese Tätigkeit nennt Fichte »Einbildungskraft« (314 / 160).

An dieser Stelle ist eine methodologische Zwischenbemerkung angebracht. Bislang spricht Fichte stets noch von zwei unabhängigen Tätigkeiten, einer des Ich und einer des Nicht-Ich. Im weiteren Verlauf zeigt sich aber, dass es nur *eine* unabhängige Tätigkeit gibt, nämlich eben die Einbildungskraft. Der Grund ist im tiefsten darin zu finden, dass der oberste Grundsatz hinsichtlich der gesamten »Grundlage« auch kriteriologische Funktion hat. Er stellt ein negatives Kriterium der Wahrheit eines Satzes dar. Was ihm widerspricht, muss *eo ipso* falsch sein. Eine unabhängige Tätigkeit des Nicht-Ich nun wäre genau so ein Widerspruch und muss deshalb schließlich fallen gelassen werden.

Kehren wir wieder zum Gedankengang zurück. Sowohl die unabhängige Tätigkeit als auch das beschriebene Wechselverhältnis werden im Verlauf des § 4 ihrerseits als synthetische Einheiten diverser Untersynthesen beschrieben, wovon wir in unserem jetzigen Zusammenhang absehen können. Der Gedankengang dieser Paragraphen steuert nichtsdestoweniger auf eine Synthesis zu, welche den äußersten im Bereich des Theoretischen zu erreichenden Vereinigungspunkt darstellt. Das Projekt einer solchen Endsynthesis, welche die Denkbarkeit des Leitsatzes sicherstellt, wird von Fichte im vorhinein so beschrieben: »Die Thätigkeit, als synthetische Einheit, und der Wechsel, als synthetische Einheit sollen sich wechselseitig bestimmen, und selbst eine synthetische Einheit ausmachen.«

---

[101] An der angegebenen Stelle ist von »Objekt« nicht im erkenntnistheoretischen, sondern in einem ganz unspezifischen Sinne von ›Objekt einer Handlung‹ die Rede.

(350 / 205) Das Wechselverhältnis, um das es hierbei konkret geht, ist kein anderes als die Subjekt-Objekt-Relation im endlichen Bewusstsein. Subjekt und Objekt fordern sich darin gegenseitig: Dies ist »das Gesez des Bewustseyns; *kein Subjekt, kein Objekt, kein Objekt, kein Subjekt*« (332 / 183). Wir treffen hinsichtlich der innertheoretischen Endsynthesis also auf die Paradoxie, dass das Ich in doppelter Weise vorkommt: einmal als Glied der Subjekt-Objekt-Relation, zum anderen als Aktant einer unabhängigen Tätigkeit. Indes ist diese Paradoxie nur eine scheinbare, da sie der Grundstruktur der Wissenschaftslehre überhaupt entspricht, stets mit einem unabhängigen (§ 1) und einem in Relation stehenden (§ 2+3) Ich, einem absoluten und einem endlichen Subjekt zu operieren. Es macht dies die Grundsignatur des von Fichte so genannten »kritischen Idealismus« aus, gleichzeitig die Endlichkeit der menschlichen Subjektivität und die Absolutheit der Vernunft zu denken – wenn letztere von der Warte der endlichen Subjektivität aus auch nur als ein »Streben« nach Unendlichkeit in Anspruch genommen werden kann.

Die Endsynthesis von Wechselverhältnis und unabhängiger Tätigkeit wird von Fichte vorbereitet durch eine Erläuterung der zu synthetisierenden Glieder selbst. Das Wechselverhältnis erstens wird charakterisiert als ein bloßes »Zusammentreffen« (352 / 207) zweier Relate (Subjekt und Objekt) im Bewusstsein. Die zunächst offen bleibende Frage ist, wie dies möglich sein soll. Es wäre nämlich inzwischen keine Lösung mehr zu sagen, sie kämen als teilbare in einem Bewusstsein zusammen, wie noch in § 3. Denn die Teilbarkeit wurde dort den Relaten bereits zugesprochen im Vergleich zu den zugehörigen absoluten Größen, dem absoluten Ich und dem – freilich bloß denkbaren – absoluten Nicht-Ich. Hier aber ist diese Teilbarkeit schon vorausgesetzt, und wir befinden uns bereits auf der Ebene zu vermittelnder Synthesen, also im Bereich der Endlichkeit. Die unabhängige Tätigkeit zweitens wird von Fichte als ein »*absolutes Zusammenfassen, und Festhalten entgegengesetzter,* eines subjectiven und objektiven« (350 / 205) beschrieben. Auch hier ist noch gar nicht klar, wie dieses möglich sein soll. Die Silhouette der Lösung aber zeichnet sich ab: Die Vorstellung ist nicht bloß ein kontingentes Zusammentreffen von Subjekt und Objekt im Bewusstsein, sondern zugleich ein notwendiges intentionales Zusammenhalten beider in diesem Bewusstsein. Zum Zwecke dieses Zusammenhaltens ist aber eine »scharfe Grenze« (353 / 208) zwischen beiden zu ziehen, damit Subjekt und Objekt nicht ineinander verlaufen. Eben diese Grenze muss aber gleichzeitig der Vereinigungspunkt beider sein, damit das Bewusstsein nicht auseinander driftet.

Die Synthesis selbst erfolgt, wie stets, in drei Schritten, die zuerst kurz skizziert und dann ausgeführt werden: Zuerst wird gesagt, was es heißt, dass die Tätigkeit den Wechsel bestimmt. Danach wird der umgekehrte Fall erklärt. Und schließlich muss dargelegt werden, wie sie sich gegenseitig bestimmen. Es wird sich zeigen, dass an dieser Stelle auch solche Idealismus- und Realismusvarianten abgewiesen werden, die sich ihrerseits noch als Vermittlungspositionen empfahlen.

Zum ersten: Die Tätigkeit bestimmt den Wechsel, das heißt, sie trennt und vereinigt Objekt und Subjekt. »Nur im Ich, und lediglich kraft jener Handlung des Ich sind sie Wechselglieder; lediglich im Ich, und kraft jener Handlung des Ich treffen sie zusammen« (353 / 208). Dieser idealistische Satz ist zweifellos zutreffend. Sein Fortschritt gegenüber dem vor kurzem erwähnten ›Gesetz des Bewusstseins‹ besteht darin, dass nicht nur lediglich das Faktum der Wechselgesetzheit von Subjekt und Objekt beschrieben wird, sondern dass die Einheit beider durch den zugleich setzenden und vereinigenden »Akt des Ich« (354 / 209) erklärt werden kann. Der letzte Grund der Intelligenz wäre »absolute Spontaneität. Das Ich wäre so beschaffen, wie es sezte, wie es sich sezte, und weil es sich, also so beschaffen, sezte« (ebd.). Doch obwohl hier nicht mehr, wie oben im naiven Idealismus, gleichsam aus der Vorstellung auf eine durch die Vorstellung begründete Realität des Objekts geschlossen wird, sondern die Subjekt-Objekt-Relation begründet werden soll, muss das Ich zuletzt doch eingestehen, dass es das Vorhandensein des Objektiven nicht erklären kann. Denn ein Objekt kann nicht absolut gesetzt werden, es muss also in dem Subjekt-Objekt-Wechselverhältnis irgendwie schon in Anschlag gebracht sein, mag dieser Wechsel als solcher auch im Ich begründet sein.

Zum zweiten: Der Wechsel bestimmt die Tätigkeit, das heißt, jenes Zusammenfassen steht unter der Bedingung, dass Subjekt und Objekt im Bewusstsein zusammentreffen, und »jenes Zusammentreffen ist die Bedingung dieser Thätigkeit« (354 / 210). Auch dieser Satz ist ohne Zweifel richtig, und er soll auch die Herkunft des Objektiven erklären. Die im Bewusstsein angenommene Objektivität besteht gemäß dem Satze der Wechselwirkung ja nur darin, dass eine Tätigkeit des Ich gehemmt wird. Man müsste also nicht einmal ein gegebenes Objekt annehmen, sondern lediglich einen »Anstoß für das Ich« (355 / 210), welcher »aus irgend einem nur ausser der Thätigkeit des Ich liegenden Grunde« (ebd.) dem Ich die Aufgabe gäbe, sich selbst zu begrenzen. Mit anderen Worten: Man braucht zur Erklärung des Objektiven nicht ein Objekt, welches das Ich von sich aus bestimmt, aufzustellen, es genügt, »*die bloße Bestimmbarkeit* des Ich« (355 / 211) anzunehmen. Die Bestimmung selbst würde das Ich dann vollziehen. Dies ist die komplexeste Gestalt von Realismus,[102] die sich denken lässt, sie ist eigentlich ein Idealismus auf realistischer Grundlage. Dennoch bleibt auch diese Position hinter dem zurück, was erklärt werden soll. In der Tat muss man eine Bestimmbarkeit des Ich annehmen. Das Ich soll ja bestimmt sein durch das Nicht-Ich, muss also zuvor bestimmbar sein. Aber der Grund zu dieser Bestimmbarkeit darf nicht außer dem Ich liegen, da sonst erneut ein Hiat zwischen

---

[102] Die Anstoßlehre für sich ist also *nicht*, wie gelegentlich angenommen wird, bereits die Lösung des Problems, sondern nur seine abstrakteste Zuspitzung.

Nicht-Ich und Ich behauptet werden müsste. In den Worten Fichtes: Das Ich muss *sich selbst* als bestimmbar setzen.

Es besteht also, um das Problem in eine Formel zu fassen, ein Widerspruch zwischen Selbsttätigkeit (›Tätigkeit‹) und Bestimmbarkeit (›Wechsel‹) des Ich. Beide sollen nicht nur vereinigt gedacht werden, sondern sich obendrein auch noch gegenseitig bedingen.

Bevor die Endsynthesis vorgestellt wird, soll noch einmal eine Zwischenbemerkung eingeschoben werden. Beide Positionen, angereicherter Idealismus und Realismus scheitern darum, weil es ihnen nicht gelingt, die Endlichkeit und die Unendlichkeit des Ich zusammen zu denken. *Beide* nehmen vielmehr nur ein endliches Ich an. Der höhere Idealismus will gar nicht sich selbst eine reale Objektsetzung zuschreiben, er erklärt aber die Subjekt-Objekt-Relation als durch sich gesetzt. Auch in dieser Relation aber bleibt das Faktum, dass das Ich ein endliches ist. Denn das Ich *ist* nach dem Leitsatz von § 4 eingeschränkt, es müsste also aus sich selbst heraus begrenzt sein, das heißt, es wäre von vornherein als endliches angenommen. Der höhere Realismus akzeptiert die Begrenzung des Ich als eine Selbstbegrenzung, erklärt sie aber als veranlasst von außen. Auch eine solche Veranlassung aber kann vom Ich lediglich hingenommen werden. Bloße Hinnahme ist aber ebenfalls ein Signum des endlichen Ich.

Die bloße Formel des »höchstwichtigen, und End-Resultate« (356 / 212) ist relativ leicht aufzustellen. Sie besteht darin, dass Anstoß und Tätigkeit selber in Wechselwirkung stehen; ein Anstoß auf das Ich kann nur geschehen, wenn es tätig ist und umgekehrt. Anders gesagt: Das Zusammentreffen und das Zusammenfassen müssen als synthetisch vereinigt vorgestellt werden. Auch dieser Satz wird in drei Schritten erläutert.

Zunächst: Das Zusammentreffen soll unter der Bedingung des Zusammenfassens stehen. Das heißt, Anstoß und Tätigkeit treffen nur zusammen, wenn jene Grenze eigens gesetzt wird. An sich haben Subjekt und Objekt gar nichts gemeinsam, nicht einmal dies, dass sie eine Grenze zum jeweils anderen mit sich brächten. Es entsteht der seltsame, aber doch zwingende Satz, dass beide erst vermittelst ihrer Grenze und nur durch sie zusammengefasst werden können. Dieses Setzen der Grenze ist also eine Tätigkeit, welche weder im Subjekt noch im Objekt liegt, sondern vorgängig erfolgen muss.

Dann: Das Setzen einer Grenze soll unter der Bedingung eines Zusammentreffens stehen. Dies ist der schwierigste Punkt. Er erklärt sich so: Das Setzen der Grenze zwischen Subjekt und Objekt soll – dies ist noch bloße Reformulierung des Postulats – unter der Bedingung des Anstoßes auf das Ich stehen. Dieser Sachverhalt als solcher fordert aber, dass die Tätigkeit des Ich als unendlich angenommen wird. Denn wäre dem nicht so, so gäbe es für das begrenzte Ich keinerlei Veranlassung, die Begrenzung auf einen Anstoß zurückzuführen. Vielmehr würde das Ich, wenn es von vornherein als endliche Tätigkeit veranschlagt würde, jene Grenze eben als seine a priori gesetzte Schranke identifizieren. Nur eine unendliche Tätigkeit, welche begrenzt wird, kann diese Grenze auf einen Anstoß zurückführen. Es entsteht also folgende scheinbare Paradoxie: »Gienge die Thätigkeit des Ich nicht ins Unendliche, so könnte es diese seine Thätigkeit nicht selbst begrenzen; [...] Ferner, wenn das Ich sich nicht begrenzte, so wäre es nicht unendlich« (358 / 214).

Schließlich drittens wird die kriteriologische Funktion von § 1 erneut in Anspruch genommen. Besteht die soeben namhaft gemachte Paradoxie wirklich, so muss das Ich jene wechselseitige Implikation von unendlicher Tätigkeit und Grenze in sich setzen. Und so ist es auch in der Tat. Das Ich setzt sich als unendlich, bestimmt sich durch das Prädikat der Unendlichkeit. Auch wenn damit wegen des Status dieses Prädikates keine reale Bestimmung des Ich erfolgt, unterscheidet sich das Ich ›selbst‹ darin dennoch von seiner eigenen, wenn auch unendlichen Tätigkeit. Anders gesagt: Auch wenn nur eine formale Bestimmung des Ich als unendlich vollzogen wird, bewirkt das Ich durch sie dennoch eine Unterscheidung zwischen seiner Tätigkeit und ihrer Eigenschaft der Unendlichkeit. Eben diese Selbstunterscheidung birgt aber den Keim der Verendlichung in sich, insofern Unterschiedenheit *per se* für Fichte ein Signum der Endlichkeit darstellt. Das Ich steht mithin als unendliches mit sich selbst als endlichem in Wechselwirkung, und dieser »Wechsel des Ich in und mit sich selbst, da es sich endlich und unendlich zugleich sezt [...] ist das Vermögen der *Einbildungskraft*« (359 / 215). Es ist auch sogleich klar, dass dies die höchstmögliche Synthesis innerhalb der theoretischen Philosophie ist, denn ein weiter auseinander liegender Gegensatz als der zwischen Endlichkeit und Unendlichkeit kann nicht gedacht werden. Auf apagogische Weise ist damit die Einbildungskraft als ein zugleich unendliches und endliches Vermögen deduziert.

Gemäß der dreistufigen Grundstruktur der Wissenschaftslehre überhaupt kann die unabhängige Tätigkeit, welche die Einbildungskraft ist, unter dreifachem Gesichtspunkt betrachtet werden. Das Setzen der Grenze ist ein absolut thetischer Akt der Einbildungskraft, die Grenze selbst »ein Produkt« (359 / 215) des Ich. In dieser Hinsicht ist die Einbildungskraft also schlechthin produktiv. Diese Grenze kann dann als die beiden Zusammentreffenden – Subjekt und Objekt im Bewusstsein – ausschließend (antithetisch) oder verbindend (synthetisch) betrachtet werden. Trotz des inneren Gegensatzes von Ausschließen und Verbinden kommen beide darin überein, dass sie reproduktive Tätigkeiten der Einbildungskraft sind, indem diese sich hier erneut auf ihre ursprüngliche Produktion zurückbezieht.[103]

---

[103] Es ist offensichtlich, dass wir es hier mit einem gegenüber Kant und erst recht gegenüber der Schulphilosophie vollständig veränderten Sinn sowohl von ›produktiver‹ als auch von ›reproduktiver‹ Einbildungskraft zu tun haben.

Was ist das Wesen der produktiven Einbildungskraft? Sie faßt die Entgegengesetzten zusammen »im Begriffe der bloßen *Bestimmbarkeit*« (359 / 216). Der Gegensatz dazu wäre ein Zusammenfassen im Begriff der Bestimmung. Ein konkreter Bestimmungsakt würde eine feste Grenze zwischen Subjekt und Objekt setzen. Die Synthesis der Einbildungskraft hingegen setzt so, dass »jene Grenze nicht als feste Grenze angenommen« (360 / 216) wird. Sie bleibt vielmehr in einer ständigen Schwebe zwischen den Entgegengesetzten, lediglich motiviert von der »Idee der Bestimmung« (ebd.). Das heißt, die Einbildungskraft schafft nicht die bestimmte Vorstellung als solche, sondern lediglich die Bestimmbarkeit des Vorstellens; diese aber ist ihre eigene Produktion.[104] »Die Einbildungskraft ist ein Vermögen, das zwischen Bestimmung, und Nicht-Bestimmung, zwischen Endlichem, und Unendlichem in der Mitte schwebt« (ebd.). Erst wenn die bestimmende Tätigkeit des Verstandes sich auf dieses Schweben bezieht, wird von ihm eine Vorstellung fixiert (vgl. 374 / 203f).

Bleibt nur noch eine Frage übrig zu klären. Das Dauerproblem auf dem Wege hin zur höchsten hier möglichen Synthesis war gewesen, einen Hiat zwischen Ich und Nicht-Ich zu vermeiden. Es ist nun klar, dass die Grenzsetzung der Einbildungskraft diesen Hiat auf irgend eine Weise vermeidet, aber noch nicht, *wie* sie das tut. Wenn an sich die beiden schlechthin entgegengesetzt sind, dann muss die Einbildungskraft noch das Medium bilden, in dem sie aufeinandertreffen können. Dieses Medium ist die Zeit. Der Subjekt-Objekt-Wechsel ist das ursprünglich von der Einbildungskraft begründete; die Zeit wird aber gebildet dadurch, dass die Einbildungskraft die Grenze »zu einem Momente« (353 / 208) ausdehnt. Die Zeit wird also nicht nach der Art einer Reihe von mathematischen Punkten angesehen, sondern als eine Reihe von »Zeit-*Momente[n]*« (360 / 217), welche in sich bereits solcher Art sind, dass sie von mehr als einer Einheit erfüllt sein können. Der Zeit-Moment bildet das Medium, an dem Subjekt und Objekt gemeinsam vorkommen können. Die Einbildungskraft produziert also nicht nur die Bestimmbarkeit des Vorstellens (den ›Stoff‹ der Anschauung), sondern auch die Zeitlichkeit des Vorstellens. Die Einbildungskraft ist also aus der Perspektive der Endlichkeit tatsächlich das »wunderbarste« (350 / 163) der Vermögen des Ich, denn es macht, dass uns eine Welt zugänglich ist. Es vereinigt in sich zugleich den Absolutheitscharakter der Ich-Tätigkeit und deren Bestimmbarkeit.

2. Anders als Kant kennt Fichte auch noch eine praktische Bedeutung der Einbildungskraft. Ohne der Untersuchung vorgreifen zu wollen, kann hier schon gesagt werden, dass diese Funktion für Novalis' Theorie der Einbildungskraft, sofern sie zum Aufbau seiner Symboltheorie beiträgt, von minderer Bedeutung ist. Dennoch soll sie hier nicht unterschlagen werden. Denn zum einen bliebe

---

[104] In einem sehr aufschlussreichen Selbstkommentar hat Fichte dies so ausgedrückt, dass die Einbildungskraft auch noch das »Mannigfaltige der Erfahrung« hervorbringe, also den ›Stoff‹ der Vorstellung‹ hervorbringt; vgl. Brief an Jacobi, GA III / 2, 391.

die Darstellung von Fichtes Ansatz der theoretischen Philosophie unvollständig ohne wenigstens die Grundlinie seiner Philosophie des Praktischen anzugeben. Und zum zweiten dient der Rückbezug auf Fichtes Grundlegung der Ethik auch dazu, die Gesamteinschätzung des Denkens von Novalis zu erhellen. Da es sich hier um Nebeninteressen handelt, wird sich die Darstellung einer gemessenen Kürze befleißigen.

Die Interpretation der praktischen Funktion der Einbildungskraft sieht sich zwei Schwierigkeiten gegenüber. Einmal, sie ist wiederum nur zu erklären unter Berücksichtigung der Gesamtkonzeption, die Fichte im praktischen Teil seiner »Grundlage« verfolgt. Und zum anderen wird die Rolle der Einbildungskraft im Argumentationszusammenhang von § 5, mit dem der praktische Teil der Wissenschaftslehre beginnt, von Fichte nicht explizit gemacht; sie ist allererst zu erschließen. Beginnen wir damit, das Problem, dem die Ausführungen am Beginn der praktischen Wissenschaftslehre gewidmet sind, deutlich zu machen.

Der Leitsatz der praktischen Philosophie ist das Komplement zu dem von § 4 und lautet: »Das Ich sezt sich als bestimmend das Nicht-Ich.« (386 / 248) Fichte weist alsbald darauf hin, dass es durchaus die Möglichkeit gäbe, diesen Satz genau wie den Leitsatz von § 4 zu analysieren. Er will aber diesmal einen kürzeren, ja den »kürzesten Weg« (ebd.) gehen, um diesen Satz in seiner Denkbarkeit zu erweisen, und dieser kürzeste Weg besteht darin, gleich die »Haupt-Antithese« (386 / 247) anzusteuern und aufzulösen. Diese Hauptantithese besteht zwischen zweierlei Ansichten des Ich. Das Ich des ersten Grundsatzes ist eine ganz und gar suisuffiziente Größe; das Ich in seinem theoretischen Vermögen – als »*Intelligenz überhaupt*« (387 / 248) – ist abhängig vom Nicht-Ich. Mithin scheint eine Spaltung im Ich vorzuliegen. Aber das Ich kann gemäß § 1 ja nur ein und dasselbe Ich sein. Fichte inszeniert hier also die Drohung einer planmäßigen Schizophrenie der Vernunft.

Dieser Schizophrenie kann man nur entgehen, wenn angenommen wird, dass jenes Nicht-Ich, von welchem das Ich als Intelligenz abhängt, in anderer Weise seinerseits vom Ich absolutum bestimmt wird. Dann wäre das theoretische Ich vermittelt doch wieder nur von sich selbst bestimmt und der Widerspruch gelöst, da das Ich im Letzten tatsächlich nur sich selbst setzte. Was Fichte damit anstrebt, ist zugleich eine erneute Kategoriendeduktion: Auszuweisen ist Freiheitskausalität, im Gegensatz zur Naturkausalität in § 4.[105] Vorderhand bleibt aber der Widerspruch bestehen zwischen dem Ich, sofern es reine Tätigkeit ist, und dem Ich als Intelligenz. Als das Letztere war das Ich bestimmt durch das Nicht-Ich, setzte aber durch die Einbildungskraft sich selbst so: Dies war die höchste mögliche Synthesis im Bereich des Theoretischen. Fichte entwickelt also die praktische Philosophie aus einem im Bereich des Theoretischen stehen bleibenden Problem, doch ist dies nur der Einstiegspunkt des Verfahrens: Der

---

[105] Vgl. WILHELM METZ, aaO., 355–386.

Sache nach ist zu zeigen, dass die praktische erst die theoretische Philosophie wirklich begründet.

Zwar mit anderen Worten, der Sache nach aber rekapitulierend, setzt Fichte ein: Das Ich als Intelligenz muss doch, so gewiss es ein Ich ist, auch als eine Form von Tätigkeit anzusprechen sein. Im Gegensatz zur reinen Tätigkeit des Ich von § 1 könnte man sie eine »*objektive* Thätigkeit (die sich einen Gegenstand setzt)« (393 / 256) nennen. Auch dem Ich als Intelligenz kommt Setzungsaktivität zu, wenn auch beschränkte. Es setzt sich als bestimmt durch das Nicht-Ich, das heißt auch: Es setzt ein Objekt, einen Gegenstand. Ein Gegenstand aber wird vom Ich angesprochen als »etwas der Thätigkeit entgegengesetztes, ihr wider- oder gegenstehendes« (ebd.). Indem das Ich sich selbst als bestimmt setzt, setzt es zugleich das Objekt als etwas der reinen Vernunfttätigkeit widerstrebendes, d. h. sie setzt es als das ihr Andere, als »Nicht-Ich«. Das Ich als Intelligenz setzte durch die Einbildungskraft das Objekt in sich; hier zeigt sich, dass es das Objekt damit gleichzeitig als etwas sich Entgegenstehendes setzt. Die Objektwelt ist von der Vernunft gesetzt als nicht durch sie hervorgebracht, in Fichtes Worten: gesetzt als nicht gesetzt.

Hier muss nun aber differenziert werden: Die Objektwelt wird als etwas Widerstehendes gesetzt. Aber sie widersteht in Wahrheit nicht der Tätigkeit des Vorstellens, sondern ermöglicht diese vielmehr, wie in der Darstellung von § 4 gezeigt wurde. Die Welt der Objekte muss also einer anderen, bislang nicht entdeckten Tätigkeit widerstehen, die erst noch zu entdecken ist. Gemäß der oben projektierten Lösung soll das Verhältnis zwischen dieser Tätigkeit »X« (395 / 258) und der Tätigkeit des Widerstehens ein Verhältnis der Kausalität durch Freiheit sein. Wäre das Widerstehen des Nicht-Ich nun effektiv nichts als ein Bewirktes des Ich, so könnten die beiden Tätigkeiten nicht mehr voneinander unterschieden werden, das ›Objekt‹ – sofern es überhaupt noch als ein solches anzusprechen wäre – würde nicht mehr als das Andere der Vernunft identifiziert werden, sondern als ihr eigenes Produkt. Nun *ist* diese Tätigkeit aber real von der des Ich unterschieden, wenn nicht die gesamte Argumentation des § 4 kollabieren soll. Dem Ich kann also »kein Bestimmen (zur wirklichen Gleichheit)« (397 / 261) zugeschrieben werden. Dieses Nicht-Können kann sich daher nur als Forderung realisieren: »[Si]ie *sollen* schlechthin gleich seyn.« (396 / 260) Dem Ich kommt also faktisch bloß »ein *Streben* zur Bestimmung« (397 / 261) des Nicht-Ich zu. Dies ist die einzige Weise, wie die endliche Vernunft sich der Naturwelt bemeistern kann. Man wird Fichte darin zustimmen müssen, dass durch diesen »Machtspruch der Vernunft [...], Den: es *soll* [...] überhaupt kein Nicht-Ich seyn, der Knoten zwar nicht gelös't, aber zerschnitten« (301 / 144) wird.

Zweierlei gilt es an dieser Stelle festzuhalten: Zuerst erklärt sich hier, dass in der Tat die praktische Philosophie die theoretische begründet. Denn es zeigt sich, dass wir ursrpünglich Objekte als dasjenige kennen, was unserem praktischen Streben widersteht; die Vorstellung ist gleichsam nur ein Aufnehmen dieses Widerstrebens ins Bewusstsein.[106] »Dieses unendliche Streben ist in's Unendliche hinaus die *Bedingung der Möglichkeit alles Objekts:* kein Streben, kein Objekt« (397 / 261f). Der engagierte Weltumgang ist gegenüber dem theoretischen der ursprünglichere. Zum zweiten hat Fichte mit dem Begriff des Strebens den Grundbegriff seiner praktischen Philosophie deduziert. Das Ich strebt danach, so Kausalität auf das Nicht-Ich auszuüben, dass es die Objektwelt schließlich doch als das ihr Eigene identifizieren kann, also die Welt nach Vernunftgesichtspunkten zu gestalten – ein Streben, das in die Unendlichkeit hinaus geht. Dieses Streben kann sich auch das endliche Ich zu eigen machen; es realisiert sich im gemeinsamen Kulturschaffen der Menschheit. Wir haben es hier also mit einer eigentümlichen Verschränkung von Gesinnungs- und Kulturethik zu tun.[107]

Was aber ist in dem soeben skizzierten Prozess die Funktion der Einbildungskraft? Erneut inszeniert Fichte einen Widerspruch, der bislang nicht beachtet war. Die unendliche Tätigkeit sollte von der endlichen unterschieden werden dadurch, dass letztere sich auf ein Objekt bezieht. Nun zeigt sich aber, dass auch die unendliche Tätigkeit, insofern sie ein Streben ist, ein Objekt haben muss, wenn sie nicht bloß ein Streben nach Nirgendwo sein soll. Diese Tätigkeit des Ich ist also selbst objektiv, wenn auch »in einem andern Sinne objektiv, als seine endliche Thätigkeit.« (402 / 267) Das Objekt der endlichen objektiven Tätigkeit ist durch eine »*bestimmte* Grenze« (402 / 268) gesetzt, deshalb wird auch der Grund ihres Bestimmtseins als außer ihr gesetzt. Das solchermaßen bestimmte Objekt nennt Fichte ›wirkliches‹ Objekt. Das Streben aber war gerade so definiert, dass es über jedes bestimmte Objekt hinaus geht. Es muss zwar eine Grenze überhaupt setzen, sofern es ebenfalls ein Objekt haben soll, aber es ist eben keine bestimmte Grenze. Das Objekt des Strebens ist mithin ein ›ideales‹ Objekt, oder, wie Fichte auch sagt, »ein bloß *eingebildetes* Objekt« (402 / 267). Dieses eingebildete Objekt ist »eine Welt, wie sie seyn würde, wenn durch das Ich schlechthin alle Realität gesetzt wäre« (403 / 269). Fichte nennt es auch das »Ideal« (ebd.). Da zur Konstitution dieses Objekt keinerlei Einwirkung eines Nicht-Ich veranschlagt werden kann, muss es als ein »absolutes Produkt des Ich« (ebd.) angesehen werden.

Zwar fällt der Ausdruck ›Einbildungskraft‹ in diesem Zusammenhang nicht ausdrücklich. Aber wenn von einem »eingebildeten« Objekt, welches ein »absolutes Produkt des Ich« sein soll, die Rede ist, liegt es nahe, diese Bestimmungen auf jenes Vermögen zu beziehen, dass schon im Bereich des Theoretischen eine

---

[106] Eine Seitenbemerkung: Streben und Widerstreben halten sich im Ich die Waage, was sich dem Ich als Nicht-Können äußert. »Diese Aeusserung des Nicht-können im Ich heißt *ein Gefühl.*« (419 / 289) Von daher werden Nachlassreflexionen einleuchtend, welche ausführen, die Einbildungskraft sei »ein Vermögen Gefühle zum Bewußtseyn zu erheben« (GA II / 3, 317).

[107] Vgl. EMANUEL HIRSCH, Geschichte der neuern evangelischen Theologie Bd. IV, Gütersloh 1964, 350f.

Schlüsselfunktion einnahm.[108] Es sei daher versucht, die sich ergebenden Konsequenzen in gewisser Entfernung vom Text zu ziehen. Das Ideal kann kein Produkt des endlichen Ich sein, denn im endlichen Bewusstsein finden sich dafür schlechterdings keine Materialien. Zwar ergeht bei jedem Objekte – vielleicht darf man sogar sagen: bei jeder Kulturstufe – die Frage, ob ein bestimmtes Gebilde vielleicht das Ideal sei. Das Ideal aber überbietet jeden möglichen empirischen Zustand. Es ist der Inbegriff aller möglichen Zwecke, die höchste Zweckvorstellung überhaupt.[109] Es ist aber eben keine empirische Vorstellung; die reine Einbildungskraft aber produziert sie a priori aus der Kraft des unendlichen Ich für die endliche Subjektivität. Es »schwebt die Idee einer solchen zu vollendenden Unendlichkeit uns vor, und ist im Innersten unsers Wesens enthalten.«[110] (403 / 270). Somit erweist sich die Einbildungskraft auch in der praktischen Vernunft als dasjenige Vermögen, das Endlichkeit und Unendlichkeit am Orte der endlichen Subjektivität miteinander vermittelt.

---

[108] Vgl. WOLFGANG JANKE, aaO., 162-180, bes. 179f. Diese Deutung ist in der Literatur merkwürdigerweise kaum behandelt worden. Vgl. ansonsten zu § 5 WILHELM METZ, aaO., 355-371; VIOLETTA WAIBEL, Hölderlin und Fichte, Paderborn 2000, 53-70.

[109] Eine Einleitung in die kulturethischen Implikationen dieser Überlegungen in der Terminologie der frühen WL bietet die erste Vorlesung »Über die Bestimmung des Gelehrten«, GA I / 3, 27-33; SW VI, 293-301.

[110] Auch der Terminus des »Schwebens« legt es nahe, hier an die Einbildungskraft zu denken.

C. Die transzendentalphilosophische Grundlegung der Symboltheorie in den »Fichte-Studien« von Novalis

Am 12. November 1795 gibt Novalis einen Brief an seinen Bruder Erasmus auf die Post, in dem er sich dafür entschuldigt, in der letzten Korrespondenz eher kurz angebunden gewesen zu sein. Erläuternd führt er aus : »Ich habe ohngefähr 3 Stunden des Tags frey i[d] e[st] wo ich für mich zu arbeiten *wollen kann*. Dringende Einleitungsstudien auf mein ganzes künftiges Leben, wesentliche Lücken meiner Erkenntniß und nothwendige Uebungen meiner Denkkräfte überhaupt nehmen mir diese Stunden größtentheils weg.« (WTB I, 574f.)[1] Über seine Verfahrensweise bei diesen ›Einleitungsstudien‹ gibt ein späterer Brief vom 10.1.1797 Auskunft, in dem Novalis seinem Freunde Friedrich Schlegel mitteilt:»Meine Hand hat mich 8 Tage faul seyn lassen, welches mich häßlich quält – Selbst Lesen kann ich nicht recht, weil ich dabey unaufhörlich die Feder haben muß.« (WTB I, 607f.) Ganz ähnlich wie Fichte favorisiert Novalis also das Vorgehen, eigene Lektüre paraphrasierend, kommentierend und die Gedanken fortdenkend zu begleiten. Den schriftlichen Niederschlag dieser »Studien« (WTB II, 144 / N II, 235; WTB II, 150 / N II, 241) hat er für immerhin so bedeutend gehalten, dass er sie bis zu seinem Lebensende aufbewahrt hat, unbeschadet ihres über weite Strecken skizzenhaften, ja stichpunktartigen Charakters, der nur gelegentlich einmal in das Genus einer kleineren Abhandlung überwechselt.

Nach dem allzu frühen Tod Hardenbergs gaben Ludwig Tieck und Friedrich Schlegel die Werke ihres Freundes in zwei Bänden heraus. Dabei wählten sie aus diversen Skizzensammlungen, ab der zweiten Auflage auch aus der jetzt in Frage stehenden, diejenigen Stücke aus, welche ihnen für einen Abdruck als geistreich genug erschienen[2] – in der irrigen Annahme, es handele sich bei diesen Notaten um ›Fragmente‹ im Sinne der frühromantischen Poetik, auf die noch einzugehen sein wird.[3] Dieses editorische Vorgehen, das wenigstens zum Teil dem Willen geschuldet war, das Bild eines geniestreichsprühenden, ganz der Poesie ergebenen Jünglings zu zeichnen, bestimmte die Rezeption und die Forschung das ganze

---

[1] Ich zitiere die Briefe nach der dreibändigen Ausgabe, herausgegeben von Hans-Joachim Mähl und Richard Samuel, München 1978, ND Darmstadt 1999, Band I (= WTB).

[2] Die Briefe und ähnliche Dokumente, welche die Entstehung dieser ersten Gesamtausgabe begleiteten, sind abgedruckt in N V, 133-158.

[3] Vgl. zur Fragmententheorie unten die Seiten 186-203.

19. Jahrhundert über und zum Teil noch darüber hinaus. Jeder neue Anlauf einer Ausgabe der Werke von Novalis spülte neue Aufzeichnungen an die Öffentlichkeit, doch erst der zweiten Auflage der Historisch-kritischen Ausgabe von Hans-Joachim Mähl und Richard Samuel blieb es vorbehalten, jenes Bild abschließend zu korrigieren.[4] Die »Einleitungsstudien«, von denen Novalis in seinem Brief gesprochen hatte, hatten ganz und gar nichts zu tun mit der Kunstform der ›Fragmente‹, auf die Novalis erst später durch Friedrich Schlegel aufmerksam gemacht wurde. Sie sind vielmehr das konzentrierte Ergebnis einer kritischen Auseinandersetzung mit zeitgenössischer Philosophie und insofern als eine Art Arbeits- und Gedankentagebuch oder philosophisches Skizzenheft anzusehen. Damit gehören sie in die dicht gedrängte Reihe von Grundsatzentwürfen, die nach dem Worte Dieter Henrichs in den letzten Jahren des 18. Jahrhunderts wie eine ›Supernova‹ die geistige Landschaft Deutschlands erregte. Sie sind der umfangreichste und konzentrierteste zusammenhängende Text, den Novalis jemals zu philosophischen Grundlegungsfragen verfasst hat. Genau deshalb nimmt ihre Interpretation in der vorliegenden Arbeit auch eine Schlüsselfunktion ein. Noch *vor* allen materialen ästhetischen oder religionstheoretischen Erörterungen findet sich in den »Fichte-Studien« eine transzendentalphilosophische Grundlegung der Symboltheorie, welche jenen allererst ihr volles Gewicht gibt. Sie darzustellen ist die Aufgabe dieses Kapitels.

Die Herausgeber entschieden sich, den schriftlichen Niederschlag dieser Studien unter dem Titel »Fichte-Studien« zu publizieren. Dieser Betitelung ist inzwischen widersprochen worden.[5] Dennoch gibt es gute Gründe, ihn beizubehalten, wenn man ihn nicht durch die ganz formale Überschrift »Einleitungsstudien« ersetzen wollte: Erstens fällt der Name Fichtes in etwa so oft wie alle anderen Namen zusammen. Zweitens sind es Themen und Terminologie der Fichteschen Philosophie, die weite Teile dieser Studien bestimmen. Und drittens schließlich ist das einzige philosophische System, von dem Novalis eine eindringliche Auseinandersetzung in der Rückschau bestätigt, dasjenige Johann Gottlieb Fichtes.[6] Das Wahrheitsmoment jenes Einwandes dürfte darin liegen, dass erstens mit dem Titel »Fichte-Studien« noch kein Vorurteil darüber gefällt sein kann, in welchem Verhältnis der junge Novalis zur Philosophie Fichtes steht, und zweitens damit nicht ausgeschlossen werden darf, dass Novalis auch noch andere geistige Einflüsse in seinen Aufzeichnungen verarbeitet.

Letzteres gilt um so mehr, als die Forschung bis heute nicht herausgebracht

---

[4] Vgl. die Einleitung von HANS-JOACHIM MÄHL, N II, 29-103.

[5] Vgl. MANFRED FRANK, »Alle Wahrheit ist relativ, alles Wissen symbolisch«. Motive der Grundsatz-Skepsis in der frühen Jenaer Romantik (1796). In: Revue Internationale de Philosophie 50 (1996), 403-436, hier 421. Eine Begründung für seinen Einspruch liefert Frank nicht ausdrücklich mit.

[6] Vgl. dazu die Briefe an Friedrich Schlegel vom 8.7.1796 und 14.6.1797, WTB I, 602. 641 und an Wilhelm v. Oppel vom Ende Januar 1800, WTB I, 721.

hat, was genau eigentlich Novalis dazu bewog, Hunderte von Seiten mit »Philosophica« (WTB I, 607) vollzuschreiben. Eine eindeutige Entscheidung kann hier wohl auch nicht gefällt werden, da die Quellen sich an diesem Punkte ausschweigen. Erst zum Ende dieser »Studien« schreibt Novalis an Friedrich Schlegel: »Mein Lieblingsstudium heißt im Grunde, wie meine Braut. Sofie heißt sie – Filosofie ist die Seele meines Lebens und der Schlüssel zu meinem eigensten Selbst. Seit jener Bekanntschaft bin ich auch mit diesem Studio ganz amalgamirt.« (8.7.1796, WTB I, 601f.) Doch über die näheren Beweggründe erfahren wir nichts.

1. Manfred Franks Novalis-Deutung

Das Erscheinen der neu kompilierten »Fichte-Studien« hat auch zu einem neuen Aufschwung in der philosophischen Novalis-Forschung geführt. Dabei darf die bloße Masse an seither erschienenen Arbeiten nicht darüber hinwegtäuschen, dass es die inzwischen zu beinahe kanonischem Rang aufgestiegene Novalis-Deutung Manfred Franks ist, welche die Diskussion maßgeblich bestimmt.[7] Frank hat seine Deutung – nach einem sehr frühen Aufsatz, der bereits von dem Willen getragen ist, die Frühromantiker als »schlechterdings ernsthafte Denker«[8] zu interpretieren – zuerst in seiner Dissertation »Das Problem ›Zeit‹« von 1972 und dann in der außerordentlich wirkmächtigen Studie »Ordo inversus«[9] entwickelt und inzwischen in zahlreichen Publikationen wiederholt und ausgebaut. Seit dem Erscheinen dieser Studie[10] ist der Interpretation Franks kaum widersprochen worden, sieht man von Einzelheiten ab. Sie ist deshalb als die derzeit führende Forschungsposition einzuschätzen und sei zu Beginn dieses Kapitels kurz skizziert, bevor sie einer Kritik unterzogen wird. Werkgeschichtlich können zwei Stufen im Denken Franks unterschieden werden: eine erste, auf der

---

[7] Kanonisch ist seine Deutung, seit sich zwei Standardwerke der Novalis-Forschung, welche in der Regel die wissenschaftliche Erstbegegnung mit Novalis steuern, ihr vorbehaltlos angeschlossen haben: der Kommentar der gängigsten wissenschaftlichen Leseausgabe von HANS JÜRGEN BALMES, Kommentar (= WTB III), München 1978, 283-300, und der wichtige Forschungsüberblick von HERBERT UERLINGS, Friedrich von Hardenberg, genannt Novalis, Stuttgart 1991, 115-146.

[8] MANFRED FRANK, Die Philosophie des sogenannten »magischen Idealismus«. In: Euphorion 63 (1969), 88-116, hier 89.

[9] MANFRED FRANK / GERHARD KURZ, Ordo inversus. In: Herbert Anton et al. (Hg.), Geist und Zeichen, Heidelberg 1977, 75-97.

[10] Aus der Zeit zwischen dem Erscheinen der kritischen Ausgabe und dem Ordo-inversus-Aufsatz sind als die wichtigsten Arbeiten zu nennen MANFRED DICK, Die Entwicklung des Begriffes der Poesie in den Fragmenten des Novalis, Bonn 1967; GEZA V. MOLNÁR, Novalis' ›Fichte Studies‹. The foundations of his aesthetics, The Hague 1970; STEFAN SUMMERER, Wirkliche Sittlichkeit und ästhetische Illusion, Bonn 1974.

die Grundlinien jener Deutung entwickelt werden, und eine zweite, bei der ein zusätzliches Argument zur Sicherung eingeführt wird.

Beginnen wir mit der ersten Stufe. Nach Frank ist es das Verdienst der Philosophie Johann Gottlieb Fichtes, eine grundlegende Aporie in aller Theorie des Selbstbewusstseins aufgedeckt zu haben. Diese Aporie besteht nach Frank darin, dass Selbstbewusstsein sich zwar bewusst auf sich richtet, aber nicht aus sich heraus begründen kann, woher es weiß, dass es sich selbst zum Gegenstand hat. Diesen Reflexionszirkel, wenn man ihn so nennen will, habe Fichte bemerkt und zu überwinden getrachtet. Von der Aufgabenstellung her also durchaus originell und wegweisend, sei Fichte aber an der Durchführung dieser Aufgabe gescheitert. Sein erster Grundsatz der Wissenschaftslehre von 1794 / 95 trete zwar an, jenen Zirkel durch die Selbstsetzung des Ich zu durchbrechen, in Wahrheit führe dies aber nur zu einer Verschiebung des traditionellen Selbstbewusstseinsproblems:

>»Um sich reflexiv (oder ›relativ‹ auf sich selbst) fassen zu können, muß das in der Wendung der Reflexion Gespiegelte schon als das mit dem Verglichenen Gleiche bekannt sein. Wir müssen also *im* ersten Ich (der Thesis) bereits ein aller Reflexion zuvorkommendes Selbsthaben postulieren, um die das Sein in Schein verwandelnde Reflexion, die im Geschehen der Vereinigung die Identität der Relata scheinhaft bestätigt, überhaupt erklären zu können.«[11]

Anders gesagt: Fichtes erster Grundsatz beweist nicht, was er beweisen will, da er nicht ohne das Reflexivpronomen »sich« auskommt, welches, verräterisch genug, indiziert, dass die Falle der Reflexion auch hier zugeschnappt hat. Eben diesen Umstand aber haben die Frühromantiker – allen voran Novalis – erkannt: Fichte sei »den Schlingen des von ihm hellsichtig durchschauten Reflexionsmodells des Selbstbewußtseins letztlich doch nicht entkommen.«[12] Man entkommt ihnen nämlich nur, wenn man sich von dem Gedanken verabschiedet, dass die Reflexion bzw. das Denken überhaupt in der Lage sei, das Phänomen des Selbstbewusstseins zu begründen. Eine solche Begründungsleistung könne vielmehr nur von einem Bewusstsein erbracht werden, das allem Wissen vorausliegt, mithin durch die »Behauptung eines nicht-thetischen Bewußtseins«.[13] Damit ist ein Bewusstsein gemeint, das sich keinen Gegenstand entgegensetzt. Es ist mithin nach Frank ein Gefühl, und zwar, wie er unter Rückgriff auf einen gelegentlich von Novalis gebrauchten Terminus erläutert, ein präreflexives »Selbstgefühl«.[14] Dieses Gefühl ist für alle Reflexionstätigkeit unhintergehbar. In ihm offenbart sich das transreflexive Sein, das Absolute, und alle Reflexion, welche scheinbar erst jene Identität des Selbstbewusstseins erzeugt, läuft in Wahrheit

---

[11] MANFRED FRANK, Das Problem »Zeit« (1972), Paderborn 1990, 141.

[12] MANFRED FRANK, Fragmente einer Geschichte der Theorie des Selbstbewußtseins. In: Ders. (Hg.), Selbstbewusstseinstheorien von Fichte bis Sartre, Frankfurt a. M. 1991, 449.

[13] MANFRED FRANK / GERHARD KURZ, aaO., 76.

[14] Diesem Terminus hat Frank jüngst eine eigene Untersuchung gewidmet, vgl. MANFRED FRANK, »Selbstgefühl«. Eine historisch-systematische Erkundung, Frankfurt a. M. 2002.

ihrem Resultat immer schon hinterher. Von daher befindet sich das Bewusstsein zu seinem eigenen Sein in einem ›ordo inversus‹, der von Frank verstanden wird als »die Umkehrung der ursprünglichen Verhältnisse in der Reflexion«.[15] Eben diese Verkehrtheit aufzudecken und auszustreichen wächst der Reflexion nun als ihre eigene Aufgabe zu.[16]

Diese Deutung hat Frank bis in seine neuesten Veröffentlichungen hinein durchgehalten. Er hat sie allerdings noch zu untermauern versucht durch die Einführung eines zusätzlichen Arguments. Dieses antwortet auf einen virtuellen Einwand, welcher Franks Ausführungen nicht auf der textrekonstruktiven Ebene anfragt, sondern vielmehr die Stichhaltigkeit des ganzen Interpretationsanliegens bezweifelt, um Franks Rekonstruktion bereits im Ansatz verdächtig zu machen. Dieser Einwand lautet etwa so: Novalis ist nach Frank der bedeutendste Philosoph der Frühromantik, er hat nicht nur Fichtes Einsichten wider diesen selbst kehren können, so dass er »wesentlichen Einsichten von Fichtes Spätphilosophie vorauseilte«[17], er übertrifft auch den in der Position ähnlich argumentierenden Hölderlin – immerhin ein direkter Hörer Fichtes – »in der Subtilität der rein philosophischen Reflexion«.[18] Wieso war der gelernte Jurist und philosophische Dilettant Friedrich von Hardenberg überhaupt dazu in der Lage, sich mit dem philosophischen *shooting-star* Fichte nicht nur auf Augenhöhe zu bewegen, sondern ihn sogar gedanklich zu überflügeln? Wird nicht durch diese eklatante Überschätzung des jungen Novalis die ganze Deutung von vornherein mehr als fraglich? Diesem Selbsteinwand, der freilich nicht so direkt vorgetragen wurde, begegnet Frank wie folgt: Man täusche sich nämlich, so Frank, zumeist über das Ausmaß der philosophischen Bildung Hardenbergs. Dieser sei keineswegs ein bloßer Autodidakt, sondern habe während seines Aufenthaltes in Jena und später in Leipzig eine fundierte philosophische Grundbildung erhalten.[19] Novalis war,

---

[15] MANFRED FRANK, Das Problem »Zeit«, aaO., 147f.

[16] Frank und auch einige seiner Nachfolger parallelisieren diese Verwurzelung der Selbstbewusstseinsstruktur im Gefühl mit Schleiermachers »Gefühl schlechthinniger Abhängigkeit« aus der Glaubenslehre; vgl. ders., Das Problem »Zeit«, aaO., 140. Das führt aber in die Irre, da nach Frank das Wovon der Abhängigkeit als unvorgreifliches Sein auszulegen ist, von dem bei Schleiermacher aber nicht die Rede sein kann: Erstens wird Gott bei Schleiermacher nicht als höchstes Sein angesprochen, und zweitens wird die Identifikation des ›Woher‹ des schlechthinnigen Abhängigkeitsgefühls mit Gott deutlich genug als ein Akt der Deutung (»zurückschieben«) ausgesagt, ist also gar nicht im Gefühl selbst enthalten; vgl. FRIEDRICH SCHLEIERMACHER, Der christliche Glaube (1830 / 31), Berlin / New York 1999, 23-30. Zu einer Kritik an Franks Schleiermacher-Deutung, besonders an der Auslegung des Terminus Gefühls in Schleiermachers »Dialektik« vgl. ULRICH BARTH, Der Letztbegründungsgang der ›Dialektik‹. In: Ders., Aufgeklärter Protestantismus, Tübingen 2004, 353-385, hier 369f.

[17] MANFRED FRANK, Einführung in die frühromantische Ästhetik, Frankfurt a. M. 1989, 249.

[18] aaO., 248.

[19] Damit hat Frank eine frühere eigene These widerrufen, nach der »Hardenbergs Philosophieren [...] mit der Lektüre der *Wissenschaftslehre* beginne; vgl. Das Problem »Zeit«, aaO., 130.

so seine These, arriviertes Mitglied der von Dieter Henrich so genannten ›Jenaer Konstellation‹[20] von Schülern Karl Leonhard Reinholds, welche bereits 1792 alle ›Philosophie aus einem Grundsatz‹ ablehnten und eine Art erster Rückwendung zu Kant vollzogen. Diese These wird von Frank nun verteidigt durch die minutiöse Kleinarbeit des Auffindens versteckter Hinweise, gelegentlicher Briefzitate und der Rekonstruktion von Gesprächszusammenhängen, welche gelegentlich die Schwelle zum Kriminalistischen überschreitet. Das Ergebnis dieser philosophischen Fahndung lautet: Novalis war mit dem Reinhold-Kreis der Johann Benjamin Erhard, Carl Christian Erhard Schmid, Karl Forberg, Friedrich Immanuel Niethammer, Franz Paul von Herbert oder Paul Johann Anselm Feuerbach nicht nur persönlich bekannt, sondern kannte und teilte auch alle ihre Argumente gegen die idealistische Philosophie, sofern sie über Kant hinausging.[21] Eine solide Kant-Kenntnis sei ihm dabei in Jena durch Reinhold vermittelt worden. Kritik an Reinhold lernt er ferner noch kennen durch Karl Heinrich Heydenreich in Leipzig. So ist er zu Beginn seiner »Einleitungsstudien« bereits ein entschiedener Gegner des Idealismus, behaupte die »Transzendenz des Seins für das Bewußtsein«,[22] was eine »entschieden realistische Prämisse«[23] sei. Ferner sei er im Besitz einer festen skeptischen Haltung gegenüber der Grundsatzphilosophie, ja die Frühromantik lasse sich überhaupt – wenigstens im Vergleich zum frühen Idealismus von Reinhold und Fichte – »als eine skeptische Bewegung charakterisieren«.[24] Die Ergebnisse dieser Einzelstudien hat Frank dann in seiner voluminösen Gesamtdarstellung der ›Anfänge der philosophischen Frühromantik‹[25] gebündelt.

Diese energisch und kenntnisreich vorgetragene Interpretation hat, wie gesagt, Schule gemacht. Fast alle neueren Arbeiten zu Novalis, insbesondere aus dem literaturwissenschaftlichen Bereich, schließen an sie an oder beziehen ihre Kenntnis der philosophischen Frühromantik von ihr.[26] Die beeindruckende

---

[20] Vgl. DIETER HENRICH, Konstellationen. Probleme und Debatten am Ursprung der idealistischen Philosophie (1789-1795), Stuttgart 1991. Der methodische Ansatz von Henrichs Jena-Projekt wird für Frank in den Neunziger Jahren schlechthin bestimmend.

[21] Vgl. MANFRED FRANK, Von der Grundsatz-Kritik zur freien Entfaltung. Die ästhetische Wende in den *Fichte-Studien* und ihr konstellatorisches Umfeld. In: Athenäum. Jahrbuch für Frühromantik 8 (1998), 75-95.

[22] MANFRED FRANK, »Alle Wahrheit ist relativ, alles Wissen symbolisch«, aaO., 421.

[23] Ebd., i. O. kursiv.

[24] Ebd.

[25] MANFRED FRANK, »Unendliche Annäherung«. Anfänge der philosophischen Frühromantik, Frankfurt a. M. 1997.

[26] Vgl. MARTHA HELFER, The Retreat of Representation, New York 1996, 80-89; CHRISTIAN IBER, Frühromantische Subjektkritik. In: Fichte-Studien 12 (1997), 111-126; MARION SCHMAUS, Die poetische Konstruktion des Selbst, Tübingen 2000, 9-26; BERNWARD LOHEIDE, Fichte und Novalis, Amsterdam / Atlanta 2000, 181-207, mit vielfältiger Kritik an Frank im einzelnen bei gleichzeitiger Beibehaltung der Gesamtlinie; ebenso MARTIN GÖTZE, Ironie und absolute Darstellung, Paderborn 2001, 115-133; wieder deutlicher an Frank anschließend

Forschungsleistung Franks und seine auch schriftstellerisch anziehend dargebotenen Ergebnisse dürfen allerdings nicht darüber hinwegtäuschen, dass eine Reihe schwerster Bedenken bereits im Vorfeld gegen sie namhaft gemacht werden müssen: Zunächst wäre methodisch auf zweierlei hinzuweisen. Gerade Franks frühe Arbeiten zeichnen sich erstens durch einen außerordentlich laxen Umgang mit Zitaten aus, welche teils sinnentstellend aus dem Kontext, teils ohne Angabe des Fundortes, teils fehlerhaft den »Fichte-Studien« entnommen werden.[27] Zweitens zeigt sich schon auf den ersten Blick eine gewisse Schwäche in der Argumentation, wenn fast der gesamte Briefwechsel, der angeblich im Jenaer Reinhold-Kreis kursierte, von dem aber oft gar nicht gesichert ist, ob es ihn überhaupt gab, als nicht zugänglich oder »verloren«[28] ausgegeben werden. Weitaus gewichtiger sind aber inhaltliche Einwände, welche bereits vor dem eigentlichen Einstieg in die Textinterpretation und -rekonstruktion gemacht werden können. Denn die Gültigkeit von Franks Interpretation hängt entscheidend von drei Faktoren ab. Sie seien kurz genannt.

1.) In Franks Deutung der Position Fichtes lässt sich unschwer die Fichte-Interpretation seines Lehrers Dieter Henrich wieder erkennen. Dessen Studie über »Fichtes ursprüngliche Einsicht« (1967) hat der Fichte-Forschung unbestreitbar wichtige Impulse gegeben. Dass Frank hingegen auch neuere Literatur zu Fichte zu Rate gezogen hätte, wird aus seinen Ausführungen nicht erkennbar. Daher ist ihm entgangen, dass Henrichs Position inzwischen als überholt gelten

---

ANDREAS BARTH, Inverse Verkehrung der Reflexion, Heidelberg 2001; JÜRGEN DAIBER, Experimentalphysik des Geistes, Göttingen 2001. Folgende Arbeiten sind von Frank abhängig, ohne allerdings diese Abhängigkeit offenzulegen: BERBELI WANNING, Statt Nicht-Ich – Du! In: Fichte-Studien 12 (1997), 153-168, vgl. 158f.; MACIEJ POTEPA, Subjekt, Sprache und Verstehen bei Novalis, Schleiermacher und Friedrich Schlegel. In: Marek J. Siemek (Hg.), Natur, Kunst, Freiheit, Amsterdam / Atlanta 1998, 73-91, vgl. 74-76.

[27] Hier sei nur aus Franks Dissertation ein besonders krasses Beispiel von nicht gekennzeichneten Auslassungen und willkürlichen Zusammenschiebungen angeführt: »Das Ich [...] kann nicht als höchstes Prinzip der Philosophie anerkannt werden. Das Ich kann seine Unbedingtheit nicht rechtfertigen aus einem selbst bedingten Zustand. ›Das Ich‹, sagt Novalis, kann ›in gewisser Rücksicht nie absolut erhoben sein‹, sonst würde ›das Ich selber aufhören. Gefühl der Abhängigkeit‹.« (Das Problem »Zeit«, aaO., 137). Das korrekte Zitat lautet nun aber im Zusammenhang: »Inwiefern erreichen wir das Ideal nie? Insofern es sich selbst vernichten würde. Um die Wirkung eines Ideals zu thun, darf es nicht in der Sfäre der gemeinen Realität stehn. Der Adel des Ich besteht in freyer Erhebung über sich selbst – folglich kann das Ich in gewisser Rücksicht nie absolut erhoben seyn – denn sonst würde seine Wircksamkeit, Sein Genuß i.e. sein Sieg – kurz das Ich selbst würde aufhören. Laster ist eine ewigsteigende Qual (negation) (Gefühl von Ohnmacht) – Abhängigkeit vom Unwillkürlichen – Tugend ein ewigsteigender Genuß – position – Gefühl von Kraft – Unabhängigkeit vom Zufälligen« (NOVALIS, Fichte-Studien, Nr. 508, WTB II 170). Derselbe Befund trifft auch auf den »Ordo-inversus«-Aufsatz zu.

[28] Vgl. etwa MANFRED FRANK, »Unendliche Annäherung«, aaO., 429. 563f. Richtig dagegen einmal 567f., wo Frank am Beispiel von Novalis' früherem Hauslehrer, dem Kantianer Carl Christian Erhard Schmid zugibt: Über »Schmids Einfluß auf Hardenbergs philosophische Entwicklung (oder seine Beobachtungen dazu) wissen wir leider gar nichts.«

darf.[29] Dass Franks blasse Fichte-Deutung das größte Manko seiner Rekonstruktion der philosophischen Frühromantik ist, ist neueren Arbeiten der Romantik-Forschung inzwischen nicht verborgen geblieben.[30] Aber auch diese Arbeiten, die ein plausibleres Fichte-Bild liefern, verbleiben, was die Romantiker-Interpretation angeht, ganz in Franks Bahnen. Wenn es aber richtig ist, dass es Fichte keineswegs um die Frage nach der Begründung von Selbstbewusstsein geht, und ebenfalls die Frage, woher das Ich denn weiß, dass es sich auf sich bezieht, keine Frage ist, die Fichtes Gedankengänge induziert hätte, folglich auch die These von der Reflexionsaporie unhaltbar ist, kann dies nicht ohne Folgen für eine Novalis-Interpretation bleiben.

2.) Franks Novalis-Deutung hängt in hohem Maße davon ab, dass Novalis seinerseits als Theoretiker des Selbstbewusstseins und des Selbstgefühls anzusprechen wäre. Man hätte dann aber gern einmal eine kurze Betrachtung darüber, warum auf den 200 Druckseiten der Fichte-Studien beide Ausdrücke lediglich je ein einziges Mal vorkommen. Dass es also der Sache nach um das Selbstbewusstsein geht, das wäre allererst einmal nachzuweisen. Statt dessen setzt Frank dies in allen seinen Publikationen über Novalis umstandslos voraus.

3.) Franks These der Zugehörigkeit des Novalis zur Jenaer Konstellation ist äußerst problematisch. Zwar ist persönlicher Kontakt mit den genannten Autoren in der Tat nachzuweisen, doch für eine Einbettung in den grundsatzkritischen Diskurs fehlt tatsächlich *jeder* direkte Beleg. Vor allem aber wird durch diese These nachgerade unverständlich, warum Novalis, wenn ihm doch angeblich bereits vor 1795 die Skepsis gegenüber aller ›Philosophie aus einem Prinzip‹ eingeimpft war, sich mit solcher Verve auf die Philosophie Fichtes stürzte.[31] Hier ist vielmehr auch im Lichte des eingangs zitierten Briefs an den Bruder an ein drängendes persönliches Klärungsbedürfnis zu denken, welches sich gewiss nicht ohne Grund nun gerade an Fichte wandte. Dies zeigt schon eine kurze Skizze von Novalis' philosophischer Entwicklung. Sie sei daher hier eingefügt, um anschließend noch einmal auf Frank einzugehen.

Novalis erfuhr eine gewöhnliche humanistische Bildung. Mit den alten Sprachen erwarb er auch eine gewisse Kenntnis der antiken Philosophie; noch vor Beginn seines Studiums notierte er sich einen eigenen Entwurf zur Geschichte

---

[29] Als wichtigste Titel, die sich kritisch mit Henrich auseinandertzen, sind hier zu nennen: WOLFGANG JANKE, Fichte. Sein und Reflexion, Berlin 1970; JÜRGEN STOLZENBERG, Fichtes Begriff der intellektualen Anschauung, Stuttgart 1986, WILHELM METZ, Kategoriendeduktion und Einbildungskraft in der theoretischen Philosophie Kants und Fichtes, Stuttgart 1991.

[30] Vgl. BERNWARD LOHEIDE, aaO., 173; MARTIN GÖTZE, aaO., 18, Anm. 11. 254, Anm. 1.

[31] Dies muss um so mehr gelten, wenn Fichtes Auftreten in Jena seinen »gewieften Hörern«, mit denen Novalis sich ja angeblich fleißig unterhielt und korrespondierte, wegen seiner Philosophie aus einem Grundsatz »wie ein Anachronismus vorgekommen sein« muss; (MANFRED FRANK, »Unendliche Annäherung«, aaO., 785.)

der Philosophie der Alten.[32] Außerdem zeigte er bereits recht früh eine große Belesenheit in schöngeistiger Literatur. Novalis fing auch schon sehr früh an, selbst zu dichten. Etwa 300 Gedichte, die vor seinem 20. Lebensjahr entstanden, sind erhalten und geben einen Querschnitt durch praktisch das gesamte lyrische Panorama, das um 1790 in Deutschland denkbar war. Für eine Beschäftigung mit neuerer Philosophie gibt es hingegen keinen Beleg. 1790 immatrikuliert er sich als Student der Rechte an der Universität in Jena. Er gerät in persönlichen Kontakt zu Karl Leonhard Reinhold und einer ganzen Reihe seiner Schüler, wie erhaltene Stammbucheinträge[33] belegen. (Einer dieser Einträge ist ein Zitat aus der Vorrede zur 2. Auflage von Jacobis Spinoza-Buch.[34]) Von einer näheren Beschäftigung mit den Reinhold interessierenden Themen – Theorie des Vorstellungsvermögens und Grundsatzphilosophie – ist aber nichts bekannt; immerhin gibt Novalis neun Jahre später zu Protokoll: »Die Philosophie wurde mir interessant, ich war aber viel zu flüchtig, um es weiter als zu einer Geläufigkeit in der philosophischen Sprache zu bringen.« (WTB I, 720) In einem Stammbuch findet sich lediglich die wenig aufschlußreiche Aussage: »*meden agan*. Mit diesem Resultat aller meiner bisherigen Philosophie empfiehlt sich ihrer ferneren Freundschaft und Gewogenheit Friedrich von Hardenberg.« (N IV, 88) Sein eigentlicher Heros jener Zeit ist Friedrich Schiller, der damals Professor für Geschichte war und dessen intensive Beschäftigung mit Kants Philosophie erst später einsetzte. 1791 wechselt Novalis auf Wunsch seines Vaters nach Leipzig, um sein Jura-Studium zu intensivieren. Dort lernte er unter anderem Friedrich Schlegel kennen. Aus ihrem Briefwechsel wissen wir, dass Novalis sich ein wenig mit Kants Ethik beschäftigt zu haben scheint. Schlegels Bericht an seinen Bruder August Wilhelm vermeldet noch, Platon und der niederländische Neuplatoniker Frans Hemsterhuis gehörten zu den Lieblingsschriftstellern des neuen Freundes. Den Studienabschluss in Jura machte Novalis dann in Wittenberg. Die Briefe jener Zeit atmen überwiegend den Geist aufgeklärter Popular-Philosophie.

An gesicherten Daten bis ins Jahr 1795 haben wir also nur Folgendes: eine gewisse Beschäftigung mit antiker Philosophie, Kenntnis in nicht bekanntem Umfange aus Jacobis Spinoza-Buch, möglicherweise Überlegungen zur Ethik Kants und eine Begeisterung für Hemsterhuis, den er Jahre später noch einmal gründlicher studierte. Somit spricht nichts dafür, eine mehr als geringe philosophische Bildung bei Novalis anzunehmen. Ein förmliches Philosophicum scheint Novalis überdies nicht abgelegt zu haben. Es ist also nicht unwahrscheinlich, dass der Entschluss, sich in Fichtes Philosophie einzuarbeiten, während des berühmten Treffens mit Fichte und Hölderlin entstand, das im Sommer 1795 im Hause

---

[32] Vgl. N II, 14f.
[33] Vgl. N IV, 84-89.
[34] N IV, 85; vgl. FRIEDRICH HEINRICH JACOBI, Über die Lehre des Spinoza (²1789), Hamburg 2000, 179.

des Philosophen Niethammer stattfand. Frank gibt selbst zu, hinsichtlich der philosophischen Bildung von Novalis »auf Konjekturen angewiesen«[35] zu sein. Er konjiziert dann aber außerordentlich großzügig. Es ist schon sehr erstaunlich, was der junge Student, der seiner eigenen Auskunft nach lange Zeit alles andere tat, nur nicht studieren, nach Frank alles gelesen, begriffen und kritisiert haben soll – und das auch noch fachfremd.[36] In Wahrheit besteht Franks ganzes Argument darin, es könne einfach nicht sein, dass Novalis seine Fichtekritischen Einwände in der kurzen Zeit von nur wenigen Monaten entwickelt habe.[37] Seine Datierung setzt also seine inhaltliche Interpretation der »Fichte-Studien« bereits voraus. Doch fragt es sich auch noch unabhängig von der Richtigkeit von Franks Deutung, warum das eigentlich so unmöglich gewesen sein soll. Denn wenn Novalis eine Eigenschaft gehabt hat, so war es eine ungemein hohe Auffassungsgabe.

Damit können wir die biographischen Ausführungen erst einmal beiseite lassen und zur Textinterpretation übergehen. Unsere Interpretation folgt vier hermeneutischen Prinzipien: 1.) Der Kontext sowie die von Novalis selbst gesetzten Überschriften und dezidierte Texthinweise, wovon eigentlich die Rede ist, sind in stärkerem Maße zu beachten, als die bisherige Forschung es zumeist getan hat. Dann zeigt sich, dass der Text zumindest in Teilen weit weniger konfus ist, als es zunächst den Anschein hat. Ebenfalls darf man sich von der Nummerierung nicht über Gebühr beeindrucken lassen: Sie ist von den Herausgebern eingefügt, Novalis machte stets bloß einen zentrierten Strich unter eine Reflexion. Das schließt mithin nicht aus, dass mehrere Aufzeichnungen, welche jetzt durch Nummern getrennt sind, in Wahrheit doch eine größere Einheit bilden. Es gibt schließlich keinen Grund, die Chronologie der Herausgeber anzuzweifeln. 2.) Aus dem Charakter eines Gedankentagebuchs scheint mir zu folgen, dass späteren Texten im Falle eines internen Widerspruchs der Vorzug gegeben werden muss. 3.) Es ist stets auch mit obskuren Stellen zu rechnen, welche nicht vorschnell in eine Richtung gepresst werden dürfen, sondern besser vorerst uninter-

---

[35] MANFRED FRANK, »Unendliche Annährung«, aaO., 784.

[36] Der wichtigste Streitpunkt ist sicherlich die Frage nach Novalis' Kant-Kenntnis. Frank kann sich auf die These der Herausgeber der Kritischen Ausgabe stützen, welche behaupten, Novalis habe bereits 1795 »eine gründliche Kenntnis der Hauptschriften« (N II, 334) gehabt. Diese These ist, wie gesehen, philologisch außerordentlich wackelig. Sie könnte nur durch Rückschlüsse aus dem Text der »Fichte-Studien« belegt werden. Das Thema verdiente seiner Komplexität wegen eine Spezialuntersuchung, die hier unterbleiben muss. Uns stellt sich hinsichtlich der »Fichte-Studien« vorläufig die Sache so da: Zwar fallen einige Termini besonders aus der ersten, weniger aus der zweiten »Kritik«, ihr Gebrauch verrät aber nicht gerade ein tiefes Kant-Verständnis. Für eine Kenntnis der »Kritik der Urteilskraft« kann ich hingegen überhaupt keinen Beleg finden. Da Kant ja damals allerorten viel diskutiert wurde, ist es nicht einmal nötig, überhaupt eine Quellenlektüre anzunehmen, um das Auftauchen einiger Kantischer Begriffe bei Novalis zu erklären. Eine solche ist vielmehr erst ab 1797 gesichert.

[37] Vgl. aaO., 796f.

pretiert liegen bleiben. 4.) Es ist unsachgemäß zu verschleiern, welche Terminologie zu Rekonstruktionszwecken an Novalis herangetragen wird. Es erscheint günstiger, sich zunächst an den von Novalis selbst gewählten Ausdrücken zu orientieren. So werden wir im Folgenden einsetzen mit einer Untersuchung des Begriffs »Ich«.[38]

2. Die Ich-Theorie

Der Begriff des »Ich« ist nicht nur der Zentralbegriff der frühen Wissenschaftslehre, er gehört auch zu denjenigen Ausdrücken, um die die »Fichte-Studien« des Novalis über weite Strecken kreisen. Immer wieder gibt es seitenlange Passagen, in denen in erwägender und probierender Manier Ausführungen über Natur und Funktion des »Ich« dargeboten werden. Sie sind deshalb von so wichtiger Bedeutung, weil sich aus ihnen die Grundlegung einer Symboltheorie rekonstruieren lässt, die vielleicht Novalis' wichtigste philosophische Leistung überhaupt ist. Ähnlich umfangreiche Notizen zur Ich-Theorie finden sich in seinem späterem Werk dann nicht mehr. Im Zentrum stehen die erste und die fünfte der sechs Handschriftengruppen der »Fichte-Studien«, ergänzend treten Bemerkungen aus der vierten und sechsten Gruppe hinzu. All diese Ausführungen sollen im folgenden textnah kommentiert und interpretiert werden. Dabei soll zunächst ein strikt chronologischer Ansatz verfolgt werden; erst am Ende der Diskussion jeder Handschriftengruppe wird der jeweilige Ertrag thetisch festgehalten.

2.1. Die grundlegende Variation des Satzes »Ich = Ich«

Die Untersuchung von Novalis' prinzipiellem Einsatz der Ich-Theorie soll in drei Schritten erfolgen: Zuerst ist (a) der prinzipielle Bescheid über das »absolute Ich« bei Novalis im Verhältnis zu Fichte einzuholen. Als zweites muss (b) die Polarität von absolutem und empirischem Ich verfolgt werden. In einem dritten Schritt ist (c) nach dem Ansatz der Auslegungsmöglichkeiten des Satzes »Ich = Ich« zu fragen.

a) Nr. 1-14:[39] Novalis nähert sich seinen Reflexionen über das »Ich« mit einer Untersuchung des Satzes »a = a«. Dieser Satz drückt die Form der Identitätsaussage aus. Nun ist nach Novalis die sprachliche Gestalt des Satzes dem, was er aussagen soll, inadäquat. Denn in diesem Satz ist nicht bloß ein »Setzen«, eine Thesis der Identität enthalten, sondern es liegt darin auch bereits ein »Unterscheiden und verbinden« (Nr. 1; 8 / 104)[40] – wobei besonders aufschlussreich ist,

---

[38] Die Notwendigkeit einer Darlegung des Ich-Gedankens in seinen verschiedenen Valenzen erkannte bereits ANNI CARLSSON, Die Fragmente des Novalis, Basel 1939, 34-71.

[39] Diese Nummern beziehen sich auf die Textgruppen in den »Fichte-Studien«.

[40] Zitiert wird in diesem Teilkapitel wie folgt: Notatennummer; Seitenzahl der dreibändigen Münchener Ausgabe / Seitenzahl der Kritischen Ausgabe (N).

dass Novalis das »Setzen« erst nachträglich pflichtschuldigst hinzugefügt hat.[41] D. h., bereits der Satz der Identität beinhaltet diejenigen drei Handlungen, welche Fichte erst nach und nach in den Grundsatzparagraphen entwickelt und ableitet: »a« wird durch die Form der Identitätsaussage von sich selbst unterschieden und wieder mit sich verbunden. »Das Wesen der Identität« (ebd.) aber wird auf diese Weise gerade nicht so erfasst, wie es ihm angemessen wäre. Die Identitätsaussage verhält sich zu dem, was Identität ihrem Wesen nach ist, wie ein »Scheinsatz« (ebd.; i. O. kursiv).

Diese Überlegung wendet Novalis anschließend an auf den Satz »Ich bin Ich«. (Ebd.) Auch dieser Satz muss, da er seiner Form nach die bloße Struktur ›a = a‹ aufweist, bereits ein Setzen, Unterscheiden und Verbinden beinhalten. Er sagt mithin mehr aus als die reine Identitätsgewissheit des Ich: Das Ich ist zwar von sich selbst gesetzt und mit sich selbst verbunden, aber in gewisser Weise auch von sich unterschieden. Dies erklärt Novalis wie folgt: »Um sich selbst zu begreifen muß das Ich ein anderes ihm gleiches Wesen sich vorstellen, gleichsam anatomiren.« (Nr. 3; 11 / 107).[42] Die Selbstsetzung des Ich beinhaltet zugleich die Vorstellung eines anderen, das aber gleichwohl in gewisser Hinsicht dem Ich gleich sein soll.

Somit deutet sich hier eine erste Verschiebung gegenüber Fichte an. Novalis stellt die Frage: »Hat Fichte nicht zu willkürlich alles ins Ich hineingelegt? mit welchem Befugniß?« (Nr. 5; 12 / 107) Diese Frage wird von der Forschung fast durchgängig als Markierung einer grundsätzlichen Abwendung von der Ich-Philosophie Fichtes verstanden: Novalis habe bemerkt, dass es keinen Sinn ergebe, alles ins Ich hineinzulegen, wie Fichte es tut. Indes, betrachtet man den näheren und weiteren Kontext dieser Frage, so legt sich eine ganz andere Fragerichtung nahe: Novalis fragt danach, ob Fichte nicht *zu willkürlich* alles ins Ich hineingelegt habe. In Frage steht nicht die Allumfassung des Ich selbst, sondern lediglich ihre Art und Weise. Die Reflexion Nr. 5 ist überschrieben mit der Frage »Was verstehn wir unter Ich?« (ebd.) Diese Frage hatte sich Novalis ähnlich schon einmal weiter oben gestellt: »Was ist Ich?« (Nr. 1; 9 / 104) Die Antwort folgte auf dem Fuße: »Absolutes thetisches Vermögen / D[ie] Sfäre des Ich muß für uns alles umschließen.« (ebd.) Es gibt keinen Textanhalt für die Annahme, dass Novalis diesen Ausgangspunkt widerrufen hätte. Folglich kann die Frage in Nr. 5 nur so verstanden werden, dass die Auskunft, das Ich sei thetisches Vermögen, keineswegs widerrufen wird, sondern lediglich zur Charakterisierung des Ich noch nicht ausreicht. Dazu ist vielmehr noch eine gänzlich anders geartete Überlegung anzustellen, welcher sich Novalis annähert, indem er zunächst fragt: »Kann ein Ich sich als *Ich* setzen, ohne ein anderes Ich oder Nichtich −« (Nr. 5; 12 / 107)

---

[41] Vgl. die editorische Notiz in N II, 694.
[42] Novalis verwendet den Begriff der Vorstellung hier in einem weit weniger spezifischen Sinn als Kant, Reinhold oder Fichte.

Diese Frage hat Novalis dann in einem Überarbeitungsdurchgang noch einmal so formuliert: »Wie sind Ich und Nichtich gegensetzbar?« (ebd.) Auf beide Fragen gibt die Aufzeichung Nr. 7 die folgende Auskunft: »Es muß ein Nichtich seyn, damit Ich sich, als Ich setzen kann.« (ebd.) Das Ich, so können wir nun näher bestimmen, setzt sich selbst, indem es sich mit dem Gegenteil seiner selbst zusammenschließt.

Damit scheint nun tatsächlich der Bannkreis des Fichteschen Ansatzes aus den Grundsatzparagraphen §§ 1–3 der »Grundlage der gesammten Wissenschaftslehre« verlassen. Doch es fragt sich nicht nur aus der Perspektive Fichtes, sondern auch im Lichte der ersten Ausführungen von Novalis selbst, woher dieses Nicht-Ich eigentlich stammen soll. Bei näherem Hinsehen zeigt sich nun, dass es keineswegs nach Art einer realistischen Ontologie einfach schlechthin als ansich-seiend postuliert wird. Die Handlung, dass das Ich etwas von sich selbst unterscheiden kann, und das Resultat dieser Unterscheidungshandlung, werden vielmehr aus dem Ich abgeleitet. Jene Handlung ist nämlich darin verankert, dass das Ich sich selbst fremdsetzen kann: »Dieses andere ihm gleiche Wesen«, welches das Ich zum Begreifen seiner selbst nötig hat, »ist nichts anderes, als d[as] Ich selbst.« (Nr. 3, 11 / 107)[43] Diese Handlung des Sich-Selbst-Fremdsetzens nennt Novalis eine »Alienation« (ebd.) Der Terminus des »Nichtich« wird konsequent auch erst eingeführt, nachdem Novalis sich dieser alienierenden Tätigkeit des Ich versichert hat.

Der Sinn der Satzes »Ich = Ich« ist damit in der Tat gegenüber Fichte stark verändert. Nicht nur beinhaltet er nach NovalisÔ Auffassung drei statt einer Handlung, er geht auch von einer veränderten Ansicht des Ich aus. Denn das Verhältnis, das dieser Satz ausdrückt, ist keines der Selbstidentität, sondern, wie im Folgenden gezeigt werden wird, als ein Verhältnis der »Darstellung« zu explizieren (vgl. Nr. 1; 8 / 104). Das Ich ist bei sich selbst, indem es sich für sich selbst darstellt. Die Frage »Wie sind Ich und Nichtich gegensetzbar« (Nr. 5; 12 / 107) beantwortet Novalis: Sie sind gegensetzbar, weil das Ich sich selbst gleichsam als Nicht-Ich sich entgegensetzen kann, und genau dies meint Novalis mit der Auskunft: »Das Ich hat eine hieroglyphistische Kraft.« (Nr. 6, 12 / 107)[44] Geht man noch einmal zurück auf das erste Notat der »Studien«, so hatte Novalis dort ausgeführt, dass die formale Identitätsaussage, die bereits durch ihren bloßen Charakter, eine Relation auszudrücken, selbst etwas »Nichtidentisches« (Nr. 1;

---

[43] Diese Ableitung der Spaltung zwischen Ich und Nicht-Ich aus der »Alienation« des Ich hat Novalis in einer späteren Reflexion so ausgedrückt: »Ein Ich ist ja nur ein Ich, insofern es ein Nichtich ist – es könnte übrigens seyn, was es wolle – nur kein Ich wärs.« (Nr. 562; 179 / 268) Was übrigens die Lesbarkeit dieser und vergleichbarer Texte angeht, so ist darauf aufmerksam zu machen, dass die Gedankenstriche bei Novalis so gut wie nie Parenthesen bedeuten, sondern stets die verschiedenen Stufen der gedanklichen Entwicklung voneinander abtrennen.

[44] Etwas allgemeiner versteht den Begriff der Hieroglyphe bei Novalis ASTRID KEINER, Hierglyophenromantik, Würzburg 2003.

8 / 104) enthält, wenigstens als »Zeichen« (ebd.) für die Identität fungieren konn-te. Angewandt auf den ichtheoretischen Zusammenhang bedeutet dies: Der Satz »Ich = Ich« dient als Zeichen für die Identität des Ich. D. h., Identitätsbewusst-sein ist nicht Identität selbst, sondern lediglich ein Zeichen für sie.[45] Das Ich ist Novalis zufolge nicht bloß das Ich der reinen Thesis (Fichte), sondern es um-fasst zugleich den ganzen Vorgang von Setzung, Alienation und zeichenhaftem Rückbezug auf sich. Der Satz »Ich bin Ich«, in dem kein anderer »Gehalt« liegen kann als »im bloßen Begriff des Ich« (Nr. 1; 9 / 104), bezeichnet demnach genau diesen dreifachen Vorgang,[46] in dem das Ich sich von sich unterscheidet, um sich im Rückbezug auf das alienierte Selbst sich als sich selbst zu dechiffrieren. Ein Nicht-Ich kann das Ich nur deshalb kennen, weil es zur Selbstunterscheidung in der Lage ist. Anders gesagt: Das Ich kann sich nur im Modus der Selbstdiffe-renz setzen. Eben für diese vermittelte Einheit steht der Begriff der Darstellung: Dieses Setzen ist zugleich ein Darstellen. Novalis will, so kann man sagen, ein basales Entfremdungsmoment der Selbstbeziehung zur Geltung bringen, wobei der Ausdruck »Entfremdung« hier rein strukturell gemeint und von pathetisch-existenzialistischen Konnotationen freizuhalten ist.

Novalis hat in Nr. 8 ein erstes Zwischenfazit gezogen: »D[ie] Handlung, daß Ich sich als Ich sezt muß mit der Antithese eines unabhängigen Nichtich und der Beziehung auf eine sie umschließende Sfäre verknüpft seyn – diese Sfäre kann man Gott und Ich nennen.« (Nr. 8; 12 / 107f.) Hier liegt eine Fichte struktu-rell verwandte, aber doch signifikant veränderte Gedankenfigur vor. War es bei Fichte das absolute Ich des ersten Grundsatzes, welches die ›Sphäre‹ des teilbaren Ichs und Nicht-Ichs bildete, so ist hier dasjenige Ich als ›Sphäre‹ angesprochen, welches gleichsam die Synthese von Ich und Nicht-Ich bildet. Vorderhand kann diese umgreifende Ich-Sphäre auch mit dem Gottesbegriff identifiziert werden, den Novalis jedoch zunächst nicht weiter verfolgt, sondern diesem Ich den Na-men des ›absoluten‹ Ich gibt.[47] »Ohne Sfäre müssen These und Antithese ver-wechselt werden können, Eins seyn, oder nichts seyn – welches hier einerley ist. So Ich und Nichtich, ohne absolutes Ich!« (Nr. 11; 14f. 110) Und wie um

---

[45] Die Zeichentheorie, auf die noch näher einzugehen sein wird, ist also mindestens *auch* subjektivitätstheoretisch motiviert. Dies übersieht die ganz und gar semiotisch und sprachphi-losophisch orientierte Arbeit von Wm. Arctander O'Brien, Novalis. Signs of Revolution, London 1995, 77-118.

[46] Aus der Perspektive Fichtes könnte man sagen: Novalis trägt den dritten Grundsatz in den ersten ein.

[47] Es ist ein Fehlurteil, wenn Manfred Frank, Das Problem »Zeit«, aaO., 156, behauptet, Novalis habe den Begriff des »Ich« zugunsten des Begriffs von »Gott« aufgegeben. Sein Beleg, eine – von Novalis gestrichene – Notiz aus der zweiten Handschriftengruppe: »Das Ich kön-nen wir nun wegstreichen – freye Theorie – freye Praxis beider im Ich für das reflectirende (theoretische) Ich« (Nr. 96; 55 / 150), deren Fundort Frank übrigens erneut nicht notiert, hat schlechterdings gar nichts mit dem Gottesbegriff zu tun, sondern steht im Kontext freiheitstheo-retischer Ausführungen.

zu verdeutlichen, dass hierbei nicht an das absolute Ich der absoluten Thesis aus Fichtes § 1 gedacht ist, kombiniert Novalis weiter unten in der ersten Handschriftengruppe die beiden genannten Epitheta des Ich: »Das absolute Ich kann man auch das Absolut synthetische Ich nennen.« (Nr. 53; 45 / 139f.)

Es zeigt sich also bereits in den ersten Notaten eine eigentümliche Doppelposition der Theorie des Ich im Verhältnis zu Fichte. Zum einen muss nach Novalis die »Sfäre des Ich [...] für uns alles umschließen.« (Nr. 1; 9 / 104) Das ist nichts anderes als die idealistische Grundentscheidung. Als »erste Handlung« des Ich markiert Novalis »die Bestimmung des Ich, als Ich« (ebd.), welche – da unabhängig von jeder anderen Handlung – als eine »frey[e]« (ebd.) Handlung anzusprechen ist.[48] Die Philosophie in einem freien Aktus des Ich zu begründen, legt aber fest, dass wir uns innerhalb des Idealismus, wenn auch in einer eigenen Weise, befinden. Es kann nach den bisherigen Ausführungen keine Rede davon sein, dass das Ich seinerseits noch in einem unvordenklichen Sein gründet. Zum anderen – und dies markiert eine eigene Position gegenüber Fichte – versteht Novalis den Satz »Ich = Ich« nicht als eine reine Thesis im Sinne von dessen erstem Grundsatz, sondern als eine Synthese, welche die Akte der Selbstsetzung und Selbstfremdsetzung übergreift. Novalis hat, wenn man so will, Fichtes Anliegen produktiv missverstanden. Fichte untersuchte den Grund dafür, warum »Ich = Ich« gilt und fand ihn in der Selbstsetzung des Ich. Novalis hingegen stellt eine inhaltliche Meditation über diesen Satz an. Er ist danach kein analytischer Satz, keine Tautologie: Das Ich ist bei sich nur als von sich entfremdetes Selbst.

b) Nr. 53-64. 32-39: Die zuletzt erhaltene Auskunft, das absolute Ich sei als synthetisches Ich zu charakterisieren, ist noch nicht das letzte Wort, das in dieser Angelegenheit zu sprechen ist. Denn, so ließe sich fragen, von welcher Warte aus geschieht denn diese Charakterisierung? Sie ist doch offensichtlich ein Ergebnis philosophierender Besinnung. Diesem Umstand gilt es Rechnung zu tragen, soll nicht über das synthetische Ich allzu gegenständlich gesprochen werden. Diese Metareflexion kommt zu dem Ergebnis: »Das eigentliche synthetische Ich muß eigentlich Ich schlechthin heißen – das Prädicat synthetisch widerspricht ihm – es ist ein Zusatz des vorstellenden, analytischen Ich.« (Nr. 53; 46 / 140) Das »vorstellende« Ich bezeichnet den Standpunkt der philosophischen Reflexion: Dieser betrachtet das absolute Ich als eine Synthesis. Das vorstellende Ich hingegen ist zunächst durch nichts anderes bestimmt als durch sein Vorstellen. Schon durch diese Doppelung ist ausgedrückt, dass das Ich verschieden angesehen werden kann. Novalis hatte bereits in dem anderen Kontext seiner ersten Aufzeichnungen als Arbeitsanweisung die Stichworte »Reines und empirisches Ich« (Nr. 1; 9 / 105) vermerkt.[49] Doch war er dieser Dichotomie zunächst nicht nachge-

---

[48] Der Bestimmungsbegriff ist hier nicht im kantischen Sinne, sondern im Sinne des Fichteschen »Setzens« zu verstehen.

[49] Die Disjunktionen analytisch vs. synthetisch und rein vs. empirisch sind nicht miteinander

gangen, sondern hatte fortwährend bloß von ›dem Ich‹ gesprochen. Erst ab der Notiz Nr. 32, die mit »Vom empirischen Ich« überschrieben ist, wird jene Unterscheidung für mögliche differenzierte Ansichten des Ich fruchtbar gemacht. Auf diese Differenzierungen nimmt Novalis in Nr. 53 Bezug, denn sie ermöglichen eine Perspektivendualität: Die Reflexion auf die Entfremdungsdimension der Ursprungsthesis des Ich führt dazu, wie wir gesehen haben, ihm das Prädikat des ›synthetischen‹ beizulegen; die Reflexion auf den Akt jenes Beilegens hingegen, bzw. auf den eigentlich vorreflexiven Charakter des ursprünglichen Ich, führt dazu, dieses Prädikat zumindest in gewisser Hinsicht wieder zu tilgen. Denn einem ›absoluten‹ Ich kann eigentlich kein Prädikat beigelegt werden. Dabei verweisen diese beiden Reflexionen auf ein Bedingungsverhältnis. Dasjenige Ich, welches diese ganze Besinnung anstellt, wird nämlich dadurch konstituiert, dass es ein »Setzen seiner selbst durch ein Entgegensetzen« (Nr. 53; 46 / 140) vornimmt. Damit sind wir bei dem zweiten, oben noch nicht kommentierten Attribut des vorstellenden Ich: Dies wird von Novalis nämlich zugleich als ein ›analytisches‹ bestimmt. Im Hintergrund steht der Fichtesche Begriff von Analyse. Während für Kant »analytisch« die Struktur des tautologischen Urteils meint, versteht Fichte unter Analyse »entgegengesetzte Merkmahle, die in einem bestimmten Begriffe = A enthalten sind, *als* entgegengesetzt durch Reflexion zum deutlichen Bewustseyn erheben« (GA I / 2, 284; SW I, 124). Das vorstellende Ich heißt darum auch analytisch, weil es sein eigenes Wesen nur im Modus der Bestimmung durch Entgegensetzung zu vollziehen vermag.

Beide Beziehungen erhellen nun das Verhältnis von analytischem und absolutem Ich: »Das analytische Ich wird vom Ich begründet« (ebd.) Da es sich selbst als *analytisches* versteht, muss es das von ihm der Bestimmung Unterworfene als Synthetisches denken, d. h. als ein solches, welches die Gegensätze, die das analytische Ich trennt, noch übergreift. Zergliedert werden kann nach dieser Auffassung nur das, was bereits als vereinigt gedacht werden muss, »weil Analyse, indem es Analyse ist, sich nur Synthese entgegensetzen kann.« (Nr. 53; 45 / 140) Das analytische Ich muss also Widersprüchliches von sich aussagen: Es ›weiß‹, dass ein Ich »absolut thetisches Vermögen« (Nr. 1; 9 / 104) sein soll, es kann sich selbst aber nicht als absolut begreifen. Weil es sich selbst aber dennoch als *Ich* begreift, bleibt nur der Ausweg: Es muss sich in seiner analysierenden Tätigkeit als herkommend von der ursprünglichen Tätigkeit des Ich verstehen. Das ›analytische Ich‹ begreift sich selbst somit als abkünftig vom absoluten Ich. Abstrahiert man hingegen von diesem Begründungszusammenhang, so bleibt für dieses letztere nur der blasse Titel »Ich schlechthin« übrig; ein Ausdruck, unter dem aber gar nichts gedacht wird, weil er von der einzigen Weise abstrahiert,

---

gleichzusetzen. Während die erste eine transzendentale Statusdifferenz aus der Perspektive der Reflexion meint, bezieht sich die zweite eher auf die Differenz der Struktur Ichheit und ihrem Vorkommen.

wie das absolute Ich überhaupt gedacht werden kann. In seiner Grundfunktion aber *für* das vorstellende Ich muss das Ich schlechthin mit dem reicheren Titel des ›synthetischen‹ Ich belegt werden: »Es ist die Synthese des Ich, inwiefern es keine eigentliche Synthese ist – jedoch zum Behuf des Analytischen Ich so genannt werden muss« (Nr. 53; 46 / 140).

An dieser Stelle bietet es sich an, nicht sogleich mit der zuletzt angesprochenen Nr. 53 fortzufahren, sondern im Text der »Fichte-Studien« noch einmal zurückzugehen an den Ursprung der Redeweise von einem anderen als dem absoluten Ich. Im Vergleich zu diesem nämlich muss das sogenannte ›analytische‹ Ich als ein empirisches angesehen werden, d. h. als eine empirische Ansicht des Ich. Wie aber, so hatte Novalis sich gefragt, »wird das absolute Ich ein empirisches Ich?« (Nr. 32; 31 / 126) Diese Frage wird nicht sofort beantwortet, sondern zunächst nur verschoben durch eine Betrachtung über verschiedene Weisen, in der das Ich als empirisch angesehen werden kann, nämlich als Gefühl und Reflexion. Beide konvergieren bei aller Verschiedenheit darin, dass sie jeweils eine empirische Ansicht des Ich bieten.[50] Sie hängen voneinander und vom absoluten Ich ab. Sie können folglich als »zwey mittelbare Ichs« (ebd.) angesprochen werden. Damit ist aber die Frage nach der Genesis des empirischen Ich noch nicht beantwortet. Novalis gibt auch keine ausdrückliche Antwort, sie muss also auf rekonstruktivem Wege versucht werden. Der Grund für die Entäußerung des absoluten Ich muss wohl in seinem synthetischen Charakter gesucht werden. Es kann aufgrund dessen nicht als eine reine Einheit verstanden werden. Und deshalb muss irgendeine, nicht näher zu spezifizierende Form von Teilung im Ich bereits angenommen werden. Folglich muss gelten: »Das absolute Ich ist Eins und geteilt zugleich.« (Nr. 32; 32 / 126) Der Charakter der Geteiltheit ist nun der Grund dafür, dass dem Ich überhaupt erst ein »empirisches Bewußtseyn« (ebd.) zukommen kann. Denn ein solches zeichnet sich ja gerade dadurch aus, nur in Gegensetzungen (eines Subjekts und Objekts) seiner selbst habhaft zu werden. Wiederum können aber Einheit und Differenz im absoluten Ich nicht unvermittelt nebeneinanderstehen. Sie werden vermittelt durch einen Trieb, und zwar den »Trieb Ich zu seyn« (Nr. 32; 32 / 127). Diese Selbstvermittlung, wenn man diesen Vorgang so nennen möchte, des absoluten Ich

---

[50] Wie immer man den Begriff des Gefühls bei Novalis auslegt – dies muss unser Thema hier nicht sein –, es ist festzuhalten, dass der Satz »Die Philosophie ist ursprünglich ein Gefühl« (Nr. 15; 18 / 113), unklar wie er an sich selbst bereits ist, keineswegs das letzte Wort zur Sache ist, sondern im Fortgang »Gefühl« stets bedingender und bedingter Gegenbegriff zu ›Reflexion‹ ist. Es kann keine Rede davon sein, dass das Gefühl ein »dem Absoluten [...] quasi koextensive[s] Bewußtsein« (MANFRED FRANK / GERHARD KURZ, aaO., 77) ist. Ferner wäre zur Erhellung dringend Fichtes Begriff von Gefühl zu vergleichen: »Die Aeusserung des Nicht-könnens im Ich heißt ein *Gefühl*. In ihm ist innig vereint *Thätigkeit* – ich fühle, bin das fühlende, und diese Thätigkeit der Reflexion – *Beschränkung* – ich *fühle*, bin leidend, und nicht thätig, es ist ein Zwang vorhanden.« (GA I / 2, 419; SW I, 289.)

ins Empirische, ist aber erneut lediglich durch eine Reflexion des empirischen Ich postuliert. Denn »der berühmte Widerstreit im Ich – der die Carakteristick des Ich ausmacht« (ebd.), nach dem nämlich das Ich unendlich und endlich zugleich ist, »ist blos im mittelbaren Ich und gerade deswegen nothwendig, weil es kein Widerstreit ursprünglich ist« (ebd.) Zusammengefasst lässt sich sagen: Das empirische Ich erklärt sich seine eigene Genesis als eine Selbstvermittlung des absoluten Ich ins Endliche, weiß aber zugleich in kritischer Besinnung, dass diese Erklärung sich lediglich seinen eigenen beschränkten Denkmitteln verdankt.

Als Grund des Widerspruchs von Unendlichkeits- und Endlichkeitsaspekt macht Novalis den »Ordo inversus des mittelbaren Ich« (ebd.) namhaft. Wegen der großen Bedeutung, die dieser Ausdruck in der Forschung hat, sei hier kurz auf ihn eingegangen. »Ordo« heißt in der Grundbedeutung so viel wie »die gehörige Reihe bzw. Reihenfolge.«[51] »Ordo inversus« wäre also die umgekehrte Reihenfolge und impliziert, dass es auch so etwas wie einen ›ordo rectus‹ geben müsste. Alle vier Stellen – mehr sind es nicht –, an denen Novalis diesen vermeintlichen Zentralausdruck erwähnt,[52] schreiben ihn dem »mittelbaren Ich« bzw. dem »Subject« (zwei synonyme Ausdrücke) zu. Der ›ordo rectus‹ hingegen liegt im absoluten Ich vor. Das absolute Ich wird postuliert als die absolute Synthesis, die aber als solche nicht gedacht werden kann, da empirisches Synthetisieren vereinzelte Daten voraussetzt.[53] Um seiner eigenen Ichheit willen muss das Subject aber dennoch das absolute Ich annehmen,[54] obwohl nur umgekehrt von ihm gilt, was vom absoluten Ich gilt.[55]

---

[51] Es könnte sich lohnen, eine begriffsgeschichtliche Untersuchung zu diesem Ausdruck anzustellen, was hier natürlich nicht geleistet werden kann. Die von mir eingesehenen Wörterbücher des klassischen Latein haben diese Wortverbindung nicht, sie scheint in der Antike also wenigstens keine stehende Wendung gewesen zu sein. Bei einer kursorischen Suche stand der einzige Beleg, der mir unterkam, bei JEAN CALVIN, Commentarius in Epistolam priorem ad Corinthios (1546), bei der Auslegung zur 1Kor 1, 21: »21. *Quoniam enim non cognovit.* Erat hic certe legitimus ordo, ut homo ingenita sibi ingenii luce sapientiam Dei in eius operibus contemplatus ad eius notitiam perveniret. Sed quia hominibus praevitate hic ordo inversus est, primum vult nos infatuare Deus in nobis, priusquam erudiat ad salutem.« (Calvini Opera, Vol. 49, Braunschweig 1892, 326.) Hier ist »inversus« allerdings wohl nicht Attribut, sondern Prädikatsnomen. Auf diese Stelle bin ich gestoßen durch den Hinweis auf http://www.neocalvinisme.nl/ks/diss/ksdissIV3.html.

[52] MANFRED FRANK, Das Problem »Zeit«, aaO., 147, behauptet zwar, von dieser »Entdeckung« sei Novalis so beeindruckt gewesen, »daß er bis in seine späten Aufzeichnungen von der Faszination über dieses Phänomen nicht mehr loskommt«, bleibt aber einmal mehr einen Beleg schuldig. Der Co-Autor der »Ordo-inversus«-Studie, Gerhard Kurz, hat sich inzwischen partiell von dieser Novalis-Deutung distanziert; vgl. DERS., *Hysteron Proteron.* In: Ordo Inversus. Collegium Helveticum, Bd. 29 (1999), 69, Anm. 10.

[53] »Was im absoluten Ich Eins ist, ist im Subject nach den Gesetzen des absoluten Ich getrennt« (Nr. 36; 34 / 128).

[54] »Postulirt das Subject nicht das absolute Ich, so muß es sich hier in einen Abgrund von Irrthum verlieren – dis kann aber nur für die Reflexion geschehen« (Nr. 41; 36 / 130)

[55] »[W]as vom absoluten Ich gilt, gilt auch vom mittelbaren Ich, nur, *ordine inverso.*« (Nr. 36; 34 / 128).

Damit können wir wieder zur Reflexion Nr. 53 zurückkehren. Die transzendentale Spekulation über den Übergang des absoluten Ich ins Endliche erwies sich als ein Vollzug des philosophierenden Ich selber, welches sich aber in dieser Spekulation als durch das absolute Ich gegründet setzt. Novalis ist sich über den Produktionscharakter dieser Spekulation in einem solchen Maße klar, dass er ihr Ergebnis kurzerhand als »Bild« bezeichnen kann: Das analytische Ich »sezt sich für sich, indem es ein Bild von seinem Begründenden sezt« (Nr. 53; 46 / 140). Eben in diesem Setzen erweist sich aber das analytische Ich als echtes ›Kind‹ (vgl. Nr. 31; 30 / 125; Nr. 34; 33 / 128) des absoluten Ich, weil es »so die Handlung seines Begründens reproduciert« (Nr. 53; 46 / 140): Die ursprüngliche Handlung des Ich war ja keine andere als die, sein alieniertes Selbst als Bild für sich zu setzen.

Fragt man danach, welcher Fortschritt gegenüber den ersten Aufzeichnungen (Nr. 1-14) gemacht wurde, so könnte die Antwort wie folgt lauten: Zunächst ist der Standpunkt der ganzen Überlegungen explizit gemacht, nämlich der Standpunkt der philosophierenden Reflexion; wir stehen nicht einfach im Absoluten. Zweitens ist die Spekulation über das absolute Ich gleichsam transzendental geerdet, indem klargemacht wird, dass alle Aussagen über das absolute Ich und dessen synthetische Verfasstheit sich der bildsetzenden Kraft des empirischen Ich verdanken,[56] also keine An-Sich-Aussagen sind, sondern streng an die Perspektive des Bewußtseins des philosophierenden Ich gekoppelt werden. Und schließlich drittens vermag das empirische Ich gerade *in* seinem Bildentwerfen sich als durch das absolute Ich gegründet zu verstehen, da es gleichsam im Setzen des Bildes nur dessen transzendentalen Gründungsakt wiederholt: »Im Synthetischen Ich schaut sich das analytische Ich an. Das Anschauende Ich wird sein eignes Angeschaute – das synthetische Ich ist gleichsam Spiegel der Realität.« (Nr. 63; 47 / 142) Es entspricht im Setzen des Bildes der zeichenvermittelten Selbstbeziehung des absoluten Ich.

c) Vierte Handschriftengruppe: In der zweiten und dritten Handschriftengruppe finden sich keine prominenten Ausführungen zur Ich-Theorie, Novalis behandelt hier andere Themen, von denen zum Teil noch die Rede sein wird. Auch in der vierten Gruppe dominieren Neuansätze, wie z.B. die erstmalige Einbeziehung ästhetischer Überlegungen oder Erwägungen zum Verhältnis von Wesen und Eigenschaften. Dennoch finden sich – etwas verstreuter als in der ersten Gruppe – einige Reflexionen über das Ich, welche in gewisser Weise als Brückenschlag zu den konzentrierten Ausführungen der fünften Gruppe verstanden werden können. Novalis knüpft an frühere Ergebnisse an, wenn er von einer doppelten Ansicht des Ich spricht. Dabei verwendet er probehalber diejenige Terminologie, welche er in dieser Handschriftengruppe erwogen hatte, sagt

---

[56] Damit ist bereits auf das Thema der Einbildungskraft voraus verwiesen, welcher ein eigener Teilabschnitt gewidmet wird, s. u. 167–180.

aber der Sache nach dasselbe wie vorher: »Unser Ich ist Gattung und Einzel-
wesen – allg[emein] und bes[onders]. Die zufällige, oder einzelne Form unsers
Ich hört nur für die einzelne Form auf – der Tod macht nur dem *Egoismus* ein
Ende. [...] Wir sprechen vom Ich – als Einem, und es sind doch Zwey, die
durchaus verschieden sind – aber absolute Correlata.« (Nr. 462; 158f. / 248f.)

Den eigentlichen gedanklichen Fortschritt erzielt Novalis, indem er nun auch
den Satz »Ich bin« einer recht detaillierten Untersuchung unterzieht. Veranlasst
wird er dazu durch eine Reflexion auf das Prädikat des »Seins«: Was wird eigentlich von einem Ding ausgesagt, wenn man sagte, dass es ist? Bei Lichte besehen
hat das Verbum »sein« ausschließlich kopulative Funktion. »Nichts in der Welt
ist blos; [...] Man weiß nichts von einem Dinge, wenn man blos weiß, daß es
ist – im eigentlichen Verstande. Seyn im gewöhnlichen Sinne drückt die Eigenschaften und Verhältnisse und den Wechsel eines Gegenstandes aus.« (Nr. 454;
156f. / 247) Diese Einsicht wird nun angewandt auf den Satz »Ich bin«. Er sagt,
streng genommen, vom Ich nichts aus, ist ein leerer Satz. »Es ist Glied des Wechsels überhaupt, ohne ein Entgegengesetztes – ein Exponiren zu allem, möglichen
Gebrauch« (Nr. 455; 157 / 247). Das besagt: Das Ich ist gleichsam eine Andock-
stelle für alle möglichen Gehalte. Es ist in der Lage, als Relat einer nicht näher
quantifizierten Menge an Bestimmungen zu fungieren. Und zwar hat man sich
diese Relation so zu denken, dass das Ich als ein Relat mit Subjekts- bzw. Subsi-
stenzfunktion fungiert. Liegt in diesem Subjektscharakter eine Nähe zu Fichte,
so weist Novalis doch erneut die Fichtesche Fassung des ersten Grundsatzes zurück: »Seyn drückt nicht Identität aus« (Nr. 454; 156 / 247). Das Ich ist nach
Novalis nicht einfach bloß mit sich identisch, sondern stets in bestimmten Hinsichten mit sich identisch. Gerade die Leerheit des bloßen »Ich bin« verlangt die
Selbstauslegung des Ich über seinen bloßen Ich-Charakter hinaus.

In dieselbe Richtung deutet auch ein anderer Gedanke, auf den Novalis in der
vierten Handschriftengruppe verstärkt zurückkommt, nämlich vom Ich als Idee
oder als Ideal. Diese Reflexionen werden vermutlich veranlasst durch sein Nachdenken über den Begriff der ›regulativen Idee‹, welches im Rahmen gattungstheoretischer Überlegungen stattfindet. Eine »höchste Gattung« sei »wol gar ein
Nonens« (Nr. 466; 162 / 252), diese Idee habe vielmehr nur regulative Funktion.
»Jede regulative Idee ist von unendlichem Gebrauch – aber sie hat keine selbst-
ständige Beziehung auf ein Wirckliches«. (Ebd.) Diese Begriffsbestimmung ließe
sich auf den ersten Blick einigermaßen abbilden auf den Kantischen Gebrauch
dieses Ausdrucks, wonach regulative Ideen anders als die Kategorien nicht direkt auf Erfahrung bezogen werden, sondern Einheitsprinzipien der Verstandeserkenntnis bereitstellen. Testweise verwendet Novalis diesen Ausdruck nun auch
in der Ich-Theorie. »Begriffe überhaupt sind nichts reales – sie haben nur idea-
len Gebrauch. So ist auch Ich etc. eine regulative Idee.« (Nr. 479; 166 / 256; i. O.
teilweise kursiv). Es zeigt sich in den nächsten Abschnitten, dass diese Verwen-

dung aber gerade nicht dem Kantischen Gebrauch entspricht, sondern ganz in Fichtesche Gedankenbahnen lenkt. Wegen der Wichtigkeit dieses Punktes sei dieser Umstand kurz eigens erläutert. Eine regulative Idee bezeichnet nach Kant einen Abschlussgedanken, welcher als Aufbauprinzip des Wissens fungiert, indem er einem Wissensgebiet Einheitlichkeit mitteilt. Das absolute Ich bei Fichte hingegen bezeichnet den Zielbegriff eines praktischen Strebeprozesses, und hat mit dem Aufbau des Wissens nur sehr mittelbar zu tun, als es die aporetisch endende Darstellung der theoretischen Philosophie (GWL § 4) noch in eine übergreifende Perspektive einrückt. Genau diesen Strebecharakter hat Novalis aber durchgängig vor Augen. Um das Missverständnis einer kantianisierenden Lesart auszuschließen, können wir wie folgt paraphrasieren: Das absolute Ich steht dem empirischen gleichsam als Zielbegriff seiner eigenen Vervollständigung vor Augen. Unter den Bedingungen der Endlichkeit kann das Ich freilich dieses Ideal nicht erreichen. »Inwiefern erreichen wir das Ideal nie? Insofern es sich selbst vernichten würde. Um die Wirkung eines Ideals zu thun, darf es nicht in der Sfäre der gemeinen *Realität* stehn. Der Adel des Ich besteht in freyer Erhebung über sich selbst – folglich kann das Ich in gewisser Rücksicht nie absolut erhoben seyn – denn sonst würde seine Wircksamkeit, Sein Genuß i.e. sein Sieg – kurz das Ich selbst würde aufhören.« (Nr. 508; 170 / 259) Der Charakter des empirischen Ich besteht in seiner Selbstvervollkommnungs-, man könnte vielleicht auch sagen: Selbststeigerungstendenz. Diese Tendenz muss aber nicht ziellos zu Werke gehen, sondern ist ausgerichtet, indem das Ideal des absoluten Ich die Tendenz dirigiert. Eine vollständige Realisierung des Ideals würde in der Tat das Ende des Ich bedeuten, aber freilich bloß des empirischen Ich,[57] während ein Herabziehen des Ideals in die ›gemeine‹ Realität das Ende seiner Dirigierungsfunktion bedeuten würde und folglich das empirische Ich keine Richtung seiner Kraftäußerung mehr kennen würde.

Zusammengefasst: Die Vorstellung, dass das Ich auch als Idee aufgefasst werden könnte, hatte Novalis schon früher gefasst. Erst jetzt aber versteht er diesen Umstand als Aufgabe an das Ich, in einen wenn auch infiniten Selbstauslegungsprozess einzutreten. Dieser Selbstauslegungsprozess wird vom Ideal des absoluten Ich ausgerichtet, welches vorübergehend auch als regulative Idee bezeichnet werden kann. Dieser scheinbar kantische Begriff ist aber vollständig in

---

[57] Im Hintergrund scheint mir hierbei Fichtes Vorlesung über die »Bestimmung des Gelehrten« von 1794 zu stehen, in der die Aufgabe des empirischen Ich so beschrieben wird: »Alles vernunftlose sich zu unterwerfen, frei und nach eigenem Gesetze es zu beherrschen, ist letzter Endzweck des Menschen; welcher letzte Endzweck völlig unerreichbar ist und ewig unerreichbar bleiben muss, *wenn der Mensch nicht aufhören soll, Mensch zu seyn, und wenn er nicht Gott werden soll.*« (GA I / 3, 32; SW VI, 299f.; Hvg. A. K.) Diese Vorlesung wird von der Herausgebern der großen Novalis-Ausgabe nicht unter die Schriften gezählt, mit denen Novalis sich beschäftigt habe. Ich werde deshalb dann und wann besonders auffällige Übereinstimmungen mit dieser Schrift Fichtes festhalten, um wahrscheinlich zu machen, dass er sie gekannt hat.

der Fluchtlinie von Fichtes Theorie des Strebens des endlichen Ich nach der Unendlichkeit des Ich als Idee zu lesen.[58]

d) Nachtrag Nr. 15-31: Zu Beginn der »Fichte-Studien« kann Novalis seine frühe Grundlegung der Philosophie auch unter Zuhilfenahme des Begriffs der intellektuellen Anschauung – oder »intellectuale«, wie Novalis zu schreiben pflegt[59] – darlegen. Dieser Begriff muss in den damaligen Gesprächen der jungen Generation über Philosophie eine weit größere Rolle gespielt haben, als es die erhaltenen Texte vermuten lassen.[60] Für eine Novalis-Interpretation ist aber vor allem aufschlussreich, dass diese Darlegungsweise anschließend von Hardenberg nicht weiter verfolgt wird: Nach der relativ umfangreichen Inanspruchnahme dieses Terminus in der ersten Handschriftengruppe der »Fichte-Studien« finden sich im Gesamtwerk lediglich noch vier Belege,[61] welche allesamt in ihrem Gebrauch als sehr unspezifisch anzusehen sind.[62] Wegen der großen Bedeutung der »intellektuellen Anschauung« im frühidealistischen Debattenkontext[63] sei dieser

---

[58] Dass Manfred Frank, »Unendliche Annäherung«, Frankfurt 1997, 829-857, einem Missverständnis aufsitzt, erhellt schon daraus, dass er von der »Unerreichlichkeit des Ideals für die denkende Anstrengung« (854) spricht und daher die eben erwähnten Passagen ganz in die Perspektive der theoretischen Philosophie rückt. Überhaupt werden die praktisch-philosophischen Überlegungen sowohl bei Fichte wie auch bei Novalis von Frank beinahe vollständig ausgeblendet.

[59] Diese Schreibweise könnte auf eine Beeinflussung durch Schellings frühe Schrift »Vom Ich als Princip der Philosophie« hinweisen, worauf die Forschung bereits aufmerksam gemacht hat; vgl. Xavier Tilliette, Erste Fichte-Rezeption. In: Klaus Hammacher (Hg.), Der transzendentale Gedanke, Hamburg 1981, 532-543. Auf Abwege dürfte hingegen der Versuch führen, bloß aus der gegenüber Kant, Reinhold und Fichte abweichenden Schreibung eine terminologische Differenz machen zu wollen; vgl. etwa Herbert Uerlings, Friedrich von Hardenberg, genannt Novalis, Stuttgart 1991, 136-139.

[60] Damit ist allerdings noch gar nicht die Frage nach der Quelle der Verwendung dieses Ausdrucks in der Frühromantik beantwortet – ein schwieriges Problem, das hier der begriffsgeschichtlichen Forschung überlassen werden muss.

[61] Ein fünfter Beleg WTB II, 799 ist unsicher; vgl. Hans Jürgen Balmes, Kommentar (= WTB III), 630.

[62] WTB II: Intellektuale Anschauung gilt als »Schlüssel des Lebens« (351), als »Gesetz[] des thätigen Gebrauchs der Organe überhaupt« (373), als »Ekstase – Innres Lichtphaenomèn« (682); die Hierarchie sei die »intellektuale Anschauung des politischen Ichs«, das Prinzip der »politischen Wissenschaftslehre« (748).

[63] Kant hatte den Ausdruck gleichsam mit einem philosophischen Sperrvermerk belegt, da für ihn alle Anschauung, die wir kennen, sinnlich und rezeptiv sein muß. Intellektuelle Anschauung ist von daher lediglich Merkmal des Grenzbegriffs einer göttlichen Anschauung (vgl. KrV B § 8). Reinhold nimmt eine partielle Rehabilitierung des Begriffs vor, indem er als intellektuelle Anschauung die Anschauung der a priori gegebenen Formen des Vorstellungsvermögens als eines Gegenstandes bezeichnet. Er tut dies, um sie von der sinnlichen Anschauung a posteriori gegebener Sinnesdaten zu unterscheiden (vgl. Neue Darstellung der Hauptmomente der Elementarphilosophie. In: Ders., Beyträge zur Berichtigung bisheriger Missverständnisse der Philosophen, Jena 1790, ND Hamburg 2003, 165-254, hier 243-250). Fichte verstand unter intellektueller Anschauung einmal die Anschauung des Ich durch sich selbst in seiner Freiheit,

frühe Entwurf hier kurz dargestellt und dann auch eine Vermutung darüber formuliert, warum Novalis diesen Weg nicht weiter gegangen ist. Die Darstellung versucht, wegen des ennervierenden Zugleich von höchster Abstraktion und gedanklicher Unfertigkeit in der Quelle, sich auf das Nötigste zu beschränken.[64]

Das Leitthema dieses Abschnitts ist die Frage: Was ist Philosophie? Über die Zwischenvermutung, Philosophie könne vielleicht ein Gefühl sein, kommt Novalis zu der verbesserten These, sie als »systematischen [...] Zusammenhang zwischen Denken und Fühlen« (Nr. 19; 20 / 115f.) anzusehen. Der Akt der Philosophie, das Philosophieren, beginnt mit der Reflexion. Reflexion ist auf eine bestimmte Weise geformt, gleichgültig auf welchen Stoff sie sich richtet. Diese prinzipielle Formbestimmtheit bezeichnet Novalis mit einem Terminus, der in seiner Bedeutung kaum einheitlich zu klären ist, und für den hier deshalb probehalber ein engerer und ein weiterer Sinn veranschlagt werden soll, nämlich mit dem Begriff der »Urhandlung«.[65] Im engeren Sinne ist darunter das formale Verfahren des Bewusstseins zu verstehen, also jene bereits im vorigen Kapitel angesprochene Dialektik aus einer vorgängig gedachten Synthese, welche sich hinsichtlich ihrer sich gegenseitig fordernden Wechselglieder analysieren lässt. Diese Urhandlung im engeren Sinne wäre demnach von der ursprünglich synthetischen Handlung des Ich abgelesen. »Die Urhandlung ist blos, insofern sie sich in These, Antithese und Synthese darstellt, Form der Reflexion.« (Nr. 31; 29 / 124)

Insofern schiene sich der Knoten bereits dadurch zu lösen, dass die Reflexion die Form der Philosophie böte, das Gefühl hingegen den Stoff bereitstellte. Aber die Dinge liegen komplizierter. Denn zu ihrem Stoff erklärt Novalis nicht etwa das Gefühl, sondern »die intellectuale Anschauung. Diese wird nun der Stoff der Filosofie in der Reflexion. Nun hat die Reflexion eine reine Form und einen Stoff für die reine Form – also das Unwandelbare, Feste zu einem Anhalten, was sie suchte« (Nr. 19; 21 / 116). Urhandlung und intellektuale Anschauung kommen als ein oberster Gegensatz zu stehen.

---

und zum zweiten den Einstiegspunkt in alles bewusste Philosophieren (vgl. EPh 27f. 139-144). Schelling schließlich nimmt eine absolutheitstheoretische Umdeutung des Fichteschen Begriffs vor: In der intellektuellen Anschauung schauen wir das Göttliche an, das wir selber sind, abgesehen von den Schranken unserer Endlichkeit (vgl. Vom Ich als Princip der Philosophie, SA I / 2, 167-171).

[64] Novalis muss am Ende dieses Gedankengangs selbst eingestehen, er habe alles »auf eine sehr verwirrende Art deducirt.« (Nr. 31; 29 / 124).

[65] Bei weitem nicht alle Details dieses Problemkreises werden von uns einer Lösung zugeführt. Unsere Deutung versteht sich an dieser Stelle lediglich als ein erster Vorschlag. Indessen ist die Beharrlichkeit, mit der die Novalis-Forschung glaubt, der Sinn dieses schwierigsten Begriffs verstehe sich von selbst, geradezu unerklärlich. Vgl. nur MANFRED FRANK / GERHARD KURZ, aaO., 77; HERBERT UERLINGS, aaO., 117; FRANK RÜHLING, Die Deduktion der Philosophie nach Fichte und Friedrich von Hardenberg. In: Fichte-Studien, Bd. 12 (1997), 91-110, hier 104.

»Aus den reinen Formen der Reflexion haben wir das Verfahren der Reflexion mit dem Stoff überhaupt kennen gelernt – Sie hat nun einen bestimmten Stoff – mit dem wird sie also eben so verfahren. Dieser bestimmte Stoff ist die Intellectuale Anschauung. Nach dem Gesetze der Urhandlung wird er getheilt. Sie zerfällt in ihre zwey Theile – in das Gefühl und in die Reflexion – denn aus diesen ist sie zusammengesetzt.« (Nr.19; 22 / 117)

Diesem längeren Zitat lässt sich entnehmen, was die intellektuale Anschauung synthetisiert, indem Novalis sie als eine Zusammensetzung von Gefühl und Reflexion versteht. Welches aber ist der Ort dieser Synthesis? Es »muß, es kann nicht anders als – Mensch oder Ich seyn.« (Ebd.) Das Ich zeigt sich also von dieser Warte aus als die höchste Synthesis, das »Ich ist die Synthesis der intellectualen Anschauung.« (Nr. 31; 29 / 124) Mit dem in Frage stehenden Terminus meint Novalis also keine Überwindung einer Ich-Philosophie, sondern gerade ihre Akzentuierung.

Damit lässt sich nun auch ein weiterer Sinn von »Urhandlung« angeben: In diesem weiteren Sinne ist sie das bewusste Ergreifen der Synthesis der intellektualen Anschauung und damit der eigentliche Beginn der Philosophie. Sie war in der vorher zitierten längeren Passage bereits als ein Teilungsgesetz angesprochen worden; sie ist aber ebenso ein Vereinigungsgesetz, da sie selbst noch als Synthese anzusprechen ist, und zwar, anders als die intellektuale Anschauung, eine reflektierte Synthese: »Die Urhandlung ist die Einheit des Gefühls und der Reflexion, in der Reflexion. Die intellectuale Anschauung ihre Einheit außer der Reflexion.« (Nr. 22; 24 / 119) Philosophie ist also nach dieser frühen Bestimmung nicht das bloße Nachdenken über das, was in einem selbst vorgeht, sondern das Reflektieren des immerwährenden Zusammenhangs und der Selbstunterschiedenheit des Ich als Gefühl und Reflexion.[66] Das Ich vereinigt Urhandlung und intellektuelle Anschauung synthetisch, die beide ihrerseits als synthetische Einheiten anzusehen sind.

In der frühidealistischen Tradition war die intellektuelle Anschauung, trotz des Unterschiedes der Konzeptionen im einzelnen, stets als ein Selbstverhältnis verstanden worden. Dieses Verständnis lässt sich auch für Novalis namhaft machen. Das Ich war bereits als Ort dieser von ihm so verstandenen Synthesis aufgezeigt worden. Das Ich ist aber auch Aktant dieser Anschauung: Dem »Anschauenden als Synthese [kann] weiter nichts« (Nr. 20; 22 / 118) entgegengesetzt werden. Das Ich ist also sowohl die synthetisierende Instanz wie auch der Betrachter dieser Handlung. Damit können wir wie folgt zusammenfassen: Intellektuale Anschauung ist nach Novalis dasjenige Selbstverhältnis, in dem das

---

[66] Die grundsätzliche Dreiheit (Absolutes Ich; Ich als Gefühl; Ich als Reflexion) der Betrachtung wird von Novalis bei der Erprobung mancher Ausführungen dieses Ansatzes kombiniert mit den Kategorienklassen, so dass er als Denkexperiment einige Zwölfertafeln erhält, deren näherer Nutzen für den Erkenntnisgewinn aber hier unausgemacht bleiben soll; vgl. z.B. Nr. 23; 26 / 121; Nr. 28; 28f. / 123f.

Ich sich selbst als die Synthesis von Gefühl und Reflexion anschaut.[67] Sie kann aber nochmals in die Reflexion – die von Novalis so genannte »Urhandlung« im weiteren Sinne – aufgenommen werden, welcher Prozess dann den Grund der Unterscheidung von »einfache[m]« und »reflectirte[m] Bewußtseyn« (Nr. 20; 23 / 118) liefert. Philosophie beginnt nach diesem frühen Entwurf mit dem Bedenken der intellektualen Anschauung. Das dürfte in etwa bedeuten: Wie dargelegt, kommt das Ich ja nur als in verschiedener Hinsicht bestimmtes Ich vor. Gleichwohl muss es als eine Einheit (von »Gefühl und Reflexion«) verstanden werden, welche als Synthesis angeschaut werden kann.

Es stellt sich freilich die Frage, warum Novalis diesen Weg nicht weiter verfolgt hat. Wie gesagt, endet die Beschäftigung mit der intellektuellen Anschauung etwa nach zwei Dritteln der ersten Handschriftengruppe. Über die Gründe dafür hat Novalis sich nicht ausdrücklich geäußert, dennoch lassen sich einige vorsichtige Vermutungen anstellen: Zum einen scheint Novalis der Verdacht beschlichen zu haben, dass die Gegenüberstellung von Gefühl und Reflexion, so als erschöpfe sie das Wesen des bewussten Lebens, doch ein wenig zu schlicht geraten ist. So wäre beispielsweise etwa das »Wollen« (Nr. 83; 51 / 146), aber auch das ästhetische Ich nicht aus ihr abzuleiten. Von daher verwundert es nicht, dass der letzte Eintrag zum Thema die intellektuelle Anschauung auf den Bereich der theoretischen Philosophie einschränkt (vgl. Nr. 91; 54 / 149). Bereits die erwägende Einführung von ›Trieben‹ und ›Kräften‹ relativiert jenes Schema zu einem höchst vorläufigen und unvollständigen. Ferner haftet für Novalis, so kann man vermuten, der Rede von der intellektualen Anschauung zu sehr die Konnotation des Passiven an. Das Ich als Synthesisinstanz kann aber nie passiv sein und Passivität auch noch als ein oberstes Prinzip annehmen. So gesehen, würde sich Novalis' Theorieentwurf der intellektuellen Anschauung deutlich von dem Fichtes unterscheiden, der darunter eben gerade ein aktives Hin–Schauen des ›Angeschauten‹ verstand.[68] Gerade weil Novalis mit Fichte das Wesen des Ich in der Tätigkeit sieht, lässt er jenen Begriff fallen.[69] Als die permanent agierende Kraft, welche die Synthese im Ich vollbringt, wird die Einbildungskraft namhaft gemacht werden, welcher wir uns im nächsten Teilkapitel zuwenden wollen.

---

[67] Damit unterscheidet sich meine Interpretation von dem Vorschlag von MANFRED FRANK, »Intellektuale Anschauung«. In: Jochen Hörisch, Zur Aktualität der Frühromantik, Frankfurt 1987, 96-126. Gemäß dem Duktus seiner Gesamtinterpretation »haben wir [in der intellektualen Anschauung] das Gefühl, uns aufs Absolute als auf ein Verfehltes zu richten.« (124) Weder ist sie nach Frank ein Selbstverhältnis, noch ist sie wirklich eine Anschauung, denn sie kann nach ihm die intendierte »Repräsentation des Einen [...] nur als Widerspiel zweier Reflexe, als Reflexion vollbringen« (ebd.) Sie ist gleichsam nur Vehikel des Gefühls, in dem das Absolute eigentlich präsent sein soll.

[68] Vgl. JOHANN GOTTLIEB FICHTE, 2. Einl., SW I, 463-468; GA I / 4, 216-221.

[69] Hardenbergs verbessertes Fichte-Verständnis nach der Lektüre der »Zweiten Einleitung« könnte dann sogar das sporadische Wiederauftauchen des Begiffs in den späteren Schriften erklären, der dort mit weitaus mehr Aktivitätskomponenten ausgezeichnet scheint.

Zuvor aber haben wir hier noch die beiden Hauptansichten des Ich, wie sie in den »Fichte-Studien« dargelegt werden, darzustellen, das praktische und das ästhetische Ich.

2.2. Die Genesis des praktischen Ich

Bereits relativ früh, in den einleitenden Passagen der Überlegungen zu einer »Deduktion der Philosophie (Nr. 19; 22 / 117) hatte sich Novalis als Arbeitsanweisung notiert: »Theoretische und Practische Filosofie – was ist das? welches ist die Sfäre jeder?« (Nr. 18; 20 / 115)[70] Und eines der methodisch interessantesten Notate noch der ersten Handschriftengruppe zeigt deutlich, dass es Novalis mit den »Fichte-Studien« zumindest auch um die systematische Begründung, wenn nicht gar Ausführung einer politischen Ethik gegangen ist: »Moral, Naturrecht und Politik werden die drey practischen Wissenschaften – die aus dem Vorhergehenden ihre Grundsätze empfangen werden.« (Nr. 51; 44 / 139)[71]

Allerdings scheint Novalis die Ansicht, seine bisherigen Ausführungen zur Grundsatzphilosophie würden als Einsatzpunkt einer praktischen Philosophie bereits hinreichen, wieder aufgegeben zu haben, denn im weiteren Verlauf dieser ersten Gruppe kreist Novalis fast ausschließlich um Fragen der theoretischen Philosophie. Erst weiter hinten, in der fünften Handschriftengeruppe, führt Novalis seinen Ansatz der Ethik breiter aus. Hier, zum Eingang der »Fichte-Studien«, finden sich nur einige wenige Anmerkungen, besonders zum Begriff des ›practischen Ich‹. Diese Ausführungen, vor allem in den Nr. 87–89[72] haben insofern eher einen vorbereitenden Charakter. Immerhin kann man ihnen dreierlei entnehmen: Erstens, der Ansatz der Ethik kreist um die Begriffe der »Caussalitaet«, des »Streben[s]« und besonders um den der »Freyheit« (Nr. 87; 52 / 147). Damit ist der Fichtesche Kontext der Überlegungen deutlich angezeigt. Zweitens, Novalis stellt eine interessante Reflexion über den Begriff des ›Moralischen‹ an. Diesen habe man »bisher nur in einer inhumanen Bedeutung genommen, und erstaunend[73] eingeschränckt.« (Nr. 88; 53 / 147f.) Was für Konzeptionen Novalis hier vor Augen hat, kann nicht mit Sicherheit geklärt werden; das »bisher« deutet darauf hin, dass allgemein die vor-fichtesche Ethik gemeint ist. Möglicherweise findet sich daher hier noch eine Spur eines frühen Studiums der

---

[70] Dieser Umstand ist nicht berücksichtigt bei FRANK RÜHLING, Die Deduktion der Philosophie nach Fichte und Friedrich von Hardenberg. In: Fichte-Studien, Bd. 12 (1997), 91–110, welcher wie Manfred Frank die praktische Philosophie gänzlich übergeht.

[71] Interessant ist, dass Fichte in der Ankündigung seines Systems, was die praktischen Wissenschaften angeht, lediglich »ein Naturrecht, und eine Sittenlehre« (BWL § 8; GA I / 2, 151) projektiert hatte. Die »Politik« hat Novalis eigenständig hinzugefügt – vielleicht eine Frucht seines Jura-Studiums.

[72] Die mit der Überschrift »Das practische Ich« versehenen Notate Nr. 91–95 sind trotz ihres Titels weit weniger ergiebig.

[73] Gemeint ist vermutlich: »erstaunlich«.

Kantischen Ethik, von der Friedrich Schlegel berichtet.[74] Es scheint, als habe Novalis selbst noch den kategorischen Imperativ als einen Fall von Heteronomie angesehen, da ein solches Gesetz der Form nach ein Produkt der Reflexion ist. Nur eine freie Handlung kann eine moralische Handlung heißen,[75] und ›frei‹ kann hier nur heißen: nicht durch ein Gesetz hervorgebracht.[76] »Die Moralität einer Handlung läßt sich also gar nicht aus Grundsätzen bestimmen.« (Nr. 88; 53 / 148) Drittens, auch ein »moralischer Gott« (Nr. 89; 54 / 148) könnte keine solche Heteronomie-Instanz abgeben. Denn mit ihm würde das Ich in der theoretischen Einstellung nur sein Zerfallensein mit seinem wahren Wesen ausdrücken, weil es auf moralische Weisung von außerhalb angewiesen bliebe. Der die Ethik begründende Widerstreit kann nicht zwischen Gott und dem Menschen, sondern nur in einer internen Wechselbeziehung des Ich mit sich selbst konstatiert werden.

Erst in der fünften Handschriftengruppe kommt Novalis, wie gesagt, auf seine Ankündigungen und Andeutungen zurück und führt nun die Grundlegungsfragen der Ethik etwas breiter aus. Diese Ausführung knüpft direkt an seine Theorie von der Selbstauslegungsfähigkeit des Ich an. Eine Form dieser Selbstauslegung wird, so kann vorweggenommen werden, das freie Handeln sein.

Der fünften und sechsten Handschriftengruppe kommt deswegen eine so große Bedeutung zu, weil Novalis hier gleichsam noch einmal von vorn beginnt und wie ganz zu Anfang der »Studien« nahe am Fichteschen Text argumentiert. So findet sich gleich zu Beginn der fünften Gruppe die Überschrift »Bemerkungen zur Wissenschaftslehre«, und einige Seiten später notiert sich Novalis noch einmal »Merckwürdige Stellen und Bemerkungen bey der Lektüre der Wissenschaftslehre«. Eine intensive Studienarbeit liegt bereits hinter ihm, als er sich nun erneut dem Fichteschen Hauptwerk zuwendet. Das offenbar noch nicht abschließend befriedigte Klärungsbedürfnis wird nun von den selbst erarbeiteten Voraussetzungen her angegangen. Deshalb nimmt es nicht Wunder, dass in der fünften Handschriftengruppe viele Notate einen eher abhandlungsartigen Charakter annehmen.

Nach einigen eher paraphrasierenden Anmerkungen zu Fichte beginnt Novalis eine Meditation über die Freiheit des Ich. Denkt ein Subjekt über Freiheit nach, so wird ihm Freiheit zuerst klar an dem möglichen Freiheitscharakter der Reflexion selbst: Novalis unterscheidet eine »freye Reflexion« von einer »bestimmten Reflexion« (Nr. 555; 176 / 266) des Ich auf sich. Dabei arbeitet die Reflexion mit zwei unterschiedlichen Freiheitsbegriffen. Zum einen kann das

---

[74] Brief Ende August 1793; N IV, 360.

[75] Dies ist nun freilich exakt Kants Meinung. Sollte sich Novalis hier tatsächlich kritisch auf Kant beziehen, so wäre das nur ein weiteres Indiz dafür, dass seine frühen Kant-Studien nicht gerade sehr weitreichend gewesen sein dürften.

[76] Für diese Vermutung spricht auch eine spätere Notiz aus dem »Allgemeinen Brouillon«: »Kant scheint die Ethik *juristisch* behandelt zu haben.« (N III, 339).

Ich auf sich als wie auf einen Gegenstand reflektieren und somit als auf ein Nicht-Freies, auf ein Nicht-Ich. Der Freiheitscharakter des Ich erweist sich dann nicht an seinem Gegenstand, sondern lediglich an dem Akte der Reflexion selbst. Es trennt »seine reflectirende Tätigkeit von seinem Wesen« (Nr. 555; 177 / 266). Das Ich kann aber auch auf sich als ein Freies reflektieren. Dann wird ihm Freiheit als Gegenstand der Reflexion bewusst und »vereinigt [...] beyde«. (Ebd.) Doch gerade dadurch, dass beide Reflexionen, auch die gegenständliche, möglich sind, wird angezeigt, dass das empirische Ich sich als zumindest partiell in der Unfreiheit befindlich ansieht. Deswegen kann Novalis auch davon sprechen, dass frei zu sein lediglich die »Tendenz des Ich« (ebd.) ist. Beide Stränge müssen miteinander verschlungen werden, Reflexionsakt und das moralisch freie Ich sollen einander entsprechen: »Alle Erkenntniß soll Moralität bewirken – der moralische Trieb, der Trieb nach Freyheit die Erkenntniß veranlassen.« (ebd.) Diese wechselseitige Durchdringung hat dann zum Ziel, den »Zweck d[es] Ichs« (Nr. 556; 178 / 267) klar vor Augen zu stellen, welcher da ist »totales Freysein«. (Ebd.)

Novalis verwendet also mehrere Begriffe von Freiheit, die er nicht immer klar von einander geschieden hat. Das empirische Ich entdeckt einerseits sich selbst als frei reflektierend. Reflexion als seine eigene Handlung führt auf die Vorstellung von sich als einer Instanz, welche frei zu handeln in der Lage ist: »Die Freyheit der Reflexion führt auf eine Freyheit des handelnden Ich.« (Nr. 558; 179 / 268) Hierbei ist wichtig zu betonen, dass dieses »führt auf« epistemisch zu lesen ist: Es geht um den Entdeckungszusammenhang der Freiheit des empirischen Ich, also um die Frage, wie man ihrer ansichtig wird, und nicht um ihre Konstitution. Inhaltlich wird hier die moralische Freiheit schlicht vorausgesetzt. Insofern das Ich aber andererseits auf sich wie auf ein Nicht-Ich reflektieren, sich selbst also vergegenständlichen kann, wird ihm bewusst, dass es sich in einer nicht vollständigen Freiheit befindet. Aus dieser partiellen Unfreiheit einerseits, dem unaufgebbaren Ichcharakter andererseits, erwächst ihm ein Trieb, frei zu sein, und zwar völlig frei. Dieser Trieb bildet den Ansatzpunkt der praktischen Tätigkeit und schlägt sich in Form eines Imperativs nieder: »Sey einig mit dir selbst«[77] (Nr. 555; 177 / 266). Dieser Imperativ ist nach Novalis der oberste Grundsatz der praktischen Philosophie,[78] in seiner Sprache ausgedrückt: der »Bedingungsgrundsatz des obersten Zwecks« (ebd.) Die Einigkeit soll nicht nur im Willen bestehen, sondern alle Vernunftkräfte des Menschen in eine »Harmonie« (ebd.) bringen.

Es könnte bislang so geschienen haben, als deuteten die Ausführungen auf eine prinzipielle Gleichrangigkeit von theoretischer und praktischer Vernunft-

---

[77] Vgl. JOHANN GOTTLIEB FICHTE, GA I / 3, 30; SW VI, 296: Der »Mensch soll stets einig mit sich selbst seyn; er soll sich nie widersprechen.«

[78] Offenbar macht Novalis einen Unterschied zwischen diesem Imperativ und – wenn unsere obige Vermutung richtig war – dem kategorischen Imperativ Kants.

sphäre. Doch dieser Eindruck täuscht. Vielmehr ist die entdeckende Reflexionsleistung lediglich ein »Mittel« (ebd.) zu jenem erwähnten Zweck. Hingegen: »Die Moralität muß Kern unseres Daseyns seyn, wenn sie uns seyn soll, was sie seyn will.« (Nr. 556, 177 / 266) Dies schlägt sich dann auch in der Gewichtung der philosophischen Disziplinen nieder: »Die höchste Filosofie ist Ethik.« (Nr. 556; 177 / 267) Novalis hat in seinem kleinen Ethik-Entwurf nicht bloß den Grundsatz aufgestellt, sondern das in früheren Überlegungen erzielte Ergebnis der Selbstauslegung des Ich als unabschließbaren Prozess mit diesem Grundsatz kombiniert: Jenes ›totale Freisein‹ ist nicht ein Zustand, der unter endlichen Bedingungen irgendwann einmal erreicht sein könnte. Dennoch übt das absolute Ich auch in der Ethik seine dirigierende Funktion aus. Der Prozess, der Weg unter dem Leitstern jenes Imperativs ist der Weg der Kultur. Aus der Perspektive eines nicht-absoluten Ichs ist alles ihm Entgegenstehende nicht hervorgebracht, sondern lediglich »gegeben« (Nr. 568; 185 / 273; i.O. kursiv). Diesem bloß Gegebenen wird im Prozess der fortschreitenden Kultur die Form des Ich aufgeprägt, es wird somit dem Ich zugeignet, denn das »Ich ist nichts als das Princip der Vereigenthümlichung« (Nr. 568; 185 / 274). Jede freie, d. h. dem ethischen Imperativ entspringende Handlung beweist sich dadurch, dass sie jenem Richtmaß entspricht: »In jedem Augenblick, da wir frey handeln ist ein solcher Triumpf des unendlichen Ich über das Endliche, für diesen Moment ist das Nichtich wircklich vernichtet – nur nicht der sinnlichen Existenz nach.« (Nr. 564; 180 / 269) Das freie Handeln hat seine Dignität also nicht nur als Moment des unendlichen Selbstauslegungsprozesses des Ich, sondern ist in sich bereits eine Vorwegnahme jenes übergeschichtlichen Zustandes.

Eine Frage bliebe zunächst noch zur Beantwortung offen: Wie nämlich vermag das absolute Ich seine Funktion des Ausrichtens für das empirische Ich zu übernehmen? Anders gefragt: Auf welche Weise hat das empirische Ich sein Ideal vor Augen stehen, da es sich selbst doch als partiell unfrei begreift? Die Antwort sei hier bloß angedeutet, da sie einen Themenkreis berührt, der weiter unten noch ausführlicher dargestellt werden wird. Das empirische Ich verfügt über ein bestimmtes Vermögen, welches es ihm erlaubt, das Ideal, welches an sich die Sphäre der Empirie ja transzendiert, zu erkennen. Dies Vermögen, welches folglich als »das Vermögen frey zu seyn« (Nr. 555; 177 / 266) gekennzeichnet wird, ist nichts anderes als »die productive Imagination« (ebd.) Es ist die Einbildungskraft, welche in freier, produktiver Weise dem Menschen das Ideal präsentiert. Sie ist keineswegs so zu verstehen, dass sie durch ein bloßes Reproduzieren bereits gehabter Vorstellungen oder durch ein willkürliches Phantasieren das empirische Ich gerade bei seiner Endlichkeit behaftet. Vielmehr ist ihre eigentümliche Leistung gerade das »Schweben« (ebd.) zwischen Endlichkeit und Ideal, das sie selbst entworfen hat, so dass Novalis die freiheitstheoretischen Notate mit dem Bescheid beschließen kann: »Seyn, Ich seyn, Frey seyn und Schweben sind

Synonymen – [...] Es sind nur Praedikate des einzigen Begriffs Ich« (Nr. 555; 178 / 266).

Über das Verhältnis dieser Theorie zu Fichte soll am Ende dieses Teilkapitels zusammenhängend reflektiert werden. Es kann aber bereits jetzt das Zwischen-fazit gezogen werden, dass der Ansatz der Ethik mit der oben skizzierten In-terpretation des Satzes »Ich=Ich« passgenau übereinstimmt. Die ichtheoretisch fundierte Ethik hat sich damit als eine mögliche Selbstauslegungsgestalt des aus der Perspektive des empirischen Ich bloß dirigierenden absoluten Ich erwiesen.

2.3. Die Genesis des ästhetischen Ich

»Er geht nicht auf das Wahre, sondern auf das Schöne« – so hatte Friedrich Schlegel seine Kurzcharakterisierung des neuen Freundes Friedrich von Har-denberg in einem Brief an seinen Bruder August Wilhelm im Januar 1792 zu-sammengefasst. (N IV, 572) Gemessen daran, und gemessen auch an der schier unglaublichen Fülle von Jugendgedichten ist es hingegen erstaunlich, wie *wenig* sich Novalis in den »Fichte-Studien« mit dem »Schönen« beschäftigt. Hingegen finden sich vor allem in der zweiten Handschriftengruppe allerlei Überlegun-gen zu einer Theorie der Wahrheit. Was immerhin eine partielle Richtigkeit der Schlegelschen Auskunft vermuten lässt, ist der Umstand, dass diese Überlegun-gen die Wahrheit zumeist in ihrem Gegenüber zum Schein thematisieren und in diesem Gegenüber Bausteine zu einer Theorie der Fiktionalität bereitstellen. Wir werden darauf im Kapitel über die Einbildungskraft noch zurückkommen.

In der vierten Handschriftengruppe wendet Novalis sich bloß versuchsweise ästhetischen Fragen im engeren Sinne zu. Dabei überwiegen zunächst kleine und kleinste Kurzrezensionen sowie Notizen über Arbeitsvorhaben, wie etwa einer »Kritik von Schillers M[usen]-Alm[anach].« (Nr. 418; 144 / 235) Auch erste an-deutungsweise Skizzen einer Poetik werden notiert. Es spricht jedoch für eine gewisse thematische Einheitlichkeit der »Fichte-Studien«, dass Novalis all diese Themen lediglich streift und sich erst in der fünften, dann vor allem in der sech-sten Handschriftengruppe, jeweils wieder ganz im Kontext der Ich-Theorie, ausführlicher Grundlegungsfragen der Ästhetik zuwendet. Zunächst seien die vorbereitenden Bemerkungen der fünften, dann die konzentrierten Ausführun-gen der sechsten Gruppe dargestellt.

Beinahe gänzlich unvermittelt setzt Novalis ein, wenn er mitten in einer län-geren ichtheoretisch orientierten Passage plötzlich notiert: »Ergründen ist filoso-fieren. *Erdenken* ist Dichten.« (Nr. 567; 182 / 271) Beide Tätigkeitsmodi werden zu allem Überfluss auch noch subsumiert unter eine gemeinsame Kategorie: »rei-nes Denken ist ein bloßer Begriff – Gattungsbegriff. Nun ist aber die Gattung nichts außer dem Einzelnen; also denkt man immer auf eine bestimmte Weise, man ergründet, oder erdenkt etc.« (Ebd.) Das Dichten wird von Novalis also – zunächst dunkel genug – als eine Form von Denken verstanden. Wenige Zeilen weiter fügt Novalis diesen ob seiner eigenartigen Zusammenstellung bemerkenswerten Satz über einem bereits früher geschriebenen Text ein: »Vom Erfinden oder Nachmachen geht alle Kunst aus.« (Ebd.) Diese beiden Begriffe scheinen einander auszuschließen. Der Kontext macht aber deutlich, dass er sie durchaus als Synonyme verstanden wissen will. Novalis gibt nämlich in diesen Zeilen eine treffende Kurzcharakteristik des philosophisch-pädagogischen Eros Fichtes: »Die Fichtische Filosofie ist eine Aufforderung zur Selbstthätigkeit – ich kann keinem etwas erklären von Grund aus, als daß ich ihn auf sich selbst verweise, daß ich ihn dieselbe Handlung zu thun heiße, durch die ich mir etwas erklärt habe.« (Ebd.) Eben diesen Text kommentiert Novalis nachträglich durch seinen kurzen kunsttheoretischen Aphorismus. Das bedeutet: ›Erfinden‹ und ›Nachmachen‹ widersprechen sich in dieser Perspektive nur scheinbar. Denn das, was hier ›nachgemacht‹ werden soll, ist nicht etwa ein bestimmter Stil oder eine Manier, sondern eben jener Impuls der Selbsttätigkeit. Die Kunst geht von dem Moment aus, da Künstlerin und Künstler sich ihrer reinen Selbsttätigkeit bewusst werden. Sie beginnen in diesem Augenblick den Prozess des künstlerischen Erfindens.

Von hier aus wird auch klar, warum Novalis das »Dichten« als einen Akt des Denkens bezeichnet. Gemeint dürfte mit dem obigen Ausdruck »reines Denken« nicht das reine Denken im Sinne Fichtes sein, also ein Denken bloß als mentaler Akt des Sich-Denkens als Denken, sondern gemeint ist wohl eher ›Denken überhaupt‹, ›bloßes Denken‹, ein mentales Sich-Beziehen auf Gehalte, unabhängig von deren jeweiliger Bestimmtheit. »Reines Denken« ist insofern ein bloßer Oberbegriff. Die »bestimmte Weise« des Denkens beim »Dichten« erklärt sich nun so, dass das Ich in diesem Fall einen bestimmten Gehalt allererst herstellt. Diese Tätigkeit fällt mit dem »Ergründen« insofern unter die allgemeine Gattung ›Denken überhaupt‹, weil es ein inneres Fortschreiten von Gehalt zu Gehalt ist. Es ist von ihm aber unterschieden, weil es durch einen produktiven Akt diese Gehalte erst erschafft, also im wahrsten Sinne des Wortes er-denkt. Novalis' erste Überlegungen zur Grundlegung einer eigenen Ästhetik sind also ganz dem spontanen Charakter des Ich verpflichtet.

Indes, damit hat Novalis das Potential, das er mit seiner Neuinterpretation des Satzes »Ich = Ich« bereitgestellt hatte, bei weitem noch nicht abgerufen. Erst die sechste Handschriftengruppe dringt hier bis zu einem Ansatz vor, der sich gedanklich auf Augenhöhe mit dem der Ethik bewegt, aber als weitaus origineller einzuschätzen ist. Bereits ganz am Anfang der »Fichte-Studien« hatte Novalis den Begriff der »Darstellung« eingeführt. Das Ich, so war dort gesagt worden, kann sich für sich nur als Ich setzen im Modus der Selbstentfremdung. Der Begriff der »Darstellung« fungierte dort gleichsam als Brücke, wie das von sich entfremdete Ich dennoch bei sich sein kann, nämlich indem es sein alieniertes Selbst als Zeichen für sich selbst darstellt. Genau dieser Begriff wird nun am Schluss der Studien wieder aufgenommen und für die Ästhetik fruchtbar gemacht. »Das

Ich muß sich, als darstellend setzen.« (Nr. 633; 194 / 282) Novalis stellt sich die Frage: »Gibt es eine besondre darstellende Kraft – die blos um darzustellen, darstellt« (ebd.)? Er lässt die Frage unbeantwortet, aber im Lichte der Notiz Nr. 1 sind zwei Antworten denkbar: Ja, es gibt sie, und sie kommt jedem Ich bloß als solchem zu. Oder: Nein, es gibt sie nicht, denn das Ich *ist* selbst diese Kraft. Im Gesamtduktus unserer Interpretation ist die zweite Antwort wohl die etwas stringentere, denn die Darstellungskraft ist jedenfalls nicht eine unter den vielen mentalen Kräften, die dem Menschen zukommen. Der Mensch ist bloß als solcher das darstellende Wesen. In einem Akt der begrifflichen Präzisierung nennt Novalis das selbstzweckliche Darstellen auch »ein *Freyes* Darstellen.« (Ebd.)

Nun ist die eingangs besprochene Darstellungsrelation ja als eine transzendentale Operation zu kennzeichnen, in der das Ich seiner selbst nur als für sich selbst dargestelltes ansichtig wird. Es ist aber auch denkbar, dass das Darstellen nicht auf der Ebene der reinen Selbstvorstellung verbleibt, sondern äußere Medien ergreift. Vorzüglicher Kandidat für dieses äußere Darstellen ist »das Kunstwerck« (ebd.) Das Kunstwerk richtet sich, wie bereits gesagt, in seinem Entstehungsprozess nicht nach einem vorgegebenem Gehalt, nicht nach einem Objekt, sondern entspringt einem Akt der Spontaneität des Ich. Diese Auskunft kann nun präzisiert werden: Es entspringt dem Akt der freien Darstellung des Ich. Novalis ist mithin der Meinung, »daß nicht das Obj[ect] qua solches, sondern *das Ich*, als Grund der Thätigkeit, die Thätigkeit bestimmen soll. Dadurch erhält das Kunstwerck einen freyen, selbstständigen, idealischen Karacter [...] – denn es ist *sichtbares* Produkt eines Ich« (ebd.) Damit wird hier in prinzipieller Hinsicht ein sehr weiter Begriff von Kunst vertreten: Kunst ist zunächst alles, was sich dem medial vermittelten Darstellungsimpuls des Menschen verdankt. Dass Novalis sich andernorts auch über eher technische Ausführungsbestimmungen des Kunstschaffens mit Bezug auf einzelne bestimmte Kunstarten Gedanken macht, steht zu dieser grundlegenden Auskunft nicht im Widerspruch.

Jede konkrete Weise, in der sich jener Impuls äußert, jedes konkrete Kunstwerk ist eine Selbstbestimmung, indem das Ich sich hier vorläufig auf eine bestimmte Weise der Selbstdarstellung festlegt. Folglich liegt hier in dieser Hinsicht aber auch eine Selbstbeschränkung des Ich vor. Denn es hat eben diese eine Weise gewählt, sich selbst darzustellen. Der Darstellungsantrieb selbst aber entspringt aus dem absoluten Ich, denn das endliche Ich stellt ja eben dar, um dessen ursprüngliche Synthese darzustellen. Beiden Aspekten, der Selbstbeschränkung wie dem Ursprung des Darstellungstriebes im absoluten Ich, muss Rechnung getragen werden. Es gilt daher ein Doppeltes: Im Kunstwerk setzt sich das Ich »auf diese Art bestimmt, weil es sich, als ein unendliches Ich sezt«. (Ebd.) Diese Bestimmung seiner selbst ist mithin das Resultat eines Freiheitsaktes des Ich, das seine Freiheit in diesem Akt nicht verliert, sondern eben vollzieht. Nun ist das Medium der Darstellung, das Kunstwerk, ja auf jeden Fall als ein Artefakt etwas Endliches. Es soll aber etwas Unendliches, das absolute Ich, darstellen. Diesem ist es insofern inadäquat. Doch entspricht dieser Sachverhalt der Darstellungsrelation überhaupt, in der ja ein x ein qualitativ von ihm verschiedenes y darzustellen hat. Die Frage ist nur, ob das Kunstwerk in seiner Darstellungsfunktionalität anderem Endlichen etwas voraus hat, oder ob im Prinzip alles Endliche diese Funktion übernehmen könnte. Zur Beantwortung dieser Frage müssen wir noch einmal zurückgehen auf die grundsätzliche Differenz im Ich: Das Ich, das darstellt, ist ja das endliche Ich, das zur Darstellung Kommende das unendliche. Das Darstellen des endlichen Ich ist wegen der Unendlichkeit dessen, was es darstellt, selbst eine prinzipiell unendliche Aufgabe. Es kann dieser Aufgabe aber je und je nur nachkommen, indem es in freier Weise gerade diese oder jene konkrete Darstellungsform wählt. »[W]eil es sich, als ein unendlich darstellendes Ich setzen muß – so sezt es sich frey, als ein bestimmt darstellendes Ich.« (Ebd.) Das bedeutet, nur das freie Darstellen ist nach Novalis' Auffassung die angemessene Weise der äußeren Selbstdarstellung des unendlichen Ich.

Mag dieser Gedankengang von Novalis im Ganzen auch noch etwas unbeholfen vorgetragen worden sein, der zugrunde liegende Gedanke ist schlechterdings revolutionär: Im Medium des freien Kunstschaffens gelangt die Unendlichkeitsdimension des Ich zur Darstellung. Das bedeutet nichts anderes als: Die freie Produktivität des endlichen Ich ist die Darstellung seine ursprünglichen Unendlichkeit. Die Unendlichkeit des Ich hat ihr geeignetes Darstellungmedium in der freien ästhetischen Produktivität. Das Kunstschaffen findet seinen letzten Grund nicht in einer wie auch immer gearteten Weise der Nachahmung (*Mimesis*),[79] sondern in einem Produktionsmodell, das seine Spannung aus der Gegenüberstellung von endlichem Artefakt und unendlichem Darzustellenden bezieht. Die ästhetischen Konsequenzen dieser Gedankenfigur waren Novalis, wie die direkt folgenden Aufzeichnungen belegen, noch nicht sofort gegenwärtig. Immerhin hält er fest: »Wir sind jezt nur im Anfang der SchriftstellerKunst« (Nr. 633; 194 / 283). Ansonsten stellt er in den »Fichte-Studien« nur noch relativ merkwürdige Überlegungen zu den verschiedenen Kunstgattungen an und möchte gar eine »Deklamationswissenschaft a priori« (ebd.) entwerfen. Das darf aber nicht darüber hinwegtäuschen, dass Novalis von seiner neuen Interpretation der Selbstbeziehung her zu einer ganz neuen Auffassung von Ästhetik gelangt ist. Diese neue Auffffassung ist hier in ihrer Grundlegung noch ganz und gar als eine Produktionsästhetik gefasst. Es gilt hier festzuhalten, dass er seinen neuen Ansatz nicht im Gespräch mit anderen Frühromantikern, auch nicht durch eine Beschäftigung mit der Ästhetik Kants, die ihm vermutlich wenigstens bis zur Niederschrift der in Frage stehenden Notizen ganz unbekannt war, entwickelte. Der Anstoß dazu kam vielmehr ausschließlich durch seine kritische Auseinandersetzung mit der Frühphilosophie Fichtes.

---

[79] Zur endgültigen Abkehr vom Grundsatz des Nachahmung vgl. unten S. 235-246.

Um Erträge der Ansätze in ethischer und ästhetischer Hinsicht hier kurz zusammenzufassen: Der Ansatz der Ethik verläuft noch sehr weitgehend in dessen Bahnen.[80] Das freie Handeln ist eine Weise, auf die das endliche Ich seiner eigenen Unendlichkeit zustrebt. Aus diesem Grundgedanken lassen sich dann – bei Novalis freilich bloß projektiert – die materialen ethischen Disziplinen entfalten. Schon diese unbestreitbare Nähe zu Fichte deutet darauf hin, dass Novalis keinen vollständigen Paradigmenwechsel im philosophischen Ansatz vorgenommen haben kann.

Der Ansatz der Ästhetik, der in den »Fichte-Studien« zwar kaum über das embryonale Stadium hinausgekommen ist, ist aber eine ganz eigenständige Entwicklung, die mit Fichtes eigenen ästhetischen Überlegungen, sofern Novalis diese überhaupt kennen konnte, nichts zu tun hat.[81] Kunst hat ihren Grund im freien Darstellen, das bloß darstellt, um darzustellen. Was in ihr zur Darstellung kommt, ist die Unendlichkeitsdimension des Ich selber. Diese braucht aber eben, da sie etwas Überschwängliches ist, ein Darstellungsmedium, und dies ist das singuläre Artefakt.[82] Denn alles Unendliche bedarf zu seiner Darstellung, auch zu seiner Selbstdarstellung, stets eines Mediums. Hier ist im Kern bereits der Unendlichkeitsüberschuss des Symbolischen angelegt. Im Symbol sind wir nicht bloß bei dem wahrnehmbaren Gegenstand, sondern zugleich bei ihm als Medium eines unendlichen Sinnes.

---

[80] Auf die große Nähe dieses Ansatzes zur frühen Ethik Fichtes verweist auch FRIEDRICH STRACK, Novalis und Fichte. In: Herbert Uerlings (Hg.), Novalis und die Wissenschaft, Tübingen 1997, 193-211. Dieser Aufsatz argumentiert etwas konzentrierter als die entsprechenden Passagen von Stracks Habilitationsschrift, DERS., im Schatten der Neugier, Tübingen 1982, 77-150, in der ein etwas unkontrolliertes Hin- und Herspringen zwischen verschiedensten Textgruppen den Nachvollzug der Argumentation erschwert. Strack kommt überhaupt das Verdienst zu, Novalis als Ethiker zu interpretieren, ein Ansatz, der in der gegenwärtigen Sekundärliteratur sonst gar nicht verfolgt wird. Allerdings kommt er zu dem höchst fragwürdigen Schluss, Fichte und Novalis hätten »den Erweiterungs- und Machtanspruch des Selbst, der Expansion und Welteroberung impliziert« (Novalis und Fichte, 204), propagiert. Der Grund für dieses Fehlurteil, das vernünftige Kulturethik mit ungehemmtem Machtstreben identifiziert, liegt in dem verfehlten Auseinanderreißen der Ethik Kants und Fichtes, aaO., 201-206, indem Kants Freiheitsbegriff ausschließlich als Selbstbeschränkung, Fichtes Freiheitsbegriff lediglich als Selbstentfaltung bzw. -steigerung interpretiert wird.

[81] Fichte hatte ja angekündigt, bei der Ausführung seines Systems auf dem Boden der Wissenschaftslehre auch eine Ästhetik zu veröffentlichen; vgl. BWL § 8, GA I / 2, 151. Wie der Nachlass zeigt, waren die Überlegungen dazu schon relativ weit gediehen: Aus dem Manuskript über »Practische Philosophie« (GA II / 3, 181-266), das über weite Strecken mit ästhetischen Fragen ringt, den Frühfassungen des erst 1800 veröffentlichten Aufsatzes »Über Geist und Buchstab in der Philosophie« (GA I / 6, 313-361; SW VIII, 270-300) sowie kleineren benachbarten Schriften und Bemerkungen ließe sich durchaus eine systematische Ästhetik rekonstruieren. Vgl. dazu die Überlegungen von DIETER HENRICH, Der Grund im Bewußtsein, Stuttgart 1992, 329-356.

[82] Das ethische Handeln steht äußerlich immer in Zusammenhang mit der unmittelbaren ›Last des Daseins‹, den elementaren Lebensbedürfnissen, das freie Darstellen nicht. Die Kunst ist deshalb nicht wertvoller als die Ethik, aber an ihr entdeckt sich die Freiheit leichter.

Die Reichweite der Grundlegung dieser Ästhetik, die unter Zuhilfenahme des Darstellungsbegriffs dargelegt wird,[83] und die in ihren kunsttheoretischen Resultaten ganz ähnlich und unabhängig davon von Schlegel und Tieck entdeckt wurde, kam Novalis selbst erst zu Bewusstsein, als er sich ab dem Spätsommer 1796 wieder verstärkt mit Kunst beschäftigte. Doch das gehört schon einem anderen Rekonstruktionszusammenhang an. An dieser Stelle ist es nun geboten, der Entwicklung des Begriffs der produktiven Einbildungskraft bei Novalis nachzugehen, der mindestens ebenso wirkmächtig wie die Ich-Theorie für Novalis' weiteres Schaffen wurde.

3. Die Theorie der produktiven Einbildungskraft

Der Begriff Einbildungskraft gilt gemeinhin als ein wesentliches Ingredienz frühromantischer Theoriebildung. Die forschungsgeschichtliche Verbreitung dieser These steht allerdings nicht gerade in einem angemessenen Verhältnis zu dem vergleichsweise geringen interpretativen Aufwand, der bislang um dieses Schlüsseltheorem betrieben wurde. Das liegt vor allem daran, dass man allzu schnell den Begriff lediglich in ästhetischer Hinsicht auslegte. Bisher wurde lediglich folgende Alternative erarbeitet: Entweder biegt Novalis Fichtes Theorie der Einbildungskraft ins Ästhetische um, oder seine poetische Einbildungskraft ist gerade das wirksame Instrument, über Fichte hinauszukommen.[84] Nun soll die ästhetische Valenz der Einbildungskraft hier gar nicht bestritten werden. Dennoch ist der Begriff in den »Fichte-Studien« sehr viel breiter angelegt. Es sind daher die drei von Novalis namhaft gemachten Leistungen dieser Kraft kurz zu beleuchten (1). Anschließend soll eine dieser Leistungen etwas ausführlicher vorgestellt werden, da sie die eigentlich originelle Einsicht des jungen Philosophen enthält: nämlich die Einbildungskraft als Kraft des Fiktionalen (2). Abschließend sind als Bündelung die von Novalis in den »Fichte-Studien« erwogenen Weisen der Repräsentation darzustellen (3).

---

[83] Novalis wird seltsamer Weise nicht erwähnt in dem ansonsten höchst materialreichen Artikel von DIETER SCHLENSTEDT, Art. Darstellung. In: Ästhetische Grundbegriffe 1 (2000), 831-875.

[84] Die bislang gründlichste Untersuchung zum Thema Einbildungskraft bei Novalis stammt von MANFRED DICK, Die Entwicklung des Gedankens der Poesie in den Fragmenten des Novalis, Bonn 1967, 71-159. Dick interpretiert die Einbildungskraft im Rahmen seiner Gesamtthese, nach der die späte Poetik »nicht mehr von der Transzendentalphilosophie her verstanden werden kann.« (2) Bei Novalis liege eine »Entwicklung« (11) vor, in deren Verlauf er vom Philosophen zum Dichter wird. Dieses Erkenntnisinteresse leitet auch die Interpretation der einschlägigen Passagen der »Fichte-Studien«. Weniger Fichte-kritisch orientiert ist RICHARD W. HANNAH, The Fichtean dynamics of Novalis' poetics, Bern / Frankfurt a. M. 1981, 16-34: »[T]he Fichtean notion of the imagination provides the ground for Novalis' theory of *Poesie*.« (17). Ohne Erkenntniswert bleibt hingegen der Aufsatz von JIRI HOLY, Zum Begriff der Einbildungskraft bei Novalis. In: Germanistica Pragensia 9 (1984), 49-58.

3.1. Die Funktionen der Einbildungskraft

In der ersten Handschriftengruppe taucht der Ausdruck ›Einbildungskraft‹ nur selten und eher am Rande auf. Das ändert sich dann in der zweiten Gruppe von Notaten, die über weite Strecken mit diesem Begriff arbeitet und ihn entfaltet. Diese Aufzeichnungen sind als die Hauptquelle der Theorie der Einbildungskraft anzusehen. Ihr treten wichtige Begriffsbestimmungen aus der fünften Handschriftengruppe an die Seite, die noch einen ganz neuen Aspekt hinzufügen. Die übrigen Erwähnungen in der vierten und sechsten Handschriftengruppe haben eher erläuternden Charakter. Dabei wird von Anfang an deutlich, dass Novalis an dem vermögenspsychologischen Hintergrund, der die Theorie der Einbildungskraft über lange Zeit hin bestimmt hatte, kein Interesse hat. Gleich der Einsatz in der zweiten Gruppe liest:»Einbildungskraft ist lediglich produktif.« (Nr. 212; 74 / 167) Damit ist ein breiter Strang der Tradition, der sich mit der Unterscheidung einer produktiven von der reproduktiven Einbildungskraft befasste, mit einem Federstrich gekappt. Man darf vermuten, dass seine Erwägungen gleichsam den Status einer freien, durch Fichtes Verwendung des Begriffs angeregten Meditation haben.[85] Wir können die Ergebnisse dieser Meditation in drei Gruppen unterteilen: eine zur theoretischen, eine zur praktischen Philosophie, und eine dritte, die sich mit der Grundlegung einer Theorie der Fiktionalität befasst.

a) In gewisser Weise steht die zweite Handschriftengruppe der Sache nach unter dem Oberthema:»Warum überall dichotomische Gegensätze?« (Nr. 226; 78 / 171) Novalis bezieht sich hier auf die Beobachtung, dass das menschliche Theorievermögen sich häufig in Gegensatzpaaren auszulegen pflegt, welche ein Ganzes zu beschreiben sich anheischig machen, wie etwa Stoff vs. Form, Geist vs. Materie usw. Jenes Oberthema zielt nun in Wahrheit allerdings weniger auf die Frage nach dem Grund dieses Phänomens, denn dieser Grund ließe sich wohl unschwer aus der Struktur seines Ich-Gedankens ableiten. Im Vordergrund steht vielmehr das Problem, ob sich die Menge dieser Gegensatzpaare abschließend und vollständig beschreiben lässt. So fragt er sich einmal:»Wie viel ursprüngliche Gegensätze kanns geben?« (Nr. 278; 102 / 194) Und ein anderes Mal vermutet er:»Die Entwicklung aller Gegensätze wird die Filosofie seyn.« (Nr. 247; 94 / 186) Auf der Suche nach möglichen Prinzipien dieser Gegensätze gerät er dann mit der Nr. 278 auf ein Folgeproblem, das sich mit der Möglichkeit und der Bedeutung des ›Entgegensetzens‹ überhaupt befasst und ihn die ganze dritte Handschriftengruppe über beschäftigen wird. Diese metatheoretische Überlegung führt ihn dann aber auch ab von der Thematisierung der Einbildungs-

---

[85] Zwar ist auch Fichte noch mit der erwähnten Unterscheidung befasst, doch ist die Thematisierung einer reproduktiven Einbildungskraft in der »Grundlage« auf ein Minimum zurückgefahren und bereits dort gegenüber der Tradition so stark verändert, dass die Paraphrase, die Einbildungskraft sei lediglich produktiv, nicht gerade fern liegt.

kraft, weshalb sie auch nur kurz erwähnt sei; sie braucht hier nicht eingehender besprochen zu werden.

Die Suche nach den ›ursprünglichen Gegensätzen‹ trägt über weite Strecken lediglich experimentellen Charakter und kommt zu keinem wirklichen Abschluss, wenn sie auch phasenweise durchaus originelle Zwischenstationen ansteuert.[86] Der harte Kern dieser Versuche, die sich allesamt im Bereich der theoretischen Philosophie abspielen, besteht in der Statuierung der Einbildungskraft als »das verbindende Mittelglied – die Synthese – die *Wechselkraft*.« (Nr. 246; 94 / 186) Dies erinnert an die Kantische Bestimmung der produktiven Einbildungskraft. Nach Novalis gilt: »Anschauung und Vorstellung müssen aufs strengste geschieden werden« (Nr. 248; 96 / 187), wobei Novalis mit »Vorstellung« das bezeichnet, was bei Kant Gedanke oder Begriff heißt.[87] Die Einbildungskraft ist nun diejenige synthetisierende Kraft, welche zwischen den an sich heterogenen Größen vermittelt. Diese Vermittlung ist möglich, weil die Heterogeneität keine absolute ist, sondern Anschauung und Vorstellung gleichsam immer schon selbst konstruktive Anteile der Einbildungskraft enthalten: »Anschauung und Vorstellung ist Eins. Jene Beziehung der Einbild[ungs]Kr[aft] auf die Sinnlichkeit – diese Beziehung der Einb[ildungskraft] auf d[en] Verstand.« (Nr. 218; 75 / 168) Realität im erkenntnistheoretischen Sinne besteht nach Novalis aus der »identischen Mischung von Ansch[auung] und Vorstell[ung]« (Nr. 263; 98 / 190)

Eine nähere Beschreibung dieser Syntheseleistung gibt Novalis nicht, nur auf einen Unterschied weist er noch hin: Damit die Einbildungskraft ihre Synthese erbringen kann, müssen die beiden Konstituenten zunächst »festgehalten« (Nr. 518; 172 / 261) werden. Dann aber wirkt sie mit Bezug auf die beiden zu Vermittelnden jeweils in unterschiedlicher Weise. »D[ie] Einbild[ungs]Kr[aft] ist Schöpfungskr[aft] in Beziehung auf d[ie] Anschauung – Darstellungskr[aft] in Beziehung auf d[ie] Vorstellung« (Nr. 248; 96 / 188) Während die zweite Weise beinahe eine direkte Kant-Paraphrase sein könnte, bedarf die erste noch einer

---

[86] So probiert Novalis, durch eine Art kategorialer Ausdifferenzierung die Einbildungskraft als Teilungsprinzip jener Gegensätze zu etablieren. Dies führt ihn auf die Begriffspaare Stoff und Form (Relation), Sein und Schein (Qualität), Bestimmbarkeit und Bestimmtheit (Modalität) sowie Ganzes und Teil (Quantität); vgl. Nr. 238; 92 / 183f. Ein anderes Mal unterteilt er die Einbildungskraft in ein Bündel verschiedener Kräfte, die dann den erforderlichen Leitfaden abgeben sollen, wie etwa Setzkraft, Einfallskraft, Dichtungskraft, Unterbrechungskraft usw. Man ist beinahe versucht zu behaupten, dass in diesen Versuchen die schulphilosophische Vermögenspsychologie ein Wahrheitsmoment gegenüber dem Transzendentalphilosophen behauptet, insofern auch eine genetische Ableitung der verschiedenen Kräfte im Menschen letztlich nicht von einer Auflistung ihrer Anwendungsfälle absehen kann.

[87] Siehe zum Beleg Nr. 226; 77 / 170: »Statt *Vorstellung*, Gedanke«; vgl. auch Nr. 218; 75 / 168. Novalis verfolgt also nicht den weiteren kantischen Begriff von Vorstellung, der sowohl Anschauung als auch Begriff oder Gedanke unter sich begreift. Da ich weder eine terminologische Verbesserung in dieser Abweichung noch irgendeinen Grund für sie erkennen kann, möchte ich sie als Indiz für Hardenbergs geringe Kant-Kenntnis werten.

3. Die Theorie der produktiven Einbildungskraft

Erläuterung. Wenn Novalis von ›Schöpfung‹ spricht, ist damit nicht bloß an die epistemische Instanz erinnert, für die allein das Ich schöpferisch sein kann. Das Ich, noch bevor es sich mit dem Verstand auf etwas richten kann, muss aus dem reinen Passivitätszustand der Anschauung heraustreten und sich das, was es dann ›verstehen‹ soll, allererst selbst zu eigen machen, ein–bilden. Geschaffen wird ja nicht die Anschauung selbst, sondern etwas *mit Bezug* auf die Anschauung. Die Einbildungskraft ist also insofern schöpferisch mit Bezug auf die Anschauung, als sie sie allererst für den Verstand zugreifbar macht. Die Einbildungskraft vermittelt also die Subjekt–Objekt–Beziehung.

Damit können wir die Diskussion der theoretischen Dimension der Einbildungskraft vorerst abschließen. Wollte man eine Einordnung versuchen, so könnte man sagen, dass Novalis sich hier wie auf einem mittleren Weg zwischen Kant und Fichte bewegt, indem er einmal ihre zwischen Verstand und Sinnlichkeit vermittelnde Position aufnimmt, andererseits ihre Schaffens-Dimension eher an das ›wunderbarste aller Vermögen‹ Fichtes gemahnt. Man wird auch sagen müssen, dass Novalis gegenüber keiner dieser Positionen in theoretischer Hinsicht irgendeinen Fortschritt anbietet.

b) Im vorigen Kapitel war auch Novalis' Ansatz einer Ethik dargestellt worden. Dabei ist angedeutet worden, dass die Einbildungskraft nach Novalis auch in diesem Felde eine Rolle zu spielen hat.[88] Dies sei hier nun noch etwas ausgeführt.

Novalis gibt in der fünften Handschriftengruppe an, zu einem »obersten Princip«, welches ein »allgemeines metaphysisches System« begründen kann, gehöre, dass es »von Freyheit anfängt und zu Freyheit geht.« (Nr. 568; 184 / 273) Dieses Prinzip ist das absolute Ich in der spezifischen Fassung, die Novalis ihm gegeben hatte. Indem dies als eine rein selbstanfängliche Größe verstanden werden muss, erklärt sich der Anfang in Freiheit aus dem Prinzip selbst. Weniger auf der Hand liegt allerdings die Weise, wie das absolute Ich so als Prinzip fungiert, dass das durch es begründete System auch »zu Freyheit geht«. Ein Hinweis zur Beantwortung dieser Frage gibt das Kriterium, unter das Novalis an dieser Stelle das oberste Prinzip stellt: Es muss nämlich »schlechterdings Nichts Gegebenes, sondern ein Frey Gemachtes, ein *Erdichtetes, Erdachtes* seyn« (ebd.) Nun kann freilich dieses oberste Prinzip nicht schlechthin erdichtet und erdacht werden, macht es doch selbst erst alles Dichten und Denken überhaupt möglich. Gemeint kann nur sein: Das Prinzip als ein Zielgedanke des Fortschreitens zur Freiheit muss allererst vom endlichen Ich selbst entworfen werden – freilich aufgrund derjenigen ›Vorgaben‹, die es sich kraft seiner eigenen Absolutheitsdimension selbst macht. Die Rede vom ›Erdichten‹ gibt nun den entscheidenden Hinweis darauf, welche Kraft beim Entwurf dieser Zielvorstellung involviert ist, hatte Novalis doch bereits in der zweiten Handschriftengruppe die Einbildungskraft auch als

---

[88] Vgl. oben S. 160.

»Dichtungskraft« (Nr. 262; 98 / 190) angesprochen. Sie ist es, die in einem freien Entwurf diejenige Zielvorstellung produziert, nach der das Streben des Ich sich in der Weise ausrichtet, dass ein Zugehen auf Freiheit ermöglicht wird. »Frey seyn ist die Tendenz des Ich – das Vermögen frey zu seyn ist die productive Imagination« (Nr. 555; 177 / 266). Das Produkt dieses Aktes der Imagination nennt Novalis auch »Ideal« (Nr. 54; 46 / 141).

Das Ideal, der Zustand einer vollkommenen Übereinstimmung des Ich mit sich selbst und seiner Welt auf autonome Weise, kann nicht etwa das Produkt einer Imagination mit bloß endlichen Komponenten sein. Denn im Bereich der Endlichkeit bloß als solcher liegt weder die Anschauung eines solchen Idealzustandes noch ein Anlass, die Endlichkeit auf einen solchen Zustand hin zu überschreiten. Gerade an der Imagination des Ideals erweist sich die Teilhabe der Einbildungskraft an der Unendlichkeitsdimension des Ich. Alles menschliche Sein ist somit eine Hin- und Herbewegung zwischen dem Ideal und dem Erkennen der realen Gegenwart. Diese kann allererst im Lichte des Ideals qualifiziert werden. Denn dies allein ist der Maßstab, an dem jeder mögliche empirische Zustand als verbesserungswürdig eingeschätzt werden kann. Es erweist sich hier, dass die theoretische und die praktische Dimension der Einbildungskraft miteinander zusammenhängen: Die Subjekt-Objekt-Struktur, der Bereich der empirischen Realität, für den die Endlichkeit kennzeichnend ist, verdankt sich jener theoretischen, das Ideal hingegen der praktischen Tätigkeit der Einbildungskraft. »Aus diesem Lichtpunct des Schwebens strömt alle Realität aus – in ihm ist alles enthalten – Obj[ect] und Subject sind durch ihn, nicht er d[urch] sie.« (Ebd.) Philosophische Besinnung wird sich darüber klar, dass die Pole dieses Schwebens, dieser Hin- und Her-Bewegung, sich der Einbildungskraft verdanken, ein Umstand, der dem alltäglichen Bewusstsein verborgen bleiben muss. »Ichheit oder productive Imaginationskraft, das *Schweben* – bestimmt, producirt die Extreme, das wozwischen geschwebt wird – Dieses ist eine Täuschung, aber nur im Gebiete des gemeinen Verstandes« (ebd.)

Es zeigt sich an dieser Stelle, der großen Nähe im ethischen Ansatz überhaupt entsprechend, eine weitgehende Übereinstimmung mit der Konzeption Johann Gottlieb Fichtes: Das »Ich als Idee« ist bei Fichte der Zielgedanke, zu dem das Ich im Prozess der Kultur hinstrebt. Novalis hat den Fichteschen Gedankengang hier und da in etwas andere Terminologie gekleidet, der Sache nach aber ist kein nennenswerter Unterschied festzustellen.[89]

---

[89] Diese Deutung hat über weite Strecken dem Fichte-Verständnis von WOLFGANG JANKE zu danken. Es sei deshalb darauf hingewiesen, dass Janke selbst die Einbildungskraft bei Novalis anders interpretiert, nämlich als neuplatonisch inspirierten transzendentalen Überstieg ins Absolute. Demnach sei hier von einer göttlichen Einbildungskraft die Rede; vgl. DERS., Vom Bilde des Absoluten, Berlin / New York 1993, 314-323. Nun sind aber nicht nur die »Fichte-Studien« wenigstens zwei Jahre vor Novalis' Neuplatonismus-Rezeption verfasst, sondern Janke verkennt darüber hinaus auch das eminent ethische und freiheitstheoretische Interesse dieser Passagen.

c) Anders sieht es damit nun in dem dritten Bereich aus, für den der Begriff der Einbildungskraft relevant ist. Denn die Einbildungskraft begründet bei Novalis so etwas wie eine Theorie des Virtuellen oder der Fiktionalität. Wegen der Originalität, die dieser Punkt im Denken Hardenbergs hat, sei ihm im folgenden ein eigener Abschnitt gewidmet, der die Einbildungskraft in diesem Gebrauch nicht nur entwickelt, sondern auch mit der Funktion der Einbildungskraft in Kants Ästhetik vergleicht. Aufgrund des ichhaften Charakters der Einbildungskraft wird sich zeigen, dass auch die Dimension des Fiktionalen eine wesentliche Eigenschaft des menschlichen Bewusstseins ausmacht.

Bevor dies aber weiter auszuführen ist, sei an dieser Stelle eine kurze Zusammenfassung versucht. Die Einbildungskraft spielt nach Novalis in den Dimensionen des Theoretischen, des Praktischen und des Fiktionalen eine zentrale Rolle. Ihr sich durchhaltendes Wesen bringt Novalis auf den Begriff, die Einbildungskraft sei ›schaffend‹ und ›bildend‹ (Nr. 212; 74 / 167). Sie ist die eigentlich vermittelnde Kraft im menschlichen Bewusstsein, welche die allüberall sich zeigenden dichotomischen Gegensätze überbordet und vermittelt und somit die »Einheit des Bewußtseyns« (Nr. 278; 105 / 197) garantiert.[90] Insofern ist es nicht übertrieben, wenn Novalis abschließend vermeldet: »Das grösseste Gut besteht in der Einbildungskraft.« (Nr. 578; 186 / 275)

3.2. Grundlegung einer Theorie der Fiktionalität

Die »Fichte-Studien« sind ein Text, in dem tiefsinnigste Einfälle neben vollständig dunkel bleibenden Denkexperimenten zu stehen kommen. Zahlreiche Notizen haben lediglich den Charakter eines reinen Ausprobierens, was wohl passiert, wenn man gewisse Termini auf bestimmte Art kombiniert. Manche brillante Ideen erscheinen auf diese Weise als bloße Abfallprodukte an sich höchst seltsamer Gedankengänge. Daneben oder gar in eins damit erörtert Novalis schwierigste philosophische Sachprobleme; die Unterscheidung beider Ebenen stellt die Interpretation oft genug vor große Rätsel. Dies gilt in besonderem Maße für den Begriff der »Fiction« (Nr. 234; 87 / 179), mit dem sich nach Novalis eine zentrale, aber seiner Meinung nach von der philosophischen Tradition unterbewertete Leistung des menschlichen Lebens verbindet. Erst im Entwerfen fiktionaler Welten erfasst sich der menschliche Geist im ganzen Reichtum seiner Möglichkeiten. Ausgehend von dieser allgemeinen Auffassung wird dann das Hauptanwendungsfeld des Fiktionsbegriffs im Bereich der Ästhetik zu suchen

---

[90] Anders LORE HÜHN, Das Schweben der Einbildungskraft. In: Fichte-Studien, Bd. 12 (1997), 127-151: »Der entscheidende Schritt der frühromantischen Überbietung Fichtes liegt in der Überzeugung, daß das Schweben der Einbildungskraft nicht mehr die Leistung eines zugrundeliegenden Ich ist, vielmehr die einer durch die Subjekte hindurchgreifenden Struktur, einer Struktur, die Novalis bewußt mit einer ganzen Reihe synonym gesetzter Kandidaten belegt.« (148) Aber gerade in ihrem Hauptbeleg – Nr. 555; 177 / 266 – wird ausdrücklich »Ichheit« und »productive Imaginationskraft« ›synonym gesetzt‹.

sein. Die Rekonstruktion nähert sich der »Fiktion« zunächst über ein Begriffspaar, das auf den ersten Blick ganz anderen Erörterungskontexten zu entstammen
scheint, nämlich dem von Stoff und Form. In einem zweiten Schritt wird das
Resultat des ersten Schritts noch einmal bestimmungslogisch variiert. Ein kurzer
Vergleich mit Kant bringt die Eigenheiten der Hardenbergschen Überlegungen
ans Licht.

Kommen wir zum Ersten. Die im vorigen Abschnitt diskutierte Frage nach
den dichotomischen Gegensätzen, in denen sich das menschliche Erkenntnisvermögen auslegt, verweist ihrerseits noch einmal auf die Frage nach dem transzendentalen Ursprung dieser dichotomischen Struktur. Das für unser Problem
entscheidende Gegensatzpaar ist das von Stoff und Form. Es ist nämlich zu fragen, wie es dazu kommt, dass dieser Gegensatz überhaupt aufgemacht wird. Man
kann sich den Menschen denken, wie er sich ursprünglich in einer elementaren
Relation zur ihn umgebenden Wirklichkeit befindet. In dieser Wirklichkeit für
sich liegt jedoch nichts, was die Trennung einer Form von einem Stoff motivieren könnte. Diese Trennung findet vielmehr ausschließlich im menschlichen
Bewusstsein statt. Dies führt auf die Frage: »Wie kann der Gedanke scheiden,
was Gott zusammenfügte«? (Nr. 230; 80 / 173) – wobei Novalis hier eher das
Erstaunen über den Umstand als eine echte Frage nach der spekulativen Genesis dieser Scheidung zum Ausdruck bringen will. Die Wirklichkeit wird *ab ovo*
als Ungeschiedenheit wahrgenommen oder erlebt. Der erste Schritt über diese Ungeschiedenheit hinaus ist die Unterscheidung von Form und Stoff selbst,
im Wissen darum, dass »Form und Stoff [...] eigentlich Beziehungsbegriffe«
(Nr. 233; 84 / 187) sind, sich also wechselseitig voraussetzen. Der zweite Schritt
besteht darin, diese Relation aufzulösen und einen reinen Stoff und eine reine
Form zu denken. Denn hinsichtlich der realen Wechselbedingtheit von Stoff und
Form gilt: »Abstrahiren kann man davon – aber dazu gehört Einbildungskraft –
und darum sprechen wir von *reinem* Stoff und *reiner* Form« (Nr. 31; 30f. / 125).
Die Einbildungskraft wird hier also zunächst als das Vermögen der Abstraktion
angenommen, wobei allerdings hier Abstraktion zugleich eine Produktion bedeutet, da es reine Formen und Stoffe in der Wirklichkeit nicht gibt: Sie müssen
also erzeugt werden. Abstraktion ist in diesem Zusammenhang also weniger ein
Analyse- als ein Produktionsakt.

Wenn man sich diese Zergliederung vor Augen führt, so muss die Realität
für das Bewusstsein als Ergebnis eines Synthesisaktes begriffen werden. Dieser
Synthesisakt, der Stoff und Form vereinigt, ruht aber selbst noch einmal auf einer
noch abstrakteren Synthesis auf. Stoff und Form können *ihrerseits* als Produkte
einer Synthesis verstanden werden: »Reiner Stoff und reine Form sind aber auch
nur Theile. Denn der wirckliche Stoff und die wirckliche Form bestehn aus
dem Reinen und dem empirischen Theile.« (Nr. 230; 80 / 172f.) Den reinen
Teil der Form bezeichnet Novalis als »Förmlichkeit« (Nr. 230; 80 / 173), parallel

dazu hätte man von Stofflichkeit zu reden. Eine Form besteht demnach aus Förmlichkeit überhaupt und einer Bestimmung dieser Förmlichkeit.

Das Prädikat »rein« beginnt Novalis dann immer mehr zu beschäftigen. Die etwas mäandernden Überlegungen kann er in einem Zwischenfazit so zusammenfassen: »Rein drückt also den Caracter der bloßen Beziehbarkeit [...], die bloße Möglichkeit einer Beziehung« (Nr. 234; 86 / 178) aus.[91] Das Reine ist das, was in Beziehung stehen kann, aber nicht muss. Und zwar handelt es sich erkenntnistheoretisch um »reale Beziehbarkeit und ideale Beziehungslosigkeit« (Nr. 230; 80 / 173), da wir die Realität nur als eine tatsächliche Beziehung erkennen, ein reines Element in diesem Sinne also nur *idealiter*, in Gedanken existiert. ›Rein‹ bedeutet hier also eine Abstraktionshinsicht bezüglich der Relate einer konkreten Relation. Hier liegt eine deutliche Differenz zu Kant vor, für den ›rein‹ als Gegenbegriff zu ›empirisch‹ den erkenntnislogischen Status einer Vorstellung bezeichnet.[92]

Diese recht komplizierte Überlegung darzustellen war notwendig, da sie den unmittelbaren Einführungskontext des Begriffs der Fiktion bildet. Das Reine ist lediglich, wie gesagt, ein ideales Abstraktum, das es realiter nicht ›gibt‹. Insofern gilt: »[A]lles Reine ist also eine Täuschung der Einbildungskraft – eine *nothwendige* Fiction.« (Nr. 234; 87 / 179) An dieser Bestimmung ist mehreres bemerkenswert. Einmal: In welcher Bedeutung führt Novalis hier den Begriff der Fiktion ein? Und dann: Wie ist der Notwendigkeitsaspekt der Fiktion zu verstehen?

Wenden wir uns zunächst der ersten Frage zu. Gleich im Anschluss an die zitierte Passage gesellt Novalis dem Begriff der Fiktion den des Scheins als Synonym hinzu. Beide fungieren als Gegenbegriff zur »Wahrheit«. (Ebd.) In gewisser, nicht wertender Hinsicht kommt der Begriff der Fiktion also als *oppositum* zum Wahrheitsbegriff zu stehen, wobei der weitere Kontext zeigt, dass Novalis hier mit »Wahrheit« – gelegentlich sagt er auch »Sein« (Nr. 237; 91 / 183) – lediglich so viel wie erkannte Realität meint. Doch ist dies nur die eine Hinsicht. Denn in dem im vorigen Absatz zitierten Satz ist noch mehr angelegt: Die Fiktion des Reinen lässt sich, wie wir im Weiteren noch sehen werden, produktiv ausmünzen. Sie ist zwar ein »leerer Begriff« (Nr. 234; 87 / 179), aus dem sich aber augenscheinlich etwas ›machen‹ lässt. In dieser Hinsicht besteht eine gewisse Nähe zu Hans Vaihingers Begriff der wissenschaftlichen – und gerade nicht der

---

[91] Kurze Zeit später will Novalis unter »rein« verstehen, »was weder bezogen, noch beziehbar ist« (Nr. 234; 87 / 179). Das ist ein klarer Widerspruch zur vorigen Ausführung und lässt sich mit den übrigen Bestimmungen nicht mehr in eine kohärente Interpretation bringen. Ich verstehe diese Notiz daher als ein experimentelles Überspannen des Bogens.

[92] »Ich nenne alle Vorstellungen rein (im tranzendentalen Verstande), in denen nichts, was zur Empfindung gehört, angetroffen wird. Demnach wird die reine Form sinnlicher Anschauungen überhaupt im Gemüte a priori angetroffen werden, worinnen alles Mannigfaltige der Erscheinungen in gewissen Verhältnissen angeschaut wird.« (KrV A 20 / B 34).

ästhetischen – Fiktion: Für Vaihinger ist die Fiktion ein in sich widersprüchlicher Gedanke, von dem aber gleichwohl zweckmäßiger Gebrauch in praktischer Hinsicht gemacht wird, und auf den man daher nicht verzichten kann.[93] Seine Lieblingsbeispiele sind die Annahme der menschlichen Freiheit sowie der physikalische Begriff des Atoms. Unabhängig von der Frage der Triftigkeit dieser Beispiele wird deutlich, dass Novalis in etwa diese Idee des produktiven Gebrauchs einer Fiktion vor Augen gehabt haben wird. Diese doppelte Hinsicht ist wichtig, da lediglich der erste Aspekt, die Opposition zur »Wahrheit«, durch den Ausdruck »Schein« abgedeckt wird, der zweite aber nicht.

Die Antwort auf die zweite Frage wird zugleich die soeben gemachte Ankündigung einlösen und erhellen, auf welche Weise ein produktiver Gebrauch von der Fiktion des Reinen gemacht wird. Aufschluss ergibt gleich die nächste Notiz: »Die Einbildungskraft hat zweyerley Producte – das Wahre und den Schein.« (Ebd.) Die Leistung der Einbildungskraft beim Aufbau der Erkenntnis hatten wir in einem der vorigen Abschnitte schon dargestellt; aus der Perspektive der hiesigen Ausführungen wäre bloß noch nachzutragen, dass ohne die Fiktion des Reinen der Erkenntnisvorgang nicht noch einmal hinsichtlich seiner verschiedenen Aufbaumomente begriffen werden könnte. Insofern ist diese Fiktion in epistemologischer Hinsicht notwendig. Die Einbildungskraft bringt aber auch den Schein hervor. Was ist damit gemeint? Zunächst ist darauf hinzuweisen, dass Novalis sich hier nicht an den Kantischen Gebrauch von »Schein« anschließt. Nach Kant ist Schein der Status eines Urteils, das in kritischer Perspektive betrachtet sich als falsch erweist, wenn es auch als richtig erscheint.[94] Als Quelle des Scheins wird die Vernunft selbst namhaft gemacht, er ist gleichsam ihr eigener Abyssus. Novalis hat etwas ganz anderes vor Augen. Bei ihm ist der Schein gerade ein Motor von produktiver Bewusstseinstätigkeit. »Schein«, so führt er aus, »scheint zu beziehen, und bezieht nicht.« (Nr. 234; 87 / 179) Die Beziehung, von der hier immer noch die Rede ist, ist die von Stoff und Form. Schein liegt immer dann vor, wenn diese beiden sich in Wahrheit nicht aufeinander beziehen, sondern nur scheinbar. Was ist mit einem solchen Schein gemeint? Wir

---

[93] Vgl. HANS VAIHINGER, Die Philosophie des Als ob (1911), Leipzig ³1918. Zu diesen Merkmalen treten noch das Bewusstsein der Fiktivität der Fiktion einerseits, und ihr provisorischer Charakter andererseits. Vaihinger ist deutlich von Nietzsche beeinflusst. Sein Grundanliegen dürfte sein, die Kantische Erkenntnistheorie und Ethik mit einer Ideologiekritik nietzscheanischer Prägung, welche mit dem Begriff der Fiktion vor allem einen Entlarvungsgestus verbindet, verträglich zu machen. Die kantischen »Ideen« haben für Vaihinger allesamt den Status heuristischer Fiktionen, vgl. aaO., 618-639.

[94] Insbesondere ein transzendentaler Schein kommt vor, weil »in unserer Vernunft [...] Grundregeln und Maximen ihres Gebrauchs liegen, welche gänzlich das Ansehen objektiver Grundsätze haben, und wodurch es geschieht, daß die subjektive Notwendigkeit einer gewissen Verknüpfung unserer Begriffe, zugunsten des Verstandes, für eine objektive Notwendigkeit, der Bestimmung der Dinge an sich selbst, gehalten wird. Eine Illusion, die gar nicht zu vermeiden ist.« (KrV A 197 / B 353)

wollen versuchen, den Sachverhalt unter Zuhilfenahme eines kurzen Beispiels aus der Weltliteratur zu erläutern.

Franz Kafkas Erzählung »Die Verwandlung« beginnt mit dem berühmten Satz: »Als Gregor Samsa eines Morgens aus unruhigen Träumen erwachte, fand er sich in seinem Bett zu einem ungeheuren Ungeziefer verwandelt.« Seiner Form nach – vom Tempus können wir hier abstrahieren[95] – wird in diesem Satz einem Subjekt (»Gregor Samsa«) ein Prädikat (»in ein ungeheures Ungeziefer verwandelt«) zugeschrieben. Diese Form ist die Form des Erkenntnisurteils. Um ein solches handelt es sich aber augenscheinlich nicht. Dieser Umstand hat seit Platon die philosophische Theorie immer wieder dazu gebracht, die Dichtung mit der Lüge zu parallelisieren, was aber selbstverständlich keine sinnvolle Bestimmung ist. Ferner beeilt sich der Erzähler hinzuzufügen: »Es war kein Traum.« Dichtung, Lüge und Traum sind offenbar mögliche Kandidaten dieses Scheins. Die Beziehung zwischen Subjekt und Prädikat ist in dem berühmten Anfangssatz, erkenntnislogisch gesehen, ein »Schein«. Dieser wird dadurch erzeugt, dass auf eine gegebene Form ein Stoff scheinhaft bezogen wird. Anders gesagt, der Satz steht da, als ob ein Erkenntnisurteil gefällt würde, da der Form nach die Urteilsstruktur beibehalten wird. Die Dichtung borgt sich gleichsam die Form von der Erkenntnis, füllt sie aber mit fiktionalem Stoff.[96] Dies ist aber nur möglich, weil reine Form und reiner Stoff überhaupt unterschieden werden können. Der Schein ist also ein »Überschreiten dessen, was ist;«[97] ein Umstand, der deswegen bedeutend ist, weil in dem, was ist, eben gar nichts liegt, das macht, dass man es überschreiten solle. Nur aufgrund der abstrahierenden Produktion von reiner Form und reinem Stoff ist eine fiktionale Welt überhaupt vorstellbar. Von der Lüge gilt das gleiche: Um zu entscheiden, dem potentiellen Mörder in Kants berühmtem Beispiel die Wahrheit zu sagen, muss ich mir eine andere Realität als die wirkliche überhaupt vorstellen können. Ich muss mir also vorstellen können zu sagen: »Der, den du suchst, ist zum Fenster hinaus«, um dann doch zu sagen: »Er ist die Treppe hinauf.« Der Schein unterliegt also auch der »Realität aller Form« (Nr. 237; 91 / 183), aber anders als dem Sein kommt ihm nicht die »Realität alles Stoffs« (ebd.) zu. Die Fiktion ist also nach Novalis das bewusste Beziehen eines imaginären Stoffs auf die Form des Realen. Dabei sorgt gerade

---

[95] Unberührt bleibt von dieser Abstraktion die Rolle des Präteritums für Erzähltexte überhaupt, eine Frage, die aber mit unserem Erörterungszusammenhang nichts zu tun hat.

[96] Dass jener Anfangssatz nicht als ein Erkenntnisurteil interpretiert wird, liegt nicht daran, dass – so weit wir wissen – eine spontane Verwandlung von Menschen in große Insekten nicht möglich ist: Dies würde nur erklären, warum dieser Satz, als Erkenntnisurteil, den Wahrheitswert »falsch« erhielte. Es liegt vielmehr ausschließlich daran, dass es keinen Gregor Samsa gibt, er folglich eine fiktive Figur ist. Eine Geschichte, die mit dem Satz: »Claus Claussen trat vor die Tür« beginnt, bearbeitet ebenfalls einen fiktionalen Stoff.

[97] Wolfgang Iser, Fingieren als anthropologische Dimension der Literatur, Konstanz 1990, 5.

die Idee eines reinen Stoffes dafür, dass man im Fingieren nicht an bloß gegebene Stoffe gebunden bleibt: Es ›gibt‹ keinen Gregor Samsa. Dennoch können
scheinhaft alle möglichen Prädikate auf ihn bezogen werden.

Ein kurzer Seitenblick auf das schulphilosophische Theorem von der *facultas
fingendi* führt auf eine weitere wichtige Frage. Für Christian Wolff besteht dies
Vermögen in der Fähigkeit zur »Rekomposition sinnlich gegebener Elemente zu
neuen imaginären Einheiten.«[98] Aus bekannten Vorstellungen, welche ins Gedächtnis zurückgerufen werden, werden »einige Theile« zunächst »abstrahir[t]«,
um sie dann anschließend »in eine Vorstellung als in ein Ganzes zusammen [zu]
verbinden.«[99] Die Frage ist also die nach der Wirklichkeitsverhaftetheit des fiktionalen Stoffs. Scheinbar ermöglicht die Idee eines reinen Stoffs ein gänzliches
Überschreiten der Wirklichkeit, doch bleibt letztlich auch die freieste Phantasie
nicht nur faktisch, sondern nach Novalis auch programmatisch an die Wirklichkeit gebunden: »Kein Seyn, kein Schein.« (Nr. 237; 91 / 183) Die Fiktion lebt
gerade von ihrem Variationscharakter in Bezug auf die Realität. Im Fingieren
sind »immer zwei Welten gegenwärtig«.[100] Die Wirklichkeit wird zwar überschritten, bleibt aber dennoch auch im Fingieren anwesend. Andernfalls ließe
sich ja nicht einmal zwischen Sein und Schein unterscheiden. Daher gilt auch
das Umgekehrte: »Kein Schein, kein Seyn« (ebd.). Erst der Vergleich mit der
Fiktion läßt uns die Wirklichkeit auch *als* Wirklichkeit erkennen.

Novalis hat dem soeben dargelegten Gedankengang auch noch eine bestim-
mungslogische Fassung gegeben, die dasselbe noch einmal unter einem anderen
Blickwinkel beleuchtet. Danach ist Schein »das Widersprechende, das vom Bestimmten Ausgeschloßne – die Sfäre des Scheins ist also das Bestimmbare und
also durch ein wirckliches Bestimmen Ausgeschloßne – alles was durch ein Bestimmen bestimmt ist – also auch die Beziehungen, sind hiervon ausgeschlossen,
und also nicht Schein.« (Nr. 234; 88f. / 180) Das Adjektiv eines »wirklichen«
Bestimmens verweist darauf, dass Novalis hier zwei Weisen der Bestimmung
unterscheidet. Alle Realität ist Ergebnis eines Prozesses der wirklichen Bestimmung. Was aber bestimmt ist, muss vorher bestimmbar gewesen sein. Alles wirklich Bestimmte ist als Bestimmtes nicht mehr dieser Sphäre des bloß Bestimmbaren zugehörig. Der Bereich des Bestimmbaren aber bleibt dennoch erhalten,
als das Andere des wirklich Bestimmten. Das Bestimmbare lässt sich aber noch
auf eine andere Weise bestimmen, wenn nämlich die Anschauung zwar unter
Begriffe gebracht wird, aber nicht zum Zwecke einer Gegenstandsbestimmung.
Das Fingieren ist sozusagen ein Bestimmen, das nicht ein »wirckliches Bestimmen« ist – mit einem Wort: ein virtuelles Bestimmen. Demgegenüber besteht

---

[98] Karlheinz Stierle, Art. Fiktion. Ästhetische Grundbegriffe, Bd. 2 (2001), 380-428, hier
415.
[99] Georg Friedrich Meier, Anfangsgründe aller schönen Wissenschaften, Bd. 2, § 456.
[100] Wolfgang Iser, aaO., 6.

die Möglichkeit eines realen Bestimmens nur, »insofern man dieser [sc. der Einbildungskraft] überhaupt *Gesetzmäßigkeit* aufbürden kann« (Nr. 218; 75 / 168). Als Instanz dieser Gesetzesdimension macht Novalis die »Vernunft« (ebd.; vgl. Nr. 212; 74 / 167) geltend. Das virtuelle Bestimmen ist demnach ein solches, das die Einbildungskraft nicht gemäß den von Novalis so genannten Vernunftgesetzen bestimmt. Es ist ein Bestimmen ohne Bestimmungsgesetz. Deshalb herrscht, bestimmungslogisch gesehen, im Reiche der Fiktion Anarchie.

In der vierten Handschriftengruppe findet sich eine interessante Passage, die man als Selbstkommentar zu den bisherigen Ausführungen lesen könnte: »Die Einbildungskraft suppeditirt der Urtheilskraft die Materialien, in unbekannten Ländern zu weilen, aber um wirckliche Materialien zu liefern, nicht Figmenta, muß sie *vernünftig* seyn – welches sie in unzählich verschiedenen Graden seyn kann – es kommt auf ihre *reinere* Selbstthätigkeit an. Je reiner die Einbild[ungs]Kr[aft], desto wahrer wird sie sein.« (Nr. 464; 159f. / 249f.) Es ist nicht gesagt, dass Novalis mit dem Komparativ hier sogleich eine Wertung verbindet. Eher ist hier an eine Stufung der drei Dimensionen der Einbildungskraft zu denken: Fiktionalität, Erkenntnis, Produktion des Ideals. Letztere ist die Dimension der gänzlich reinen Einbildungskraft: »Practische Vernunft ist reine Einbildungskraft.« (Nr. 498; 168 / 258) Sie ist deshalb rein, weil sie das Ideal gänzlich a priori produziert. Bezüglich des hier interessierenden Themas kann man dieser Stelle immerhin so viel entnehmen: In einstmals »unbekannten Ländern« verweilt die Urteilskraft sowohl beim realen wie beim virtuellen Bestimmen. Aber nur die Vernunft sorgt dafür, dass aus dem, was die Einbildungskraft bereitstellt, tatsächlich *wirkliche* Materialien werden. Ohne die Vernunftdimension erarbeitet sie »Figmenta«, also fiktionale Gegenstände.

Novalis hatte, wie oben gesehen, seine Theorie der Fiktionalität aus der Frage nach der möglichen Gesetzmäßigkeit der Beziehung von Stoff und Form, die man auch als Anschauung und Begriff konkretisieren kann, entwickelt. Darin liegt eine gewisse Nähe zu Bestimmungen, die Immanuel Kant in seiner Ästhetik vorgenommen hat. An dieser Stelle bietet es sich an, einen kurzen Vergleich vorzunehmen mit der Rolle, die Kant der Einbildungskraft im Rahmen seines ästhetischen Ansatzes zumisst, um die Eigenart von Novalis' Theorie der Fiktionalität in systematischer Hinsicht etwas schärfer herausarbeiten zu können.

Der ästhetische Ansatz in der »Kritik der Urteilskraft« besteht bekanntlich darin, dass Kant die Struktur des ästhetischen *Urteils* über einen Gegenstand, sei es der Natur, sei es der Kunst, untersucht. Die »Kritik der Urteilskraft« ist also über weite Strecken eine ›Kritik des Geschmacks‹[101] als desjenigen Vermögens, welches dieses Urteil fällt. Das Geschmacksurteil wird von Kant eingeführt als

---

[101] Unter diesem Titel wollte Kant seine dritte Kritik zunächst veröffentlichen. Vgl. dazu und wieso Kant dann doch einen anderen Titel vorzog KARL VORLÄNDER, Zur Entstehung der Schrift. In: ders. (Hg.), Immanuel Kant: Kritik der Urteilskraft, Hamburg ⁷1990, XV–XVIII.

ein Urteil über einen Gegenstand der Wahrnehmung. Der Bestimmungsgrund dieses Urteils liegt dabei aber nicht in irgendeiner Qualität des wahrgenommenen Objekts, sondern in einem Zuständlichkeitsbewusstsein des urteilenden Subjekts, nämlich in einem Gefühl der Lust oder Unlust. Diese Lust muss näher bestimmt werden als eine Lust ohne Interesse am Gegenstand, sei das Interesse sinnlich-angenehmer oder moralischer Natur. Es geht bloß darum, »ob diese bloße Vorstellung des Gegenstandes in mir mit Wohlgefallen begleitet sei« (KdU § 2, B 6). Das Geschmacksurteil ist mithin ein reines ästhetisches Urteil.[102]

Es macht nun gerade die Eigenart der kantischen Ästhetik aus, dass dies Gefühl der Lust oder Unlust nicht als letzter Erklärungsgrund in Anschlag gebracht wird. Vielmehr ist dieses Gefühl selbst noch einer Erklärung fähig, und diese Erklärung wird von Kant als »Schlüssel zur Kritik des Geschmacks« (KdU § 9, B 27) in ihrer Bedeutung unterstrichen. Als die Lust hervorrufend wird jener Gemütszustand bezeichnet, in dem sich die »Erkenntniskräfte [...] in einem freien Spiele« (KdU § 9, B 28) miteinander befinden. Diese Erkenntniskräfte sind die aus der »Kritik der reinen Vernunft« bekannten Vermögen der Einbildungskraft und des Verstandes.

Das freie Spiel wird von Kant zunächst als derjenige Gemütszustand beschrieben, »der im Verhältnis der Vorstellungskräfte zueinander angetroffen wird, sofern sie eine gegebene Vorstellung auf Erkenntnis überhaupt beziehen.« (KdU § 9, B 28). Was mit diesem − *prima facie* mehr als kryptischen − letzteren Ausdruck gemeint sein kann, erklärt sich am besten über einige Ausführungen zur Funktion der Urteilskraft. Denn denkt man zunächst nicht an eine ›Erkenntnis überhaupt‹, sondern an einen konkreten Erkenntnisvollzug, so besteht dieser, allgemein gesagt, in einer Subsumtion gegebener Anschauungen unter einen Begriff. Das Vermögen, welches diese Subsumtion vollzieht, ist die bestimmende Urteilskraft als »das Vermögen unter Regeln zu subsumieren« (KrV A 132 / B 171). Nun ist klar, dass dieser Vorgang hier nicht gemeint sein kann, da ja ausdrücklich kein Erkenntnisvorgang angestrebt ist. Gleichwohl wird die Untersuchung gerade am Leitfaden des *Urteils* des Geschmacks geführt. Irgend eine Art von Subsumtion muss also auch hier stattfinden, wenn auch das Geschmacksurteil »gar nicht unter einen Begriff subsumiert« (KdU § 35, B 145). Die hier vollzogene Subsumtion besteht vielmehr in einer solchen »des Vermögens der Anschauungen oder Darstellungen (d.i. der Einbildungskraft) unter das Vermögen der Begriffe (d.i. den Verstand), sofern das erstere in seiner Freiheit zum letzteren in seiner Gesetzmäßigkeit zusammenstimmt.« (KdU § 35, B 146)

Auf den ersten Blick scheint die Subsumtion zweier Vermögen untereinander

---

[102] Vgl. dazu die Arbeiten von JENS KULENKAMPFF, Kants Logik des ästhetischen Urteils (1978), Frankfurt ²1994; CHRISTEL FRICKE, Kants Theorie des reinen Geschmacksurteils, Berlin / New York 1990; JÜRGEN STOLZENBERG, Das freie Spiel der Erkenntniskräfte. In: Ursula Franke (Hg.), Kants Schlüssel zur Kritik des Geschmacks, Hamburg 2000, 1–28.

eine Widersinnigkeit zu sein. Das wäre sie auch, wenn hier von der Urteilskraft in ihrer bestimmenden Funktion die Rede wäre. Die »Kritik der Urteilskraft« untersucht dieselbe aber in einer anderen Funktion, welche Kant die ›reflektierende‹ nennt. Auch diese entspricht dem allgemeinen Begriff von Urteilskraft, ist auch ein »Vermögen, das Besondere als enthalten unter dem Allgemeinen zu denken.« (KdU 2. Einl., B XXV) Im Gegensatz zu der bestimmenden Urteilskraft, welche von dem gegebenen Allgemeinen (= der Regel) ausgeht, um zu untersuchen, ob ein Besonderes darunter falle oder nicht, geht die reflektierende von dem gegebenen Besonderen aus und sucht sich das Allgemeine dazu. Das heißt, sie betrachtet das Allgemeine unter einem bestimmten Gesichtspunkt. Sie kann mithin als ein Deutungsvermögen verstanden werden, weil sie Einzelnes im Lichte übergreifender Zusammenhänge sieht. Das gegebene Besondere in unserem Zusammenhang ist nun nichts anderes als die Einbildungskraft in ihrer formproduktiven Freiheit. Diese wird von der reflektierenden Urteilskraft unter einem spezifischen Gesichtspunkt betrachtet. Dieser ist nicht der der Freiheit der Einbildungskraft als solcher, sondern der einer ›Anpassung‹ der Einbildungskraft an das Vermögen des Verstandes (vgl. KdU § 50, B 203).[103] Worin besteht diese Anpassung? Sie besteht darin, dass die Freiheit der Einbildungskraft unter einem bestimmten Reflexionsgesichtspunkt betrachtet wird, und dieser ist die Gesetzmäßigkeitsdimension des Verstandes.[104] Unter diese wird jene freie Einbildungskraft subsumiert. Vollzogen wird also eine Reflexion über die Tätigkeit der Einbildungskraft hinsichtlich der Frage, ob sich etwa Gesetzmäßigkeiten auffinden lassen. Im Urteil ›Dieser Gegenstand ist schön‹ wird die Form des Gegenstandes daher so apprehendiert, dass er eine »Zusammenfassung des Mannigfaltigen enthält, wie sie die Einbildungskraft, wenn sie sich selbst frei überlassen wäre, in Einstimmung mit der Verstandesgesetzmäßigkeit überhaupt entwerfen würde.« (KdU Allg. Anm. B 69)

Gerade dass die Einbildungskraft als Entwurfsvermögen beansprucht wird, zeigt noch einmal, dass sie als »produktiv und selbsttätig (als Urheberin willkürlicher Formen möglicher Anschauungen)« (ebd.) zu verstehen ist. In der bloßen Apprehension eines Gegenstandes ist die Einbildungskraft natürlich nicht frei, aber sie gerät als freie in ein Spiel mit dem Verstand, wenn die Apprehension gleichsam zu einer freien Nachzeichnung des Gegenstandes als einem Fall von vielen möglichen Entwürfen der produktiven Einbildungskraft wird. Das dabei erlebte Empfinden ist als ein Stimmigkeitserlebnis zu charakterisieren, welches die Form des Gegenstandes deutet als »Exemplifikation der subjektinternen Zweckmäßigkeit des Kognitionsapparates.«[105]

---

[103] Vgl. ANDREAS TREBELS, Einbildungskraft und Spiel, Bonn 1967, 112-121.
[104] Vgl. auch RUDOLF MAKREEL, Einbildungskraft und Interpretation, Paderborn 1997, 63-90.
[105] ULRICH BARTH, Religion und ästhetische Erfahrung. In: ders., Religion in der Moderne, Tübingen 2003, 235-262, hier 243. Die Verständigung über sein Thema vollzieht dieser Aufsatz

War im Bereich der Erkenntnistheorie die Einbildungskraft als bloße ›Wirkung des Verstandes‹ anvisiert, so ist umgekehrt im Bereich der Ästhetik, des Kunstschaffens zumal, der Verstand zwar nicht gerade eine Wirkung der Einbildungskraft, aber ihr doch gleichsam zu Diensten, indem er seine Gesetzmäßigkeitsdimension der Einbildungskraft zur Verfügung stellt.

Damit können wir unsere Erläuterungen zu Kant verlassen und danach fragen, wie sich Novalis' Theorie des Fiktionalen vor diesem Hintergrund ausnimmt. Was die Redeweise vom »freien Spiel« angeht, so finden sich bei Novalis durchaus Gemeinsamkeiten mit Kant.[106] Novalis arbeitet mit der Gegenüberstellung einer geregelten Beziehung und einer nicht von der Gesetzesdimension des Verstandes bzw. der »Vernunft« (so in seiner eigenen Terminologie) betroffenen Einbildungskraft. Allerdings reichen die Gemeinsamkeiten hier nicht sehr weit. Während nach Kant auch das freie Spiel durchaus eine Bezogenheit auf die Regelkraft des Verstandes enthält, favorisiert Novalis – zu diesem Zeitpunkt[107] – wenigstens *idealiter* die Anarchie der Einbildungskraft. Insofern wäre es gar nicht auszuschließen, dass Kant die Kunst der Frühromantik durchweg für »originalen Unsinn« (KdU § 46, B 182) würde gehalten haben. Gleichwohl darf festgehalten werden, dass bereits die Idee eines virtuellen Bestimmens doch eine gewisse Nähe zum Konzept eines freien Spiels von Einbildungskraft und Verstand hat.

Doch der Hauptertrag dieses Vergleichs besteht in diesem Ergebnis: Es zeigt sich nämlich, dass Novalis' Idee eines virtuellen Bestimmens gar nicht primär ästhetisch, sondern vielmehr fundamental anthropologisch verstanden werden muss. Das Fingieren, das Virtualisieren von Vorstellungen, aber auch das Entwerfen seiner selbst ist der menschlichen Natur tief eingestiftet. Der Mensch ist nicht nur interessiert an dem, was ist, sondern auch an dem, was sein könnte. »Kein Seyn, kein Schein – Kein Schein, kein Seyn – Sie sind die Gegensfären der absoluten Gemeinsfäre – die beyden Häften einer Kugel [...] – beydes ist nicht ohne das Andre« (Nr. 237; 91 / 183). Dies gilt nicht nur zum Behufe ethisch-vernünftiger Zwecksetzung, sondern dem bewussten Leben, dem Ich ist das Fingieren, das Virtualisieren an sich wesenseigen. Ohne dies, so darf man Novalis' Spitzenthese wohl formulieren, ist das Ich kein echtes Ich.

---

innerhalb des von der »Kritik der Urteilskraft« vorgegebenen »Orientierungsrahmens« (240), da er sich von der Überzeugung leiten lässt, »daß wir die besonnenste Analyse der ästhetischen Erfahrung nach wie vor Kant verdanken.« (Ebd.) Er ist insofern auch als Beitrag zur Kant-Forschung zu lesen.

[106] Zu den Valenzen des Spielbegriffs bei Kant und den Frühromantikern vgl. STEFAN MATUSCHEK, Literarische Spieltheorie, Heidelberg 1998, 183-250.

[107] Später hat sich Novalis stärker mit der Frage nach Regeln in der Kunstproduktion befasst, vgl. nur etwa in den »Vorarbeiten« von 1798, WTB II, 374 / N II, 585: »*Regel* – Richtungs und Maaßangabe – Muster, Vorbildung, Vorzeichnung bestimmter Richtungen und Verhältnisse. Ideen – freye Entwürfe, Muster, Projectionen des Genies. Kunst – Fähigkeit bestimmt und frey zu produciren.«

3.3. Formen der Repräsentation

Die »Fichte-Studien« sind zwar nicht prominent mit der Thematik der Repräsentationsformen befasst, insofern sich aus ihnen zwar eine Grundlegung, aber keine Ausführung einer Symboltheorie entnehmen lässt. Bei einem näheren Hinsehen zeigt sich aber immerhin, dass Novalis doch einige Überlegungen zu Begriffen wie »Zeichen«, »Bild« oder auch »Symbol« angestellt hat. Diese Überlegungen seien in diesem Schlussabschnitt gebündelt dargestellt. So kann auch eine Art Übergang zu den folgenden Kapiteln erleichtert werden. Es wird sich erweisen, dass weniger die Bestimmungen dieser Begriffe selbst, als vielmehr ihr Verhältnis untereinander auf den eigentlich weiterführenden Gedanken weist.

Wenden wir uns zunächst dem Begriff des Zeichens zu. Das Projekt einer »Theorie des Zeichens« (Nr. 2; 10 / 106) gehört zu den frühesten Vorhaben, die Novalis sich notiert. In der viel interpretierten Aufzeichnung Nr. 11 finden sich einige Ansätze zur Einlösung dieses Vorhabens.[108] Sie betreffen vor allem die Frage nach den Bedingungen der Möglichkeit von Verständigung durch Zeichen. Signum und Signifikat sind an sich »völlig ungleich« (Nr. 11; 13 / 108), sie sind lediglich aufeinander bezogen »im Bezeichnenden« (ebd.), also in der die beiden Größen konjugierenden Subjektivität. Das Problem besteht nun darin, dass die Beziehung von Zeichen und Bezeichnetem aber auch »nur für den Bezeichnenden« (ebd.) gilt. Aufgrund der prinzipiellen Arbitrarität der Zeichenrelation entsteht mithin die Gefahr eines kommunikativen Solipsismus, welche Gefahr deshalb so brisant ist, weil die Mitteilung von Gedanken der Hilfe von Zeichen schlechterdings nicht entraten kann. Der Gefahr kann man aber entgehen, wenn die verschiedenen Bezeichnenden sich ihres »homogenen Wesen[s]« (Nr. 11; 13 / 109) besinnen und in »freye[r] Nothwendigkeit« (ebd.) die naheliegenden und zweckdienlichen Zeichen wählen, welche ein zweiter Bezeichnender wohl ebenfalls würde gewählt haben: »Sie müssen beyde frey wollen, damit die Wirkung erfolge.« (Nr. 11; 15 / 110) Das Zeichenverstehen gelingt »auf dem Wege einer analogisierenden Projektion«.[109] Novalis steht hier nah an der aufgeklärten Forderung, die Zeichen ›klüglich zu wählen‹.

---

[108] Hardenbergs wichtigste Quelle für diese Notiz war Fichtes Aufsatz »Von der Sprachfähigkeit und dem Ursprunge der Sprache«, SW VIII, 301-341; GA I / 3, 97-127. Es ist wenigstens für die »Fichte-Studien« unzutreffend, wenn WILLIAM ARCTANDER O'BRIEN, Novalis. Signs of Revolution, Durham / London 1995, 79, behauptet, »Hardenberg was well acquainted with the semiotic tradition.« Die von O'Brien aufgeführte Liste von Semiotikern lässt sich bei Novalis erst aus den späteren Texten zusammenstellen; und auch für diese ist es überwiegend nicht klar, ob es sich um eigene Studien oder lediglich um Lektürevorhaben handelt.

[109] WOLFGANG JANKE, Enttönter Gesang – Sprache und Wahrheit in den »Fichte-Studien« des Novalis. In: Klaus Hammacher / Albert Mues, Erneuerung der Transzendentalphilosophie, Stuttgart 1979, 168-203, hier 177. Ob man allerdings wirklich, wie Janke vermutet, aus Nr. 11 die These von einer »a priori für alle identischen Satzstruktur der Sprache« (ebd.) herauslesen kann, ist mir zweifelhaft.

Das Problem ist, dass Nr. 11 vergleichsweise sehr wenig Material zur Bestimmung eines *Begriffs* vom Zeichen bietet. Deshalb lassen wir die Erläuterung zum Kommunikationsproblem nun beiseite und wenden uns den Passagen zu, die zu einem Zeichenbegriff etwas beitragen. Eine quasi-definitorische Bestimmung lautet: »Zeichen ist eine hypothetische Anschauung, bedingt durch eine Vorstellung« (Nr. 250; 97 / 189). Das Fundament eines Zeichens, das, worauf es sich bezieht, ist in Novalis' Sprachgebrauch eine »Vorstellung«, in geläufigerer Terminologie also eher als Begriff oder Gedanke wiederzugeben. Das Zeichen selbst wird als eine »Anschauung« verstanden, es ist mithin eine Anschauung, die für einen Begriff steht. Das Attribut »hypothetisch« mag auf den arbiträren Charakter verweisen, den ein Zeichen für einen Begriff prinzipiell hat. »Das innre Obj[ect] wechselt durch das Ich und im Ich mit einem *ihm angemessenen Körper* und es entsteht das Zeichen.« (Nr. 637; 195 / 283f.) Das Zeichen, jene Anschauung, wird von Novalis als der angemessene Körper des inneren Objekts, mithin des Begriffs verstanden.[110] Novalis schärft hier noch einmal die Rolle des Ich in diesem Zusammenhang ein: Das Ich ist nicht nur der Ort, an dem die Zeichenrelation stattfindet, sondern auch diejenige Größe, welche diese Relation allererst herstellt. Es liegt bei Novalis keine subjektlose Semiose vor, sondern das Gegenteil ist der Fall. Zusammengefasst: Ein Zeichen ist diejenige Anschauung, die von einer bezeichnenden Subjektivität einem Gedanken als dessen Ausdrucksmittel zugewiesen wird. Sofern sich diese Anschauung materialisiert, bekommt man folgende Stufung: Der materielle Ausdruck ist Zeichen für die Anschauung, welche wiederum Zeichen für den Gedanken ist. Der Zeichenbegriff ist bei Novalis so weit gefasst, dass er auch mentale Repräsentationen unter sich begreift. Insgesamt wird man aber sagen müssen, dass die vielfach angedachte »Theorie des Zeichens« (Nr. 11; 12 / 108) weitgehend Projekt geblieben ist.

Zu einem späteren Zeitpunkt hat Novalis sein Theoriedesiderat auf bezeichnende Weise erweitert: »Theorie des Zeichens – des Bildes.« (Nr. 131; 61 / 155) Hier stellt sich zunächst die Frage, an was für Bilder Novalis vorwiegend denkt. Vom Kontext her ist zu vermuten, dass Novalis hier stets über innere Bilder spricht – was nicht ausschließt, das ein zugrundeliegender Bildbegriff auch auf äußere Bilder passen könnte. Die erste Bestimmung, die Novalis gibt, bezeichnet das Bild als ein »unrechtes Seyn außer dem Seyn« (Nr. 2; 10 / 106), das aber doch dazu dient, »um das Seyn für sich *auf gewisse Weise daseyn* zu lassen.« (Ebd.) Im Bild liegt also eine Relation zu seinem Abgebildeten (hier zunächst »Sein« genannt) vor, die zugleich durch eine Negation bestimmt ist, insofern das Bild das Sein eben nur auf eine gewisse Weise da sein lässt. Das Bild ist nicht das

---

[110] Diese Passagen werden bezeichnenderweise nicht interpretiert von WINFRIED MENNINGHAUS, Die frühromantische Theorie von Zeichen und Metapher. In: The Germany Quarterly 62.1 (1989), 48–58. Nach Menninghaus haben Schlegel und Novalis die »Repräsentativität« (48) der Zeichen geleugnet. Hier zeigt sich einmal mehr sein Bestreben, den Frühromantikern gewisse aktuelle Theoreme unterzuschieben.

Abgebildete, steht aber mit ihm in einer internen Beziehung, konstituiert sich gleichsam durch eine negative Relation zu ihm.[111]

Mit einer sehr kurzen Notiz am Ende der ersten Handschriftengruppe setzt ein Nachdenken über Bild und Bildproduktion ein, das noch in eine andere Richtung geht. Hardenberg hält dort fest: »Geist – Bild – Einbildungskraft« (Nr. 163; 67 / 160). Das innere Bild ist nicht einfach nur das Andere des Seins, sondern es muss allererst hergestellt, gebildet werden, was eine komplexe Tätigkeit des Ich voraussetzt. Danach ist ein Bild dann »die Anschauung von Anschauungen.« (Nr. 219; 76 / 169) Ein Bild ist also eine synthetisierende Komplexion eines Anschauungsbündels, eine Art Meta-Anschauung. Das Bild ist zugleich die Einheit dieser Anschauungskomplexion, wobei es sich nicht um eine begriffliche, sondern eben um eine anschauliche Einheit handelt.

Wie will Novalis die Größen »Zeichen« und »Bild« nun voneinander unterschieden wissen? »Ein angeschauter Begriff ist ein Zeichen.« (Nr. 219; 76 / 169) Dies nimmt noch einmal die oben bereits gegebene Begriffsbestimmung auf. Das Bild hingegen ist »eine vorgestellte Anschauung.« (Nr. 226; 78 / 171) Im Zeichen ›sieht‹ man einen Gedanken, im Bild ›denkt‹ man eine Anschauung – wobei »denken« hier ein bewusstes Wahrnehmen, ein Begreifen einer Anschauung *als* Bild meinen muss. Beiden Größen ist der Als-Charakter gemeinsam, sie unterscheiden sich aber hinsichtlich der Art und Weise, wie etwas als Zeichen oder Bild fungiert. »Zeichen – Bild. Im Zeichen praevalirt der Begriff – im Bild die Anschauung« (Nr. 249; 96 / 188) Das Zeichen ist das Repräsentationsmedium der Diskursivität. Hinsichtlich des Bildes hingegen müssen zwei Weisen des Begriffsgebrauchs angenommen werden, die sich durch die Frage, was abgebildet wird, unterscheiden lassen. In einer Hinsicht galt das Bild ja gleichsam als das Negativ des Seins; in diesem Fall könnte man es wohl auch schlicht als Zeichen des in ihm abgebildeten Seins verstehen, das in den Begriff überführt werden kann. Komplexer ist die Bestimmung des Bildes als Anschauung von Anschauungen. Denn hier gelangt das Bild nicht zum Begriff, sondern bildet Anschauungen ab und zugleich ein. Will man dennoch auf Bestimmtheiten im Abgebildeten in diesem spezifischeren Sinne hinaus, so wird man nicht unhinkommen, auf die Ideen eines virtuellen Bestimmens zurückzugreifen, wie sie im vorigen Abschnitt entwickelt wurde. Sofern man ein Bild nicht bloß als Abbild eines Seienden verstehen will, sind alle Bestimmtheiten des in ihm Abgebildeten nicht-begrifflicher Natur. Dies trifft nun aber auch auf äußere Bilder zu: Das Abgebildete lässt sich nur virtuell, oder, wie wir demnächst auch werden sagen können: symbolisch in eine Bestimmtheit überführen, wenn anders das Bild auch durch eine Bildbeschreibung äquivalent substituiert werden könnte.

---

[111] Ich verdanke Aufschluss über diesen Zusammenhang der Studie von CHRISTOPH ASMUTH, Bild – Negation – Kreativität. In: Kreativität. XX. Kongress für Philosophie, hg. von Günter Abel, Bd. 2, Berlin 2005, 193-204.

Was ist nun mit Unterscheidung zwischen »Zeichen« und »Bild« im Hinblick auf eine Symboltheorie gewonnen? Zur Beantwortung dieser Frage müssen wir noch einmal auf die Theoriealternative verweisen, die sich uns am Ende unseres Referats zur Symboltheorie der Aufklärung ergab.[112] Während Meier und Lambert für einen Zeichenmonismus standen, optierte Kant für das Symbol als eine spezifische Weise der Bezeichnung. Im Lichte dieser Alternative ist entscheidend, dass Novalis sich hier – vermutlich ohne es zu wissen – auf die Seite Kants schlägt. Genau dafür steht hier der Begriff des Bildes, dessen Leistungen in den Symbolbegriff eingehen werden. Das »Bild« ist nach Novalis ein Medium eigenen Rechtes. Die Schulphilosophie nannte die menschliche Fähigkeit, mit Zeichen umzugehen, das »Bezeichnungsvermögen«. Dieser Begriff impliziert geradezu den von mir so genannten Zeichenmonismus. Novalis muss deshalb einen weiteren Begriff verwenden, um die verschiedenen Repräsentationsmodi unter ihm zu begreifen, und er findet ihn im Begriff der »Symbolische[n] Bildungskraft« (Nr. 226; 78 / 171; Nr. 232; 82 / 175). Sie ist als eine Form der Einbildungskraft zu begreifen. Die symbolische Bildungskraft faltet sich also in zweierlei Weise aus: Sie generiert Zeichen, die ein verständiges Kommunizieren über Gedanken erlauben, und sie schafft Bilder, welche als Repräsentationen von Anschauungen zu stehen kommen, und *als* Bilder bloß symbolisch vom Begriff eingeholt werden können.[113] Mit dieser Unterscheidung von Zeichen und Bild durch die Einbildungskraft als symbolischer Bildkraft hat Novalis den transzendentalen Grund gelegt für die Entfaltung der Symboltheorie in seinen späteren Schriften. Der transzendentale Grund aber, um den Bogen zum Anfang des Kapitels zurückzuschlagen, warum wir überhaupt zum Herstellen der symbolischen Beziehung in der Lage sind, liegt nach Novalis darin, dass bereits die Selbstbeziehung symbolisch vermittelt ist. Die Synthesis, in der Zeichen, Bild und Symbol in je eigener Weise bestehen, ist begründet in der Synthesis des absoluten Ich. In dieser Einsicht, welche nachzuzeichnen Aufgabe dieses Kapitels war, dürfte Novalis' Hauptbeitrag zur Philosophie des deutschen Idealismus liegen.

---

[112] Vgl. oben S. 78.

[113] In einer späteren Aufzeichnung in der sechsten Handschriftengruppe reformuliert Novalis dieses Gegenüber von Zeichen und Bild als Konkurrenz von »Symbol« und »Wort« (Nr. 649; 201 / 289).

D. Symboltheoretische Aspekte in späteren Schriften

Das vorige Kapitel hat sich der transzendentalphilosophischen Grundlegung der Symboltheorie gewidmet. Spätere Kapitel werden sich der Ästhetik und der Religionstheorie zuwenden. Es versteht sich von daher nicht von selbst, warum zwischen diesen beiden Komplexen noch ein weiteres Kapitel eingeschaltet wird. Der Grund dafür liegt, um an diesen wichtigen Umstand erneut zu erinnern, in Folgendem: Novalis hat seine Symboltheorie nirgends entfaltet, sie muss erst rekonstruiert werden, und zwar etwa in dem Sinne, den Fichte einmal seiner Kant-Rezeption zugrunde gelegt hat: »von dem, was er wirklich sagt, sich erhebend zu dem, was er nicht sagt, aber um das Gesagte sagen zu können, es voraussetzen mußte.«[1] Vor diesem Hintergrund bietet es sich an, nicht nur die transzendentalphilosophisch allgemeinen Voraussetzungen des Symbolverständnisses Hardenbergs zu behandeln, wie im letzten Kapitel, sondern auch einige besondere gedankliche Konzepte aus seinen späteren Schriften in einem eigenen Kapitel zusammenzustellen, die als wesentliche Aufbaumomente seiner impliziten Symboltheorie zu gelten haben.

Aus der überaus reichen Gedankenarbeit, die sich bei Novalis ab dem Jahre 1797 zeigt, sollen drei Theoriekomplexe ausgewählt, zunächst für sich dargestellt und anschließend jeweils auf ihre symbolthereotische Relevanz hin befragt werden. Zunächst ist die Fragmententheorie darzustellen, und zwar im Lichte der Theorie des Erfinders dieser Gattung, Friedrich Schlegel. Die Fragmententheorie steht bei Novalis für die Entdeckung des kreativen Rezeptionsakts (1). Anschließend wird in einer konzentrierten Interpretation des Romanfragments »Die Lehrlinge zu Saïs« Hardenbergs Ansatz der Naturphilosophie behandelt und in den Kontext einiger prominenter zeitgenössischer Theorien eingestellt. In diesem Zusammenhang entwickelt Novalis eine Idee, die wir als ›interpretative Mehrdeutigkeit‹ fassen können (2). Zuletzt wird uns Novalis' Projekt einer »Enzyklopädistik« und die damit verbundene so genannte »Wechselrepräsentationslehre des Universums« beschäftigen, wie er sie in seinem »Allgemeinen Brouillon« entworfen hat. Menschliches Symbolisieren, diese These stellt Novalis im Verlauf seiner Untersuchung auf, unterliegt prinzipiell keinerlei Schranken (3).

---

[1] Johann Gottlieb Fichte, WL 1804, 2. Vortrag, Hamburg 1986, 18.

1. Novalis' Theorie des Fragments

Wir hatten bereits im letzten Kapitel über Novalis' Grundlegung einer Produktionsästhetik der Freiheit gesprochen, welche sich im Verein mit seinem Begriff der fingierenden Einbildungskraft auch als essentieller Bestandteil einer Theorie der symbolischen Beziehung und der Symbolproduktion erweisen wird. Eine Symboltheorie hat indessen nicht bloß dies, sondern auch die Frage nach dem Symbolverstehen zu behandeln. Sie fasst folglich die Rezipientenperspektive in den Blick, und die im folgenden zu erhärtende These behauptet, dass Novalis diesen Schritt in seiner Theorie des Fragments getan hat. Nicht behauptet, sondern vielmehr bestritten wird, dass das Fragment gleichsam als Inbegriff des romantischen Denkens überhaupt angesehen werden kann.[2] Wohl aber entwickelt Novalis mit und anhand der Fragment-Form einen unaufgebbaren Bestandteil seiner ästhetischen und religionstheoretischen Überlegungen.

Die literarische Form des Fragments lernt Hardenberg durch ihren Begründer Friedrich Schlegel kennen. Obwohl er zunächst auch dessen Produktionsweise übernimmt, zeigen sich doch alsbald Unterschiede in der jeweiligen Einschätzung dessen, was die Form des Fragments bedeuten und leisten kann. Seine eigene Auffassung entwickelt Novalis dann im Rückgriff auf seine Studien zu dem niederländischen Spätaufklärer Frans Hemsterhuis (1721-1790). Im weiteren Verlauf seines Schreibens ist das Fragment dann eine von vielen möglichen Formen, die dem versierten Autor zur Verfügung stehen.

Der folgende Abschnitt ist dreigeteilt: Zunächst ist kurz die Fragmententheorie Friedrich Schlegels zu skizzieren. Indem die Abweichung Hardenbergs von dieser Theorie notiert wird, ist in einem zweiten Schritt Novalis' Beschäftigung mit Hemsterhuis' Dialog »Alexis oder vom goldnen Zeitalter« zu thematisieren, während der er einen eigenständigen Entwurf zum Thema Fragment entwickelt. In einem dritten Schritt ist dann interpretativ der philosophische Sinn dieser Form im Denken Hardenbergs zu erheben.

1.1. Die Fragmententheorie Friedrich Schlegels

Friedrich Schlegel darf als eigentlicher Begründer der literarischen Gattung des »Fragments« gelten,[3] wenn er sich auch in gedanklicher wie stilistischer Hinsicht auf Vorbilder bezogen wusste. Es ist nicht leicht, etwas über eine vermutete Theorie des Fragments bei Schlegel zu sagen, da dieser selbst eine solche nicht geben wollte. Dies liegt nicht zuletzt an seiner Herangehensweise in Sa-

---

[2] Wer die Form des Fragments für Kern und Stern der Romantik hält, sieht sich der erklärungsbedürftigen Tatsache gegenüber, dass *alle* Fragmentisten aus dem »Athenäum«, also die Gebrüder Schlegel, Novalis und Schleiermacher, diese Form wieder haben fallen lassen und zu literarischen Großformen übergegangen sind.

[3] Vgl. ERNST BEHLER, Das Fragment. In: Klaus Weissenberger (Hg.), Prosakunst ohne Erzählen, Tübingen 1985, 125-143, bes. 131f.

chen Theoriebildung überhaupt. So schreibt er einmal an seinen über die neue Gattung unsicheren und deshalb um Erläuterung bittenden Bruder August Wilhelm: »Mich ekelt vor jeder Theorie, die nicht historisch ist«.[4] Eine Theorie über einen geistigen Gegenstand wie eine literarische Form kann nach Schlegel nicht deduktiv, sondern nur auf dem Wege der Reflexion auf gegebenes Material gewonnen werden. So allein bleibt sie seiner Meinung nach auch kontrollierbar. Es liegt also durchaus an der Neuheit dieser Gattung, dass Schlegel sich weigert, eine Definition der Form anzubieten, denn eine neue Form ist keiner historischen Beschreibung zugänglich.

Die Rekonstruktion befindet sich dem gegenüber in der glücklicheren Lage, aufgrund des zeitlichen Abstands sogar Schlegels eigene hermeneutische Maxime berücksichtigen zu können. Sie darf sich allerdings auch auf Hinweise stützen, die er bereits damals gab, da ihm doch auf irgendeine Weise bereits vor Augen gestanden haben muss, was denn ein »eigentliche[s] Fragment«[5] ausmacht. Die unmittelbare Anregung zur Form erhielt er durch die Aphorismensammlung »Maximes et pensées, caractères et anecdotes« (1795) des französischen Moralisten Sébastien Roch Nicolas Chamfort.[6] Sie erschien Ostern 1797 in deutscher Übersetzung, war aber bereits im vorigen Jahr von August Wilhelm in der Jenaer Literaturzeitung angezeigt worden. Friedrich Schlegel charakterisierte Chamfort nur kurze Zeit später so: Er war »ein echter Zyniker, im Sinne der Alten mehr Philosoph als eine ganze Legion trockner Schulweisen. [...] Sein köstlichster Nachlaß sind seine Einfälle und Bemerkungen zur Lebensweisheit, ein Buch, [...] auserlesen und von vollendetem Ausdruck; ohne Vergleich das höchste und erste seiner Art.«[7] An Chamfort lernt er, dass in der Form von »Einfällen und Bemerkungen« mehr gesagt werden kann als durch langwierige Darlegungen, deren er sich in seiner bisherigen literarischen Karriere durchaus selbst befleißigt hatte. In inhaltlicher Hinsicht ist Schlegel aber doch weit stärker der deutschen Debatte verpflichtet. Das 18. Jahrhundert hatte bereits eine reiche Tradition fragmentarischen Schreibens hervorgebracht, wobei besonders an Johann Georg Hamann, Georg Christoph Lichtenberg sowie die Rezeption der »Ossian«-Fiktion des Briten James Macpherson durch Herder und Goethe zu denken ist.[8] Von überragender Bedeutung für die Form des Fragments aber wurde für Schlegel die Person und das Werk Gotthold Ephraim Lessings. Schle-

---

[4] Brief vom 6.3.1798, Kritische Friedrich Schlegel Ausgabe (KFSA) Bd. 24, 97. Alle Briefzitate in diesem Abschnitt entstammen diesem Band.

[5] AaO., 98.

[6] Vgl. immer noch die umfangreiche Studie von ALICE RÜHLE-GERSTEL, Friedrich Schlegel und Chamfort. In: Euphorion 24 (1922), 809–860.

[7] Lyceums-Fragment Nr. 111. Friedrich Schlegel, Schriften zur Literatur, hg. von Wolfdietrich Rasch, München 1972, 21f / KFSA 2, 161.

[8] Vgl. JUSTUS FETSCHER, Art. Fragment. In: Ästhetische Grundbegriffe Bd. 2 (2001), 555–568.

gels Nähe zu Lessings Stil wurde von Novalis nach der Lektüre von Schlegel »Lyceums-Fragmenten« und dessen Aufsatz »Über Lessing« auch sofort konstatiert: »Deine Fragmente hatte ich, nebst Lessing, schon gelesen. Lessing hat mir unter allen Deinen epigrammatischen Dythiramben *am besten* gefallen. Du bist da an den fruchtbarsten Gegenstand für Dich gekommen« (Brief vom 26.12.1797; WTB I, 651). Aus beiden Texten darf man sich einigen Aufschluss über die Fragmententheorie erwarten.

Es war insbesondere der durch Lessing ausgelöste Streit um die »Fragmente des Wolfenbüttelschen Ungenannten«, der Schlegel inspirierte. Lessing hatte als Bibliothekar in Wolfenbüttel Auszüge aus dem radikal-deistischen Manuskript des Hamburger Schulprofessors Hermann Samuel Reimarus »Apologie oder Schutzschrift für die vernünftigen Verehrer Gottes« ohne Nennung von dessen Namen veröffentlicht und damit eine breite Debatte losgetreten.[9] Für Schlegel, dem der Inhalt dieser Streitigkeiten bereits Geschichte war, wurde insbesondere dreierlei in stilistischer und taktischer Hinsicht entscheidend:[10] Erstens, es ist Lessings Vorgehensweise, etwas, das in Dissens zum Zeitgeist steht bzw. zu seiner Überführung dient, als *Fragment* mitzuteilen. Die Unvollständigkeit des Fragments dient einmal der anregenderen Lektüre, vor allem aber bewirkt sie eine gewisse Unangreifbarkeit des Herausgebers, da niemand ein letztes Wort darüber sprechen kann, wie denn wohl der vom »Fragment« intendierte Gesamtsinn aussieht. Zweitens, der Autor der »Fragmente« wird von Lessing anonymisiert. Dies dient der Konzentration auf die vermeinte Sache, erzeugt aber auch unter Diskursbedingungen, welche ein ›Werk‹ vor allem als kohärentes Erzeugnis eines ›Autors‹ betrachten, ein beträchtliches Maß an Verwirrung, da man sich nicht abschließend über die Autorintention verständigen kann – wer weiß, ob dieser Mensch nicht sonst etwas ganz anderes vertreten hat. Und drittens, die Publikation der »Fragmente« wird von Lessing begleitet durch einen Kommentar, in welchem er dem Fragmentisten, den er doch allererst selbst konstruiert hat, sogleich widerspricht. D. h., das »Fragment« steht nicht für sich, sondern ist stets auf diesen Kommentar bezogen. Ferner wird durch diesen Akt die Frage provoziert, warum der Herausgeber jene »Fragmente« überhaupt herausgibt, da er doch scheinbar ihre Meinung nicht teilt. Die ›wahre‹ Intention auch nur des Herausgebers muss somit im Unklaren bleiben. Alle drei Momente, der Vortrag von Polemik in fragmentierter Form, die Anonymisierung der Autorschaft und die Dialektik der Publikation werden im folgenden auch für das Schlegelsche Fragment bedeutsam.

Schlegel sieht in Lessing nun weder einen großen Dichter noch in erster Li-

---

[9] Zu den geschichtlichen und theologiehistorischen Umständen informieren immer noch bestens EMANUEL HIRSCH, Geschichte der neuern evangelischen Theologie, Bd. 4 (1949), Waltrop 2000, 144-164; HERMANN TIMM, Gott und die Freiheit, Bd. 1, Frankfurt a. M. 1974, 59-135.

[10] Vgl. JUSTUS FETSCHER, aaO., 558f.

nie einen bedeutenden Literaturkritiker, sondern er versteht ihn ganz und gar als einen Fragmentisten: »Das Interessanteste und das Gründlichste in seinen Schriften sind Winke und Andeutungen, das Reifste und Vollendetste Bruchstücke von Bruchstücken.«[11] Lessing wird von Schlegel zur Vorläufergestalt seiner eigenen Fragmentpoetologie erhoben:[12] »Ich ehre Lessing wegen der großen Tendenz seines philosophischen Geistes«.[13] Es ist diese »Tendenz«, welche sich das Fragment als adäquate Ausdrucksform sucht, denn die Tendenz ist bei Schlegel stets zugleich wegweisend wie unvollendet.[14] Das Schlegelsche Fragment ist aus einer Kombination der souveränen Pointiertheit der gemeineuropäischen (besonders der französischen) aufgeklärten Aphoristik mit dem Kritik- und Irritationswillen Lessings entstanden.

Diese historischen Auskünfte zu den Vorbildern und Einflüssen Schlegels können freilich nicht den Versuch einer Bestimmung der Gattung ersetzen.[15] Obzwar Schlegel, wie gesagt, eine gattungstheoretische Definition ablehnt, gibt er doch eine hermeneutische Maxime aus, an die sich die Fragmenten-Forschung auch weitgehend gehalten hat: »Wenn die Fragmente eine begleitende Erklärung bedürfen sollten, so hoffe ich, sie werden sie selbst enthalten.«[16] Was ein Fragment ist, erschließt sich mithin nur durch einen hermeneutischen Zirkel, in dem ein Vorbegriff an den als »Fragmenten« betitelten Texten erprobt und modifiziert wird.[17] Ein solcher sich aus dem Ausdruck »Fragment« herleitender Vorbegriff verdankt sich zunächst dessen Konnotationen. Ein Fragment ist ein Bruchstück, der Teil eines Ganzen, der herkömmlich auf unfreiwillige Weise zustande ge-

---

[11] »Über Lessing«, SL 227 / KSFA Bd. 2, 112.

[12] Vgl. zur zweifellos einseitigen Lessing-Rezeption Schlegels Thomas Höhle, Friedrich Schlegels Auseinandersetzung mit Lessing. In: Weimarer Beiträge Bd. 23, H. 2 (1977), 121-135. Höhles Studie zielt darauf ab, Lessing seiner »Verfälschung und Entstellung« (130) besonders durch die katholisierenden Tendenzen des späteren Schlegel wieder zu entreißen, notiert aber auch Schlegels »dauerhaften Beitrag« zu einem angemessenen Lessing-Verständnis.

[13] »Über Lessing«, aaO., 245 / 412.

[14] Vgl. etwa das »Lyceums«-Fragment Nr. 4, SL 7.

[15] Vgl. dazu Franz Norbert Mennemeier, Fragment und Ironie beim jungen Friedrich Schlegel. Versuch der Konstruktion einer nicht geschriebenen Theorie. In: Poetica Bd. 2, H. 3 (1968), 348-370.

[16] Brief vom 6.3.1798, 97.

[17] Gegen dieses Verfahren hat vor allem Dirk Schröder, Fragmentpoetologie im 18. Jahrhundert und bei Friedrich von Hardenberg, Diss. Kiel 1976, im Hinblick auf die Fragmente Hardenbergs Einwände erhoben. Es sei auf eine unzulässige Weise zirkulär, da Fragmentpoetologie und -poesie einander stets voraussetzten. Statt dessen seien ausschließlich theoretische Texte zur Rekonstruktion der Fragmententheorie heranzuziehen. Der Einwand ist, wie das ganze Buch, heuristisch in jedem Fall sehr wertvoll, das Programm aber undurchführbar. Erstens widerspricht es Schlegels eigener hermeneutischer Maxime, obwohl dieser noch weitaus mehr theoretische Ausführungen zum Fragment getätigt hat als Novalis. Und zweitens stehen theoretischer Aufwand und Ergebnis bei Schröder in einem eklatanten Missverhältnis. Die vermeintlich größere methodische Sauberkeit wird hier letztlich mit dem weitgehenden Verzicht auf Ergebnisse erkauft.

kommen ist; beim romantischen Fragment allerdings ist der bruchstückhafte Charakter bewusst erzeugt. Bereits ein erster Blick auf Schlegels Fragmentsammlungen zeigt aber, dass die Fragmente sich nicht in diesem Vorbegriff erschöpfen: Trotz der relativen Kürze machen die Fragmente den Eindruck großer Abgeschlossenheit und Pointiertheit. Sie wirken oft wie Aphorismen oder Sentenzen. Ferner ist auch die ›Kürze‹ ein fragliches Formmerkmal, indem wenigstens die »Athenäums-Fragmente« gelegentlich den Charakter einer kleinen Abhandlung annehmen. Ebenfalls wird die Nähe zum Aphorismus dann und wann durch eine bewusst unverständliche oder vieldeutige Formulierung gekontert. In zahlreichen Fragmenten klingen andere Gattungen an, das Epigramm etwa, oder der Dialog. Schließlich stellt man bei näherem Hinsehen fest, dass das In-sich-Geschlossensein der Fragmente keineswegs ausschließt, dass sie dennoch über sich hinausweisen: Es bestehen thematische Nähen zwischen mehreren, auch entfernten Einzelfragmenten, ein Sujet wird hier fallengelassen und dort wieder aufgenommen.

Um sich der Gattung einen weiteren Schritt anzunähern, sei kurz die Produktionsweise der Schlegelschen Fragmente erläutert. Die meisten Fragmente sind nicht als solche entstanden. Vielmehr hat Schlegel seine eigenen philologischen und philosophischen Studienhefte nach einer Weile durchgesehen und aus den Skizzen und Notizen dort Fragmente extrahiert. Während die »Kritischen Fragmente«, die 1797 im »Lyceum« erschienen, ganz und gar seine eigene Arbeit sind, hat er bei der Entstehung der »Athenäums-Fragmente« auch seinen Mitbewohner Friedrich Schleiermacher gebeten, bei dieser Arbeit mitzuhelfen, welcher sich halb im Ernst bei August Schlegel beklagt: »Mir hat er, da er mir einen Spaziergang durch seine philosophischen Papiere erlaubte, das onus auferlegt, daß ich sie, wie ein Trüffelhund habe abtreiben müßen, um Fragmente oder Fragmentsamen aufzuwittern.«[18] Ferner brachte ihn sein Bruder auf die Idee, Fragmente gemeinsam zu schreiben oder wenigstens Fragmente mehrerer Autoren in einer Sammlung zu vereinigen. »Allerliebst ist der Gedanke, *gemeinschaftlich* solche Fr.[agmente] zu schreiben.«[19] Schlegel behielt sich aber stets die letzte Redaktion und Anordnung vor; bekanntlich hat er auch Novalis' »Vermischte Bemerkungen« nicht unberührt stehen lassen, sondern trennte hier und da, ließ einige weg und fügte ein paar von seinen eigenen Fragmenten mit ein. Auf diese Weise wurde seiner Meinung nach »der Begriff der Synfonie recht vollständig ausgeführt.«[20] Im Ganzen können wir also fragmententheoretisch drei Ebenen unterscheiden: Die erste Ebene ist das Erfinden oder Aussondern eines Einzelfragments. Die zweite ist das Einfügen eines solchen Fragments in

---

[18] Brief vom 15.1.1798, KFSA 24, 78.
[19] Brief vom 31.10.1797, 34. Vgl. auch Brief vom November 1797, in welchem er von dieser Idee sagt: »Das ist ein herrlicher Gedanke«, 42.
[20] Brief Mitte März 1798, 102.

den Zusammenhang einer Sammlung. Die Fragmente einer solchen Sammlung sind als zusammengehörig anzusehen: »Eins oder das andere ist auch Mitglied einer Masse, die sich nicht trennen läßt. Ueberhaupt hängen die verdammten Dinger so zusammen.«[21] Die dritte Ebene ist schließlich eine weitere Redaktionsstufe, die Kompilation der Fragmentensammlung eines Autorenkollektivs aus verschiedenen Einzelsammlungen, im Falle der »Athenäumsfragmente« von August Wilhelm, Caroline, Friedrich Schlegel, Novalis und Schleiermacher, wobei dieses Kollektiv konsequent anonym bleibt. Auf allen drei Ebenen erweist sich das Fragment als theoretisch ergiebig. Das ›Ganze‹, von dem das Fragment ein Teil ist, kann entweder der bloß zu vermutende Sinnhorizont des Einzelfragments sein, oder auch die Sammlung selbst. Schließlich kann es durch seine relative Autarkie gegenüber einer Autorinstanz zwingen, den Gedanken ernster zu nehmen, da die mühsame und müßige Konstruktion eines Autors und seiner vermeintlich integralen Intention entfällt.

Dies mag noch deutlicher werden, wenn man abschließend weniger nach stilistischen Formmerkmalen fragt, sondern vielmehr den philosophischen Sinn dieser Gattung zu eruieren versucht. Vier Thesen lassen sich aufstellen:

1.) Das Fragment ist für Schlegel ein bevorzugtes Medium der *Kritik*. Dies verrät bereits der Titel seiner ersten Fragmentsammlung, die 1797 in der Zeitschrift »Lyceum« erschienenen »Kritischen Fragmente«. Der Kritikimpuls setzt sich aber auch in seiner weiteren Fragmentproduktion fort. Hier ist wichtig zu sehen, was Schlegel unter »Kritik« versteht: weniger den Akt des Bewertens oder gar Verdammens; als eigentliche Aufgabe der Kritik gilt ihm vielmehr das »gründliche Verstehen«, welches er unter dem Obertitel »Charakterisieren« zusammenfasst. Dies ist »das eigentliche Geschäft und innere Wesen der Kritik.«[22] Für dieses Kritikideal bezieht er sich erneut auf Lessing. Zwar kann die so verstandene Kritik auch das Gewand der Polemik oder des Spotts überwerfen, doch auch dann stets nur, um so noch etwas zur Charakterisierung des Gegenstandes beizutragen.[23] Dieser Kritikwille wird von Schlegel im Laufe der Zeit den Bonmot-Qualitäten eines Fragments eindeutig vorgeordnet: Das »nächstemahl [= im »Athenäum«] denke ich aber mehr kondensirte und kompakte Abhandlung und Charakteristik zu geben, als Einfälle.«[24]

2.) Die Kritik ist eng verbunden mit einem anderen Thema, nämlich dem der Zeitdiagnose. Das Fragment soll in herausgehobenem Maße der Kritik der *Gegenwart* dienen: »Noch ein Theil meines Zwecks mit den Fr.[agmenten] ist daß sie in Rücksicht der litterairischen Beziehungen on the top of the fashion«

---

[21] Brief vom 6.3.1798, 97.
[22] »Vom Wesen der Kritik«, SL 259 / KSFA, Bd. 3, 60.
[23] Als vorzügliche Beispiele können die Fragmente Nr. 317 und 346 über Garve und Jacobi gelten; vgl. SL 60 / KFSA 2, 129; 63 / 226f.
[24] Brief vom 31.10.1797, 34.

sind.[25] Dies zeigt sich nicht nur darin, dass die meisten Fragmente zeitgenössische Autoren thematisieren, die sich eben auf der Höhe ihres Schaffens befinden oder deren literarisches Debut noch nicht lange zurück liegt. Auch diejenigen Stücke, welche sich etwa mit der klassischen griechischen Literatur, mit Shakespeare oder mit Spinoza und Leibniz befassen, beziehen sich stets auf aktuelle Debatten. Im letzteren Fall trägt auch und gerade die Art dieser Bezugnahme ihren Teil bei, nämlich der Modus der Kürze und der ätzenden Behauptung, indem durch sie ganz bewusst auf ein konservatives Beschwören klassischer Vorbilder verzichtet wird. Das eminente zeitdiagnostische Interesse dokumentiert sich auch in dem oft wiederkehrenden – von Nietzsche dann vielfältig aufgegriffenen – »jetzt«[26] und vergleichbaren, Aktualität signalisierenden sprachlichen Ausdrücken.

3.) Zeitdiagnose und Kritik werden nicht als Selbstzweck verstanden und dienen auch nicht dem feuilletonistischen Prätendieren von Durchblick. In der Fragmentsammlung soll sich vielmehr durchgängig ein *Sachimpuls* bemerkbar machen. Es wäre ein Missverständnis zu glauben, der Einsatz von Ironie und Spott bedeute eine bloße Spielerei. Schlegel ist der Meinung, »daß die Lizenz der Gattung nur durch die größte Universalität und durch tüchtige pfündige Gedanken und durch häufige Spuren von dem heiligen Ernst gerechtfertigt werden kann.«[27] Das Fragment soll zum Ausdruck bringen, dass es in ihm ›um etwas geht‹. Es indiziert gleichsam eine Sachlichkeit höherer Ordnung: Der Verzicht auf einen scheinbar ›sachlichen‹ Stil verstärkt paradox den Bezug zur ›Sache‹, indem klargestellt wird, dass dieser Stil in Wahrheit gar nichts über eine tatsächlich sachliche Behandlung aussagt. Dieses Paradox wird dadurch verstärkt, dass das Fragment der Leserin und dem Leser zumutet, seine intendierte Wahrheit trotz oder gerade wegen des ausdrücklichen Verzichts auf eine Begründung anzuerkennen. »Die Hauptsache aber bleibt doch immer, daß man etwas weiß, und daß man es sagt. Es beweisen oder gar erklären wollen, ist in den meisten Fällen herzlich überflüssig. [...] Soll beides gleich gut gemacht werden, so ist es unstreitig viel schwerer behaupten, als beweisen. Es gibt Demonstrationen die Menge, die der Form nach vortrefflich sind, für schiefe und platte Sätze. Leibniz behauptete und Wolf bewies. Das ist genug gesagt.«[28] Man soll keine Möglichkeit haben, einen Satz, dessen Wahrheit oder Gehalt man selbst anerkennen müsste, einfach abtun zu können, nur weil ein ›Beweis‹ desselben unter Umständen nicht geglückt wäre.

4.) Hinter all dem steckt schließlich ein ernsthaftes Ringen mit dem Gedanken des *Systems*. Die Forschung hat sich gelegentlich nicht genug daran tun können,

---

[25] Brief vom 25.3.1798, 113.

[26] Z.B. Nr. 69.72, SL 32 / KSFA Bd. 2, 175.

[27] Brief vom 6.3.1798, 98.

[28] »Athenäums«-Fragment Nr. 82, SL 33f. / KFSA 2, 177. Vgl. auch Brief vom 28.11.1797, 44.

die Kritik am ›System‹ für das geheime Zentrum des Schlegelschen Denkens auszugeben.[29] Diese Behauptung dürfte aber weit über das Ziel hinausschießen. Natürlich fehlt es nicht an Spott über ein vermeintliches systematisches Behandeln eines Gegenstandes: »Ein Regiment Soldaten en parade ist nach der Denkart mancher Philosophen ein System.«[30] Doch macht dieses Zitat eher deutlich, dass es Schlegel gerade um einen angemessenen Begriff dessen geht, was »System« heißen kann. Eins seiner berühmtesten Fragmente lautet: »Es ist gleich tödlich für den Geist, ein System zu haben, und keins zu haben. Er wird sich also entschließen müssen, beides zu verbinden.«[31] Um zu zeigen, dass es sich nicht bloß um ein geistreiches Wortspiel handelt, müssen wir einen kurzen Seitenblick auf seine philosophischen Studienhefte werfen, die Novalis zum Teil auch einsehen konnte.[32] Hier wird sehr deutlich, dass Schlegels Kritik sich lediglich gegen eine bestimmte Form des Systemdenkens richtet, nämlich das im Sinne des rationalistischen Methodenideals der mathematischen Lehrart, die nach seiner Meinung das, was sinnvollerweise »System« heißen sollte, konterkariert: »Die mathematische Methode ist gerade die antisystematische.«[33] Diese kann er geradezu mit einem toten Mechanismus vergleichen: Nur Unwissende würden »ein organisches System durch *mechanische* Behandlung entweihen.«[34] Einen positiven Begriff von »System« entwickelt Schlegel gemäß seiner grundlegenden Option für die historische Denkart. Schlegel zielt darauf ab, das Einziehen einer historischen Dimension in den Systemgedanken überhaupt erst zu ermöglichen. Die Einheit des Wissens bleibt als Zielvorstellung erhalten, nur ist sie bloß auf dem diachronen, nicht auf dem synchronen Weg zu erreichen. Schlegel sagt von sich selbst, er sei »wohl ein Universalsystematiker, d. h. ein Historiker«.[35] Und von der Philosophie gilt: »Sobald die Philosophie Wissenschaft wird, giebts Historie. Alles System ist Historie und umgekehrt.«[36] Das Thema des Systems wird also nicht nur inhaltlich von den Fragmenten selbst aufgeworfen, sondern die Frag-

---

[29] Dies führt gelegentlich zu etwas schlichten Gegenüberstellungen. Martin Götze, Ironie und absolute Darstellung, Paderborn 2001, stellt dem lebendigen Denken der Romantik den »limitierenden Buchstaben starrer Systeme« (181), den »einförmigen Diskurs der Systeme« (183), die »Monosemie des Systemdenkens« (187), die »Zementierung des einmal Gedachten zur systematischen Struktur« (205) gegenüber. Solche nutzlosen Invektiven schmälern den Genuss der Lektüre dieses ansonsten kenntnisreichen Buches nicht unerheblich. Bei Michael Esders, Begriffs-Gesten. Philosophie als kurze Prosa, Frankfurt 2000, 27–61, gerät das romantische Fragment zur Subversion des freien Denkens gegenüber den ›idealistischen Systemen‹. Hier sind offensichtlich Subversionsbedürfnisse des Verfassers in die Interpretation geistesgeschichtlicher Zusammenhänge hereingerutscht.

[30] Nr. 46; SL 29 / KFSA 2, 172.

[31] Nr. 53; SL 30 / KSFA Bd.2, 173.

[32] Vgl. Brief von Novalis an Friedrich Schlegel vom 1.1.1797; WTB I, 607.

[33] KFSA 18, 85.

[34] AaO., 20.

[35] AaO., 38.

[36] AaO., 85.

mentsammlung kann im Lichte der weiteren Denkentwicklung Schlegels auch als eine Art Vorstufe eines solchen Systems angesehen werden. Gerade das zeitdiagnostische Interesse der Fragmente erweist sich hier als von höchster Relevanz durch die sich anbahnende methodologische Einsicht, dass jede Zeitdiagnose nur so viel wert ist wie ihr geschichtsphilosophischer Hintergrund. Schlegel gehört mit zu den Protagonisten des sich entwickelnden historischen Bewusstseins.[37]

1.2. Novalis' Fragmententheorie zwischen Schlegel und Hemsterhuis

Wie bereits gesagt, lernt Novalis die neue Gattung gleich nach ihrem publizistischen Debut kennen. Er ist durch diese Lektüre in der Weise elektrisiert, dass er sich sogleich daran macht, selbst solche Fragmente zu verfassen. Von den Gebrüdern Schlegel in die Pläne einer neu zu gründenden Zeitschrift – dem Athenäum – eingeweiht und zur Publikation eingeladen, schreibt er am 25.12.1797 an August Wilhelm Schlegel: »*Mystische Fragmente* sind das vielleicht, was ich anzubieten habe.« (WTB I, 650f.) Es ist aus den Studienheften deutlich ersichtlich, dass ihn die umfangreiche ›Masse‹ von Fragmenten, welche die Schlegels im Verein mit Schleiermacher im »Athenäum« veröffentlichten, intensiv beschäftigten und sogar zur eigenen Fragmentproduktion anregten. Immer wieder kommt er auf sie zurück, ja er nimmt sogar die Mühe auf sich, viele Hunderte von Fragmenten mit einem Titel zu versehen (N III, 625-639). Spätere Aufzeichnungen beweisen dann allerdings etwas mehr Zurückhaltung, das Fragment wird ihm zu einer möglichen literarischen Ausdrucksform unter mehreren (vgl. WTB II, 511 / N III, 277f). Zur Veröffentlichung sah Novalis dann nur noch Gedichte und Romane vor.

Auf den ersten Blick wird man kaum einen Unterschied zwischen den Fragmenten der Schlegels und denen Hardenbergs feststellen können. So verwundert es nicht, dass eine großformatige Betrachtung Novalis und Friedrich Schlegel gern gemeinsam unter dem Stichwort romantische Fragmentkunst verbucht. Diese Betrachtung mag ihr gewisses Recht haben. Untersuchungen, die sich eher einer Nahoptik verpflichtet fühlten, haben dagegen stets Unterschiede zwischen beiden feststellen können.[38] Allerdings standen dabei eher Fragen der Form im Vordergrund. Wir wollen uns dagegen ganz auf inhaltliche Aspekte konzentrieren.

Novalis war sich von Anfang an nicht sicher, wie weit die Gemeinsamkeiten in der Fragmentproduktion wirklich gehen. Am 24.2.1798 gesteht er August Wilhelm Schlegel, er könne seine kurzen Texte, die er geschrieben habe, nur »seynsollende Fragmente« nennen, denn »ich weis ja noch nicht, ob F[riedrich] sie, als

---

[37] Vgl. zum Thema System und Systemkritik bei Schlegel auch MICHAEL CHAOULI, The Laboratory of Poetry, Baltimore / London 2002, 65-84.

[38] Vgl. HERBERT UERLINGS, Friedrich von Hardenberg, genannt Novalis, Stuttgart 1991, 215-227.

Fragmente, anerkennt.« (WTB I, 662) Nach dem Erscheinen des »Athenäum« macht Novalis sich daran, einige der dort erschienenen Fragmente Schlegels mit kritischen Bemerkungen zu versehen (N II, 623f). Der häufigste Vorwurf lautet »unverständlich«, und immerhin sechs Mal findet sich auch die Festellung, diese oder jene Nummer sei »kein Fragment«; allerdings lässt sich aus den von Novalis solchermaßen kritisierten Fragmenten nicht ablesen, wo der Unterschied in der Fragmentauffassung zu suchen ist. Immerhin machen sie deutlich, dass er einen annimmt.

In dem bereits angesprochenen Brief an Friedrich Schlegel aus den Weihnachtstagen 1797 bestimmt Novalis seine entstehenden Fragmente folgendermaßen:

»Es sind Bruchstücke des fortlaufenden Selbstgesprächs in mir – Senker. Du kannst sie dann behandeln wie Du willst. Revolutionairen Inhalts scheinen sie mir hinlänglich – freylich bin ich noch zu sehr jezt in Vorübungen begriffen. Beweise bleib ich schuldig.« (WTB I, 652)

Fünf Momente können wir dieser Passage entnehmen. Erstens, Novalis bezeichnet seine Fragmente als »Bruchstücke«. In der Tat lässt sich durch Vergleich mit seinen philosophischen Studienheften feststellen, dass er wie Schlegel seine eigenen Aufzeichnungen nach ›fragmenttauglichen‹ Formulierungen absuchte. Aus diesen Heften – den »Selbstgesprächen« – werden also einzelne Stücke herausgebrochen und dadurch zu einer Kunstgattung gemacht. Zweitens, Novalis' Fragment beansprucht recht wenig Unangreifbarkeit für sich, er gibt seine Texte gleichsam aus der Hand, möglicherweise wohl wissend, dass Friedrich Schlegel sich das Recht der Endredaktion sowieso vorbehielt. Offenbar verliert das Fragment nach Novalis durch diese Behandlung aber nichts. Drittens, was das Fragment aussagt, erhält seine Dignität nicht durch einen ›Beweis‹; die Mitteilung eines Fragments ist offensichtlich auch ohne einen solchen lohnenswert. Viertens, dem Fragment wird Neuheit zugeschrieben, und zwar eine umstürzende Neuheit. Novalis gebraucht den Ausdruck ›revolutionair‹ sowohl für seine als auch für Schlegels Fragmente. Diese charakterisiert Novalis als im besonderen »revolutionaire Affichen«. Eine Affiche, d. h. Wandzeitung oder Anschlagzettel, war zur Zeit der französischen Revolution das wichtigste Mittel der öffentlichen Bekanntmachung. Die Analogie sagt also zweierlei aus: Das Fragment sucht einmal der Form nach die öffentliche Wirksamkeit, und ist zweitens auch revolutionären Inhalts. Es geht Schlegel also nach Novalis' Meinung auch um die, wie man heute sagen würde, Medienwirksamkeit des Fragments – sicherlich keine unzutreffende Beobachtung, wenn man das zeitdiagnostische Interesse Schlegels in Rechnung stellt.

Bis hierher können wir insgesamt eine recht große Nähe zu Schlegel feststellen. Erst der letzte Punkt wird auf die Differenz zu Schlegel hinführen: Fünftens, Novalis bezeichnet seine Fragmente als »Senker«. Dieser Ausdruck wurde damals

für diejenige Rebe verwendet, die nach der Ernte wieder eingepflanzt wurde.[39]
Das Fragment wird also mit einem Keim oder Trieb verglichen. Dieses Bild hat
Novalis auch in seinen Fragmentsammlungen selbst verwendet: Als Motto seiner
Sammlung »Blütenstaub« [!] verwendet er sein Distichon: »Freunde, der Boden
ist arm, wir müßen reichlichen Samen / Ausstreun, daß uns doch nur mäßige
Erndten gedeihn« (WTB I, 128 / N I, 402). Und in dieser Sammlung selbst heißt
es: »Fragmente dieser Art sind litterarische Sämereyen. Es mag freylich manches
taube Körnchen darunter seyn: indessen, wenn nur einiges aufgeht!« (WTB II,
285 / N II, 463) – von Schlegel sinnigerweise an den Schluss der ganzen Sammlung gestellt. Nimmt man die beiden zuletzt genannten Bestimmungen zusammen, die inhaltliche Bestimmtheit und die Keimhaftigkeit des Fragments, so darf
man zunächst festhalten, dass das Fragment einen unfertigen, aber doch gewichtigen Gedanken auf eine Weise mitteilt, die noch der vollen Entfaltung harrt.

Novalis hat diesen solchermaßen erhobenen Fragmentbegriff noch philosophisch vertieft. Der ausschlaggebende Gedanke kam ihm während seiner Beschäftigung mit dem niederländischen Philosophen Frans Hemsterhuis. Ihr wollen wir uns nun kurz zuwenden.

Frans Hemsterhuis gehört zu den ersten zeitgenössischen philosophischen
Leseerfahrungen, die der junge Friedrich von Hardenberg macht. Friedrich
Schlegel berichtet in einem Brief an seinen Bruder aus dem Jahre 1792, Novalis' Lieblingsschriftsteller seien »Plato und Hemsterhuys – mit wildem Feuer
trug er mir einen der ersten Abende seine Meinung vor – es sey gar nichts
böses in der Welt – und alles nahe sich wieder dem goldnen Zeitalter« (N IV,
572).[40] Sonstige Spuren hat diese frühe Lektüre aber nicht hinterlassen. Anders bei der zweiten, ausführlicheren Begegnung: Im September 1797 leiht sich
Novalis die gesammelten Werke des Niederländers von August Wilhelm Schlegel in der französischen Gesamtausgabe aus, die dieser im Jahr zuvor rezensiert

---

[39] JOHANN HEINRICH ZEDLER, Grosses vollständiges Universal-Lexicon aller Wissenschaften
und Künste, welche bishero durch menschlichen Verstand und Witz erfunden und verbessert
worden, Bd. 36, Halle und Leipzig 1743, Sp. 1870: »*Senckende* oder *Grubenende*, ingleichen *Sen-
cker*, ist eine Rebe am Weinstock, welche auf vorherbeschriebene Art in die Erde geleget oder
gesencket wird, damit man solcher Gestalt die Arten des Weines von den alten Stöcken fort-
pflanze. Das Senckende muß wohl reifes Holtz haben, sonsten taugt es nichts, je frischer und
stärcker das Holtz an einem Stock ist, je besser taugt es zum Sencken, und je mehr Senckenden
kan man davon haben. Mit Einlegung der Senckenden muß man fürsichtig umgehen, daß sie im
Biegen nicht zerbrochen werden. Kein neu Grubenende, soll über zwey oder zum meisten drey
Augen über der Erde behalten, auf daß der Stock nicht bald auf hohe Schenkel getrieben werde,
sondern fein niedrig bey der Erden bleibe.«
[40] Dieses Referat ist beinahe ein Zitat aus Hemsterhuis' Dialog »Alexis ou l'age d'or«: »Die
menschliche Natur ist nicht aus der Art geschlagen, und die goldne Zeit des Hesiodus ist
nicht erlogen.« (Alexis, oder vom goldenen Zeitalter, Vermischte philosophische Schriften des
Herrn Hemsterhuis, Leipzig 1797, Bd. 3, 10f.) Aus diesem Text stammen auch alle weiteren
Hemsterhuis-Zitate in diesem Abschnitt.

hatte. Am 30.11.1797, just vor seiner Abreise zum Studium der Bergbauwissenschaft in Freiberg (Sachsen), schickt er sie ihm zurück: »Erst jetzt hab ich mich von Hemsterhuis' trennen können.« (WTB I, 648) Resultat dieser ausgiebigen Lektüre sind recht umfangreiche Studiennotizen, die immerhin 18 Druckseiten ausmachen (N II, 361-378).

Was aber dieses Studium für Novalis bedeutet, wie es sein Denken beeinflusst hat, darüber herrscht noch weitgehendes Dunkel.[41] Die allgemeine Auskunft des Herausgebers der Hemsterhuis-Studien, Hans-Joachim Mähl, in »Hemsterhuis fand er nun den Philosophen, der ihn über die Wissenschaftslehre hinausführte, indem er die an Fichte so schmerzlich vermißte ›unendliche Idee der Liebe‹ in den Mittelpunkt seines Denkens rückte« (N II, 312), kann aus drei Gründen nicht überzeugen: Erstens hatte es Novalis seiner eigenen Meinung nach zu jener Zeit nicht mehr nötig, von jemandem über Fichte ›hinausgeführt‹ zu werden. Zweitens kann man nicht sagen, dass ›die unendliche Idee der Liebe‹ ab 1797 im Mittelpunkt des Denkens von Novalis steht. Und drittens kommt der Ausdruck »Liebe« in den Hemsterhuis-Studien gar nicht vor.[42] Eine Gesamteinordnung des Verhältnisses wird wohl erst möglich sein, wenn vermehrt Einzelstudien zu bestimmten Themenbereichen vorliegen.[43] So soll auch hier die Hemsterhuis-Rezeption lediglich unter einem Aspekt betrachtet werden.

Hemsterhuis in der Philosophiegeschichte zu verorten, ist nicht leicht.[44] Am ehesten wird man ihn zur Spätaufklärung rechnen, die die erste Welle der massiven Aufklärungskritik bereits produktiv verarbeitet hatte.[45] Stilistisch schlägt

---

[41] Kaum auf Novalis geht ein KLAUS HAMMACHER, Hemsterhuis und seine Rezeption in der deutschen Philosophie und Literatur des ausgehenden achtzehnten Jahrhunderts. In: Marcel F. Fresco et al. (Hg.), Frans Hemsterhuis (1721-1790), Münster 1995, 405-432. Dieser Sammelband bringt immerhin endlich eine Fülle gesicherter Grundinformationen. Vgl. zur deutschen Rezeption auch HEINZ MOENKEMEYER, Francois Hemsterhuis. Admirers, Critics, Scholars. In: DVjS 51 (1977), 502-524.

[42] Die überragende philologische Kompetenz Hans-Joachim Mähls darf nicht zu der irrigen Annahme verleiten, die philosophiehistorischen Einordnungsversuche in den Einleitungen zu den Schriften Hardenbergs seien in gleicher Weise sakrosankt. Hier arbeitet Mähl vielmehr häufig mit relativ ungesicherten Spekulationen. Es ist auffällig, dass z. B. gerade an dieser Stelle Mähl auch mit einem philologischen Trick arbeiten muss. Das Reden von der »unendlichen Idee der Liebe« stammt aus einem Brief an Friedrich Schlegel, der über ein Jahr zuvor verfasst wurde (8.7.1796). Dort werden aber »Spinotza und Zinzendorf« (WTB I, 602), und nicht Hemsterhuis als Repräsentanten dieser ›Idee‹ namhaft gemacht.

[43] So etwa zum Topos des goldenen Zeitalters HANS-JOACHIM MÄHL, Die Idee des goldenen Zeitalters im Werk des Novalis, Heidelberg 1965, 255-297.

[44] Die meisten Geschichten der Philosophie schweigen sich über Hemsterhuis aus. Vgl. aber NICOLAI HARTMANN, Die Philosophie des deutschen Idealismus. Dritte, unveränderte Auflage Berlin 1974, 160-170.

[45] Die neueste deutsche Ausgabe von Hemsterhuis' Schriften stammt aus dem Jahre 1914. Vgl. aber auch die vorzügliche italienische Ausgabe: Frans Hemsterhuis. Opere. A cura di Claudia Melica, Neapel 2001.

sich diese Verarbeitung – bei Hemsterhuis vor allem durch Beschäftigung mit Rousseau – darin nieder, dass er für seine philosophischen Werke zumeist die Form des Briefes oder auch des Dialogs in platonischer Manier anstelle der demonstrativen Darlegung wählt. In dem Dialog »Alexis, oder vom goldnen Zeitalter« (1787), der für unsere Thematik einschlägig ist, versucht Diokles, der die Rolle des Sokrates übernimmt, seinen Gesprächspartner Alexis von zweierlei zu überzeugen: Erstens, dass das dem Menschen innewohnende »Princip der Vervollkommnung« (16) ausreicht, um dereinst wieder ein goldenes Zeitalter – »ein figürliches Wort, worunter du mit mir wohl den Zustand eines Wesens verstehen wirst, das alle Glückseligkeit genießt, dessen seine Natur [...] fähig ist« (88) – heraufzuführen, und zweitens, dass die von Alexis der »Lüge und Fabelwerk« (8) verdächtigte Poesie ein wirksames Mittel bei diesem Heraufführen ist. Zum Ende hin hat er sein Ziel beinahe erreicht, und Alexis bittet ihn, das bereits Ausgeführte noch ein wenig zu vertiefen. Diokles beginnt diese Vertiefung mit einer längeren hermeneutischen Vorbemerkung: Der Philosophie ist es »nicht so leicht, die Gedanken auszudrücken, weil uns oft die Worte fehlen, wenn weit voneinander abstehende und dem Anscheine nach ungleiche Ideen (*idées disparates*) gepaart werden sollen. Allein in solchem Falle muß der Zuhörer helfen, und sich mehr an den Gedankengang des Redenden (*la marche de l'intellect*), als an die Worte halten, die er ausspricht. Mittels dessen werden sich die Wörter von selbst in dem Kopfe des Hörenden übersetzen (*se traduiront*), und darin mit bekannten Zeichen vertauscht (*remplacés*) werden« (96).[46] Bevor Alexis diese Maxime aber beherzigen lernt, lässt ihn Hemsterhuis noch einmal ins Leere laufen, indem Alexis die ironische Bemerkung von Diokles, um über das »letzte[] Zeitalter« (100), dem jenseitigen Friedensreich, etwas zu erfahren, müsse man sich »an die Orakel der Götter wenden« (ebd.), wörtlich nimmt und sich gleich zum Orakel aufmachen will. Diokles ermahnt ihn belustigt, die Stimmung, in der er sich jetzt befände, sei »hinreichend, um sie [= die Gottheit] auf diesen Hügel, und in deine Seele herabzuziehen (*sur cette colline et dans vous*), wo sie völlig verständliche Orakel erteilen wird, ohne daß du nöthig hast, um deren Erklärung die hervorbringende Weisheit der Priester anzugehen.« (101) Nun endlich hat Alexis verstanden und bittet den Diokles, allein zu der Feier zu gehen, zu der eigentlich beide eingeladen waren, »denn ich fühle, daß ich Dodona und Delphi in dieser Einsamkeit finden werde.« (102)

Hemsterhuis zielt hier auf zweierlei ab: Erstens, es ist das vernünftige Gespräch, das zur Erkenntnis über einen Gegenstand führt. Dieses Gespräch kann mit einem Gegenüber geführt werden, wobei die Gesprächspartner wechselseitig aneinander den platonischen Hebammendienst versehen. Zweitens, es gibt Materien, die aufgrund ihrer »disparaten Gedanken« so komplex sind, dass die

---

[46] Die französischen Termini stehen nicht in der deutschen Übersetzung; sie sind von mir nach der Ausgabe: Œuvres de Francois Hemsterhuis, Bd. 1, Leuuwarden 1846, 194, nachgetragen.

Sprache keine einzelnen Wörter hat, um die Kluft zwischen diesen Gedanken zu überbrücken. Dem Sprecher ›fehlen die Worte‹, oder wenigstens kommt er nicht auf sie. Deshalb wählt er solche, die dem Gegenstand eigentlich nicht wirklich adäquat und insofern unklar sind. Hier ist nun die hermeneutische Billigkeit des Hörers gefordert, und zwar in einer besonderen Weise: Es ist der Gedankengang, der das Fehlen des geeigneten Vokabulars ausgleichen muss und kann. Durch ihn werden die eher ungeeigneten Worte, die der Sprecher gebraucht hat, im Kopf des Hörers gleichsam übersetzt und durch vertrautere Zeichen (*signes plus familiers*) ersetzt. Beides dürfte weitgehend gemein-aufklärerisches Gedankengut sein.[47]

Betrachten wir nun zunächst, wie Novalis diese Passage kommentiert. Er schreibt:

»Hemsterhuis hat hier eine herrliche Stelle vom Geist und Buchstaben in der Philosophie. Nach ihm ist der Buchstabe nur eine *Hülfe* der philosophischen Mittheilung – deren eigentliches Wesen im *Nach*denken besteht. Der Redende leitet nur den Gang des Denkens im Hörenden – und dadurch wird es zum Nachdenken. *Er denkt – und der Andre denkt nach.* Die Worte sind ein unzuverlässiges Medium des Vordenkens. Die ächte Wahrheit muß ihrer Natur nach, *wegweisend* seyn. Es kommt also nur darauf an jemand auf den rechten Weg zu bringen, oder besser, ihm eine bestimmte Richtung auf die Wahrheit zu geben. Er gelangt dann von selbst, wenn er anders *thätig* ist, *begierig*, zur Wahrheit zu gelangen, an Ort und Stelle.« (WTB II, 216 / N II, 373)

Wie unterscheidet sich dieser Kommentar von seinem Bezugstext? Einmal, Novalis macht aus dem gelegentlichen Unzureichen der Sprache eine grundsätzliche Unzulänglichkeit. Sprache ist in ihrem Verhältnis zur Wahrheit ›unzuverlässig‹.[48] Zum anderen, Novalis legt diese Unzulänglichkeit mit dem Begriffspaar von Geist und Buchstabe aus. Nicht mehr hermeneutische Regeln vermitteln zwischen der Sprache und dem Gemeinten, sondern der ›Geist‹, das ingeniöse Erfassen eines Sinns. Und drittens, dieser Sinn ist nicht das von einem Sprecher Intendierte, sondern die ›echte Wahrheit‹, die sich aber nicht in einem identischen Gedanken fassen lässt, sondern sich nur in einem je völlig eigenständig erzeugten Denkakt entwickelt. Der Dienst, den der Sprecher dem Hörer leistet, kann kaum noch als Hebammendienst bezeichnet werden, sondern allenfalls als Anstoß, als Denkinitiation.

Aus dieser Umdeutung zieht Novalis nun eine interessante Konsequenz für den philosophischen Stil: »Die Darst[ellung] der Philosophie besteht demnach in lauter Themas, Anfangssätzen – Unterscheidungssätzen – bestimmten *Stoß*sätzen« (ebd.). Wenn das philosophische Sprechen ohnehin vor allem dazu dient, einen selbstständigen Gedankengang zu induzieren, dann sind umständliche Darlegun-

---

[47] Zu einer kurzen Darlegung der Hermeneutik der Aufklärung am Beispiel Georg Friedrich Meiers vgl. oben S. 33-36.

[48] In seiner eigenen Bearbeitung dieser Studie zu einem ›logologischen Fragment‹ spricht Novalis gar davon, Worte seien ein »trügliches Medium des Vordenckens« (WTB II, 312 / N II, 522).

gen, Begründungen usw. absolut sekundär: »[D]ie *analytische* Ausführung des Themas ist nur für Träge oder *Ungeübte*« (ebd.), also allenfalls eine Denkschule, nicht das Philosophieren selbst.

Die Novalis-Forschung hat bereits darauf hingewiesen, dass die Deutung jener Hemsterhuis-Stelle »durch Novalis bereits in einem Sinne erfolgt ist, der auf Fichtes Appell an die Selbsttätigkeit des Lesers zurückweist.«[49] Fichte war bekanntlich der Ansicht, dass sich die Wissenschaftslehre nicht adäquat in Sprache gießen lässt und daher auf das freie Nacherzeugen des Gedankens im Hörer schlechterdings angewiesen ist. Man wird indes die Nähe zu Fichte an dieser Stelle nicht überstrapazieren dürfen, denn einmal glaubte Fichte sehr wohl daran, dass sich die (sprachliche) Darstellung der Wissenschaftslehre verbessern ließe (SW 1, 87; GA I / 2, 252), und zum anderen sollte Fichtes Hörer den Gedanken zwar selbst erzeugen, aber dennoch genau dasselbe denken wie Fichte, nämlich den Gedanken des Selbstdenkens selbst. Demgegenüber geht es Novalis nicht darum, dass Sprecher und Hörer, Lehrende und Schülerin, Autorin und Leser dasselbe denken. Weiteren Aufschluss gibt eine Notiz aus den »Vermischten Bemerkungen«,[50] die in etwa zeitgleich entstanden ist und die man durchaus als Selbstkommentar verstehen kann: »Der wahre Leser muß der erweiterte Autor seyn. Er ist die höhere Instanz, die die Sache von der niedern Instanz schon vorgearbeitet erhält« (WTB II, 282 / N II, 470). D. h., was ein philosophischer Schriftsteller intendieren kann, ist nicht, dass Leserin und Leser dasselbe denken wie er, sondern dass sie den Text gleichsam fortschreiben. Noch deutlicher wird dies in einer ein gutes halbes Jahr später geschriebenen Notiz: »Der Leser setzt den *Accent* willkührlich – er macht eigentlich aus einem Buche, was er will« (WTB II, 399 / N II, 609).

Fassen wir den Gedankengang zusammen: Novalis interpretiert eine hermeneutische Bemerkung von Frans Hemsterhuis, welche sich ganz an aufklärerischen hermeneutischen Regeln orientiert. Er legt sie in einem von Fichte inspirierten Sinn aus und gelangt dadurch zu einer entscheidenden Umprägung, die ihn von einer eigentlichen hermeneutischen Fragestellung wegführt. Denn das, worauf Novalis hinauswill, ist nicht einmal mehr mit der hermeneutischen Regel, ›den Autor besser zu verstehen als dieser sich selbst‹, erklärt, denn selbst diese orientiert sich immer noch an der Autorintention. Hardenbergs eigentliches Anliegen besteht vielmehr in einer grundsätzlichen Offenheit des Rezeptionsvorgangs.

Eben diese rezeptionstheoretischen Überlegungen sind nun für Novalis' Fragmententheorie schlechterdings einschlägig. Denn dem Fragment ist eine Orien-

---

[49] HANS-JOACHIM MÄHL, aaO., 282.

[50] Es ist nicht nachvollziehbar, warum Friedrich Schlegel dieses Fragment in seiner Redaktion für das Athenäum weggelassen hat, da es in gewisser Weise den hermeneutischen Schlüssel für das Ganze liefert.

tierung an der *intentio auctoris* im hermeneutischen Sinne fremd: Worauf es abzielt, ist die Veranlassung eines möglichst selbständigen Gedankengangs, der an dem Text lediglich seinen Aufhänger hat. »Lesen ist eine freye Operation. Wie und was ich lesen soll, kann mir keiner vorschreiben.« (Ebd.) Somit bestimmt das Thema Freiheit auch ganz unmittelbar die Haltung der Textrezeption. Als eine allgemeine hermeneutische Position wäre diese Auffassung sicherlich ruinös; sie wird aber plausibel, wenn man sie streng an die Rezeption von Fragmenten bindet – auch wenn Novalis sie zeitweilig allgemeiner gemeint hat.

1.3. Die symboltheoretische Valenz der Fragmententheorie

Es dürfte leicht einzusehen sein, dass die in der Auseinandersetzung mit Hemsterhuis gewonnene Theorie unmittelbar die Rechtfertigung für Novalis' Schreiben in Fragmenten abgibt. Fragmente sind für ihn nichts anderes als solche »Themas, Anfangssätze, Stoßsätze«, welche nicht einen Verstehensprozess im Sinne einer *intentio auctoris* anvisieren, sondern nach Novalis' Absicht einen möglichst autonomen Denkprozess in Gang bringen sollen. Genau in diesem Sinne äußert er sich in einem Brief an den Kreisamtmann Just, in dem er seine eigene Fragmentsammlung »Blüthenstaub« kommentiert: Diese Fragmente seien »Anfänge interessanter Gedankenfolgen – Texte zum Denken« (WTB I, 680). Deswegen darf Novalis auch »Beweise schuldig bleiben«, wie er in dem oben erwähnten Brief an Schlegel schreibt.

Gerade dieses Eingeständnis deutet aber bereits darauf hin, dass die Metapher des Keimes oder des Senkers auch noch in einem ganz anderen Sinn verstanden werden kann: Hier ist etwas, das zwar bereits als Nukleus der Mitteilung wert ist, das aber noch der gedanklichen Entfaltung harrt. In diesem Sinne notiert sich Novalis einige Zeit später als Projekt: »Beweisversuche meiner Sätze im *Blüthenstaub*« (WTB II, 692 / N III, 450). Es ist also zu unterscheiden zwischen dem rezeptionstheoretischen Sinn des Fragments als Initiator autonomer Denkprozesse, und dem Fragment als Skizze ausbaufähiger Gedankenkomplexe. Wenn Novalis (wie seine Weggefährten) auf lange Sicht das Schreiben in Fragmenten weitgehend eingestellt hat und zu literarischen Großformen übergegangen ist, so kommt darin auch eine Modifikation seiner theoretischen Ansicht vom Fragment zum Ausdruck. In einer Art Kommentar zu seinem eigenen durchgearbeiteten Notizenheft ist er zwar überzeugt, dass vieles zu »Einer großen höchstwichtigen Idee« (WTB II, 384 / N II, 595) gehört, aber noch der Verbesserung bedarf. Und fügt hinzu: »Als Fragment erscheint das Unvollkommenste noch am Erträglichsten – und also ist diese Form der Mittheilung dem zu empfehlen, der noch nicht im Ganzen fertig ist – und doch einzelne Merckwürdige Ansichten zu geben hat.« (Ebd.) Novalis rechnet jetzt also durchaus damit, dass das, was im Moment bloß als Fragment (d. h. bloß als philosophischer Anfangssatz) existiert, durchaus dann und wann einer Ausführung bedarf, ja sogar dereinst »im Ganzen«, also pointiert im nicht-fragmentarischen Sinne »fertig« und in eine andere Form übergegangen sein könnte.

Hat Novalis in dieser etwa auf Juli 1798 zu datierenden Notiz seine bisherige Fragmententheorie dementieren wollen? Die Antwort auf diese Frage kann nicht eindeutig ausfallen. In der Tat wird das Fragment, betrachtet man es bloß als literarische Gattung, zu einer unter mehreren Formen, ja sogar zu einer bloßen Vorstufe, und zwar auch in dem Sinne, dass, wie gesagt, alle Romantiker das Schreiben in Fragmenten über kurz oder lang eingestellt haben. Auf der anderen Seite bleibt aber etwas erhalten, was sich somit für die symboltheoretische Fragestellung als eigentlicher Sinn der Fragmententheorie entpuppt, obwohl es nicht an die Form des Fragments gebunden ist. Dieses Bleibende ist die strenge Orientierung an der produktiven Rezipientenperspektive. Das Fragment sollte, wie wir gesehen hatten, der Anlass für ein autonomes Weiterspinnen des gegebenen Gedankens sein. *Dieser* Impuls wird von Novalis in der Folgezeit beibehalten und verschiedentlich ausgebaut. Künstlerisches, literarisches und philosophisches Schaffen hat sich an der Rezipientenperspektive zu orientieren. Es ist nicht der Akt des genialen Schaffens, nicht die interne Vollkommenheit eines Werkes, die Novalis in erster Linie interessiert, sondern vor allem das, was Rezipientin und Rezipient daraus machen können.[51]

Liest man diese Überlegung sehr ins Große, so kann man sagen, dass Novalis hier ein Moment theoretisch einfängt, dass die Neuzeit in bestimmter Hinsicht überhaupt prägt: Sowohl in der Kunst als auch in der Religion sind Hervorbringnisse eines Subjekts, sei es eines Künstlers, einer Schriftstellerin oder eines Erbauungspredigers stets darauf angewiesen, dass Rezipientin und Rezipient die empfangenen Eindrücke fortschreiben. Wir werden noch sehen, wie dieser Einsicht in Novalis' Ästhetik und Religionstheorie Rechnung getragen wird. Im Vorgriff darf gesagt werden, dass die im Zusammenhang mit der Fragmententheorie entwickelte Einsicht die Grundlegung einer Rezeptionsästhetik evoziert – die *kreative* Rezeptionsinstanz wird eingeführt – sowie auf religiösem Felde das Prinzip der Aneignung durch kreatives Weiterdenken zur Geltung bringt.[52] Hier gilt es aber, diese Einsicht noch einmal zu verallgemeinern und auf ihre symboltheoretische Valenz hin zu befragen.

---

[51] Es ist nicht nur überflüssig, sondern sogar irreführend, wenn man dem Fragment zuschreibt, es stelle »die Unmöglichkeit, durch philosophische Reflexion den absoluten Grund zu fassen und die dadurch erzwungene unendliche Tätigkeit der Verknüpfung des Einzelnen mit dem Ganzen« dar; HERBERT UERLINGS, Friedrich von Hardenberg, genannt Novalis, Stuttgart 1991, 218. Im Hintergrund steht als philosophischer Gewährsmann, wie stets bei Uerlings, MANFRED FRANK, in diesem Fall mit dem Aufsatz: Das »fragmentarische Universum« der Romantik. In: Lucien Dällenbach / Christian L. Hart Nibbrig (Hg.), Fragment und Totalität, Frankfurt a. M. 1984, 212–224.

[52] Die Homiletik hat in den letzten Jahren diesen Ansatz verstärkt aufgenommen; vgl. dazu den Sammelband von ERICH GARHAMMER / HEINZ-GÜNTHER SCHÖTTLER, Predigt als offenes Kunstwerk, München 1998.

Der Symbolbegriff kommt in den dargestellten Zusammenhängen nicht vor. Gleichwohl hat Novalis hier eine sachliche Analogie konstatiert. Sie besteht in dem Freisetzen von produktiver Imagination.[53] Im Lichte dieser Analogie kann man die Fragmententheorie als einen paradigmatischen Fall des Symbolverstehens – das Fragment als künstlerisches Symbol – betrachten: Es geht hier nicht nur um Aneignung eines Gedankens oder Bildes, sondern um ein produktives innerliches Fortschreiben. Wenn das so ist, so können aus der Darstellung der Fragmententheorie zwei Momente für einen Symbolbegriff gewonnen werden. Zum einen ist das Symbol eine solche Entität, die schlechterdings auf das selbsttätige, produktive Sich-zu-eigen-machen des Symbols im Symbolverstehen angewiesen ist. Dies gilt in dem spezifischen Sinne, dass das kreative Verstehen stets ja gerade *mehr* aus dem Symbol machen soll, als bloß vor Augen steht. Das Symbol erfüllt seine Wirkung erst in der selbständigen Produktion von Assoziationen und anhängenden Gedanken, ohne dass diese schon in einem definierten Sinne vorgegeben wären.

Zum anderen kann der rezipientenorientierte Ansatz in die mannigfaltigen Bezüge größerer literarischer Formen eingestellt werden. Das assoziative Potential wird dadurch nicht geschmälert, sondern eher noch vergrößert. Auch das Symbol muss nicht bloß für sich betrachtet werden, sondern kann und wird meistens in ein ganzes Ensemble von wechselseitig aufeinander verweisenden Symbolen verwoben werden. Kunstwerk oder Mythos können ein solches Symbolensemble darstellen. Nicht nur die Einzelvorstellungen, sondern auch ihr Bezug untereinander kann zu einem Anstoß für zahlreiche weiterführende Betrachtungen werden.

Es deutet sich hier bereits ein Problem an, auf das noch an verschiedener Stelle zurückzukommen sein wird: Novalis hat die kulturelle Dimension des Symbols recht wenig bedacht. Das Symbol hat vielfach ja auch eine soziale Aufruffunktion. Es gibt eine erkleckliche Zahl kulturell implementierter Symbole, deren Auslegungsweisen in unterschiedlicher Form festgelegt sind. Hier ist deshalb nur festzuhalten, dass sich nach Novalis auch bei diesen eine Freiheit im Transzendieren geltend machen will, die partiell durch die kulturelle Festlegung geblockt wird.[54] Auch gegenüber dem scheinbar bedeutungsmäßig festgestellten Symbol können Betrachter und Betrachterin »den Akzent willkürlich« setzen und dadurch zum »erweiterten Autor« werden; auch aus ihm lässt sich ein je eigener »Anfang interessanter Gedankenfolgen« machen.

---

[53] Vgl. die Aufzeichung aus dem Frühjahr 1796: »Das symbolische afficirt nicht unmittelbar – es veranlaßt Selbstthätigkeit.« (WTB II, 848 / N V, 9f).
[54] Im westlichen Kulturraum dürfte derzeit allerdings lediglich die verobjektivierte Bedeutung des Hakenkreuzes – ursprünglich ein transkulturelles religiöses Symbol – jene Freiheit im Transzendieren ganz und gar abblocken.

2. Der Ansatz der Naturphilosophie

Am 24.2.1798 übersendet Novalis August Wilhelm Schlegel eine Fragment-sammlung, die einige Monate später in der neu gegründeten Zeitschrift »Athe-näum« unter dem Titel »Blüthenstaub« veröffentlicht wird. Bei dieser Gelegen-heit lässt Novalis seinen Briefpartner einen Blick auf die schriftstellerischen Pro-jekte werfen, die er noch in der Schublade hat. Unter anderem findet sich dort auch ein »Anfang, unter dem Titel, der Lehrling zu Saïs – ebenfalls Fragmen-te – nur alle in Beziehung auf die Natur.« (WTB I, 662) Dieser Text wurde von Novalis später als Roman fortgeführt, jedoch nicht vollendet; Novalis wollte zu-nächst die Arbeiten am »Heinrich von Ofterdingen« abschließen, um sich dann wieder den »Lehrlingen zu Saïs«, wie der Herausgebertitel nun lautet, zuzuwen-den. Sein Tod verhinderte die Ausführung dieses Vorhabens.

Die Arbeit an diesem Text ist nicht zuletzt wegen des Zusammenhanges von Fragment- und Romanform interessant; wir werden darauf im Kontext von Har-denbergs Romanpoetik noch zurückkommen. Hier soll ein anderer Aspekt dis-kutiert werden, und zwar jener, der die Ankündigung der »Lehrlinge« zuerst begleitet, den der Natur. Tatsächlich ist die Natur in Hardenbergs Aufzeichun-gen ab 1798 ein stetig präsentes Thema. Dieser Umstand wird von der Novalis-Forschung in der Regel auf den Beginn seines Studiums an der Bergakademie in Freiberg (Sachsen) zurückgeführt, das er zur Verbesserung seiner Berufsaussich-ten aufnahm und das ihn neben Goethe zum »naturwissenschaftlich kompetente-sten Dichter« seiner Zeit werden ließ.[55] Dieses Studium in seiner Bedeutung zu relativieren, kann nicht die Absicht sein; gleichwohl legt ein kurzer Blick in die Abläufe um den Jahreswechsel eine etwas andere Sicht der Dinge nahe. Am 1.12.1797 reist Novalis nach Freiberg, wo er am 11.12. die herzogliche Urkunde erhält, welche ihm den Besuch der Vorlesungen gestattet. Bereits zwei Wochen später, während der Weihnachtsferien, schreibt er an seinen Freund Friedrich Schlegel: »Mancherley ist mir seit 3 Monaten durch den Kopf gegangen. Erst Poësie – dann Politik, dann Physik en Masse. [...] In der Physik bin ich noch in der Gährung. Hauptideen glaub ich gefasst zu haben« (WTB I, 652). Es liegt deshalb nahe, jenen »Anfang« der »Lehrlinge« nicht primär auf das erst wenige Wochen alte Studium der Bergbaukunde zu beziehen, sondern in erster Linie auf den Entstehungszusammenhang jener anderen Überlegungen, also auf seine bereits *vor* Beginn dieses Studiums gefassten »Hauptideen«. Fragt man danach, wie sich diese gebildet haben mögen, so stößt man darauf, dass Novalis sich be-reits im Verlauf des Jahres 1797 mit einigen Texten der zeitgenössischen Natur-philosophie befasst hatte. Es sind dies: Immanuel Kant, Vorrede und Einleitung zur »Kritik der reinen Vernunft«, von demselben Autor die »Metaphysischen

---

[55] JOHN NEUBAUER, Das Verständnis der Naturwissenschaften bei Novalis und Goethe. In: Herbert Uerlings (Hg.), Novalis und die Wissenschaften, Tübingen 1997, 49-63, hier 51.

Anfangsgründe der Naturwissenschaft«,[56] Schellings »Ideen zu einer Philosophie der Natur« und das weniger bekannte Werk von Carl August Eschenmayer (1768-1852), »Säze aus der Natur-Metaphysik auf chemische und medicinische Gegenstände angewandt« (Tübingen 1797). Man darf davon ausgehen, dass Novalis, durch diese Lektüre angeregt, zunächst vorhatte, eine Fragmentsammlung zu verfassen, welche seine Hauptideen zur Natur enthalten sollte. Im Laufe des Jahres 1798 kam ihm dann der Gedanke, dass doch der Roman die geeignetere Form sei, diese Gedanken auszudrücken. Zusammengefasst: Nicht primär die Begegnung mit den angewandten Naturwissenschaften, sondern philosophische *Texte* veranlassten ihn zu ausgiebigen Reflexionen über die Natur.

Der Roman »Die Lehrlinge zu Saïs« ist der konziseste Text, wenn es um Hardenbergs Naturauffassung geht.[57] Deswegen wird sich die Interpretation weitgehend auf diesen Text stützen[58] und andere Aufzeichnungen eher ergänzend heranziehen.[59] Zu hermeneutischen Schlüsseln dieses Proto-Romans wähle ich dabei diejenigen Passagen, denen noch recht eindeutig anzusehen ist, dass sie ursprünglich als Fragmente formuliert waren.[60] Unser Abschnitt ist so aufgebaut, dass zunächst die Grundlinien von Novalis' Naturauffassung skizziert werden. In einem zweiten Schritt ist der symboltheoretische Sinn dieser Naturreflexion zu beleuchten. Abschließend soll Hardenberg kurz im naturphilosophischen Debattenzusammenhang des frühen Idealismus verortet werden.

---

[56] Dennis F. Mahoney, Die Poetisierung der Natur bei Novalis, Bonn 1980, hat mit guten Gründen wahrscheinlich gemacht, dass die Studien zu diesem Text weit umfangreicher gewesen sein mussten, als die kurze erhaltene Notiz suggeriert. Novalis war besonders an dem zweiten Hauptstück, der »Dynamik«, interessiert.

[57] Dies gilt auch für »Das allgemeine Brouillon«, dessen zahlreiche Notate zum Thema »Natur« überwiegend die Form fachwissenschaftlicher Einzelüberlegungen von durchaus unterschiedlichem Wert haben.

[58] Die beste Einführung bietet Herbert Uerlings, Novalis (Friedrich von Hardenberg), Stuttgart 1998, 152-175, allerdings mit der gravierenden Einschränkung, dass die These: »[N]ichts spricht dagegen, in der vieldiskutierten Verbrennung des Buches [scil. in dem in den Roman eingefügten Märchen] eine Anspielung auf die Überwindung der Fichteschen Wissenschaftslehre [. . .] zu sehen« (161), ein Fehlurteil darstellt: Tatsächlich spricht *alles* dagegen.

[59] Es ist das Verdienst der Arbeit von Jurij Striedter, Die Fragmente des Novalis als »Präfigurationen« seiner Dichtung (1953), München 1985, 156-196, nachgewiesen zu haben, dass zu einem angemessenen Verständnis der »Lehrlinge« nur die Reflexion auf ihre Form führt. Diese Einsicht wird im Folgenden vorausgesetzt, ohne eigens thematisch zu werden.

[60] Es ist nicht einzusehen, warum der Forschung stets der erste Teil des Romans als jener »Anfang« zu gelten hat, von dem Novalis in seinem Brief spricht. Denn weite Strecken des ersten Teils können nicht unter die Form des Fragments verrechnet werden. Ferner kann der Anklang an die »Jungfrau« und das »göttlich Wunderbild« (204) erst später geschrieben worden sein, da sich entsprechende Vorarbeiten auf Juli oder August 1798 datieren lassen (vgl. das Paralipomenon Nr. 3, 234). Es ist weitaus plausibler, jeweils die *Anfänge* der beiden Teile für den Text zu halten, den Novalis im Februar 1798 bereits in der Schublade hatte.

2.1. Vom Begriff der Natur zur Vielfalt der Naturansichten

Zunächst fällt auf, dass Novalis den Begriff der »Natur« problematisiert.[61] Er ist offenbar ein inbegrifflicher Ausdruck, bei dem gar nicht von vornherein feststeht, was eigentlich unter ihm zu verstehen sei. Einer ›Natur‹ als solcher begegnet der Mensch zunächst nicht, sondern er wird mit Einzelnem konfrontiert. Im ersten Teil des Romans fällt der Ausdruck »Natur« nur ein einziges Mal, dort ist von »Schätze[n] der Natur« (203 / 81) die Rede. Auffällig viel aber wird von einzelnen Naturgegenständen gesprochen. Der Beginn des zweiten Teils, der mit »Die Natur« überschrieben ist, setzt mit folgender philosophischer Reflexion ein: »Es mag lange gedauert haben, ehe die Menschen darauf dachten, die mannichfachen Gegenstände ihrer Sinne mit einem gemeinschaftlichen Namen zu bezeichnen und sich entgegen zu setzen.« (205 / 82) Ein Gegenstand ist also zunächst einmal das, was der Mensch sich entgegensetzt. Diese Gegenstände können nun unter Klassenbegriffe gebracht werden. Von dort aus mag es dann nahe liegen, den Begriff einer Natur als das Gesamt aller Gegenstände der Sinne auszuprägen. So wird man wohl die Auskunft des ersten Reisenden zu verstehen haben, der die Natur definiert als »Inbegriff dessen, was uns rührt« (220 / 97).

Es stellt sich allerdings die Frage, was mit dieser Definition gewonnen sein soll. Anders gefragt, aus welcher Perspektive kann man etwas mit ihr anfangen, und sollte das schon alles sein, was man über den Begriff der Natur zu sagen hätte? Um diese Frage zu beantworten, empfiehlt sich ein Blick auf das Ganze des zweiten Teils. Nach der Einleitung eines anonymen Erzählers kommen zunächst vier Positionen mit einer je eigenen Naturauffassung zu Wort. Das Anhören dieser verschiedenen Positionen bringt den Lehrling zu einer vorübergehenden »Verwirrung« (213 / 91). Ein »muntrer Gespiele« (214 / 91) erzählt ihm gleich anschließend das Märchen von Hyazinth und Rosenblüte. Anschließend verlassen die Lehrlinge ihren Lehrsaal, und die verschiedenen Naturgegenstände im Raum fangen selbst ein Gespräch an. Es geht direkt in eine Unterhaltung vier soeben eintreffender »Reisende[r]« (219 / 96) über, welche in zwei Gesprächsgängen ihrerseits ihre divergierenden naturphilosophischen Positionen darlegen. Zum Abschluss kommt noch einmal der Lehrer zu Wort und ergänzt die vielen Perspektiven noch um eine weitere.

Welche Absicht verfolgt Novalis, wenn er eine solche Vielfalt von Naturansichten vorbringen lässt? Es scheint Leserin und Leser so zu gehen wie dem Jüngling, welcher – nach den ersten vier »sich kreutzenden Stimmen« (213 / 91) – zugeben muss: »Es scheint ihm jede Recht zu haben« (ebd.). Keine Position widerlegt sich selbst, und keine kann von einem externen Standpunkt aus als die ›richtige‹ identifiziert werden. Das gilt auf jeden Fall auch für den Märchenerzähler, der empfiehlt, sich der Natur bloß in der ihr angemessenen »Stimmung«

---

[61] Zitate im Text in diesem Abschnitt aus »Die Lehrlinge zu Saïs«, WTB I / N I.

(214 / 91) zu nähern. Die übrigen geschilderten Positionen sind dazu schlicht-weg zu gewichtig, als dass es dem ›munteren Gespielen‹ einfach gelingen würde, die Divergenzen durch seine Märchenerzählung zu überbrücken.[62] Es legt sich daher hier nahe, an ein Ergebnis aus dem vorigen Abschnitt zu erinnern: Of-fenbar hatte Novalis seinem Text, der ja ursprünglich als Fragmentsammlung geplant war, auch jenen rezeptionsorientierten Impetus zugemessen, der sich als der eigentliche Sinn seines Fragmentverständnisses ergeben hatte. Nun handelt es sich bei diesem Text der äußeren Form nach ja nicht mehr um eine Frag-mentsammlung, sondern um einen Romanentwurf. Lässt sich dennoch jener fragmentspezifische Impetus in dem jetzt vorliegenden Text wiederfinden? Er ist, wie auch aus etwa zeitgleich entstandenen Notizen, in denen Novalis sich mit Goethes »Wilhelm Meister« auseinandersetzt, erhellt, deutlich als Bildungs-roman konzipiert. Was aber wäre, wie von daher zu fragen ist, das Ziel dieser Bildung, oder welcher Gedanke wird hier angerissen, den Leserin und Leser selbsttätig weiter verfolgen sollen? Es ist nicht daran gedacht, hier einen speziel-len Naturbegriff festzuklopfen, sondern es geht, wie bereits die Einleitung zum zweiten Teil kund tut, darum, »mannichfache Naturbetrachtungen« (208 / 85) vorzustellen und zu ermöglichen. Rezipientin und Rezipient sind dazu aufge-rufen, wie der Lehrling ihren »eignen Weg [zu] verfolgen« (204 / 82), sich also eine eigene Ansicht zu bilden. Doch kann es nicht bloß darum gehen, die vom Roman verweigerte Eindeutigkeit in Bezug auf den Naturbegriff auf eine Viel-heit möglicher, je für sich aber eindeutig bestimmter Rezeptionsperspektiven zu verteilen. Offenbar ist auch die Polyphonie möglicher Naturbetrachtungen in *einem* Subjekt ein Bildungsanliegen des Romans.

Fragen wir danach, was Novalis mit dem Entwurf dieser Konzeption eigent-lich vor Augen gehabt hat, so ist zunächst darauf zu verweisen, dass der Begriff der »Natur« gerade im späten 18. Jahrhundert eine enorme Bedeutungsvielfalt erlangte. Novalis hat es offenbar nicht für seine Aufgabe gehalten, den natur-philosophischen Konzeptionen eines Kant, Fichte[63] oder Schelling, dem Natur-begriff einer mechanistisch argumentierenden Physik, dem emphatischen Na-turgefühl des Sturm und Drang oder einer spinozanischen Religion eines *deus sive natura* und anderem einfach noch eine weitere Position an die Seite zu stel-len. Sein originäres Anliegen war es vielmehr, diese Standpunkte, die allesamt in den »Lehrlingen« anklingen, gleichsam in einer übergreifenden Perspektive zu vereinigen, indem das Subjekt dazu befähigt wird, die Wahrheit all dieser Ge-sichtspunkte und Einstellungen zur Natur anzuerkennen und sie in ihrer Kom-

---

[62] Dies Märchen als Zentrum des Werks hat erst kürzlich wieder behauptet JÜRGEN DAIBER, Experimentalphysik des Geistes, Göttingen 2001, 169-211. Völlig zu Recht bemerkt Daiber zunächst von den Gesprächen: »Kein Konsensdruck ist bemerkbar. Keine Erzählerinstanz schaltet sich ein, die eine Gewichtung des Gesagten vornimmt.« (192) Das tut dann erst der Interpret.

[63] Novalis hielt Fichte durchaus für einen Naturphilosophen; vgl. den Brief an Caroline Schle-gel vom 20.1.1799; WTB I, 686.

plementarität zu begreifen.[64] Der lebensweltliche Anhalt dieser Überlegung ist wohl darin zu suchen, dass nicht nur die schiere Quantität an möglichen Naturbetrachtungen zunahm, sondern dass auch die einzelnen Menschen, wofür Novalis selbst das beste Beispiel bietet, in sich mit solchen verschiedenen Betrachtungen konfrontiert sind. Ein und derselbe Mann, um ein Beispiel anzuführen, kann in einer Person Bergbauingenieur, Gutsbesitzer, Ausflügler, galvanischer Hobby-Experimentator, Naturdichter und Pantheist sein – wobei all diese Hinsichten einen unterschiedlichen Naturbegriff voraussetzen. Das heißt eben nicht, dass nur einer davon der ›richtige‹ wäre, sondern dass das Subjekt gefordert ist, all diese Hinsichten in sich zu vereinigen und zum Ausgleich zu bringen. So ist wohl auch das Abschlussplädoyer des Erzählers am Anfang des zweiten Teils zu deuten: »Langer, unablässiger Umgang, freie und künstliche Betrachtung, Aufmerksamkeit auf leise Winke und Züge, ein inneres Dichterleben, geübte Sinne, ein einfaches und gottesfürchtiges Gemüth, das sind die wesentlichen Erfordernisse eines ächten Naturfreundes«. (210 / 87) Diese Aufzählung beansprucht keine Vollständigkeit, vielmehr gilt: »Kein Sinn muß schlummern«. (Ebd.) Der Anzahl möglicher Perspektiven ist im Prinzip keine Grenze gesetzt; um es mit den Worten des dritten Reisenden zu sagen: »jeder sey willkommen, der mit einer neuen Fantasie die Dinge überspinnt.« (222 / 98) Die größere erforderliche subjektive Integrationsleistung, in der ja das Bildungsziel des Romans bestand, wird nach der Ansicht Novalis' durch den Gewinn einer Perspektivenzunahme mehr als ausgeglichen.

2.2. Der symboltheoretische Sinn der Naturphilosophie

Eine Verknüpfung von Naturansicht mit dem Thema des Symbols hat Novalis andeutungsweise selbst nahegelegt. In einem Brief an Friedrich Schlegel vom 20.7.1798 stellt er die rhetorische Frage in den Raum: »Was denkst Du, ob das nicht der rechte Weg ist, die Physik im allgemeinsten Sinn, schlechterdings *Symbolisch* zu behandeln?« (WTB I, 665) Erneut kann man also auf dem Wege eines analogisierenden Verfahrens Aufschluss über Momente eines zugrundeliegenden Symbolbegriffs erhoffen. Allerdings bedarf es dazu diesmal eines längeren Anfahrtsweges, der aber wegen des sachlichen Gewichts dieses Punktes unumgänglich ist.

Das im vorigen Abschnitt erläuterte Bildungsziel eines, wenn man so will, Polyperspektivismus der Natur hatte die Frage außer Acht gelassen, was den Einzelnen überhaupt dazu befähigt, jene divergenten Perspektiven in sich zum Ausgleich zu bringen. Inwiefern ist das Ich in der Lage, eine Vielzahl von Betrachtungsperspektiven einzunehmen, ohne dabei seiner eigenen Identität ver-

---

[64] Vgl. im »Allgemeinen Brouillon: »Die gew[öhnliche] N[atur]L[ehre] ist nothw[endige] *Phaenomenologie – Grammatik – Symbolistik.* / Wir sehen d[ie] Natur, so wie vielleicht d[ie] Geisterwelt, en perspect[ive]« (WTB II, 691 / N III, 450).

lustig zu gehen? Wenden wir uns erneut zunächst den einleitenden Passagen der beiden Romanteile zu. Als Grunddatum wird ganz am Anfang die Identifizierung einer durchgängigen Strukturiertheit der Natur namhaft gemacht. Der Fähigkeit, Strukturen in der Natur zu entdecken, galt dem Lehrer in seiner eigenen Entwicklung das Hauptaugenmerk. Formen und Figuren bieten sich dem betrachtenden Auge nicht stets gleichsam von selbst dar, sondern es bedarf gelegentlich der eigenen experimentierenden Anordnung, um etwas zu entdecken. Am Ziel seiner eigenen Ausbildung wird vom Lehrer ausgesagt: »Nun fand er überall Bekanntes wieder, nur wunderlich gemischt, gepaart« (202 / 80).

Strukturen, so kann man sagen, sind *eo ipso* ein Ausdruck von Bedeutsamkeit; das strukturierte Verhältnis der Lage verschiedener Entitäten ist nicht das eines bloßen Haufens (in Wahrheit eines Nicht-Verhältnisses), sondern das einer etwas aussagenden Konstellation. Die Entdeckung von Strukturen wird deshalb vom Erzähler als die Identifikation von »Figuren, die zu jener großen Chiffernschrift zu gehören scheinen, die man überall [...] erblickt« (201), ausgelegt.[65] Dem Thema der Bedeutung kommt im Roman daher eine geheime Leitfunktion zu.

Einer am idealistischen Denken wenigstens geschulten Philosophie wie der von Novalis muss sich nun unweigerlich die Frage stellen, ob sie dafür halten will, jenes Entdecken der Geordnetheit der Natur sei eine Wirkung ihrer An-Sich-Bestimmtheit oder letztlich die Übertragung einer Strukturierungsleistung des Ich. Es kann keinem Zweifel unterliegen, dass Novalis für die zweite Option plädiert. Bereits von dem Lehrer, der sich nicht gerade als großer Reflekteur betätigt, wird ausgesagt: Es »ordneten sich selbst *in ihm* oft seltsame Dinge.« (202 / 80) Der vierte Reisende, ein poesieliebender Jüngling weiß: »[W]enn auch im Einzelnen ein bewußtloser, nichtsbedeutender Mechanismus allein zu herrschen scheint, so sieht doch *das tiefer sehende Auge* eine wunderbare Sympathie mit dem menschlichen Herzen im Zusammentreffen und in der Folge der einzelnen Zufälligkeiten.« (223 / 100) Die Bedeutungsübertragung ist des weiteren nicht an das Eintragen von Strukturen gebunden, diese ist vielmehr nur ein spezieller Fall solcher Übertragung: Allenthalben gibt der Mensch in seiner Begegnung mit der Natur dieser irgendeine Art von Bedeutung. In einer etwa zeitgleich entstandenen theoretischen Notiz behauptet Novalis: »Alle Töne, die die Natur hervorbringt, sind rauh – und geistlos – *nur der musikalischen Seele* dünkt oft das Rauschen des Waldes - das Pfeifen des Windes, der Gesang der Nachtigall, das Plätschern des Bachs melodisch und bedeutsam« (WTB II, 362f / N II, 573f). Selbst die dichterische Begeisterung bleibt immerhin so besonnen, dass sie nicht verkennt: »Wird nicht der Fels ein eigenthümliches Du, *eben wenn ich*

---

[65] Woher Novalis mit dem Topos der Chiffrenschrift vertraut war, konnte von der Novalis-Forschung bislang nicht geklärt werden. Auszuschließen ist in jedem Fall ein direkter Einfluss Hamanns, da Novalis dessen Werke gar nicht kannte. Vgl. auch H. SANER, Art. Chiffre. In: HWPh 1 (1971), Sp. 1001.

ihn anrede?« (224 / 100; in diesem Absatz alle Hervorhebungen A. K.) Die bloß auf technische Anwendbarkeit orientierte Naturbetrachtung, so weiß der dritte Reisende, verfehlt indessen, was die »Gabe des Naturhistorikers« (222 / 98) ist, nämlich »ihre [= der Natur] Bedeutungen« (ebd.) wahrzunehmen. Das heißt im Effekt nichts anderes, als dass das Verhältnis des Menschen zur Natur immer schon eine Bedeutungsübertragung impliziert, darüber hinaus aber noch einer höherstufigen »Auslegung« (ebd.) fähig ist. Das bloß technische Naturverhältnis, das Novalis für das gängige seines Zeitalters hält, verkennt das erste und leugnet darum das zweite.

Ich habe an dieser Stelle so ausführlich zitiert, weil diese Zusammenhänge über der scheinbaren Naturseligkeit, welche die »Lehrlinge« durchzieht, leicht übersehen werden. Es ist für Novalis völlig klar, dass es der menschliche Geist ist, der mit Strukturierungsleistungen und Bedeutungseintragungen an sein Verhältnis zur Natur herangeht. Abgesehen davon gibt es keinen Anlass, dass die Natur mehr sein sollte als eine »einförmige[] Maschine« (222 / 99) oder ein »nichtsbedeutender Mechanismus« (223 / 100). Der gesuchte Einheitspunkt, welcher die vielfältigsten Naturbetrachtungen ermöglicht, ist das bedeutungsstiftende Vermögen des Menschen. Für dieses Vermögen hat Novalis später den glücklichen Ausdruck gefunden, der Mensch habe »Sinn für Sinn« (WTB II, 846 / N III, 693). Dieses Vermögen kann stärker oder schwächer ausgeprägt sein, aber dieser Sinn für Sinn ist es, der in Sachen Naturbetrachtung über technizistische und andere Engführungen hinausleitet. Wir können sagen, dass die von Novalis angestrebte Haltung die einer *Bedeutungserwartung* im Hinblick auf die Natur ist. Dies gilt um so mehr, als sie auch gestuft auftreten kann: »Mich freuen die wunderlichen Haufen und Figuren in den Sälen«, so hebt der Lehrling an, »allein mir ist, als wären sie nur Bilder, Hüllen, Zierden, versammelt um ein göttlich Wunderbild, und dieses liegt mir immer *in Gedanken.*« (203f / 81; Hvg. A. K.) Die in der Natur identifizierten Bedeutungen können ihrerseits wieder als ›Hüllen‹ höherer Bedeutung genommen werden.

Was aber folgt vor dem Hintergrund dieser Ausführungen für den Begriff der Natur selbst? Zu diesem Problem hat Novalis einige Ausführungen in seinem kleinen Essay über Goethe (1798) gemacht. In diesem Essay wird Goethe vor allem als Physiker besprochen. Doch weniger Novalis' Einschätzung Goethes soll uns jetzt interessieren,[66] als vielmehr die Weise, wie sie zustande kommt. Ob man Goethes Rang nämlich richtig bestimme, so Novalis, hänge davon ab, »ob man die Natur, wie ein Künstler die Antike, betrachtet – denn ist die Natur etwas anderes als eine lebende Antike. Natur und Natureinsicht entstehn zugleich, wie Antike und Antikenkenntniß; denn man irrt sehr, wenn man glaubt, daß

---

[66] Wichtige erste Hinweise über Goethe als Physiker im Hinblick auf Novalis gibt ERK F. HANSEN, Wissenschaftswahrnehmung und -umsetzung im Kontext der deutschen Frühromantik, Frankfurt a. M. 1992, 282-297.

es Antiken giebt. Erst jetzt fängt die Antike an zu entstehen. Sie wird unter den Augen und der Seele des Künstlers« (WTB II, 413 / N II, 640). Mag die Analogie von Natur und Antike auch etwas kühn sein, der Grundgedanke ist für unseren Zusammenhang unmittelbar einschlägig: Wie der Historiker sich seinen Gegenstand allererst durch seine Betrachtungsperspektive konstruiert, so verfährt der Physiker – dieses Wort hier im denkbar weitesten Sinne genommen: jeder, der mit der Natur irgendwie umgeht – mit der Natur. So etwas wie eine Natur im inbegrifflichen Sinne entsteht überhaupt erst, wenn der menschliche Geist sich auf sie richtet. In der Analogie gesprochen: »Nicht mit Händen wird die Antike gemacht. Der Geist bring sie durch das Auge hervor - und der gehaune Stein ist nur der Körper, der erst durch sie Bedeutung erhält.« (Ebd.) Ein Begriff von Natur entsteht erst durch die Perspektive, unter der der Geist sie betrachtet.

Es würde unter diesem Blickwinkel wenig sinnvoll sein zu erwarten, dass Novalis an irgendeiner Stelle seines Werks einen Naturbegriff entwickelt hätte, den er in der damaligen Debatte für diskussionswürdig erachtet hätte.[67] Im Gegenteil, der Naturbegriff erhält seine eigentümliche Anziehungskraft gerade aus seiner Unbestimmtheit. Diese Unbestimmtheit ist aber kein künstliches Erzeugnis, keine Distinktionsunterdrückung zum Zwecke eines erhöhten Reizes, sondern tief in der Sache selbst begründet. Die Natur ist ein viel zu reichhaltiger Gegenstand, als dass er mit einer Definition und mit einer Bedeutungsfestlegung zu erschöpfen wäre. Vielmehr muss gelten, was der Erzähler am Beginn des zweiten Teils der »Lehrlinge« ausführt: »Man kann nicht sagen, daß es eine Natur gebe, ohne etwas überschwengliches zu sagen« (207).[68] Die Natur ist immer mehr, als was man aus ihr macht, sie geht in keiner ihrer Auslegungen auf – und gerade deshalb ist sie nach Novalis' Meinung ein so geeignetes Anwendungsfeld des Sinns für Sinn, des menschlichen Sinnstiftungsvermögens. Es ist von daher keine kritiklose Apotheose der Poesie, sondern eine einleuchtende Konsequenz, wenn der vierte Reisende die »bildliche uneigentliche Sprache« (223) der Dichter als das der Natur angemessene Idiom preist – und Bildlichkeit sowie Uneigentlichkeit dürfen als hervorgehobene Merkmale des Symbolischen gelten. Der Vielfalt der Naturansichten entspricht am besten die symbolische Sprache.

---

[67] Das Bedürfnis, sich voreilig in diese Debatte einzuklinken, hat Novalis in einem seiner unveröffentlichten Dialoge parodiert: »A. Höre du, es ist einmal Mode, von der Natur ein vernünftig Wort zu reden – wir müssen auch unsern Beytrag liefern. Nun – was wirds – fange doch an mir zu antworten. B. Ich besinne mich schon lange auf einen recht natürlichen Anfang unseres Gesprächs – ich presse meinen natürlichen Verstand, aber der ist vertrocknet, und hat nicht ein bisschen Saft mehr.« (WTB II, 435 / N II, 669)

[68] Der Begriff des »Überschwangs« stammt aus der deutschen Mystik und ist über Luthers Übersetzung von Phil 3,8 in die Umgangssprache gelangt. JOHANNES ZACHHUBER, Art. Überschwang, HWPh 11 (2001), Sp. 56-58, weist darauf hin, dass zu dem Ausdruck keine antiken Vorbilder existieren. Man könnte aber doch fragen, ob nicht der platonische *epekeina*-Gedanke (z. B. Politeia 509b) und die *hyperbole*-Vorstellung, die ja auch paulinisch ist, zu sachlichen Vorläufern des Begriffs des Überschwangs gehören.

Bevor wir nach diesem ersten Hinweis die symboltheoretische Summe der bisherigen Ausführungen ziehen, müsssen wir zuvor noch eine mögliche skeptische Anfrage diskutieren, die eine Gegenrechnung zu dem Gesagten aufmachen will. Wenn man von einem prinzipiellen Idealismus in der Naturbetrachtung ausgeht, wie ist es dann zu erklären, dass es dem Menschen so vorkommt, als träte ihm die Natur als eine Größe eigenen Rechtes gegenüber, als sei Bedeutsamkeit in ihr bereits codiert und müsste von uns bloß noch in einem Akt des »Dechiffriren[s]« (221 / 98) entschlüsselt werden? Zur Beantwortung dieses Einwandes lassen sich zwei Strategien denken. Die erste erklärt dieses Phänomen für einen Schein, nimmt ihn zwar immerhin dahingehend ernst, dass sie ihn als einen notwendigen Effekt ansieht, aber muss ihn letztlich als einen Fall von Reflexionsvergessenheit einstufen. Die zweite ist etwas komplizierter. Wenn man noch einmal zurückgeht zu jenem Gedanken der Überschwänglichkeit, dass also die Natur in keiner unserer Auslegungen aufgeht, so kann das ›Eigenrecht der Natur‹ nachgerade in diesem Überschuss erblickt werden. Dieser Gedanke kann selbst noch einmal transzendental begründet werden. Die Überschwänglichkeit könnte nicht erklärt werden, ja sie würde nicht einmal auftreten, wenn die Bedeutungsübertragung ein Akt eines absoluten Ich wäre. Nun ist aber das naturbetrachtende Ich, das wir kennen, ein endliches Ich. Dieses, so hatten wir im vorigen Kapitel dargelegt, weiß sich zwar als abkünftig vom absoluten Ich, weiß dieses aber zugleich als überschwänglich.[69] Weil das Ich sich selbst also überschwänglich ist, darum wird auch die Bedeutungsübertragung auf das dem Ich Entgegengesetzte niemals zu einem endgültigen Abschluss kommen,[70] wodurch jener Effekt der Selbständigkeit der Natur überhaupt erst erzeugt wird. In jenem überschwänglichen Sinne ist sie das »einzige Ganze, womit der Mensch sich vergleichen kann« (222 / 99). Es kann nur die Natur sein, da sie der Inbegriff des Nicht-Ich ist. Novalis hat jenes Schillern zwischen Bedeutungsübertragung und Quasi-Objektivität der Natur auf den glücklichen Begriff gebracht, der Mensch stünde zur Natur im Verhältnis der »schaffenden Betrachtung« (225 / 101).

Damit sind die wesentlichen Punkte des Komplexes Natur und Bedeutung versammelt. Was sich oben bei dem Aufweis von in sich gestuften Bedeutungszuschreibungen schon deutlich abzeichnete, soll hier für die Symboltheorie ausdrücklich gemacht werden: Jener »Sinn für Sinn«, den Novalis im Kontext seiner naturphilosophischen Überlegungen entdeckt, ist ein gewichtiges Aufbauelement von Novalis' Theorie des Symbols. Alles Symbolverstehen und auch alle Symbolproduktion lebt von diesem Sinn, von dieser Fähigkeit des Menschen, Sinnbezüge herzustellen, zu identifizieren und gegebenenfalls auch zu transzendieren. Es mag nun ein theoretischer Zufall sein, ist aber durch eine sachliche

---

[69] Vgl. oben S. 142-157.

[70] »Man steht mit der Natur gerade in so vielen unbegreiflichen Verhältnissen, wie mit den Menschen« (207 / 85).

Entsprechung in hohem Maße plausibel, dass Novalis gerade im Zusammenhang seiner Überlegungen zur Natur diese Entdeckung des Sinns für Sinn gemacht hat. Die Analogien seien in Thesen hier zusammengefasst:

1. Das Symbol hat dieselbe Struktur wie die Natur in Novalis' Auffassung: Es tritt dem menschlichen Geist scheinbar mit einer Selbstmächtigkeit gegenüber, aber erkenntniskritischer Besinnung wird klar, dass seine Bedeutsamkeit letztlich eine vom Menschen übertragene ist. Diese Überlegung dispensiert aber seltsamerweise nicht die Überzeugungskraft des Symbols, wenn es erst einmal – und sei es auf vortheoretische Weise – als Träger von Bedeutsamkeit erfasst wurde. Auch gegenüber dem Symbol steht der Mensch im Verhältnis der »schaffenden Betrachtung«.

2. Die Bedeutung eines Symbols wird in Vorstellungen erfasst. Diese Vorstellungen sind, wie gesehen, der Stufung fähig. Bedeutungsvorstellungen können ihrerseits wieder Symbole für einen höheren Sinn werden. Im Prinzip gibt es nun keine externe Notwendigkeit, diesen Vorgang der Transzendierung irgendwann abzubrechen. Wenigstens potentiell kann das Symbol überhaupt deshalb auf einen unbedingten Sinn verweisen.

3. Jenes Erfassen der Bedeutsamkeit ist keiner einzelnen der möglichen Einstellungen zum Symbol vorbehalten. Es lassen sich, wie bei der Natur, kognitive, emotionale, existentielle oder andere Zugänge denken, welche nur unter dem Verlust von Perspektivenreichtum gekappt oder vernachlässigt werden. Ein Symbol kann, vereinfacht gesagt, jeder und jedem ›etwas anderes bedeuten‹; es ermöglicht eine Vielfalt von persönlichen Bezügen.

4. Der persönliche Zugang zum Symbol, wie auch immer er beschaffen sein mag, ist aber seinerseits nur eine mögliche Perspektive auf das Symbol. Eine Symboltheorie darf nicht unterschlagen, dass es auch Perspektiven gibt, die aus der Sicht berufener oder unberufener Symbolverwalter gleichsam unterhalb ihrer vermeinten Ansprüche liegen. Ein Symbol kann nach seiner Materialseite betrachtet werden, nach seinen bildlichen, akustischen oder sonstigen Aufbaumomenten, nach seinen ästhetischen Qualitäten, nach seinen kulturgeschichtlichen Assoziationen oder nach seinen religionswissenschaftlichen Valenzen.

5. Jener Polyperspektivismus der Natur scheint ein spezifisch modernes Phänomen zu sein, denn er ist eine Folge kultureller Ausdifferenzierung. Dasselbe trifft auch für das Symbol zu. Die im vorigen Absatz dargelegten Perspektiven können sich daher auch in einem und demselben Subjekt vereinigen. Daraus entstehen, wie beim religiösen Symbol – aber nicht nur bei ihm – besonders deutlich wird, Integrationsanforderungen ganz eigener Art. Novalis steht mit seiner Person für das Bildungsziel, eine Vielfalt von Deutungsmöglichkeiten integrativ handhaben zu können. Für dieses Ziel ist bei ihm das Thema der Natur paradigmatisch.

2.3. Verortung im zeitgenössischen Debattenzusammenhang

Dieser dritte Teilabschnitt verlässt das Symbolthema noch einmal für eine kurze Weile und stellt in formaler Hinsicht eher einen Appendix zur naturphilosophischen Fragestellung dar. Doch durch die Frage, welchem der Novalis bekannten Theorietypen seine Naturüberlegungen am ehesten zuzuordnen wären, lässt sich noch einmal etwas Licht über Novalis' philosophischen Gesamtansatz verbreiten. Anders gesagt: Wenn unser Plädoyer für einen grundsätzlichen Idealismus bei Novalis richtig war, muss dieser sich durch diese Frage bewähren lassen.

Ein möglicher Weg, diese Frage zu beantworten, könnte die Untersuchung sein, ob Novalis eine der Fragestellungen geteilt hat, die seine Referenzautoren sich vorgelegt haben.[71] Auf diesem Weg stellt man schnell fest, dass dies nicht der Fall gewesen ist. Kant, um mit ihm zu beginnen, fand sein naturphilosophisches Thema in der philosophischen Rechtfertigung des Grunddatums der neuzeitlichen Naturwissenschaften, nämlich der Anwendung von Mathematik auf Erfahrung.[72] »Ich behaupte aber, daß in jeder besonderen Naturlehre nur so viel eigentliche Wissenschaft angetroffen werden könne, als darin Mathematik anzutreffen ist.«[73] Diese Frage beschäftigte Novalis schon deshalb nicht, weil er wohl eben dieses Grunddatum trotz seiner realwissenschaftlichen Bildung nicht hinreichend erfasst hat.[74] Zum zweiten, Fichtes Frage war, wie man das Ich denken muss, so dass man aus seinem Freiheitsleben die Natur als denjenigen Ort ableiten kann, an dem das Streben der Vernunft nach Einigkeit mit sich selbst seine Wirksamkeit entfaltet.[75] Diese Frage war nicht die Hardenbergs, da er mit Fichtes Lösung, nämlich dem Entwurf einer vernünftigen Kulturethik, ganz und gar konform ging. Dieser Anschluss geht in den »Lehrlingen« so weit, dass das Sich-Wiedereinstellen der goldenen Zeit als ein Effekt dieser »Entwilderung der

---

[71] Durch die lange Debatte über Novalis' naturwissenschaftliche Kompetenz hat sich die Forschung lange nicht zu diesen Fragen durchringen können. HERBERT UERLINGS, Friedrich von Hardenberg, genannt Novalis, Stuttgart 1991, 147-163, konstatiert völlig zu Recht, es ginge inzwischen nicht mehr um die »Revision der überholten Ergebnisse«, sondern um »die Entwicklung neuer und angemessener Fragestellungen.« (151)

[72] Vgl. für einen Überblick über die ältere Forschung den Bericht von WERNER STEGMAIER, Kants Theorie der Naturwissenschaft. In: Philosophisches Jahrbuch 87 (1980), 363-377. Aus der neueren Literatur vgl. BRIGITTE FALKENBURG, Kants Kosmologie, Frankfurt a. M. 2000, 288-297; KONSTANTIN POLLOK, Kants »Metaphysische Anfangsgründe der Naturwissenschaft«, Hamburg 2001, 83-93.

[73] IMMANUEL KANT, Metaphysische Anfangsgründe der Naturwissenschaft, A VIII.

[74] Zu diesem Urteil vgl. ERK F. HANSEN, aaO., 495f.

[75] Hartnäckig hält sich bis heute das Vorurteil: »Fichtes Subjektivitätsphilosophie ließ keinen Raum für eine Theorie der Natur.« (BRIGITTE FALKENBURG, aaO., 307.) Besser wusste es bereits EMANUEL HIRSCH, Die idealistische Philosophie und das Christentum, Gütersloh 1926, 159f., Anm. 3. Fichtes Naturtheorie wird aus einer immanenten Perspektive breit entfaltet von REINHARD LAUTH, Die transzendentale Naturlehre Fichtes, Hamburg 1984. Dass Lauths Buch so wenig Gehör gefunden hat, mag daran liegen, dass Lauth seine Ergebnisse nicht noch einmal im Lichte gegenwärtiger naturphilosophischer Fragestellungen erörtert.

Natur« (209) vorgestellt wird. Anders gesagt: Fichtes Frage war ihm keine Frage mehr. Schelling schließlich trug seinen Ansatz, der durchaus als Komplement und Korrektur zur Wissenschaftslehre gedacht war, unter der Frage vor: »Wie muß die Natur verfaßt sein, daß sie am Ende ihres Evolutionsgangs vernunftbegabte und selbstbewußte Wesen aus sich herauszusetzen vermag«?[76] Diese Frage beschäftigte Novalis kaum, da ihn Schellings Leitbegriff, den der »Organisation«, nur ganz am Rande interessierte. Das liegt vermutlich daran, dass ihm die »Kritik der Urteilskraft«, deren zweiter Teil bekanntlich Schellings Hauptquelle für den Organisationsbegriff war, weitgehend unbekannt gewesen sein dürfte – gelesen haben wird er mindestens jenen zweiten Teil nicht.

Wenn sich auf diesem Wege kein Ergebnis zeigt, so bietet sich eine andere Überlegung an. Man kann nämlich danach fragen, wie denn die grundsätzliche Herangehensweise an den Gegenstand ist, der in Frage steht. Hier zeigt sich dann, dass Novalis weder eine kritische Untersuchung über Fragen der Konstitution des Erkenntnissubjekts oder der apriorischen Verfasstheit der Materie angestellt (Kant) noch eine spekulative Konstruktion des Naturbegriffs zum Zwecke evolutionärer Ableitungen (Schelling) unternommen hat. Seine Herangehensweise entspricht vielmehr am ehesten der Fichtes, wie ich hier in drei Thesen abschließend wahrscheinlich machen will.[77] Dabei wird der methodische Anschluss an Fichte jeweils noch um spezifische Momente erweitert.

Erstens: Wie die Analyse der »Lehrlinge« gezeigt hat, gibt es keine bloß theoretische Perspektive gegenüber der Natur. Eine solche könnte lediglich als eine Abstraktion des tatsächlichen Umgangs mit der Natur beschrieben werden. Das heißt, unser Zugang zur Natur ist stets schon irgendwie engagiert. Hier haben wir eine Spur des von Fichte auch in der Naturphilosophie namhaft gemachten praktischen Charakters der Vernunft. Allerdings macht Novalis geltend, dass es gegenüber der Natur nicht nur das Engagement der Naturbeherrschung, der Kultivierung gibt, so ausführlich er dies auch bespricht und unterstreicht. Andere, eher ästhetisch orientierte Perspektiven treten gleichberechtigt daneben und sind nicht weniger motiviert.[78]

Das zweite fichtesche Grundmotiv ist dies: Alle Bedeutungszuschreibung der Natur ist eine Realitätsübertragung aus dem Ich. Es wäre ein Irrtum zu glau-

---

[76] So die Formulierung von Ulrich Barth, Gott und Natur. Schellings metaphysische Deutung der Evolution. In: Ders., Religion in der Moderne, Tübingen 2003, 461–481, hier 469. Vgl. auch Michael Rudolphi, Produktion und Konstruktion. Zur Genese der Naturphilosophie in Schellings Frühwerk, Stuttgart 2001.

[77] Was Fichtes Theoriedesign angeht, so stütze ich mich hierbei auf die zusammenfassenden Darlegungen von Reinhard Lauth, aaO., 162–172.

[78] Wenn, nebenbei gesagt, Novalis heutzutage gern als Kronzeuge für ein ›ganzheitliches Denken‹ aufgerufen wird, so ist das vielleicht nicht falsch, aber Novalis hat sehr genau gewusst, dass eine wie auch immer zu denkende ›Versöhnung‹ mit der Natur dem Gedanken der Naturbeherrschung nicht entgegengesetzt sein kann, sondern nur durch Selbstmodifikation dieses Beherrschens zu haben ist.

ben, man hätte einen Zugang zur Natur in ihrer An-Sich-Bestimmtheit. Damit fällt es dann aber auch schwer zu sagen, die Natur habe einen Wert und eine Bedeutung an sich. Philosophischer Besinnung muss klar sein, dass eine Natur stets nur den Wert hat, den der Mensch ihr geben will, wobei allerdings die Philosophie nicht vorschreibt, welcher Wert das sein sollte. Für Fichte war die Natur vor allem das ›Materiale der Pflicht‹; wie Novalis aufweist, ist der Mensch aber in der Lage, ihr weit mehr Bedeutungen, bis hin zur religiösen Verehrung, zuzuschreiben. Insofern der Mensch auch selbst zur Natur gehört, zugleich aber die wertzuschreibende Instanz ist, spiegelt sich in dieser Wertzuschreibung das Verständnis seiner selbst in der Doppelheit als Natur- und Geistwesen.

Drittens: Schellings frühe naturphilosophische Überlegungen lassen sich auf die Formel bringen, er habe die Natur als Subjekt konstruieren wollen.[79] Wenn auch Schelling diese Formel durchaus in einem kritischen Sinne verstanden haben wollte, so wäre sie doch für Fichte ganz undenkbar gewesen. Das trifft auch auf Novalis zu. Zwar tritt die Natur in den »Lehrlingen« dann und wann scheinbar als Subjekt auf, doch ist dieser Auftritt, wie beschrieben, stets zurückgebunden an das naturbetrachtende geistige Subjekt. Novalis hätte nicht mehr sagen können als: Wir können metaphorisch die Natur als Subjekt *denken*. Es bleibt aber auch richtig, dass Novalis durch seinen Polyperspektivismus die einseitige Perspektive einer technischen Objektivierung der Natur unterlaufen wollte.

Zusammenfassend darf gesagt werden: Das Thema Natur hat bei Novalis paradoxerweise nicht primär naturphilosophische Valenzen. Es dominiert ganz eindeutig ein Bildungsinteresse, die Integrationsleistung eines Subjekts bei gleichzeitigen pluralen Herangehensweisen an einen Gegenstand. Die naturphilosophisch wichtigste Frage ist keineswegs die Einordnung des *homo sapiens sapiens* in ein System der Natur, sondern die Frage danach, wie sich der Mensch in seinem Gegenüber zur Natur selbst versteht. In *dieser* Hinsicht könnte man sich vielleicht auch am ehesten einen Beitrag des Novalis zu naturphilosophischen Fragen der Gegenwart denken.

3. Das Projekt der Enzyklopädistik

Die Freiberger Studienzeit war für Novalis ein geistig höchst fruchtbarer Lebensabschnitt, wenn er auch von einer gewissen persönlichen Einsamkeit gekennzeichnet gewesen zu sein scheint. Neben dem Studium selbst blieb ihm vor allem der briefliche Austausch mit den Schlegels eine ständige Inspiration, es ging eine Fülle von Ideen hin und her. So verwundert es auch nicht, dass

---

[79] Vgl. dazu HERMANN KRINGS, Natur als Subjekt. Ein Grundzug der spekulativen Physik Schellings. In: Reinhard Heckmann et al. (Hg.), Natur und Subjektivität, Stuttgart 1985, 111-128.

sein Freund Friedrich Schlegel der erste ist, der am 11.5.1798 von einem neuen Projekt Hardenbergs hört:

»Ich bin ziemlich fleißig und ziemlich reich an Einfällen. Eine Idee such ich jezt zu bearbeiten, auf deren Fund ich beynah stolz bin. Sobald etwas davon verständlich ist, so sollst Du gleich Nachricht davon erhalten. Mir scheint es eine sehr große, sehr fruchtbare Idee, die einen Lichtstrahl der höchsten Intensitaet auf das Fichtische System wirft« (WTB I, 664).

Er bittet um Entschuldigung, dass er noch keine genauere Auskunft geben könne. Aber schon wenige Monate später kommt er bei der Feststellung einer vermeintlichen Geistesverwandtschaft mit Schlegel erneut auf seine Idee zu sprechen. Im Brief vom 7.11.1798 schreibt er, sein Buch, an dem er arbeite, solle

»die Einleitung zu einer ächten Encyklopaedistik werden. Ich denke hier Wahrheiten und *Ideen im Großen – genialische* Gedanken zu erzeugen – ein lebendiges, wissenschaftliches Organon hervorzubringen – und durch diese synkritische Politik der Intelligenz mir den Weg zur *ächten Praxis* – dem wahrhaften Reunionsprozess – zu bahnen.« (WTB I, 673)

Schwingt hier auch etwas von der Angewohnheit der beiden Freunde mit, ihre Arbeitsvorhaben mit möglichst ausgefallenen Titeln zu versehen und hochfliegende Träume damit zu verbinden, so fällt gleichwohl das entscheidende Stichwort: Novalis arbeitet an einer Enzyklopädistik oder wenigstens an einer Einleitung zu ihr.

Die entsprechende Stoffsammlung, der Novalis selbst den Titel »Das allgemeine Brouillon« (WTB II, 513 / N II, 280) gegeben hatte, konnte erst in den 1960er Jahren von Hans-Joachim Mähl abschließend rekonstruiert werden.[80] Noch gewichtiger als die Ordnung der Handschriften war aber die kritische Kommentierung des Textes vor allem hinsichtlich der Quellen, die Novalis in seiner Stoffsammlung verarbeitet hatte. Seit Beginn seines zweiten Studiums hatte er sich nicht bloß auf den Lehrplan seines – wie wir heute sagen würden – Ingenieurstudienganges eingelassen, sondern sich darüber hinaus in erstaunlich viele Bereiche des menschlichen Wissens, vor allem über das Medium von Lehr- und Wissenschaftsgeschichtsbüchern, kursorisch eingearbeitet. Mehr noch als der dahinter sich verbergende Fleiß beeindruckt eine heutige Leserschaft die ungemein hohe Auffassungsgabe, die Novalis gehabt hat. Neben Philosophie und den angewandten Naturwissenschaften zog er zu seinem Privatstudium auch historische Werke, Abhandlungen zur Kompositionslehre, zur Kriegsführung, zur Geologie, Mathematik, Medizin und anderes mehr heran.

Wir wollen uns dem Thema in drei Schritten nähern. Zunächst ist zu untersuchen, was um 1800 unter dem Titel »Enzyklopädie« verstanden werden konnte, wobei wir uns auf die Positionen beziehen, die Novalis nachweislich bekannt waren und mit denen er sich auseinandergesetzt hat (1). In einem zweiten

---

[80] Vgl. dazu Hans-Joachim Mähl, Einleitung. In: N III, 207–241.

Schritt ist Novalis' eigenes enzyklopädisches Programm, so weit es sich rekonstruieren lässt, darzustellen (2). Schließlich soll der symboltheoretische Ertrag des Enzyklopädie-Projekts, der unter dem Stichwort »Wechselrepräsentationslehre« diskutiert wird, sichergestellt werden (3).

3.1. Positionen zum Enzyklopädiebegriff im späten 18. Jahrhundert

Der Terminus »Enzyklopädie« geht zurück auf das griechische *enkyklios*, was soviel wie »innerhalb der chorischen Bildung«, also »gut erzogen« meint.[81] Er ist vermutlich entstanden bei der fälschlichen Lesung einer Stelle bei Quintilian, wo *enkyklion paideian* als *enkyklopaideia* wiedergegeben wurde,[82] ein Irrtum, der erst im 18. Jahrhundert korrigiert werden konnte. Als lateinisches Pendant etablierte sich *orbis doctrinae* bzw. *disciplinarum*.

Bereits von Anfang an ist der Motor der begriffsgeschichtlichen Entwicklung die Spannung zwischen der Formal- und der Materialseite des Wissens. Hat die Enzyklopädie vor allem eine Übersicht über das gesamte menschliche Wissen darzubieten, oder befasst sie sich lediglich mit den Prinzipien des Wissens und stellt diese im Zusammenhang dar? Diese Frage wurde unterschiedlich beantwortet, wobei auch die Zielgruppe eine Rolle spielte. Dadurch entstanden mehrere Typen von Enzyklopädie, auf deren jeweilige Grundidee nun einzugehen ist.

Noch als Schüler macht sich Novalis eine kurze Notiz, welche die Herausgeber mit »Über Enzyklopädien« (N I, 18) betitelt haben. Sie belegt die Kenntnis der berühmten französischen *Encyclopédie, ou Dictionnaire raisonné des sciences, des arts et des metiers*, die ab 1751 unter der federführenden Herausgeberschaft von Denis Diderot und Jean Le Rond d'Alembert erschien.[83] Ihr wird heute gern unterstellt, dass sie lediglich »einem additiven Ordnungsprinzip«[84] folge, dass sich also in dem nach dem Alphabet geordneten Aufbau in Stichwörtern einfach eine ungeordnete Stoffmasse darstelle. Damit aber sind die Absichten der Herausgeber nicht korrekt wiedergegeben.[85] Die Tatsache, dass das Werk durchgängig auf

---

[81] Für die Begriffsgeschichte darf verwiesen werden auf ULRICH DIERSE, Enzyklopädie. Zur Geschichte eines philosophischen und wisenschaftstheoretischen Begriffs, Bonn 1977, welchem Buch die folgenden Ausführungen weitgehend verpflichtet sind.

[82] Vgl. aaO., 7.

[83] Neben dieser, die übrigens von dem Siebzehnjährigen recht abschätzig beurteilt wird, war bereits dem Schüler eine weitere Enyklopädie bekannt. Überliefert ist diese Notiz: »Wenn sie alle so wären wir die Krünitzsche.« Dies bezieht sich auf die »Oekonomische (-technologische) Enzyklopädie, oder allgemeines System der Staats-, Stadt-, Haus- u. Landwirthschaft (und der Kunstgeschichte), in alphabetischer Ordnung«, hg. von Johann Georg Krünitz, die ab 1773 in Berlin erschien, und deren letzter – 242. [!] – Band erst 1859 das Licht der Öffentlichkeit erblickte.

[84] MICHAELA HABERKORN, Naturhistoriker und Zeitenseher, Frankfurt a. M. 2004, 198.

[85] Vgl. zur französischen *encyclopédie* FRITZ SCHALK, Einleitung in die Encyklopädie der französischen Aufklärung, München 1936.

einem dezidiert anti-deduktiven Empirismus basiert, bedeutet keineswegs, dass *eo ipso* auch kein Plan zugrundeliege. Die Gesamtheit des menschlischen Wissens kann durchaus als System gedacht werden. D'Alembert bezieht sich dabei in seinem berühmten *Discours préliminaire*, den Novalis ausgiebig studiert hat, auf den Stammbaum der Wissenschaften zurück, den Francis Bacon auf die drei Fundamentalvermögen des Menschen gegründet hatte: Gedächtnis (*mémoire*), Vernunft (*raison*) und Einbildungskraft (*imagination*). Diese Dreiteilung kombiniert d'Alembert mit den Themen des klassischen Metaphysik: Gott, Mensch und Natur. Die mit der *mémoire* sich befassenden Wissenschaften machen die eigentliche standesmäßige Gelehrsamkeit aus, die zweite Abteilung die Philosophie in einem denkbar weiten Sinn (*raison*), die dritte den Bereich der Kunst (*imagination*).[86] Die Auswahl der Stichwörter der Enzylopädie wird von diesen Ordnungsprinzipien gesteuert. Die alphabetische Anordnung verhält sich diesen Prinzipien gegenüber spröde und dient vor allem der Zugriffsschnelligkeit. Jenem oben referierten Einwand einer bloß additiven Ordnung wohnt aber insofern ein Wahrheitsmoment inne, als sich der Gesamtplan in den einzelnen Beiträgen keineswegs widerspiegelt. Als Bildungsideal steht im Hintergrund der Versuch, das gesamte gesicherte menschliche Wissen der interessierten Öffentlichkeit mitzuteilen. Man möchte weg vom Ideal der elitären *sapientia*, Wissen soll dem Bürgertum ohne Umweg direkt zugänglich gemacht werden.

Was die Rezeption dieses Werks zumal in Deutschland angeht, so darf man behaupten, dass die *encyclopédie* eher hinsichtlich ihrer imposanten Stoffmenge als hinsichtlich des ihr zugrundliegenden systematischen Programms Beachtung fand. Nachfolgeprojekte unterließen es von vornherein, so etwas wie einen inneren Zusammenhang des Wissens zu postulieren. Bis in die Umgangssprache der Gegenwart hinein bedeutet »Enzyklopädie« ein möglichst vielbändiges Werk, das ein Gebiet des Wissens oder gar das gesamte Wissen nach seiner stofflichen Seite weitgehend vollständig präsentiert. Natürlich erwiesen sich solche Wörterbücher als für die universitäre Unterrichtspraxis gänzlich ungeeignet. Denn hier war nötig, den Studierenden einen Überblick über ein Fach und seine Einheit zu ermöglichen. Folglich kommen im 18. Jahrhundert vermehrt Fachenzyklopädien, auch Methodologien genannt, auf. Damit sind wir bei dem zweiten Typus von Enzyklopädie. Sie geben einen Überblick über die Methoden und die Prinzipien des Stoffs, allerdings unter weitgehender Absehung von dessen Durchführung. Die Fachenzyklopädie ist somit auch ein Organ der Selbstkritik und -korrektur eines Wissenschaftszweiges, indem sie die Frage stellt, ob das Fach sich der Studierendenschaft auch tatsächlich so präsentiert, wie es gedacht ist. Eine solche Fachenzyklopädie scheint eine der Vorlesungen von

---

[86] Vgl. d'Alemberts Tafel der Wissenschaften. In: ULRICH DIERSE, aaO., 268. Der Abdruck der Tafel in der deutschen Übersetzung des *Discours*, hg. von Günther Mensching, Frankfurt a. M. 1989, 116f, verkürzt demgegenüber zu stark.

Novalis' Hauptlehrer an der Freiberger Bergakademie, Abraham Gottlob Werner, gewesen zu sein. Zwar hat Werner sie weder zu einem Buch ausgearbeitet noch sind Vorlesungsmanuskripte erhalten. Aber in einer Notiz im »Allgemeinen Brouillon« von Novalis werden wenigstens gewisse Hauptideen mitgeteilt, die auf den Charakter der Vorlesung ansatzweise zurückschließen lassen.

»Encyklopaedie ist, nach Werner, eine richtige Ordnung und Aufzählung der Kenntnisse, die man zu Erreichung *eines Zwecks*, nöthig hat – (eine Philosophie des Studiums –) Sie besteht aus 2 Theilen – deren Einer die systematische *Beschreibung* der zu erlangenden Kenntnisse und Fertigkeiten – und ihrer Quellen und ihrer Folge liefert – der andre aber die Regeln des subjectiv zweckmäßigen Studiums und Exercitiums – in Beziehung auf Zeit – Ordnung und Folge der Beschäftigungen – größern oder kleinern Zweck – *Karacter des Kopfs* – *Neben* und *Hülfsstudien* und Übungen – begreift. Diesen nennt man Methodologie.« (WTB II, 634 / N III, 394f).

Was hier umrissweise präsentiert wird, scheint die Enzyklopädie einer positiven – im Gegensatz zu einer spekulativen – Wissenschaft zu sein, also einer Wissenschaft, die sich an einem externen Zweck orientiert und die dazu in die notwendigen »Kenntnisse und Fertigkeiten« einleitet.[87]

Ein dritter Typus neben der Universalenzyklopädie und der Fachenzyklopädie wurde vor allem im Umkreis der kantischen Philosophie propagiert. Die eigentliche Enzyklopädie ist danach eine philosophische Disziplin und beschäftigt sich, anders als die Fachenzyklopädie, mit einer Klassifikation *aller* Wissenschaften auf Grund von Prinzipien. Sie bietet daher eine »Übersicht des ganzen Gebietes der menschlichen Erkenntniss«.[88] Hat sie diesen Aspekt mit dem ›französischen‹ Typ der Universalenzyklopädie gemein, so unterscheidet sie sich doch von diesem, dass sie sich von materialen Durchführungen fernhält. Ihr Gegenstand ist vielmehr die Darstellung der Prinzipien des Systems, als welches der menschliche Geist gedacht wird.[89] Novalis hat Fichtes »Grundlage der gesammten Wissenschaftslehre« auch als eine solche Enzyklopädie gelesen:[90]

»Der *W[issenschafts]Lehrer* behandelt blos W[issenschaft] im Ganzen – Hat blos mit W[issenschaften], als solchen zu thun. / Die W[issenschafts]L[ehre] ist eine wahrhafte, unabhängige, selbständige Encyklopädik. – W[issenschaft] d[er] W[issenschaften]. / W[issenschafts]L[ehre] ist *System des wissenschaftlichen Geistes* [...] – der Wissenschaften im Ganzen« (WTB II, 481 / N III, 249).

---

[87] Ganz ähnlich hat bekanntlich Schleiermacher in seiner Fachenzyklopädie die Evangelische Theologie als praktische Wissenschaft definiert, mit dem Zweck, ein »christliches Kirchenregiment« zu ermöglichen; FRIEDRICH SCHLEIERMACHER, Kurze Darstellung des theologischen Studiums zum Behuf einleitender Vorlesungen (1811), Leipzig 1910 (ND Darmstadt 1993), § 5.

[88] WILHELM TRAUGOTT KRUG, Versuch einer Systematischen Enzyklopädie der Wissenschaften, Bd. 1, Wittenberg / Leipzig 1796, 9; hier zit. nach ULRICH DIERSE, aaO., 117. Novalis hat Krugs Buch eventuell eingesehen (vgl. WTB II, 494 / N III, 261.)

[89] Hegels »Enzyklopädie der philosophischen Wissenschaften im Grundrisse« (1817) dürfte das bekannteste Exemplar dieses Typs sein.

[90] Fichte selbst verstand unter Enzyklopädie eher Bücher des zweiten hier beschriebenen Typs (vgl. ULRICH DIERSE, aaO., 107, Anm. 13). Erst wenn alle Fachenzyklopädien feststünden, könne man auch an eine allgemeine Enzyklopädie denken.

Mit diesen drei Haupttypen, die als solche Novalis auch bekannt waren: der materialen Universalenzyklopädie, der einleitenden Fachenzyklopädie, und der systematisch-philosophischen Klassifikationsenzyklopädie dürfte in etwa das Tableau abgesteckt sein, innerhalb dessen enzyklopädisches Denken um 1800 möglich war. Wenden wir uns vor diesem Hintergrund nun Novalis' eigenen Überlegungen zum Thema zu.

3.2. Novalis' Ansatz der Enzyklopädistik

Wir hatten oben bereits auf die Ankündigung des Projekts im Brief an Friedrich Schlegel hingewiesen. Zweierlei lässt sich ihr bereits entnehmen: Zum einen, Novalis kündigt an, eine Methode zu entwickeln, welche »Wahrheiten« wird generieren können. Im »Allgemeinen Brouillon« spricht er auch von der »freye[n] *Generationsmethode* der Wahrheit« (WTB II, 687 / N III, 445). Zum anderen projektiert er ein »lebendiges, wissenschaftliches Organon«, also eine Methodenlehre, die aber zugleich »lebendig« sein soll. Können diese Ankündigungen noch erläutert werden, und kann man sie auf die drei dargestellten Typen von Enzyklopädie rückbeziehen?

Ein kleiner Anfahrtsweg wird die Antworten vorbereiten. In den »Fichte-Studien« hatte Novalis vom »Ich« gesagt, es sei »keine Encyclopaedie, sondern ein universales Princip.« (WTB II, 185 / N II, 273). Dass hier der Begriff der Enzyklopädie als Gegenbegriff zu dem des Prinzips gebraucht wird, spricht dafür, dass Novalis 1796 noch ein Verständnis von Enzyklopädie hat, dass am ehesten dem ›französischen‹ Typ entspricht. In die gleiche Richtung zielt eines der »Blütenstaub«-Fragmente: »Je verworrener ein Mensch ist [...] desto mehr kann durch fleißiges Selbststudium aus ihm werden; dahingegen die geordneten Köpfe trachten müssen, wahre Gelehrte, gründliche Encyklopädisten zu werden.« (WTB II, 249 / N II, 433) Als die Initialzündung zu seinem eigenen Projekt gilt eine Studie zu der Schrift »Note de M. Dumas« von Frans Hemsterhuis.[91] Während Hemsterhuis eher im allgemeinen über das Verhältnis von Ideen und Fakten spricht (vgl. N II, 736-739), notiert sich Novalis als eigenständige Weiterführung des Gedankens: »Die Wissenschaften sind nur aus Mangel an Genie und Scharfsinn getrennt – die Verhältnisse zwischen ihnen sind dem Verstand und Stumpfsinn zu verwickelt und entfernt von einander. Die größesten Wahrheiten unserer Tage verdanken wir solchen Combinationen der Lange getrennten Glieder der Totalwissenschaft« (WTB II, 213 / N II, 368). Auch hier spricht Novalis über die Inhalte der Wissenschaften. Doch fasst er hier die Idee einer eigentlichen Ungetrenntheit der Wissensgebiete: Das Wissen ist – nicht nur *formaliter*, sondern auch *materialiter* – eigentlich eine Einheit.[92] Die Aufgabe ist es, durch

---

[91] Vgl. HANS-JOACHIM MÄHL, aaO., 350.

[92] Aus hegeliansierender Perspektive hat sich Novalis' Enzyklopädistik gegen die »leere Allgemeinheit« gerichtet (THEODOR HAERING, Novalis als Philosoph, Stuttgart 1954, 60).

Kombination diese Einheit wieder herzustellen, welche »Totalwissenschaft« heißen wird. Der Gedanke, dass es letztlich nur *eine* Wissenschaft gibt, fungiert als Ausgangspunkt der weiteren Darlegung.

Betrachtet man die Idee einer solchen Totalwissenschaft im Lichte des Projekts einer Generationsmethode der Wahrheit, so ist klar, dass aus dieser Betrachtung sofort die Frage nach den Generationsprinzipien und den Einheitsprinzipien entspringt. Verstünde man diese lediglich als Sortierungsgesichtspunkte, wie in der französischen Enzyklopädie, so bliebe die innere Einheit des Stoffs seiner Darbietung gleichsam äußerlich. Ohne also seine Orientierung an einer materialen Enzyklopädie aufzugeben, wird Novalis doch auf die Systemfrage gebracht. Die im vorigen Teilabschnitt referierte Orientierung an Fichtes Wissenschaftslehre bezieht sich genau auf jenen starken Einheitsgedanken, aber gerade nicht auf das deduktive Verfahren Fichtes. Wenn der Stoff also nicht aus einem übergeordneten Prinzip deduziert werden soll, zugleich aber auch nicht lediglich unter ihm äußerlichen Gesichtspunkten als einheitlich betrachtet werden darf, bietet es sich am ehesten an, Novalis' Grundidee als eine Wechselbedingtheit von Stoff und Prinzip zu fassen.

Novalis erwägt nun mehrere Wege, solche Generationsprinzipien aufzufinden, die hier nur in aller Kürze erwähnt zu werden brauchen, da keiner das Stadium einer Andeutung überschreitet. Ein solcher Weg klingt in folgender Notiz an: »Kants Plan wars eine universelle − encyclopaedische Kritik zu liefern − er hat ihn aber nicht ganz ausgeführt, und nicht mit gleichem Glück in den einzelnen Massen der Ausführung« (WTB II, 571 / N III, 336). Hardenberg versteht Kant so, dass dessen kritisches Unternehmen, das sich in den drei »Kritiken« niedergeschlagen hat, letztlich auf eine Art Prinzipienlehre der von Novalis so genannten Totalwissenschaft abzielte. Die Enzyklopädistik kann von hierher verstanden werden, dass sie dieses kritische Geschäft zu vollenden versucht. Ein anderer Weg ist eine Orientierung an der Leibnizschen Idee der *characteristica universalis*.[93] Wenn es gelänge, das Wissen auf bestimmte Basiselemente zu reduzieren und ihre Kombinationsregeln, den »*Encyclopaedisirungs*Calcul« (WTB II, 524 / N III, 290), zu entdecken, so hätte man damit die angestrebte Generierungsmethode gefunden. Diese Idee ist von dem Gedanken einer allgemeinen Grammatik inspiriert. Sie geht aber über deren Sprachgebundenheit noch einmal hinaus, und wird gedacht als »höchste Elementarwissenschaft [...], die schlechterdings kein *bestimmtes* Obj[ect] − sondern ein reines *N.* behandelt« (WTB II, 490 / N III, 257).[94] Wie die Grammatik die Elementarwissenschaft der Sprache ist, so ist die Enzyklopädistik die Grammatik des Wissens.

---

[93] Vgl. dazu JOHN NEUBAUER, Symbolismus und symbolische Logik, München 1978, 9–88, besonders 75–88.

[94] Auf die Nähen der Enzyklopädistik zur Grammatik hat besonders hingewiesen MICHAELA HABERKORN, aaO., 199–206.

Ein noch anderer Weg soll hier gesondert dargestellt werden; nicht weil er sehr viel weiter ausgeführt wäre als die anderen, sondern weil er der Fragestellung unserer Arbeit näher ist. In seinen Lektürenotizen zu d'Alembert korrigiert Novalis dessen vermögenspsychologisches Dreierschema, das ja für die Einteilung des Baums der Wissenschaften zuständig war: »Die Einb[ildungs]Kr[aft] ist das würckende Prinzip – Sie h[eißt] Fantasie indem sie auf das Gedächtniß wirckt – und Denk*kraft* indem sie auf den Verstand wirckt. Die Einb[ildungs]Kr[aft] soll (äußrer) directer und (innrer) indirecter Sinn zugleich werden« (WTB II, 532f / N III, 298). Die Einbildungskraft erst affiziert die anderen Vermögen und wäre von daher als das basale Generationsprinzip von allem, was überhaupt nur Stoff des Wissens sein kann, zu bestimmen. In eine verwandte Richtung zielt auch eine andere kurze Notiz, deren Überschrift die Zugehörigkeit zu unserem Themenkreis beweist: »Enc[yclopaedistik]. *Analogistik*. Die Analogie – als Werckzeug, beschrieben und ihren mannichfaltigen Gebrauch gezeigt« (WTB II, 556 / N III, 321). Zwar ist in diesem Zitat nicht direkt von der Einbildungskraft die Rede, sie gilt Novalis aber als das Vermögen der Analogiebildung. Die Idee der Enzyklopädie bestünde demnach darin, in allen Wissensgebieten qua Einbildungskraft Analogien zu entdecken. Da überall die gleichen Erkenntnisvermögen am Werk sind, so muss das Wissen in gewisser Weise uniform sein – aber das soll eben auch in inhaltlicher Hinsicht gelten. Nach Novalis hat Fichte die Philosophie zur Universalwissenschaft erklärt und alle anderen Wissenschaften unter sie begriffen: Es gibt eine Philosophie der Natur, eine Philosophie der Kunst, eine Philosophie der Mathematik usw.: ph(x), ph(y), ..., ph(n). Dieser Fichtesche »Versuch«, wie Novalis ihn nennt, »soll in allen W[issenschaften] unternommen werden.« (WTB II, 502 / N III, 269). So kann etwa die Philosophie der Mathematik, der Poesie, der Chemie usw. unterstellt werden, so dass es eine Mathematik, eine Poetik, eine Chemie usw. der Philosophie geben müsste: mth(ph), p(ph), ch(ph). Da alle Wissenschaft aber als Eine gedacht wird, ist es im Grund gleichgültig, von wo aus man in das Wissen hineingeht: mth(x), mth(y) usw. Novalis hat mit einer gewissen Entdeckerfreude solche Neukombinationen notiert (vgl. v. a. N III, 50).

Wir können hier abbrechen. Wagt man ein Fazit, das doch immer nur vorläufig bleiben kann, so versteht Novalis unter der Enzyklopädistik ein System des Wissens, das nicht nach Prinzipien das Wissen einteilt, sondern vereinigt. Die Enzyklopädie ist, der Idee nach, die Darstellung der absoluten Synthesis in der Sphäre des theoretischen Geistes. Vermögen solcher Vereinigung ist die Einbildungskraft als Kraft des Analogen. Diese Kraft wird aber ihrer selbst nur ansichtig am Material, in welchem sie analoge Strukturen identifiziert, die sie in anderer Hinsicht selbst hervorbringt. Es genügt daher nicht, abstrakt das Wesen der Einbildungskraft darzulegen; der Rückbezug auf den Stoff des Wissens muss zum Zwecke ihrer Exemplifizierung immer mitgeführt werden.

Novalis hat, nach weitgehend einhelliger Forschungsmeinung, dieses Projekt nicht verwirklicht,[95] und es scheint auch gar nicht absehbar, wie es als Theorieprojekt zu verwirklichen sein sollte. Nicht nur scheint es aber nach wie vor einen eigentümlichen Reiz auszuüben,[96] es ist auch vielfältig in Hardenbergs Dichtung, vor allem in den Roman eingegangen. Die Poesie ist der eigentliche Ort, an dem sich die enzyklopädische Intention, wie Novalis sie vorschwebte, materialisiert. Um dies einsichtig zu machen, bedarf es aber noch einer anderen Wendung der Idee der Enzyklopädie, welche im nächsten Teilabschnitt dargestellt werden soll. Zuvor aber noch eine kurze Zusatzbemerkung, die in einer theologischen Arbeit nicht fehlen darf.

Bereits in jenem Brief an Schlegel vom 7.11.1798 hatte Novalis seinem Projekt auch den Namen der »Bibel« (WTB I, 673) geben können. Er reagierte damit auf die Ankündigung Schlegels: »Was mich betrifft, so ist das Ziel meiner litterarischen Projekte eine neue Bibel zu schreiben, und auf Muhameds und Luthers Fußstapfen zu wandeln« (N IV, 501). Novalis ist sehr angetan von dieser Idee und nimmt sie gleich in seinem Sinne auf: »Du schreibst von Deinem Bibelproject und ich bin auf meinem Studium der Wissenschaft überhaupt – und ihres Körpers, des *Buchs* – ebenfalls auf die Idee *der Bibel* gerathen – der Bibel – als des *Ideals jedweden* Buchs« (WTB I, 673). Die Enzyklopädistik kann folglich auch als »Universalmethode des Biblisirens« (ebd.) bezeichnet werden. Auch in den Materialien selbst, dem »Allgemeinen Brouillon«, hält er fest: »Mein Buch soll eine scientifische Bibel werden – ein reales, und ideales Muster – und Keim aller Bücher« (WTB II, 599 / N II, 363). Was Novalis hier ersichtlich aufnimmt, ist die Vorstellung der Bibel als ›Buch der Bücher‹: Wie die Bibel den Gläubigen alles Wissensnötige enthält, so die zu schreibende Enzyklopädie den Jüngern der Wissenschaft. Die Analogie kann sogar noch weitergetrieben werden: Den Gläubigen ist die Bibel, selbst da, wo sie sich nicht ausdrücklich zu etwas äußert, die ›Generationsmethode der Wahrheit‹; so soll es nach Novalis auch mit der Enzyklopädie sein. In diesem Sinne gilt: »Eine Bibel ist die höchste Aufgabe der Schriftstellerey« (WTB II, 556 / N III, 321). Man muss aber festhalten, dass Novalis zum Zwecke dieser Analogie hier einen Sinn von »Bibel« als unfehlbarem und hinreichendem Dokument des Glaubenswissens voraussetzt, den er in religiöser Hinsicht gerade ablehnt.[97]

---

[95] Vgl. nur die beiden ›Konsuln‹ der Novalis-Forschung: HANS-JOACHIM MÄHL, aaO., 353: Novalis lässt »den Plan der Enzyklopädie schließlich ganz fallen«; HERBERT UERLINGS, aaO., 195: »Völlig undarstellbar mußte in dieser theoretischen Perspektive das Ineinandergreifen aller Disziplinen und Wirklichkeitsbereiche erscheinen.«

[96] Hierfür spricht nicht zuletzt die Tatsache, dass unter Novalis' philosophischen Studien allein »Das Allgemeine Brouillon« es bisher zur Dignität einer separaten Veröffentlichung gebracht hat (Hamburg 1993).

[97] Vgl. dazu unten S. 343.

3.3. Der symboltheoretische Ertrag des Enzyklopädieprojekts

Mehr als »Materialien zur Encyclopaedistik« (WTB II, 513 / N III, 279) enthält das »Allgemeine Brouillon« nicht – und doch präsentiert dieses Buch mit
seinen 1151 Einzelnotaten eine Fülle von interessanten Einzelbeobachtungen,
nachgehenswerten Ideen und anregenden Theorieansätzen, von denen uns einige im Laufe der Arbeit noch beschäftigen werden. Anders als in den Abschnitten
zur Fragmententheorie und zur Naturphilosophie hat Novalis die symboltheoretische Valenz des Enzyklopädie-Unternehmens selbst ausdrücklich nahegelegt.
Das entscheidende Stichwort von der »Wechselrepraesentationslehre des Universums« (WTB II, 499 / N III, 266) fällt schon relativ früh und wird im weiteren
Verlauf inhaltlich angereichert. Wir wollen uns seiner Bestimmung zunächt über
einen kurzen forschungsgeschichtlichen Hinweis annähern.

Theodor Haering hat den Ausdruck »Wechselrepräsentationslehre« zum Leitfaden seiner Interpretation der Symbolphilosophie bei Novalis gewählt.[98] Haering kommt zu dem Ergebnis, dass man an dieser Lehre drei Dimensionen unterscheiden müsse: Zum einen stehen die Dinge der Welt als Repräsentationen für
das Absolute, zum anderen als Repräsentanten für einander (qua gemeinsamer
Teilhabe am Absoluten), und schließlich auch als Repräsentation für sich selbst.
Diese drei Dimensionen vollziehen in ihrem Zusammenhang nichts anderes als
die Selbstrepräsentation des Absoluten, das in dem vollständigen Wechselreprä-
sentationsnexus erscheint.

Diese Deutung ist von Hans-Joachim Mähl scharf kritisiert worden, und zwar
aus philologischen Gründen.[99] Novalis spricht an der angegebenen Stelle gar
nicht von seiner eigenen Philosophie, sondern fasst lediglich eine Lesefrucht zusammen. Mähl weist nach, dass im Hintergrund ein medizinhistorisches Werk
steht – Kurt Sprengels »Versuch einer pragmatischen Geschichte der Arzneykun-
de« (1792ff) – , aus dem Novalis sich einiges exzerpierte; hier ist konkret von der
»Magie der Perser und Chaldäer«[100] die Rede. Der philologische Nachweis ist
unbezweifelbar und, insofern sich Haering auf die »Brouillon«-Notiz Nr. 137
bezieht, aus welcher unser Zentralausdruck stammt, auch schlagend. Aber Haerings Deutung bezieht sich ja gar nicht nur auf jene Stelle, sondern versucht,
eine Hauptidee des gesamten »Allgemeinen Brouillon« zu benennen. So gibt
Mähl selbst zu, das nichts »gegen eine nachträgliche Übertragung des Begriffs
spricht«,[101] nicht zuletzt, weil Novalis, wie ausgeführt, tatsächlich eine innere
Zusammengehörigkeit der Dinge qua Analogie annimmt. Dieser analoge Ne-

---

[98] Vgl. THEODOR HAERING, Novalis als Philosoph, Stuttgart 1954, 162-194.
[99] Vgl. HANS-JOACHIM MÄHL, Novalis und Plotin. In: Jahrbuch des freien deutschen Hochstifts 1963, 139-250; hier 167f. Dieser Aufsatz, eigentlich eine kleine Monographie, spiegelt die
enorme editorische Leistung bei der Herausgabe des »Allgemeinen Brouillon« wider.
[100] AaO., 169.
[101] AaO., 168, Anm. 78.

xus ist mit dem Ausdruck »Wechselrepräsentation« nicht unzutreffend auf den Begriff gebracht. Aus der Perspektive unserer Arbeit legt sich ein ganz anderer Einwand gegen Haering nahe. Denn dieser interpretiert Novalis insgesamt, wie sich auch hier zeigt, unter dem Blickwinkel einer spekulativen Ontologie. Aber diese Interpretationsperspektive dürfte den zentralen Anliegen dessen, den sie interpretieren will, nicht gerecht werden. Denn sie stößt sich in gewissem Sinne mit dem ichtheoretischen Gesamtarrangement von Hardenbers Philosophie. In der Tat verwendet dieser gelegentlich eine ontologisierende Sprache. Das darf aber nicht darüber hinwegtäuschen, dass die Idee einer wechselseitigen Repräsentation rückgebunden wird an die Grundidee einer vermittelten Selbstbeziehung:

»Deutlich wird etwas nu[r] [du]rch Repraesentation. Man versteht eine Sache am leicht[este]n, wenn man sie repraesentirt sieht. So versteht man das Ich nur insofern es vom N[icht]I[ch] repraesentirt wird. Das N[icht]I[ch] ist das Symbol des Ich, und dient nur zum Selbstverständniß des Ich. So versteht man das N[icht]I[ch] umgekehrt, nur insofern es vom Ich repraesentirt wird, und dieses sein Symbol wird« (WTB II, 478 / N III, 246).

Der anvisierte Zusammenhang von allem mit allem ist in Wahrheit nicht ontologischer Natur, sondern vielmehr symbolischer Natur. Darin besteht der wahre Nexus: »Alles kann Symbol des Andern seyn – Symbolische Function« (WTB II, 637 / N II, 398). Wenn man diese Ausführung im Licht der Idee der Enzyklopädistik betrachtet, so wird ihre ungemeine Reichweite sichtbar: Die scheinbar heterogensten Dinge können miteinander in eine Symbolrelation gebracht werden: physische Entitäten mit psychischen Vorgängen, religiöse Sätze mit mathematischen Aussagen, und anderes mehr. Der Ort, an dem sich dies lebensweltlich niederschlägt, ist vor allem der bildliche Vergleich, angezeigt in der Regel durch die Vergleichspartikel »wie«. Wenn Eichendorff schreibt: »Wolken ziehn wie schwere Träume«, um diesen bekannten Vers hier anzuführen, so ist damit ein physisches durch ein psychisches Phänomen symbolisiert, und dieser Symbolzusammmenhang kann noch einmal zur Auslegung eines Gemütszustandes bei Rezipientin und Rezipient werden. Diese symbolische Beziehung hat ihren Beziehungsgrund nirgend anders als im beziehenden Subjekt: »Unser Geist ist ein Verbindungsglied des *völlig Ungleichen*.« (WTB II, 705 / N II, 463). Der universale Zusammenhang besteht auf symbolische Weise im Ich.

Man kann zwei Leistungen dieser Grundidee eines universalen Symbolnexus unterscheiden. Zum einen besagt sie die unbegrenzte Reichweite menschlichen Symbolisierens. Die Menschen sind in ihrer symbolisierenden Tätigkeit nur durch die Grenzen ihrer Einbildungskraft beschränkt. Auch sind sie nicht an gegebene Symbolbestände gebunden, sondern können Neues zum Symbol erheben bzw. hergebrachte Symbole in neue Relationen einstellen. Zum anderen kann der Verweisungszusammenhang, in dem das zum Symbol gemachte Etwas steht, beliebig ausgeweitet werden. Etwas kann nicht nur für etwas Konkretes anderes stehen, sondern auch für wieder anderes; im Prinzip sogar für alles. Darin liegt eine potentielle Tiefendimension des symbolischen Verweisens:

»In unserm Gemüth ist alles auf die eigenste, gefälligste und lebendigste Weise verknüpft. Die fremdesten Dinge kommen durch Einen Ort, Eine Zeit, Eine seltsame Aehnlichkeit, einen Irrthum, irgend einen Zufall zusammen. So entstehn wunderliche Einheiten und eigenthümliche Verknüpfungen – und Eins erinnert an alles – wird das Zeichen Vieler und wird selbst von vielen bezeichnet und herbeygerufen« (WTB II, 811 / N III, 650).

In allem kann der menschliche Geist ›mehr‹ sehen, als bloß vor Augen steht. Er ist im Prinzip durch nichts restringiert in seiner Tätigkeit, Sinnbeziehungen zwischen Dingen zu konstruieren. »Alles ist sich gegenseitig Symptom. Töne und Striche sind, als diejenige einfache, äußre Erscheinung, die am mannichfaltigsten gebildet, variirt und zusammengesezt werden kann, am bequemsten zur Bezeichnung des Universums« (WTB II, 619 / N III, 381).

Diese Tiefendimension des Dinges ist nun im Gegensatz zu diesem Ding selbst gerade das, was nicht vor Augen steht. Insofern ist sie das Nicht-Gegenwärtige. Vom Standpunkt eines einfachen Empirismus aus könnte man sogar sagen, dass es sie nicht ›gibt‹. Sie entsteht nur durch das Einstellen des Dinges in einen tieferen Verweisungszusammenhang, wodurch dieses Ding zum Symbol wird. Die symbolische Tiefendimension ist, erkenntnistheoretisch gesprochen, eine Fiktion: »Die ganze Repraesentation beruht auf einem Gegenwärtig machen – des Nicht Gegenwärtigen und so fort – (Wunderkraft der Fiction.)« (WTB II, 661 / N III, 421). Faßt man diese Bestimmungen zusammen, so ergibt sich, dass der produktiven Einbildungskraft als Vermögen des Fiktionalen in ihrem Schaffen von Bedeutungsräumen keine Grenzen gesetzt sind.

Novalis hat an einer Stelle seine eigene Theorie kritisch gegengelesen. Der symbolische Nexus, wenn er nicht durchschaut wird, kann durchaus eine bestimmte Konfusion zur Folge haben: »Auf Verwechslung des *Symbols* mit dem Symbolisirten – auf ihre Identisirung – auf den Glauben an wahrhafte, vollst[ändige Repraesentation [...] beruht der ganze Aberglaube und Irrthum aller Zeiten, und Völker und Individuen« (WTB II, 637 / N III, 397). Der Symbolzusammenhang kann fälschlich für einen Realzusammenhang gehalten werden. Da von »Aberglaube« die Rede ist, liegt es nahe, an religiöse Kontexte zu denken. Die Religionsgeschichte zeigt immer wieder, dass gewisse Medien des Göttlichen für dieses selbst gehalten werden und folglich eine Verehrung genießen, die ihnen bloß als Medium nicht zukäme. Die freie Lust am Symbolisieren hat also gewissermaßen harte Aufklärungsarbeit im Rücken.

Haering spannt den Bogen sicherlich zu stark, wenn er die »Wechselrepräsentationslehre« zum Schlüssel des ganzen »Allgemeinen Brouillon« erklärt. Dies Buch ist gerade aufgrund seines notwendigerweise vorläufigen Charakters viel zu facettenreich, als dass man bloß *einen* Gesichtspunkt in dieser Weise exponieren dürfte. Aber sie scheint doch der in symboltheoretischer Perspektive eigentlich ergiebige Gedanke dieses Textkonvoluts zu sein. Die Idee eines analogen Strukturzusammenhangs der einzelnen menschlichen Wissensgebiete wird reformuliert zu einer Theorie der universalen Reichweite menschlichen Symbolisierens und der potentiellen Unausschöpflichkeit des Symbols auf ichtheoretischer Grundlage.

E. Der Ansatz der Ästhetik von Novalis

Die romantische Ästhetik hat sich sowohl in Kunstwerken wie in einer Fülle kunsttheoretischer Reflexionen niedergeschlagen; und es existiert eine alte, bis heute unentschiedene Debatte darüber, auf welcher der beiden Seiten sie eigentlich mehr geleistet hat. Diese Debatte hat ihrerseits die schwierige Frage zur Voraussetzung, welche Autorinnen und Auoren denn eigentlich zur Romantik zu zählen seien,[1] was wiederum einen Begriff davon zumindest impliziert, was als ›das Romantische‹ zu gelten hat. Es macht etwa einen großen Unterschied in der Betrachtung aus, ob man die »Romantik« als literarische Bewegung der »Klassik«, oder als philosophische Richtung der »Aufklärung« gegenüberstellt. Besteht nun hinsichtlich Novalis' zwar keine Unentschiedenheit über seine Einordnung, so ist er in seiner Existenz als Ausübender eines bürgerlichen Berufs, als philosophisch-ästhetischer Reflekteur und als Dichter geradezu der Brennpunkt jener Debatten.

Einigkeit besteht hingegen weithin betreffs der These, dass sich mit der Romantik eine ganz neue Auffasung von Kunst etabliert, welche zum Teil noch zu jener Zeit, zur Gänze aber erst in den kommenden Jahrzehnten oder gar Jahrhunderten ihre Wirkung zeitigt. Nun ist jede Ästhetik in gewisser Weise davon beeinflusst, mit welcher Kunstform sie sich – ausgesprochen oder unausgesprochen – in erster Linie beschäftigt. Dies ist bei der Romantik, zumindest im Umkreis der so genannten Jenaer Frühromantik, ohne Zweifel die Literatur. Man kann unter einer Nahoptik die Romantik zunächst als eine Bewegung interpretieren, welche die vielfältigen Absetzbewegungen des späten 18. Jahrhunderts gegenüber der Poetik der Aufklärung mitvollzieht und dabei deren Einsprüche noch einschneidender formuliert. Bei einem solchen Vorgehen zeigt sich jedoch, dass sich – darunter verborgen – ein sehr viel tiefergehender Epochenbruch artikuliert, welcher ohne Übertreibung die Grundprinzipien der abendländischen Kunstauffassung überhaupt tangiert. Kein solcher Epochenbruch entsteht gleichsam aus dem Nichts und wird nur von ›großen Einzelnen‹ bewirkt, und doch ist sinnvoll, ihn an einzelnen Gestalten paradigmatisch zu erläutern. Im ersten Ab-

---

[1] GERHARD SCHULZ, Geschichte der deutschen Literatur 1789-1806, München 2000, 69-80, gibt einen Überblick über die methodischen Schwierigkeiten und macht besonders auf den Umstand aufmerksam, dass außerhalb Deutschlands oft auch Goethe, Schiller oder Heine zu den Romantikern gezählt werden, vgl. 70.

schnitt ist also zu zeigen, dass und wie Novalis auf diesen Epochenbruch reagiert, wie er sich in seinem Werk widerspiegelt. Der zweite Abschnitt wird sich mit den neuen ästhetischen Grundbegriffen beschäftigen. Es wird zu zeigen sein, dass der Begriff des Symbols als genuin ästhetischer Leitbegriff zu stehen kommt. Im dritten Abschnitt soll versucht werden, die Auswirkungen dieser neuen Prinzipien auf die Theorie der Gattungen zu untersuchen. Der künstlerischen Existenz von Novalis entsprechend wird dabei die Literatur im Vordergrund stehen; andere Künste werden eher beiläufig angesprochen. Dabei will ich die Gründe dafür angeben, warum es vor allem die romantische Theorie des modernen Romans ist, welche die neue ästhetische Grundorientierung einlöst.

1. Der romantische Reflex auf den ästhetischen Epochenbruch

Die führenden Frühromantiker sind allesamt in der Gedankenwelt der deutschen Aufklärung großgeworden. Gleichzeitig fehlte es ihnen nicht – am wenigsten Friedrich Schlegel – an dem Bewusstsein, in einer Zeit der Umwälzungen zu leben und diese selbst voranzutreiben. Es ist aber weniger das gelegentlich sich artikulierende avantgardistische Gruppengefühl Beleg für den sich tatsächlich vollziehenden Epochenwandel der ästhetischen Ansichten. Vielmehr ist es die begriffliche und künstlerisch-praktische Auseinandersetzung mit den überkommenen Theorien in den Studienheften und literarischen Texten, auf welche sich das Augenmerk zu richten hat. Unmittelbar reagieren die Frühromantiker auf die literarischen Strömungen ihrer Zeit, und doch reicht das dort Erarbeitete über diese Auseinandersetzung weit hinaus. Es wäre grundsätzlich möglich, die kunsttheoretische Debatte allein hinsichtlich ihrer systematischen Gesichtspunkte darzustellen. Doch soll zunächst eine knappe Verortung der Frühromantik im poetischen Diskurs des 18. Jahrhunderts versucht werden, der gleichsam als Phänotyp der ästhetischen Grundlagendebatte verstanden werden kann. Die Frühromantik kann in vielerlei Hinsicht an programmatische Errungenschaften dieser Debatte anknüpfen. Danach sollen in zwei ausführlichen Unterabschnitten die Abkehr vom Ideal der Naturnachahmung und die Relativierung des Begriffs des Schönen besprochen werden. Erst die Berücksichtigung aller dreier Gesichtspunkte, so meine These, lässt das Proprium der frühromantischen Ästhetik und ihren epochalen Charakter erkennen.

1.1. Die Romantik als literarische Bewegung des 18. Jahrhunderts

Die literarische Romantik steht nicht nur im rein chronologischen Sinne am Ende des 18. Jahrhunderts. Sie steht auch am Ende gewisser poetologischer Umschwünge, die sich in der zweiten Hälfte dieses Säkulums ausgebildet hatten und an die die Romantik direkt anknüpfen konnte. Sieht es auf den ersten Blick so

aus, als habe man erst und allein der Romantik den Bruch mit der Regelpoetik zuzuschreiben, so zeigt sich bei näherem Hinsehen, dass hier die sechziger
bis achtziger Jahre schon beträchtlich vorgebaut hatten. Die Welt, in der die
Hardenbergs, die Schlegels aufwuchsen, war nicht nur von den alten Sprachen
bestimmt, mit denen ein Großteil der Schulbildung bestritten wurde, sondern
auch – zumal bei solch emphatisch zeitgenössisch gesinnten Gemütern – von
den literarischen Szenen jener Zeit. Novalis zeigte schon als Jugendlicher eine
erstaunliche Belesenheit in der Literatur seiner Gegenwart. Die wertende literaturgeschichtliche Rückschau von heute darf nicht übersehen lassen, dass keineswegs Lessing, Goethe und Schiller allein das literarische Spektrum ausmachten,
und das gilt für Novalis in besonderer Weise: Die Helden seiner Schülerzeit waren vor allem Gottfried August Bürger, Christoph Martin Wieland – mit beiden
war er auch persönlich bekannt – und Klopstock, an denen wie an zahlreichen
anderen Dichtern zwischen Sturm und Drang und literarischem Rokoko er seine Jugendlyrik orientiert. So steht er von Jugend an, ohne darauf zu reflektieren,
bereits in den poetologischen Auseinandersetzungen seiner Zeit. Diese seien hier
an drei Hauptthemen nur kurz skizziert. Zur Kontrastierung seien jeweils Passagen aus dem berühmt-berüchtigten Werk »Versuch einer critischen Dichtkunst
vor die Deutschen« von Johann Christoph Gottsched vorangestellt:[2] nicht, weil
der erbitterte Streit um dieses Buch zu Novalis' Zeiten noch geführt worden
wäre,[3] sondern weil in ihm der Geist der aufgeklärten Regelpoetik zugleich zu
sich selbst und an seine Grenzen gekommen ist. An drei Themen verdichtet
sich die Auseinandersetzung: Erstens an dem Grundsatz der Wahrscheinlichkeit
(a), zweitens an der Frage nach der Funktionsbestimmung von Literatur (b) und
drittens an dem Konflikt um die Antike als Norm gegenwärtiger Literatur (c).

a) Zu den zentralen Aufbauprinzipien der aufgeklärten Poetologie gehört
der Grundsatz der *Wahrscheinlichkeit*. Obwohl dieser Grundsatz bei Gottsched
scheinbar nur einer unter mehreren Themen ist, die er im ersten Hauptteil seiner Poetik vorstellt, regiert er doch in Wahrheit als eine Art Meta-Kriterium.
So wird etwa im fünften Hauptstück, in dem Gottsched »von dem Wunderbaren in der Poesie« handelt, dessen Einsatz genau in dem Maße für legitim
erachtet, als es noch als wahrscheinlich gelten kann (175.181). Unter Wahrscheinlichkeit versteht Gottsched generell »die Aehnlichkeit des Erdichteten,
mit dem, was wirklich zu geschehen pflegt« (198). Gottsched bindet das Fiktionale streng an die Realität an, nicht nur in dem Sinne, dass in aller Fiktion

---

[2] Hier zitiert nach dem in Hildesheim 1962 erschienenen Neudruck der 4. Auflage von 1751.
Die Seitenzahlen im Text dieses Teilabschnitts sind aus diesem Buch.

[3] Zu den gewichtigsten Antipoden Gottscheds gehörten die Schweizer Bodmer und Breitinger, Georg Friedrich Meier und später auch Lessing. Gottsched bemerkt zu den vielfältigen
Angriffen auf sein Buch im Vorwort zur 4. Auflage von 1751: »Und meine Dichtkunst lebet
noch! [. . .] Man schien nicht ermüden oder aufhören zu wollen, bis man meine arme Dichtkunst mit Strumpf [sic!] und Stiel ausgerottet hätte.«

auch Spuren des Realen zu finden wären, sondern dass das Reale zugleich als
Kriterium der Fiktion fungiert. Es ist interessant zu sehen, wie er diesen Grundsatz selbst im sechsten Hauptstück spezifiziert. Zum einen ermöglicht er eine
Historisierung: Was heutzutage unwahrscheinlich ist, kann doch früheren Zeiten als wahrscheinlich gegolten haben, etwa das Eingreifen von Göttern. Ferner
sieht er, dass die Erzählführung gelegentlich eine Fokussierung auf den gerade
wesentlichen Handlungsstrang verlangt, was zu gewissen Ungereimtheiten führen kann. Drittens kann eine an sich unglaubwürdige Angelegenheit dadurch
wahrscheinlich werden, dass sie in einen ihr gemäßen Zusammenhang eingestellt wird. Der vierte Punkt ist besonders wichtig, denn er betrifft die Fabel,
eine wegen ihres moralischen Gehalts von der Aufklärung besonders geschätzte
Literaturgattung: Dass Tiere sprechen und andere eher menschliche Wesenszüge
zeigen, wird durch einen besonders gewieften Kunstgriff gerechtfertigt: die »bedingte« (199) Wahrscheinlichkeit. Gottsched unterläuft hier bereits sein eigenes
Prinzip, aber unter Rückgriff auf eine Denkfigur von Leibniz vermag er es noch
einmal zu retten: Es ist nämlich, so Gottsched, nicht an sich unwahrscheinlich,
dass Tiere sprechen, sondern nur in unserer Welt. Diese ist aber nicht die einzig
denkbare Welt. Dächte man sich nun eine solche, in der Tiere sprechen könnten,
wogegen nichts spräche, wenn Gott sie etwa so gemacht hätte, so liefe alsdann
beispielsweise in den Fabeln des Äsop alles nach der größten Wahrscheinlichkeit
ab.

Mindestens drei Gründe erwiesen dem späteren 18. Jahrhundert die gänzliche Untauglichkeit dieses Grundsatzes. Zum einen wird das Kriterium gar nicht
wirklich durchgehalten, seine Gültigkeit kann nur durch seine partielle Einschränkung behauptet werden. Zum zweiten führt es sich selbst ad absurdum,
wenn Klassiker und zeitgenössische Spitzenprodukte ihm sich nicht fügen: Gottsched tadelt die an sich von ihm geschätzten Homer, Vergil und anderen, weil
sie allzu oft gegen diesen Grundsatz verstoßen; über andere, wie Dante, Milton
oder Klopstock wird gänzlich der Stab gebrochen. Dieses Urteil musste einer
unbefangenen Lektüre, um das Mindeste zu sagen, konsequenzlerisch vorkommen. Drittens schließlich zeigte sich, dass die neueste Literatur, vor allem der
englische Roman (Laurence Sterne und andere), einfach unter diesem Grundsatz hinwegschrieb, in Deutschland aber begeistert aufgenommen wurde.

Was Novalis angeht, so darf man konstatieren, dass für ihn diese Auseinandersetzung bereits entschieden ist und deshalb in seinem Werk auch nicht geführt wird. Die einzige Stelle, an der überhaupt nur der Ausdruck »Das Wahrscheinliche« auftaucht, ist eine von Novalis formulierte Überschrift über dem
Athenäums-Fragment mit der Nr. 74,[4] welches jenem Grundsatz einen »ver-
derbten Sprachgebrauch« attestiert.[5] Worum es ihm eigentlich ging, ist in Wahr-

---

[4] Vgl. N II, 629.
[5] Ath. I, Heft 2, 195.

heit die Kategorie der »Möglichkeit«, weil nämlich, was »wahr scheint, darum auch nicht im kleinsten Grade wahr zu seyn« braucht. Damit wird aber die Kriterienfunktion des Realen im Grunde hinfällig, eine ›Wahrscheinlichkeit‹ kann nur binnenfiktional konstatiert werden. Es bedarf keines besonderen Nachweises, dass Novalis' literarisches Schaffen aus der Sicht Gottscheds ein einziger Regelverstoß gewesen wäre. Das Wahrscheinliche ist als Konstruktions- oder Bewertungsprinzip der Literatur verabschiedet. Das bedeutet nicht, dass das Unwahrscheinliche seinerseits zu einem Gütesiegel, einem Wert an sich würde. Literatur unterliegt Aufbaugesetzen, welche nicht primär an der Frage orientiert sind, wie wahrscheinlich die in ihr vorkommenden Inhalte sind.

b) Ein zweiter Punkt betrifft die Funktionsbestimmung von Literatur.[6] Nach Gottsched hat Poesie darin ihre ureigene Leistung, dass sie zugleich »lehrt und belustiget« (167). Ihr zentrales Anliegen ist moralischer Natur; ihr Gehalt lässt sich im Prinzip auch als ein moralischer Lehrsatz, der aus der Sittenlehre entlehnt ist, darstellen. Nur hat Literatur den Vorzug, ihn auf anschauliche Weise exemplifizieren zu können. Sie kann daher »eine nützliche moralische Wahrheit« (150) auch denjenigen einsichtig machen, welchen die abstrakten ethischen Darlegungen als zu hoch erscheinen. Gottsched steht hier in einer Tradition, welche den berühmten Satz des Horaz, »aut prodesse volunt aut delectare poetae«,[7] als allgemeine Funktionsbestimmung der Kunst, und zwar mit einem Finalitätsgefälle verstanden wissen will: Die Kunst erfreut, um auf diese Weise nützen, nämlich moralisch belehren zu können.[8]

Das Verhältnis von Kunst und Moral gehört zu den bewegenden Themen des 18. Jahrhunderts. In den Fluss gerät ihre Beziehung bereits bei Lessing, dessen Katharsis-Lehre sich nicht an der Vermittlung einzelner Lehren, sondern eher an der Stärkung des ethischen Bewusstseins im Ganzen orientiert.[9] Die Bewegung des Sturm und Drang optiert für eine ganz andere Funktionsbestimmung der Literatur: Sie ist vor allem dafür da, dem beengten Herzen Luft zu machen, soll also Darstellung des bewegten Gemüts sein, welches das Recht der subjektiven Empfindung gegen überkommene Rechts- und Moralvorstellungen geltend macht, was selbst einen moralischen Anspruch darstellt. Das »delectare« und das »prodesse« im klassizistischen Sinne stützen einander nicht mehr wechselseitig.

---

[6] Vgl. WOLFGANG ULLRICH, Art. Kunst. In: Ästhetische Grundbegriffe, Bd. 3 (2001), 581–584.

[7] HORAZ, De arte poetica liber, V, 333. Sämtliche Werke. Lateinisch und deutsch, hg. von Hans Färber, München / Zürich 1985, 562. Diese Ausgabe übersetzt »prodesse« mit »sinnbelebend wirken«. Vermutlich ist das »aut aut« von Horaz als Alternative gemeint.

[8] Gottsched übersetzt den entsprechenden Vers: »Entweder ein Poet sucht Nutzen oder Lust«, 51, und kommentiert: »Nutzen, das ist, sie klüger und tugendhafter zu machen«; 50.

[9] Vgl. etwa GOTTHOLD EPHRAIM LESSING, Hamburgische Dramaturgie, 74.–78. Stück. In: Lessing, Werke IV, Darmstadt 1996, 574–596, besonders 595: Die Katharsis bestehe »in der Verwandlung der Leidenschaften in tugendhafte Fertigkeiten«. Die Reinigung bewirke das von Aristoteles geforderte Maß zwischen den Extremen, in dem die Tugend besteht.

So kann dann auch ein Selbstmörder, wie Goethes Werther, zu einer literarischen Figur von Rang werden. Gattungspoetisch zeigt sich diese Option in der Aufnahme des englischen Briefromans, oder in der Lyrik in der Propagierung des freien Rhythmus sowie der Relativierung des Reims, so etwa bei Klopstock oder dem frühen Goethe.

Die Romantik steht an einem gewissen Ende dieser Entwicklung mit ihrer Proklamation einer Autonomie der Kunst.[10] Sie tritt zur Moral in das Verhältnis eines Gegenüber; beide Sphären müssen nicht beziehungslos nebeneinander stehen, doch sind funktionale Zuordnungen in die eine wie in die andere Richtung Beeinträchtigungen des jeweiligen Eigenrechts. Literatur hat es mit Erlebnisqualitäten ganz eigener Art zu tun, welche die Frage nach der Moralität des Inhalts als einen ihr zunächst einmal äußerlichen Gesichtspunkt behandelt. Paradigmatisch kann hier Novalis' Einschätzung der Fabel angeführt werden (N II, 570-572 / WTB II, 359-361). Über sie wird geurteilt: »Zur schönen Kunst gehört sie nicht.« (571 / 359) Der Lehrsatz gibt sich »zudringlich zu erkennen« (571 / 360). Die Fabel gehört deshalb bloß zu den Vorstufen des eigentlich Künstlerischen. Das bedeutet nicht, dass Kunst für das menschliche Leben schlechthin funktionslos würde, nur übernimmt sie eben Funktionen, die sich durch keine andere Sphäre des menschlichen Geistes ersetzen lassen.

c) Für die Poetik der Aufklärung ist noch völlig selbstverständlich, dass die griechische und römische Antike als ästhetische Norm zu fungieren hat. Für Gottsched ging diese Rolle so weit, dass er statt einer Einleitung seiner »Critischen Dichtkunst« eine Übersetzung von Horazens Traktat »Ars poetica« voranstellte. Hier hatte das 18. Jahrhundert am schwersten zu kämpfen, zumal Johann Joachim Winckelmann dieses Dogma noch befestigte. Zur Relativierung dieses Leitbildes trug weniger die Orientierung an der Renaissance bei, hatte diese sich doch selbst als wiedergeborene Antike verstanden. Wichtigster Faktor dürfte die Rezeption der Dramen Shakespeares in Deutschland gewesen sein.[11] Lessings Einspruch gegen das aufgeklärte Drama seiner Zeit ist bereits weitgehend durch die Hochschätzung Shakespeares motiviert. Dieser wird dabei als derjenige stilisiert, in dem sich das Kunstgenie selbst, ohne Kenntnis der antiken Vorbilder, Bahn bricht, während das klassische französische Drama in seiner formelhaften Nachahmung der ›Alten‹ steckenbleibt. Für den jungen Goethe wird Shakespeare geradezu zum Propheten des Sturm und Drang.[12] Ferner darf erneut an die

---

[10] Zu einer systemtheoretischen Interpretation dieses Gedankens vgl. GERHARD PLUMPE, Epochen moderner Literatur, Opladen 1995, 72-104, der unter »Autonomie« im Anschluss an Niklas Luhmann die »Ausdifferenzierung einer spezifischen Kommunikationskonvention mittels eines besonderen Codes« (72) versteht.

[11] Vgl. KLAUS PETER STEIGER, Die Geschichte der Shakespeare-Rezeption, Stuttgart / Berlin 1987.

[12] JOHANN W. GOETHE, Zum Shakespears Tag (1771), JA VI, 187-190, beschreibt dessen Wirkung so: »Ich zweifelte keinen Augenblick dem regelmäßigen Theater zu entsagen.« (188)

Rezeption des englischen Romans erinnert werden, der sich ebenfalls nicht an antiken Vorbildern orientiert.

Schließlich wäre noch das erwachende Interesse an der Kunst des Mittelalters und der frühen Neuzeit anzuführen: Die Schlegels schwärmen für Dante, Calderon und Cervantes, Wackenroder lässt seinen »Klosterbruder« ebenso wie Tieck seinen »Franz Sternbald« in einer mittelalterlich anmutenden Umgebung auftreten. Der Versuch des mittleren Goethe, hier die Verhältnisse noch einmal einseitig zugunsten der Antike zu verschieben,[13] ist das beste Indiz für den Umschwung im Zeitgeschmack. Friedrich Schlegel, der sich anfänglich noch an einer emphatischen Verteidigung der griechischen Kunst versucht hatte, nimmt in seinem großen Aufsatz »Vom Studium der griechischen Poesie« (1795 / 96), der zum Großteil bereits eine Theorie der modernen Literatur enthält, in gewisser Weise bereits Abschied von seinen umfänglichen Antike-Studien, die er zuvor betrieben hatte; künftig sind ihm andere Themen näher.

In diese Reihe gehört auch Novalis. Nach der Schulzeit findet sich keinerlei ungebrochene Bezugnahme auf die Antike mehr. Ein »Brief über die Antiken«, den er nach dem gemeinsamen Besuch der Romantiker bei der Dresdener Gemäldegalerie plant, wird, wie er in einem Brief an Caroline Schlegel vom 9.9.1798 mitteilt, »umgeschmolzen« (WTB I, 671) zu Studien über Kunst im allgemeinen, welche lapidar feststellen: »Wir sind aus der Zeit allgemein geltender *Formen* heraus« (WTB II, 422 / N II, 649). Die Betrachtung antiker Kunstwerke gibt vielleicht noch Anlass zu allerlei ästhetischen Erörterungen, das Studium der antiken Literatur mag nach wie vor bilden: Von einer Leitfunktion kann aber keine Rede mehr sein.

1.2. Die Verabschiedung des Ideals der Naturnachahmung

Die vorherigen Ausführungen haben drei wichtige Tendenzen erläutert, welche die literaturgeschichtliche Entwicklung des 18. Jahrhunderts prägten und welche in der Romantik zusammenfließen. Es stellt sich die Frage, ob es einen Grund dafür gibt, dass diese Tendenzen ausgerechnet in dem besprochenen Zeitraum auftreten. Ein solcher Grund lässt sich in der Tat angeben. Er liegt darin, dass das 18. Jahrhundert beginnt, sich von der altehrwürdigen Bestimmung, das Wesen der Kunst bestehe in der Nachahmung, langsam aber sicher zu lösen. Noch für Gottsched stand es zweifelsfrei fest, dass »das Wesen der ganzen Poesie« in der »Nachahmung der Natur«[14] bestehe. Jahrzehnte später, Ende März 1800, schreibt Novalis an seinen ihn in Sachen Poesie um Rat fragenden Bruder Karl: »Ja keine Nachahmung der Natur. Die Poesie ist durchaus das Gegenteil« (WTB I, 737).

---

[13] Einleitung in die ›Propyläen‹ (1798), Werke VI, 216–231. Programmatisch für diese neue Zeitschrift sollte sein, »daß wir uns so wenig als möglich vom klassischen Boden entfernen« (217).

[14] JOHANN CHRISTOPH GOTTSCHED, aaO., 142.

Novalis gehört also zu denen, die sich von dem Grundsatz der Nachahmung vollständig abgewandt haben. Führt man sich vor Augen, dass es seit Platon und Aristoteles bis ins 18. Jahrhundert als schlechthin gewiss galt, dass das Wesen der Kunst in der »Mimesis« bestehe, so kann man die Verabschiedung dieser Definition, die sich gegen Ende des 18. Jahrhunderts anbahnte und sich seither vollständig durchgesetzt hat, nicht anders als einen Epochenbruch bezeichnen.

Bevor die Fundamentalkritik von Novalis am Nachahmungs-Gedanken zur Sprache kommt, soll gerafft dargestellt werden, was unter dem Prinzip der »Mimesis« verstanden werden und warum es dermaßen in Misskredit geraten konnte. Die Auffassung, dass das Wesen der Kunst in der Mimesis bestehe, geht auf die griechische Antike zurück. Platon und Aristoteles, die sie beide vertreten, beziehen sich ihrerseits bereits auf eine ältere Tradition. Die Bezeichnung der Kunst als Mimesis hat ihren Ursprung in tänzerischen Darstellungen, vermutlich ursprünglich des Kulttanzes.[15] Die sprachgeschichtliche Entwicklung zeitigt dann eine Ausweitung zunächst auf musikalische, dann auf sprachliche und schließlich auch auf malerische Darstellungen; daneben gibt es auch noch Verwendungen im nicht-künstlerischen Bereich. Es ist interessant, dass in den beiden wichtigsten Texten, Platons »Politeia« und Aristoteles' »Poetik«, das Attribut, Kunst sei Mimesis *der Natur*, nicht vorkommt; diese Wortfügung entstammt vielmehr dem Bereich des Handwerks.

Bei weitem die meisten grammatischen Objekte, die das Verb *mimeisthai* mit sich führt, sind nicht-sinnlicher Natur. Bereits aus diesem Umstand erhellt, dass die Übersetzung »Nachahmung« für die griechische Antike in aller Regel unangemessen ist. Die neuere Forschung hat vorgeschlagen, »bildhafte Darstellung« als Grundsinn von »Mimesis« bei Platon anzunehmen.[16] Gegenstand der Mimesis sind vor allem Charaktere und Handlungen, es können aber auch Vorstellungen von Gegenständen sein. Die Hervorhebung der Konnotation ›Nachahmung‹, die durchaus möglich ist, tritt erst Jahrhunderte später in den Vordergrund, als das Zentrum der kunsttheoretischen Diskussion sich in den lateinischen Sprachraum verlagert. Allerdings ist auch »Imitatio« keineswegs auf die Bedeutung »Nachahmung« festgelegt. Der Grund ist wohl darin zu suchen, dass die wirkmächtige »Ars Poetica« des Horaz die Parole ausgab, hohe Kunst habe die Werke der Alten nachzuahmen.

Die Festlegung, Kunst sei Nachahmung der Natur, kommt erst im Mittelalter zum Durchbruch. Da die »Poetik« des Aristoteles während dieser Zeit weitgehend unbekannt war, bezog man den Nachahmungsgrundsatz, der in der Rhetorik nunmehr einen festen Stand hatte, eher auf eine Stelle aus dessen »Physik«: »Das Herstellen (*techne*) bringt Gebilde der Natur teils zum Abschluss, näm-

---

[15] Vgl. Hermann Koller, Mimesis in der Antike, Bern 1954.
[16] Maria Kardaun, Der Mimesisbegriff in der griechischen Antike, Amsterdam 1993, 66; vgl. 43–67.

lich dort, wo sie die Natur selbst nicht zu einem Abschluss zu bringen vermag; teils bildet es sie nach (*mimeitai*).« (Phys. II / 8, 199a) Doch wurde der Grundsatz »Ars imitatur naturam« inhaltlich oft mit einem Rückgriff auf platonische Schönheitsideale ausgelegt. »Nachahmung der Natur« bedeutet zumeist »eine Parallelisierung der Verfahrensweise von eidetisch-teleologisch gedachter Natur und menschlichem *artifex*.«[17] Kunst ist Nachbildung der Produktivität der Natur.

Eine wichtige begriffsgeschichtliche Station markiert die Wiederentdeckung der »Poetik« von Aristoteles in der Renaissance. Von den bis dahin erarbeiteten Voraussetzungen her wird Aristoteles als Ästhetiker der Nachahmung interpretiert;[18] eine Sicht, die sich bis ins 19. Jahrhundert hinein hielt und die bis heute nicht überwunden ist.[19] Im Rahmen der entschlossenen Zuwendung zur Welt als der guten Schöpfung Gottes konnte man meinen, durch eine möglichst wirklichkeitsgetreue Wiedergabe jenem Grundsatz Genüge zu tun. Mit dieser Interpretation verband sich dann die Aufgabe, die Natur allererst wirklich zu studieren. Exemplarisch für diese Auffassung mag die Vorgehensweise Leonardo da Vincis stehen, der zum Zwecke gelungener Malerei geradezu ein naturwissenschaftliches Studium auf sich nahm.[20] Die Prämisse, unter der diese Auffassung freilich steht, bleibt die der göttlichen Herkunft der Natur und ihres Zusammenhangs. Daher findet in der Kunst zugleich eine planmäßige Idealisierung der Natur statt.

Keine dieser drei idealtypischen Auffassungen – Kunst als bildhafte Darstellung von Charakteren, Handlungen oder Vorstellungen; Kunst als auf Natur angewiesene Nachahmung des Schöpfertriebes; Kunst als idealisierende Wiedergabe des Wirklichen, dem Ort der Realisierung göttlicher Schönheit – ist jedoch diejenige, welche den Hass des späten 18. Jahrhunderts auf sich gezogen hat. Dieser trifft ausschließlich die Aristoteles-Rezeption des französischen Klassizismus und dessen Aufnahme in Deutschland. Als das Haupt dieser Richtung gilt Nicolas Boileau-Despréaux (1636-1711), der unter anderem von Gottsched stark rezipiert wurde. Wir halten uns hier aber an dessen Nachfolger Charles Batteux (1713-1780), und zwar aus drei Gründen: Erstens bringt dessen Hauptwerk »Les beaux-arts reduits à un même principe« (1748) die Intention dieser Schulrichtung in Sachen »Nachahmung« am besten zum Ausdruck. Zweitens reicht

---

[17] Vgl. KURT FLASCH, Ars imitatur naturam. Platonischer Naturbegriff und mittelalterliche Philosophie der Kunst. In: Kurt Flasch (Hg.), Parusia, Freiburg 1965, 265–306, hier 304.

[18] Vgl. ARBOGAST SCHMITT, Mimesis bei Aristoteles und in den Poetikkommentaren der Renaissance. In: Andreas Kablitz (Hg.), Mimesis und Simulation, Freiburg 1998, 17–53.

[19] Ein neuerer Herausgeber der »Poetik« übersetzt »Mimesis« weiterhin unverdrossen mit »Nachahmung«, ohne in seinem ausführlichen Nachwort diesen Umstand zu kommentieren; vgl. MANFRED FUHRMANN, Nachwort. In: Ders. (Übers. und Hg.), Aristoteles: Poetik, Stuttgart 1994, 144–178.

[20] Vgl. GÖTZ POCHAT, Geschichte der Ästhetik und Kunsttheorie, Köln 1986, 249–256, der besonders auf die Überlegungen zum Zusammenhang von Wirklichkeitstreue und Bildperspektive hinweist.

die intensive Debatte, die gerade in Deutschland um dieses Buch geführt wurde, bis hart an den romantischen Aufbruch heran. Und drittens gibt es eine biographische Verbindungslinie, da eine kritische Übersetzung des Werks von Johann Adolf Schlegel, dem Vater der beiden Frühromantiker, angefertigt wurde.[21]

Batteux' erklärtes Ziel ist es, die Menge der poetologischen Regeln zu minimieren und auf genau einen Grundsatz zurückzuführen. »Alle Regeln sind Zweige, die insgesammt aus einem einzigen Stamme hervorsprossen.«[22] Als dieser Grundsatz gilt ihm das Prinzip der Nachahmung: Das Genie, so frei es an sich ist, steht doch unter einer prinzipiellen Grenze: Es kann die Natur zum einen »nicht erschaffen« (26), denn dies kann nur Gott. Es »soll sie auch nicht vernichten« (ebd.), was soviel bedeutet wie: über die Grenzen dessen, was möglich ist, hinausgehen. Es »kann demnach weiter nichts thun, als daß es ihr nachgeht, und sie nachahmt; und folglich kann es nichts, als Nachahmungen, hervorbringen.« (ebd.) Dieser Grundsatz erhält nun den Status eines Prinzips im strengen Sinne, das heißt, er hat systemtragenden Charakter und ist überdies dazu geeignet, dass durch Deduktion und Einteilung aus ihm das Ganze der ›schönen Künste‹ abgeleitet werden kann. Der Ableitung der verschiedenen Kunstarten – Batteux bespricht Dichtkunst, Malerei, Musik und Tanzkunst – und ihrer Gattungen ist der größte Teil seines Buches gewidmet (150-417).

Die inhaltliche Füllung des Prinzips der Nachahmung der Natur hängt davon ab, was unter der »Natur« verstanden wird. Hier zeigt sich, dass Natur für Batteux nicht einfach der Inbegriff des Gegebenen ist, und dass er also keineswegs einer bloßen Abschilderung von Gegebenem das Wort reden möchte. Dies war die Verfassung der Kunst bei ihren menschheitsgeschichtlichen Anfängen: Sie brachte bereits Kunstwerke hervor, aber das waren »plumpe Nachahmungen und zwar einer Natur, die selbst plump war.« (85) Will man hingegen das eigentliche Objekt der Nachahmung erreichen, so wird man

»nicht die Natur knechtisch nachbilden dürfen, sondern die Gegenstände und Züge wählen, und sie in aller der Vollkommenheit darstellen müssen, deren dieselben fähig sind; mit einem Worte, daß man solche Nachahmungen von ihnen erwarte, wo man die Natur nicht so, wie sie an sich ist, sondern so erblickt, wie sie seyn kann«. (39)

Das Ideal der Vollkommenheit darf hier aber nicht im Sinne eines Wertungsbegriffs verstanden werden, sondern es wird alsbald dahingehend ausgelegt, dass unter ihm das Typische, das Allgemeine unter Absehung von Individuellen zu verstehen ist. Es meint also keine Idealisierung, sondern eine Typisierung, wie Batteux an der Komödie »Der Menschenfeind« von Molière exemplifiziert:

---

[21] Vgl. Manfred Schenker, Charles Batteux und seine Nachahmungstheorie in Deutschland, Leipzig 1909.

[22] Charles Batteux, Einschränkung der schönen Künste auf einen einzigen Grundsatz, deutsch von Johann Adolf Schlegel (1758), Hildesheim 1976, 3. Alle weiteren Seitenzahlen in den folgenden Passagen beziehen sich auf diese Ausgabe.

»Da Moliere die Menschenfeindschaft schildern wollte, so suchte er nicht in Paris ein Original auf, dessen genauer Abdruck seine Komödie seyn möchte; dadurch würde er nur eine Geschichte, nur ein Porträt verfertigt haben; es würde nur ein unvollständiger, halber Unterricht gewesen seyn. Aber er sammelte alle Züge eines mürrischen Wesens, die er an den Menschen bemerkt haben konnte; hierzu that er alles das, was ihm nur sein arbeitendes Genie in dieser Materie an die Hand zu geben vermochte; und aus allen diesen enge zusammengehäuften und wohl zusammengeordneten Zügen bildete er sich einen Charakter, der in seiner Art der Einzige war; eine Vorstellung, nicht des Wahren, sondern des Wahrscheinlichen.« (49)

Für diese Verfahrensweise glaubt sich Batteux auf Aristoteles berufen zu können (vgl. 38f.), und zwar auf jene berühmte Stelle aus der Poetik: »Daher ist Dichtung etwas Philosophischeres und Ernsthafteres als Geschichtsschreibung; denn die Dichtung teilt mehr das Allgemeine (*ta katholou*), die Geschichtsschreibung hingegen das je Einzelne mit.«[23] Batteux steht hier in der seit der Renaissance gültigen Tradition, unter dem »Allgemeinen« die typisierende ›Natur der Dinge‹ zu verstehen.[24] Regelhafte Kunstlehre und als Ort des Allgemeinen verstandene Natur bedingen einander wechselseitig.

Batteux hat mit seinem Werk nicht nur eine Lehre dessen schreiben wollen, was angehende Künstler bei der Produktion zu beachten hätten, sondern zugleich eine Geschmackslehre. Der Geschmack fungiert bei ihm analog zu der Rolle des Verstandes: Was dieser in den Wissenschaften bedeutet, bedeutet jener in der Kunst, nämlich »eine Leichtigkeit das Gute, das Schlechte, das Mittelmäßige zu empfinden, und zuverläßig zu unterscheiden« (75). Gehört diese Definition einerseits ganz in die Tradition der französischen Klassik, welche die Analyse des *bon goût* zu ihren Standardaufgaben zählte, so ist das Adverbium »zuverlässig« hier das entscheidende Stichwort, denn es besagt, dass auch der Geschmack seine ausweisbaren Richtigkeiten kennt. Er hat wie die Produktion an der schönen Natur sein Kriterium: »So muß auch der Geschmack, der über die Werke des Genies urteilt, sich durch nichts, als durch die glückliche Nachahmung der schönen Natur, befriedigen lassen.« (70). Der Geschmack ist zwar eine Größe der Empfindung, was aber nicht bedeutet, dass sein Urteil sich nicht nachträglich am Maßstab des Gelungenseins der Nachahmung ausweisen ließe.

Versucht man, die hier an Batteux erarbeiteten Merkmale des Begriffs der Nachahmung – die man ganz ähnlich auch an Gottsched hätte zusammenstellen können – zu bündeln, so lässt sich dreierlei in Thesen festhalten:

1.) Kunst als Nachahmung der Natur besitzt als solche ein strenges Prinzip, aus welchem sich ein System der Künste vollständig ableiten lässt. Dies wird hier nicht aus der Analyse und Klassifikation von Kunstwerken gewonnen, sondern schöpft einen Grundsatz vollständig aus und schreitet erst von da aus zu den materialen Teilen fort. Der Grundsatz selbst scheint dabei axiomatischen Status zu

---

[23] Aristoteles, Poetik, Stuttgart 1994, Nr. IX, 28f.
[24] Vgl. dazu und zu einer plausibleren Deutung des »Allgemeinen« Arbogast Schmitt, aaO., 25-39.

haben; wenigstens werden konkurrierende Auffassungen nicht so diskutiert, dass darüber eine Rechtfertigung des Nachahmungsgedankens aus höheren Prinzipien einsichtig würde. (vgl. 151-163)

2.) Wenn das Regelideal der Rhetorik auf die Darstellung der Natur Anwendung findet, so impliziert das die Unterstellung, dass die Natur selbst regelhaft verfasst ist. Sie ist eine wahrnehmbare Größe unter Gesetzen, welche einer geregelten künstlerischen Nachahmung zugänglich ist. »Natur« in diesem Sinne ist aber auch das menschliche Leben, insofern es sich nämlich auf bestimmte Typen und Charaktere bringen lässt, welche also eine Beschreibung ihrer ›Natur‹ zulassen. Diese sind ein vorzüglicher Gegenstand der künstlerischen Nachahmung.[25] Auch die gegebene Sozialordnung als Ausdruck der Dinge,› wie sie nun eben einmal sind‹, kann als »Natur« begriffen werden.[26]

3.) Der Geschmack ist das eigentliche Organ der Kunstrezeption und des Kunsturteils. Ein guter Geschmack zeichnet sich dadurch aus, dass er intuitiv das richtige Urteil fällt, was sich aber nachträglich durch eine diskursive Betrachtung der objektiven Nachahmungsqualitäten eines Kunstwerks verifizieren lässt.

Es ist nicht nötig, den schrittweisen Abnabelungsprozess des späten 18. Jahrhunderts von dem Prinzip der Nachahmung hier darzustellen, oder die aktuellen Debatten nachzuzeichnen, bei welchem Theoretiker die Überwindung dieses Prinzips endgültig vollzogen sei.[27] Festzuhalten bleibt, dass das Buch von Batteux in Deutschland breit diskutiert wurde. Eine kritische Übersetzung stammte von Johann Adolf Schlegel, von dem bekannt ist, dass er mit seinen beiden Söhnen bereits in deren Adoleszenz Literaturtheorie betrieb.[28] Fragen wir nun zunächst danach, welche Kenntnis Novalis von den soeben dargestellten Zusammenhängen hatte. Ein Verweis auf die geführten Debatten findet sich nirgends. Ebenso fehlen die Namen der Protagonisten wie Aristoteles,[29] Boileau, Batteux, Gottsched oder der älteren Schlegel völlig. Man darf also mit einiger Sicherheit

---

[25] Das aufgeklärte Drama kennt eine Menge von Stücken, welche bereits im Titel verraten, dass sie die Darstellung eines solchen Typus beabsichtigen. Dieses Verfahren dürfte auch noch für Lessings »Nathan der Weise« gelten.

[26] Vgl. dazu ULRICH HOHNER, Zur Problematik der Naturnachahmung in der Ästhetik des 18. Jahrhunderts, Erlangen 1976, 9-23.

[27] Vgl. dazu immer noch die klassischen Studien von ANNA TUMARKIN, Die Überwindung der Mimesislehre in der Kunsttheorie des 18. Jahrhunderts. In: Harry Maync (Hg.), Festgabe Samuel Singer, Tübingen 1930, 40-55; WOLFGANG PREISENDANZ, Zur Poetik der deutschen Romantik I: Die Abkehr vom Grundsatz der Naturnachahmung. In: Hans Steffen (Hg.). Die deutsche Romantik, Göttingen 1967, 54-74. Aus der neueren Literatur TZVETAN TODOROV, Symboltheorien, Tübingen 1995, 107-148; LUIZ COSTA LIMA, Art. Mimesis IV. In: Ästhetische Grundbegriffe, Bd. 3 (2001), 103-109.

[28] Vgl. MANFRED SCHENKER, aaO., 87.

[29] Aristoteles kommt im Werk des Novalis überhaupt nur zwei Mal vor: einmal im Referat eines Athenäumsfragments (N II, 636), der andere Beleg ist vermutlich unecht (vgl. N III, 632).

davon ausgehen, dass Novalis mit der poetologischen Debatte nicht direkt vertraut war. Gleichwohl beginnt ab dem Frühjahr 1798 in seinen Studienheften eine recht ausführliche Auseinandersetzung mit dem Prinzip Nachahmung. Unter den kunsttheoretischen Texten, mit denen Novalis sich bis dato beschäftigt hatte, kommt eigentlich nur einer als Quelle dieser Auseinandersetzung in Frage. Es handelt sich dabei um August Wilhelm Schlegels große Rezension von Goethes Versepos »Hermann und Dorothea«, die im Dezember 1797 in der »Allgemeinen Literatur-Zeitung« erschienen war. Novalis hat diese sogleich gelesen und in einem sehr ausführlichen Brief am 12.1.1798 darauf reagiert. Die Hauptgesichtspunkte dieser Rezension im Hinblick auf das Thema »Nachahmung« seien hier kurz referiert.

Schlegel unternimmt es, in seiner Rezension nicht nur das Goethesche Werk zu charakterisieren; er entwickelt auch zunächst ausführlich die Gesichtspunkte, nach denen diese Charakterisierung zu verfahren hat. Zusammen damit vollzieht er eine implizite Auseinandersetzung mit den Maßstäben der klassizistischen Regelpoetik. Scheinbar bleibt er ganz ihrem Vorbild verpflichtet: So entwirft er zunächst eine Theorie der Gattung, die er durch »Vergleichung mit klassischen Vorbildern«[30] gewinnen will. Tatsächlich aber erfolgt eine vollständige Absage an deren Prinzipien. Zunächst wendet sich Schlegel gegen das deduktive Verfahren: Es sei »vergeblich, aus dem Begriff der Erzählung und des Dialogs die höchsten Vorschriften für jene Dichtarten entwickeln zu wollen.« (189) Da dieses Verfahren eng mit dem Nachahmungsprinzip selbst zusammenhängt, greift Schlegel konsequenterweise auch dieses selbst an: Die Deduktion wäre nur möglich, »wenn die Kunst nichts weiter wäre als eine leidende Nachahmung der Natur, wozu man sie leider oft genug herabgewürdigt hat.« (Ebd.) Eine Kritik dieses Prinzips im Hinblick auf Einzelheiten bietet Schlegel nicht, stattdessen stellt er ihm eine neue Gesamtauffassung von Kunst entgegen. »Die äußeren Gegenstände schreiben dem menschlichen Gemüthe in der Kunst, wo sie ihm bloß Stoff sind, das Gesetz nicht vor, sondern sie empfangen es von ihm« (193). Die Natur ist nicht länger der Gesetzgeber, sondern die Subjektivität gibt selbst der Kunst ihre Gesetze. Kunst bleibt zwar auf Natur bezogen, wird aber zu einer »selbstthätige[n] [...] Umgestaltung der Natur« (189). Als Beispiel weist Schlegel darauf hin, dass bereits Homer sich gar nicht um einen der ›Wirklichkeit‹ entsprechenden zeitlichen Ablauf geschert habe: »Die Zeitverhältnisse der Wirklichkeit werden aufgehoben, und Alles fügt sich in eine nach den Gesetzen schöner Anschauung geordnete dichterische Zeitfolge.« (191)

Ein anderer Einwand findet sich beim zweiten Hinsehen, wenn man von einem Beispiel Schlegels abstrahiert (wobei das Beispiel darüber hinaus auch in-

---

[30] AUGUST WILHELM SCHLEGEL, Goethes Hermann und Dorothea, Sämmtliche Werke (hg. Böcking), Bd. V (1847), Hildesheim 1971, 183-221, hier 184. Zitatnachweise im Folgenden einfach mit Seitenangabe im Haupttext.

haltlich einschlägig ist). Schlegel bespricht die Forderung, dem Epos habe man auch »das Wunderbare« (196) beizumischen, wie es bei Homer in Form der auftretenden Götter der Fall sei. Diese Forderung wird von Schlegel rundheraus zurückgewiesen, weil es sich bei ihr wiederum um eine falsch verstandene Form von Nachahmung handele. Im Hintergrund dessen, was Schlegel kritisiert, steht die Überzeugung, dass die ›Alten‹ die Natur unübertrefflich nachgeahmt hätten, die Mimesis der antiken Autoren daher *eo ipso* dem Ideal der Naturnachahmung genügt. Der Auftritt von Göttern bei Homer bedeutet nach Schlegel überhaupt nichts ›Wunderbares‹, wie es ein poetisches Einbeziehen der Olympier in modernen Epen wäre. Waren die »ganz menschlich vorgestellten Götter« (197) bei Homer noch ganz selbstverständlich Mitaktanten, so bedürfte ihr Auftreten bei den Heutigen eine mehrfache Reflexionsleistung, um einen poetischen Effekt zu erzielen, da sich die religiösen Voraussetzungen – das »Bild[] des Weltganzen« (198) – geändert haben. »Kann ein Dichter im Zeitalter der erleuchteten Vernunft uns zu dieser Stufe ihrer Kindheit zurück versetzen wollen?« (197) Schlegel richtet sich hier wohlgemerkt nicht gegen das Einbeziehen »mythische[r] Elemente« (196) in die moderne Kunst überhaupt. Aber mit der bloßen »Dazwischenkunft der Götter« (198) ist es nicht getan. Sollte man, so fragt Schlegel rhetorisch, »mit Homer in demjenigen wetteifern, was ihm die Zeit verliehen hat, und sich quälen, es ihr zum Trotz hervorzurufen?« (197f) Damit ist aber auch gesagt, dass den antiken Werken, so lohnenswert die Beschäftigung mit ihnen sein mag, nicht unvermittelt die Funktion eines Leitbilds zukommen kann. Was daraus entstünde, wären nichts als die Werke epigonaler »Kopisten« (192).

Es ist noch auf einen dritten Gesichtspunkt hinzuweisen. Schlegels Beweisziel ist es zu zeigen, dass »Hermann und Dorothea«, obwohl es äußerlich in vielerlei Hinsicht dem antiken Versepos gar nicht entspricht, sich dennoch dem künstlerischen Rang nach durchaus auf Augenhöhe mit jenen bewegt. Zu seinen besonderen Vorzügen zählt Schlegel, dass zwar »das Gemüth immer von Neuem angeregt, doch nie in dem Grade fortgerißen wird, daß es die Freiheit der Betrachtung verlöre.« (208) Ein Kunstwerk, so kann man interpretieren, lebt durchaus von seinen Anregungsqualitäten. Doch dürfen diese, wie Schlegel sagt, niemals »abgejagt« (ebd.), also durch den Einsatz literarischer Kniffe und Effekte erzeugt sein. Große Kunst wirkt in einem Ineinander von Sich-kaum-entziehen-können und der Möglichkeit der Abstandnahme. Der Geschmack, so darf hier wohl ergänzt werden, wird sich eher an diesem Rezeptionsideal bilden, als an der vernachlässigbaren Frage, ob hier eine regelgerechte Nachahmung der Natur stattgefunden habe.

Alle drei Punkte: die Verlagerung der ästhetischen Gesetzgebung in die Subjektivität, die Ablehnung der Orientierung an den Alten und das Ineinander von Erlebnistiefe und Freiheit zum Abstandnehmen sind für Novalis schlechterdings verpflichtend. Dies kann man an denjenigen Punkten zeigen, an denen Novalis

Schlegels Auffassung bestätigt und noch ergänzt. Da ist an erster Stelle Novalis' Betrachtung über das Wesen der Musik zu nennen. Die antike Tradition hatte auch unter der Musik eine Nachahmung verstanden. Wie wir gesehen hatten, gehörte gerade die Musik ursprünglich zum Wesen der Mimesis. Auch diese Auffassung wurde im Klassizismus umgebogen. Für Batteux ist die Musik insofern nachahmend, als sie entweder bestimmte Geräuschhaftigkeiten imitiert, oder sie in der Lage ist, gewisse Empfindungen auszudrücken.[31] Zu ihrer vollen Bedeutungsfülle gelangt sie dennoch erst im Gesang, d. h. in der Verbindung mit Wortkunst. Es war evident, dass sich diese Musikauffassung, die *expressis verbis* mit einer Abwertung etwa der Symphonie arbeitet,[32] auf Dauer nicht würde halten lassen. An der Musik wird die Unzulänglichkeit des Nachahmungs-Paradigmas für Novalis besonders deutlich:

»Nirgends aber ist es auffallender, daß es nur der Geist ist, der die Gegenstände, die Veränderungen des Stoffs poetisiert, und daß das Schöne, der Gegenstand der Kunst uns nicht gegeben wird oder in den Erscheinungen schon fertig liegt – als in der Musik. [...] Der Musiker nimmt das Wesen seiner Kunst aus sich – auch nicht der leiseste Verdacht von Nachahmung kann ihn treffen.« (WTB II, 362f.)

Novalis behauptet mit Schlegel, dass die Kunst an der Natur allenfalls noch ihren »Stoff« hat – das, was eigentlich Kunst ausmacht, findet sich gar nicht in den Gegenständen, sondern ausschließlich in der Subjektivität von Künstlerin und Künstler. Dies gilt auch für die bloß scheinbar nachahmende Kunst der Malerei. »Eigentlich aber ist die Kunst des Mahlers so unabhängig, so ganz a priori entstanden, als die Kunst des Musikers.« (WTB II, 363)
    Die zweite Ergänzung zeigt sich bei Novalis' Rezeption eines weiteren Textes von August Wilhelm Schlegel, nämlich des Dialogs »Die Gemählde«, den er noch vor seinem Abdruck im zweiten Band des »Athenäum« im Manuskript las. Unter den drei Gesprächspartnern, welche gemeinsam eine Ausstellung besuchen, entsteht ein gewisser Zwist darüber, welche Funktion die sprachliche Beschreibung bildender Kunst haben kann. Louise verliest einige ihrer früher verfassten Bildmeditationen. Waller wirft ihr vor: »Mir däucht, Sie erheben die Darstellung zu sehr gegen die Natur.« (Ath. II, 62) Louise rechtfertigt sich, indem sie auf die Vermitteltheit hinweist, der die Naturbetrachtung in der Moderne unterliegt.[33] Reinhold macht hieraus ein positives Argument: Die Malerei ist eigentlich eine »Kunst des Scheins« (Ath. II, 64), sie »macht uns das Medium alles Sichtbaren selbst zum Gegenstande« (ebd.). Novalis kommentiert diese Stelle relativ am Anfang des »Allgemeinen Brouillon« so: »Über das neuere Princip

---

[31] Vgl. CHARLES BATTEUX, aaO., 395-409.
[32] Vgl. aaO., 407.
[33] »[S]eit ich mich mit diesen Dingen viel beschäftige, sehe ich eine wirkliche Gegend mehr als Gemählde, und ein Landschaftsstück suche ich mir zu einer wahren Aussicht zu machen.« (Ath. II, 62)

der Nachahmung der Natur. / Realisierung des Scheins. / Schl[egel] Sen[ior].«
(WTB II, 476 / N III, 244) Aus ihr lassen sich zwei Teilargumente entwickeln.
Zum einen, das Sichtbarmachen, das Transparentmachen des Scheincharakters
des Kunstwerks, so versteht Novalis diese Stelle zu Recht, birgt Entfaltungsmöglichkeiten ganz eigener Art. Damit verbindet sich das zweite: Hält man sich
den Umgang Novalis' mit dem Naturbegriff, wie er im letzten Kapitel erarbeitet
wurde,[34] vor Augen, so ergibt sich, dass es unangemessen ist, hier überhaupt von
einer nachahmbaren »Natur« zu sprechen. Natur ist eine zutiefst mehrdeutige
Größe. Novalis bezieht dieses Ergebnis ironisch auf den alten Nachahmungsgrundsatz: Die »neuere Nachahmung der Natur« ist das glatte Gegenteil der
herkömmlichen »Mimesis«. So mehrdeutig wie die Natur, so vieldeutig wäre
dann wohl auch das sie nachahmende Kunstwerk. Und in der Tat hält Novalis diese Vieldeutigkeit für ein ausgezeichnetes Gütesiegel von Kunstwerken:
»Wenn ein Werck mehrere Veranlassungen, mehrere Bedeutungen, mehrfaches
Interresse, mehrere Seiten überhaupt – mehrere Arten verstanden und geliebt zu
werden hat, so ist es gewiß höchst interressant – ein ächter Ausfluß der Persönlichkeit.« (WTB II, 399 / N II, 610) Diese Mehrdeutigkeit ist es gerade, welche
den Scheincharakter des Werks transparent macht.

Dazu tritt noch ein Letztes: Für die traditionelle Ästhetik war der an der Natur
orientierte Geschmack die Urteilsinstanz der Kunstwerke. Wird aber die Natur
als zwar in sich reiche, aber doch in ihren Grundprinzipien unveränderliche
Größe verstanden, so bedeutet das nichts weiter, als dass der einmal gebildete
Zeitgeschmack Herrscher über die Kunst ist. Damit ist im Endeffekt der Kunst
jegliche Entwicklungsmöglichkeit genommen. Die Kunst des Klassizismus, so
könnte man aus dieser Perspektive sagen, war eine Kunst der permanenten Re-
petierung des Gleichen.[35] Auch dieser Umstand widerspricht dem Wesen der
Kunst zutiefst. Sofern diese sich nur selbst das Gesetz gibt, muss sie geradezu
dem Geschmack voraus sein. »Die höchsten Kunstwercke sind schlechthin unge-
fällig – Es sind Ideale, die uns nur approximando gefallen können – und sollen –
ästhetische Imperative« (WTB II, 652 / N III, 413). Der öffentliche Geschmack
bildet sich in der Auseinandersetzung um die künstlerische Avantgarde.

Es sei zum Schluss versucht, den Ertrag der romantischen Kritik am Prinzip
der Nachahmung in fünf Thesen bündelnd zusammenzufassen, um zugleich bereits einen Vorblick auf die im zweiten Abschnitt zu erörternden neuen Grundbegriffe zu erhalten.

1.) Der Grundsatz *ars imitatur naturam* knechtet die Kunst unter ihr fremde

---

[34] Vgl. oben S. 204-216.
[35] Nach Goethes Empfinden lag das auch an der regelhaften Gattungspoetik; vgl. »Zum
Shakespears-Tag«, JA VI, 188: »Drum sind auch alle französischen Trauerspiele Parodien von
sich selbst. Wie das so regelmäßig zugeht, und daß sie einander ähnlich sind wie Schuhe und
auch langweilig mitunter, besonders in genere im Vierten Akt das wissen die Herren leider aus
der Erfahrung und ich sage nichts davon.«

Gesichtspunkte. So leugnet er die freie Entwurfstätigkeit der Autorinstanz, welche an vorgegebene Gegenstände gebunden sein soll.[36] Das Kunstwerk ist mit Regeln behaftet, die sich ihm äußeren Gesichtspunkten verdanken. »Auch auf dem Theater tyrannisiert der Grundsatz der Nachahmung der Natur. Darnach wird der Werth des Schausp[iels] gemessen. Die Alten verstanden auch das besser. Bey ihnen war alles poetischer« (WTB II, 846 / N III, 691).[37] An die Stelle der Nachahmung wird Novalis sein Prinzip der Poetisierung setzen.

2.) Das Prinzip der Nachahmung verdinglicht und hypostasiert zugleich die Natur. Es lässt die angestrebte Bedeutungsvielfalt im Hinblick auf die Natur nicht zu, sondern möchte eine bestimmte Bedeutung des Naturbegriffs festschreiben, welche sowohl ihre Affinitäten zur modernen mathematischen Naturwissenschaft wie auch zu einer obrigkeitlich orientierten Sozialordnung hat. Jene Bedeutungsvielfalt wird von Novalis dann im ästhetischen Prinzip der Romantisierung angestrebt, welche auf der Einbildungskraft basiert.

3.) Das Prinzip der Nachahmung leugnet den Entwicklungsgedanken für die Kunst.[38] Indem der Kunst ganz bestimmte Funktionen zugeschrieben werden, indem willkürlich festgelegte Abschnitte der Kunstgeschichte zu den allein maßgeblichen erklärt werden, kann sie bloß immer wieder versuchen, deren Höhe zu erreichen und damit ihre Funktion zu erfüllen. Eine Entwicklung der Kunst aus ihren eigenen Bewegungen heraus wäre damit unmöglich. Das Prinzip der Naturnachahmung ist somit auch ungeeignet, den faktischen Verlauf der Kunstgeschichte zu begreifen. Die Forderung nach Freiheit ist das ästhetische Komplement dieser Kritik.

4.) Was die Rezipientenperspektive betrifft, so unterwirft der Grundsatz der Naturnachahmung zum einen die Kunst zumindest in der klassizistischen Ästhetik dem herrschenden Geschmack, der sogar als ein zeitenthobener Idealstandard verstanden wird. Dass neue Kunst bei ihrem ersten Auftreten auch Irritation und Ablehnung hervorrufen könnte und erst später verstanden wird, kann und soll damit im Prinzip nicht gedacht werden. Die Kunst des Klassizismus war eine Kunst der ständigen Übereinstimmung zwischen Künstlersubjekt und Publikum. Novalis fordert aber, beide Größen in ein produktives Spannungsverhältnis zueinander treten zu lassen.

5.) Zum anderen strebt das Nachahmungs-Prinzip einen eindeutigen Sinn des Kunstwerks zumindest an. Sie stimmt insofern passgenau zur Hermeneutik der

---

[36] Dem widerspricht nur scheinbar diejenige Richtung der italienischen Renaissance, welche die Betonung ganz auf den *disegno interno* legte, denn auch dieser Entwurf versteht sich letztlich selbst nur als eine Nachahmung.

[37] Woran Novalis genau denkt, ist nicht direkt auszumachen, es bietet sich aber an, etwa an die Regel der ›drei Einheiten‹ oder die Ständeregel zu denken.

[38] Vgl. ERNST BEHLER, Der Antagonismus von Weimarer Klassik und Jenaer Frühromantik. In: Walter Haug / Wilfried Barner (Hg.), Ethische contra ästhetische Legitimation von Literatur, Tübingen 1986, 167–175, hier 168–170.

Aufklärung, welche einen eindeutigen Sinn von Texten als heuristisches Axiom annahm. Das kreative Textverstehen, das Novalis bereits in seiner Fragementen-theorie propagiert hatte, will das freie Kunstverstehen an seiner Seite, das ingeni-öse Assoziieren, das Einbinden des Kunstwerks in einen potentiell unendlichen Bedeutungsraum.

Der Grundsatz der Naturnachahmung traf also weder mit den faktischen Kunstentwicklungen noch mit dem neuen Kunstgefühl zusammen. Seine voll-ständige Verabschiedung seit der Romantik erweist sich aus dieser Perspektive als nur konsequent. Für Novalis kann man die Kritik so auf einen Nenner brin-gen, dass das Nachahmungs-Prinzip der Idee der Freiheit in der Kunst in jeder Hinsicht entgegensteht. Insofern Fichte ihm als Philosoph der Freiheit galt, wird es verständlich, warum Novalis in einer späten Randbemerkung zu Friedrich Schlegels »Ideen über die Religion« emphatisch Fichtes Wissenschaftslehre als »Schema des innern Künstlerwesens« (WTB II, 727) verstehen kann.

1.3. Die Relativierung des Schönen

Die Abkehr vom Prinzip der Naturnachahmung hat sich in der modernen Äs-thetik — spätestens seit Hegel[39] — vollständig durchgesetzt. Waren die Romanti-ker zwar vielleicht die ersten, welche diesen Epochenbruch zur Gänze vollzogen und ihm Gründe gaben, so reicht der Hinweis auf diesen Umstand gerade wegen der geschilderten Allgemeinheit des Unbehagens an der Nachahmung nicht hin, um die Frühromantik im ästhetischen Panorama jener Zeit eindeutig abzugren-zen. Dazu bedarf es noch, einen anderen Umschwung heranzuziehen, welcher ebenso gewichtig ist, der allerdings etwas weniger explizit gemacht wird als jener und der deshalb nur durch einen Seitenblick auf die ästhetische Debattenlage um 1800 gefunden werden kann.

Die ersten umfangreicheren Aufzeichnungen von Novalis zur Ästhetik stam-men aus dem Jahr 1797 und sind unter dem Titel »Poësie« bzw. »Poëticismen« in der Kritischen Ausgabe mitgeteilt worden. Erst bei näherem Hinsehen fällt auf, dass unter den mannigfaltigen ästhetischen Reflexionen der Begriff des »Schö-nen« so gut wie gar nicht vorkommt, geschweige denn ausführlich reflektiert oder thematisiert wird. Dieser Umstand kann erstaunen, wenn man sich vor Augen hält, dass einige der prominentesten Ästhetiker jener Zeit »Das Schöne« oder die »Schönheit« geradezu zum Definiens von Kunst überhaupt machen. Zwei Beispiele seien hier kurz betrachtet.

Karl Philipp Moritz hat in seinem wirkmächtigen Aufsatz »Über die bildende

---

[39] Vgl. etwa GEORG FRIEDRICH WILHELM HEGEL, Enzyklopädie der philosophischen Wis-senschaften im Grundrisse (1830), § 558. Wenn sich auch die gegenwärtige Kunsttheorie immer noch mit der Mimesis auseinandersetzt, so ist festzuhalten, dass darunter in keinem Falle mehr verstanden wird, was bis ins späte 18. Jahrhundert hinein als »Mimesis« galt; vgl. dazu den er-wähnten Artikel von LUIZ COSTA LIMA, aaO., 84–86.110–121.

Nachahmung des Schönen« von 1785 sowohl eine Produktions- als auch eine Rezeptionsästhetik begründen wollen; zu beiden Zwecken greift er auf den Begriff des Schönen zurück. Als das Schöne begreift er einen Gegenstand, der ein »für sich bestehende[s] Ganze[s]«[40] bildet, das erstens keinen Nutzen mit sich führt, sondern rein um seiner selbst willen da ist, zweitens *als* ein solches Ganzes in die Sinne oder die Einbildungskraft fallen kann, und das sich drittens durch »Zusammenhang fördernde Beziehungen«[41] seiner Teile untereinander und mit dem Ganzen auszeichnet. Als das höchste Schöne können wir uns den Gesamtzusammenhang der Natur, der das Maximum eines solchen Relationsgefüges bildet, immerhin vorstellen und denken; er kann aber nicht »von unsrer Einbildungskraft umfaßt werden.«[42] Diejenige bildliche oder gedankliche Vorstellung nun, welche den Künstler antreibt und seine »Thatkraft«[43], welche des Menschen höchstes Vermögen ist, anstachelt, kann »im Kleinen [als] ein Abdruck des höchsten Schönen im Ganzen der Natur«[44] verstanden werden, auf welche das individuelle Kunstwerk verweist.[45] Das Schöne wird folglich nicht durch den Verstand erkannt, sondern in erster Linie »aus uns herausgebildet«[46]: Das höchste Verhältnis des Menschen zum Schönen ist das Kunstschaffen. Etwas abgeschattet dazu verhält sich das Genießen von Kunst oder des schönen Naturausschnitts im Geschmack, der von Moritz als »Empfindungsfähigkeit für das Schöne«[47] definiert wird. Abgesehen von den Anregungsqualitäten des schönen Gegenstandes selbst reizt die Rezeption des Kunstwerks insbesondere durch die Möglichkeit des Nachfühlens der ursprünglichen Schöpferkraft.[48]

Für den romantischen Debattenzusammenhang direkter einschlägig ist die philosophische Position des mittleren Schiller. Nach dessen intensivem Studium der »Kritik der Urteilskraft« – diesem Schlüsseltext des ästhetischen Paradig-

---

[40] KARL PHILIPP MORITZ, Schriften zur Ästhetik und Poetik, hg. von Hans Joachim Schrimpf, Tübingen 1962, 71.

[41] AaO., 72.

[42] AaO., 73.

[43] AaO., 74

[44] AaO., 73.

[45] Hier ließe sich eine Rückfrage an die schöne Moritz-Deutung bei TZVETAN TODOROV, aaO., 148-160, stellen. Seine sehr erwägenswerte Theorie des Romantischen, auf die noch einzugehen sein wird, scheint mir insofern über das Ziel hinauszuschießen, als er Moritz' Aufsatz als erste zusammenhängende romantische Kunsttheorie versteht: »Das Kunstwerk bedeutet sich selbst, durch die Wechselwirkung seiner Teile«, 156. Das scheint mir so nicht richtig zu sein. Das Kunstwerk verweist auf und bedeutet *das Schöne*. Da Moritz unter dem höchsten Schönen die Natur versteht, ist das nicht dasselbe. Nichts Individuelles, »auch selber das höchste Kunstwerk nicht, das, als der erste Abdruck des höchsten Schönen, doch immer nur Abdruck bleibt« (Moritz, aaO., 84), ist mit jenem identisch oder äquivalent.

[46] KARL PHILIPP MORITZ, aaO., 66; i. O. kursiv.

[47] AaO., 78.

[48] Die These, diese Ausführungen seien letztlich von Goethe inspiriert, weist überzeugend TZVETAN TODOROV, aaO., 145f., zurück.

menwechsels um 1800 –, das im Frühjahr 1791 begann,[49] veröffentliche Schiller
eine ganze Reihe ästhetischer Abhandlungen, welche in den großen Aufsätzen
der Jahre 1795 / 96 gipfelten. Seine Theorie des Schönen ließe sich wohl aus
seinen veröffentlichten Schriften auch zusammentragen; man greift sie aber am
bequemsten in den später unter dem Titel »Kallias, oder über die Schönheit«
veröffentlichten Briefen an seinen Freund Christian Gottfried Körner aus dem
Jahr 1793.[50] Obwohl Schiller über weite Strecken das Kantische Verfahren verfolgt, sich dem Schönen auf dem Wege einer Untersuchung des Urteils des Geschmacks zu nähern, verfolgt er doch das Beweisziel, gegen Kant »hinreichend
zu beweisen, daß die Schönheit eine objective Eigenschaft ist.« (190) Seine berühmte Definition, Schönheit sei »nichts anders als Freiheit in der Erscheinung«
(183), ist nicht etwa so zu verstehen, als träte ein intelligibles moralisches Vermögen nun mundan wahrnehmbar hervor. Gemeint ist vielmehr durchaus ein
Gegenstand, nämlich derjenige, bei dem es so scheint, als hätte er seine Form
aus eigenem freiem Willen. Er wird folglich als ein »*Analogon* der reinen Willensbestimmung (ja nicht als Produkt einer Willensbestimmung)« (192) beurteilt.
Wie sich eine moralische Handlung zur Freiheit verhält, so verhält sich der Gegenstand zur Schönheit. Die moralische »Idee der Selbstbestimmung strahlt uns
aus gewissen Erscheinungen der Natur zurück, und diese nennen wir *Schönheit*.«
(191) Mag es beim ersten Hinsehen auch eine unsinnige Behauptung scheinen, Gegenständen so etwas wie Selbstbestimmung zuzuschreiben, können wir
doch aufgrund der internen Zweckmäßigkeit des Gegenstandes nicht anders:
Wir müssen ihn so beurteilen, als käme sie ihm zu. »Die Freiheit in der Erscheinung ist also nichts anders, als die Selbstbestimmung an einem Dinge, insofern
sie sich in der Anschauung offenbart.« (192) In jedem schönen Objekt wird so
etwas wie eine Selbstgesetzlichkeit anschaulich.

Mit den bisherigen Ausführungen ist freilich die anvisierte Objektivität des
Schönen noch nicht nachgewiesen. Auf zweifache Weise sucht Schiller sein Beweisziel zu erhärten. Zunächst behauptet er, die spezifischen »Beschaffenheiten
der Gegenstände« (208), die als schön beurteilt werden, »bleiben ihnen, auch
wenn das vorstellende Subjekt ganz hinweggedacht wird.« (ebd.) Dieser Begriff
von Objektivität kann allerdings allenfalls als ein Notbehelf gelten, da einerseits
das Subjekt sich gar nicht hinwegdenken will, und andererseits diese Bestimmung eben die Beschaffenheiten selbst gar nicht erklärt. Vor allem aber läuft

---

[49] Brief an Körner, 3.3.1791, NA Bd. 26: »Du erräthst wohl nicht, was ich jezt lese und stu-
diere? Nichts schechteres als – Kant. Seine Critik der Urtheilskraft, die ich mir selbst angeschafft
habe, reißt mich hin durch ihren neuen lichtvollen geistreichen Inhalt und hat mir das größte
Verlangen beygebracht, mich nach und nach in seine Philosophie hinein zu arbeiten«, 77.

[50] Sie finden sich in der NA 26, unterbrochen von anderen Briefen aus jenen Tagen, auf den
Seiten 175-230. Nach dieser Ausgabe wird im Folgenden im Haupttext zitiert. Vgl. zu einer
ausführlichen Darlegung der ästhetischen Theorie der »Kallias«-Briefe CATHLEEN MUEHLECK-
MÜLLER, Schönheit und Freiheit, Würzburg 1989, 60-100.

diese Bestimmung der Objektqualitäten des Schönen Schillers eigenem Ansatz, nämlich von der Logik des Urteils her zu denken, zuwider. Stärker und seinem eigentlichen Interesse tiefer verpflichtet scheint mir ein anderes Argument zu sein. Wenn, so Schiller, die Schönheit des Objekts lediglich in seinem Beurteilt-werden durch die praktische Vernunft des betrachtenden Subjekts Bestand hätte, so würde dies letztlich doch eine Unterwerfung des Objekts unter das beurteilende Subjekt bedeuten. Das ist aber unmöglich, da auf diese Weise der Autonomiecharakter des schönen Gegenstandes nicht mehr plausibel wäre. »Wird die Form des Nichtvernünftigen durch Vernunft bestimmt [...], so erleidet seine reine Naturbestimmung Zwang, also kann Schoenheit nicht Statt haben.« (195) Um der angeschauten Freiheit willen, in der ja gerade das Wesen der Schönheit besteht, muss die »Selbstbestimmung des Sinnlichen« (ebd.), die ein »Analogon«, kein »Produkt«, eine »Nachahmung«, keine »Wirkung« der Vernunft sein soll, gedacht werden. Es liegt eine Antinomie vor: Schönheit wird im Urteil konstatiert, verdankt sich aber nicht diesem Urteil. Genau für diese Antinomie steht ihm der Begriff der Objektivität.

Die Stichhaltigkeit der vorgetragenen Argumentationen zu prüfen ist hier die Aufgabe nicht. Es ging nur darum darzulegen: Der Begriff des Schönen ist bei den Ästhetikern der Klassik – weitere Beispiele ließen sich unschwer beibringen – am Ende des 18. Jahrhunderts noch ein, wenn nicht der entscheidende Leitbegriff. Es ist nun zu zeigen, dass dies für Novalis nicht mehr zutrifft. Gelänge dieser Nachweis, so wäre ein weiteres Differenzkriterium der Frühromatik aufgezeigt. Zu diesem Zweck muss allerdings erneut gefragt werden, welche Kunde Novalis von der zeitgenössischen ästhetischen Literatur hatte. Wiederum fällt die Auskunft mager aus. Die einzige Quelle, aus der er nachweislich geschöpft hat, aus der er aber doch mit einer Theorie des Schönen und mit einer beginnenden Relativierung dieses Begriffes konfrontiert wurde, sind die frühen Schriften Friedrich Schlegels, besonders der große Aufsatz »Über das Studium der griechischen Poesie« von 1795-97 sowie die »Kritische[n] Fragmente« von 1797. Der Behandlung des Begriffs des Schönen im Werk des frühen Schlegel müssen wir uns daher nun zuwenden,[51] ehe wir zu Novalis übergehen können.

Schlegel hatte, nachdem er den Entschluss gefasst hatte, auf einen klassischen Brotberuf zu verzichten, sich Anfang der 90er Jahre unter schwierigsten finanziellen Bedingungen zurückgezogen und sich in einer wahren Lesewut in die gesamte Literaturgeschichte von der griechischen Antike bis zur Dichtung und Ästhetik seiner Gegenwart tief eingearbeitet. Er trat dann mit einer Reihe von Abhandlungen zunächst zur antiken Literatur an die Öffentlichkeit und erwarb sich schnell eine gewisse Berühmtheit. Den Höhepunkt dieser Abhandlungen

---

[51] Vgl. zum »Studium«-Aufsatz von Schlegel und dessen benachbarten Schriften die erschöpfende Einleitung von ERNST BEHLER. In: ders. (Hg.), Friedrich Schlegel: Über das Studium der griechischen Poesie, Paderborn 1981, 13-128; zum Thema des Schönen vgl. v. a. 89-103.

stellt der Aufsatz – vom Umfang her eher schon eine Monographie – »Über das Studium der griechischen Poesie« dar, der als Einleitung zu einer materialen Literaturgeschichte gedacht war, welche Schlegel damals allerdings nicht ausarbeitete. Bevor wir uns ihm im Hinblick auf unser Thema zuwenden, sei kurz etwas zu seinem allgemeinen Beweisziel gesagt.

Der Aufsatz wäre grundsätzlich missverstanden, erwartete man in ihm Auskunft über griechische Dichtung. Schlegel versucht vielmehr, einen Ansatz zu formulieren, welcher die so genannte »Querelle des anciens et des modernes«, den Streit darum, ob sich die neuzeitliche Literatur auf Augenhöhe mit der antiken bewegen könne oder letztlich eher abzulehnen sei, als gegenstandslos verabschiedet. Dieser Ansatz fungiert als »ein Versuch [...], den langen Streit der einseitigen Freunde der alten und der neuen Dichter zu schlichten« (85). Obwohl Schlegel scheinbar ganz der antiken Literatur den Vorzug in qualitativer Hinsicht gibt, ist ihm doch vollkommen klar, dass die bloße ›Nachahmung der Alten‹ für die moderne Literatur – das meint bei Schlegel stets die Dichtung etwa seit Dante – kein gangbarer Weg mehr ist.[52] Gleichzeitig aber ist seiner Meinung nach sie selbst ihrer eigenen »Aufgabe« (98) noch nicht wirklich nachgekommen. Dies wird ihr erst in der »dritten Periode« (184) gelingen, welche die Vorzüge beider literarischer Großepochen in sich vereinigt. An deren Schwelle wähnt Schlegel seine Zeit, und als deren »Morgenröte« (121) – nicht mehr und nicht weniger – gilt ihm Goethes Poesie. Die Heraufkunft dieser dritten Periode zu befördern ist die eigentliche Absicht von Schlegels Aufsatz.

Diese Beförderung strebt Schlegel nun derart an, dass er die Antike und die Moderne in ihrer Eigenart zu erfassen versucht, um dadurch die Möglichkeit ihrer literarischen Vereinigung aufzuzeigen. Schlegel konstatiert zunächst in einer Art poetologischer Zeitdiagnose, dass die Moderne sich in ästhetischer Hinsicht faktisch nicht mehr am Maßstab des Schönen orientiert (vgl. 93). Das Schöne – Schlegel kann synonym auch von »dem Objektiven« reden – ist vielmehr exklusiv das Leitbild der Antike gewesen. Durch diesen Maßstab erhielten die Werke der Griechen ihren gemeinsamen und einheitlichen Charakter. Der modernen Literatur hingegen kann man eine solche Einheitlichkeit kaum zuschreiben; sie wird regiert von der »Subjektivität« (161 u. ö.) und lässt sich nicht in gleicher Weise auf einen Generalnenner bringen. Nur der ausgiebigen poetologischen Reflexion gelingt es immerhin, einige gemeinsame Züge der modernen Poesie auszumachen. Da wäre zuerst »das totale Übergewicht des Charakteristischen, Individuellen und Interessanten« (100) zu nennen. Ferner hat sich in der Moderne das Verhältnis von Dichtung und Theorie umgekehrt. Die »natürliche

---

[52] Es wäre übrigens auch zu kurz geschlossen, aus der nachträglich geschriebenen Vorrede als eigentliches Beweisziel dieser Schrift die »sehr glänzende Rechtfertigung der Modernen« (86) herauszulesen. Schlegel versucht hier lediglich, dem Vorwurf einer Gräkomanie zuvorzukommen.

Bildung« (102) der Griechen führte zu einer Dichtung, welche von Theorie weitgehend frei blieb; das Aufkommen einer Dichtungstheorie bei Platon und vor allem Aristoteles indiziert nach Schlegel bereits den Niedergang der griechischen Literatur: »Der griechische Geschmack war schon völlig entartet, als die Theorie noch in der Wiege lag.« (180) Anders hingegen in der Moderne: Ihre »künstliche Bildung« (102) führt oft genug dazu, dass »gewisse dirigierende Begriffe« (104) die Oberhand gewinnen, die Dichtung also ein hohes Maß an Theoriegesättigtheit aufweist.

Das »Interessante«, das Schlegel als Gemeinsamkeit der modernen Literatur ausmacht, zielt unmittelbar auf eine effektvolle Reizerzeugung, es zeigt sich in jedem »originelle[n] Individuum, welches ein größeres Quantum von intellektuellem Gehalt oder ästhetischer Energie enthält« (116). Sein Paradebeispiel ist stets Shakespeares »Hamlet«, der ihm als Muster eines ›interessanten‹ Charakters gilt. Das Interessante reizt dadurch, dass es – im Unterschied zum Schönen – Disharmonie darstellt. Durch diese Überlegung wird klar, warum jene Bestimmung ganz bewusst komparativisch gehalten ist: Es gibt keine absolute Disharmonie, und das führt auf die weitergehende Behauptung, dass das Interessante der Logik der Reizsteigerung unterliegt: Es kann und muss immer vergrößert werden und endlich in das bloß noch »Pikante«, »Frappante« oder »Schockante« (117) ausarten,[53] es gibt kein »höchstes Interessantes« (116). Die Kunst entwickelt sich zwar weiter, weil es immer größerer Meisterschaft bedarf, die größeren Reizbedürfnisse in der Form zu bändigen. Aber es steht dieser Kunstepoche damit kein Ziel vor Augen. Das Interessante erweist sich somit als ein Übergangsphänomen, hinter das man nicht zurück kann, das aber von sich aus auf etwas anderes verweist. Denn das ästhetische Bedürfnis des Menschen sucht, wie alle Gemütssphären, nach einem »absoluten Maximum« (ebd.) Dieses kann ihm vom Interessanten aber nicht gegeben werden: »Nur das Allgemeingültige, Beharrliche und Notwendige – das Objektive kann diese große Lücke ausfüllen; nur das Schöne kann diese heiße Sehnsucht stillen.« (116)

In einer etwas gewagten Übertragung der kantischen Zwei-Stämme-Lehre behauptet Schlegel, selbst wenn man eine »objektive ästhetische Theorie« (131) bereits besäße, worauf seiner Meinung nach die Theoriegeleitetheit der modernen Poesie abzielt, so sei diese doch immer noch nichts wert ohne eine »vollkommene Anschauung« (131), die der Theorie zum Komplement dienen könnte. Als eine solche aber fungiert die griechische Literatur. Sie ist »die gesuchte Anschauung [. . .], durch welche eine objektive Philosophie der Kunst sowohl in praktischer, als in theoretischer Hinsicht erst anwendbar und pragmatisch werden könnte.« (162) Das also ist der eigentliche Sinn des Studiums der griechischen Literaturgeschichte, abgesehen von seinem altertumskundlichen Wert: In ihr fin-

---

[53] Als vierte Möglichkeit gilt ihm das »Fade«, in das die Kunst ausartet, die mit der Logik der Reizsteigerung zwar mithalten will, aber nicht kann.

det die moderne Literatur und Theorie »das höchste Schöne [...], das Urbild der Kunst und des Geschmacks« (141), dessen sie zur Einläutung jener dritten Periode so dringend bedarf. Es erklärt sich von hier aus leicht, warum ihm Goethe als Dichter sehr viel mehr gilt als beispielsweise Schiller. Goethe ist unter den neueren Dichtern derjenige, dessen theoretischer Instinkt, dem er als Moderner zwangsläufig unterliegt, am stärksten von der durch die Griechen vermittelten Anschauung des Schönen in Schach gehalten wird (vgl. 191);[54] Schiller hingegen ist, wie Schlegel es andernorts einmal ausdrückt, »als Dichter nur bis zum Calcül gekommen«.[55] Er hat nach Schlegels Meinung seinen Hang zur Überreflektiertheit nie besiegen können.

Wenden wir uns nun dem Begriff des Schönen selber zu. Schlegels terminologische Bemühungen bleiben im »Studium«-Aufsatz selbst vergleichsweise vage. An Kant angelehnt erscheint seine vorläufige Definition, das Schöne sei »der allgemeingültige Gegenstand eines uninteressirten Wohlgefallens« (116). In der Tat war die »Kritik der Urteilskraft« einer der wichtigsten Texte bereits in seinen frühesten ästhetischen Auseinandersetzungen.[56] Doch müssen wir, um Schlegels Absichten genauer kennen zu lernen, auf seinen damals unveröffentlichen Entwurf einer Ästhetik, die Abhandlung »Von der Schönheit in der Dichtkunst«[57] zurückgehen, die am stärksten von Schlegels Frühschriften das systematische Interesse seiner ästhetischen Studien beweist, und deren Theorie des Schönen im »Studium«-Aufsatz überall vorausgesetzt wird.

Mit Schiller[58] teilt Schlegel das Vorhaben, Kant darin zu widerlegen, »daß keine Theorie des Schönen möglich sey.« (6) Dabei greift Schlegel das Kantische Argument auf, dass das Urteil des Geschmacks auf Allgemeinheit – Schlegel sagt Objektivität – »in der Erfahrung gegeben« (18) sei. Den ästhetischen Wert von Naturdingen und Kunstwerken zu taxieren, gehört zu den menschlichen Grundbedürfnissen. Der Geschmack ist immer schon regelgeleitet. Arbeitet man aber mit ästhetischen Vorzugsoptionen, so stellt sich sogleich die Frage nach einem

---

[54] Schlegel äußert sich nicht weiter dazu, welche Werke Goethes er hier vor Augen hat; sicherlich nicht den Stürmer und Dränger des »Götz«, des »Werther« oder »Prometheus«. Vermutlich spielt er auf die Weimarer Dramen wie »Iphigenie auf Tauris« sowie auf die Erzeugnisse der italienischen Reise an.

[55] Fragmente zur Litteratur und Poesie (1796), KFSA 16, 95. Bei der Abfassung des »Studium«-Aufsatzes glaubte Schlegel allerdings noch in Schillers »höhern lyrischen Gedichten« eine gewisse »Annäherung zum Antiken« (191) feststellen zu können.

[56] Bereits der Brief vom 11. Februar 1792 an seinen Bruder setzt eine gewisse Kant-Kenntnis voraus (KFSA 23, 44). Deutlich signalisiert Schlegel sein bleibendes Interesse am 16.10.1793: »Kants Lehre war die erste so ich etwas verstand, und ist die einzige, aus der ich noch viel zu lernen hoffe« (KFSA 23, 140f.).

[57] Abgedruckt in KFSA 16, 15–31; Vorarbeiten 5–14.

[58] Vertrautheit mit wenigstens einigen von Schillers theoretischen Schriften beweisen die Briefe an seinen Bruder vom 11.2.1792 (KFSA 23, 44); 4.7.1792 (55); 29.9.1793 (136); 11.12.1793 (166f.).

letzten Wert, der als interner Maßstab der Geschmacksurteile fungiert. Im Bereich der Moral ist ein solcher Maßstab »das Gute« (20): Der ganze Bereich der Ästhetik ruht aber auf denselben Gemütsvermögen auf wie die Moral, dem Begehrungsvermögen und dem Vorstellungsvermögen; sind daher dessen Prinzipien – Schlegel meint vermutlich: in Kants Kritiken – als apriorische nachgewiesen, so auch diese: »Da das Gute a priori da ist, so gilt ein gleiches vom Gesetz der Kunst; und also ist die Erkentniß derselben *rein*.« (21) Die eigentliche deskriptive Kunstlehre wird aus der Erfahrung geschöpft, nicht aber der Maßstab des Geschmacks, dessen, »was die Kunst seyn soll« (21). Dieser ist a priori. Schlegel resümiert daher: »Das Gesetz, das Princip der Kunst heißt das Schöne.« (22) Dieses lässt sich als »*Erscheinung des Guten*« (24) definieren.

Ist das Schöne Schlegels Meinung nach als ein apriorisches Prinzip erwiesen, lässt es sich am Leitfaden der Quantitätskategorie ausdifferenzieren. Das im Objekt erscheinende Schöne kann zunächst als Vielheit angesprochen werden, als Mannigfaltigkeit der Elemente und Bezüge. Diese Vielfalt nennt Schlegel »Reichthum« (27). Das Schöne kann ferner als Einheit erscheinen, worunter die geordnete Verknüpfung der Mannigfaltigkeit verstanden wird. Diese Verknüpfung leistet das Subjekt, doch so, dass es den Grund zu seiner eigenen Verknüpfungstätigkeit als im Objekt selbst liegend ansieht. Diese Einheit heißt »Harmonie« (29), das schöne Objekt ist ›sinnreich‹. Endlich kann das Schöne als Allheit erscheinen. In dieser Erscheinungsweise unterscheidet Schlegel noch einmal zwei Aspekte, und zwar die Stoff- und die Formseite des Objekts. Im Hinblick auf die Form heißt diese Allheit »innre Vollständigkeit«. Reichtum, Harmonie und innere Vollständigkeit machen die kategorialen Signa des Schönen aus. Nach diesen Momenten lassen sich alle schönen Objekte auslegen, denn sie sind bloß an ihrer Form überhaupt orientiert. Nun kann Allheit aber auch noch nach der Stoffseite hin betrachtet werden, nämlich dann, wenn im Stoff des Objekts – wofür nichts Natürliches, sondern nur ein Kunstwerk in Frage kommt – »selbst ein unendliches Wesen, Etwas Göttliches« (30) erscheint. Allheit heißt in dieser Hinsicht dann »Göttlichkeit« (ebd.) und ist »*der herrschende, höchste, königliche Theil des Schönen*.« (31) Diese kann sicherlich nur den »Gipfeln«[59] der Kunst zugesprochen werden und insofern erscheint diese Hinsichtenunterscheidung als systematisch etwas inkonsequent. Diese Unschärfe ist aber dem Willen geschuldet, derjenigen Kunst, die ›hohe Gedanken‹ (Longin) verarbeitet, einen systematischen Sonderplatz einzuräumen.

Der ganz frühe Schlegel, so kann man zusammenfassen, hat also eine eigenständge Theorie des Schönen entwickelt. Das Schöne erscheint besonders in der Kunst der griechischen Antike, deren Studium daher erste Aufgabe der überreflektierten Kunst der Gegenwart ist. Denn das Schöne allein vermag dieser Kunst eine würdige Richtung zu geben und die dritte Periode der Kunst heraufzufüh-

---

[59] Franz v. Kutschera, Ästhetik, 2. Auflage, Berlin / New York 1998, Vorwort, VIII.

ren, in welcher die zerrissene Kunst der Moderne durch die Anschauung des Schönen geheilt wird.

Was nun die Schlegel-Philologie vor den Kopf stößt und die Interpretation vor beinahe unüberwindliche Schwierigkeiten stellt, ist die schlichte Tatsache, dass sich die Lage hinsichtlich des Schönen in Schlegels Schriften innerhalb kurzer Zeit vollständig anders darstellt. Zunächst wechselt das Genus seines Schrifttums von der Abhandlung und dem systematischen Entwurf hin zur Rezension und zum Fragment. Wichtiger ist aber dies: Obwohl der Begriff des Schönen nicht geradezu fallen gelassen wird, taucht er in den Schriften und Notizheften ab 1796 / 97, sofern er überhaupt fällt, beinahe durchgängig nur noch in unprominenten Zusammenstellungen,[60] in eher spielerisch gemeinten Kurzdefinitionen[61] oder als seltenes und unscharfes Synonym für einen Begriff von Kunst[62] auf. Immerhin kann man gewisse Wegmarken dieses Paradigmenwechsels im fünften Heft der philologischen Reflexionen von 1796 / 97 (KFSA 16) auffinden.[63] Am deutlichsten ist dann vielleicht die schneidende Kühle, mit der Schlegel 1797 über seinen »Studium«-Aufsatz urteilt:

»Mein Versuch über das Studium der griechischen Poesie ist ein manirirter Hymnus in Prosa auf das Objektive in der Poesie. Das Schlechteste daran scheint mir der gänzliche Mangel der unentbehrlichen Ironie; und das Beste die zuversichtliche Voraussetzung, daß die Poesie unendlich viel wert sei; als ob dies eine ausgemachte Sache wäre.« (Lyc.-Frgm. Nr. 7; SL 7)

Der unendliche Wert der Poesie soll auch fürderhin nicht geschmälert werden, aber er lässt sich offenbar behaupten, ohne dass zu seinem Preise manierierte Hymnen auf das Objektive, das synonym für das Schöne einstand, gesungen werden müssten. Insbesondere ist es das Thema der Ironie, das zur Markierung des Wechsels innerhalb des Schlegelschen Oeuvres einzustehen hat.[64]

Man könnte auf den ersten Blick vermuten, dass Schlegel seine theoretische Arbeit zum Schönen abgeschlossen habe und sich nun eben anderen Gegenstän-

---

[60] So etwa in dem Aufsatz über »Georg Forster«: »Kaum können Autoren, die sich nur durch bedingtes Lob geehrt finden, seltner sein wie Leser, die ohne Passivität bewundern und dem in seiner bestimmten Art Vortrefflichen die Abweichungen und Beschränkungen verzeihen können, ohne die es doch nicht sein wüde, was es Gutes und Schönes ist, und sein soll«; SL 206. Diese Wortkombination findet sich jetzt recht häufig.

[61] »Schön ist, was zugleich reizend und erhaben ist«; Ath.-Frgm., SL 36. Dieses Fragment verrät – wohl programmatisch – nicht mehr seine Herkunft aus konzentrierten Reflexionen über das Schöne wie in dem Aufsatz »Von der Schönheit in der Dichtkunst«, KFSA 16, 24.

[62] So etwa in der Rezension von Goethes Roman »Wilhelm Meister«: Der Anfang des Romans sei geradezu eine »Naturgeschichte des Schönen« (SL 265), was im Zusammenhang so viel bedeutet wie: Es kommt alles in ihm vor, was immer nur der Bildung des Kunstsinns zuträglich ist.

[63] Vgl. dazu v. a. die Eintragungen Nr. 33 (S. 88), 50 (89), 188 (100f.), 356 (114), 360 (114), 1056 (172).

[64] Vgl. zu Schlegels Ironiebegriff MARTIN GÖTZE, Ironie und absolute Darstellung, Paderborn 2001, 157-215.

den zuwende. Doch wäre eine solche Ansicht sehr unplausibel. Denn Schlegels Überlegungen bleiben ja ganz und gar im poetologischen und ästhetischen Bereich; auch seine philosophischen Reflexionen, die sich in dicken Studienheften niederschlugen (KFSA 18), müssen funktional als auf die Ästhetik hingeordnet verstanden werden. Hinter jenen Beobachtungen verbergen sich vielmehr zwei miteinander verwandte Fragen, nämlich die nach der Kontinuität im Werk des frühen Schlegel bis ca. 1800 bzw. die Frage danach, ab wann man Schlegel eigentlich einen Romantiker nennen kann. Während die ältere Forschung dazu tendierte, einen wirklichen Bruch zwischen dem vermeintlichen Gräkomanen der ganz frühen Zeit und dem Fragmentisten Schlegel anzunehmen, ist man seit Mitte der 1950er Jahre eher dazu übergegangen, die Kontinuitäten zu betonen.[65] Ja, diese Kontinuität konnte wider den Augenschein gerade am Begriff des Schönen festgemacht werden: »Kein Zweifel, daß die romantischen Begriffe der Allegorie und der Ironie in dem Schönheitsbegriff wurzeln, wie ihn der ›Studiumaufsatz‹ entwickelt. Prozeß, unendliche Entwicklung, ständiges Transzendieren sind diesem Begriff wesentlich.«[66] Der Schönheitsbegriff ist nach dieser Auffassung noch präsent, auch wenn der Ausdruck nicht mehr fällt. Doch damit dürfte über das Ziel weit hinaus geschossen sein. So richtig es auch ist, ein eminent historisches Interesse, das mit den Begriffen »Prozeß, Entwicklung, Transzendierung« angesprochen ist, schon für den ganz frühen Schlegel anzunehmen, so wenig darf man doch verschleiern, wie sehr gerade das Schöne als ein der Geschichte transzendenter Maßstab behauptet wird.[67]

So scheint Einiges für eine ältere Forschungsposition zu sprechen, nach der die romantische Poesie ganz einfach die interessante Poesie aus dem »Studium«-Aufsatz sei, die lediglich eine bloße Umwertung erfahren habe.[68] Diese Auffassung kann aber so auch nicht richtig sein, da Schlegel unübersehbar an einem literaturgeschichtlichen Dreierschema festhält und die Dichtung der Zukunft,

---

[65] Für diesen Umschwung steht vor allem den Name des Editors von Schlegels Jugendnachlass, HANS EICHNER; vgl. vor allem dessen Einleitung zu Friedrich Schlegel: Literary notebooks (1957). Vgl. ferner die auf Eichner aufbauende Studie von RICHARD BRINKMANN, Romantische Dichtungstheorie in Friedrich Schlegels Frühschriften und Schillers Begriffe des Naiven und Sentimentalischen. In: DVjS 32 (1958), 344-371.

[66] FRANZ NORBERT MENNEMEIER, Unendliche Fortschreibung und absolutes Gesetz. Das Schöne und das Häßliche in der Kunstauffassung des jungen F. Schlegel. In: Helmut Schanze (Hg.), Friedrich Schlegel und die Kunsttheorie seiner Zeit, Darmstadt 1985, 342-369, hier 346f.

[67] In der griechischen Kunst, die mit Sophokles ihren unüberbietbaren Höhepunkt erreichte, zeigte sich »das höchste Schöne. Nicht etwa ein Schönes, über welches sich nichts Schöneres denken ließe« Ð- ein Halbsatz wie dieser, verbunden mit der von Schlegel vorgenommenen Übertragung des Gedankens von der »Perfektibilität« (SL 123) auf den Bereich der Kunst, konnte zu der obigen irrigen Annahme verleiten − ; »sondern das vollständige Beispiel der unerreichbaren Idee, die hier gleichsam ganz sichtbar wird: das Urbild der Kunst und des Geschmacks.« (SL 141)

[68] Vgl. ALEXANDER O. LOVEJOY, On the Meaning of ›Romantic‹ in Early German Romanticism. In: Modern Language Notes 31 (1916), 385-396; 32 (1917), 65-77, v. a. 67.

also jene »dritte Periode«, als »progressive Universalpoesie« (Ath.-Frgm. 116, SL 37) bezeichnet.[69] Ich möchte daher eine modifizierte Umwertungs-These vertreten. Bei genauem Hinsehen zeigt sich nämlich, dass Schlegel in der Tat in seinem großen Einleitungs-Aufsatz zur Charakterisierung der modernen Poesie eine ganze Reihe von Begriffen verwendet, welche in der Athenäums-Zeit dann zur Kennzeichnung der romantischen Poesie herhalten: so etwa »Anarchie« (93), »Gesetzlosigkeit« (96), »Chaos« (97), »Willkür« (103), »Übergewicht des Individuellen« (109), »heterogene Mischung« (152), »die Dichtarten verwechseln gegenseitig ihre Bestimmung« (93). »Subjektivität« (144) und Individualität (vgl. 178) kommen hier noch als Normen des Verfehlten in den Blick, während sie in den romantischen Schriften zum Gütesiegel werden. Mindestens im Hinblick auf diese Begriffe hat auf jeden Fall eine Umwertung stattgefunden. Die Frage ist nur: Wie ist sie zu erklären?

Obwohl Schlegels persönliches Verhältnis zu Schiller von Anfang an sehr gespannt war,[70] war er doch in vielerlei Hinsicht immer wieder von dessen Ästhetik fasziniert. Gleichzeitig unternahm er permanent den Versuch einer theoretischen Absetzbewegung. Dieser Antagonismus erreichte sein Höhepunkt und zugleich sein Ende in Schlegels Lektüre von Schillers Aufsatz »Über naive und sentimentalische Dichtung« (1795),[71] der mannigfache Ähnlichkeiten mit seinem eigenen »Studium«-Aufsatz aufweist. Parallel dazu setzte aber Schlegels intensive Beschäftigung mit der Philosophie Fichtes ein.[72] Nun wäre die Fichte-Rezeption Friedrich Schlegels ein Thema für sich; es spricht aber viel dafür, dass es Fichte war, der ihm zur endgültigen Abkehr von Schiller verhalf. Im »Studium«-Aufsatz wird

---

[69] GERHARD PLUMPE, Ästhetische Kommunikation der Moderne, Bd. 1, Opladen 1993, 151-172, sieht im »Interessanten« ebenfalls den Leitbegriff, der in der Moderne das Schöne ablöst bzw. eine neue Leitdifferenz etabliert. Schlegel habe allerdings mit seinem Programm der Universalpoesie, vor allem aber mit der »Neuen Mythologie« (vgl. dazu unten S. 361-376) letztlich wieder eine Entdifferenzierung des autonomen Systems Kunst vorgenommen: » Das Teilsystem Kunst inszenierte die Welt als kohärent und in einer durchgreifenden Sinnintention erfahrbar« (171). Die Kunst muss also ihre Ausdifferenzierung in Anspruch nehmen, um Entdifferenzierung zu propagieren – hierin zeige sich das »Scheitern« (168) der romantischen Kunsttheorie. Zum Zwecke dieser Wertung stellt Plumpe den Schlegel der Fragmente dem der Vereingungsphantasien gegenüber und hält jenen für »ästhetisch brisanter« (172). Doch ist diese Scheidung unhaltbar, wie sich bereits hier zeigt: Es ist ja gerade Schlegels berühmtestes Fragment, welches jene dritte Periode beschwört.

[70] Vgl. den Brief an August Wilhelm Schlegel vom 17.5.1792, KFSA 23, 51.

[71] Brief an August Wilhelm Schlegel vom 15.1.1796: »Dann hat mich Sch.[illers] Theorie des Sentimentalen so beschäftigt, daß ich einige Tage nichts andres gethan habe, als sie lesen und Anmerkungen schreiben.« (KFSA 23, 271).

[72] Vgl. Brief an August Wilhelm Schlegel vom 17.8.1795: »Schiller und Humb[oldt] pfuschen viel in der Metaph[ysik], aber sie haben den Kant nicht verdaut, und leiden nun an Indigestion und Kolik. Der größte metaphyische Schriftsteller, der jetzt lebt, ist ein sehr populärer Schriftsteller. [. . .] Vergleiche die hinreißende Beredsamkeit dieses Mannes in den Vorlesungen über die Bestimmung des Gelehrten mit Schill[ers] stylisirten Deklamationsübungen.« (KFSA 23, 248).

Fichte noch unter die Vorboten eines zukünftigen Systems der Ästhetik verrechnet (186); eine eingehendere Beschäftigung mit Fichte setzt aber erst nach Beendigung des »Studium«-Aufsatzes ein, wovon die philosophischen Studienhefte ein beredtes Zeugnis ablegen. Fichte wird nun weniger als Theoretiker des zukünftigen Systems interpretiert, und wo doch, so verfällt er Schlegels Kritik. Statt dessen rücken Themen wie die »Selbstbestimmung«, die »Freiheit« (beide von Schlegel nicht mehr primär ethisch verstanden) und besonders das »Streben« in den Vordergrund. Sie führen dazu, dass eine Theorie des Schönen, wie Schlegel sie entfaltet hatte, merkwürdig ortlos wird, da der Begriff des Schönen vielleicht wie kein anderer zur Kennzeichnung von ästhetischen *Objekt*qualitäten geeignet ist. Richtet sich das Augenmerk aber vermehrt auf Kunstproduktion und -rezeption als selbstbestimmte Freiheitsakte von *Subjekten*, so kann das Schöne nur noch als ein äußerlicher Maßstab verstanden werden, dem sich die Kunst nicht mehr zu unterwerfen gewillt ist. Auch Schiller hatte ja, wie oben gesehen, Freiheit und Selbstbestimmung als ästhetische Kategorien herangezogen, aber eben als gedacht im Werk. Schlegel versteht die Begriffe nun anders; man darf hier den Umschwung von einer Werk- zu einer Produktionsästhetik ansetzen: »Die romantische Poesie [...] allein ist unendlich, wie sie allein frei ist und das als ihr erstes Gesetz anerkennt, daß die Willkür des Dichters kein Gesetz über sich leide.« (Ath.-Frgm., SL 38) Die Reichweite dieser Auskunft wäre stark unterschritten, wollte man sie lediglich auf eine Regelpoetik altaufgeklärten Typs beziehen. Sie gibt aber tieferen Sinn, wenn man sie auf das Schöne als das von Schlegel wenige Jahre zuvor selbst so apostrophierte »Gesetz [...] der Kunst« (KFSA 16, 22) bezieht. Das Schöne wird nicht negiert, aber seiner objektiven Maßstabsfunktion entkleidet und unter die Materialien einsortiert, mit denen das ästhetische Subjekt souverän umgehen kann.

Anders gesagt: Schlegel erkennt, dass sein Schema aus dem »Studium«-Aufsatz, die Heraufkunft der dritten Periode durch eine Vereinigung der beiden vorangehenden, noch zu schlicht ist. Ästhetische Allheit, um diesen Terminus aufzugreifen, kann nicht durch eine bloße Rückwendung zu einer vergangen literarischen Epoche erzielt werden. Sie muss vielmehr durch konsequente Anwendung der Prinzipien der Moderne sich in neuen Formen niederschlagen. Als eine solche Form erweist sich vor allem der moderne Roman.[73] Darauf wird weiter unten noch einzugehen sein.

Dass bisher so ausführlich von Friedrich Schlegel die Rede war, hat seinen Grund in der einfachen Tatsache, dass es bei Novalis auch nur von ferne keine vergleichbaren Reflexionen zum Thema gibt. Kurz gesagt: Auf der Bahn, die sich Schlegel erst mühsam zu brechen hatte, schreitet Novalis bereits mit einer gewissen Selbstverständlichkeit einher. Um diese These zu plausibilisieren, ist

---

[73] Schiller hat bekanntlich den Romanschreiber lediglich als den »Halbbruder« des Dichters verstehen wollen (NA 20,462).

zunächst wahrscheinlich zu machen, dass Schlegels »Studium«-Aufsatz tatsächlich eine Hauptquelle für Novalis ist. Vier frappierende positive Übereinstimmungen kann man bereits in den mit »Poësie« und »Poëticismen« überschriebenen Notizen zeigen, die spätestens Anfang 1798 vorlagen.[74] Erstens, Novalis macht sich das literaturgeschichtliche Dreierschema zu eigen. Die »Künftige« (WTB II, 324 / N II, 535) Zeit kann als »Vereinigte Periode« (326 / 537) angesprochen werden. Zweitens, wie Schlegel sieht Novalis in Goethe den »Kern dieser Vereinigung angesetzt«. (ebd.) In diesem Zusammenhang ist auch die Idee der »Mischung« (327 / 539) zu nennen, die Novalis aufgreift: Romantische Poesie wird sich als Poesie der Vermischung von Gattungen präsentieren. Drittens verwendet auch Novalis den Ausdruck »transcendentale Poesie« (324 / 535), der in der Entfaltung der romantischen Poetik eine so große Rolle spielen wird.[75] Viertens erkennt Novalis die Leistungsfähigkeit des Begriffs des »Interessanten« (327 / 539), den er geradewegs in seine Poetik der Konstruktion übernimmt.[76]

Es ist nun, ebenfalls wie bei Schlegel, nicht so, dass der Begriff des Schönen gänzlich wegfallen würde. Eine kurze Notiz liefert eine bedenkenswerte Definition: »Das Schöne ist das Sichtbare *kat exoxin* [sic!]« (329 / 540), die freilich, kontext- und analogielos wie sie dasteht, kaum einer kontrollierten Interpretation zugänglich ist. Nur wenig mehr Aufschluss vermag eine etwas längere Notiz aus dem »Allgemeinen Brouillon« zu bieten. Novalis versucht dort, sich dem Wesen des Schönen auf zwei verschiedenen Wegen anzunähern, zum Einen über den Zusammenhang mit moralischer Güte, zum Anderen über den Begriff der Vollkommenheit. Beide Wege enden aber eher als Trampelpfade. Was das erste angeht, so wird Schönheit zunächst als »objective Güte« (Nr. 687; WTB II, 638 / N III, 398; i. O. kursiv) definiert, also als eine ihrer Daseinsformen, anschließend gemeinsam mit der Güte »auf Erscheinungen« (Nr. 687; 638 / 399) bezogen und schließlich noch einmal unterschieden: »Schönheit [scil. bezieht sich] auf mittelbare, sinnliche Ersch[einungen] – Güte auf unmittelbare VernunftErscheinungen«. (ebd.) Was das zweite angeht, so nimmt Novalis, durch den vorigen Gedankengang veranlasst, Alexander Baumgartens Definition auf: »Baumgarten hat mit seiner Definition der poëtischen Schönheit: als *sinnlich vollk[ommener] Rede* nicht unrecht. Correctheit etc. ist eine unvollk[ommene] Schönheit.« (Ebd.)[77] Poesie baut sich zwar auch von der technischen Seite her

---

[74] Gegenüber August Wilhelm Schlegel zählt Novalis am 25.2.1798 zum Inhalt seiner Schublade auch »Poëticismen« (WTB I, 662).

[75] Die zitierte Notiz von Novalis stammt wohl aus dem Herbst 1797. Der in Frage stehende Ausdruck taucht in keiner der bis dahin veröffentlichten Schriften Schlegels auf. Sehr häufig ist aber seine Verwendung in dem Studienheft V: Fragmente zur Litteratur und Poesie (1797), KFSA 16, 85–190. Entweder kam beiden der Begriff unabhängig voneinander bei, was unwahrscheinlich sein dürfte, oder Novalis hat ihn aus Gesprächen mit Schlegel aufgegriffen.

[76] Vgl. dazu unten S. 262–267.

[77] Novalis kannte diese Definition – »*Oratio sensitiva perfecta est poema*« – vermutlich nur aus

auf, aber »Schönheit ist das Ideal, das Ziel – die Möglichkeit – der Zweck der Poësie überhaupt.« (Ebd.) Über die ›korrekten‹ Qualitäten hinaus bedarf das sprachliche Kunstwerk einer Zusatzqualität, die Novalis an dieser Stelle mit der Schönheit identifiziert.

Dafür, dass dies ein Gedanke ist, den Novalis eher testweise erprobt, spricht nicht nur, dass dies mehr oder weniger bereits die letzte Reflexion über das Schöne war, die Novalis angestellt hat. Vielmehr spricht noch dafür, dass Novalis den eben gegebenen Bescheid in seinen späten Studienheften widerrufen hat. Zum einen wird das Schöne, statt das Wesensmerkmal der »Poesie« zu sein, herabgestuft zu einer partiellen Bestimmung: »Schön, romantisch, harmonisch sind nur Theilausdrücke des Poëtischen.« (WTB II, 845 / N III, 690) »Poësie« ist der weitere Ausdruck, der sich nicht länger allein durch das Schöne definiert. Zum anderen stellt er – unter Verwendung jetzt eines engeren Gebrauches von »poetisch«[78] – an Shakespeare fest, dass im Kunstwerk auch geradezu das Gegenteil des Schönen vorkommen und dieses trotzdem zu den Gipfeln der Kunst gehören kann: »Im Shakespeare wechselt durchaus Poesie mit Antipoësie – Harmonie mit Disharmonie ab – das Gemeine, Niedrige[,] Häßliche, mit dem Romantischen, Höhern, Schönen« (WTB II, 831f / N III, 670) Novalis leugnet nicht das Schöne als Phänomen und als Wert. Aber es kann nicht als Aufbauprinzip und Maßstab der Kunst gelten.

Beide Faktoren, der Anschluss an Schlegel und die quantitativ magere Behandlung des Schönen, zusammen genommen führen zu dem Ergebnis, dass Novalis zu der Zeit, da er sich wieder verstärkt mit Ästhetik befasste, den »Studium«-Aufsatz Schlegels schon mit der neuen Einstellung rezipiert, die Schlegel ab 1797 selbst ihm gegenüber hatte.

Damit ergibt sich das folgende Resümee. Schon rein quantitativ spielt der Begriff des Schönen für Schlegel ab 1797 und für Novalis nur eine sehr untergeordnete Rolle. Es finden auch kaum noch terminologische Bemühungen um den Begriff des Schönen statt. Wichtiger aber noch ist der Umstand, dass zu Reflexionen auf das Wesen von Poesie oder Kunst überhaupt nicht mehr auf den Begriff des Schönen zurückgegriffen wird. Wenn man nun noch hinzunimmt, dass der Begriff weder angegriffen noch abgelehnt wird, scheint es mehr als gerechtfertigt, von einer umfassenden Relativierung des Begriffs zu sprechen.[79]

Der Struktur nach handelt es sich, zumindest was Novalis angeht, um ein *argumentum e silentio*. Um diesem noch etwas mehr Gewicht zu geben und somit die

---

der zweiten Hand, nicht aus dem Original »Meditationes Philosophicae de Nonnulis ad Poema Pertinentibus«, Halle 1735, § 9; vgl. N III, 955.

[78] Der Begriff der Poesie wird uns unten noch ausführlicher beschäftigen; vgl. S.262–267.

[79] Dieses Ergebnis zwingt zu der Zusatz-These, dass der Aufsatz von DIETER MATHY, Zur frühromantischen Selbstaufhebung des Erhabenen im Schönen. In: Christine Pries (Hg.), Das Erhabene, Weinheim 1989, 143–160, dessen Aussage der Titel vollständig wiedergibt, gewissermaßen auf halbem Wege stehen geblieben ist.

These vom epochalen Rang dieser Relativierung zu erhärten, sei noch ein kurzer Überblick über die Problemstellungen gegeben, die sich im Laufe der Zeiten
mit dem Schönen verbunden hatten. Die Diskussion über das Schöne verlief
über Jahrhunderte, ja zum Teil Jahrtausende in ganz bestimmten Theoriealternativen. Kann etwas schön sein ohne eine moralische Dimension? Ist etwas von
Natur aus schön oder nur durch Konvention? Liegt Schönheit im Objekt – etwa
als *harmonia* oder als *symmetria* – oder im Auge des Betrachters? Diese Fragen
wurden bereits in vorsokratischer Zeit diskutiert.[80] Kann man etwas schön finden ohne eine transzendente Idee des Schönen? – eine Frage Platons. Ist Schönheit vielleicht ein Merkmal des Seienden überhaupt, eine Schöpfungsqualität
mithin? Wird es ohne Bezug zur höchsten Schönheit (Gottes) recht verstanden?
Dies waren Themen, die das Mittelalter interessierten.[81] Viele dieser Fragen waren noch für die Diskussion des späten 18. Jahrhunderts bestimmend und gaben den Rahmen des Denkbaren vor. Das gilt für Moritz, Schiller, Friedrich
Schlegel vor 1796 und in gewisser Weise auch für Kant. Das wirklich Frappierende ist demgegenüber das völlige Desinteresse der Frühromantiker an diesen
Theoriealternativen. Nicht eine neue Art der Antwort auf jene Fragen, sondern
ihre Verabschiedung als Thema machen das Epochale der ästhetischen Reflexionen der Schlegel und Novalis aus. Denn dass sie sich langfristig mit dieser
Relativierung durchgesetzt haben, zeigt die Entwicklung der Kunst im 19. und
20. Jahrhundert.[82]

Wenn es aber richtig ist, diese Relativierung des Schönen als Kriterium einer romantischen Ästhetik im engeren Sinne anzunehmen, so ermöglicht dies
auch eine Stellungnahme zu einem anderen viel diskutierten Problem der Forschung. Im Lichte der bisherigen Ausführungen ergibt sich, dass die Ästhetik
Schellings *nicht* zur frühromantischen Ästhetik im engeren Sinne gehört. Denn
der vermeintliche intellektuelle Vorreiter der Romantik[83] lässt seine erste große
Entfaltung der Ästhetik im »System des transzendentalen Idealismus« (1800) in
einem Begriff von (Kunst-) Schönheit gipfeln, der mit bis dato niemals gekannten Vermittlungsqualitäten ausstaffiert wird, indem von ihr behauptet wird, sie
sei imstande, den finalen Ausgleich von Transzendental- und Naturphilosophie
zu leisten.[84] Schelling gehört wenigstens nach dieser Seite noch ganz der Klas-

---

[80] Vgl. G. W. Most, Art. Schöne (das) I. Antike, HWPh 8 (1992), 1343-1351.

[81] Vgl. Jan A. Aertsen, Art. Schöne (das) II. Mittelalter, HWPh 8 (1992), 1351-1356.

[82] Vgl. nur etwa Franz v. Kutschera, aaO.: »Schönheit ist [...] nur ein ästhetischer Begriff neben anderen [...]. Der Rang eines Kunstwerks hängt also keineswegs nur von seiner
Schönheit ab.« (94f.)

[83] Ganz in die frühromantische Ästhetik ordnen Schelling beispielsweise ein Manfred
Frank, Einführung in die frühromantische Ästhetik, Frankfurt a. M. 1989, 137-174; Martin
Götze, aaO., 312-336.

[84] Friedrich Wilhelm Josef Schelling, System des transcendentalen Idealismus (1800),
VI. Hauptabschnitt, §§ 1-3.

sik zu; ein Umstand, aus dem hier lediglich das Plädoyer folgt, gerade in Spezialuntersuchungen sich nicht mit Übereinstimmungen zufrieden zu geben, die sich vielleicht aus philosophiegeschichtlichen Großperpektiven ergeben. Da die Grundbegriffe der frühen romantischen Ästhetik zum Zeitpunkt des Erscheinens von Schellings »System« bereits entwickelt waren, ist es auch irrtümlich anzunehmen, dass Schellings Kunstphilosophie auf diese noch einen nennenswerten Einfluss gehabt haben soll.

2. Die neuen ästhetischen Leitbegriffe

Nachdem im vorigen Teilkapitel eine Verortung der Frühromantik in den ästhetischen Debatten des 18. Jahrhunderts durchgeführt wurde, haben wir uns nun den neuen Grundbegriffen bei Novalis zuzuwenden. Methodisch soll dabei so vorgegangen werden, dass die Darstellung möglichst auf den Symbolbegriff hin fokussiert wird. Diese Fokussierung bedeutet zwar eine gewisse thematische Beschränkung. Sie hat aber umgekehrt den Vorteil, eine Rekonstruktionsperspektive zu bieten, derer das Quellenmaterial wegen seines disparaten Charakters allererst bedarf, um einer verstehenden Rekonstruktion zugänglich zu werden. Übergreifende Darstellungen von ästhetischen Positionen Hardenbergs sind vergleichsweise selten; sie haben in den letzten Jahrzehnten vor allem die Frage nach dem Verhältnis von romantischer Poetik und sozialer Wirklichkeit gestellt.[85] Ist dies zweifellos eine mögliche Perspektive, so ist doch mit unserer Konzentration zugleich die Behauptung verbunden, dass sie mehr als jene dazu taugt, die genuine *kunsttheoretische* Leistungskraft von Novalis' Überlegungen in den Blick zu bekommen.

Die ästhetischen Valenzen des Symbolbegriffs sollen am Ende dieses Teilkapitels gebündelt besprochen werden. Zuvor aber sollen zur Hinführung zwei andere Ausdrücke thematisiert werden, welche *cum grano salis* gleichsam für die Form- und für die Inhaltseite von Novalis' ästhetischer Grundeinsicht stehen, nämlich die Begriffe Poetisierung und Romantisierung. Die Auslegung dieser beiden von Novalis selbst gewählten Termini wird uns ins Zentrum seiner Symbolauffassung führen.

---

[85] Vgl. ROLF-PETER JANZ, Autonomie und soziale Funktion der Kunst, Stuttgart 1973; JOSEF HASLINGER, Die Ästhetik des Novalis, Bonn 1981. Während Janz herausstreichen will, dass Novalis' Kunst vor allem kompensatorischen Charakter unter den Bedingungen einer alles bestimmenden Ökonomie habe, versucht Haslinger, Hardenbergs hohe soziale Sensibilität nachzuweisen. Gleichwohl zeige sich bei Novalis eine Überschätzung der Leistungsfähigkeit der Kunst.

2.1. Poetisieren

Der Begriff der »Poetisierung« könnte die Assoziation wecken, als sollte hier den literarischen Sujets eine allgemeine Blumigkeit verliehen werden, als stünde er gleichsam für den – im landläufigen Sinne – poetischen Duftzerstäuber über die prosaischen Dinge des Alltags. Es ist nötig, sich von dieser Assoziation, selbst wenn ihr ein Fünkchen Wahrheit innewohnen sollte, vollständig frei zu machen. Denn obwohl der Ausdruck – auch bei Novalis – selbstverständlich mehrdeutig verwendet wird, ist doch das, was man mit diesem Begriff als ästhetischer Leistung verbindet, ein ganz neues Bewusstsein für die formtechnische Seite des literarischen Erzählens. Dieses Bewusstsein wurde, trotz Novalis' vergleichsweise großer Belesenheit in der schönen Literatur, mehr oder weniger exklusiv induziert durch die Lektüre von Goethes Roman »Wilhelm Meisters Lehrjahre«, den er vermutlich gleich nach Erscheinen und dann bis zu seinem Lebensende immer wieder gelesen hat. Zeugnis von einer intensiven Lektüre geben die vielen theoretischen Aufzeichungen zu diesem Buch, auf die weiter unten im Rahmen der Darstellung von Novalis' Theorie des Romans gesondert einzugehen sein wird.[86] Doch wenn auch der Roman in gewisser Weise das Theorem von der Poetisierung am besten exemplifiziert, so ist es doch allgemeiner gedacht und kann auch auf andere literarische Gattungen angewandt werden.[87]

Die erste Aufzeichnung zum Thema entwirft die Vision einer »transcendentale[n] Poësie« (WTB II, 324 / N II, 535). Ihren Begriff lässt Novalis vorerst unbestimmt, führt aber aus, was man von ihrer Erfindung zu erwarten habe: »Wenn sie erfunden ist, so wird man sehn, daß alle ächte [sic!] Dichter bisher, *ohne ihr Wissen,* organisch poëtisirten«. (ebd.) Auch frühere Zeiten hatten große Kunst geschaffen. Gleichwohl konstatiert Novalis bei ihnen einen »Mangel an Bewußtseyn dessen, was sie thaten«. (ebd.) Dieser Mangel schlug sich aber, auf's Ganze gesehen, eher negativ nieder, insofern er »einen wesentlichen Einfluß auf das Ganze ihrer Wercke hatte – so daß sie größtentheils nur im Einzelnen ächt poëtisch – im Ganzen aber gewöhnlich unpoëtisch waren.« (Ebd.) Novalis richtet sich hier gegen diejenige produktionsästhetische Auffassung, nach der gerade das unbewusste Schaffen ›wie von selbst‹ für die Entstehung großer Kunst verantwortlich zeichne. Im Gegenteil, die Unbewusstheit trägt in formaler Hinsicht in der Regel nur eine kleine Strecke weit; dass es darüber hinaus zu gelungenen größeren Einheiten kommt, bleibt der Ausnahmefall. Normalerweise kommt »kein Kunstwerck – sondern nur ein Sack voll Kunstfragmente« (WTB II, 370 / N II, 581) dabei heraus. Selbst wenn man eine Inspirationstheorie der künstlerischen Produktion verträte, müsste man zugeben, dass die geniale Eingebung im Kunstwerk doch formhaft gebunden werden muss.

---

[86] S. u. S. 286–290.

[87] Die Konzentration auf die Poetik schließt nicht aus, dass bestimmte Formprinzipien sich auch auf andere Künste übertragen ließen.

Dadurch gewinnt die künstlerische Produktion in hohem Maße den Charakter des planmäßigen Verfertigens.[88] Novalis hebt sehr häufig in seinem Werk den ursprünglichen Sinn des griechischen Ausdruck *poietes* (Dichter) hervor: Dies Substantiv leitet sich vom Verb *poiein* (herstellen, machen, tun) ab. Nicht umsonst bringt Novalis Kunst und Handwerk besonders nahe zueinander: Beide bringen einen Entwurf in eine äußere Darstellung: »Die Kunst kat exoxin, oder die wirckliche (äußre) Kunst, treiben Handwerker – Meister des bestimmten Theils – und Künstler kat exoxin, Meister der freyen Klasse.« (WTB II, 375 / N II, 586) Beide unterscheiden sich dahingehend, dass das Handwerk »bestimmt« ist, also zuvor festgelegte Objekte zu verfertigen hat, die Kunst hingegen in dieser Hinsicht frei ist. Sie kommen aber darin überein, dass sie beide nur in planmäßigem Vorgehen zum Ziel kommen. Daher braucht Kunst, wie das Handwerk, eine Zeit der Ausbildung.

Dass Novalis hier vorwiegend die Schriftstellerei als Beispiel der Darlegungen wählt, ist nicht nur darin begründet, dass er selbst Schriftsteller war: Der eigentliche Grund besteht darin, dass in dieser Kunst die Notwendigkeit der Ausbildung – für andere Künste eine schiere Selbstverständlichkeit – nicht in gleicher Weise ausgeprägt ist. Darum weist Novalis immer wieder auf die Musik als Vorbild hin:[89] »Man muß schriftstellern, wie Componiren.« (WTB II, 759 / N III, 563.) Neben der bereits erwähnten Vorbildfunktion, dass nämlich an der Musik besonders klar wird, dass Kunst keine Nachahmung ist, kann man diesen Vergleich vielleicht noch in zweierlei Hinsicht auslegen: Zum Einen, die Kompositionslehre kennt ein ausgefeiltes Regelsystem, an welchem sich selbst das stürmende und drängende Gemüt artistisch abarbeiten kann und muss. Und zum anderen, das Komponieren lehrt das Aufmerken auf das Handwerkliche der Kunst, nicht nur wegen der materiellen Dimension der in Notenzeichen elementarisierten Töne, sondern auch wegen der Motivik, dem Denken in Sequenzen, dem Achten auf Klangfarbe, Stimmlage usw.

Lässt sich demnach das Schriftstellern auch lernen wie das Komponieren, so folgt daraus, dass im Prinzip dem Schriftsteller und der Schriftstellerin alle Gattungen zu Gebote stehen müssen, auch wenn einem vielleicht diese oder jene besonders ›liegt‹: »Man muß, als Schriftsteller alle Arten der Darstellung machen können. Erst lerne man sie genau kennen – untersuche sie sorgfältig – studire die besten, schon vorhandenen Muster – dann lege man Hand ans Werk. Allmälich wird man in jeder Art Meister.« (WTB II, 377f / N II, 588)

Novalis hat diese Idee bis zu dem Gedanken hin getrieben, dass man im Grunde von jedem beliebigen Einfall aus zum großen Kunstwerk kommen kann: »Je

---

[88] Wenn man so will, kehrt Novalis Platons axiologische Zuordnung von *mania* und *techne* um: Während für Platon allein die erste, als die ›wahnsinnige‹, ekstatische Inspiration, die Künstlerin und den Künstler macht (vgl. Phaidros, 245a), verhält es sich für Novalis gerade umgekehrt.

[89] Vgl. besonders die »Vorarbeit 1798« mit der Nr. 226; WTB II, 362-364 / N II, 573-575.

größer der Dichter, desto weniger Freyheit erlaubt er sich [...]. Er begnügt sich mit der willkührlichen Wahl des ersten Moments und entwickelt nachher nur die Anlagen dieses Keims« (WTB II, 370 / N II, 581). Allerdings muss diese steile These doch etwas eingeschränkt werden, indem nicht schlechthin jedes Anfangsmoment in Frage kommt, sondern nur, insofern er eine »*Dissonanz* – ein Mißverhältniß, was sich nach gerade ausgleichen soll« (ebd.), enthält. Das Anfangsmoment muss gleichsam von selbst auf seine Entfaltung hin drängen. Die romantische Poetik kann nach dieser Seite durchaus als Versuch, die Regeln solcher Entfaltung zu entwickeln, angesehen werden.[90]

Diese recht technische Auffassung der Schriftstellerei hat Novalis in seinem Roman »Heinrich von Ofterdingen« selbst mit verarbeitet. Zwar erklärt der Erzähler: »Heinrich war von Natur zum Dichter geboren« (WTB I, 315 / N I, 267). Aber das reicht eben nicht: Heinrich muss auf dem Wege zu seinem Dichterdasein zuerst bei Klingsohr in die Ausbildung gehen, welcher Heinrich zusichert: »Ich will euch mit Freuden in dem Handwerksmäßigen unserer Kunst unterrichten« (WTB I, 330 / N I, 282). Zahlreiche Lehrgespräche und gemeinsame Lektüre bilden den Grundstock dieses Unterrichts.[91]

Die bisherige Begriffsentwicklung hat ganz auf das planmäßige schriftstellerische Verfahren abgestellt. Die Frage ist, ob mit dieser Erläuterung auch schon die für Novalis sehr charakteristischen Bildungen »Poetisierung« mit Genitiv-Attribut (oder Akkusativ-Objekt) erklärt sind.[92] Kann man diese Wendungen anders verstehen, als dass hier von so etwas wie einer allgemeinen Verschönerung die Rede ist? So assoziationsnah diese Vermutung auch ist, der jeweilige Gebrauch und der Kontext der einschlägigen Stellen legen eine ganz andere Bedeutung nahe. In den Vorarbeiten zum zweiten Teil des »Heinrich von Ofterdingen« etwa findet sich unter lauter Entwurfsskizzen auch diese: »Allerhand Wissenschafen poëtisirt, auch die Mathematik, im Wettstreit.« (WTB I, 393 / N I, 343). Poetisierung meint hier nichts anderes als das Einbeziehen ins Werk, die poetische Behandlung, die innererzählerische Thematisierung. In dieselbe Richtung geht auch eine kurze Notiz, die wahrscheinlich auf einen Besuch bei Goethe referiert und einen Bericht von ihm aufnimmt:[93] »Die Göthische Reise mit Kraus enthält einen interressanten Beitrag zur Kunst das gewöhnliche Leben zu poëtisiren.« (WTB II, 357 / N II, 568) Hier kann man darunter so viel

---

[90] Novalis hat in der Aufzeichnung Nr. 242 der so genannten »Vorarbeiten 1798« einige Hinweise auf solche Regeln gegeben; vgl. WTB II, 369–371 / N II, 579–582.

[91] Vgl. dazu die Anmerkungen von Hans Jürgen Balmes, Kommentar, WTB III, 169f.

[92] Das Register der Kritischen Ausgabe (N V, 682) hat als Eintrag lediglich »P.[oetisierung] der Wissenschaften«; es finden sich aber auch – ohne Anspruch auf Vollständigkeit – Poetisierung der Welt (WTB I, 397 / N I, 347); Poetisierung des gewöhnlichen Lebens (WTB II, 357 / N II, 568); Poetisierung unseres Lebens (358 / 569); Poetisierung der Gegenstände (362 / 573), Poetisierung der Finanzwissenschaften (420 / 647), Poetisierung des Körpers (695 / N III, 453).

[93] Vgl. Hans Jürgen Balmes, aaO., 427f.

verstehen wie die geschickte poetische Behandlung eines Themas, das aufgrund der Meisterschaft des Poeten selbst das ›gewöhnliche Leben‹, oder zur Not auch die »Finanzwissenschaften« (WTB II, 420 / N II, 647) sein kann. Klingsohr hat dies in einem seiner Lehrgespräche mit Heinrich prägnant auf den Begriff gebracht: »Der Stoff ist nicht der Zweck der Kunst, aber die Ausführung ist es.« (WTB I, 334 / N I, 286) Poetisierung ist also die Aufbereitung eines Themas zum Zwecke geschickter dichterischer Darstellung.[94]

Mit dieser Betonung des »Machens« ist allerdings die Reichweite des Poiesis-Gedankens noch nicht ausgemessen. Denn das literarische Werk soll nicht nur nach diesem Methodenideal entstehen, es soll dieses zugleich im Werk selbst präsentieren und darstellen. Dazu ist zunächst eine gewisse Selbstreflexion der Erzählhaltung unabdingbar: Autorin und Autor reflektieren auf ihre eigene Tätigkeit, und zwar im Werk selbst. Ferner lassen sie das Erzählen als ein rationales Verfahren durchblicken. Diese Betonung des planmäßigen Charakters des Erzählens steht in einem ebenso merkwürdigen wie reizvollen Widerspiel zur Betonung der produktiven Einbildungskraft für den Entwurf. Aber Novalis hat genau diese Gegenläufigkeit zum Proprium der romantischen Poesie erklärt: »Die Vernunft sezt, die Fantasie *entwirft* – der Verstand führt aus« (WTB II, 333 / N II, 544). Jenes Durchblickenlassen der Konstruiertheit steht nach Novalis' Meinung den fiktionalen Anregungsqualitäten nicht im Wege, sondern eröffnet im Gegenteil ganz eigene Möglichkeiten der Assoziation, indem »die Benennung von Fiktion als Fiktion [. . .] *selbst* zu einer *res poetica* wird.«[95]

Ein wichtiges Stilmittel, das diesem Zweck dient, ist die sogenannte Technik der Rahmung oder auch Einlage. In die Großstruktur beispielsweise eines Romans werden kleinere Formen eingelegt, wie etwa ein Märchen, das verblüffende Strukturähnlichkeiten zum Roman haben kann. Und dieses kleinere Form kann wiederum eine Einlage enthalten, zum Beispiel ein Gedicht, das noch einmal in ähnlicher Weise strukturiert ist. Im Entdecken solcher Strukturähnlichkeiten wird gleichsam der Bauplan des Autors durchsichtig. Dieser Effekt wird verstärkt dadurch, dass die Einlagen ihrerseits nicht vom Erzähler des Romans, sondern von im Roman vorkommenden Figuren erzählt werden, gleich als ob dies ein allgemeines Verfahren sei. Novalis hat diese Technik mustergültig im dritten Kapitel seines »Heinrich von Ofterdingen« angewandt; es besteht aus einer »andere[n] Geschichte« (WTB I, 259 / N I, 213), die die Kaufleute dem jungen Heinrich erzählen, dem Märchen von Atlantis, in dem wiederum

---

[94] Gänzlich anders versteht den Begriff JOHANNES HEGENER, Die Poetisierung der Wissenschaften bei Novalis, Bonn 1975, der den Terminus ganz auf das Enzyklopädie-Projekt hin liest und eine »poetische Wissenschaft« (64), in seinem Verständnis eine religiös-ästhetisch verbrämte Wissenschaft, zum Grundgedanken von Novalis machen will.

[95] INGRID STROHSCHNEIDER-KOHRS, Die romantische Ironie, Tübingen ²1977, 428, zeigt dies am Beispiel von E. T. A. Hoffmanns Märchen »Der goldene Topf«, der nach ihrer Meinung diese Überlegung von Novalis mustergültig einlöst.

ein Fremdling ein Gedicht (»Der Sänger geht auf rauhen Pfaden«) vorträgt.[96] Die Wirkung wird dadurch verstärkt, dass Roman, Märchen und Gedicht alle dieselbe dreigliedrige Struktur: Heimat – Hinausgestoßensein in die Welt – Vereinigung aufweisen. Ferner stimmen sie alle in ihrer Thematik, dem Sieg der Poesie über die widerstrebenden Mächte, überein.[97]

Ein anderes Mittel, die Konstruiertheit des Romans durchsichtig werden zu lassen, sind gezielte Anachronismen. Die Geschichte ist ja eigentlich im hohen Mittelalter angesetzt: Trotzdem schlägt die Wanduhr, trotzdem besitzen Privatpersonen Bücher oder gar ganze Bibliotheken, trotzdem wird auf adligen Festen bereits der Walzer getanzt, trotzdem werden poetische Positionen eines Goethe und philosophische eines Fichte referiert.[98] Diese Anachronismen sind Novalis nicht infolge von Unkenntnis unterlaufen,[99] sondern planmäßig eingesetzt: Das Geschehen wird scheinbar in eine vergangene Zeit versetzt, unterschwellig aber nur um so näher an die eigene Gegenwart herangerückt.

Das Ideal, welches Novalis vorschwebt, fasst er unter dem Begriff der »Transzendentalpoesie« zusammen: In Analogie zur Wortbedeutung von »transzendental« in der Philosophie Kants meint dieser Begriff die Reflexion auf die Bedingungen der Möglichkeit literarischen Schaffens. Diese sollen aber eben im Werk selbst zur Sprache kommen; der romantische Roman ist zugleich, wenn man so will, eine Kritik der erzählerischen Vernunft. Novalis unterstreicht diesen Gesichtspunkt zusätzlich dadurch, dass in seinem »Heinrich von Ofterdingen«, der die Poesie selbst zum vorzüglichen Gegenstande hat, in Heinrichs Ausbildung zum Dichter zugleich eine idealtypische Geschichte der Dichtungstheorie literarisch verarbeitet ist: Bereits die Kaufleute, mit denen Heinrich sich auf seiner Reise nach Augsburg unterhält, haben einiges über die Dichtkunst gelernt, bleiben aber ganz dem Nachahmungs-Paradigma verhaftet (vgl. WTB I, 255 / N I, 209). Klingsohr repräsentiert die durch Goethe möglich gewordene Technik der Poetisierung, die Poesie als »strenge Kunst« (330 / 282) im oben geschilderten Sinne.[100] Aber erst der – unvollendete – Schluss des Romans kann die eigentliche neue Dichtkunst enthalten, und Heinrich muss schließlich sogar über seinen Lehrer hinauswachsen, da er sonst bereits am Ende des ersten Teils seine Ausbildung beendet hätte.

Wendet man sich abschließend dem Begriff der Poesie selbst zu, so wird man

---

[96] Ein weiterer wichtiger Effekt ist mithin die in der Romantik sehr beliebte Simulation von Mündlichkeit.

[97] Vgl. zur romantischen Einlage ERIKA VOERSTER, Märchen und Novellen im klassisch-romantischen Roman, Bonn 1964.

[98] Vgl. zu den historischen Hintergrundinformationen jeweils den Kommentar von HANS JÜRGEN BALMES, aaO.

[99] Vgl. dazu IRA KASPEROWKSI, Mittelalterrezeption im Werk des Novalis, Tübingen 1994.

[100] Diese These soll keineswegs einzelne Romanfiguren mit Zeitgenossen von Novalis identifizieren.

finden, dass Novalis zunächst nicht ganz mit sich einig ist. Zunächst bezeichnet er die Poesie als »eine harmonische Stimmung des Gemüths« (WTB II, 754 / N III, 558). Bereits kurze Zeit später aber ist sie ihm die »Darstellung des Gemüths – der innern Welt in ihrer Gesamtheit« (WTB II, 810 / N III, 650; i. O. kursiv). Unter dem »Gemüt« versteht jene Zeit den Inbegriff der geistigen Kräfte samt dem Empfindungsvermögen. Gemäß der Natur dieses Gegenstandes kann sich die Darstellung nicht einfach an Gegebenes halten, sondern muss aus sich heraus die adäquaten Mittel finden, sie muss »eigenthümlich allgemein, verknüpfend und schöpferisch seyn. Nicht wie es ist, sondern wie es seyn könnte und seyn muß«. (ebd.) Nur durch die schöpferische Poesie kann das Innere adäquat ausgedrückt werden, aber so, dass es zugleich erst in diesem Ausgedrücktwerden selbst identifiziert wird von der Poesie, »die das Gemüth selbst in ein mannichfaches Spiel von Bewegungen sezt.« (Ebd.) Gemütsbewegung und ihr Ausdruck bedingen einander gegenseitig. Deshalb verwundert es nicht, wenn die technische Komponente in den Begriff der Poesie selbst eingeht:[101] »[M]an sucht mit der Poesie, die gleichsam nur das mechanische Instrument dazu ist, innre *Stimmungen* und Gemählde oder *Anschauungen* hervorzubringen.« (WTB II, 801 / N III, 639) Die oben angesprochene Allgemeinheit, derer die Darstellung bedarf, ist aber natürlich keine begriffliche Allgemeinheit, sie kann vielmehr nur symbolisch sein. Poesie ist symbolische Darstellung des Gemüts bzw. Darstellung im Symbol. »Der Sinn für Poësie hat viel mit dem Sinn für Mystizism gemein. [...] Er stellt das Undarstellbare dar« (WTB II, 840 / N III, 685). Damit aber klar werde, dass die Darstellung auch wirklich das Undarstellbare darstellt, dazu bedarf es noch eines anderen Verfahrens, dem wir uns jetzt zuwenden wollen.

2.2. Romantisieren

Der Ausdruck des Romantischen hat bereits bei seiner Etablierung gegen Ende des 18. Jahrhunderts zahlreiche Konnotationen besessen; es konnten Gattungen so bezeichnet werden, Epochen oder auch Stile.[102] Bei Novalis bezeichnet das Wort »Romantisieren« primär erneut die Idee eines literarischen Verfahrens, und zwar als Leitbegriff der Schriftstellerei in inhaltlicher Hinsicht. Denn die romantische Poesie geht nicht in dem neuen Formbewusstsein auf. Bereits in den »Fichte-Studien« hatte Novalis die dichterische Kraft definiert als »Kraft, das Besondre zu denken« (Nr. 276, WTB II, 102 / N II, 193), im Gegensatz zur philosophischen, welche das Allgemeine denkt. Dichtung hat es mit dem Besonderen, dem Einzelnen, dem Individuellen zu tun, und nicht mit dem Allge-

---

[101] Nicht zu Unrecht ist daher davon gesprochen worden, bei Novalis liege »eine radikale Poetik der Konstruktion« vor; vgl. MARTIN GÖTZE, aaO., 254-311, hier 264.

[102] Vgl. zur Polyvalenz dieses Ausdrucks LOTHAR PIKULIK, Frühromantik, München 1992, 73-79; GERHARD SCHULZ, Geschichte der deutschen Literatur, Bd. VII / 1, München ²2000, 69-80.

meinen. Es bedarf daher eines Verfahrens, die Sprache für dichterische Valenzen allererst einzurichten. Dies Verfahren nennt Novalis das »Romantisieren«. Darin wird das Besondere, das sprachlich nur in allgemeinen Ausdrücken und deshalb nicht *als* Besonderes vorkommt, so bearbeitet, dass es gewissermaßen umgekehrt zu seinem Alltags-Sinn inszeniert wird. Die Literatur bewirkt nicht einfach eine Verdoppelung der Welt in dem Sinn, das sie noch einmal vorführt, was ohnehin schon vor Augen steht. Sondern sie forscht den Möglichkeiten dieses Einzelnen nach, die im Raum der Fiktion ihre Grenze nur an der Einbildungskraft von Dichterin und Dichter haben. Auch von dieser Seite her erfährt der Stoff eine gewisse Relativierung: Es kommt nicht so sehr darauf an, dass der Stoff an sich sehr viel hergibt, sondern viel mehr darauf, wie er bearbeitet wird: »[M]an verliert die Lust am Mannichfaltigen, je mehr man Sinn für die *Unendlichkeit* des Einzelnen bekömmt − Man lernt mit Einem Instrument machen, wozu andre Hunderte nöthig haben − und interressirt sich überhaupt mehr für das *Ausführen*, als für das Erfinden« (WTB II, 328 / N II, 539). Das Romantisieren bildet einen Möglichkeitsraum um das Singuläre: »Absolutisirung − Universalisirung − *Classification* des individuellen Moments, der ind[ividuellen] Situation etc. ist das eigentliche Wesen des *Romantisirens*« (WTB II, 488 / N III, 256).

Die Romantisierung kann näherhin als eine Verfremdung bezeichnet werden, die zweierlei leistet: Zum einen unterhält sie in diesem Verfremden, und zum anderen stellt sie das verfremdete Besondere so dar, dass es gleichsam auf einer tieferen Ebene doch wieder als bekannt erscheint, aber eben in einem anderen Sinn als dem alltäglichen. »Die Kunst, auf eine *angenehme* Art zu *befremden*, einen Gegenstand fremd zu machen und doch bekannt und anziehend, das ist die romantische Poetik.« (WTB II, 839 / N III, 685) Romantisieren ist also ein Verfahren, das durch eine gegenläufige Inszenierung des Alltäglichen neue Deutungsperspektiven ermöglicht und so etwas wie eine Tiefenschicht der Wirklichkeit freilegt: In der Begegnung mit der Poesie in diesem Sinne ist es, »als gehe einem nun erst der rechte Sinn für die Welt auf« (WTB II, 755 / 558). Statt mit den Dingen, bloß wie sie sind, befasst sich die Literatur mit Möglichkeiten, welche aber gerade um der Deutung der Wirklichkeit willen erwogen werden. Romantisieren ist sozusagen der ins Technische gewendete umgekehrte Vorgang des Symbolverstehens: Durch bestimmte literarische Verfahren wird ein überschießender Bedeutungsraum allererst erzeugt. Ohne Anspruch auf Vollständigkeit seien hier einige dieser Verfahren dargestellt:

− die Erzählereinschaltung. Der Erzähler kommentiert das Geschehen, tritt aus der Handlung heraus für allgemeine Bemerkungen. Dadurch wird der Schnitt zwischen fiktionaler Welt und wirklicher Welt einerseits betont, indem der Erzähler gleichsam das Hin- und Herschalten steuert. Andererseits zeigt sich, dass dieser Schnitt in Wahrheit zu einer Verdoppelung der Fiktionsebene führt, da die Figur des Erzählers ja selbst der Ebene der Fiktion angehört.

– die Vorwegnahme von Ereignissen in Träumen und Gedichten: Immer wieder lässt Novalis einzelne Figuren Ereignisse träumen oder bildet sie in einem Gedicht vor, bis dass sie später tatsächlich eintreffen. Auch dies geschieht einmal zur Verdoppelung der Fiktionsebenen, darüber hinaus aber verweisen die zweimal versprachlichten Ereignisse in ihrer jeweiligen Kontextuierung wechselseitig aufeinander und legen sich gegenseitig aus.

– Buch-im-Buch-Strukturen: Als ein besonderer Spezialfall des vorigen Punktes kommt dieser Kunstgriff zu stehen. Heinrich entdeckt beim Besuch eines Einsiedlers in dessen unterirdischer Bibliothek ein Buch, das in einer ihm unbekannten Sprache geschrieben, aber reich bebildert ist; und zu seinem großen Erstaunen entdeckt Heinrich sich selbst in diesen Bildern. Auch Figuren aus seinen Träumen tauchen auf. Das Buch reicht augenscheinlich sogar bis in die Zukunft, aber: »[D]er Schluß des Buches schien zu fehlen.« (WTB I, 312 / N I, 265) Einerseits scheint seine Geschichte vorgezeichnet, andererseits ist sie noch offen.

– Verwendung der romantischen Mir-war-als-wenn-Formel: Diese Wendung wurde zuerst von Wilhelm Heinrich Wackenroder massiv eingesetzt.[103] Zur Beschreibung eines inneren Zustandes wird er verglichen, und zwar in der Regel mithilfe eines irrealen Vergleichssatzes, welcher seinerseits noch einmal einen fiktionalen Gegenstand ausdrücken kann; die Formel ist nach Komplexitätsgraden abstufbar. Gleich zu Beginn des Buches, als Heinrich nicht einschlafen kann, ist ihm, »als hätt' ich vorhin geträumt, oder ich wäre in eine andere Welt hinübergeschlummert« (240 / 195). Heinrichs Vater kommentiert seine Begegnung mit einem interssanten alten Mann mit den Worten: »Es war mir, als sey ich in einer neuen Welt an Land gestiegen.« (245 / 200) Als Derivat dieser Formel kann man sicherlich die Wendung »zumute sein wie« ansehen: Heinrichs Vater erzählt von einem Traum, den er als junger Mann gehabt, und in dem ihm »ganz unaussprechlich zu Muthe war« (247 / 201f). Heinrich selbst vergleicht einmal seinen Zustand nach einem rauschenden Fest: »Ist mir nicht zu Muthe, wie in jenem Traume, beym Anblick der blauen Blume?« (325 / 277) Die Formel kann auch ohne die Einleitung gebraucht werden, so dass der Umstand quasi objektiviert scheint, aber leicht in die Mir-war-als-wenn-Struktur umgeformt werden kann. Von dem Traum heißt es, er sei »ein bedeutsamer Riß in den geheimnisvollen Vorhang [...], der mit tausend Falten in unser Inneres hereinfällt« (244 / 198f); nach einem Gespräch wird von Heinrich gesagt: »Die Worte des Alten hatten eine versteckte Tapetenthür in ihm geöffnet« (299 / 252). Die Liste der Beispiele ließe sich unschwer verlängern.

---

[103] Vgl. dazu ULRICH BARTH, Ästhetisierung der Religion – Sakralisierung der Kunst. In: Ders., Aufgeklärter Protestantismus, Tübingen 2004, 225-256; zu dieser Formel besonders 244-249.

– De-Konkretisieren[104] bekannter Stoffe: Die Kaufleute erzählen die bei den Romantikern beliebte, ursprünglich von Herodot überlieferte Sage von Arion, sprechen aber nicht von »Arion«, sondern nennen ihn »einer jener sonderbaren Dichter« (257 / 211), und der Fisch, der ihn aus dem Meer rettet, ist kein »Delphin«, sondern »ein dankbares Unthier« (258 / 212).[105] Weniger konkret als die von Herodot verwendeten Ausdrücke, öffnet diese Sprache mehr Raum für die Phantasie der Hörenden. Zu diesem Punkt gehört auch das massive Verwenden von betont unscharfem Vokabular: »scheinen«, »sonderbar«, Komposita von »deuten« (wie »bedeutend« oder »bedeutsam«), »geheimnisvoll«, »wunderbar« u. a.[106]

Das Romantisieren stellt, so kann man zusammenfassen, eine Transzendierung des Alltags zur Verfügung. Eng damit verknüpft ist aber noch eine weitere Funktion. Der Alltag wird nicht nur transzendiert, sondern in der ästhetischen Erfahrung auch unterbrochen: »Alle Poesie unterbricht den gewöhnlichen Zustand – das gemeine Leben« (WTB II, 357 / N II, 568). Diese Unterbrechung dient dazu, wie Novalis sagt, uns zu »erneuern« und das »Lebensgefühl *rege* zu halten«. (Ebd.) Die Begegnung mit der Kunst nimmt aus dem Strom der gewöhnlichen Abläufe, der standardisierten Routinen heraus und ermöglicht einen Rekreationsvorgang, welcher aber seinerseits nicht ein verbessertes Funktionieren verbürgen soll, sondern zu einer größeren geistigen Wachheit anhält. In der ästhetischen Unterbrechung wird der eigene Lebenszusammenhang auf eine nicht-begriffliche Weise thematisch. Dies ist nach Novalis eine Leistung der Kunst, wenn sie als symbolisch aufgefasst wird. In einem weiteren Abschnitt soll diese Kennzeichnung plausibel gemacht werden.

2.3. Symbol

Die Auffassung, die romantische Kunsttheorie in dem Begriff des Symbols zu bündeln, ist keine neue Idee. Sie ist neuerdings wieder eindringlich von dem ursprünglich aus Bulgarien stammenden, seit 1963 aber in Paris und den USA lebenden und lehrenden Philosophen und Sozialwissenschaftler Tzvetan Todorov vertreten worden. Die hier vorzutragende zusammenfassende Reflexion kann also von seiner Romantik-Deutung, die er in seinem grundgelehrten Buch »Symboltheorien« vorgetragen hat, nur profitieren, und damit zugleich eine Bringschuld, in die wir oben geraten waren,[107] nunmehr abtragen.

Todorov hatte als den ersten Autor, der auf den dargestellten Epochenbruch

---

[104] Ich spreche nicht von »Abstrahieren«, weil dieses Wort die Konnotation des Zielens auf begriffliche Erkenntnis bei sich führt.

[105] Vgl. HANS JÜRGEN BALMES, aaO., 161.

[106] Vgl. dazu auch HELMUT SCHANZE, Index zu Novalis' »Heinrich von Ofterdingen«, Frankfurt a. M./Bonn 1968.

[107] Vgl. oben S. 247.

reagiert, Karl Philipp Moritz namhaft gemacht: »Moritz scheint mir der erste gewesen zu sein, der in seinem Werk das ganze [. . .] Gedankengut vereinigt hat, das für die romantische Ästhetik bestimmend sein wird.«[108] Die Ausführungen der Frühromantiker im engeren Sinne untermauern dies, führen es aus, bringen aber kaum noch wesentliche Neuerungen hinzu. Wir hatten diese Fokussierung auf Moritz bereits revidiert. Damit ist aber noch nicht etwas darüber ausgesagt, ob der Symbolbegriff selbst, den Todorov als den romantischen aus Moritz und anderen gewinnt, in gleicher Weise zu kritisieren wäre: »Man könnte sagen, dass alle Merkmale des Kunstwerks sich in einem einzigen Begriff konzentrieren, dem die Romantiker später den Namen *Symbol* geben werden.« (157) Welches sind diese Merkmale?

Todorov geht von einer semiotischen Fragestellung aus, und zwar von der Frage, ob die Kunstwerke – als Zeichen verstanden – ›bedeuten‹, man könnte auch sagen: verweisen. Dies tun sie nach der romantischen Auffassung allerdings, doch in einer spezifischen Weise: Sie verweisen danach nämlich nicht mehr auf etwas außerhalb ihrer selbst. Das eigentlich Neue ist demgegenüber: »Das Kunstwerk bedeutet sich selbst, durch die Wechselwirkung seiner Teile.« (156) Todorov bringt diese Selbstreferenzialität auf den Begriff, das Kunstwerk als Zeichen sei »intransitiv« (151). Dies treffe auch auf Sprachkunst zu. Gerade Novalis stehe für die Idee einer intransitiven Sprache, die also nicht dazu da sei, auf etwas anderes zu verweisen, sondern die insofern ›poetisch‹ sei, als sie nur ausdrücke um des Ausdrucks willen. Und genau darin liege ihre eigentliche, über ihre referenzielle und kommunikative Funktion hinausreichende Leistung: »Das Paradoxe am der intransitiven Sprache ist, dass die Ausdrücke, die nur sich selber meinen, zugleich mit der tiefsten Bedeutung versehen sein können« (171), wie Todorov unter Verweis auf den »Monolog« von Novalis plausibel machen will. Die Kunst, unter die auch die poetische, nicht-referenzielle Sprache fällt, »bringt etwas zum Ausdruck, was anders nicht gesagt werden kann.« (186) Das »Unaussprechliche« (ebd.) ist zunächst aber auch nichts weiter als eben genau dies. Seine Annahme rechtfertigt sich aus der »Analyse des poetischen Phänomens« (ebd.), das nicht auf andere Kulturphänomene zurückgeführt werden kann. Nur Kunst als »Symbol« (196) vermag auf es zuzugreifen.

In dieser Bestimmung liegt noch zweierlei enthalten: Zum einen, das Kunstwerk darf trotz seines nicht-referenziellen Charakters nicht als ein willkürliches Zeichen, wie Buchstaben oder Hieroglyphen, angesehen werden: »[W]as man später Symbol nennen wird, ist ein motiviertes Zeichen.« (158) Es kann auch gar nicht anders sein, da das, was es bedeutet, nicht beliebig sein kann, weil dieses ja – es selbst ist. Kunst ist sogar in höchstem Maße motiviert, da sie vielleicht die einzige Zeichenklasse ist, die schlechterdings nicht substituierbar ist. Zum ande-

---

[108] Tzvetan Todorov, Symboltheorien (1977), Tübingen 1995, 143. Seitenzahlen im Text der folgenden Absätze aus diesem Buch.

ren, der Bezug auf das Unaussprechliche impliziert, dass das Gesamtsystem Kunst als »Werdende[s]« (169) verstanden werden muss: Jedes Kunstwerk induziert in gewisser Weise immer schon das nächste, das sich ebenso lustvoll am Ausdruck des Unaussprechlichen abarbeitet. Dadurch bekommt die Ästhetik aber tatsächlich so etwas wie eine religiöse Dimension, nicht zuletzt deswegen, weil in der Tradition seit der Antike bis hin zu Friedrich Schlegel stets das Göttliche als der Gegenstand ›indirekter Rede‹ gefasst worden war (vgl. 190f). Wollte man diese sehr geschlossene Interpretation zusammenfassen, so hätten Intransivität, Motiviertheit und Progressivität als die drei Hauptmerkmale des romantischen Symbolbegriffs nach Todorov zu gelten.

Zunächst ist Todorovs Grundthese, dass der Symbolbegriff ein geeigneter Inbegriff romantischer Kunstauffassung sei, rundheraus zuzustimmen. Novalis benutzt den Ausdruck »Symbol«, wie die anderen Frühromantiker auch, nicht eben sehr extensiv. Aber das tut der Richtigkeit jener These keinen Abbruch, zumal er eben doch an einigen wichtigen Stellen fällt. Nach dem Besuch der Dresdener Gemäldegalerie scheint sich bei Novalis die entsprechende Überzeugung gefestigt zu haben. Ganz im Stile der frühen Romantik, wichtigste Thesen in Form von Vermutungen – daher auch ohne Fragezeichen – vorzutragen, notiert er: »Müssen nicht Sculptur und Malerei symbolisch sein.« (WTB II, 421 / N II, 648) Dass Novalis gerade diese Künste hier erwähnt, ist durch den soeben empfangenen Kunsteindruck begreiflich. Weiter führt die Begründung, die er anfügt: »Die Gemälde Gallerie ist eine Vorrathskammer indirecter Reitze aller Art für den Dichter.« (Ebd.) Die Bestimmung, dass das Symbolische *indirekt* wirkt, hatte er schon früher festgehalten: »Alle Darstellung des Dichters muß symbolisch oder rührend seyn. [. . .] Das symbolische afficirt nicht unmittelbar – es veranlaßt Selbstthätigkeit« (WTB II, 848 / N V, 9f).[109] Hier wird das Symbolische also explizit auf die Literatur bezogen. Die symbolische Dichtung kultiviert ihre »bildliche uneigentliche Sprache« (WTB I, 223 / N I, 100); Bildlichkeit und Uneigentlichkeit sind sehr treffende Explikationen des Symbolischen.

Hier zeigt sich ein erstes Problem in der Interpretation von Todorov: Das aktive Moment in der Rezeption des Symbols, das Gereiztwerden, findet bei ihm keinen Ort. Dies muss aber konstitutiv in den Symbolbegriff eingehen: Der Bedeutungsraum eines Symbols wird allererst in seiner Deutung *als* eines Symbols erzeugt. Aus diesem Hinweis folgt aber noch ein tieferliegendes Problem. Es betrifft die Frage der Intransivität. Todorov etabliert dieses Merkmal im Gegensatz zur Transivität des Nachahmungs-Paradigmas: Die Mimesis-Kunst verweist auf das, was sie nachahmt. In diesem Sinne ist ihm durchaus zuzustimmen; hier-

---

[109] Diese Notiz war zusammen mit anderen bereits in N III unter dem Verlegenheitstitel »Nachlese« abgedruckt worden (692f), ist aber aufgrund der erst 1979 aufgetauchten Original-Handschrift neu ediert worden. Zu datieren ist diese Notiz auf das Frühjahr 1796, gehört also noch in den Gedankenkontext der »Fichte-Studien«.

über sind die Romantiker hinaus. Aber gerade der subjektive Bedeutungsaufbau erzwingt die Zusatzthese, dass die ›Bedeutung‹ des Kunstwerks doch analytisch von diesem selbst unterschieden werden muss. Natürlich ist die Bedeutung nicht irgendeine mundane Wirklichkeit, und insofern, aber auch nur insofern bleibt es richtig, dass das Kunstwerk im Bedeuten nicht überschritten wird. In anderer Hinsicht ist es nicht richtig: Die Bedeutung ist nämlich ein imaginäres Gebilde, das durchaus nicht in dem Kunstwerk selber liegt, sondern sich erst im Wechselspiel von Artefakt und der »schaffenden Betrachtung« (WTB I, 225 / N I, 101) aufbaut. Das Paradox, das Todorov inszeniert, dass nämlich das nur auf sich selbst verweisende Kunstwerk dennoch »mit der tiefsten Bedeutung versehen sein können«, verdankt sich also allererst seiner letztlich zu engen Herangehensweise. Die Bestimmung, ein Kunstwerk verweise nur auf sich selbst, kann den von Todorov geschilderten Rezeptionsvorgang als Phänomen nicht erklären.

Todorov hatte zum Beleg seiner Interpretation unter anderem auf den »Monolog« von Novalis verwiesen. Doch noch unabhängig von der Frage, inwieweit dieser hermetische Text überhaupt in diskursiver Absicht bemüht werden sollte,[110] ist seine Argumentfunktion bei Todorov auch durch ein verkürztes Zitieren erkauft. Todorov beschließt sein Zitat mit der berühmten Bestimmung: »Wenn man den Leuten nur begreiflich machen könnte, daß es mit der Sprache wie mit den mathematischen Formeln sei – Sie machen eine Welt für sich aus – Sie spielen nur mit sich selbst, drücken nichts als ihre wunderbare Natur aus« (WTB II, 438 / N II, 672).[111] Das Zitat geht aber noch weiter: »und eben darum sind sie so ausdrucksvoll – eben darum spiegelt sich in ihnen das seltsame Verhältnißspiel der Dinge [...] So ist es auch mit der Sprache«. (Ebd.) Gerade weil die mathematischen Formeln nicht im engeren Sinne auf Wirkliches verweisen, eben deshalb sind sie noch in anderer Hinsicht »ausdrucksvoll«, nämlich im Hinblick auf das »seltsame Verhältnißspiel der Dinge«: Sie drücken reine Verhältnisse aus. Ganz analog verhält es sich mit der dichterischen Sprache: Gerade wenn sie nicht im Sinn einer Mimesis etwas anderes als sich selbst ausdrücken will, wird sie transparent im Hinblick auf das »Unaussprechliche«. Eben der völlig richtige Hinweis auf diese Kategorie, den Todorov ja selbst gegeben hatte, zeigt, dass die These von der reinen Selbstreferenzialität der Kunst nicht ausreicht: »Symbole sind Mystific[a]tionen« (WTB II, 349 / N II, N II, 560), sie machen im Verbergen offenbar; das wäre nicht möglich, wenn sie tatsächlich nichts als sich selbst bedeuten würden. Aber freilich, um es noch einmal sehr deutlich zu sagen: Ihre Bedeutung ist an das Artefakt und an dessen nicht-mimetischen Charakter gekoppelt, und sie ist rein imaginär.

Abstrahieren wir diese Ergebnis noch einmal von dem Gespräch mit Todo-

---

[110] Die bislang unübertroffene Deutung stammt von INGRID STROHSCHNEIDER-KOHRS, aaO., 249–273.

[111] TZVETAN TODOROV, aaO., 171.

rov und knüpfen es noch einmal an ein Problem unseres Kapitels an: Friedrich Schlegel hatte im Entwurf seiner Universalgeschichte der Poesie ein Dreierschema entworfen, bei dem die zukünftige »dritte Periode« durch die Vereinigung der Konstruktionskunst der Moderne und der Anschauung des Schönen der antiken Kunst bewirkt werden würde. Was bleibt von diesem Schema übrig, wenn der Idee des Schönen diese Vermittlungsleistung nicht mehr zugetraut wird? Mit einer leichten Modifikation kann es doch aufrecht erhalten werden, und Novalis hat sich ihm ja auch *cum grano salis* angeschlossen. Die geforderte »Anschauung« kann nicht durch das Studium einer vergangenen Epoche eingebunden werden, sondern muss anderweitig erzeugt werden: Die geforderte Anschauung ist jene imaginäre Bedeutung des Symbols. Dass diese Synthesis tatsächlich je und je gelingt, zeigt sich an dem Phänomen, dass die Kunst nach wie vor tatsächlich tiefe Befriedigungserlebnisse – auch in Abwesenheit des Schönen – zu vermitteln vermag. Dass sie nicht auf dem »Objektiven«, das Schlegel einst beschworen hatte, aufruht, beweist der Umstand, dass die neuere Kunst eine Kunst andauernder Reflexion ist. Denn in das Symbolische, das »Selbstthätigkeit« veranlasst, ist das Subjektive immer schon eingegangen.

3. Gattungstheoretische Überlegungen

Zu den großen Themen der Ästhetik, der des 18. Jahrhunderts zumal, gehört die Frage nach der Einteilung der Künste, nach ihrem möglichen Ableitungsprinzip und ihrer Rangordnung. Eng damit verbunden ist das Problem der Reichweite des Kunstbegriffs, also danach, welche menschlichen Herstellungsweisen eigentlich noch unter den Obertitel der schönen Künste zu fallen hätten. Als ständige Wackelkandidaten kamen – neben den unumstrittenen Künsten wie Literatur, Musik, Bildhauerei, Malerei – in den einschlägigen Debatten etwa die Architektur oder die Gartenbaukunst zu stehen. Kant hat diesen Fragenkomplex in den §§ 51 und 53 seiner »Kritik der Urteilskraft« verhandelt. In den Aufzeichnungen Hardenbergs finden sich, gemäß der Weite des Kunstbegriffs der »Fichte-Studien«, welcher Kunst im allgemeinen als die äußere Objektivation eines freien inneren Entwurfs versteht, zu all diesen Künsten einige Reflexionen, ohne dass, streng genommen, Einteilungsfragen für ihn eine Rolle gespielt hätten. Lediglich zur Abgrenzung der Kunst vom Handwerk, der Philosophie und den Wissenschaften finden wir eine umfangreiche Aufzeichnung. Danach gehört Kunst mit dem Handwerk zusammen in die sich äußerlich manifestierende Geistestätigkeit, unterscheidet sich aber von diesem dadurch, dass sie keine »bestimmte«, sondern eine »unbestimmte, freye« Verfahrensweise ist. Jenes »ist nur Mittel zum Zweck – dieses Zweck an sich, befriedigende Thätigkeit des Geistes, *Selbstgenuß* des Geistes« (WTB II, 375; N II, 586).

Eine Gesamtdarstellung der Hardenbergschen Ästhetik hätte jene Notate zur Musik, zur Malerei und Bildhauerei und zu den übrigen Künsten im Zusammenhang darzustellen und auszuwerten. Wir wollen uns hier auf die Reflexionen über Literatur beschränken, und innerhalb dieser auf Lyrik,[112] Märchen und Roman als diejenigen Formen, in denen Novalis in nennenswerter Weise selbst tätig geworden ist.[113] Zugleich soll sich dieser Abschnitt auf diejenigen Aspekte konzentrieren, welche sich aus der Perspektive der erarbeiteten Kunstprinzipien und der Symboltheorie nahelegen. Dieses Vorgehen rechtfertigt sich aus der Forschungslage: Es existieren zwar eine große Menge an Werkinterpretationen,[114] aber kaum Arbeiten, die sich mit den poetologischen Funktionen und poetischen Techniken der einzelnen Gattungen an sich beschäftigen. Deshalb werden vor allem die theoretischen Aufzeichnungen herangezogen, die aber an den literarischen Werken gegengelesen werden.

3.1. Theorie der Lyrik

Der Künstler Novalis ist von Haus aus ein Lyriker. Sein dichterischer Jugendnachlass umfasst über 300 Gedichte, welche einen Großteil der um 1790 möglichen Formen und Stoffe umfassen. Zur Deutung dieses umfangreichen Jugendwerks ist kürzlich vorgeschlagen worden, da das Gros dieser Gedichte auffällig unpersönlich gehalten ist, dass es sich über weite Strecken um bewusste Übun-

---

[112] Was die Lyrik angeht, so ist allerdings daran zu erinnern, dass sich diese als Gegenstand gattungstheoretischer Überlegungen im späten 18. Jahrhundert – v. a. durch den Einfluss Herders – allererst konstituiert; einführend in diese Thematik vgl. die Einleitung von LUDWIG VÖLKER (Hg.), Lyriktheorie, Stuttgart 1990, 7-25. Novalis spricht daher noch nicht von »Lyrik«, sondern stets (und zwar selten) von »Lyra« (etwa WTB II, 511 / N III, 277).

[113] Der Vollständigkeit halber sei nur erwähnt, dass sich in den Jugendschriften auch einige Dramenentwürfe – offenbar angeregt durch Goethes »Götz von Berlichingen« – finden, die aber über die Ausformulierung von ein oder zwei Szenen hinaus nicht gediehen sind. Ferner schrieb Novalis sechs »Dialogen«, deren Status aber unklar ist. Die Herausgeber der großen Novalis-Ausgaben ordnen sie durchgehend ins »theoretische Werk« ein.

[114] Ich nenne nur die wichtigsten Titel; für eine weitgehend vollständige Übersicht bis 1991 ist der Forschungsüberblick von HERBERT UERLINGS, Friedrich von Hardenberg, genannt Novalis, Stuttgart 1991, zu vergleichen; ferner auch der wichtige Sammelband von GERHARD SCHULZ, Novalis, Darmstadt ²1986. Zur Lyrik: MAX KOMMERELL, Novalis' Hymnen an die Nacht (1942). In: Gerhard Schulz, aaO., 174-202; MARGOT SEIDEL, Novalis' *geistliche Lieder*, Frankfurt a. M. 1983; GERHARD SCHULZ, Poesie als Poetik oder Poetik als Poesie? In: Herbert Uerlings (Hg.), Novalis. Poesie und Poetik, Tübingen 2004, 93-107. Zu den »Lehrlingen von Saïs«: JURIJ STRIEDTER, Die Fragmente des Novalis als »Präfigurationen« seiner Dichtung (1953), München 1985, 156-196; ULRICH GAIER, Krumme Regel, Tübingen 1970. Zum »Heinrich von Ofterdingen«: RICHARD SAMUEL, Heinrich von Ofterdingen. In: Der deutsche Roman, Bd. 1, Düsseldorf 1963, 252-300; DIETRICH LÖFFLER, ›Heinrich von Ofterdingen‹ als romantischer Roman, Diss. Leipzig 1963; JOHANNES MAHR, Übergang zum Endlichen, München 1970. Zu den Märchen vgl. die Titel unten, S. 281-286, dazu KARL GROB, Ursprung und Utopie, Bonn 1976, 60-170.

gen handelt.[115] Immerhin hielt der junge Hardenberg wenigstens einige von ihnen für so bedeutend, dass er sie einem Verleger – ohne Erfolg – zur Veröffentlichung anbot.[116] Der 20-jährige Friedrich Schlegel, dem Novalis seine Gehversuche bald nach ihrer Bekanntschaft vorlegte, traute sich immerhin dies Urteil zu, sie zeigten zwar »die äußerste Unreife der Sprache und Versification«, gleichwohl könne man in ihnen schon »den guten vielleicht den großen lyrischen Dichter«[117] ahnen. Zweierlei bezeugt dies Konvolut: Zum einen, dass sich Novalis bereits in jungen Jahren eine sehr große Formsicherheit erarbeitet hat, und zum zweiten, dass sein dichterisches Schaffen von vornherein von Reflexionen auf die spezifische Leistung der jeweiligen Formen flankiert wird.

Ein erster wichtiger Einschnitt in der dichterischen Entwicklung Hardenbergs war die Begegnung mit Friedrich Schiller, den er zunächst in dessen Werk, dann auch in Jena persönlich kennenlernte. Vor allem das großes Gedicht »Die Götter Griechenlands«, das uns im Zusammenhang der theologischen Interpretation der »Hymnen an die Nacht« noch eingehender beschäftigen wird, regte ihn zu vielfältigen Nachahmungen von dessen Metrum und Thematik an. Unter diesen Nachahmungen befindet sich auch das einzige von Novalis veröffentlichte Jugendgedicht, die »Klagen eines Jünglings« (1791).[118] Vielleicht aber noch wichtiger als Schillers frühe Gedichte selbst war für Novalis die Lektüre von dessen Rezension – man könnte auch sagen: Verriss – »Über Bürgers Gedichte« von 1791. Es ist vielleicht etwas Anbiederung dabei, wenn Novalis an Schiller schreibt, sie sei ihm »beynah in der Stimmung, worein Sie mich versetzt hatten, noch zu gelind vorgekommen.« (7.10.1791, WTB I, 517) Gleichwohl markiert die Zustimmung zur Kritik an Bürger, der immerhin früher Novalis' großes Vorbild gewesen war, eine neue Stufe der lyriktheoretischen Beschäftigung.

Schiller nahm die Besprechung von Bürgers Gedichtsammlung von 1789 zum Anlass, sich über prinzipielle Fragen der Funktion von Lyrik und der Person des Dichters Gedanken zu machen. Man kann die Rezension als einen ersten Entwurf seines Programms einer Erziehung durch Kunst verstehen, das dann in den berühmten Briefen »Über die ästhetische Erziehung des Menschen« (1796) weiter ausgeführt wurde. Bedingung der Möglichkeit einer solchen Erziehung ist nach Schiller das Arbeiten »mit idealisierender Kunst«.[119] Diese setzt nun zu allererst voraus, dass der Dichter sich sowohl durch seine persönlichen moralischen Qualitäten als auch durch den hohen Grad seiner Bildung auszeichnet.

---

[115] MARTINA EICHELDINGER, Einleitung, N VI.1, 3-46.

[116] Brief aus Weißenfels, 1789?, WTB I, 499f. Novalis wandte in seinem Bewerbungsbrief den alten Trick an, seine eigenen Gedichte als die Produkte eines Freundes anzupreisen, welche der fiktive Briefschreiber bereits auf ihre Güte hin getestet habe.

[117] An August Wilhelm Schlegel, Januar 1792, N IV, 572.

[118] WTB I, 57-59 / N I, 537-539. Ferner sind von Schillers besagtem Gedicht angeregt »Geschichte der Dichtkunst« und »Geschichte der Poesie«; WTB I, 55-57 / N I, 536f.

[119] FRIEDRICH SCHILLER, Über Bürgers Gedichte, NA 22, 246.

Auch und gerade einem Dichter, der, wie Bürger, sich ausdrücklich als Volkssänger ankündigt, kann man von diesem Anspruch nichts nachlassen, wenn anders er nicht erzieherisch wirken kann. Auf Seiten des Werks wird jene Idealisierung als eine »Idealisierung seines Gegenstandes, [...] mag dieser nun Gestalt, Empfindung oder Handlung sein«,[120] näher bestimmt. Darunter versteht Schiller zweierlei: Zum einen sind die verschiedenen Züge des Gegenstandes so zu koordinieren, dass sie sich der »Harmonie des Ganzen«[121] einfügen. Zum zweiten bedeutet Individualisierung, von der Individualität des Gegenstands zu abstrahieren und »das Individuelle und Lokale zum Allgemeinen zu erheben.«[122] Das solchermaßen gebildete Ideal ist die Voraussetzung dafür, dass das Gedicht auch abgesehen von der Kontingenz seines Entstehungskreises Aufnahme finden und ethisch–ästhetische Reflexion induzieren kann.

All dies gilt in besonderem Maße, wenn eine Empfindung Gegenstand des Gedichts ist. Ohne eine die bloße Individualität des Empfindens transzendierende Dimension ist das Gedicht nichts als die Selbstdarstellung eines Individuums in seiner Kontingenz – nach Schiller ein höchst uninteressanter Gegenstand. Es braucht auch hier »eine gewisse Allgemeinheit in den Gemütsbewegungen, die er schildert«.[123] Um dies Ziel zu erreichen, ist es essentiell, dass der Dichter nicht mehr aktuell unter dem Einfluss derjenigen Empfindung steht, welche er ins Gedicht zu fassen sich anschickt. Damit die Idealisierungsarbeit beginnen kann, »hatte er damit anfangen müssen, sich selbst fremd zu werden, den Gegenstand seiner Begeisterung von seiner Individualität loszuwickeln«.[124] Die Bewältigung ins idealische Allgemeine hinein kann nur aus dem reflektierenden Abstand zur Emotion selbst hinaus geschehen.

Es ist leicht zu sehen, dass sich Novalis einige Züge dieses Programms, das durch Schillers Kant-Studium noch eingehende Vertiefung erfuhr, lediglich vorübergehend zu eigen gemacht hat. Von der Idee, »daß nur moralische Schönheit [...] dem einzig unabhängigen, wahren Werth eines jedweden Werks« (7.10.1791, WTB I, 517) ausmacht, distanziert er sich alsbald genauso wieder wie von der Annahme, verallgemeinernde Idealisierung sei die eigentliche dichterische Verfahrensweise. Dreierlei ist ihm aber doch im Durchgang durch Schiller geblieben. Zum Einen, das Gedicht hat es in der Tat mit der Transzendierung des Individuellen zu tun, nur nicht in Richtung auf das ideale Allgemeine. Zweitens, das Gedicht ist auch für Novalis das Erzeugnis der abständigsten Reflexion; jedes Unmittelbarkeitsdenken liegt Novalis in lyriktheoretischer Hinsicht ganz fern. Und drittens, Novalis ist mit Schiller ein entschiedener Gegner aller Erlebnislyrik, sofern man darunter die Schilderung von individuellen Seelenzu-

---

[120] AaO., 253.
[121] Ebd.
[122] Ebd.
[123] AaO., 255.
[124] AaO., 256.

ständen versteht.[125] Gerade der letzte Punkt ist besonders wichtig, da doch die
aufgeklärte Dichtungstheorie das Wesen der Gedichte – nachdem man sich lange
Zeit unklar über ihre Ableitung war – als »Mimesis der Empfindung« begriffen
hatte.[126] Es zeigt sich, dass die Abkehr vom Mimesis-Grundsatz bei Novalis auch
in der Gattungstheorie ganz unmittelbar zur Anwendung kommt.

Die genannten Einsichten sind nicht zuletzt deswegen entscheidend, weil sie
Aufschluss darüber enthalten, warum Novalis, nachdem er im weiteren Verlauf seiner Studienzeit nur noch sehr gelegentlich Verse – vorwiegend Anlass-
und Gebrauchslyrik – verfertigt hatte, ein dichterisches *comeback* mit solch glän-
zendem Erfolg unternahm. Dieser Umstand wurde nicht zuletzt in der älteren
Forschung gern auf den Tod seiner Verlobten zurückgeführt, besonders auf die
vermutete Grabesvision, die Novalis besonders in der 3. »Hymne an die Nacht«
verarbeitet habe. Doch einmal abgesehen, dass von einer Vision nicht einmal
in Novalis' eigener Schilderung die Rede sein kann,[127] würde diese Vermutung
auch unseren bisherigen Ausführungen zuwiderlaufen; zumindest hätte Novalis
damit seine bisherigen Einsichten revoziert. Davon kann aber keine Rede sein.
Auch die »Hymnen an die Nacht« sind gewiss alles andere als Nachahmung von
Empfindung. Noch ein anderes Argument spricht gegen jene Vermutung: Novalis hat nämlich den Zeitpunkt, von dem an er sich selbst wieder als Dichter sehen
wollte, exakt angegeben. Nach der Lektüre des von Schiller herausgegebenen
»Musenalmanach auf das Jahr 1798« schreibt er an Friedrich Schlegel: »[D]ieser
Almanach hat mich von neuen in die Welt der Dichter gezogen – Meine alte
Jugendlieb' erwacht.« (5.9.1797, WTB I, 647) Auslöser war also die Begegnung
mit Kunst, die ihn veranlasste, sich selbst wieder als Künstler zu definieren.[128]
Dazu kommt, dass Novalis sich seit jener Zeit allererst wieder theoretisch in der
Lage gesehen haben dürfte, seinen inzwischen gewandelten Ansprüchen auch
dichterisch zu begegnen.

---

[125] Vgl. JANET GARDINER, Novalis. Das Gedicht. In:JfdH 1974, 209-234.

[126] Vgl. KLAUS MÜLLER-DYES, Gattungsfragen. In: Heinz Ludwig Arnold / Heinrich Detering (Hg.), Grundzüge der Literaturwissenschaft, München ⁴2001, 323-348, hier v. a. 328f.

[127] Die viel zitierte Tagebucheintragung lautet im größeren Kontext:»Nach Tisch gieng ich
spazieren – dann Kaffee – das Wetter trübte sich – erst Gewitter dann wolkig und stürmisch –
sehr lüstern – ich fieng an in Shakesp[eare] zu lesen – ich las mich recht hinein. Abends gieng
ich zu Sophieen. Dort war ich unbeschreiblich freudig – aufblitzende Enthusiasmus Momente –
Das Grab blies ich wie Staub, vor mir hin – Jahrhunderte waren wie Momente – ihre Nähe
war fühlbar – ich glaubte sie solle immer vortreten – Wie ich nach Hause kam – hatte ich
einige Rührungen im Gespräche mit Machere. Sonst war ich den ganzen Tag sehr vergnügt.
Niebekker war Nachmittags da. Abends hatte ich noch einige gute Ideen. Shakespeare gab mir
viel zu denken.« (Tagebuch vom 13.5.1797, WTB I, 463)

[128] Gegen diese Beobachtung spricht nicht der Umstand, dass ihn besonders die »6te Stanze«
(ebd.) der »Zueignung des Trauerspiels Romeo und Julia« von August Wilhelm Schlegel beein-
druckte, die allerdings an den Themenkreis Liebe, Tod und Grab rührt. Denn worauf es hier
allein ankommt, ist nicht eine immer wie geartete Empfindung, sondern – wenn schon von
Empfindungen die Rede sein soll – das, was die Kunst aus ihnen machen kann.

Novalis hat seine Gedichtproduktion nur mit vergleichsweise wenigen theoretischen Notaten begleitet. Was ihnen aber immerhin entnommen werden kann, sei hier in drei Punkten dargestellt.

1.) Das erste betrifft die Rolle der dichterischen Sprache. Bereits im vorigen Abschnitt war davon die Rede gewesen, dass sie »nie zu arm, aber immer zu allgemein« (WTB II, 322 / N II, 533) sei. Sprache kann an sich gar nichts anderes sein als ein System von allgemeinen Zeichen. Das dichterische Bestreben in Bezug auf die Sprache besteht nach Novalis nun darin, sie dieses Allgemeinheitscharakters so weit wie möglich zu entkleiden. Die Frage ist also: Wie wird man die Tendenz auf das Begriffliche an der Sprache los? »Wenn der Philosoph nur alles ordnet, alles stellt, so lößte der Dichter alle Bande auf. Seine Worte sind nicht allgemeine Zeichen − Töne sind es − Zauberworte, die schöne Gruppen um sich her bewegen.« (Ebd.) Der erste Weg dieser Entfremdung der Sprache weg von ihrem Allgemeinheitssinn ist der Verweis auf ihre lautlichen Qualitäten, womit nicht nur die akustischen, sondern sicherlich auch die metrischen Aspekte gemeint sein dürften. Qualitäten dieser Art sind im Alltagsgebrauch weitgehend getilgt. Ein zweiter Weg besteht in dem konsequenten Abbau von Sinnstiftungsleistungen, die im allgemeinen der Kontext der Gebrauchssprache liefert, denn Kontexte sind Bedeutungsverschränkungen: »Gedichte − blos *wohlklingend* und voll schöner Worte − aber auch ohne allen Sinn und Zusammenhang − höchstens einzelne Strofen verständlich − sie müssen, wie lauter Bruchstücke aus den verschiedenartigsten Dingen [seyn].« (WTB II, 769) Das alltägliche Umfeld der einzelnen Wörter wird aufgebrochen, sie werden ihres herkömmlichen Sinnes entkleidet. Das leitet zum dritten Weg über: Er besteht in der Intertextualität. Durch das Anspielen auf andere Texte, das Verfassen von Literatur über Literatur wird der Bedeutungsraum, den die Sprache im Referenztext gewonnen hat, für das eigene Gedicht fruchtbar gemacht.[129] Dadurch entstehen neue, außeralltägliche Kontexte. Diese Ausführungen seien an der ersten Strophe von Novalis' »Das Gedicht« illustriert:

»Himmlisches Leben im blauen Gewande
Stiller Wunsch in blauem Schein −
Flüchtig gräbt in buntem Sande
Sie den Zug des Namens ein −« (WTB I, 133 / N I, 409)

Die sich jeweils reimenden Verse sind zusätzlich in der Vokalfolge beinahe gleich aufgebaut. Die erste Zeile ersetzt den Trochäus durch den Daktylus, was in dem Gedicht an einigen weiteren Schlüsselstellen der Fall sein wird: Das Gleichmaß von betonter und unbetonter Silbe wird zugunsten eines fließenden Metrums verlassen. Die vierte Zeile beginnt mit einem Pronomen, ohne das klar wäre, wer damit gemeint ist: Der Bezug eines Pronomens auf ein vorangehendes Nomen ist

---

[129] Vgl. GERHARD SCHULZ, »Potenzierte Poesie«. Zu Friedrich von Hardenbergs Gedicht »An Tieck«. In: Wulf Segebrecht (Hg.), Klassik und Romantik, Stuttgart 1984, 243-255.

aufgelöst und wird im weiteren Verlauf des Gedichts auch nicht nachgeholt. Das Eingraben des Namens in den Sand kann an jene Geschichte aus dem Johannes-Evangelium gemahnen (Joh 8, 2-11), in der Jesus, gefordert, das Urteil über eine Ehebrecherin zu sprechen, zunächst nicht antwortet, sondern »mit dem Finger auf die Erde schrieb« – was, ist nicht überliefert. Auch diese an sich schon geheimnisvolle Geste wird von Novalis aus ihrem Kontext herausgelöst und in einen anderen eingefügt. Die Auflösung und Neuverschränkung von solchen Zusammenhängen wird in diesem Gedicht besonders verstärkt, weil kaum eine Strophe einfach an die vorherige anknüpft. So lautet beispielsweise die zweite:

> »Unter hohen festen Bogen,
> Nur von Lampenlicht erhellt
> Liegt, seitdem der Geist entflogen
> Nun das Heiligste der Welt.« (134 / 410)

Das Assoziationspotential der einzelnen Ausdrücke und Bilder stützt und steigert sich wechselseitig.

2.) Die bereits kurz angesprochene Transzendierung des Individuellen nimmt ihren Ausgang zwar durchaus beim Einzelnen. »Je persönlicher, localer, temporeller ein Gedicht ist, desto näher steht es dem Centro der Poësie. Ein Gedicht muß ganz *unerschöpflich* seyn, wie ein Mensch und ein guter Spruch.« (N III, 664) Zunächst muss das Einzelne als solches kenntlich gemacht werden, damit es nicht für ein verdecktes Exemplarisches angesehen wird. Damit beginnt bereits seine Romantisierung. Das Gedicht thematisiert weder das Individuelle für sich noch das idealisch verallgemeinerte, sondern das romantisierte Individuelle. Um die dritte Strophe des zitierten Gedichts hier anzuführen:

> »Leise kündet bessre Tage
> Ein verlornes Blatt uns an
> Und wir sehn der alten Sage
> Mächtige Augen aufgetan.« (134 / 410)

Das »verlorne Blatt« interessiert hier nicht als singulärer herumliegender Zettel, auch steht es nicht exemplarisch für ›die Schriftkultur‹ oder das ›papierne Zeitalter‹, es steht für gar nichts exemplarisch. Es »kündet«, ohne dass wir seinen Inhalt kennten, ja ohne dass wir wüssten, ob überhaupt irgendetwas darauf steht. Der Alltagssinn eines solchen Blatts ist seine Bestimmung für den Papierkorb oder allenfalls sein eventueller Mitteilungswert. Dieser Sinn ist hier ausgewischt; durch die Neukontextuierung zwischen dem »Künden«, der »Sage« und »uns« wird es ein Symbol, rührt gerade durch seine völlige Unbestimmtheit an solche Assoziationen wie ›heiliger Text‹, ›uralte Wahrheiten‹, ohne dass sich solche Assoziationen fixieren ließen. Von dem Blatt ist konsequenterweise im Fortgang des Gedichts auch nicht mehr die Rede. Das Symbol ist mit einem Unbestimmtheitshof umgeben und wird dadurch ›unerschöpflich‹. Um das dichterische Symbol werden von der Einbildungskraft hervorgebrachte Konfigurationen (»schöne Gruppen«) positioniert, die sich an das im Symbol gebrauchte Bildmaterial anlehnen.

3.) Das letzte betrifft das Verhältnis von Gedicht und Stimmung. Novalis ist durchaus der Ansicht, dass die Poesie auch »Gemütherregungskunst« (WTB II, 801 / N III, 639; i. O. kursiv) ist. Dies kann sich aber nicht auf die Evozierung von bereits hinreichend oft empfundenen Stimmungen beziehen, so dass das Gedicht – wie der gemeine Pop-Song oder die Filmmusik – gleichsam als Speicher von abrufbaren Stimmungslagen fungierte. Es muss sich vielmehr um die Erregung von ganz neuen, bislang nicht gekannten Stimmungen handeln, welche zu ganz neuen Sichtweisen auf das Innere, ja sogar zu dessen Neukonstellation führen. Dies geschieht dadurch, dass in »eigentlichen Poëmen [...] keine als die *Einheit* des *Gemüths*« (WTB II, 838 / N III, 683) ist. Das Gedicht – so können wir zusammenfassen – hat es durchaus mit Empfindung zu tun, aber es stellt nicht einfach diese selbst, sondern Ganzheitsdimension des Gemüts dar. In dieser Funktion ist die unverrechenbare Leistung des Gedichts zu erblicken. Jene Ganzheitsdimension ist aber nur symbolisch überhaupt zugänglich. Das Gedicht hilft also nicht nur dazu, sich ausgedrückt zu fühlen, sondern auch, bestimmte Dimensionen der Seele allererst zu entdecken.

3.2. Theorie des Märchens

»Ein Mährchen sollt ich warlich schreiben – Gesetze des M[ährchens].« (WTB II, 692 / N III, 451) Als Novalis diese Aufzeichung um die Jahreswende 1798 / 99 zu Papier brachte, hatte er schon erste Überlegungen zur Märchenform angestellt. Dennoch gilt es festzuhalten, dass er relativ spät auf diese Form aufmerksam wurde. Veranlasst zur theoretischen Beschäftigung, noch bevor sein Entschluss zur eigenen Produktion von Märchen gefallen war, wurde er erneut durch die Rezeption eines literarischen Vorbildes, in diesem Fall des Schlusses des Novellenkranzes »Unterhaltungen deutscher Ausgewanderten« von Goethe, der im ersten Halbjahr 1795 sukzessive in Schillers Zeitschrift »Die Horen« erschienen war. Eine Runde von Deutschen, die vor dem französischen Revolutionsheer geflohen ist, sitzt beisammen und erzählt sich Geschichten. Ein alter Pfarrer wird zuletzt gebeten, doch ein Märchen vorzutragen, welcher Bitte er auch nachkommt. Goethe hat diesen Schluss selbstbewusst mit »Das Märchen« überschrieben, wie um diesem Text den Anstrich des Mustergültigen zu geben. »Mährchen und Meister. Toujours en *état de Poësie*.« (WTB II, 416 / N II, 643) Beide Texte zeichnen sich nach Novalis dadurch aus, dass sie stets im Stand der Poesie bleiben. Hinsichtlich des Märchens fehlen zwar – anders als beim »Wilhelm Meister – explizite Auseinandersetzungen. Doch lassen sich einigermaßen kontrollierte Vermutungen darüber anstellen, was Novalis wohl an diesem Text

angesprochen hat.[130] Zunächst, die Märchengattung wird von dem Gesprächspartner Karl deshalb gelobt, weil sie der Einbildungskraft gar keine Schranken
auferlegt: »[D]ie lustigen Gestalten, die sie erschafft, sind uns als Wesen einer
eigenen Gattung sehr willkommen«.[131] Wenn auch Goethe persönlich transzendentalen Spekulationen über das Wesen der Einbildungskraft abhold war und die
entsprechenden philosophischen Debatten nur am Rande verfolgte, so konnte doch Novalis hier eine Ermutigung seiner eigenen Überlegungen zur Natur
der produktiven Einbildungskraft hineinlesen, zumal Karl anmerkt, er hätte es
»nicht gern, wenn sie das, was wirklich geschehen ist, verarbeiten will«.[132] Zum
Zweiten, der Geistliche kündet sein Märchen als ein solches an, »durch das Sie
an nichts und an alles erinnert werden sollen«[133]. Passt die erste Seite dieser Paradoxie gut zu dem erstgenannten Punkt, so lässt sich die zweite durchaus so
interpretieren, dass es der Anspruch des Märchens ist, ein universales Assoziationspotential bereitzustellen. Ein solcher Anspruch musste Novalis natürlich von
seinen eigenen Überlegungen zum Fragment her in höchstem Maße interessieren. Drittens, Goethe gestaltet das unvermeidliche *happy end* des Märchens als
Anbruch eines neuen goldenen Zeitalters, ein Symbol, das Novalis sein ganzes
Leben über in wechselnder Weise beschäftigt.[134] Das Märchen eignete sich offenbar in besonderer Weise zur narrativen Ausgestaltung dieses Symbols. Und
schließlich, Goethe beendet sein Werk mit diesem Text, ohne dass die ver-
sammelte Runde noch einmal zu Wort kommt. Es wird also nicht mehr, wie
die anderen Novellen, noch einmal eigens nachbesprochen, und es fällt auch
rein formal aus der Gestaltung der übrigen Teile heraus. Bei Goethe hat dieser
Kunstgriff u. a. auch diese Funktion, das deutende Gespräch gleichsam an die
Leserschaft zu übergeben. Novalis hat dies Vorgehen ungemein eingeleuchtet:
Alle seine Märchen, die immer in größeren Kontexten stehen, beenden entweder einen Abschnitt, ein Kapitel oder gar ein ganzes Buch, und werden in
keinem Fall noch einmal kommentiert.

Es ist ein wichtiger Umstand, dass Novalis die Leistung der Märchenform
an einem dezidierten *Kunstmärchen* kennenlernt.[135] Es sind nicht die Haus- und
Hofmärchen, die in der mündlichen Tradition weitergegeben wurden und die

---

[130] Im Folgenden wird abgesehen von der produktiven Verarbeitung, die Novalis Goethes
»Märchen« in den Vorsprüchen zu seiner politischen Aphorismensammlung »Glauben und Liebe« (1798) hat zukommen lassen.

[131] JOHANN WOLFGANG GOETHE, Unterhaltungen deutscher Ausgewanderten (1795), hg. von
Leif Ludwig Albertsen, Stuttgart 1991, 89.

[132] AaO., 88f.

[133] AaO., 89.

[134] Vgl. dazu die erschöpfende Monographie von HANS-JOACHIM MÄHL, Die Idee des goldenen Zeitalters im Werk des Novalis (1965), Tübingen ²1994.

[135] Vgl. FRIEDMAR APEL, Die Zaubergärten der Phantasie. Zur Theorie und Geschichte des
Kunstmärchens, Heidelberg 1978.

man sich just in dieser Zeit zu sammeln anschickte,[136] die Novalis' Interesse für die Gattung des Märchens weckten, sondern ein umfangreiches Stück ausgesuchter Reflexionsliteratur. Erst von da aus beginnt er dann zu sichten, was es an Märchenliteratur auf dem Markt gab: die aufgeklärten französischen und deutschen Feenmärchen, die Sammlungen von Christoph Martin Wieland, die zu Beginn des 18. Jahundcrts im Deutschen bekannt gemachten Märchen aus dem Orient, die ersten Sammlungen deutscher Volksmärchen.[137] Novalis' Märchen bleiben in ihrem Grundcharakter aber dem Goetheschen Märchen verpflichtet: Es sind nicht die tradierten Märchenstoffe, die Novalis etwa interpretierend weiterbearbeitet hätte, sondern ganz freie Hervorbringnisse. Das Märchen ist für Novalis diejenige literarische Gattung, an der der a-mimetische Charakter der Poesie am allerdeutlichsten wird. Das Märchen ist gleichsam der Urzustand des künstlerischen Erzählens, es erfüllt am ehesten die Maxime, dass die »Willkür des Dichters schlechterdings kein Gesetz über sich anerkenne« (Friedrich Schlegel).

Seine früheste theoretische Aufzeichnung zum Thema parallelisiert das Märchen mit dem Traum: »Alle Mährchen sind nur Träume von jener heymathlichen Welt, die überall und nirgends ist« (WTB II, 353, N II, 564). Die »heimatliche Welt« ist, wie das »goldene Zeitalter«, ein Symbol für die absolute Synthesis, die gleichfalls »überall und nirgends« zu finden ist: überall, weil sie transzendental die menschliche Synthesefähigkeit begründet, nirgends, weil sie zugleich den Zielbegriff menschlichen Synthetisierens bildet.[138] Warum aber der Vergleich mit dem Traum? Der Traum ist nach Novalis »eine freye Erholung der gebundenen Fantasie, wo sie alle Bilder des Lebens durcheinanderwirft, und die beständige Ernsthaftigkeit [...] unterbricht« (WTB I, 244 / N I, 199). In dieser Erholung und Unterbrechung geht er aber nicht auf, sondern verweist in diesem ungesteuerten Re-Arrangement der Alltagsbilder gleichsam noch auf andere Bewusstseinsschichten, welche der eingepegelten Rationalität und Pragmatik unmittelbar unzugänglich bleiben, er ist insofern »ein bedeutsamer Riß in den geheimnißvollen Vorhang [...], der mit tausend Falten in unser Inneres hereinfällt« (ebd.). Gleich dem Traum will auch das Märchen durch eine unorthodoxe Mischung herkömmlicher Bilder und Elemente jene tiefer liegenden Bewusstseinsschichten anvisieren. »In einem ächten Märchen muß alles wunderbar – geheimnißvoll und unzusammenhängend seyn – alles belebt. [...] Die ganze Natur muß auf eine wunderliche Art mit der ganzen Geisterwelt vermischt seyn.« (WTB II, 514 / N III, 280) Die entstehende »Anarchie« (ebd.) ist dennoch der Identifizierung von Bedeutungen zweiter Stufe zugänglich, es

---

[136] Noch vor den Brüdern Grimm hatte Karl August Musäus 1782-1786 mehrere Bände »Volksmärchen der Deutschen« gesammelt, die Novalis später auch zur Kenntnis nahm; vgl. WTB II, 514, N III 280.

[137] Vgl. ebd.

[138] Vgl. dazu oben in der Darstellung der »Fichte-Studien«, S. 142-153.

kann durchaus »irgend ein *Verstand* – (Zusammenhang, Bedeutung – etc.) hinein gebracht« (696f. / N III, 455) werden.

Gerade dieser letzte Hinweis verweist allerdings auf den entscheidenden Unterschied zwischen Märchen und Traum, nämlich dass das romantische Kunstmärchen in einem Akt planvoller Komposition allererst hervorgebracht wird, statt, wie der Traum, ein reines Widerfahrnis zu sein. Es entsteht das Paradox, dass das Märchen, obwohl ein Erzeugnis höchst subtiler Komposition, diese in der Rezeption gerade transzendieren will. Dies gelingt nur dann, wenn es zugleich möglich ist, vermittels der Rationalität kontrolliert auf jenen Bereich des Unbewussten Rückschlüsse zu ziehen. Bei Novalis ist die Märchentheorie der eigentliche Ort seiner Thematisierung. Und in der Tat ist gerade Klingsohrs Märchen im »Heinrich von Ofterdingen« mit seiner Motivik von Ehebruch, Inzest, Polygamie oder Kannibalismus gelegentlich mit psychoanalytischen Auslegungen bedacht worden.[139] Demgemäß sind alle Gedanken an eine ›moralische Weltordnung‹, wie auch immer sie konkret aussehen mag, aus dem Märchen fernzuhalten: »Nichts ist mehr gegen d[en] Geist des Märchens – als ein moralisches Fatum« (WTB II, 679 / N III, 438). Es zeigt sich hier die Erkenntnis, dass die moralische Sphäre eminent dem Bereich der Oberfläche des Bewusstseins angehört; und dessen sich aller Regelhaftigkeit entziehende Spontaneität in der Märchenwelt würde durch die Etablierung von ethischen Zusammenhängen gerade geblockt. Das Märchen knüpft solche Verhaltensformen und Motivationsschichten ein, die von Moral und Konvention in das Unerlaubte abgedrängt werden.

Doch weniger auf diese Entdeckung selbst – die bei Novalis außerhalb aller psychologischen Fachkontexte steht – kommt es an, sondern darauf, dass dies Unbewusste eben im Text in den Vorgang dichterischen Verknüpfens eingestellt werden soll. Nun ist das Unbewusste ja zunächst nicht einfach so zugänglich und handhabbar; das Märchen ist also nach der einen Seite ein möglicher Zugang zu ihm, da durch die Begegnung mit fiktiven Neukonfigurationen der theoretischen und moralischen Welt indirekt Aufschluss über jenes abgedrängte Bewusstseinsleben möglich ist. Die Phantasie von Leserin und Leser, die hier in vorzüglichem Maße angesteuert wird, öffnet und schließt zugleich den Spalt zwischen der wirklichen Welt und der Märchenwelt. Die Unwahrscheinlichkeit, mit der ja beim Märchen immer schon gerechnet wird, dient hier dazu, jene unterbewussten Bereiche literarisch zu erschließen. Nach der anderen Seite aber muss das Unbewusste, und das hat Novalis eher geahnt als gewusst, doch in gewisser Weise bewusst ansteuerbar sein, sofern die Märchenkomposition tatsächlich jene Ebene der Reflektiertheit erreichen soll, von der wir ausgegangen

---

[139] Vgl. v. a. FRIEDRICH A. KITTLER, Irrwege des Eros und die »absolute Familie«. In: Bernd Urban / Winfried Kudzus, Psychoanalytische und psychopathologische Literaturinterpretation, Darmstadt 1981, 421-470.

waren. Es gibt Motive und Konstellationen, die zu jener Erschließungsleistung besonders geeignet sind. Von hier aus reichen Linien bis zur modernen Filmindustrie, in der das entsprechende Wissen geradezu fabrikmäßig eingesetzt wird. Klingsohrs Märchen liest sich unter dieser Perspektive geradezu wie eine Fundgrube für Fantasy-, Science-Fiction- und Horrorfilmelemente.[140]

Anders als seine spätromantischen Nachfolger hat Novalis es unterlassen, Ingredienzien aus dieser wirklichen Welt in das Märchen mit einfließen zu lassen. Nach Novalis' Meinung kann das Märchen seine ureigene Leistung nur erbringen, wenn es hier konsequent bleibt: »Die Welt des Märchens ist die *durchausentgegengesezte* Welt der Welt der Wahrheit (Geschichte) – und ihr eben darum so *durchaus ähnlich*« (WTB II, 514 / N III, 281). Während es dem wichtigsten Märchenautor der späteren Romantik, E. T. A. Hoffmann, vor allem um eine *Verunsicherung* des Alltagsbewusstseins ging, peilt Novalis dessen *Unterbrechung*, und eine literarische Integration der von ihm verdeckten Bewusstseinsschichten an. Die literarische Synthesis wäre unvollkommen, wenn sie diese nur als das Fremde, Verunsichernde, nicht zu Bewältigende thematisieren könnte. Die Märchen von Novalis enden hingegen alle mit einem Bild der vollkommenen Harmonie, das jeweils Goethes Schluss noch bei weitem übertreffen möchte. Eine »abs[olute], wunderbare *Synthesis* [ist] oft die Axe des Märchens – oder das Ziel desselben« (WTB II, 697 / N III, 455).

Insofern eine vollständige Darstellung der absoluten Synthesis das Ziel der Literatur ist und das Märchen diese symbolisch vorzeichnet, ist es »der *Canon der Poësie*« (WTB II, 691 / N III, 449). Damit aber klar wird, dass diese Bestimmung nicht überstrapaziert werden darf, ist hier nochmals auf den Umstand zu verweisen, dass die Märchen von Novalis ihren Ort stets innerhalb eines Romans haben. Offenbar hielt er es in seiner darstellerischen Reichweite zwar für unverzichtbar (beide Romane von Novalis haben Märcheneinlagen), aber doch noch nicht für die vollendete Darstellung selbst. Die Darstellung der abschließenden ästhetischen Synthesis kann vielmehr nur der Roman sein. Diesem haben wir uns in einem dritten Abschnitt zuzuwenden.

Zuvor muss hier aber noch eine Frage angeschnitten werden, die Lyrik und Märchen in gleicher Weise betrifft, das Problem der Allegorese. Für beide Gattungen sind Deutungen vorgeschlagen worden, welche das Figurenensemble jeweils allegorisch entschlüsseln. Bei der Lyrik geschieht diese Deutung zumindest teilweise gegen die erklärte Auskunft von Forscherin oder Forscher. Die behauptete Unausschöpflichkeit des Gedichtes wird durch eine allegorische To-

---

[140] Besonders drastisch die Sequenz, in der für Eros ein Schauspiel aufgeführt wird, das sich mit der Ebene der Märchenhandlung zu vermischen beginnt: »Ein entsetzliches Heer von Todtengerippen, mit schwarzen Fahnen, kam wie ein Sturm von dunkeln Bergen herunter, und griff das Leben an [...]. Mit unerhörten Grausamkeiten zerriß das Heer die zarten Glieder der Lebendigen« (WTB I, 348 / N I, 299f).

talerklärung gewissermaßen konterkariert.[141] Es wäre also nötig, sich über den allgemeinen Status von Gedichtinterpretationen klar zu werden: Diese können, sofern die Unausschöpflichkeits-These gewahrt bleiben soll, nichts anderes als Verständnishilfen, Erläuterungen der Verfahrensweise und Deutungsvorschläge sein. Damit wird aber zugleich das Verfahren der Entschlüsselung fragwürdig. Der Symbolcharakter eines ›entschlüsselten‹ Gedichtes ließe sich nur unter aufrecht erhalten, wenn wenigstens eine dieser beiden Bedingungen erfüllt wäre: Entweder der entschlüsselte Gehalt ist selbst überschwänglich, oder die Entschlüsselung ist selbst nur ein Hinweis auf die unzähligen anderen möglichen Entschlüsselungen.

Beim Märchen liegt die allegorische Deutung zwar näher.[142] Doch auch hier wäre die Leistung der Form weit unterschritten, wenn man meinte, der Gehalt des Märchens ließe sich adäquat auch in nicht-allegorischer, diskursiver Sprache wiedergeben. Darüber hinaus wird es bei einer streng allegorischen Deutung immer wieder auch zu Verkürzungen kommen müssen. So wird etwa der Schreiber in Novalis' Klingsohr-Märchen häufig als Allegorie des aufgeklärten Verstandes gelesen, der die Poesie zu vernichten trachtet. Wenn auch das Körnchen Wahrheit in der Sache bekannt ist, so verkürzt diese Ansicht doch die vielschichtige Rolle, die Novalis dem Verstand in den verschiedenen Kultursphären zumisst. Eher wird man sagen müssen, dass die allegorische Beziehung, die sich in der Tat vielfach nahelegt, selbst noch einmal als symbolisches Material ausgemünzt wird: Das vermeintliche Entdecken einer Allegorie bindet einerseits gleichsam Elemente der Wirklichkeit in das Märchen ein, andererseits verursacht das Ungenügen einer allegorischen Interpretation doch nur, das diese Wirklichkeitselemente sogleich zu Aufbaumomenten des Märchens selbst verarbeitet werden.

3.3. Theorie des Romans

Den frühesten Hinweis darauf, dass Novalis selbst vorhatte, einen Roman zu schreiben, finden wir in dem Brief an Friedrich Schlegel vom 11. Mai 1798, wo Novalis unter seine schriftstellerischen Projekte »vielleicht ein[en] Roman in Sedez« (WTB I, 664) zählt.[143] Nun hatte bereits der Schüler Friedrich von Hardenberg hier und da kleine Skizzen zu Erzählungen entworfen. Und als der Student Novalis von seinem Bruder nach Lektüre-Tipps gefragt wird, beweist die altkluge Antwort doch immerhin eine erstaunliche Belesenheit auch bei den zeitgenössischen Romanen.[144]

---

[141] Dieser Vorwurf muss auch der tiefsinnigen Deutung von JANET GARDINER, aaO., gemacht werden.

[142] Sie ist für das »Klingsohr-Märchen« klassisch durchgeführt worden von MAX DIEZ, Novalis und das allegorische Märchen (1933). In: Gerhard Schulz (Hg.), Novalis, Darmstadt ²1986.

[143] »Sedez« ist das kleinste der gängigen Buchdruckformate.

[144] Vgl. Brief an Erasmus v. Hardenberg, 16.3.1793, WTB I, 535.

Indes, ein überzeugter Anhänger der Gattung wurde er erst nach der Lektüre von Goethes »Wilhelm Meisters Lehrjahre«. Das Tagebuch, das Novalis nach dem Tod seiner Braut für einige Monate schrieb, bezeugt eine intensive Lektüre des Romans und setzt zudem voraus, dass er ihm auch schon zuvor bekannt gewesen sein muss. Bis an sein Lebensende finden sich immer wieder eindringliche Notizen, die eine leidenschaftliche Auseinandersetzung verraten. Lange Zeit trug sich Novalis ferner mit dem Gedanken, eine Rezension oder einen Aufsatz über diesen Roman zu verfassen; ein Plan, zu dem zwar immerhin einige Skizzen existieren, der aber nie zur Ausführung kam.

Nicht nur die Romantiker erkannten die Bedeutung dieses Romans: Der »Wilhelm Meister« sorgte dafür, dass sich diese Gattung im gebildeten ästhetischen Diskurs Deutschlands endgültig etablierte. Nicht, dass es zuvor keine Romane gegeben hätte, aber dem Roman haftete stets das Odium des Trivialen und des bloß »Unterhaltenden« an.[145] Wie tiefgreifend der Umschwung war, kann man daran sehen, dass die Poetiken der Renaissance und des Barock in der Regel darauf verzichteten, den Roman neben Epos, Drama und Lyrik überhaupt zu verhandeln. Eine der ersten deutschen Romanpoetiken, der »Versuch über den Roman« von Christian Friedrich von Blanckenburg, war erst 1774 erschienen. Noch Schiller galt der Romanschreiber bloß als »Halbbruder des Dichters«.

Man kann an Novalis' Rezeption des »Wilhelm Meister« zwei Seiten unterscheiden. Die eine betrifft die Frage nach dem Zweck der Romanform überhaupt, die andere die nach der speziellen Technik. Beide Seiten fungieren dann auch als unser Leitfaden für die Darlegung von seinen Überlegungen zur Romanpoetik. Während die erzähltechnischen Möglichkeiten, die Goethe eröffnete, für Novalis schlechterdings verpflichtend bleiben, ist gerade das, wofür der Roman als ganzer steht, zum Ende der Auseinandersetzung Gegenstand der heftigsten Kritik.

Der »Wilhelm Meister« ist einerseits ein Bildungsroman, d. h., er stellt in seiner Ganzheit ein Bildungsideal vor, welchem sich anzunähern der Held auf seine »Lehrjahre« geschickt wird. Die Entfaltung der Kräfte und Begabungen eines Individuums und die Überwindung von Widerständen werden so zum bestimmenden Thema des Buchs. Darüber hinaus ist er aber auch ein Künstlerroman: Wilhelm ist Schauspieler und hat in seiner Truppe auch diverse leitende Verantwortungen übernommen. Es ist nun auffällig, dass beide Aspekte in den ersten Aufzeichnungen Hardenbergs zum »Wilhelm Meister«, die sich unter anderem in der Sammlung »Blüthenstaub« niedergeschlagen haben, so gut wie keine Rolle spielen. Es dominiert ganz eindeutig die Faszination von Goethes souveräner Erzähltechnik. Novalis ist fasziniert von Goethes »Bildungskunst« (WTB II, 413 / N II, 641), und davon, wie »poëtisch [...] die Darstellung« (WTB II,

---

[145] Vgl. dazu GERHARD SCHULZ, Die deutsche Literatur zwischen Französischer Revolution und Restauration. Erster Teil: 1789-1806, München ²2000, 272-296.

806 / N III, 646) ist, was im Lichte des dargestellten Begriffs der Poetisierung
stets mit einer technischen Konnotation zu hören ist. In seinem kleinen Essay
über Goethe fasst er so zusammen: »Wilhelm Meister [ist] ganz ein Kunstpro-
duct – ein Werck des Verstandes« (WTB II, 413 / N II, 641). Dies ist für Novalis
das höchste denkbare Lob, denn »[d]er Sitz der eigentlichen Kunst ist lediglich
im Verstande. Dieser konstruiert nach einem eigenthümlichen Begriff. Fantasie,
Witz und Urtheilskraft werden nur von ihm requirirt.« (Ebd.) Was Novalis vor
Augen haben dürfte, ist Goethes überlegene Organisation von Stoffmassen, die
keine Fäden entwickelt, um sie alsbald liegen zu lassen. »Meister endigt mit der
Synthesis der Antinomieen – weil er für und vom Verstande geschrieben ist«
(WTB II, 352 / N II, 563).

Wenn man sich die Gestaltung des »Wilhelm Meister« näher anschaut, so wird
die Tragweite dieser Auskunft von Novalis erst ganz deutlich. Denn Goethe hat
im Roman neben der Prosa auch noch andere literarische Formen eingeflochten,
vor allem eine große Anzahl von Gedichten, welche das Geschehen zugleich reflektieren und kommentieren, dabei aber Schöpfungen eigenen Rechts bleiben.
Daneben finden sich Briefe, Gespräche und die »Bekenntnisse einer schönen
Seele«, eine pietistische Autobiographie, welche das ganze sechste Buch einnimmt. Diese Anreicherung der Gattung hätte also reichlich Anlass geben können, die Stränge aus dem Ruder laufen zu lassen, und eben dies ist nach Novalis
nicht geschehen, wodurch Goethe dem Roman ganz neue formale Möglichkeiten erschlossen hat, so dass der Weimarer Dichter nach Novalis' Auskunft »jezt
der poetische Statthalter auf Erden« (WTB II, 278 / N II, 466) sei.

Die letztgenannte Einschätzung wird auch von Friedrich Schlegel geteilt, allerdings aus anderen Gründen.[146] So gewiss auch er von der formalen Meisterschaft Goethes überzeugt ist und besonders auf die gelungene Verzahnung der
einzelnen Teile hinweist, so sehr stellt er doch in seiner berühmten Rezension,
die im ersten Band des »Athenäums« erschien, gerade den anderen oben angesprochenen Aspekt in den Vordergrund. So wird zum einen der »Sinn für das
Universum«,[147] das große darstellerische Ebenmaß Goethes besprochen, welches
der adäquate Stil für die Darstellung seines Bildungsideals ist. Zudem aber, und
das ist für unseren Zusammenhang das entscheidende, legt Schlegel sein Augenmerk auf die Künstlerthematik. »Es war so sehr die Absicht des Dichters, eine
nicht unvollständige Kunstlehre aufzustellen oder vielmehr in lebendigen Beispielen und Ansichten darzustellen, daß diese Absicht ihn sogar zu eigentlichen
Episoden verleiten kann.«[148] Die Reflexion der Kunst überzeugt nach Schle-

---

[146] Speziell zur »Wilhelm-Meister«-Rezeption der Brüder Schlegel vgl. den sehr erhellenden
Aufsatz von ERNST BEHLER, Goethes Wilhelm Meister und die Romantheorie der Frühromantik. In: Ders., Studien zur Romantik und zur idealistischen Philosophie, Bd. 2, Paderborn 1993,
157-172.
[147] FRIEDRICH SCHLEGEL, Über Goethes Meister, SL 267.
[148] AaO., 265.

gel so sehr, dass der Roman sogar seine eigenen Beurteilungs- und Darstellungskriterien entwickelt. Nicht zuletzt gelingt dies durch sein extensives und intertextuelles Einbeziehen anderer Literatur, die aber nicht etwa in essayistischen Exkursen, sondern gänzlich als organischer Teil der Handlung, nämlich v. a. anlässlich einer Aufführung des »Hamlet« durch Wilhelms Theatergruppe, thematisiert wird.

Novalis hat diese Rezension sogleich nach ihrem Erscheinen zur Kenntnis genommen und anfänglich auch Zustimmung signalisiert, die sich freilich ebenso gut auf die dem Freunde selbsteigenenen schriftstellerischen Qualitäten bezogen haben kann.[149] Interessanterweise sind es aber nun gerade die von Schlegel stark gemachten Punkte, die mittelfristig Novalis' Kritik hervorrufen. Folgerichtig vermutet er, seine projektierte Rezension würde »freylich das völlige Gegenstück zu Fridrichs Aufsatze seyn« (An Ludwig Tieck, 23.2.1800, WTB I, 733). Zum einen äußert Novalis erhebliche Zweifel an dem Goetheschen Bildungsideal: Letztlich sei der Roman eine Verkündigung »des Evangeliums der Oeconomie.« (WTB II, 807) Es gehe Goethe vor allem darum, Wilhelm schließlich zur Welt der Reichen, Klugen und Adligen dazugehören lassen zu wollen. Um falsche Konnotationen von dieser Anklage fernzuhalten – Novalis war an sich dem bürgerlichen Erwerbsleben ganz und gar nicht abhold –, ist auf den zweiten Punkt hinzuweisen. Hinsichtlich des Kunstthemas wird nun nämlich gerade Goethes formale Meisterschaft gegen ihn gewandt, da er im Ausgang des Romans die Kunst verrate: Wilhelm entsagt der Kunst und beschließt, ein Erwerbsleben zu führen. Daher sei das Buch »undichterisch im höchsten Grade, was den Geist betrifft – so poëtisch auch die Darstellung ist. Es ist eine Satyre auf die Poësie« (aaO., 806). Der Roman dementiert nach Novalis gerade das, was er selbst doch vollzieht, nämlich die Möglichkeit, in der Kunst zu leben und sich in ihr zu vollenden. Daher prognostiziert er: »Wer ihn recht zu Herzen nimmt, ließt keinen Roman mehr« (aaO., 807), eben weil sich ein solcher Leser konsequenterweise nun selbst dem vermehrten Geldverdienen hingeben müsste.

Die Frage, ob diese Kritik greift oder ob Novalis hier nicht aus einem gewissen Systemzwang heraus argumentiert, der an den Goetheschen Intentionen vorbeigeht, muss hier nicht entschieden werden. Festzuhalten bleibt nur, dass Novalis auch ganz zum Schluss bekannt hat, dass er aus dem »Wilhelm Meister« viel »gelernt habe und noch lerne« (An Ludwig Tieck, 23.2.1800, WTB I, 733). Was für seine Romanpoetik verpflichtend bleibt, sei hier in wenigen Punkten zusammengefasst:

1.) Der Roman ist ein planvoll anzulegendes Gebilde. Die Organisation des Stoffs und die Gewichtung der Handlungsstränge bleiben dem bloßen Sprühen des Genies unmöglich. Die scheinbare Freiheit des Romans von den Gesetzen

---

[149] An Friedrich Schlegel, 7.11.1798: »Deine Fragmente und das Bruchstück von [Wilhelm] Meister versteh' und genieß' ich immer mehr« (WTB I, 673).

des Metrums, den durch die Bühne diktierten Figurenkonstellationen usw. darf nicht den Blick auf die nicht minder schwer zu handhabenden Harmonieprinzipien des Romans verstellen.[150]

2.) Der Roman ist demzufolge als eine Synthesis zu begreifen. Seine Freiheit von Beschränkungen äußerer Art macht, dass er in bevorzugtem Maße zur Darstellung von Ganzheiten berufen ist.

3.) Er tut dies auf dem Wege, dass er eine Gattungsmischung vornimmt: Der Roman synthetisiert nicht nur inhaltliche Komponenten, sondern auch verschiedene Gattungen mit ihren spezifischen Einzelleistungen. Dadurch gewinnt die Synthesis eine zusätzliche Dimension. Friedrich Schlegel, der hierin gleicher Überzeugung war, hat dies in seinem »Brief über den Roman« so ausgedrückt: »Ja, ich kann mir einen Roman kaum anders denken, als gemischt aus Erzählung, Gesang und andern Formen.«[151] Damit verlor zugleich das alte Poetik-Problem der Einteilung der Gattungen erheblich von seiner Schärfe und ist von den Frühromantikern auch gar nicht behandelt worden.

Novalis hat diese Einsichten in seinem »Heinrich von Ofterdingen« konsequent umgesetzt. Schon deshalb wäre es einseitig, diesen Roman als einen ›Anti-Meister‹ zu interpretieren.[152] Ebenfalls aber wäre es übertrieben zu sagen, der »Heinrich« sei letztlich an die Stelle der nicht geschriebenen Rezension getreten.[153] Denn sein eigener Roman kann nicht bloß aus der Auseinandersetzung mit dem Goethes erklärt werden.[154] Statt dessen müssen wir uns noch einmal kurz das basale Synthesis-Konzept von Novalis ins Gedächtnis rufen.

Das Wesen des Ich wurde von Novalis als absolute Synthese gefasst. Diese muss nun transzendental als Bedingung der Möglichkeit endlichen Synthetisierens – als dem Wesen des endlichen Ich – begriffen werden, ist aber zugleich der Zielbegriff menschlichen Vereinigungsstrebens. Die Einbildungskraft in ihrem poetisch fingierenden Vermögen vermag es, diese ultimative Vereinigung ästhetisch bereits vorzubilden. Der Roman ist aber nun genau deshalb die geeignete Form dafür, weil er in der Lage ist, auch noch die Geschichte dieses Vorgangs einzubegreifen. Er bietet nicht nur ein Bild von jenem Endzustan-

---

[150] Es ist gut möglich, dass hier auch August Wilhelm Schlegels Sammelrezension zeitgenössischer Unterhaltungsromane im Hintergrund steht, die in der ersten Nummer des »Athenäum« erschienen war: »Die gesetzlose Unbestimmtheit, womit diese Gattung nach so unzähligen Versuchen immer noch behandelt wird, bestärkt in dem Glauben, als habe die Kunst gar keine Foderungen an dieselbe zu machen, und das eigentliche Geheimniß bestehe darin, sich alles zu erlauben; [...] Wer hält sich nicht im Stande einen Roman zu schreiben?« (Ath. I / 1, 150).

[151] FRIEDRICH SCHLEGEL, Gespräch über die Poesie, aaO., 318.

[152] So richtig CLEMENS HESELHAUS, Die Wilhelm-Meister-Kritik der Romantiker und die romantische Romantheorie. In: Hans Robert Jauß (Hg.), Nachahmung und Illusion, München ²1969.

[153] So LOTHAR PIKULIK, aaO., 217.

[154] Vgl. GERHARD SCHULZ, Die Poetik des Romans bei Novalis. In: Reinhold Grimm (Hg.), Deutsche Romantheorie, Bd. 1, Frankfurt 1968, 125-154.

de, sondern auch noch den Weg dorthin in seinem Verlauf, wie Novalis unter Zuhilfenahme des Lebensbegriffs erläutert: »Der Roman handelt vom Leben – stellt *Leben* dar. [...] er ist anschauliche Ausführung – Realisierung einer Idee« (WTB II, 359 / N II, 570). Schließlich beinhaltet er sogar noch die Vorführung dieses künstlerischen Verfahrens im Roman selbst. Dies letztere gelingt dadurch, dass während Heinrichs ›Ausbildung‹ zum Dichter sein Augenmerk auf solche Balladen, Geschichten, Gedichte oder Märchen gelenkt wird, welche diese Struktur ebenfalls in sich enthalten.

Dieses Spezifikum der absoluten Synthese, zugleich das Woher und das Wohin des Romans zu sein, erklärt auch den Umstand, warum Heinrich permanent das Gefühl hat, sich lediglich zu erinnern, so, als käme ihm alles auf geheimnisvolle Weise bereits bekannt vor. Dieser Roman ist kein Bildungsroman im Sinne Goethes. Deshalb geht es in ihm »[i]mmer nach Hause« (WTB I, 373 / N I, 325). Das bedeutet romanpoetisch unter anderem, dass das Ganze sich stets in den einzelnen Teilen spiegelt. Beinahe alle kleineren Einheiten, alle Gedichte, Märchen, Träume, auch das Buch, das Heinrich in der Höhle des Bergmanns entdeckt, und das kein anderes ist als der »Heinrich von Ofterdingen« selbst, bloß noch ohne Schluss – all diese Einheiten im Roman sind nach demselben Dreierschema aufgebaut wie die große Einheit selbst.

Zu Recht ist daher von diesem Roman gesagt worden, er sei »das am rationalsten angelegte Buch« der Frühromantik.[155] Es ist freilich ebenso richtig, dass der Kunst hier Qualitäten angemutet werden, denen nachzukommen sie in arge Schwierigkeiten gerät. Doch darf man bei diesem Einwand nicht die großen und wirkmächtigen Einsichten dieser Romanpoetik vernachlässigen, die hier in weiteren drei Punkten zusammengefasst werden sollen:

1.) Es ist dem modernen Roman essentiell, auf seine eigenen Entstehungsbedingungen zu reflektieren, sein Zustandegekommensein durch einen planvollen Akt nicht zu verschleiern, sondern dieses Offenlegen wiederum künstlerisch zu verarbeiten. Diesem Plus an Gestaltungsmöglichkeiten steht eine gewisse Depotenzierung der Dichterpersönlichkeit gegenüber, die sich nicht mehr als das unableitbare Genie gerieren kann und braucht.

2.) Gerade das Synthesis-Konzept von Novalis hat hinsichtlich der Aufbauprinzipien eines Romans gewichtige Folgen. Zum einen führt es zu einer Autonomie der einzelnen Teile, und zum anderen zur Entlastung von dem Gebot der Linearität: »Die Schreibart des Romans muß kein Continuum – es muß ein in jeden Perioden gegliederter Bau seyn. Jedes kleine Stück muß etwas abgeschnittnes – begränztes – ein eignes Ganze seyn« (WTB II, 758 / N III, 562). Das Woher und Wohin sind nicht die entscheidenden Faktoren des Romans, sondern die Durchführung der Teile, die auch für sich stehen können. Dies kann so weit gehen, dass die kleineren Einheiten gewissermaßen das Ganze *in*

---

[155] GERHARD SCHULZ, aaO., 422.

nuce enthalten: Für den »Heinrich von Ofterdingen« dürfte dies in jedem Fall gelten.

3.) Der Roman, und das dürfte die Spitzenthese sein, fungiert für Novalis als ästhetisches Symbol der absoluten Synthesis, weil er symbolisch zugleich alle Gegensätze entwickelt und wieder vereint. Man kann diese Spitzenthese aber noch einmal abstrahieren von dem speziellen transzendentalphilosophischen Konzept Hardenbergs. Dann ergibt sich als harter Kern, dass unter modernen Bedingungen der Roman wie keine andere Kunstform zur Darstellung universaler Ganzheiten in der Lage ist, seien diese nun geschichtlicher, individuell-biographischer oder gar weltanschaulicher Natur. In einer Zeit, wo traditionelle Formen der Thematisierung von Ganzheiten, vor allem am Ort des Religiösen, an Prägekraft abnehmen, gewinnen ästhetische Funktionsäquivalente an Bedeutung.[156] Es ließe sich fragen, ob nicht zuletzt aus diesem Grund die Form des Romans ihren Siegeszug angetreten hat, der bis heute anhält.

---

[156] Mit Recht konnte vom Roman gesagt werden, er sei »die welthaltigste und welthafteste Gattung eines zwar in sich endlichen, aber Unendlichkeit voraussetzenden und auf sie verweisenden Kontextes«; HANS BLUMENBERG, Wirklichkeitsbegriff und Möglichkeit des Romans. In: Hans Robert Jauß, aaO., 9–27, hier 21.

F. Die Religionstheorie von Novalis

Die Darstellung von Novalis' Religionstheorie soll wie im vorigen Kapitel ein übergeordneter Gesichtspunkt leiten, nämlich die Frage, was von der Thematisierung der Religion für eine Theorie des Symbols zu lernen ist. Diese Frage ist nötig – um dies noch einmal in Erinnerung zu rufen –, da eine entfaltete Symboltheorie von Novalis in dessen Schriften nicht vorliegt, aber erschlossen und rekonstruiert werden kann. Die Interpretation der Hardenbergschen religionstheoretischen Überlegungen wird umgekehrt von der Vermutung ausgehen, dass der Symbolbegriff als geeignetes Instrument zur Deutung dieser Überlegungen fungiert: Zwischen Religionsbegriff und Symbolbegriff liegt ein Interdependenzverhältnis vor, das es zu entschlüsseln gilt. Diese Hypothese zu bewähren ist Aufgabe des gesamten Kapitels. Mit dieser Aufgabe verbindet sich zugleich die Behauptung, dass dieser Zugang Novalis' Religionstheorie sachgerechter zur Darstellung bringt, als die bisherigen Forschungsbeiträge es vermochten, die jeweils an ihrem Ort zur Sprache kommen werden.

Methodisch soll dabei so vorgegangen werden, dass die wichtigsten Textgruppen nacheinander vorgestellt und interpretiert werden. Dieses Vorgehen scheint deshalb am günstigsten, weil es den gedanklichen Fortschritt kontrolliert nachzuzeichnen vermag und ein asynchrones Hin- und Herspringen weitgehend verhindert. Es schließt darüber hinaus nicht aus, dass den Entwicklungsstationen wiederum systematische Hauptaspekte zugeordnet werden. Der erste im engeren Sinn religionstheoretisch bedeutende Text ist das so genannte ›Mittlerfragment‹ aus seiner Sammlung »Blüthenstaub«, die 1797 entstand und 1798 in der Zeitschrift »Athenäum« veröffentlicht wurde (3). Ihm soll aber noch eine Interpretation wichtiger Passagen aus dem »Allgemeinen Brouillon« von 1798 / 99 vorangehen, welche zwar zeitlich etwas später liegen, aber sachlich auf einen älteren Debattenkontext verweisen (2). Später haben wir uns der Rede »Die Christenheit oder Europa« von 1799 zuzuwenden, welche im Kontext der späten Studienskizzen nach ihren religions- und christentumstheoretischen Implikationen interpretiert wird (4). Die »Geistlichen Lieder«, die zwischen 1798 und 1800 entstanden, sollen im Zusammenhang mit der späten Lyrik auf ihre Verarbeitung der christlichen Symbolwelt hin befragt werden (5). Mit einer Bündelung der Ergebnisse haben wir uns abschließend den »Hymnen an die Nacht« zuzuwenden, die 1800 im dritten Band des »Athenäum« erschienen. Sie sind in den Kontext der frühromantischen Überlegungen zu einer ›Neuen Mythologie‹ einzustellen (6).

Bei einem Denker wie Novalis ist jede Interpretation seines Werks unabweislich auch mit einer speziellen Auffassung seiner Biographie verbunden. Diese soll hier nicht subkutan mitgeführt, sondern in einem ersten Abschnitt explizit gemacht werden (1). Dabei werde ich mich besonders seiner religiösen Jugendbiographie bzw. seiner frömmigkeitsgeschichtlichen Herkunft zuwenden, die in der Regel verkürzend und daher irreführend behandelt wird. In ihr findet man einen Schlüssel zu seiner weiteren Gedankenentwicklung.

1. Novalis' religiöse Jugendbiographie

Es kommt vor, dass sich in der Wissenschaft bestimmte *opiniones communes* herausbilden, die einfach immer weiter tradiert werden, indem ihre Begründungen nicht mehr thematisiert werden. Zu solchen Meinungen zählt auch eine Ansicht, über die in der sonst nicht gerade einmütigen Novalis-Forschung weitgehende Einigkeit herrscht: Novalis sei in einem pietistisch geprägten Elternhaus aufgewachsen und habe dort einen reichen inneren Schatz mitbekommen, der nicht zuletzt ungeheuer sprachprägend gewesen sei. Diese Prägung stelle mithin einen gewichtigen Schlüssel zu seinem Werk und seiner Religionsanschauung bereit. Diese Meinung ist in einer Weise allgemein, dass es der Forschungsgemeinschaft nicht mehr nötig scheint, die Sache jedes Mal von Neuem zu erweisen. Augenscheinlich ist alles Nötige gesagt, selbst auf einschlägige Sekundärliteratur wird in der Regel nicht mehr verwiesen.[1]

In Wahrheit aber befindet sich die Gewissheit jener Ansicht in einem geradezu umgekehrt proportionalen Verhältnis zu ihrer quellenmäßigen Bezeugung. Dieser Umstand konnte nur deswegen so lange verborgen bleiben, weil die theologiegeschichtliche Verortung von Novalis in der Regel kein Gegenstand des Interesses ist.

Drei Arten von Quellen kann man unterscheiden: Erstens Primärquellen, aus denen explizit etwas zum Thema hervorgeht. Zweitens Sekundärquellen, in denen die Äußerungen von Zeitgenossen, etwa in Biographien oder Briefen, untersucht werden. Und drittens kann eine implizite Analyse des literarischen und theoretischen Werks von Novalis Aufschluss geben. Wenn im Folgenden anhand dieses Rasters die Biographie, besonders die Jugendbiographie auf Spuren pieti-

---

[1] Das trifft etwa für die Spezialuntersuchung von WOLFGANG SOMMER, Schleiermacher und Novalis, Frankfurt a. M. 1973, zu. Nicht einmal im Abschnitt unter der Überschrift »Der herrnhutische Pietismus« (aaO., 29–33) diskutiert Sommer die einschlägigen Belege, abgesehen von zweien, die eine große Distanz Hardenbergs zum Pietismus verraten. Und dennoch habe auch Novalis »bei allen späteren Wandlungen [...] jene persönlichkeitsprägenden Eindrücke [scil. der herrnhutischen Erziehung] bewahrt« (aaO., 29).

stischen Einflusses hin untersucht werden soll, so ist zuvor kurz auf die Relevanz dieses Unterfangens zu reflektieren. Sollte sich erweisen, dass der bisherige Forschungskonsens nicht zu halten ist, so würde dies ein ganz anderes Licht auf die Schriften von Novalis werfen; man könnte dann nicht mehr die christlichen Bezüge mit dem Generalschlüssel »Pietismus« aufschließen und abtun, und es bestünde auch kein Anlass, dasjenige vermeintlich pietismusaffine Bildungsgut, das Novalis gegen Ende seines Lebens aufnahm, wie Neuplatonismus und Theosophie, einfach in den gemeinsamen Topf des »Irrationalismus« oder »Mystizismus« zu werfen.

Zunächst also zu den primären Zeugnissen. In einer späten Notiz liest man: »Sonderbarer alter *Schul* und *Erziehungsgeist* im Herrnhutismus – bes[onders] meines Vaters.« (WTB II, 753 / N III, 557) Dies ist der einzige direkte Hinweis in Texten von Novalis, der eine Verbindung des Hauses Hardenberg mit dem herrnhutischen Pietismus belegt. Immerhin stimmt dies mit einem Selbstzeugnis von Novalis' Vater überein, das sich im Familienarchiv erhalten hat, wonach dieser nach dem Tod seiner ersten Frau 1769 eine Art Erweckungserlebnis aufzuweisen hatte.[2] Von einer Nähe des Vaters zu Herrnhut berichten auch die ersten Biographen, worauf gleich einzugehen sein wird. Für Heinrich Ulrich von Hardenberg ist die Bezeugung also recht gut. Wie steht es aber mit Novalis selbst? Das erste Mal fällt der Ausdruck »Herrnhuter« in den Entwürfen zu einem Jugendgedicht (1789), dort aber in einer langen Liste, die viele andere theologische Strömungen seiner Zeit ebenfalls enthält. (N VI.1, 417) Danach taucht er erst wieder im Schrifttum ab dem Jahre 1798 auf. Der Graf von Zinzendorf wird von Novalis einmal in einem Brief an Schlegel erwähnt (8.7.1796), und zwar in einem Atemzug mit Spinoza. Im Zusammenhang seiner späten Überlegungen, zusammen mit Tieck ein »geistliches Journal« zu gründen, findet sich auch die Lektürenotiz: »*Psalmen*. (Dr. Luthers Schriften. *Zinzendorfs* Schriften. Alte fromme Bücher und Predigten.)« (WTB II, 756 / N III, 560) In »Die Christenheit und Europa« wird Zinzendorf neben Jakob Böhme als einer der frommen Außenseiter, die sich dem lutherischen *mainstream* verweigert hätten, gelobt (WTB II, 738 / N III, 513). In seiner Bibliothek fanden sich ein paar Schriften Zinzendorfs und ein Herrnhutisches Gesangbuch. Ansonsten fehlt in dem umfangreichen Jugendnachlass, in den Briefen und Tagebüchern jeder direkte Hinweis, dass Novalis selbst in der Gedanken- und Vorstellungswelt der Herrnhuter gelebt hätte.

Damit können wir uns den sekundären Zeugnissen zuwenden. In den Jahren nach Novalis' Tod haben sich einige Freunde und Verwandte daran gemacht, Biographien über Novalis zu verfassen, welche ebenfalls gern herangezogen werden. Die bekannteste von ihnen ist die, welche Ludwig Tieck 1815 der dritten

---

[2] Vgl. die Mitteilung bei WILHELMINE MARIA SEPASGOSARIAN, Der Tod als romantisierendes Prinzip des Lebens, Frankfurt 1991, 36.

Auflage der Schlegel-Tieckschen Novalis-Ausgabe beigab. Bei der Einschätzung ihres Quellenwertes ist allerdings zweierlei zu beachten: Tieck hat Novalis erst im Sommer 1799 kennen gelernt, ist also erst ab Novalis' 28. Lebensjahr ein Zeuge erster Hand. Und ferner ist seine Biographie auch literarisch abhängig von der Biographie, die Novalis' Bruder Karl bereits 1802 verfasste. Die nicht eben wenigen Abweichungen Tiecks haben insgesamt die Tendenz, den biographischen Stoff in ein literarisches Kunstwerk umzuprägen, wobei Tieck es mit Details nicht allzu genau nimmt. So ist bei ihm Hardenbergs Vater statt nur ihr nahe stehend nun ein »Mitglied der Herrnhutischen Gemeine« (N IV, 551), wie auch die Mutter – beides Auskünfte, die sich sonst in den Quellen nicht finden. Die Biographie des Bruders vermerkt lediglich, Novalis sei »Kind frommer Eltern« (N IV, 531) gewesen. Interessant ist auch seine Mitteilung: »Sein Vater ein sehr thätiger Mann war wegen sehr weitläuftigen Geschäften viel auf Reisen, und der wichtigste Theil seiner Erziehung also der Mutter und den Hofmeistern überlassen.« (Ebd.)

Nun kann der später zum Katholizismus konvertierte Karl von Hardenberg vielleicht seine Gründe gehabt haben, das Herrnhutertum seiner Eltern nicht zu erwähnen. So ist zuletzt noch auf die Biographie des Vorgesetzten und guten Freundes von Novalis, des Kreisamtmannes August Coelestin Just zu verweisen, mit dem Novalis über viele Jahre in engem Kontakt gestanden hat. Dieser äußert sich zu unserer Frage recht ausführlich. Zunächst, nach Just waren beide Eltern zwar nicht Mitglieder, aber »in Sinn und Meynung Freunde der Brüdergemeine« (N IV, 538). Zum zweiten, Just sieht in diesem Umstand keinen Widerspruch zu seiner Auskunft, Novalis habe eine »liberale, vielseitige, oft veränderte, und oft heterogene Erziehung« (N IV, 537) genossen. Drittens, Just vermeldet, die Eltern hätten zwar die Absicht gehabt, ihren Kindern herrnhutisches Gedankengut zu vermitteln. Aber: »Mit der ältesten Tochter ward ihr Wunsch erfüllt; nicht so damals mit dem ältesten Sohne.« (N IV, 538) Höchst prägend für den jungen Novalis sei hingegen ein einjähriger Aufenthalt bei seinem Onkel in Lucklum bei Braunschweig gewesen, der ein sehr gebildeter Mann gewesen sei und auch politisch aktiv war. Immerhin vermutet Just viertens: »Der fromme Sinn, der im elterlichen Hause herrschte, hatte früh bedeutenden Einfluß auf ihn, wiewohl er erst in den letzten Jahren seines Lebens seine volle Wirkung äußerte.« (N IV, 537f.)

Viel Gewicht wird auch einer Anekdote beigemessen, welche Tiecks Biograph Rudolf Köpke im Jahre 1855, also über fünfzig Jahre nach Novalis' Tod mitteilt. Tieck hört bei einem Besuch bei Novalis Gepolter aus dem Nebenzimmer. »›Was ist vorgefallen?‹ fragte er besorgt einen eintretenden Bedienten. ›Nichts‹, erwiderte dieser trocken. ›Der Herr hält Religionsstunde.‹« (N IV, 632f.) Über die immerhin gelungene Pointe hinaus ist dieser Anekdote aber keineswegs ein großer Quellenwert zuzuschreiben;[3] dieser ist im Gegenteil eher gering einzuschätzen.

Die Frage also, wie weitreichend und prägend die von Herrnhut beeinflusste Religiosität der Eltern wirklich war, kann letztlich nur implizit aus dem Werk beantwortet werden. Hierbei ist besonders der inzwischen vollständig veröffentlichte Jugendnachlass einschlägig. Wenn Novalis wirklich in herrnhutischem Geist erzogen worden wäre, sollte sich dieser Umstand doch auf den mehreren hundert Druckseiten Jugendnachlass reichlich widerspiegeln. Aber tatsächlich findet sich davon beinahe keine Spur.[4] Hingegen ist der gesamte Jugendnachlass voll von Gedankengut, das man genuin der Aufklärung zuzuschreiben hat. Es finden sich religionsgeschichtliche Abhandlungen (»Über die Ordalien oder Gottesurteile«; N II, 7-12), ein »Entwurf zu einer Geschichte der alten Philosophie« (14f), abwägende Abhandlungen (»Kann ein Atheist auch moralisch tugendhaft aus Grundsätzen seyn?«; 18-20), eine »Apologie von Friedrich Schiller« (24f.) wegen dessen christentumskritischen Gedicht »Die Götter Griechenlands«, eine ganze Reihe aufgeklärter Fabeln (N VI.1, 112-116) sowie Dramenentwürfe im Stile Lessings und des jungen Goethe (aaO., 96-105. 482f). Selbst eine »Apologie der Schwärmerey« fragt in erster Linie nach deren »Nutzen« und wirft ihren Gegnern Verstoß gegen die »Gesetze der Billigkeit« (N II, 20) vor.

Wendet man sich der frühen Lyrik zu, so wird dieser Eindruck noch verstärkt. Von der Form her hat Novalis praktisch das gesamte zeitgenössische Spektrum abgedeckt; nicht zu Unrecht hat ist deshalb für die Jugendlyrik von einer aneignenden »Mimesis der Aufklärung«[5] gesprochen worden. Das gleiche gilt für die Themen: Neben Liebes-, Wein- und Geselligkeitsliedern finden sich auch Loblieder auf Fürsten und Geisteshelden. Die von ihm gepriesenen Herrscher sind aber nun allesamt die großen Aufklärer wie Friedrich der Große oder der österreichische Kaiser Joseph II. Insbesondere dessen aufgeklärte Religionspolitik hat es Novalis angetan:

---

[3] WILHELMINE MARIA SEPASGOSARIAN, aaO., 38, spricht aber vom »fanatischen Glaubenseifer des Freiherrn«. Ihre Nachzeichnung der vermeintlichen pietistischen Erziehung Hardenbergs beruht ganz auf der Annahme, ein in seiner Glaubenswelt gefangener Vater habe nicht anders gekonnt, als seinen Kindern seine Religion aufzudrücken; vgl. 36-39.

[4] Die Herausgeberin will immerhin für zwei der über 300 Jugendgedichte einen pietistischen Einfluss annehmen; es handelt sich um die beiden Gedichte »An den Tod« (N VI.1, 182f.) und »Die Stimme des Todes« (288-291). Nun sind zwei Belege ohnehin schon sehr wenig; der letztere würde obendrein einen eher eigenartigen Pietismus verraten, wenn man sich die Heiligengalerie ansieht, mit der Hardenberg sich gemeinsam im Himmel wähnt: »Und ich schaue dann auch heilig, wie ich, verklärt, / Moses, Adam, Homer, Herrmann, Thuiscon da, / Schau die Geister der Ahnen, Fridrich, Klopstock, der Sterblichen / Höchster Sänger« (291). Thuiscon ist der »göttliche[] Urvater der Menschen, vgl. Tacitus ›De Germania‹« (N V, 921).

[5] HELMUT SCHANZE, Romantik und Aufklärung, Nürnberg ²1976, 11-20.

»Soll ich singen, wie er Licht, dir Germanien
Gab, die Fackel entbrannt, welche der Mönche List
Bald enthüllte und riß Schleyer vom Antlitz der
Furchtbarn päbstlichen Heiligkeit.« (N VI.1,76)[6]

Sehr aufschlussreich ist auch das Lutherbild, das sich außerhalb der eigentlichen religiösen Jugendlyrik findet.[7] Luther kommt darin weniger als religiöser Held oder gar als Streiter für die Glaubensgerechtigkeit zu stehen, sondern als mutiger Widerstandskämpfer und vor allem als Aufklärer: Luther habe das Ziel gehabt, »[a]lle Menschen zu hellen«, er ist der, »Der dann mit Eifer das Geweb zerriß / Das Bosheit sich geflochten aus Bonzenlist, / Aberglauben und Unsinn / Dummheit und Sklavische Furcht« (N VI.1, 263). Ein Spottlied auf ein Kloster besingt die Flut von Dunkelheit und Unterdrückung, die es einst barg, doch »deine Finsternis ward helle / durch Luther einst durch Joseph jetzt.« (129) Diese Nähe zu aufklärerischem Gedankengut war der Forschung natürlich nicht verborgen geblieben, aber man kam doch nicht auf die einzig naheliegende Vermutung, dass auch die eigentliche religiöse Jugendlyrik am ehesten der Theologie und Frömmigkeit der Aufklärung entspricht.[8] Und eben diese Vermutung läßt sich vielfältig bewähren. Besonders einschlägig sind die drei vermutlich in unmittelbarer zeitlicher Nähe entstandenen Gedichte »Die Auferstehung«, »Allmächtiger, Geist« und »Gott« (N VI.1, 446-450; das erste und das dritte auch WTB I, 50-52). Gott ist der Schöpfer, aus der Wohlgeordnetheit der Natur und seiner weisen Vorsehung kann sein Wesen erkannt werden. Dabei ist eine spezifisch christliche Anrede zu seiner rechten Verehrung nicht erforderlich:

»Allmächtiger, Geist, Urquell aller Wesen
Zeus, Oromazes, Brama, Jehovah;
Vorm ersten Aeoon bis du schon gewesen
Und nach dem lezten bist du auch noch da.« (447)

Die zweite Zeile dieser Stophe ist besonders aufschlussreich, denn die Namen sind mit Bedacht gewählt: Sie repräsentieren jeweils einen anderen Religionstyp: grieschicher Polytheismus, persischer Dualismus,[9] indische Religion (in welcher

---

[6] Vgl. auch das Gedicht »An Josef den 2ten« (86-88). Das »Toleranzpatent« des Kaisers von 1781, das eine weitgehende Gleichstellung der Konfessionen befahl, ist leicht greifbar in MARTIN GRESCHAT (Hg.), Vom Konfessionalismus zur Moderne, Neukirchen-Vluyn 1997, 137f. Es ist nicht zuletzt für die Interpretation der »Europa«-Rede sehr von Belang, dass sich dieser strenge Antikatholizismus in der Jugendlyrik durchzieht.

[7] Vgl. dazu ausführlich MARGOT SEIDEL, Friedrich von Hardenberg (Novalis). Die unveröffentlichte religiöse Jugendlyrik. In: Jahrbuch des freien deutschen Hochstifts 1981, 261-337, hier 303-324.

[8] Dies hat allein ALFRED WOLF, Zur Entwicklungsgeschichte der Lyrik von Novalis, Uppsala 1928, 157-164, gesehen. Die Forschung hat diesen Hinweis aber nicht weiter verfolgt.

[9] »Oromazes« dürfte eine Nebenform des persischen Hochgottes Ahura Mazda, auch Ormuzd oder Ormazd genannt, sein.

der Theismus nur eine mögliche Ausdrucksweise ist), jüdischer Monotheismus. Es zeigt sich hier die aufgeklärte Idee eines allen Religionen zugrundeliegenden gleichen Substrates, das nur verschiedene Blüten treibt.

Für den Herrnhuter Pietismus ist eine ausgeprägte Jesusfrömmigkeit charakteristisch, deshalb ist es interessant zu sehen, wie der junge Hardenberg sich mit Jesus in seinen Jugendgedichten befasst. Zunächst findet sich eine in Verse gesetzte Nacherzählung der lukanischen Vorgeschichte (»Die Geburt Jesu«; N VI.1, 234–238), die sich explizit an Klopstock anlehnt (vgl. 235) und ganz die Beziehung von Maria und Elisabeth in den Mittelpunkt stellt. Das Jesuskind kommt nur am Rande vor; allerdings dürfte das Gedicht unvollendet sein. Deutlicher spricht sich »Die Auferstehung« aus:

»Christus hat den Tod besieget
Der vorher ein Schrecken war
Hat die Lehre nun besiegelt,
Macht sie durch dies Wunder wahr.« (446)

Die Auferstehung Jesu wird zunächst recht unspezifisch als Sieg des Lebens über den Tod gedeutet; näher erklären sich die Zeilen 3f, in denen sie als Bestätigungswunder interpretiert wird, welches die überlegene Lehre Jesu bekräftigt. Auf diese Lehre kommt es nämlich vor allem an:

»Denn dein Beispiel, deine Lehren
Zeigten uns Religion
Einfach und Jehovahs würdig,
Hehr und heilig, Gottessohn.« (446f.)

Dies ist die äußerste christologische Klippe, bis zu der sich die Jugengedichte vorwagen. Das Bestreben, die Religion »einfach« darzulegen, meint vor allem das Sich-Entschlagen von überflüssigen dogmatischen Spezialfragen. Konzentration auf den Schöpfer- und Erhaltergott, eine Christologie des weisen Lehrers sowie eine undogmatische Stoßrichtung sind nun aber Signa der deutschen Aufklärungstheologie. Der Schluss des Gedichtes »Gott« kann nachgerade als ein kleines christlich-aufgeklärtes Credo verstanden werden und entspricht der aufgeklärten Rekonstruktion des Christentums als einer ethischen Erlösungsreligion der Menschenliebe:

»Die Ruh der Seele sey mein Lohn:
Mich lehre die Natur:
Die göttlichste Religion
Sey Menschenliebe nur.« (450)

In einer Parodie, in der Novalis den biblischen Noah die Maske des Zeitgenossen und Lessing-Gegners Goeze überstreifen läßt, äußert Novalis überdies explizite Sympathie für die »Neologen« (»Die Sündfluth«, 411–417; hier 413). All diese Ausführungen legen dringend den Schluss nahe, dass »trotz der Wünsche seiner

Eltern die Frömmigkeit der Brüdergemeine dem jungen Dichter nichts zu sagen hatte.«[10]

Wenn aber doch die Eltern den Herrnhutern nahe standen, woher kommt dann diese andere Prägung der Frömmigkeit bei Novalis? Hierüber können nur Vermutungen angestellt werden. Im Vorhinein ist aber zu bemerken, dass der Hinweis von Just, Novalis habe eine »liberale Erziehung« genossen, durchaus vertrauenswürdig scheint. Novalis unterlag offensichtlich keinerlei Lektüre-Beschränkungen, und seine Eltern fanden auch nichts dabei, den späteren Kantianer Carl Christian Erhard Schmid als Novalis' Hauslehrer anzustellen. Folgende Möglichkeiten bieten sich an: i) Ein sehr frühes Gedicht von Novalis ist »Auf den Tod Zollikoffers« (N VI.1, 51) verfasst. Der reformierte Prediger Joachim Georg Zollikofer (1730-1788) hatte zuletzt im nahe gelegenen Leipzig gewirkt und gehörte zur Speerspitze der Schweizer Aufklärungstheologie.[11] Es ist möglich, dass er im Familienchristentum der Hardenbergs eine Rolle spielte.[12] ii) Hardenbergs Onkel war in die Vorbereitungen der aufgeklärten Braunschweigischen Schulreform um Johann Heinrich Campe (1746-1818) involviert;[13] es ist möglich, dass Novalis von den begleitenden Debatten bei seinem einjährigen Aufenthalt in Lucklum einiges mitbekommen hat. iii) Als ein weiterer Hauslehrer fungierte ein unbekannter Theologe namens Christian Gottlob Wolf (1757-1838), der vermutlich vor allem für den Italienisch-Unterricht zuständig war; es könnte sein, dass er der Neologie nahe stand.[14] iv) Schließlich könnte man das meiste auch literarischen Einflüssen, besonders dem von Novalis sehr oft direkt angesprochenen Klopstock zuschreiben. Klopstock, studierter Theologe, war seiner philosophischen Grundausrichtung nach ein strenger Leibnizianer, was ihn zum Ende seines Lebens in eine Gegnerschaft zu Kant brachte. Theologisch stand er der Neologie nahe; seine Begegnung mit dem Pietismus war wohl rein literarischer, nicht persönlicher Natur.[15] Als wichtiger Unterschied wäre dann allerdings festzuhalten, dass Klopstock in seiner religiösen Lyrik eher als Christozentriker anzusehen ist, zu dem Novalis erst gegen Ende seines Lebens wird.

Soll man ein Fazit wagen, so ist dieses Bild wohl am wahrscheinlichsten: Die herrnhutische Frömmigkeit hat sich nicht in ihren Formen und Inhalten, son-

---

[10] ALFRED WOLF, aaO., 164.

[11] Vgl. P. MEHLHORN, Art. Zollikofer, Joachim Georg. In: RE[3], Bd. 21 (1913), 711-715.

[12] Bezeichnend für die tendenziöse Stellung der Forschung in Sachen Pietismus ist, dass Zollikofer von den Herausgebern der großen Novalis-Ausgabe unkommentiert zu einem »pietistische[n] Prediger« (N V, 933) gemacht wird. Aber selbst wenn das stimmen würde, bliebe doch immer merkwürdig, dass Novalis Zollikofer ausgerechnet als »Socrates« besingt.

[13] Vgl. LEOPOLD VON RANKE, Denkwürdigkeiten des Staatskanzlers Fürsten von Hardenbergs bis zum Jahre 1806, Bd. I, Leipzig 1877, 16f. 60.

[14] Vgl. die Einleitung in N VI.1, 29; sowie Novalis' Lobgedichte auf seinen Lehrer 384-387.

[15] Vgl. GERHARD KAISER, Klopstock. Religion und Dichtung, Königstein [2]1975.

dern lediglich in einer allgemeinen Empfänglichkeit für Religion bei dem jungen Novalis niedergeschlagen. Ihre konkrete Richtung bekam seine Religiosität dann von der Aufklärungstheologie, vermutlich vor allem aus der Begegnung mit Literatur, vielleicht aber auch durch persönliche Bekanntschaften. Dies wurde dadurch gefördert, dass der Pietismus der Eltern keine autoritären Züge annahm, sondern dem Kind religiöse Entwicklungsfreiheiten gab. Von einer inneren religiösen Krise, wie sie etwa Schleiermacher in den Herrnhutischen Seminaren zu durchleben hatte,[16] findet sich bei Novalis keine Spur.[17]

Dieses Bild erklärt dann auch, warum die Briefe seiner Studienzeit durchgängig den Geist aufgeklärter Popularphilosophie atmen, warum Novalis in den »Fichte-Studien« ein relativ bruchloser Übergang zum idealistischen Gottesgedanken möglich war, und es erklärt den freien Umgang mit der christlichen Glaubenslehre in seinen späten Gedichten, ohne dass man annehmen muss, Novalis habe seinen christlichen Glauben abgelegt, wofür es gar kein Zeugnis gibt. Der Umstand, dass Novalis in aufgeklärter Frömmigkeit aufgewachsen ist, erklärt ferner, warum ihm die Unterscheidung zwischen Religion und Theologie geläufig ist, warum er den Begriff der Offenbarung nicht auf das Bibelbuch beschränkt und die historische Gestalt des Christentums nicht für dessen letztgültige Realisierungsform hält.[18] Wer hingegen meint, das Tagebuch, das Novalis nach dem Tod seiner ersten Verlobten (25.3.1797) geführt hat, beweise, dass sich Novalis dem Pietismus recht eigentlich erst nach Sophies Tod zugewandt habe,[19] übersieht, dass von religiöser Selbstbeobachtung in dem Tagebuch gar nicht die Rede ist, ja, Religion überhaupt nur in dem gelegentlichen Bericht von einem Kirchgang oder von einem Nachmittagstee mit einem benachbarten Pfarrer zum Thema wird. Der Pietismus wird für Novalis erst dann wieder zu einem Thema, als er sich wegen seiner gemeinsamen christlichen Projekte mit Ludwig Tieck einen Überblick über die gesamte Frömmigkeitsgeschichte des Protestantismus (und teilweise auch des Katholizismus) zu verschaffen versucht.

In der Literatur wird Hardenberg unter dem Gesichtspunkt der prägenden religiösen Einflüsse zumeist mit Schleiermacher verglichen. Unsere Rekonstruktion legt es aber nahe, ihn eher an Wilhelm Heinrich Wackenroder heranzurücken,[20] für den ebenfalls ein aufgeklärtes Religionsverständnis prägend war.

---

[16] Vgl. KURT NOWAK, Schleiermacher. Leben, Werk, Wirkung, Göttingen ²2002, 24-32.

[17] Zu Novalis äußern sich nicht die beiden wichtigen Arbeiten zu Schleiermachers herrnhutischer Zeit von E. R. MEYER, Schleiermachers und C. G. von Brinckmanns Gang durch die Brüdergemeine, Leipzig 1905; DORETTE SEIBERT, Glaube, Erfahrung und Gemeinschaft, Göttingen 2003.

[18] Vgl. zu diesen drei Punkten den Brief an den Kreisamtman Just vom 26.12.1798.

[19] So JOHANN R. THIERSTEIN, Novalis und der Pietismus, Diss. Bern 1913, 6.

[20] Zu Wackenroders Religionsverständnis vgl. ALBRECHT BEUTEL, Kunst als Manifestation des Unendlichen. Wackenroders »Herzensergiessung eines kunstliebenden Klosterbruders« (1796/97). In: ZThK 97 (2000), 210-237; ULRICH BARTH, Ästhetisierung der Religion –

Beiden ist dann auch gemeinsam, dass sie dennoch über die Frömmigkeit der Aufklärung hinauswuchsen. In unterschiedlicher Weise empfanden beide ein Ungenügen vor allem an der Bild- und Symbolarmut dieser Richtung. Mit diesem Hinweis können wir die biographischen Überlegungen beschließen und uns den religionstheoretischen Texten Hardenbergs zuwenden.

2. Novalis' Abschied von der Ethikotheologie

Der kantische Kritizismus bedeutete in der Geschichte der Religionsphilosophie einen tiefen Einschnitt; gleichwohl hatte Kant mit seiner Ethikotheologie gleich ein Heilmittel mitgeliefert, das die Wunden, welche die Destruktion der herkömmlichen *theologia naturalis* geschlagen hatte, schließen helfen sollte. Es ist um so erstaunlicher zu sehen, dass gerade die junge Generation in den 1790er Jahren sich in seltener Einmütigkeit von der Ethikotheologie wieder abwandte, ohne jedoch hinter die kritischen Invektiven Kants zurückzufallen. Man kann in dieser Abkehr geradezu eine Epochensignatur sehen.[21] Wir haben bereits im ersten Kapitel die Position Kants behandelt, an die hier nur kurz zu erinnern ist:[22] Gott ist kein Gegenstand möglicher Erkenntnis; der Gottesgedanke ist gleichwohl ein notwendiges Erzeugnis der menschlichen Vernunft. Da ihm keine kongruierende Anschauung beigegeben werden kann, wird der wahre Charakter religiöser Aussagen als symbolisch bestimmt. Das Symbol ist eine Anschauung, die *per analogiam* dem Vernunftbegriff »Gott« zugeschrieben werden kann – aber immer unter der Kautele, das diese Zuschreibung auch nicht nachträglich unter der Hand zu einer Erkenntnis ausgegeben werden darf. Kant ist somit der eigentliche Begründer eines religionsphilosophischen Symbolbegriffs. Analysiert Kant die Struktur des »symbolische Anthropomorphismus« auf der Ebene der theoretischen Vernunft, verweist die Frage nach den Motiven solcher Symbolisierung auf die Ethikotheologie, genauer: auf die Postulatenlehre. Denn wenn die Gleichförmigkeit der Maxime des je eigenen Willens mit dem Sittengesetz nur die Glücks*würdigkeit* des Menschen begründet, so ist doch mit ihr notwendig die Hoffnung auf das höchste Gut – den Zustand der Glückseligkeit aller moralischen Menschen – verbunden. Unter endlichen Bedingungen aber liegt kein zwingender Grund für dessen Realisierung vor, sie muss deshalb von einer eigens zu postulierenden höheren Instanz erhofft werden: von Gott. Ihn muss sich das praktische Bewusstsein also als Gesetzgeber und Regent symbolisieren, der das höchste Gut endlich heraufbefördern wird. Unser moralisches Bewusstsein

---

Sakralisierung der Kunst. Wackenroders Konzept der Kunstandacht. In: ders., Aufgeklärter Protestantismus, Tübingen 2004, 225-256.

[21] Vgl. dazu BJÖRN PECINA, Liebe des Seins, Diss. theol., Halle 2003, 376-384.

[22] Vgl. oben S. 73-78.

würde nach Kant ohne diese religiöse Symbolisierung in sich kollabieren, da es den Gedanken, alles moralische Handeln könnte in Ewigkeit umsonst gewesen sein, nicht ertragen kann.

Es ist genau diese Konzeption, welche die Hölderlin, Schiller, Hegel, Schleiermacher und andere, unter ihnen auch Novalis, hinter sich lassen wollten. Damit überschlugen sich seinerzeit die Entwicklungen. Denn den theologischen und staatlichen Besitzsstandwahrern ging ja die kantische Position bereits zu weit. Zum offenen Konflikt kam es noch nicht in den Auseinandersetzungen mit Kant selbst, wenn auch dieser sich in den Neunziger Jahren nach dem Erscheinen seiner Schrift »Die Religion innerhalb der Grenzen der reinen Vernunft« gewissen Zensurrepressalien ausgesetzt sah. Die Konsequenzen der Ethikotheologie wurden erst im vollen Ausmaße klar durch den Atheismusstreit um Johann Gottlieb Fichte. Dieser Streit wurde ausgelöst durch einen kleinen Aufsatz von Fichte mit dem Titel »Über den Grund unseres Glaubens an eine göttliche Weltregierung« (1798). Fichte proklamierte, Kant weiterdenkend, in dieser Schrift »die wahre Religion des freudigen Rechtthuns« (SW V, 188; GA I / 5, 356). Er zog in diesem Aufsatz allerdings gewichtige, über Kant noch hinausgehende Folgerungen für den Gottesbegriff. Um diese plausibel zu machen, ist kurz auf den Gedankengang des Aufsatzes einzugehen.

Fichte geht von dem Faktum des Glaubens an eine göttliche Weltregierung aus und führt eine philosophische Erörterung dieses Faktums durch. Die Frage ist, ob es als in der Vernunft gegründet nachgewiesen kann. Gelänge der Nachweis nicht, so wäre das »Fürwahrhalten desselben [. . .] Wahn und Traum, so fromm auch etwa geträumt werden möge.« (179 / 348) Zunächst wehrt Fichte die Strategie ab, den geforderten Nachweis mit Hilfe des so genannten kosmologischen Gottesbeweises zu führen. Die Einführung einer intelligenten Instanz (Gott) als eines Urhebers der Sinnenwelt führt auf das Kernproblem, wie eine Umwandlung von »Bestimmungen einer Intelligenz« (180 / 349) in Materie oder auch nur eine Modifikation derselben gedacht werden soll. Dies ist der Kerneinwand Fichtes gegen das Theologoumenon einer *creatio ex nihilo.* Der kosmologische Beweis schließt nicht, weil er das, was er beweisen soll, die göttliche Weltregierung, unvermerkt schon voraussetzt: Von der Sinnenwelt könnte nur insofern auf eine göttliche Weltregierung geschlossen werden, wenn die Welt bereits als moralisch geordnet gedacht wird, also vorausgesetzt wird, was erst zu beweisen wäre. An ihr selbst folgt aus der Sinnenwelt gar nichts. Aus ihr, auch in ihrer Gesamtheit, läßt sich der Beweis also nicht führen. Deshalb: »Durch unseren Begriff einer übersinnlichen Welt sonach müsste jener Glaube begründet werden.« (181 / 351) Dieser Begriff ist auch tatsächlich gegeben, und zwar nach den Prinzipien der Wissenschaftslehre: »Ich selbst und mein nothwendiger Zweck sind das Uebersinnliche.« (Ebd.) Dieser Zweck ist die Ausbreitung der Vernunft in der Sinnenwelt. Nun folgt aus der Struktur des Zweckbegriffs, dass das, was als Zweck vorgesetzt wird, als in einer Zukunft als wirklich gesetzt wird. Die moralische Gewissheit impliziert mithin die zukünftige Wirklichkeit eines Reiches Gottes, und damit auch dessen Möglichkeit und fortschreitende Verwirklichung. Damit ist der Glaube an die göttliche Weltregierung als in der Vernunft gegründet nachgewiesen. Am Schauplatz der Sinnenwelt »offenbart« (185 / 354) und individuiert sich diese Weltordnung als Pflicht. Fichte läßt diese Religionsansicht gipfeln in dem Credo: »Dies ist der wahre Glaube; diese moralische Ordnung ist das *Göttliche*, das wir annehmen« (aaO., 185 / 354).

Würde dieser letzte Satz den eigentlichen Streitpunkt noch in der Schwebe gelassen haben, so versäumt es Fichte nicht, sich über die negativen Folgen seines Credo deutlicher zu erklären: »Jene lebendige und wirkende moralische Ordnung ist selbst Gott; wir bedürfen keines anderen Gottes, und können keinen anderen fassen.« (186 / 354) Der ›andere Gott‹ nun aber, dessen wir nicht bedürfen, wird von Fichte genau mit den Epitheta ausgestattet, den die überkommene *theologia rationalis* ihm zugemessen hatte: An-Sich-Sein, Substantialität und (bewusste) Personalität. Zusammen mit dem Angriff auf den Gedanken der *creatio ex nihilo* waren es genau diese Folgerungen, die den eigentlichen Streit auslösten.

Fichte hat sich gegen die Konfiskation des Heftes, in dem sein Aufsatz erschienen war, erfolglos gewehrt, was letztlich, trotz einer »Appellation an das Publicum« (1799), zu seiner Entlassung führte. Die äußere Entwicklung des Streites können wir hier beiseite lassen.[23] Es ist nur wichtig zu betonen, dass Novalis, was das Prinzipielle angeht, im Atheismusstreit ganz und gar auf der Seite des Wissenschaftslehrers stand. Es spricht sogar einiges dafür, dass er persönlich versucht hat, sich für Fichte zu verwenden.[24] Wir wenden uns nun der systematisch entscheidenden Streitfrage nach Religion und Symbolisierung zu. Dabei wollen wir uns auf das Merkmal der »Personalität Gottes« konzentrieren, um anschließend davon noch einmal zu abstrahieren.

Fichtes Zentralargument gegen die Denkbarkeit der Personalität Gottes ist, dass eine Anwendung dieses Prädikats auf Gott letztlich die ungerechtfertigte Übertragung einer endlichen Reflexionsbestimmung auf das Absolute darstellt. Fichte argumentiert streng aus der Semantik des Audrucks »Persönlichkeit« heraus: »Was nennt ihr denn nun Persönlichkeit und Bewusstseyn? doch wohl dasjenige, was ihr in euch selbst gefunden, an euch selbst kennen gelernt, und

---

[23] Vgl. zu den verschiedenen Facetten des Streits den Sammelband von K. M. Kodalle / Martin Ohst (Hg.), Fichtes Entlassung, Würzburg 1999.

[24] Vgl. BERNWARD LOHEIDE, Fichte und Novalis, Amsterdam 2002, 148-154. Loheide kann überzeugend nachweisen, dass das Vorurteil, der Atheismusstreit hätte die Romantiker wegen Fichtes veralteter religionsphilosophischer Position letztlich nicht interessiert (Hermann Timm; Winfried Menninghaus), in jeder Hinsicht falsch ist. Von dieser Korrektur ist auch EMANUEL HIRSCH, Geschichte der neueren evangelischen Theologie, Bd. 4, (1949), Waltrop 2000, 410, betroffen.

mit diesem Namen bezeichnet habt?« (187 / 355) Es nützt gar nichts, sich vorzustellen, man könne den Begriff weiterhin verwenden und lediglich die endlichen Begriffsmerkmale in der Anwendung auf Gott negieren. Denn nach Fichte sind gerade diese Begriffsmerkmale konstitutiv für den Begriff der »Persönlichkeit«. Es ist folglich so, dass »ihr aber dieses ohne Beschränkung und Endlichkeit schlechterdings nicht denkt, noch denken könnt«. (Ebd.) Von Gott ausgesagt, führt der Begriff der Person nachgerade in die Irre, weil er alles dasjenige verendlicht, worauf er angewandt wird: »Ihr macht sonach dieses Wesen durch die Beilegung jenes Prädicats zu einem endlichen, zu einem Wesen eures Gleichen, und ihr habt nicht, wie ihr wolltet, Gott gedacht, sondern nur euch selbst im Denken vervielfältigt.« (ebd.) Der Begriff der Person verhindert geradezu, Gott so zu denken, wie er gedacht werden muss, da er Gott in die Sphäre des Endlichen hinunterzieht.

In theologischen Darstellungen des Problemkreises »Personalität Gottes« werden diese Sätze in der Regel als historische Position referiert;[25] sie reichen aber nicht hin, um Fichtes Kritik in ihrem ganzen Gewicht verständlich zu machen. Fichte schreibt selbst in seiner »Appellation«, er habe seine religionsphilosophischen Grundsätze in dem Aufsatz »Über den Grund unseres Glaubens« lediglich angedeutet. Die entscheidenden Erläuterungen in Sachen »Personalität« sind seiner zwei Jahre zuvor erschienenen Schrift »Grundlage des Naturrechts nach Prinzipien der Wissenschaftslehre« zu entnehmen – Novalis hat sie gekannt –, auf die hier ein kurzer Seitenblick geworfen werden soll.[26]

Fichte führt den Begriff der »Person« im »Naturrecht« eher *en passant* ein, indem er ihn für ein Synonym des Ausdrucks »vernünftiges Individuum« verwendet (§ 5; SW III, 56, GA I / 3, 361). Darin ist schon das eigentliche Thema der Fichteschen Naturrechtslehre enthalten. Während in der »Grundlage der gesammten Wissenschaftslehre« vom Gang des überindividuellen »Ich« – am zugriffsschnellsten als allgemeine Vernunft interpretiert – berichtet, stellt sich das Naturrecht die Frage nach der Individualisierung der Vernunft unter endlichen Bedingungen. Das Rechtsverhältnis als solches und die abzuleitenden natürlichen Rechte werden dabei als Bedingung der Möglichkeit der Koexistenz mehrerer vernünftiger Individuen begriffen. Folglich ist der Begriff des Rechts »ein

[25] Weite Teile der neueren evangelischen Theologie glauben, durch Verweis auf den Personenbegriff der Trinitätslehre Fichtes Anfragen bereits entkommen zu sein; vgl. als prominentestes Beispiel WOLFHART PANNENBERG, Fichte und die Metaphysik des Unendlichen. In: ZPhF 46 (1992), 348-362. Wie immer originell dreht Karl Barth das Problem kurzerhand um: Allein von den göttlichen Personen sei Personsein auszusagen, der Mensch sei nur analog als Person anzusprechen: »Nicht das ist problematisch, ob Gott Person ist, sondern das ist problematisch, ob wir es sind« (KARL BARTH, Die kirchliche Dogmatik, Bd. I / 1, Zürich [5]1947, 143).

[26] Vgl. zur Fichteschen Kritik FALK WAGNER, Der Gedanke der Persönlichkeit Gottes bei Fichte und Hegel, Gütersloh 1971, 20-112, der allerdings diese Kritik kaum aus dem »Naturrecht« herleitet (vgl. aber aaO., 60, Anm. 66), sondern den umständlicheren, dafür gründlicheren Weg über die »Grundlage« wählt.

ursprünglicher Begriff der reinen Vernunft« (8 / 319), und zwar »der Begriff von dem nothwendigen Verhältnisse freier Wesen zueinander« (ebd.) – die endliche Vernunft kann ihn nicht nicht denken.

Die Grundbestimmungen dessen, was nach Fichte zu den Ermöglichungs-bedingungen des Daseins von »Personen« gehört, ergeben sich aus den Leitsätzen der §§ 1–5 und brauchen hier nur referiert zu werden. Danach gehört zum Begriff der Person die »freie Wirksamkeit« (§ 1) in einer »Sinnenwelt ausser sich« (§ 2), das Stehen in einer »freien Wechselwirksamkeit« (34 / 344) mit »andere[n] endliche[n] Vernunftwesen ausser sich« (§ 3), welches sich als »Rechtsverhält-niss« (§ 4) auslegt. Schließlich muss die Wirkung der Person in der Sinnenwelt vermöge eines eigenen »materiellen Leib[s]« (§ 5) geschehen. Diese Merkmale gehören nach Fichte konstitutiv zum Begriff der Personalität: Er ist an leibhafte Intersubjektivität gekoppelt.

Wo diese Merkmale auch nur teilweise fehlen, und damit lenken wir wieder zu unserer Ausgangsproblematik zurück, hat es nach Fichte keinen Sinn mehr, den Begriff der Person anzuwenden. Tut man es doch, so hat man »bloss mit einem leeren Schalle die Luft erschüttert.« (SW V, 187; GA I / 5, 355) Eben dies ist aber der Fall, wenn man Gott die Eigenschaft der Personalität beilegt.[27]

Fichte ist immerhin so kulant, dass er es für »die fromme Einfalt« (SW V, 217) erlaubt, »Gott als eine ungeheure Ausdehnung durch den unendlichen Raum, oder [für] die noch einfältigere ihn so, wie er vor dem alten Dresdner Gesang-buche abgemalt ist, als einen alten Mann, einen jungen Mann und eine Taube« (ebd.) sich vorzustellen. Dies ist aber nur genau so lange unschädlich, als eine solche Vorstellungsart »das wesentliche der Religion« (208) nicht beeinträchtigt, also »wenn dieser Gott nur sonst ein moralisches Wesen ist, und mit reinem Herzen an ihn geglaubt wird« (217).

Damit ist, so scheint es, die Möglichkeit und auch die Zulässigkeit der reli-giösen Symbolisierung auf ein äußerstes beschränkt. Die Gottesbilder sind hier darauf zurückgenommen, bestenfalls etwas nicht direkt Schädliches zu sein, dar-über hinaus scheint Religion in nichts zu bestehen als in der die moralische Gewissheit begleitenden »Stimmung« (182 / 351). Somit scheint hier die äußer-ste Klippe einer Ethikotheologie unter kantischen Prämissen erreicht: Das Bild ist nichts, die Pflicht ist alles. Die systematische Frage, die damit gestellt ist, lau-tet: Hat Religion auch wesentlich eine ästhetische, oder bloß eine moralische Dimension?

Nun hat allerdings die neueste Fichte-Forschung klar gemacht, dass auch der Fichte des Atheismusstreits nicht ohne eine essentielle Symbolisierungsdimen-sion auskommt.[28] Bereits der frühe »Versuch einer Critik aller Offenbarung«

---

[27] Nach Fichte ist darin die Unmöglichkeit enthalten, das menschliche Gottesverhältnis als ein Rechtsverhältnis zu denken.

[28] So zunächst ULRICH BARTH, Von der Ethikotheologie zum System religiöser Deutungswel-

(1792) stellt die Religion als ein die Sphäre des Moralischen überwölbendes Sinnsystem dar, welche göttliche Ordnung und göttliches Gebot als Zentralsymbole kennt. Und auch in den Schriften zum Atheismusstreit hat Novalis mehreres lesen können, was in eine ähnliche Richtung weist. Explizit macht Fichte an einer Stelle in der »Appellation« die Konzession, was die Begriffe »Regel« und »Ordnung« angeht, sei »ich Sterblicher [...] wohl genöthiget, das Uebersinnliche durch Begriffe, die von der Sinnenwelt hergenommen sind, zu denken« (207). Indes ist dies noch nicht einmal die entscheidende Stelle, weil hier diese Verendlichung des Übersinnlichen noch als im Prinzip entbehrliches Surplus angesehen werden könnte. Doch sogar dort, wo Fichte vom Wesen der Religion spricht, zeigt sich, dass das symbolisierende Deuten im Wesen der Religion verankert ist: »Dass der Mensch [...] jede seiner Pflichten betrachte als eine Verfügung jener Ordnung, jede Folge derselben für gut, d. i. für seligmachend halte, und freudig sich ihr unterwerfe, ist absolut nothwendig und das wesentliche der Religion.« (208) »Betrachten als« und »halten für« sind die deutenden Akte, welche der wahren moralischen Religion als solcher zugehörig sind. Es spricht allerdings einiges dafür, dass Fichte der Symbolcharakter seiner damaligen Religionsphilosophie nicht vollständig klar war.

Novalis hat die »Appellation« gleich nach Erscheinen gelesen.[29] Interessanterweise setzt er sich gar nicht mit Fichtes Ethikotheologie auseinander. Was ihn bewegt, sind die Folgen, die man aus einem erkenntnisthereotischen Kritizismus zu ziehen hätte. Zunächst folgt für ihn daraus die »Geheimnißwürdigkeit aller religiösen Angelegenheiten« (WTB II, 712 / N III 470). Dies wäre zu eng gelesen, bezöge man es bloß auf die nachkantische Selbstverständlichkeit, dass Gott in erkenntnistheoretischer Hinsicht nur als Geheimnis angesehen werden kann. Die religiösen Angelegenheiten sind nach Novalis des Geheimnisses *würdig*, gerade der Geheimnischarakter der Grenze, die Kant gezogen hatte, regt die Romantik zu vielfältigen Reflexionen an: Religion ist der erste Statthalter der Kategorie des »Geheimnisses«. Hier findet Novalis einen Weg, auf dem er wieder auf den Begriff der Personalität zurückkommt. Dieses Zurückkommen ist aber kein bloßes Beispiel für eine allgemeine Repristination des alten Gottesbegriffs, da Novalis weder über das An-sich-Sein noch die Substantialität Gottes irgendwelche Reflexionen anstellt. Es ist etwas an der Personalität selbst, das sie einer erneuten Bearbeitung zugänglich werden lässt.

»Gott ist die übersinnliche Welt rein – wir sind ein unreiner Theil derselben. Wir denken uns Gott persönlich, wie wir uns selbst persönlich denken. Gott ist gerade so persönlich und indivi-

---

ten. In: ders., Religion in der Moderne, Tübingen 2003, 285–311. Diese These entfaltet dann breit und im Durchgang durch die Fichtesche Werkgeschichte die Arbeit von Björn Pecina, aaO.

[29] Der Verweis auf »Göthens Fragment aus Faust« (WTB II, 712 / N III 469) belegt, dass er auch den »Grund unsers Glaubens« gekannt haben muss, da Goethe lediglich dort zitiert wird, nicht aber in der »Appellation«.

duell, wie wir – denn unser sog[enanntes] Ich [...] ist nicht unser wahres Ich, sondern nur sein
Abglanz.« (WTB II, 712 / N III 469)

Der erste Satz könnte noch einfaches Fichte-Referat sein. Doch bereits im zweiten Satz fällt auf, dass das Referat Fichtes kritische Konnotationen nicht übernimmt. Dass wir Gott persönlich denken, ist nicht in jeder Hinsicht zu kritisieren. Nun kann natürlich die Prädikation, Gott sei Person, nicht in einem
ontologischen Sinn gelesen werden. Aufschluss muss man sich daher von der
eigenartigen Begründung erhoffen. Das »sogenannte Ich« muss als das aktuelle,
endliche und individuelle Ich verstanden werden. Dieses weiß in der kritischen
Selbstbesinnung, dass es nur der »Abglanz« des einen Ich – des »großen Ich«, wie
Novalis andernorts sagt (WTB II, 549 / N III 314) – ist. Dieser Umstand soll nun
den Grund dafür abgeben, dass auch Gott als Person gedacht wird, und Person
ist. Sein Personsein hängt also an unserer Endlichkeit. Um es zunächst scheinbar paradox auszudrücken: Gerade in dem kritischen Wissen, dass Gott nicht
als Person gedacht werden kann, wird ihm das Personsein zugeschrieben. Diese
Paradoxie löst sich nur auf, wenn man die Struktur dieses Zuschreibungsaktes
betrachtet: Etwas wird betrachtet als etwas, das es nicht ist, zum Zwecke einer
größeren Annäherung. Dies ist nun genau die Struktur der Romantisierung,
die wir im vorigen Kapitel ausführlich dargestellt haben. Gott wird also durch
die Zuschreibung der Persönlichkeit romantisiert, d. h. verfremdet dargestellt,
um eben dadurch auf einer tieferen Ebene um so vertrauter zu erscheinen. Die
Romantisierung setzt also die kritische Prämisse, Gott könne nicht als Person
gedacht werden, gerade voraus, da andernfalls die Attribution als Person nicht
mehr als romantische Verfremdung verstanden werden könnte.

Diese Deutung wird dadurch gestützt, dass Novalis andernorts die Romantisierung und den persönlichen Gott ausdrücklich miteinander verknüpft: Das
»individuelle Colorit des Universellen ist sein romantisirendes Element. So ist
jeder National, und selbst der persönliche Gott ein romantisirtes Universum.
Die Persönlichkeit ist das romantische Element des Ichs.« (WTB II, 405 / N II,
616) Der persönliche Gott als romantisiertes Universum: In einem verfremden-
den Medium, hier der Personalität, allein wird das Universum anschaulich. Novalis hatte in dem obigen langen Zitat eine etwas versteckte Analogie gebraucht:
So wie wir als Person nur der Abglanz des ›wahren Ich‹ sind, so ist auch die
Persönlichkeitsvorstellung mit Bezug auf Gott nur ein Abglanz. Zwischen dem
Gottesgedanken und unserer Gottesvorstellung besteht eine Uneigentlichkeits-
relation, die aber symbolisch fruchtbar gemacht werden kann.

Ob Novalis die internen Symbolisierungen des Fichteschen Religionsbegriffs
gesehen, oder ob er die Theorie der Symbolisierung des Absoluten als einen
Einspruch gegen Fichte gedacht hat, läßt sich aufgrund der Quellenlage nicht
entscheiden. Systematisch kann aber jedenfalls dies festgehalten werden: Wenn
Fichte selbst mit dem konstruktiv symbolisierenden Charakter der Religion ge-

arbeitet hat, dann ist nicht einzusehen, warum die konkreten Symbolwelten nun gerade auf das Fichtesche Symbolarsenal, besonders auf das Zentralsymbol der moralischen Weltordnung einzuschränken sein sollen. Es gibt nach Novalis gar keinen Grund, die Symbolisierung des Absoluten im Vorhinein zu reglementieren.

Im Lichte dessen ist aber auffällig, dass Novalis gerade dem Attribut der Personalität einen hohen Stellenwert zukommen lässt. Man könnte darin zunächst lediglich eine private Vorzugsoption sehen. Aber faktisch will Novalis eine kleine Metareflexion auf die Eignung von Symbolen des Absoluten anstellen, und in dieser zeigt sich, dass es ihm letztlich nicht bloß um das Attribut der Personalität Gottes geht. Es könnte ja sein, dass sich durchaus Kriterien dafür angeben ließen, ob bestimmte Erscheinungen symbolfähiger sind als andere. Dieser Meinung scheint Novalis nun durchaus zu sein. »Unter Menschen muß man *Gott* suchen. In den menschlichen Begebenheiten offenbart sich der Geist des Himmels am hellsten.« (WTB II, 761 / N III, 565) Mag das Symbolisieren im Prinzip freigegeben sein, so ist nach Novalis' Dafürhalten doch das menschliche Leben in all seinen Bezügen der geeignete Kandidat für das angemessene Versinnlichen Gottes. Weil es derjenige Bereich des Endlichen ist, der zu den tiefsten Reflexionen anregt, daher ist es auch für die Sphäre des Göttlichen hervorgehoben gleichnisfähig. »Gott, als Arzt, als Geistlicher, als Frau, Freund etc.« (WTB II, 827 / N III, 666) Und so kann Novalis beinahe so etwas wie eine Maxime der religiösen Kommunikation angeben: »Von Gott nur recht einfach, menschlich und romantisch gesprochen.« (WTB II, 815 / N III, 654)

Novalis vergegenwärtigt sich in der Auseinandersetzung mit Fichte, dass die Symbolisierung des Absoluten tief im Wesen der Religion verankert ist. Dabei verlässt er ganz und gar den kantisch-fichteschen Rahmen der Ethikotheologie, aber unter Wahrung und sogar Voraussetzung der erkenntniskritischen Grenzen, die Fichte gezogen hatte: Eine ästhetische Theologie wertet diese Grenzen um, und gelangt zu einer symbolischen Reformulierung des klassischen Gottesprädikats der Personalität. Die Aseität und die Substantialität scheinen ihm hingegen nicht in gleicher Weise reformulierungsbedürftig. Sie sind daher bestenfalls von abstrakt-theoretischem Interesse: Die Religion kann in ihrem Eigenleben gut auf sie verzichten. An der Personalität hingegen ist ihm viel gelegen.[30]

---

[30] Vollkommen richtig ist der Hinweis, dass an der Personalität Gottes deshalb so viel gelegen ist, »weil das biblische, kirchliche und religiöse Reden von Gott *durch und durch personal* ist« (WILFRIED HÄRLE, Dogmatik, Berlin / New York ²2000, 248). Dies zeigt sich auch an dem für Novalis wichtigen religiösen Akt des Gebets. Allerdings ist diese Argumentation deutlich zu unterscheiden von gegenwärtigen theologischen Versuchen, die Personalität Gottes aus der Praxis des Gebets abzuleiten; so etwa GERHARD EBELING, Dogmatik des christlichen Glaubens, Bd. 1, Tübingen 1979, 192-244. Eine kritische Würdigung der ›Persönlichkeit Gottes‹ *als Symbol* findet sich hingegen bei PAUL TILLICH, Systematische Theologie, Bd. 1, Stuttgart ²1956, 282-287.

Durch drei Anfragen soll abschließend versucht werden, diese Konzeption systematisch noch etwas schärfer zu profilieren. Zuerst läßt sich fragen, was an dieser symbolischen Reklamation der Personalität Gottes so Besonderes sein soll, hatte doch die Theologie spätestens seit dem Mittelalter gewusst, dass das Personsein von Gott lediglich *analogice* auszusagen ist. Dieser Einwand ist sicherlich richtig; man muss aber dagegen halten, dass diese Auskunft seinerzeit zur Absicherung eines zuvor bestehenden Glaubenssatzes gegeben wurde, nicht aber aufgrund der Einsicht in die überragenden Symbolqualitäten des personhaften Gottesbildes. Im Hintergrund steht dabei natürlich die kirchliche Trinitätslehre (*una substantia, tres personae*), in welcher der Personenbegriff als Interpretament der innertrinitarischen Differenz zur Geltung gebracht wird.[31] Bei Novalis hat die Theorie des Analogen nicht lediglich die Funktion, ein bereits bestehendes Gottesprädikat erkenntnistheoretisch abzusichern, sondern sie ist prinzipiell offen für ganz neue, vielleicht den bisherigen überlegene Symbolisierungen. Und ferner bedarf es bei Novalis nicht der Hilfskonstruktion der *analogia entis*, von dem göttlichen *ens* ist bei ihm gar nicht die Rede. Die Analogie wird vielmehr rein intramental hergestellt. Novalis entwirft hier nicht mehr und nicht weniger als eine Theorie der frommen Bildwelt auf transzendentalem Gerüst.

Die zweite Anfrage kann man von Kant her stellen: Auch Kant vertrat die These der Möglichkeit analogen Redens von Gott. Gibt es demgegenüber bei Novalis einen gedanklichen Fortschritt? Für Kant geht das Symbolische ganz und gar in der Theorie des logischen Analogieschlusses (A:B = C:X) auf; das Symbol für Gott ist eine nach kategorialen Verhältnissen – vorzugsweise der Kausalitätskategorie – gefundene Anschauung. Demgegenüber hängt für Novalis die symbolische Beziehung nicht an dieser Denkfigur. Die Einbildungskraft ist frei, die analogen Relationen je und je erst zu stiften. Nicht nur einzelne Anschauungen, Verhältnisse, auch Begebenheiten oder ganze Erzählungen können das Absolute versinnbildlichen. Ob sich etwas als Symbol gebrauchen läßt, hängt nicht von dem Vorliegen eines Analogieschlusses ab.

Schließlich ließe sich noch aus der Perspektive Fichtes fragen: Es mag ja sein, dass aller Religion eine Dimension der Symbolisierung des Gottesgedankens innewohnt. Muss man nicht trotzdem sagen, dass der überwiegende Teil der in Umlauf befindlichen religiösen Symbole letztlich nur etwas für »die fromme Einfalt« ist? Hierauf ist zunächst zu antworten, dass Novalis ja – nicht zuletzt als Künstler – gerade für eine Verfeinerung der konkreten Symbolwelten eintritt. Indes trifft dies noch nicht den eigentlichen Punkt. Die Anfrage unterstellt, das religiöse Symbol wäre ein bloßes Vehikel eines auch unabhängig davon zu

---

[31] Vgl. für eine systematische Darlegung der sich im Lichte des neuzeitlichen Personenbegriffs ergebenden Probleme, eine kritische Diskussion gegenwärtiger Positionen sowie eine Reformulierung des Analogiegedankens MICHAEL MURRMANN-KAHL, »Mysterium Trinitatis«?, Berlin / New York 1997.

kommunizierenden Gehaltes. In Wahrheit aber ist der religiöse Akt, der sich eines Symbols bedient, an dieses gekoppelt. Mag ein konkretes Symbol seinem materialen Gehalt nach auch arbiträr sein, in jedem Vollzug kann das religiöse Bewusstsein prinzipiell nicht an der Symbolizität selbst vorbei. Wir rühren hier an das Thema der »zweiten Naivität«, dem in den Schlussreflexionen der Arbeit noch einmal nachgegangen werden soll.[32] Hier können wir festhalten: Mögen religiöse Bildwelten sich durchaus relativ zum Bildungsstand aufbauen und daher nach Geschmacksgraden abstufbar sein, der sich in ihnen vollziehende religiöse Akt selbst, der unhintergehbar an sie gekoppelt ist, ist es nicht. Um diese Unterscheidung allerdings zu plausibilisieren, ist die allererst die Theorie der Religion darzustellen. Novalis hat diese in seinem berühmten ›Mittlerfragment‹ entworfen. Ihm wollen wir uns jetzt zuwenden.

3. Das »Mittlerfragment« als Basistext der Religionstheorie

Im ersten Heft der neu gegründeten Zeitschrift »Athenäum« der Brüder Schlegel wurde auch eine Fragmentsammlung aufgenommen, die noch 1797 geschrieben worden war, und welcher die Herausgeber den Titel »Blüthenstaub« gaben. Diese Sammlung war das literarische Debut von Novalis,[33] das sich von der Form her an die Sammlung von Fragmenten anlehnte, die Friedrich Schlegel einige Monate zuvor in der Zeitschrift »Lyceum« veröffentlicht hatte. Von daher, aber auch von ihrem Inhalt her genügten die Fragmente dem Kriterium, das die Schlegels zur Aufnahme von Beiträgen anderer Verfasser in ihrer Zeitschrift aufgestellt hatten: »Fremde Beyträge werden wir nur dann aufnehmen, wenn wir sie, wie unsre eignen, vertreten zu können glauben«.[34]

Unter den Fragmenten sticht das hier zu besprechende 74. Fragment in mehrfacher Hinsicht heraus. Zum einen ist es das längste aller Fragmente, zum anderen kommt es am ehesten einer kleinen Abhandlung nahe, und zum dritten nimmt es auch thematisch eine Sonderstellung ein, denn es ist ganz dem Thema der Religion gewidmet, das sonst nur sehr beiläufig im »Blüthenstaub« anklingt. Längere essayartige Notizen in eine Fragmentsammlung aufzunehmen, widerspricht nun gar nicht dem Genus der Form, wie Friedrich Schlegel es entworfen hatte,[35] immerhin ist es aber auffällig, dass gerade dieses Thema nicht mit einer geistreichen Bemerkung oder einem vieldeutigen Aphorismus abgetan wird.

---

[32] Vgl. unten S. 407.

[33] Bereits 1791 hatte der junge Friedrich von Hardenberg ein Gedicht in Wielands »Deutschem Merkur« unterbringen können, aber noch nicht unter seinem nunmehr angenommenen Pseudonym.

[34] Athenaeum. Eine Zeitschrift von August Wilhelm Schlegel und Friedrich Schlegel. Ersten Bandes Erstes Stück, Berlin 1798 (ND Darmstadt 1983), Vorerinnnerung.

[35] S. o., 186-194.

Man darf vermuten, dass Novalis hier einen längeren gedanklichen Prozess zu einem Abschluss bringt, der in ausführlicherer Form dem Publikum präsentiert werden soll. Diese Vermutung wird durch das sachliche Gewicht des Fragments gestützt. Es dürfte sich auch in jener an programmatischen Entwürfen und Skizzen reichen Zeit kaum ein anderer Text finden, der in ähnlich knapper und bündiger Weise einen solchen religionstheoretischen Perspektivenreichtum aufzuweisen hat.

Gemäß der Gattung Fragment geht Novalis hier ausschließlich thetisch vor und läßt Plausibilisierungen oder Begründungen ganz außen vor: Er setzt ganz auf die Evidenz des Vorgetragenen. Aufgabe der Interpretation wird es sein, die unbenannten Voraussetzungen aufzuzeigen und die gegebenen Bestimmungen zu erläutern.

Das Fragment wird von zwei basalen Thesen eröffnet, welche den Ausgangspunkt der weiteren Ausführungen abgeben; alle weiteren Zeilen können als ihre gedankliche Ausschöpfung interpretiert werden.[36]

»Nichts ist zur wahren Religiositaet unentbehrlicher, als ein Mittelglied – das uns mit der Gottheit verbindet. Unmittelbar kann der Mensch schlechterdings nicht mit derselben in Verhältniß stehn.«

Novalis stellt sich mit diesem Anfang in den Diskurs um den Religionsbegriff, der im 18. Jahrhundert einen immensen Aufschwung erfuhr. Innere und äußere Gründe gingen dabei Hand in Hand. Die vermehrte Begegnung mit außereuropäischen Kulturen und das damit verbundene Bedürfnis, auch in den ›höheren Dingen‹ auf ein allgemeines Humanum zu rekurrieren, förderten den Aufschwung des Terminus Religion ebenso wie die innere Entwicklung der Frömmigkeit in Pietismus und Aufklärung, die mindestens darin übereinkamen, dass das individuelle Glaubensleben von den kodifizierten Dogmen und Satzungen der Kirchengemeinschaften zu unterscheiden sei. Theologiegeschichtlich gesprochen setzt sich die Trennung von Religion und Theologie durch.[37] Novalis nimmt an dieser Stelle noch eine mittlere Position zwischen zwei Auffassungen von Religion ein, wie sie in der ersten Hälfte des Jahrhunderts einerseits und an dessen Ende andererseits vorherrschend waren. Für die Schulphilosophie und die christliche so genannte Übergangstheologie definierte sich der Religionsbegriff – ohne der Komplexität der Konzeptionen im Einzelnen hier Eintrag tun zu wollen – noch unter Zuhilfenahme des Gottesbegriffs: Nach Christian Wolff ist Religion »modus colendi Deum« und »justitia erga Deum«,[38] Johann

---

[36] Zitiert wird nach der Handschrift, die in den kritischen Novalis-Ausgaben unter dem Titel »Vermischte Bemerkungen« zumeist in synoptischer Parallele mit der von Friedrich Schlegel redigierten Athenäums-Fassung abgedruckt ist.

[37] Vgl. BOTHO AHLERS, Die Unterscheidung von Theologie und Religion, Gütersloh 1980.

[38] Philosophia moralis sive Ethica (1750-52), § 518f; zit. nach ULRICH DIERSE, Art. Religion VI. 18. Jahrhundert, HWPh 8 (1992), 653-673, hier 654.

Franz Buddeus, ein wichtiger Dogmatiker des frühen 18. Jahrhunderts, definiert Religion als Erkenntnis und geschuldete Verehrung Gottes.[39] Zum Ende des Jahrhunderts setzen sich dann aber Begriffsbestimmungen durch, welche auf den Gottesbegriff im *definiens* verzichten. Anlass dafür dürfte weniger das Erlebnis von Religionen ohne Gott wie dem Buddhismus gewesen sein als vielmehr die Begeisterung für einen spinozanisch eingefärbten Pantheismus, der den Glauben an einen persönlichen extramundanen Gott für zahlreiche Intellektuelle zu einer bloßen Möglichkeit degradierte.

Durch dreierlei wird angezeigt, dass Novalis im wesentlichen bereits der zweiten Seite zuneigt: Zum einen spricht er nicht von »Gott«, sondern von der »Gottheit«. Für die älteren Religionsdefinitionen war selbstverständlich entweder der christliche Gott oder aber der durch Beweise aus der Vernunft zu zeigende Gott gemeint – durch die Harmonie von Vernunft und Offenbarung zwei letztlich identische Größen. Novalis nimmt hier den Ertrag auf, den im wesentlichen die Klassik erzielt haben dürfte: Nicht notwendigerweise der Gott der Tradition, des Dogmas, der Kirche oder der Vernunft, sondern allgemeiner die ehrfurchtgebietende Gottheit, das große Geheimnis, ist Gegenstand der Religion. Zum zweiten zieht Novalis den Ausdruck »Religiosität« heran. Dieser erst im 18. Jahrhundert etablierte Terminus verweist auf die Überzeugung, dass Religion auf ein allen Menschen gemeinsames seelisches Vermögen zurückgeht, welches sich verschiedentlich objektivieren kann, aber den reflexiven Sätzen eines Glaubenssystems vorausgeht.[40] Und drittens, Novalis legt sein Augenmerk auf das Gottes*verhältnis*, welches allein Gegenstand religionstheoretischer Betrachtung sein kann. Dies zeigt seine Aufnahme des philosophischen Kritizismus mit seiner Destruktion der rationalen Theologie an: Nicht über Gott, sondern nur über das menschliche Gottesverhältnis können kontrollierte Aussagen gemacht werden.

Indes, dies alles betrifft nur des Novalis Zeitgenossenschaft, und noch nicht seine ureigenste Überlegung. Diese besteht in der Behauptung der Notwendigkeit einer Mittelinstanz zwischen dem Menschen und der »Gottheit«, also der Sphäre des Göttlichen, der Dimension der Transzendenz. Novalis richtet sich hier gegen jedes Unmittelbarkeitsdenken in Religionsdingen. Was er dabei vor Augen hat, ist nicht ganz leicht zu sagen. Einen Hinweis gibt das Fragment selbst weiter unten: »Es ist *Irreligion*, wenn ich gar keinen Mittler annehme«, und diese Haltung zeigen sowohl der »Aberglaube« wie der »Theïsmus, den man auch älteren Judaïsm nennen kann«. Sowohl die Vorstellung einer Einflussnahme auf Gott als auch die Vorstellung, Gott würde direkt zu uns sprechen,[41] stellen

---

[39] Johann Franz Buddeus, Institutiones theologicae dogmaticae, Leipzig 1723, 7: »§ IV. [...] Unde duas solent religionis constituere partes, *veram Dei agnitionem, cultumque ei debitum.*«
[40] Vgl. Johannes Fritsche, Art. Religiosität, HWPh 8 (1992), 774-780.
[41] Nach dem damaligen Stand der alttestamentlichen Wissenschaft dürfte mit dem »älteren

Formen von prätendierter Unmittelbarkeit dar. Es liegt aber nahe, auch an bestimmte Formen pietistischer Gefühlsreligion zu denken, welche meinen, in der frommen Erregung sei der Gott ganz unmittelbar gegenwärtig. Die Sphäre des Göttlichen und des Menschlichen sind an und für sich ganz und gar voneinander getrennt und entgegengesetzt. Sie bedürfen deshalb einer Vermittlungsinstanz.[42]

Die Rede vom »Mittler« ist nun zunächst einmal traditionelle christliche Gesangbuchsprache: »Er wollt der Mittler werden«, heißt es von Christus in einem bekannten protestantischen Kirchenlied.[43] Doch ist sie bei Novalis allgemeiner gemeint; vor allem muss man zu Beginn des Fragments von allen personalen Konnotationen abstrahieren, weswegen Novalis hier auch stets noch von »Mittelglied« spricht: Alle Religionen können auf ihre Vermittlungsinstanzen hin befragt werden, und in aller Religion finden sich solche – dies ist die religionswissenschaftliche Grundthese des Mittlerfragments. Nun ist Vermittlung an sich ein sehr vieldeutiger Terminus; mehrere Bedeutungen scheinen sich auf den ersten Blick anzubieten: theologisch kann von Heilsvermittlung (zum Beispiel durch *media salutis* wie die Sakramente) gesprochen werden, logisch von von der Vermittlung eines Schlusses (*terminus medius*) oder dem Bewirken einer Synthesis (Fichte sprach von »Mittelgliedern«), spekulativ von der Vermittlung des Allgemeinen mit dem Besonderen. Doch zeigt der weitere Fortgang des Fragments, dass Vermittlung von göttlicher Offenbarung gemeint ist. Wir werden darauf zurückkommen. Festzuhalten bleibt hier: Die Vermittlungsinstanz macht das jeweilige Identitätszentrum einer Religion aus.

Die Frage ist, wie diese Vermittlungsinstanz im Allgemeinen zu denken ist. Es liegt scheinbar nahe, sie als eine Entität zu begreifen, die sich durch besondere ontologische Merkmale qualifiziert.[44] Aber diese Vermutung scheitert nicht nur an der kritisch-transzendentalen Einsicht, dass das Erkennen eines höheren Seins als des unsrigen unmöglich ist, sie widerspricht auch einer fundamentalen Prä-

---

Judaïsm« vor allem die Väter- und Mosezeit gemeint sein, in der Jahwe noch direkt mit Mose und seinem Volk redete.

[42] So mit Recht HERMANN TIMM, Die heilige Revolution, Frankfurt a. M. 1978, 85, der diesen Umstand allerdings bereits aus der *logischen* Notwendigkeit einer »Zwischenbestimmung« zwischen zwei Gegensatzpaaren ablesen will.

[43] »O Mensch, bewein dein Sünde groß«, EG 76, Strophe 1.

[44] Dafür scheint vor allem Hardenbergs späterer terminologischer Wechsel zum Ausdruck »Mittler« zu sprechen. In dieselbe Richtung scheint auch HERMANN TIMM, aaO., 86, zu zielen: »Was den ›Mittler als Mittler‹ qualifiziert, kann also nur im zweieinigen Manifestationscharakter liegen.« Dieser an sich sehr treffende Ausdruck ist in der ganzen Satzkonstruktion für eine ontologischen Lesart mindestens offen. Sie wäre aber dennoch ein Missverständnis, im letzten wohl dadurch begründet, dass Timm davon ausgeht, die Romantiker hätten den »Autismus [sic!] « der Fichteschen ›Wissenschaftslehre‹« moniert und dem einen »›höheren Realismus‹ (Schleiermacher)« (17) entgegengesetzt – so als hätte Fichte nicht selbst für sich in Anspruch genommen, einen höheren Realismus zu begründen.

misse, welche Novalis mitführt, nämlich der religiösen Toleranzforderung, die
ihm seit seiner Jugend eine völlige Selbstverständlichkeit war:[45]

»In der Wahl dieses Mittelgliedes muß der Mensch durchaus frey seyn. Der mindeste Zwang
hierinn schadet seiner Religion.«

Diese Toleranzforderung kommt hier nicht, wie es scheinen könnte, als bloße
dogmatische Setzung zu stehen. Es verbindet sich mit ihr die weiterreichen-
de These, dass jede Form von Zwang der Religion selbst nachteilig ist. Eine
ontologisch qualifizierte Mittelinstanz aber würde durch ihre überlegenen Qualitäten in hohem Maße Zwang ausüben. Deswegen kann sie nicht als seinsmäßig
ausgezeichnet gedacht werden. Im Hintergrund steht die idealistische Gemein-
überzeugung, dass das Göttliche nur zu der Freiheit des Menschen in Beziehung
stehen kann; was die Freiheit einschränkt, ist eben dadurch bereits als wider-
göttlich ausgezeichnet. Die Freiheit, hier als Wahlfreiheit verstanden, fordert es
geradezu, dass auch die Wahl des Mittelgliedes im Prinzip freistehend ist.

»[M]an nehme nur die Möglichkeit an, daß auch ein vernünftiges Wesen anders incliniren könne
als wir. Diese Toleranz führt, wie mich dünkt, allmälig zur erhabenen Ueberzegung von der
Relativität jeder positiven Form« (WTB II, 309 / N II, 503).

Daraus folgt ferner, dass im Prinzip alles zu einer solchen Vermittlungsinstanz
werden kann. Wenn eine solche der Möglichkeit der »Wahl« unterliegt, so ist
damit klargemacht, dass zwischen Mensch und Mittelinstanz wiederum ein spe-
zifisches Verhältnis vorliegt: Sie wird allererst zu einer solchen gemacht, und
zwar indem sie als eine solche angesehen bzw. für eine solche erklärt wird. Dies
ist sicherlich der schärfste Einwand gegen die ontologische Lesart.

»Man sieht bald, wie relativ diese Wahlen sind und wird unvermerckt auf die Idee getrieben –
daß das Wesen der Religion wohl nicht von der Beschaffenheit des Mittlers abhänge, sondern
lediglich in der Ansicht desselben, in den Verhältnissen zu ihm bestehe.«

Dasjenige, was als Vermittlungsinstanz angenommen wird, ist, an sich selbst betrachtet, etwas Relatives und damit Endliches. Novalis geht sogar noch einen
Schritt weiter und erklärt es als ein sinnlich Wahrnehmbares:[46] Sie ist Teil der
Erscheinungswelt. Es gehört zu den empirischen Fakten, dass die Angehörigen der einen Religion in der Vermittlungsinstanz der anderen gleichsam nichts

---

[45] Neben dem im obigen Prolog bereits Ausgeführten kann noch auf seine frühe Lektüre von
Lessings »Nathan der Weise« hingewiesen werden, mit dem er sich offenbar derart identifizierte,
dass er eine Abschrift der ersten Szene überschrieb mit: »NATHAN DER WEISE. Ein Dramatisches
Gedicht in fünf Aufzügen von Fridrich von Hardenberg« (N VI.1, 544). Vgl. auch für die spätere
Zeit den ›politischen Aphorismus‹ Nr. 68, WTB II, 309 / N II, 503.

[46] Dem widerspricht nur scheinbar, dass Novalis auch »Götter« unter die Mittler rechnet. Damit sind, wenn man seine Bildungseinflüsse berücksichtigt, doch mit Sicherheit die griechischen
Götter der Antike gemeint, die nach den Sagen und Legenden allerdings sinnlich wahrnehmbar
waren – bis hin zur Möglichkeit der sexuellen Vereinigung.

›sehen‹. An ihr selbst ist da eben auch nichts, was diese Sichtweise erzwingen könnte. Dennoch erfüllt sie für die Frommen, die sich um sie scharen, ebenso gewiss diese Vermittlungsfunktion. Sie sehen also ›mehr‹ an ihr als andere. Für sie ist sie Repräsentant der höheren Sphäre.

»Wahre Religion ist, die jenen Mittler, als Mittler annimmt – ihn gleichsam für das Organ der Gottheit hält – für ihre sinnliche Erscheinung.«

Die in den Zitaten vorkommenden Ausdrücke: »Wahl«, »Ansicht«, »halten für«, »annehmen als« sind allesamt Begriffe, welche die epistemische Position des religiösen Subjekts ausdrücken. Damit erweist sich – neben der Betonung der Freiheit –, dass Novalis eine idealistische Grundlegung der Religionstheorie entwirft. Der Mehrwert, den eine sinnliche Erscheinung für ein religiöses Subjekt hat, verdankt sich einer konstruktiven Leistung dieser Subjektivität selbst.[47] Als dasjenige Vermögen, das eine sinnliche Anschauung mit einem Bedeutungsüberschuss versieht, hatten wir in den vorigen Kapiteln die symbolisierende Kraft der fingierenden Einbildungskraft interpretiert. Novalis spricht an dieser Stelle nicht von ihr, aber nach dem Gang des Gedankens nach muss sie hier veranschlagt werden. Wenn diese Interpretation richtig ist, so ergibt sich damit folgender Vorbegriff von Religion: Sie ist das symbolisierende Betrachten einer sinnlichen Erscheinung als Vermittlungsinstanz zur Sphäre des Göttlichen.[48] Dieser Vorbegriff wird zwar im weiteren Verlauf von Novalis' Denken und Schaffen noch angereichert, aber nicht mehr zurückgenommen. Er ist der feste Ausgangspunkt aller weiteren Auskünfte, die er in Sachen Religion erteilt.

Damit können wir die Interpretation der basalen Thesen beenden und uns den Erschließungsleistungen zuwenden, die Novalis ihnen zutraut, und die umgekehrt auch wieder jene Grundannahmen plausibilisieren sollen. Die eingangs zitierte Oberthese dient neben dem eben dargestellten prinzipiellen Bescheid

---

[47] Dies gesehen zu haben, macht den hohen Rang der Novalis-Interpretation von EMANUEL HIRSCH, Geschichte der neuern evangelischen Theologie, Bd. IV (1949), Waltrop 2000, 432-446, aus: Novalis »weiß, daß das, was man in solchen [scil. religiösen] Erfahrungen fühlt, schaut, hört, denkt, alles miteinander Erzeugnisse des eigenen Gemüts sind.« (441) Das religionstheoretische Denken Hardenbergs ist deshalb »in der Geschichte des europäischen Geistes etwas ganz Neues. Es ist der Versuch, die religiöse Gewißheit auf dem Boden der psychologisch-menschlichen Bedingtheit aller religiösen Erfahrung selber zu verankern.« (Ebd.) Zur Bedeutung der Novalis-Interpretation von Emanuel Hirsch, die die Forschung bislang vollständig übersehen hat, vgl. ANDREAS KUBIK, Das Christentum des Novalis und seine Stellung in der neueren Theologiegeschichte. In: Rolf Ahlers (Hg.), System and Context / System und Kontext, New York 2004, 419-438.

[48] In diese Richtung geht auch die Interpretation von LUDWIG STOCKINGER, Religiöse Erfahrung zwischen christlicher Tradition und romantischer Dichtung bei Friedrich von Hardenberg (Novalis). In: Walter Haug / Dietmar Mieth (Hg.), Religiöse Erfahrung, München 1992, 361-393: Religiöse Erfahrung ist bei Novalis zu bestimmen »als Erfahrung von Bildern dieses Unbedingten, die die Phantasie produziert« (372); eine eindringliche Darstellung des Mittlerfragments 377-381.

auch dazu, eine Religionstypologie, den Ansatz zur Religionsgeschichte und die Entscheidung über die ›Wahrheit‹ einer Religion zu skizzieren. Zunächst ist festzustellen, dass trotz der prinzipiellen Freiheit der Mittlerwahl sich in der Regel mehrere Menschen um dieselbe Vermittlungsinstanz sammeln. Die Freiheit der Wahl hängt dabei in gewisser Weise von dem Bildungsstand des Wählenden ab.

»Die Wahl ist characteristisch und es werden mithin die gebildeten Menschen ziemlich gleiche Mittelglieder wählen – dagegen der Ungebildete gewöhnlich duch Zufall hier bestimmt werden wird.«

Die Position, über seine konkrete Religion selbst entscheiden zu können, kann nur unter bestimmten Bildungsvoraussetzungen erreicht werden. Man darf vermuten, dass diese These auch zeitdiagnostisch gemeint ist: Während es in der Geschichte stets nur wenigen Einzelnen vergönnt war, sich über die Kontingenzen ihrer Religionszugehörigkeit zu erheben, so ist es unter modernen Bedingungen zunehmend der Regelfall, dass diese Kontingenz auch als solche wahrgenommen und kritisch befragt wird. Dem entspricht die grundgesetzliche Kodifizierung der objektiven und subjektiven Religionsfreiheit,[49] wie sie etwa im »Allgemeinen Landrecht für die Preußischen Staaten« von 1794 niedergelegt war.[50] Das Fortschreiten in der Bildung wird auch das Bewusstsein dieser Wahlfreiheit allgemein werden lassen. Bis dahin gilt aber:

»Da aber so wenige Menschen einer freyen Wahl überhaupt fähig sind – so werden manche Mittelglieder allgemeiner werden – sey es durch Zufall – durch Association, oder ihre besondre Schicklichkeit dazu. Auf diese Art entstehn Landesreligionen.«

Die Sippen- und später Nationalreligion ist gewissermaßen die Urform religiöser Vergemeinschaftung. Gerade die religionsgeschichtliche Rückschau aber findet an der Vielfalt solcher Ausbildungen eine gewichtige empirische Bestätigung ihrer religionstheoretischen Prinzipien. Die Religionsgeschichte kann nun begriffen werden als Geschichte der zunehmenden Sublimierung der Mittelinstanzen, und zwar in Korrelation zur allgemeinen Bildungsentwicklung der Menschheit. Diese Sublimierung besteht in zweierlei. Zum einen nimmt die bloße Anzahl von solchen sinnlichen Erscheinungen ab, die als Mittler begriffen werden: In grauer Vorzeit ist gleichsam alles erfüllt von zahllosen numinosen Mächten. Und zum anderen findet die Einbildungskraft an diesen weniger werdenden Mittlern immer mehr Anlass zu symbolisierenden Ausprägungen.

---

[49] FALK WAGNER, Die gegenwärtige Lage des Protestantismus, Gütersloh ²1995: »Die individuelle Wahlmöglichkeit von Religion ist objektiv dadurch gegeben, daß der moderne Verfassungs- und Rechtsstaat das subjektive Recht der Religionsfreiheit gewährt.« (11) Für Wagner ist die Goethesche Gretchenfrage der sprechendste Ausdruck dieses Umstandes.

[50] Die entsprechenden Paragraphen sind leicht zugänglich in MARTIN GRESCHAT (Hg.), Vom Konfessionalismus zur Moderne (= Kirchen- und Theologiegeschichte in Quellen, Bd. IV), Neukirchen-Vluyn 1997, 151-153.

»Je selbständiger der Mensch wird, desto mehr vermindert sich die Quantität des Mittelglieds, die Qualität verfeinert sich – und seine Verhältnisse zu demselben werden mannichfaltiger und gebildeter – Fetische – Gestirne – Thiere – Helden – Götzen – Götter – *Ein* Gottmensch.«

Neuere Religionen mögen weniger zahlreich an Mittlerfiguren sein, diese bestechen aber durch ihre bedeutend größere Auslegungsfähigkeit: Die Anzahl möglicher Verhältnisse zu der Vermittlungsinstanz nimmt zu, bis hin zur vielfältigen Deutung des Glaubens an den *einen* Gottmenschen.

Der Grundansatz bei der Idee der Vermittlung ermöglicht es Novalis nun, eine Axiologie der Religionen zu entwerfen, also danach zu fragen, welche Erscheinungen des religiösen Lebens seinem religionstheoretischen Prinzip am meisten entsprechen. Es ist wichtig zu betonen, dass diese Wertung keineswegs aufgrund bestimmter mehr oder weniger sympathischer Inhalte einzelner Religionen erfolgt, sondern lediglich aufgrund der Angemessenheit einer Religion zum religiösen Prinzip. Neben dem Ansatz zur Religionsgeschichte bietet das Mittlerfragment also auch den Ausgangspunkt einer Typologie der Fehlformen von Religion.

»Es ist ein Götzendienst, im weitern Sinn, wenn ich diesen Mittler in der That für Gott selbst ansehe. Es ist *Irreligion*, wenn ich gar keinen Mittler annehme [...]. Hingegen ist Athëism nur Negation aller Religion überhaupt und hat also gar nichts mit der Religion zu schaffen.«

Alle Fehlformen kommen darin überein, dass sie den prinzipiellen Vermittlungscharakter der Religion nicht wahrhaben wollen. Dies kann nach zwei Seiten geschehen: Entweder wird Vermittlung überhaupt geleugnet, und man meint, ohne eine sinnliche Erscheinung direkt auf die Sphäre des Göttlichen Zugriff zu haben – ein kapitales Selbstmissverständnis (wie bei Novalis mindestens impliziert), da ja bereits die Stimme Gottes, das religiöse Gefühl, das heilige Buch oder die Intuition im Gehirn als eine solche sinnliche Erscheinung zu gelten hätte. Ohne solche Erscheinungen geht also gar nichts, und der Streit könnte lediglich darum gehen, ob sie auch das bedeuten, was der Fromme meint. Letztlich ist es also die Leugnung der Symbolbedürftigkeit religiösen Erlebens, die Novalis mit dem etwas irreführenden Titel »Irreligion« belegt. Oder der Gedanke der Vermittlung wird geleugnet, indem die sinnliche Erscheinung verabsolutiert und selbst zur Gottheit gemacht wird. Damit wird der spezifische Charakter der höheren Sphäre, wie allein wir ihn uns denken können, als unsinnlich, nicht-wahrnehmbar usw., ausgestrichen. Die sinnliche Erscheinung ist aber nicht selbst Gott, sondern repräsentiert ihn.[51] »Atheismus« hingegen ist für Novalis keine Fehlform von Religion, sondern ihr Gegenteil. Er weicht hier

---

[51] Bei PAUL TILLICH, Systematische Theologie, Bd. 1, Stuttgart 1956, 129-158, finden sich strukturell ganz ähnliche Überlegungen. Statt von »Mittlern« spricht er von »Medien der Offenbarung« (142). Das Wort »Götzendienst« fällt bei ihm ebenfalls (145), in der Regel bezeichnet er aber die Verabsolutierung des Offenbarungsmediums als »Dämonie« (139 u. ö.).

vom Sprachgebrauch insofern ab, als er unter diesem Terminus nicht die Leugnung einer persönlichen Gottesinstanz meint, sondern das Verneinen einer Beziehung auf etwas Unbedingtes überhaupt. Atheismus in diesem Sinne ist für Novalis offenbar ein eher randständiges Phänomen, auf das weiter einzugehen sich nicht lohnt.

Jenen Fehlformen wird die volle Struktur der Religion gegenübergestellt. Eine bereits zitierte Passage sei hier noch einmal unter einem anderen Blickwinkel angeführt: »Wahre Religion ist, die jenen Mittler, *als* Mittler annimmt« (Hvg. A. K.). Sie nimmt den Mittler erstens als etwas Endliches, aber zweitens als Vermittlungsinstanz:[52] Der Mittler besitzt »Transparenz«[53] für das Göttliche. Hier ist nochmals vor vorschnellen Identifizierungen zu warnen: Eine Gruppierung, die sich um heilige Bäume oder Tierbilder herum versammelt, kann darum doch auch »wahre Religion« sein, wenn sie eben die sinnlichen Erscheinungen lediglich als Mittlerinstanzen versteht. Und umgekehrt sind die orthodoxe Ikone, das katholische Sakrament und das protestantische ›Hören des Wortes‹ nicht an sich dagegen gefeit, für die Sache selbst, statt bloß für ihr Medium, genommen zu werden. Man kann diese Axiologie so zusammenfassen: Religion liegt überall da vor, wo es Vermittlungsfiguren zwischen Göttlichem und Menschlichem gibt, wahre Religion liegt nur da vor, wo die vermittelnden sinnlichen Erscheinungen *als* bloße Mittlerfiguren behandelt werden. Vielleicht ist es denkbar, sogar noch ein dritte Ebene zu postulieren: Es ist möglich, um den Vermittlungscharakter selbst zu *wissen*. Dies fügt der Religion keine ›Wahrheit‹ mehr hinzu, hilft aber, mit der erkenntniskritischen Aufhellung des religiösen Bewusstseins theoretisch Schritt zu halten.

Novalis gelingt es, von dieser Begriffsbestimmung der »wahren Religion« aus eine Typologie verschiedener Religionen zu entwickeln, welche aus zwei Hauptformen besteht und einer dritten, die auf einer – zunächst problematischen – Synthesis beider beruht.

»Die wahre Religion scheint aber bey einer nähern Betrachtung abermals antinomisch getheilt – In Panthëismus und Entheismus. Ich bediene mich hier einer Licenz – indem ich Pantheism nicht im gewöhnlichen Sinn nehme – sondern darunter die Idee verstehe – daß alles Organ der Gottheit – Mittler seyn könne, indem ich es dazu erhebe – so wie Enthëism im Gegentheil den Glauben bezeichnet, daß es nur Ein solches Organ in der Welt für uns gebe, das allein der Idee eines Mittlers angemessen sey, und wodurch Gott allein sich vernehmen lasse – welches ich also zu wählen durch mich selbst genöthigt werde – denn ohnedem würde der Enthëism nicht wahre Religion seyn.«

---

[52] An keiner anderen Stelle wird der implizite Rückbezug auf Novalis' Ich-Theorie, die wir oben dargestellt hatten, so deutlich: Das Ich deutet sich als endliches, das aber zugleich als Zeichen für sich selbst als Unendliches steht; vgl. oben 142-157.

[53] Dieser Ausdruck wird wiederum von PAUL TILLICH, aaO., 158-161, gebraucht.

Wie das Auge Organ des Lichtes ist, so ist die Mittelinstanz Organ des Göttlichen, wodurch es sich offenbart. Hier kann die Vorwegnahme von oben[54] eingelöst werden: Durch das Organ läßt sich die Gottheit ›vernehmen‹, offenbart sich mithin. Die Gegenüberstellung von »Panthëismus und Entheismus« ist auffällig, da sie das spinozistische Begriffspaar vom *hen kai pan* – zu lesen ist mithin »Hentheismus« – aufnimmt und auf eigentümliche Weise bearbeitet. Novalis gibt selbst zu, beide Begriffe unüblich zu verwenden. Der »Pantheismus«, um mit ihm zu beginnen, steht hier nicht für göttliche Qualitäten der Natur, sondern für die universelle Potentialität des Endlichen, die Vermittlungsinstanz für die Sphäre des Göttlichen zu sein. Emanuel Hirsch hat deshalb mit Recht von »Pansymbolismus« gesprochen.[55] Dieser ist gar nicht auf den Pantheismus im engeren Sinne beschränkt, sondern trifft ebenso auf bestimmte Formen des Fetischismus[56] zu wie auf den altgriechischen und indischen Polytheismus, bei dem die Göttinnen und Götter gleichsam die einzelnen Lebenssphären symbolisieren und gerade in ihrer Vielfalt auf die Einheit der göttlichen *arche* verweisen.

Es stellt sich die Frage, ob diese Auszeichnung des »Pantheism« als einer Grundform des Vollbegriffs von Religion nicht dem religionsgeschichtlichen Entwicklungsschema widerspricht, welches ja gerade von einer Abnahme der Quantität an Mittlerinstanzen ausgeht. Auf diese Frage gibt Novalis keine Antwort. Es gibt zwei Möglichkeiten, eine Antwort zu entwerfen. Entweder sagt man, dass der Pansymbolismus in diesem Sinne erst möglich ist, nachdem der Gedanke der Vermittlung reflexiv in die Religion mit aufgenommen wurde. Wenn das Wesen der Religion als symbolische Vermittlung von Unendlichem und Endlichem erkannt wurde, so wird die Sublimierungsgeschichte in gewisser Weise hinfällig, oder besser gesagt, ihr Ertrag wird vom Pansymbolismus vorausgesetzt. Oder man hält das Schema aufrecht und dreht die Sublimierungsschraube noch etwas weiter, indem man sagt, letztlich ist die Einbildungkraft selbst im Pansymbolismus die eigentliche religiöse Vermittlungsinstanz. Doch schießt diese zweite Lesart wohl etwas über das Ziel hinaus, und zwar deshalb, weil dies letztlich auf alle Formen von Religion zutreffen würde und damit das Unterscheidungskriterium, das er hier doch stark machen möchte, gerade wieder kollabieren würde.

Innerhalb der »wahren Religion« scheint es im Übrigen noch eine Stufung zu geben, indem der Hentheismus – mit Hirsch kann wieder besser von »Hensymbolismus« gesprochen werden[57] – den Glauben einschließt, dass nur ein Mittler

---

[54] Vgl. oben S. 314.

[55] Vgl. EMANUEL HIRSCH, aaO., 442.

[56] Vgl. die Notiz von Novalis: »Jedes Willkührliche, Zufällige, Individuelle kann unser Weltorgan werden. Ein Gesicht, ein Stern, eine Gegend, ein alter Baum etc. kann Epoke in unserm Innern machen. Dies ist der große Realism des Fetischdienstes« (WTB II, 839 / N III, 684).

[57] Hirsch schreibt »Monosymbolismus« (aaO., 442), da er den von Schlegel in »Monotheismus« veränderten Text zugrunde legt.

zum Organ des Göttlichen taugt. Für diese Stufung spricht, dass alle möglichen Mittler noch einmal an der »Idee eines Mittlers« gemessen werden können, nämlich eben an der Idee, dass sie Organ des Göttlichen sind. Dann würde ein Kriterium der Wahl bereitstehen, wiewohl diese im Prinzip frei ist und bleibt. Wenn es hierin ein inneres Gefälle gibt, dann nur deswegen, weil ich »durch mich selbst genöthigt werde«, die der Idee des Mittlers am meisten entsprechende Mittelinstanz zu wählen. Historisch beschränkt sich der Hensymbolismus nicht nur auf das Christentum: Auch das Judentum fällt darunter, abgesehen von seiner frühesten Phase:

> »In dieser Hinsicht erhielten die Juden zur Zeit der Babylonischen Gefangenschaft eine ächt religiöse Tendenz – eine religiöse Hoffnung – einen Glauben an eine künftige Religion – der sie auf eine wunderbare Weise von Grund aus umwandelte und sie in der merckwürdigsten Beständigkeit bis auf unsre Zeiten erhielt.«

Novalis spielt hier auf das Exil an, in das nach traditioneller Vorstellung ›das Volk Israel‹, nach dem heutigen Stand der Forschung eine Minorität der israelitischen Oberschicht, nach der Zerschlagung des Staates Juda (das sog. Südreich) und die Zerstörung des Tempels durch die babylonische Großmacht geführt wurde und das von 587 bis etwa 539 v. Chr. andauerte.[58] Novalis nimmt damit eine Debatte auf, die in der zweiten Hälfte des 18. Jahrhunderts recht intensiv geführt wurde, nämlich um die religiöse Bedeutung des Exils für die Religionsgeschichte des Judentums, die hier kurz angerissen sei.

Angestoßen hatte diese Debatte Hermann Samuel Reimarus, und zwar durch die Texte, die Lessing in den »Papieren eines Ungenannten« ab 1774 mitgeteilt hatte. Das vierte Fragment daraus trägt den Titel »Daß die Bücher des A.T. nicht geschrieben worden, eine Religion zu offenbaren«.[59] Reimarus misst hier das Alte Testament an seinem Normbegriff einer »seligmachenden Religion«, nach dem eine solche »vor allen Dingen ein Erkenntnis von der Unsterblichkeit der Seelen, von der Belohnung und Bestrafung unserer Handlungen in einem zukünftigen Leben; von der Vereinigung frommer Seelen mit Gott zu einer immer größeren Verherrlichung und Seligkeit«[60] zu beinhalten habe. In diesem Lichte macht Reimarus die zweifellos zutreffende Beobachtung, dass von diesen Dingen über weite Strecken des AT nicht die Rede sein kann, vielmehr Auferstehung und Unsterblichkeit teilweise geradezu geleugnet werden.[61] Dementsprechend kann man im alten Israel nach Reimarus nur vom »Schein einer Religion«[62] sprechen. Dies ändert sich erst mit und nach »der [sic!] babylonischen

---

[58] Über die historischen Umstände informiert etwa Herbert Donner, Geschichte des Volkes Israel, Bd. 2, Göttingen ²1995, 414-445.

[59] Abgedruckt in Gotthold Ephraim Lessing, Werke, Bd. 7, München 1976 (ND Darmstadt 1996), 398-426.

[60] AaO., 398.

[61] Vgl. aaO., 405-409.

[62] AaO., 399.

Gefängnis«,[63] da kommen »erst die Zeiten, da die Juden solche Begriffe von
der Seele und deren künftigen Zustande hatten«.[64] Erst durch das Exil und die
nachfolgende Zeit, wo Palästina unter wechselnder Vorherrschaft anderer Groß-
mächte stand, wird das Judentum zu einer wirklichen Religion. Diese Erhebung
betrifft nach Reimarus nicht nur die Jenseitsdimension der Religion, sondern
auch den strengen Monotheismus, die innerreligiöse Aufklärung und die große
Gesetzestreue. Das Exil ist nach Reimarus schlechterdings das Zentraldatum der
religionsgeschichtlichen Entwicklung des Judentums.

Lessing selbst übernimmt im Großen und Ganzen diese Sicht der Dinge, wenn
auch in etwas abgemilderter Form. Zwar will er sich nicht dazu versteigen, dam
alten Israel abzusprechen, Religion besessen zu haben. Aber das Exil ist nach
ihm darum doch kaum weniger wichtig. Während das Volk Israel zuvor nur
in der Monolatrie eines vermeintlich höchsten Gottes unter prinzipiell vielen
anderen lebte, »fing es in der Gefangeschaft unter dem weisen Perser an, ihn
gegen das Wesen aller Wesen zu messen«.[65] Lessing stellt zunächst die Vergei-
stigung des Gottesbegriffs in den Vordergrund,[66] kommt aber auch auf das von
Reimarus betonte Element zu sprechen: »Ohne Zweifel waren die Juden unter den Chaldäern und Persern auch mit der Lehre von der Unsterblichkeit der
Seelen bekannter geworden.«[67] Nach Lessing ist es darüber hinaus die religionsgeschichtliche Hauptbedeutung Jesu, dass er »der erste zuverlässige, praktische
Lehrer der Unsterblichkeit der Seele«[68] war.

Eine Gegenposotion nahm etwa Herder ein, für den im 12. Buch seiner »Ideen
zur Philosophie der Geschichte der Menschheit« (ab 1784) die Gestalt des Mose
die jüdische Zentralfigur war: Nach dem Exil zeigt sich vor allem Verfall, das jüdische Volk gerät in leeren Buchstabendienst, es fand sich »seit Mose kein zweiter
Gesetzgeber [...], der den von Anfang an zerrütteten [scil nachexilischen] Staat
auf eine den Zeiten gemäße Grundverfassung hätte zurückführen mögen.«[69]

Damit können wir unseren kleinen Exkurs zur Exilsdeutung abschließen und
zu Novalis zurückkehren. Woran er an der erwähnten Stelle genau denkt, ist
nicht mit Sicherheit auszumachen. Deutlich ist aber, dass er zur Position von
Reimarus und Lessing – wenigstens Lessings Erziehungsschrift hat er mit Sicherheit gekannt – neigt und im wesentlichen einen positiven Ertrag des Exils
verbucht. Direkt auf den Unsterblichkeitsglauben scheint er aber nicht anzu-

[63] AaO., 421.
[64] Ebd.
[65] GOTTHOLD EPHRAIM LESSING, Die Erziehung des Menschengeschlechts § 35, Werke aaO.,
Bd. 8, 498.
[66] Vgl. aaO., §§ 35–41, 498f.
[67] AaO., § 42, 499.
[68] AaO., § 58, 502.
[69] JOHANN GOTTFRIED HERDER, Ideen zur Philosophie der Geschichte der Menschheit,
Sämtliche Werke (hg. Bernhard Suphan), Berlin 1909 (ND Hildesheim 1967), Bd. 14, 62.

spielen. Näher liegt es, an den Messiasglauben zu denken. Die Hoffnung auf den Messias passt auch gut zu dem »Glauben an eine künftige Religion«. Der Messiasglaube wäre nach Novalis dann das eine Symbol, welches das Wesen des Judentums bis in seine eigene Zeit hinein ausmacht.[70] Immerhin könnte die Position von Lessing insofern einfließen, dass hier eher an einen eschatologischen Messias gedacht zu sein scheint als an einen Wiederhersteller staatlicher Gewalt – was auch gut zum biblischen Befund passen würde, indem vom Messias zwar schon in vorexilischer Zeit die Rede ist (z. B. Jes 9), aber noch nicht von einem eschatologischen Messias.

Damit können wir die Ausführungen zum Judentum verlassen und uns wieder dem Mittlerfragment selbst zuwenden. Scheint es auf den ersten Blick so, als seien beide Grundtypen der Religion einander konträr entgegengesetzt, so ist doch eine Vereinigung denkbar, welche beide Prinzipien zu ihrem Recht kommen läßt.

»So unverträglich auch beyde zu seyn scheinen, so läßt sich doch ihre Vereinigung bewerckstelligen – wenn man den enthëistischen Mittler zum Mittler der Mittelwelt des Panthëisten macht – und diese gleichsam durch ihn zentrirt – so daß beyde einander, jedoch auf verschiedene Weise, necessitiren.«

Erst dieser Vereinigungstyp, so kann man sagen, nimmt das wahre *hen kai pan* der Religion in sich auf. Beide Mittlerprinzipien sind wechselseitig aufeinander angewiesen: Die Vielfalt des Pansymbolismus schafft dem Einen des Hensymbolismus erst die Vielfalt, ohne die er religiös dürftig bleibt, während umgekehrt dieser jener Vielfalt allererst eine Ausrichtung gibt, also zu einer Konzentration des religiösen Lebens verhilft. Dem religiösen Verhältnis wird bei diesem Vereinigungstyp noch eine weitere Komplexionsstufe eingezogen: Alles kann dem frommen Gemüt Anlass zu tieferer Betrachtung werden, aber die sich dabei ergebenden Verhältnisse sind ihrerseits noch einmal in einem herausgehobenen Zentralsymbol vermittelt. Insgesamt wohnen dem religiösen Bewusstsein dieses Typs also sogar drei Stufen inne:

»Das Gebet, oder der religiöse Gedanke besteht also aus einer dreyfach aufsteigenden, untheilbaren Abstraction oder Setzung. Jeder Gegenstand kann dem Religiösen ein Tempel, im Sinn der Auguren, seyn. Der Geist dieses Tempels ist der allgegenwärtige Hohe Priester – der enthëistische Mittler – welcher allein im unmittelbaren Verhältnisse mit dem Allvater steht.«

Obwohl explizit nicht davon die Rede ist, entwirft Novalis hier ersichtlich implizit den Ansatz einer Christentumstheorie.[71] Es läßt sich schon jetzt absehen,

---

[70] Allerdings ist diese Auffassung von der neueren Forschung längst korrigiert worden: Weder ist der Messiasglaube das organisierende Zentrum des Judentums gewesen, noch ist er Erwerb der Exilszeit; vgl. ERNST-JOACHIM WASCHKE, Art. Messias II. Altes Testament. In: RGG⁴, Bd. 5 (2002), 1144-1146.

[71] Ein Fehlurteil leistet sich KLAUS LINDEMANN, Geistlicher Stand und religiöses Mittlertum, Frankfurt a. M. 1971, der den Ausdruck »Hohepriester« zum Anlass für folgende These nimmt:

dass diese mit einem außerordentlich weiten und undogmatischen Begriff von Christentum arbeiten wird. Im Verlauf dieses Kapitels werden wir darauf zurückkommen. Hier ist aber nochmals darauf hinzuweisen, dass Novalis ganz bewusst Versatzstücke aus den unterschiedlichsten Religionen und Weltanschauungen anführt (»Tempel«, »Auguren«, »Hohepriester«, »Allvater«), um die intendierte Allgemeinheit des Ausgeführten zu unterstreichen. Eine Religionstheorie zum Ende des 18. Jahrhunderts kann und will es sich nicht mehr leisten, nur noch auf das Christentum zugeschnitten zu sein.

Es ist umstritten – um mit einer Seitenbemerkung diesen Abschnitt abzuschließen –, ob Schleiermacher sich vom Mittlerfragment bei der Ausarbeitung seiner Reden »Über die Religion« inspirieren ließ. Unsere Ausführung wollten dies wahrscheinlich gemacht haben. Zum einen taucht Novalis' Ausdruck der ›Zentrierung‹ durch den hentheistischen Mittler etwas abgeändert bei Schleiermacher wieder auf, wenn er in seiner Theorie der positiven Religionen davon spricht, jede Religion habe ihren eigenen »Centralpunkt«[72] bzw. ihre »Centralanschauung«.[73] Und zum anderen hat Schleiermacher die Idee der Vermittlung in sein christologisches Grundschema aufgenommen: Schleiermacher spricht von dem »Mittleramt[]«[74] Jesu; vor allem aber war für Schleiermacher das Göttliche an Jesus »die göttliche Klarheit, zu welcher die große Idee, welche darzustellen er gekommen war, die Idee daß Alles Endliche höherer Vermittlungen bedarf um mit der Gottheit zusammenzuhängen, sich in seiner Seele ausbildete.«[75] Es spricht viel dafür, dass die Klarheit über diese Klarheit sich bei dem jungen Theologen, der ja zugleich Redakteur für das »Athenäum« war, mindestens auch durch die Lektüre des berühmten Mittlerfragments bildete. Die Schuld, in die Schleiermacher durch diese begriffliche Anleihe bei Hardenberg geriet, hat er mit seinen »Reden« dann mehr als beglichen, wovon im nächsten Abschnitt zu handeln sein wird.

4. Die Theorie des Christentums: »Die Christenheit oder Europa«

Keine Schrift von Novalis ist in gleicher Weise umstritten wie »Die Christenheit oder Europa«, die er am 13. oder 14. November 1799 im Kreise der romantischen Freunde vorlas. Dieser Text war zur Aufnahme in das »Athenäum«

»Höchstes Mittlertum ist also auch für Novalis Priestertum« (119). Lindemann hat offensichtlich die neutestamentliche Anspielung nicht dechiffriert, wonach *Christus* als der alleinige Hohepriester angesehen wird (Hbr 6,19-7,28).

[72] FRIEDRICH SCHLEIERMACHER, Über die Religion (1799), Berlin / New York 1999, 259 (Orig.Pag.)

[73] AaO., 260.

[74] AaO., 303.

[75] AaO, 301.

bestimmt; man konnte sich aber nicht einigen, ob der Text tatsächlich abgedruckt werden sollte. Goethe wurde als Schiedsrichter angerufen, der dringend abriet. In die erste Werkausgabe von Novalis wurde der Text nicht aufgenommen, nur einzelne Passagen als »Fragmente« herausgebrochen. Erst 1826 wurde er fast vollständig zum Druck gebracht. Nicht zuletzt von der Lektüre der »Europa« dürfte Goethes Vorurteil über die Romantik im Ganzen stammen, dass es sich letztlich um eine kryptokatholische Bewegung handele, von der man besser Abstand zu nehmen hätte. In der Tat vertritt der Text auf der Oberfläche steile Thesen: Das Mittelalter war eine Zeit ungetrübter christlicher Harmonie; die Reformation zerstörte diese, wenn auch zum Teil aus guter Absicht, und setzte schließlich Aufklärung und Unglauben aus sich heraus; nur mit einer großen Re-Christianisierung kann Europa noch einmal so vereint werden, wie es war, und den destruktiven Mächten einer reinen Kultur des Diesseits wehren. Hier boten sich einige Passgenauigkeiten zu den konservativen Restaurationen des frühen 19. und 20. Jahrhunderts, wenngleich festzuhalten ist, dass weder Novalis im allgemeinen noch dieser Text im besonderen vom offiziellen Katholizismus jemals geschätzt wurde.[76]

Die Forschung hat auf langen verschlungenen Wegen, die hier nicht nachgezeichnet zu werden brauchen,[77] nachgewiesen, dass diese Auffassung die Intentionen des Textes auf eine Weise verkürzt, dass sie nur noch als falsch zu bezeichnen ist. Es sind im wesentlichen drei Mittel, welche diesen Umschwung herbeiführten: zum einen die Analyse der rhetorischen Struktur des Textes, zum zweiten die Frage nach den Kenntnissen, die Novalis von den realgeschichtlichen Zusammenhängen hatte, und zum dritten die Kontextualisierung des Essays im Gesamtwerk. Es darf mittlerweile als gesichert gelten, dass diese »Rede«, wie Novalis sie selbst nannte,[78] sich einstellt in die geschichtsphilosophischen Debatten, die gegen Ende des 18. Jahrhunderts geführt wurden. Sie entwirft eine Utopie, welche das Mittelalter gleichsam als Rückprojektionsfläche verwendet. Inzwischen weiß man, dass Novalis eine recht profunde Kenntnis der mittelalterlichen Geschichte hatte,[79] was ein neues Licht auf seine Darstellungsweise warf.

So wenig wie diese Ergebnisse, wie überhaupt die geschichtsphilosophische

---

[76] Vgl. Ludwig Stockinger, Novalis und der Katholizismus. In: Herbert Uerlings (Hg.), »Blüthenstaub«, Tübingen 2000, 99–124.

[77] Vgl. die Forschungsüberblicke bei Wilfried Malsch, »Europa«, poetische Rede des Novalis, Stuttgart 1965, 1–24, und Herbert Uerlings, Friedrich von Hardenberg, genannt Novalis, Stuttgart 1991, 569–595.

[78] Vgl. Brief an Friedrich Schlegel vom 31.1.1800, WTB I, 727.

[79] Bereits Richard Samuel, Die poetische Staats- und Geschichtsauffassung Friedrich von Hardenbergs, Frankfurt a. M. 1925, 237–262, hatte auf wichtige Quellen verwiesen, die die Forschung ist diesen Hinweisen aber nicht genügend nachgegangen. Samuels Vorarbeiten führt jetzt aus Ira Kasperowski, Mittelalterrezeption im Werk des Novalis, Tübingen 1994.

und politiktheoretische Fragstellung, in Abrede gestellt werden sollen, so sehr verwundert es doch, dass ein Hauptthema der Schrift, die Religion, in der Forschung zumeist nur sehr am Rande verhandelt wird. Deshalb soll hier die These vertreten werden, dass »Die Christenheit oder Europa« auch ein gewichtiger religionsphilosophischer und christentumstheoretischer Traktat ist. Denn die Utopie bezieht sich ja nicht bloß auf den Europa-Gedanken, sondern in gleicher Weise auf die Vision eines erneuerten Christentums, einer überkonfessionellen Universalkirche. Dabei ist hier wie bei den anderen Interpretationshinsichten eine merkwürdige Stildifferenz zu beachten: Während die begleitenden Studiennotizen niemals ihren tastenden, kritischen, kreisenden Gestus verlassen, ist die »Europa« durchgängig auf einen erhöhten visionären Ton gestimmt. Novalis hat sich zu dieser Differenz selbst programmatisch geäußert: »Das strenge System etc. – die strenge Methode ist bloß Studium – sollte nicht gedruckt werden« (WTB II, 649f / N III, 410). Im Druck hingegen gilt: »Man muss nicht ungewiß etc. ängstlich etc. schreiben – verworren, unendlich – sondern bestimmt – klar – fest – mit apodiktischen, stillschweigenden Voraussetzungen« (ebd.). Gerade die thetische Sprechweise schließt für Novalis also keineswegs im Vorfeld geleistete Begriffsarbeit aus. Diese Voraussetzungen gilt es im Folgenden zu eruieren. So ist zunächst der allgemeine Religionsbegriff zu entwickeln, der dann in einem zweiten Schritt die Basis für die Darstellung der religiösen Zeitdiagnose abgibt. Anschließend ist die Christentumstheorie zu behandeln. Zum Schluss ist dann auf die konfessionelle Frage einzugehen.

4.1. Zum Religionsbegriff

Vor der eigentlichen Textinterpretation sei kurz auf die Strategie hingewiesen, die Novalis in diesem Text verfolgt.[80] Zu ihrer Charakterisierung, die zugleich auf die Frage antwortet, warum der Katholizismus scheinbar in den höchsten Tönen gelobt wird,[81] darf auf seine Idee der Romantisierung verwiesen werden, die im vorigen Kapitel dargestellt wurde.[82] Danach wird der Leserschaft hier ein romantisiertes Mittelalter präsentiert, was bedeutet: Der Gegenstand wird verfremdet dargestellt, um ihn auf einer tieferen Ebene nur um so vertrauter erscheinen zu lassen. Einige der oben geschilderten Techniken hat Novalis auch hier angewandt, so etwa gezielte De-Konkretisierungen[83] oder Anachro-

---

[80] Zur Zitierweise: Es ist üblich, die dreißig Absätze dieses Textes als Paragraphen zu bezeichnen. Es wird also zunächst der Paragraph, und dann die Seitenzahl aus WTB II sowie aus N III zitiert.
[81] Die beste Einführung in diese Problematik bietet HANS KÜNG, Religion im Spiegel romantischer Poesie. In: Ders. / Walter Jens, Dichtung und Religion, München 1985, 164–182.
[82] Vgl. oben S. 267–270.
[83] Novalis spricht von »der heiligen, wunderschönen Frau der Christenheit« statt von »Maria«, von »längst verstorbenen himmlischen Menschen« statt von »Heiligen«, von »geweihten Resten ehemaliger gottesfürchtiger Menschen« statt von »Reliquien«; ähnlich ist von der Beichte, vom

nismen.[84] Das katholische Mittelalter wird also durchgehend verfremdet, um an die Leserschaft zu appellieren, in der romantisierten Papstkirche des Autors ihr eigenes Idealbild religiöser Vergemeinschaftung zu entdecken.

Die romantisierte Universalkirche hat ihre Hauptaufgabe nach Novalis nicht in der Verwaltung der Sakramente[85] oder in der Sicherung des Machtapparats, sondern darin, den »heiligen Sinn[]« (§ 2,733 / 508) des Menschen zu schützen, der durch bestimmte Entwicklungen in Gefahr geraten kann. Um dessentwillen, und nicht wegen Verstoßes gegen die *doctrina sacra* oder das Kirchenrecht, ist die Kirche berechtigt, gewissen »unzeitigen gefährlichen Entdeckungen im Gebiete des Wissens« (ebd.) zu steuern. Der Zentralbegriff des heiligen Sinns taucht bei Novalis in vielerlei Synonymen auf: So spricht er in der »Europa« noch vom »Sinn des Unsichtbaren« (§ 3, 734 / 509), vom »unsterblichen Sinn« (ebd.) und vom »religiösen Sinn« (§ 6, 737 / 512), im wenig später begonnenen »Heinrich von Ofterdingen« ist noch vom »allerhöchste[n] Sinn« (WTB I, 239 / N I, 193) und vom »höhern überirrdischen Sinn« (WTB I, 381 / N I, 333) die Rede. Es spricht viel dafür, dass dieser Begriff als eine religionsphilosophische Zentralkategorie von Novalis anzusehen ist, welchem im Aufbau eines allgemeinen Religionsbegriffs eine tragende Rolle zukommt.

Von zwei Seiten kann man sich diesem Terminus annähern. Die erste Seite besteht darin, dass Novalis schon seit längerem Denkexperimente über das Wesen des Sinns im Allgemeinen und darüber, ob es neben den fünf äußeren Sinnen auch noch andere Sinne und andere Organe als physische Medien dieser Sinne gibt, angestellt hatte. Sie fanden auf etwas verschlungenen Pfaden statt. Ein erster Höhepunkt dieser Experimente ist die Aufzeichnung mit der Nr. 568 aus den »Fichte-Studien«.[86] Novalis extrapoliert dort einen allgemeinen »Sinn« als »Substrat« (WTB II, 184 / N II, 273) der einzelnen Sinne, in denen er sich vereinzelt und vorkommt. Man könnte ihn vermutlich am besten mit Affizierbarkeit überhaupt paraphrasieren. Das Ich ist durchgängig affektionsabhängig: »Es muß ihm alles *Gegeben* werden«. (Ebd.)

In den Studien des Jahres 1797 zu Hemsterhuis und Kant hat Novalis dieses Thema dann noch vertieft. ›Sinnlichkeit‹ wird zu eng bestimmt, wenn man sie lediglich auf die Affizierbarkeit der fünf äußeren Sinne und ihrer Sinnesorgane

---

Weihrauch und von Wallfahrten die Rede (§ 2, 732f / 507f) – alles gerade die Dinge, die das durchschnittliche altevangelische Gemüt hart ankommen.

[84] Auch dem goldenen Mittelalter wohnt nach Novalis bereits der Keim der Entzweiung inne, nur läßt sich nicht feststellen, ab wann: Die Einführung des Pflichtzölibats (1074) wird bereits unter die abstützenden Notmaßnahmen gerechnet (§ 3, 736 / 511), der Prozess gegen Galilei (1632 / 33) stammt hingegen noch aus der Blütezeit des Katholizismus (§ 2, 733f / 508).

[85] Es ist mehr als auffällig, dass gerade die beiden auch protestantischen Sakramente, Taufe und Abendmahl, in der Erzählung von der mittelalterlichen Kirche (§ 2) fehlen.

[86] Vgl. hierzu den detaillierten Kommentar von VIOLETTA L. WAIBEL, »Innres, äußres Organ«. In: Athenäum. Jahrbuch für Frühromantik 10 (2000), 159-181, die allerdings, anders als diese Arbeit, mit einer umfangreichen Kant-Kenntnis von Novalis rechnet und argumentiert.

beschränkt. In Hemsterhuis' Schriften trifft er auf die Idee, dass sich noch weitere Sinne und Organe denken ließen, so ein »theoretische[r] und moralische[r] Sinn« (WTB II, 214 / N II, 369) oder »das wesentlichste Organ – *das Herz*« (ebd.), das später auch als moralisches Organ bezeichnet werden kann. Bei der Lektüre von Kants Vorrede zu den »Metaphysischen Anfangsgründen der Naturwissenschaft« unterläuft Novalis dann einem produktiven Missverständnis: »Nach Kant bezieht sich reine Mathematik und reine Naturwissenschaft auf die Formen der äußern Sinnlichkeit« (WTB II, 220). Indem er die mathematische Konstruktion gegen Kant einseitig der Form der äußeren Anschauung zuschlägt,[87] wird bei ihm der Begriff des inneren Sinns frei für eine andere semantische Belegung. Seine anschließende Frage: »Giebt es noch *außersinnliche* Erkenntniß?« (ebd.) bezieht sich daher nicht auf irgendwelche theoretischen Erkenntnisse jenseits der Grenzen, die die kantische Erkenntnislehre gezogen hat,[88] sondern auf Affizierbarkeit (vgl. ebd.) jenseits der von Novalis so genannten äußeren Sinne.

Nach Novalis spricht also nichts dagegen, für moralische, theoretische oder religiöse Affektionen ebenso viele Organe anzunehmen, welche man sich analog zu den Sinnesorganen denkt. Das ›Herz‹ ist neben dem moralischen auch noch das Organ des religiösen Sinns, es ist das »heilige[] Organ« (§ 22, 523 / 749), also der Sitz der Religion.[89] Novalis ist sich, wie sogleich festzuhalten ist, über den metaphorischen Charakter dieser Redeweise nicht im Unklaren.[90] Wie die anderen Sinne, die, wenn sie affiziert werden, sogleich tätig werden, so auch der heilige Sinn: »Der religioese Sinn *betet* – wie das Denkorgan denkt« (WTB II, 770). Religion ist wie Denken und wie auch die Moral und alle andere Geistestätigkeit eine ursprüngliche Anlage des Menschen.

Die zweite Seite der möglichen Annäherung an den Zentralbegriff des »heiligen Sinns« besteht im Bedenken einer der Hauptquellen Hardenbergs bei der Abfassung der »Europa«: gemeint sind die Reden »Über die Religion« von Friedrich Schleiermacher. Durch Briefe Friedrich Schlegels an Schleiermacher wissen wir über Novalis' Rezeption der »Reden« recht gut Bescheid. Am 20. 9. 1799 schreibt Schlegel: »U[nger] giebt das Buch [Schleiermachers ›Reden‹] noch nicht aus, oder hat es wenigstens nicht verschickt. Daher ließ sich's Hardenberg vor einigen Tagen durch einen Expressen holen. Den Erfolg wollen wir nun

---

[87] Zu Kants Theorie der Mathematik ist einer der wichtigsten Texte das Kapitel über die Disziplin der reinen Vernunft in der Methodenlehre der »Kritik der reinen Vernunft« (KrV A 712-738 / B 740-766). Es ist unwahrscheinlich, dass Novalis bei seiner Lektüre dieses Werks jemals so weit vordrang.

[88] Anders HANS JÜRGEN BALMES, Kommentar (= WTB III), 323: Die Frage beziehe sich auch auf »die Möglichkeit der theoretischen Erkenntnis der transzendenten ›moralischen Seite des Weltalls‹«.

[89] Das »Herz« als Organ der Gottheit begegnet auch in den Randbemerkungen zu Friedrich Schlegels »Ideen« (WTB II, 722).

[90] Vgl. die Aufzeichung aus dem Studienheft von 1799: »Das Herz scheint *gleichsam* das religioese Organ« (WTB II, 767; Hvg. A. K.).

abwarten!« (N IV 641) Kaum drei Wochen später kann Schlegel über den Erfolg vermelden: »Hardenberg hat Dich mit dem höchsten Interesse studirt und ist ganz eingenommen durchdrungen begeistert und entzündet. Er behauptet nichts von Dir tadeln zu können, und in sofern einig mit Dir zu seyn. Doch damit wird es nun wohl so so stehen. Er hat mir einen Aufsatz über Katholicismus verheißen«. (Ebd.) Es ist nicht ganz klar, worauf sich Schlegels vorsichtige Skepsis bezieht; dass es Novalis mit seiner Zustimmung zu Schleiermacher nicht Ernst gewesen sein könnte, dafür spricht nichts, ist dieser doch immerhin in seinem Essay derjenige Theologe, von dem Novalis eine geistige Leitung in die kommende Zeit hinein erwartet:

»Zu einem Bruder will ich euch führen, der soll mit euch reden, daß euch die Herzen aufgehn [...]. Dieser Bruder ist der Herzschlag der neuen Zeit, wer ihn gefühlt hat, zweifelt nicht mehr an ihrem Kommen [...]. Er hat einen neuen Schleier für die Heilige gemacht«. (§ 17f, 521 / 746f)

Dabei ist für unseren Zusammenhang weniger die Nähe im Vorgehen entscheidend, wie etwa, dass auch Schleiermacher das Genus der »Rede« gewählt und die theoretischen Vorarbeiten ›dabei liegen‹ gehabt hatte. Sondern wichtig ist die Tatsache, dass Schleiermacher bei seiner rhetorischen Annäherung an den Begriff der Religion diese auch als »Sinn und Geschmak fürs Unendliche«,[91] basierend auf dem »religiösen Sinn[]«[92] bezeichnen kann. Hier konnte Novalis also seine theoretischen Überlegungen zum Begriff des Sinns bestätigt sehen. Novalis gibt in seiner Terminologie nur wieder, was Schleiermachers Grundintuition war, nämlich dass der Religion »eine eigne Provinz im Gemüthe angehört«,[93] dass sie also als eine vom theoretischen Letztbegründungsinteresse wie auch von der ethisch-praktischen Reflexion unterschiedene Sphäre des Geistes darstellt.

Hierbei tut sich aber nach der Skizzierung jener beiden Annäherungswege ein systematisches Problem auf: Die Verbindung der Religion mit einem eigenen »Sinn« scheint sich mit ihrer Bestimmung als einer geistigen Sphäre zu stoßen, da nach gemeinidealistischer Überzeugung der Geist nichts ist als Tätigkeit. Ein Sinn aber muss affiziert werden, und worum es Novalis geht, ist in der Tat, wie er mit einem Begriff aus der Medizin des 18. Jahrhunderts sagt, die »Irritabilitaet« (§ 6, 512 / 737) des heiligen Sinns. Damit taucht das Problem von Passivität und Aktivität im Religionsbegriff auf, mit dem auch Schleiermacher zu kämpfen hatte. Um die Lösung dieses Problems zu erläutern, sei zunächst auf diesen eingegangen. Schleiermachers Verständnis der Religion polemisiert zwar gegen ihre Verquickung mit der Metaphysik, doch richtet sich diese Polemik lediglich gegen bestimmte Arten von ihr. Tatsächlich setzt sein Religionsbegriff in der Tat – wie vor allem eine Analyse der philosophischen Jugendmanuskripte zeigt – eine

---

[91] FRIEDRICH SCHLEIERMACHER, Über die Religion (1799), 53 [im Folgenden: »Reden«].
[92] AaO., 116.
[93] AaO., 37.

spinozanische Ganzheits- und Unendlichkeitsmetaphysik des Universums vor-aus. Das Anschauen des Universums geht aus von dessen »ursprüngliche[m] und unabhängige[m] Handeln«[94] auf den Menschen. Aber die sinnliche Anschauung sieht doch immer nur Einzelnes. Deshalb bedeutet jene metapyhische Vorausset-zung gerade nicht, dass in der Anschauung oder im sie begleitenden Gefühl diese Totalität selbst präsent wäre: Schleiermachers Schulung am Kantischen Kritizis-mus lässt eine solche Aussage nicht zu. Damit also eine einzelne Anschauung zur Anschauung des Universums wird, bedarf es eines eigenen geistigen Ak-tes, der die theoretische Struktur der Deutung aufweist: »[A]lles Einzelne als einen Theil des Ganzen, alles Beschränkte als eine Darstellung des Unendlichen hinnehmen, das ist Religion.«[95] Schleiermacher ist tief überzeugt von einer in-neren Wahlverwandtschaft oder wenigstens wechselseitiger Ergänzungsfähigkeit der Theorieansätze Kants und Spinozas.[96]

Wenn Novalis von einer Reizbarkeit des religiösen Sinns spricht, so zeigt sich daran ein analoges Problem. Es löst sich aber, wenn man nochmals auf den meta-phorischen Charakter der Rede von einem solchen Sinn hinweist. Der religiöse Sinn wird nicht einfach wie einer der fünf Sinne affiziert. Das Modell der Affek-tion hat im damaligen Debattenkontext seine Herkunft in der Erkenntnistheorie. Aber das, was hier affiziert, sind ja nicht die als einfach gedachten »impressions« (Hume) oder »Data« (Kant). Worum es bei Novalis (und Schleiermacher) stets geht, ist ja eine geistige »Irritabilität«, die mit dem Ausdruck »Sinn haben für et-was« umschrieben wird. Nicht Sinnesdaten, sondern komplexe geistige Gebilde ›affizieren‹ jene höheren Sinne.[97] Die einzelnen sinnlichen Reize haben besten-falls Auslöserqualität für eine subjektive Prädisposition, für eine erwartende gei-stige Empfänglichkeit, auf dem jeweiligen Gebiet angeregt und tätig zu werden. Diese Überlegung zeigt große Nähen zum Kantischen Konzept der reflektie-renden Urteilskraft:[98] Zu einem gegebenen Einzelnen wird in einem Akt der reflektierenden Deutung ein Allgemeines gesucht, unter welches dieses Einzelne subsumiert werden kann. Im vorigen Abschnitt wurde als vorläufiger Religions-begriffs erarbeitet: Religion ist das symbolisierende Betrachten einer sinnlichen Erscheinung als Vermittlungsinstanz zur Sphäre des Göttlichen. Genau dies lässt sich kantisch als Leistung der reflektierenden Urteilskraft begreifen. In diesem Lichte muss man sagen, dass der religiöse Sinn keineswegs als reine Passivität zu beschreiben ist, sondern dass die theoretische Struktur der Symbolisierung in ihn eingeht. Der heilige Sinn ist also zu verstehen als eine Geneigtheit zum

---

[94] Reden, aaO., 55.

[95] AaO., 56.

[96] Vgl. zu dieser Schleiermacher-Deutung die Arbeit von CHRISTOF ELLSIEPEN, Anschauung des Universums und Scientia Intuitiva, Berlin / New York 2006.

[97] Novalis spricht vom Sinn für »Mystizismus«, »Sinn für Poesie«, »Sinn für Recht«, »Sinn für Religion«, Sinn für die Welt«, »Sinn für Zufall«, »Sinn für Sinn« (N III, 724f).

[98] Vgl. dazu in unserer Arbeit oben S. 60.

religiösen Symbolisieren. Dass es zu dieser Geneigtheit eine natürliche Anlage gibt, einen »heiligen Keim« (§ 3, 510 / 735), davon ist Novalis mit Schleiermacher überzeugt.[99] Scheinbar also eine rein passive Geistessphäre, zeigt sich bei näherer Betrachtung, dass Passivitätsmomente bloß in der Angewiesenheit auf Tätigkeitsauslösung überhaupt sowie in der vorausgehenden *inclinatio* enthalten sind und Religion für sich tatsächlich eine Tätigkeit ist.

Es ist allerdings trotz dieser großen Nähe zu Schleiermacher noch auf ein unterscheidendes Moment aufmerksam zu machen. Der religiöse Sinn vermittelt bei dem Redner über die Religion eine Teil-Ganzes-Struktur. Bei Novalis liegen die Dinge etwas anders. Denn obwohl ihm der Begriff des Universums nicht fremd ist, macht er doch keinen religionstheoretischen Gebrauch von ihm. Während im Mittlerfragment das Dasein von Religion einfach vorausgesetzt wurde und diese lediglich ihrer inneren Verfasstheit nach aufgehellt werden sollte, muss für eine religionsphilosophische Betrachtung das Unbedingtheitsmoment im Religionsbegriff eigens nachgewiesen werden. Da Novalis keine Universumsmetaphysik annimmt, so muss das unbedingte Moment der Religion, wie hier erst vorläufig gesagt werden kann, der Struktur der Symbolisierung selbst entstammen. Letztlich ist also der Begriff der Religion ebenso wie das Vermögen der Symbolisierung überhaupt in der Unendlichkeitsdimension des Ich begründet.[100]

4.2. Zur Zeitdiagnose der religiösen und kirchlichen Gegenwart

Vielleicht fast noch mehr als in der Nähe im Religionsbegriff selber wird die Wichtigkeit der Quelle Schleiermacher für Novalis durch die große Übereinstimmung in der Zeitdiagnose der religiösen Lage seiner Gegenwart deutlich. Für Schleiermacher kann man drei wesentliche Momente aufzeigen:[101] Erstens, die Krise, in der die Religion steckt, ist zum Teil durch äußere Faktoren bestimmt. Unter ihnen sind die wichtigsten einmal der Übergang von ehemals der Religion eigenen Sinnstiftungsleistungen in das Gebiet der autonomen Kultur: der Museums- oder Konzertbesuch konkurriert mit dem Gottesdienst, der moderne Roman kann es an Erlebnistiefe durchaus mit den heiligen Erzählungen aufnehmen, um nur einige Beispiele zu nennen; sodann die Entwicklung einer kapitalistischen, utilitaristischen und empiristischen Gesamtströmung, welche die Diesseitigkeitsorientierung stärken und insofern mit dem heiligen Sinn in Konkurrenz tritt. Zweitens, die Probleme der Religion sind zum Teil auch hausgemacht, da die christliche Theologie sich nur zögerlich auf die theoretischen Herausforderungen, die durch die neuere Philosophie gestellt sind, einlässt

---

[99] Reden, 144: »Der Mensch wird mit der religiösen Anlage geboren wie mit jeder andern«.
[100] Vgl. oben S. 150.
[101] Vgl. ULRICH BARTH, Die Religionstheorie der ›Reden‹. Schleiermachers theologisches Modernisierungsprogramm. In: Ders., Aufgeklärter Protestantismus, Tübingen 2004, 259-289.

und dadurch eine gewisse Geringschätzung gerade der Gebildeten erfährt. Und drittens, die Lage der Religion in der Gegenwart ist höchst ambivalent. Zum einen verlieren zwar institutionelle Religionsformen an Gewicht und dogmatische Glaubenssysteme an Relevanz, was zu einem gewissen Generalverdacht gegenüber der Religion überhaupt führt. Zum anderen ist aber gerade die Gegenwart einem gereinigten Religionsbegriff gegenüber aufgeschlossen und somit auch willens, sich wieder auf das bereits fragwürdig gewordene Phänomen Religion einzulassen.

Novalis schließt an alle drei Punkte ausdrücklich an. Das eigentliche Prinzip seiner Zeitkritik ist die Frage danach, welche der historischen Entwicklungen und der kulturellen Lagen sich dem religiösen Sinn als förderlich erweisen. Zunächst: Nur auf der Oberfläche wird die Krise der Religion der Reformation angelastet. Für diese These spricht noch nicht einmal so sehr die Tatsache, dass die Ursachen des Kirchenverfalls bereits in das späte Mittelalter verlegt werden.[102] Den eigentlichen Hinweis gibt die Art und Weise, wie Novalis den Zustand der religiösen Gegenwart inhaltlich kennzeichnet. Der eigentliche Hemmschuh des heiligen Sinns ist, dass er dem »Drucke des Geschäftslebens« (§ 3, 734 / 509) nicht standhält. Es ist die ökonomistisch geprägte Alltagskultur, welche den Sinn für das Höhere behindert, wo es nur geht. Diese gewöhnt die Menschen,

»ihr ganzes Dichten und Trachten, den Mitteln des Wohlbefindens allein zuzuwenden, die Bedürfnisse und die Künste ihrer Befriedigung werden verwickelter, der habsüchtige Mensch hat, so viel Zeit nöthig sich mit ihnen bekannt zu machen und Fertigkeiten in ihnen zu erwerben, daß keine Zeit zum stillen Sammeln des Gemüths, zur aufmerksamen Betrachtung der innern Welt übrig bleibt. – In Collisions-Fällen scheint ihm das gegenwärtige Interesse näher zu liegen«. (§ 3, 735 / 509)

Religion wird bestenfalls zum *donum superadditum* eines auch sonst schon wenigstens scheinbar erfüllten Lebens, das allerdings nach Novalis der ungesunden Logik der Reizsteigerung unterliegt. Aber auch in einer etwas sublimierten Weise geht das moderne Bewusstsein auf Kosten des inneren Lebens, wenn nämlich die geistige Tätigkeit sich auf Erkenntnis- und Besitzstreben, auf die »derbern Früchte, Wissen und Haben« (ebd.) konzentriert. Novalis fasst diesen Strang seiner Zeitdiagnose in der wenig schmeichelhaften Aussicht zusammen: »[D]ie Zeit nähert sich einer gänzlichen Atonie der höhern Organe, der Periode des praktischen Unglaubens.« (§ 7, 738 / 613) Praktisch ist dieser Unglaube, weil er nicht auf einer theoretischen Bestreitung der Grundlagen von Religion oder Christentum fußt, sondern den heiligen Sinn brachliegen läßt, was durchaus auch in einer sich selbst christlich nennenden Kultur der Fall sein kann.

---

[102] »In der Vergessenheit ihres eigentlichen Amts, die Ersten unter den Menschen an Geist, Einsicht und Bildung zu seyn, waren ihnen [scil. den Priestern] die niedrigen Begierden zu Kopf gewachsen, und die Gemeinheit und Niedrigkeit ihrer Denkungsart wurde durch ihre Kleidung und ihren Beruf noch widerlicher.« (§ 3, 736 / 510)

Gerade dieser letzte Punkt wirft ein neues Licht auf besonders umstrittene Passagen. Novalis wird gelegentlich geradezu ausfällig vor allem gegen die französische Aufklärung. Dieser Befund steht in einer gewissen Spannung zu seinen Studienheften, wo er Voltaire, Diderot, d'Alembert, Condorcet und anderen durchgängig Hochachtung entgegenbringt oder sie zumindest als Gesprächspartner ernstnimmt. Diese Spannung lässt sich nach dem eben Gesagten auflösen: Nicht die Gottesleugnung, sofern eine solche stattfand, ist das Problem, sondern gewisse Begleitphänomene der Aufklärung, wie vor allem die mechanistische Naturauffassung[103] und der Spott gegen die Religion im Namen einer falsch verstandenen Toleranz.[104]

Was das zweite Moment angeht, so sieht Novalis die Verantwortung des Christentums für dessen eigene Probleme weniger in dem Versagen der theologischen Krisenbearbeitung, als vielmehr in der Uneinigkeit der großen Konfessionen.

»Katholiken und Protestanten oder Reformirte standen in sektirerischer Abgeschnittenheit weiter von einander, als von Mahomedanern und Heiden.« (§ 7, 738 / 513)

Worauf hier angespielt wird, sind die Religionsstreitigkeiten im so genannten konfessionellen Zeitalter. Die Katholiken sind unfähig, den Reformimpuls Luthers und der anderen produktiv in sich aufzunehmen, und die Protestanten beharren auf einer eigenen Kirchenbildung; beides verhindert, dass das gemeinsame Erbe noch verbinden könnte, obwohl sie natürlich, im globalen Maßstab gesehen, auf das engste zusammengehören müssten. Indem sich die Konfessionskirchen zusätzlich für die entstehenden politischen Machtkämpfe instrumentalisieren lassen, verprellen sie erst recht »die guten Köpfe aller Nationen« (§ 10, 740 / 515). Einmal an Kontroverstheologie gewöhnt, tun die Kirchen aber auch ein Ihriges dazu, »Wissen und Glauben in eine entschiedene Opposition« (§ 10, 740 / 515) geraten zu lassen, in die sie von Haus aus nicht gehören.

Was das dritte betrifft, so ist Novalis' Text ja gerade durch die Wahrnehmung, dass die Religion am Boden liegt, veranlasst. Die Geschichte seit dem Verfall der Kirche im Spätmittelalter, über Reformation, Aufklärung und Revolution ist vordergründig die Geschichte eines allgemeinen Religionsverlustes. Aber das heißt nicht, dass die Geschichte schon an ihr Ende gekommen ist:

»Daß die Zeit der Auferstehung gekommen ist, und grade die Begebenheiten, die gegen ihre Belebung gerichtet zu seyn schienen und ihren Untergang zu vollenden drohten, die günstig-

---

[103] Man »machte die unendliche schöpferische Musik des Weltalls zum einförmigen Klappern einer ungeheuren Mühle, die vom Strom des Zufalls getrieben und auf ihm schwimmend, eine Mühle an sich, ohne Baumeister und Müller und eigentlich ein ächtes Perpetuum mobile, eine sich selbst mahlende Mühle« (§ 10, 741 / 515).

[104] »Duckte sich ja irgendwo ein alter Aberglaube an eine höhere Welt und sonst auf, so wurde gleich von allen Seiten Lärm geblasen, und wo möglich der gefährliche Funke durch Philosophie und Witz in der Asche erstickt; dennoch war Toleranz das Losungswort der Gebildeten« (§ 11, 742 / 516).

sten Zeichen ihrer Regeneration geworden sind, dieses kann einem historischen Gemüthe gar nicht zweifelhaft bleiben. Wahrhafte Anarchie ist das Zeugungselement der Religion.« (§ 11, 743 / 517)

Hier bedarf es eines kurzen Hinweises zum Geschichtsverständnis des Novalis. Den ganzen Essay durchzieht ein historiographisches Pathos. Immer wieder erfolgt die Aufforderung, historisch an den Untersuchungsgegenstand heranzutreten. Historische Betrachtung heißt für Novalis, die geschichtlichen Daten und Abfolgeverhältnisse unter einem bestimmten geschichtsphilosophischen Schema anzusehen. Auf einer oberflächlichen Ebene ist dieses Schema einfach ein schlichtes Dreierschema, das in einer Anwendung der drei Fichteschen Grundsätze auf die Geschichte besteht: auf eine ursprüngliche naive Ungeschiedenheit folgt eine Zeit der Zertrennung, welche eine Vereinigung auf höherer Stufe einfordert. Dieses Schema ist als dialektisch zu bezeichnen, was bedeutet, dass die am Geschichtsprozess Teilnehmenden ihre jeweilige Stufe als Konflikt erleben, im Unterschied zu einem teleologischen Modell wie dem aufgeklärten Perfektibilitätsdenken, bei dem sich im Prinzip alle von dem Wissen getragen wissen dürfen, dass die Geschichte sinnhaft auf ein Ziel hin verläuft. Novalis vertieft dieses Schema aber noch, indem eine zyklische Struktur einzieht: Geschichtlichen Zeiten und Perioden ist »eine Oszillation, ein Wechsel entgegengesetzter Bewegungen [...] wesentlich« (§ 3, 735 / 510). Jenes Dreierschema ist kein Schema für die Geschichte insgesamt, sondern lediglich für gewisse Periodenabfolgen: »[F]ortschreitende, immer mehr sich vergrößernde Evolutionen sind der Stoff der Geschichte.« (Ebd.) Genau aus diesem Grund ist eine historische Betrachtung zu zeitdiagnostischem Zweck sinnvoll, denn Geschichte wiederholt sich: nicht im Sinne einer ewigen Wiederkehr des Gleichen, sondern im Sinne analoger realgeschichtlicher Abläufe. Darum ruft Novalis seinen Hörern zu: Forscht »nach ähnlichen Zeitpunkten, und lernt den Zauberstab der Analogie gebrauchen.« (§ 12, 743 / 518)[105] Erst der Geschichtsphilosoph erschließt in der Rückschau, dass die Geschichte ein sinnvoller Prozess ist, und dass die Umwege, die sie zu nehmen scheint, dialektisch doch auf ein Ziel hinführen.

Auf einen Zustand der Anarchie wird also wieder die Zeit einer höheren Vereinigung folgen. Der Zustand der Religion ist im Moment insofern anarchisch, als es faktisch keine Herrschaft in Religionsdingen mehr gibt. Unter diesen Bedingungen erweist sich, dass diejenigen Maßnahmen, welche einst gegen die Religion gerichtet waren, ihr nun nichts mehr anhaben können. Das gilt zum einen für die revolutionäre Freiheits- und Gleichheitsforderung:

---

[105] Mit diesem »Zauberstab« ist keineswegs ein analoges Denken überhaupt gemeint, sondern die historische Analogie. Man darf hier Schillers berühmte Jenenser Antrittsvorlesung im Hintergrund vermuten: »Die Methode, nach der Analogie zu schließen, ist, wie überall, so auch in der Geschichte ein mächtiges Hülfsmittel«. (Was heißt und zu welchem Ende studiert man Universalgeschichte? NA 18, 373).

»In Frankreich hat man viel für die Religion gethan, indem man ihr das Bürgerrecht genommen und ihr bloß das Recht der Hausgenossenschaft gelassen hat, und zwar nicht in einer Person, sondern in allen ihren unzähligen individuellen Gestalten.« (§ 14, 744 / 518)

Erst nach ihrer Befreiung von der ihr wesensfremden Aufgabe, ideologisches Mittel im politischen Kampf zu sein, kann die Religion wieder zu sich selbst kommen. Die dabei entstehende Vielfalt kommt nach Auffassung des Novalis der Religion zugute. Zum anderen gilt jene Paradoxie auch für das Verhältnis von Religion und Wissenschaft. In dem Moment, da klar ist, dass die Wissenschaft nicht mehr am Gängelband der Religion liegt, wird der Blick frei für tiefere Wahlverwandtschaften beider Sphären. Wenn sich die Wissenschaft nicht mehr in ablehnender Polemik zur Religion verhalten muss, so wird ihr verstärkt ihre eigene Tiefendimension bewusst, wofür Novalis besonders die neuere Physik und Naturphilosophie als herausragendes Beispiel dient.[106] Auch der Umweg über den Atheismus und Materialismus erweist sich historisch als notwendig als Durchgangsstufe zu einer Vereinigung auf höherer Ebene.

»Also kommt auch ihr, ihr Philanthropen und Encyklopädisten, in die friedenstiftende Loge und empfangt den Bruderkuß, streift das graue Netz ab, und schaut mit junger Liebe die Wunderherrlichkeit der Natur, der Geschichte und der Menschheit an.« (§ 17, 746 / 521).

Diese Trias ist nun wieder ein direkte Anspielung an Schleiermacher,[107] an den die »Anachoreten in den Wüsten des Verstandes« (§ 16, 746 / 520) auch sogleich verwiesen werden. Damit steht aber am Ende dieser vermeintlich prokatholischen Kampfschrift dies überraschende Resultat: Es ist gerade die Religionsphilosophie des liberalen, kritischen Protestantismus, die Religion und Wissenschaft in ihrem jeweiligen Eigenrecht und in ihrer möglichen Beziehbarkeit aufeinander verstehen lehrt.[108]

Die Verfallsgeschichte der Religion in Europa ist also zugleich die Geschichte der Befreiung des »heiligen Sinns« zu sich selbst, der am Ort der jeweiligen Individuen ganz neue Symbiosen mit dem aufgeklärten Geist eingehen kann.

---

[106] Vgl. § 19, 747f / 521f. Novalis hat hier all die vor Augen, die man im weiteren Sinne als romantische Naturphilosophen zu bezeichnen pflegt; neben Goethe, Schelling, Baader, Ritter, Hemsterhuis und anderen denkt er auch an Fichte; vgl. den Brief an Caroline Schlegel vom 20.1.1799, WTB I, 686.

[107] Vgl. Reden, 78–108; »Natur« (78), »Geschichte (100), »Menschheit« (89).

[108] Eine andere Frage ist, ob das Verhältnis vom politischen Europa-Gedanken und Christentum auch einer solchen kritischen *relecture* zugänglich ist, anders gefragt, ob Novalis auch die Sphäre des Politischen analog zu der des Wissenschaftlichen als ausdifferenzierten Bereich mit einem von der Religion unabhängigen Eigenrecht ansieht. Es spricht aber einiges dafür, dass dies nicht in gleicher Weise der Fall ist. Vermutlich hat Novalis tatsächlich ein freies Christentum letztlich als das einzig taugliche Bindeelement eines vereinigten Europa angesehen. Doch muss diese Frage hier nicht vertieft werden; vgl. als Einleitung in die Diskussion HERMANN KURZKE, Romantik und Konservativismus, München 1983, dazu auch die Kritik von HERBERT UERLINGS, Friedrich von Hardenberg, aaO., 576–578. 591–595.

4.3. Novalis' Ansicht des Christentums

Wie bereits der Abschnitt über das Mittlerfragment gezeigt hat, ist Novalis' Religionsbegriff zwar am Christentum orientiert, aber doch allgemeiner verfasst. Es stellt sich insofern die Frage, woher das Interesse für einen allgemeineren Religionsbegriff kommt. Denn gegen Ende des 18. Jahrhunderts dürfte die Begegnung mit außereuropäischen Religionen noch nicht durchgängig als ein besonderes theoretisches Problem angesehen worden sein; für Novalis trifft das jedenfalls zu. Allenfalls könnte man bei ihm ein religionsgeschichtliches Interesse namhaft machen. Der eigentliche Grund liegt aber anderswo: Ein allgemeiner Religionsbegriff dient vor allem dazu, bestimmte Verengungen des Christentums aufzeigen zu können, hat also im doppelten Sinne des Wortes christentumskritische Funktion und soll dieses wieder etwas elastischer machen. All die Apologeten der Religion in den 1790er Jahren, wie Spalding, Herder, Schleiermacher und andere, sind letztlich am Christentum interessiert, und zwar zum Zwecke seiner religionstheoretischen Liberalisierung. Im Hintergrund steht die aufbrechende Pluralismusthematik. Sie ist im 18. Jahrhundert noch weitgehend an der Pluralität der christlichen Konfessionen orientiert, noch nicht der Religionen. Der allgemeine Religionsbegriff soll ein innerchristliches Pluralismuskonzept begründen. Dies trifft auch für Novalis zu. Wie die anderen Genannten will auch Novalis mit seinem allgemeinen Religionsbegriff vor allem die ansprechen, die sich von der organisierten Form der Religion – den christlichen Kirchen – abgewendet haben. Ihnen ist zunächst zu zeigen, dass Religion mehr ist, als was sich in und an der Kirche zeigt. Das gleiche Beweisziel gilt dann aber auch für das Christentum selbst: Auch dies geht über seine verfasste Gestalt hinaus. Dahinter verbirgt sich die Vermutung, dass die Angeredeten, hätten sie nur einen ordentlichen Begriff, sich selbst wohl auch wieder als Christen ansehen würden.

Aus diesem Grund ist es für Novalis kein Problem, den Religionsbegriff mit dem der ›Christenheit‹ weitgehend umfangsgleich zu verwenden. Dies zeigt sich ganz besonders am Schluss der »Europa«, den wir nun auszulegen haben. Während Novalis in der idealisierten Rückprojektion in das Mittelalter das Christentum vor allem als eine durch Priester vermittelte kultische Heilspraxis zeichnet, kommt er gegen Ende der Rede zu einem ganz anderen Begriff:

> »Das Christenthum ist dreifacher Gestalt. Eine ist das Zeugungselement der Religion, als Freude an aller Religion. Eine das Mittlerthum überhaupt, als Glaube an die Allfähigkeit alles Irdischen, Wein und Brod des ewigen Lebens zu seyn. Eine der Glaube an Christus, seine Mutter und die Heiligen.« (§ 24, 749 / 523)

Zur Auslegung dieser Bestimmung beginnen wir am besten mit der letzten der drei Gestalten. Nach Novalis war so der »alte katholische Glaube« (§ 25, 749 / 523) zu beschreiben. Aber es wird sogleich klar, dass hier mehr gemeint ist als bloß eine spezifische Form vermeintlich mittelalterlicher Religiosität. Denn

Novalis fügt zweierlei hinzu: Zum einen sieht er diesen Katholizismus »gerei-
nigt durch den Strom der Zeiten« (§ 26, 750 / 524), was also die – selbst auf
der Textoberfläche berechtigten – Einsprüche des Protestantismus bereits einschließt. Und zum zweiten hält er fest: »Seine zufällige Form ist so gut wie
vernichtet, das alte Papstthum liegt im Grabe, und Rom ist zum zweytenmal
eine Ruine geworden.« (§ 27, 750 / 524) Worauf Novalis hier anspielt, sind die
unmittelbar zurückliegenden realgeschichtlichen Ereignisse: Am 29.8.1799 war
Papst Pius VI. in französischer Gefangenschaft gestorben, nachdem der Kirchen-
staat über ein Jahr zuvor durch Truppen von Marschall Berthier eingenommen
und in eine Republik umgewandelt worden war. Ein Nachfolger für Pius VI.
konnte erst ein halbes Jahr nach der Niederschrift der »Europa« gewählt werden.
Novalis rechnet also mit einem tatsächlichen Ende des Katholizismus, wie man
ihn bis dato kannte.[109]

An dieser Stelle tut sich eine Interpretationsalternative auf: Entweder man
liest »Christus, seine Mutter und die Heilige« als bloße Platzhalter für christliche
Glaubensgehalte überhaupt, die sich im Laufe der Zeit auch ändern können. Dafür spricht etwa, dass Novalis außerhalb der »Europa«-Rede wenigstens für die
»Heiligen« kein besonderes Faible verrät. Das Christentum braucht zu seinem
Selbstverständnis inhaltlich festgelegte *credenda*,[110] die aber im Prinzip veränder-
lich sind. Oder aber, man akzentuiert das fraglos katholische Kolorit dieser Trias
stärker und liest die Stelle dann als ein Plädoyer für einen vergeistigten Katholizismus. Beide Alternativen haben etwas für sich; es wird sich noch zeigen, dass
sie sich im Effekt gar nicht so sehr voneinander unterscheiden.

Welche Auslegung man aber auch zugrunde legt, so ergibt sich jedenfalls als
weiteres Zwischenergebnis, dass Novalis mit einem Christentum außerhalb von
dessen positiver Verfasstheit – ein solches bezeichnen nämlich die ersten beiden
Gestalten, wie sich gleich zeigen wird – rechnet. Die Lage in der Moderne ist
derart, dass man den Bereich der Christenheit nicht mehr bloß auf den *inner circle*
der Bekenner abbilden kann. Es gibt Christentum auch jenseits von inhaltlich
festgelegten Glaubensüberzeugungen.

Die erste Gestalt wird charakterisiert als ein Schätzen des Vorkommens von
aller Religion überhaupt. Den Angehörigen dieser ersten Gruppe ist die Existenz von Religion wichtig, noch unabhängig von der Frage, wie sie sich selbst
zu ihr stellen. Man darf auch hier Schleiermachers Reden im Hintergrund annehmen. Dieser erinnert die gebildeten Verächter an den Affekt der Ehrfurcht
vor einem wahrhaft religiösen Gemüt, den man nicht ableugnen kann,[111] wel-

---

[109] Für das Geschick des Katholizismus um die Jahrhundertwende nennt die Hauptdaten KARL
HEUSSI, Kompendium der Kirchengeschichte, Tübingen ¹²1960, 417-426.
[110] Es gibt das »Bedürfniß einer bestimmten, objectiven Religion« (WTB II, 786 / N III, 588).
[111] »Daß der Mensch in der Anschauung des Universums begriffen ein Gegenstand der Achtung
und der Ehrfurcht für Euch Alle sein muß; [...] das ist über allen Zweifel hinaus. Verachten
mögt Ihr jeden, deßen Gemüth leicht und ganz von kleinlichen Dingen angefüllt wird; aber

che Erinnerung zu Beginn der 5. Rede zur Überleitung zu der Betrachtung der positiven Religionen dient. Gerade weil jeder weiß, dass er mit seiner religiösen Anlage nur einen Bruchteil dessen umfasst, was Religion sein kann, so »intereßiert ihn jede Äußerung derselben, und seine Ergänzung suchen, lauscht er auf jeden Ton«,[112] also jedes Vorkommen von Religion, wie auch immer sie inhaltlich beschaffen sein möge. Diese Haltung ist insofern christlich, als sie dem Grundcharakter des Christentums entspricht, weil dieses nämlich *idealiter* Religionseifer auf Kosten anderer Religion nicht kennt und den Toleranzgedanken aus sich selbst heraussetzt.[113] Die tolerante Freude an aller Religion ist nach Novalis selbst bereits christlich.

Die zweite Gestalt entspricht passgenau dem im Mittlerfragment angebenen Religionstypus des Pansymbolismus.[114] Dieser wird hier von Novalis ebenfalls als christlich etikettiert. Über die Gründe kann man nur spekulieren, da an sich diese Etikettierung einen Distinktionsverlust bedeutet. Es lässt sich vermuten, dass Novalis einen solchen Pansymbolismus letztlich nur als auf dem Boden des Christentums überhaupt für denkbar hält, da dieses die Idee der Vermittlung konsequent in den Mittelpunkt stellt.[115] Ebenfalls möglich ist ein schöpfungstheologisches Motiv: Der Pansymbolismus ist eine mögliche Weise, eine christliche Naturfrömmigkeit zu denken.

Wie auch immer man diese zweite Form inhaltlich auslegt, worauf es Novalis im Ganzen ankommt, ist dies: Das Christentum hat nur dann eine Chance, noch einmal eine gesamtgesellschaftlich prägende Größe zu werden, wenn man nicht nur die positiven Formen unter es begreift. Das Christentum außerhalb der Kirche ist als Größe eigenen Rechts wahrzunehmen. Nur dann wird der innere Kreis der positiv Gläubigen »in inniger, untheilbarer Verbindung mit den beiden andern Gestalten des Christenthums [...] ewig diesen Erdboden beglücken.« (§ 26, 750 / 524)

Diese Ansicht wirft sogleich die Frage auf, wie sich Novalis dieses Christentum ekklesiologisch denkt. Bereits die romantisierende Darstellung der alten Hierachie enthielt bestimmte Idealvorstellungen. So werden als die eigentlichen Bindemittel zwischen Priestern und Laien »Achtung und Zutrauen« (§ 3, 736 / 510) angepriesen, deren sich die Priesterschaft als wert zu erweisen hat. Vor allem aber ist auffällig, dass Novalis die alte katholische Kirche als einen »Ver-

---

vergebens werdet Ihr versuchen den gering zu schätzen, der das größte in sich saugt und sich davon nährt« (Reden, 235).

[112] Reden, 179.

[113] Vgl. aus den »Teplitzer Fragmenten« von 1798: »Wo der Gegenstand die Eifersucht seiner Natur nach, ausschließt – so ist es die christliche Relig[ion] – die kristliche Liebe.« (WTB II, 387 / N II, 598.

[114] Vgl. dazu oben S. 320.

[115] Etwa zeitgleich notiert Novalis in seinen Studienheften: »Es giebt keine Religion, die nicht Xstenthum wäre« (WTB II, 763, N III, 566.

ein« (§ 4, 736 / 511) bezeichnet und damit einen Terminus aus der aufgeklärten protestantischen Ekklesiologie aufnimmt.[116] Dazu passt, dass den ursprünglichen Protestanten um Luther ausdrücklich ein »Recht auf Religions-Untersuchung, Bestimmung und Wahl« (ebd.) zugebilligt wird, das in kirchlichen Blütezeiten allenfalls »stillschweigend abgegeben[]« (ebd.) werden kann. Bei näherer Betrachtung zeigt sich dann, dass Novalis die Kirche vor allem als eine kommunikative Gemeinschaft Gleichgestellter denkt.[117] Der Grund der Kirche ist »die freie Belebung, Eindringung und Offenbarung.« (§ 6, 738 / 512) In seinen Studienheften preist er den »Vorzug der Quäcker Sitte – daß jeder aufsteht, und spricht, wenn er begeistert ist.«[118] Trotzdem verficht Novalis nicht das Ideal einer rein spirituellen Größe. Eine »sichtbare Kirche« (§ 28, 750 / 524) ist als Einkörperung der Christenheit schlechterdings nötig. Dies ergibt sich ganz konsequent aus dem Gedanken, dass man das Christentum nicht als beschränkt auf seinen kerngemeindlichen Bestand denken kann: Es braucht eine vereinsmäßige Organisationsform, zu der sich auch die weiteren Kreise zählen können.

Das Ideal einer spirituellen Kommunikationsgemeinschaft und die Notwendigkeit einer sichtbaren Kirche müssen miteinander vermittelt werden. Jenem umfassenden Anspruch der Christenheit gemäß ist es nicht sinnvoll, wenn es mehrere Kleinkirchen gibt, oder wenn doch, so bedarf es möglichst nur eines Dachverbandes. Darin ist dann aber enthalten, dass die Organisationsform als solche keine Autorität in den Dingen des heiligen Sinns haben kann.[119] Novalis wünscht sich stattdessen ein neues allgemeines Konzil, das den Auftakt zu einer Erneuerung der Kirche im entwickelten Sinn darstellen soll.

»Aus dem heiligen Schooße eines ehrwürdigen eruopäischen Consiliums wird die Christenheit aufstehn, und das Geschäft der Religionserweckung, nach einem allumfassenden, göttlichen Plane betrieben werden.« (§ 29, 750 / 524)

Diese Proklamation ist gerade vor dem Hintergrund der katholisierenden Textoberfläche bemerkenswert, da die Geschichte des neuzeitlichen Katholizismus auch als Geschichte der Schwächung des Konzilgedankens zugunsten der Papstautorität gelesen werden kann. Vielleicht zeigt sich allerdings gerade in dieser Passage der utopische Charakter auch seiner Kirchenidee besonders deutlich. Es ist schwer zu entscheiden, ob »der feierliche Ruf zu einer neuen Urversammlung« (§ 17, 747 / 521) nur die rhetorische Einkleidung einer Idee ist oder ob

---

[116] Vgl. zum Vereinsgedanken im 18. Jahrhundert KLAUS SCHLAICH, Kollegialismus. Die Kirche und ihr Recht im Zeitalter der Aufklärung, Diss. Tübingen 1967.

[117] Auch hier durfte Novalis sich wieder von Schleiermacher bestärkt sehen, der diese Grundidee als das Wesen der wahren Kirche am Anfang seiner vierten Rede breit entfaltet; vgl. Reden 177-191.

[118] WTB II, 764; N III, 567.

[119] Es ist sehr auffällig, dass Novalis den Papst, dessen Amt er in der Entwurfsnotiz zur »Europa« noch als »Nothwendigkeit« (WTB II, 772 / N III, 575) bezeichnet hatte, in der Rede selbst dann ganz der vergangenen Stufe des Katholizismus zuschlägt.

Novalis mit einer solchen Möglichkeit in absehbarer Zukunft tatsächlich gerechnet hat. Diese Frage kann hier aber auf sich beruhen bleiben. Zusammenfassend ist festzuhalten, dass drei Motive in Novalis' Kirchenidee eingehen: zum einen der Gedanke eines inneren Kreises, der nach dem Vorbild einer nicht-hierarchischen spirituellen Kommunikationsgemeinschaft gedacht wird, zum anderen die Notwendigkeit einer möglichst einheitlichen Organisationsform, welche die Gesamtheit aller möglichen Gestalten von Christentum repräsentiert, und schließlich die Idee eines Konzils, welches das allein bevollmächtigte Lehrorgan der Christenheit sein kann. Diese drei Momente zusammen berechtigen Novalis zu der Hoffnung:

»Keiner wird dann mehr protestiren gegen christlichen und weltlichen Zwang, denn das Wesen der Kirche wird ächte Freiheit seyn« (§ 29, 750 / 524).

Diese Konzeption hat ihre Nähen zum Kern der reformatorischen Kirchenidee, nämlich der Scheidung von sichtbarer und unsichtbarer Kirche, kann aber nicht einfach unter sie verbucht werden. Novalis rechnet damit, dass das innere Leben der christlichen Gemeinschaft sich spröde verhält zu allen Fragen der äußeren Organisation. Ebenfalls wird, wozu wir im nächsten Teilabschnitt kommen werden, die papstkirchenkritische Wendung zu einem Prinzip der Institutionenkritik verallgemeinert. Das Problem der Zugehörigkeit zur Kirche hingegen, und wer über sie zu entscheiden hat, das doch für die Reformation so brennend war, kommt bei Novalis gar nicht vor. Wir haben es bei diesen Grundlinien einer Kirchentheorie also mit einer freien Weiterbildung der protestantischen Ekklesiologie zu tun.

4.4. Die konfessionelle Frage

Wir haben versucht, das Kirchenideal des Novalis darzustellen. Die Frage ist allerdings, ob es zu dessen Darlegung ein solch heftiges Kokettieren mit dem Katholizismus gebraucht hätte, wie Novalis es in seinem Essay an den Tag legt. Nicht zuletzt vor dem Hintergrund der romantischen Konversionen[120] führte es dazu, den Essay kritischen Lesern verdächtig zu machen. Im Lichte unserer bisherigen Ausführungen kann man ihm aber eine klare Funktion zuweisen, ohne geheime Konversionsabsichten bei Novalis zu vermuten.[121] Das Beschwören eines romantisierten Katholizismus soll eine kritische Funktion gegenüber dem tatsächlich bestehenden Protestantismus, dem Novalis ja angehört, ausüben. Damit wird zugleich auch der utopische Charakter jenes Kirchenideals gleichsam kritisch geerdet, indem er als Maßstab bestehender Verhältnisse fungiert.

---

[120] Vgl. dazu JUTTA OSINSKI, Katholizismus und deutsche Literatur im 19. Jahrhundert, Paderborn 1993. Speziell zu Novalis erfährt man hier allerdings sehr wenig.

[121] Zur Diskussion um diesen Fragekreis vgl. BENNO V. WIESE, Novalis und die romantischen Konvertiten. In: Betty Heimann u.a. (Hg.), Romantik-Forschungen, Halle 1929, 205-242.

Als historische Erscheinung war der Protestantismus vollauf gerechtfertigt. Die
kirchliche Situation des Spätmittelalters forderte ihn geradezu heraus.

»Was war natürlicher, als daß endlich ein feuerfangender Kopf öffentlichen Aufstand gegen den
despotischen Buchstaben der ehemaligen Verfassung predigte, und mit um so größerem Glück,
da er selbst Zunft-Genosse war.« (§ 3, 736 / 511)

Das Zentrum der lutherischen Auseinandersetzung sieht Novalis mit sicherem
Blick in der von der Papstkirche sich angemaßten »Gewalt über die Gewissen«
(§ 4, 736 / 511). Diesem Thema kommt aber nicht bloß eine historische Bedeutung zu. Novalis hat, wie man dem berühmten Sylvester-Gespräch im zweiten
Teil des »Heinrich von Ofterdingen« entnehmen kann, das Gewissen als »der
Menschen eigenstes Wesen« (WTB I, 380 / N I, 332) bestimmen können.[122]
Man befindet sich hier also nicht bei einem kontingenten historischen Streit,
sondern durchaus an einem Zentralpunkt der Religionslehre. Schon von daher
verbietet sich ein zu enges Heranrücken von Novalis an die real existierende katholische Kirche. Das schließt aber nicht aus, dass die protestantischen Kirchen,
die sich inzwischen gebildet und gefestigt haben, nicht ihrerseits der Kritik unterliegen, denn ohne Selbstkritik wird auch der Protest gegen die Papstkirche
unzulässig. Das »Recht auf Religions-Untersuchung« (§ 4, 735 / 511) nehmen
sich die Menschen immer dann, wenn die Kirche Anlass zur Unzufriedenheit
gibt. Novalis' konkrete Kritik soll in fünf Punkten gebündelt dargestellt werden.
    1.) Die politische Entwicklung des konfessionellen Zeitalters interpretiert No-
valis so, dass das alsbald entstehende landesherrliche Kirchenregiment nicht nur
dazu diente, die große Kirchenspaltung zwischen Katholiken und Protestanten
zu zementieren, sondern auch dazu führte, dass sich eine protestantische Klein-
staaterei durchsetzte. Nach Novalis hatten die Fürsten ein eminentes Interesse
daran, den *status quo* zu erhalten, da ihnen die Verquickung von Landeskirche
und Fürstentum in die Hände arbeitete: Die Religion wurde »irreligiöser Weise
in Staats-Gränzen eingeschlossen« (§ 4, 737 / 511). Daraus entstand eine spezifische Form protestantischer Nabelschau, die im strengen Gegensatz zum Geist
des Christentums steht, das sich eigentlich über regionale und nationale Grenzen
erhaben weiß. Die geschilderte Entwicklung führte »zur allmähligen Untergra-
bung des religiösen cosmopolitische[n] Interesse[s]« (§ 4, 737 / 511f).
    2.) Die evangelische Kritik am katholischen Priestergedanken beruht bekannt-
lich auf dem Gedanken eines Priestertums aller Gläubigen. Schleiermacher hatte
diesen Gedanken in den »Reden« besonders stark betont.[123] Novalis äußert sich
nicht direkt zu dem Streitpunkt selbst. Aber es ist auffällig, dass von der Prie-

---

[122] Man darf hier einen späten Einfluss von Fichtes »Sittenlehre« vermuten, die im Gewissens-
begriff bekanntlich ihr gedankliches Zentrum hat.
[123] »Jeder ist Priester, indem er die Andern zu sich hinzieht auf das Feld, das er sich besonders
zugeeignet hat [...]. Es giebt nicht jene tyrannische Aristokratie, die Ihr so gehäßig beschreibt«
(Reden, 184).

sterschaft nur in der Darstellung des ersten Stadiums, der Zeit der Kircheneinheit, die Rede ist. Als allgemeine Forderung stellt Novalis bloß auf, »eine Zahl Menschen lediglich diesem hohen Berufe zu widmen, und diese Zahl Menschen unabhängig von der irdischen Gewalt in Rücksicht dieser Angelegenheiten zu machen« (§ 4, 736f / 511). Diese Forderung impliziert keine sakramentale Priesterweihe, sondern passt genauso gut auf die Idee eines protestantischen Pfarramts. Der Vorwurf von Novalis aber lautet, dass das evangelische Kirchentum nicht wirklich Ernst mit der Theorie gemacht hat: Tatsächlich gibt es die »Beibehaltung einer Art Geistlichkeit« (§ 4, 737 / 511); der evangelische Pastor besitzt eine unausgegorene Zwischenposition zwischen katholisch-priesterlicher Sonderstellung und protestantischem Gleichheitsideal.

3.) Teile des evangelischen Christentums verstehen sich dezidiert als Religion der Heiligen Schrift und können sich dafür mit einem gewissen Recht auf Martin Luther berufen. Dessen Verdienst während der reformatorischen Auseinandersetzungen wird von Novalis als »Aufstand gegen den despotischen Buchstaben der ehemaligen Verfassung« (§ 3, 736 / 511) gewürdigt. Was Novalis als spätmittelalterliche Despotie charakterisiert, ist nicht ganz klar; an den Evangelischen wird aber ferner gelobt, dass sie »eine Menge verderblicher Satzungen« (§ 4, 736 / 511) abschafften, was sich meistenteils auf das Kirchenrecht und die Sakralisierung der kirchlichen Tradition beziehen dürfte. Insofern stimmt der »Europa«-Redner ganz mit Luther überein. Aber in dem Protest hat der Reformator das Kind mit dem Bade ausgeschüttet, denn er ersetzte einen Buchstabendienst durch den anderen: Luther »führte einen anderen Buchstaben und eine andere Religion ein, nemlich die heilige Allgemeinheit der Bibel, und damit wurde leider eine andere höchst fremde Wissenschaft in die Religionsangelegenheit gemischt – die Philologie.« (§ 5, 737 / 512) Statt der religiösen Mitteilung wird die gelehrte Bibelauslegung zum Mittelpunkt der religiösen Kommunikation.[124] Dieses Substitut ist bereits für sich eine ›Auszehrung‹ (vgl. ebd.) des heiligen Sinns, wenn man sich das oben entfaltete Kirchenideal noch einmal vor Augen stellt, denn die Fokussierung auf das ›Bibelgespräch‹ führt zur Verarmung der Kommunikation über Religion.[125] Zum zweiten findet sich nach Novalis in der Bibel bloß der »rohe abstracte Entwurf der Religion« (§ 6, 738 / 512). Es ist keineswegs so, dass das Neue Testament bereits den ultimativen Ausdruck und die überreiche Fülle all dessen enthielte, was Christentum bedeuten kann – wie die Christentumsgeschichte beweist, die man in dieser Perspektive als konkrete Ausführung des in der Bibel gegebenen ›Entwurfs‹ verstehen kann. Durch die exklusive Verpflichtung auf das Ursprungsdokument deklassiert der Protestantis-

---

[124] Vgl. die treffenden Bemerkungen von HERMANN TIMM, Die heilige Revolution, aaO., 122f.

[125] Etwas zugespitzt ließe sich sagen, dass der ›heilige Sinn‹ durch eine ›heilige Schrift‹ ersetzt wird.

mus die spiruellen, liturgischen und intellektuellen Entwicklungen der letzten 1800 Jahre zu bloßen Epiphänomenen. Der protestantische Schlachtruf »allein die Schrift!« erweist sich also gleich in zweierlei Hinsicht als kontraproduktiv. Wie sich an seinen Studienheften zeigt, hat Novalis den Vorwurf aufrecht erhalten, dass der Biblizismus und das Kanonprinzip religiöse Fehlwege sind. Drücken zwar gerade die späten Notizen ein durchgehende Hochachtung vor den poetisch-religiösen Qualitäten der Bibel aus, so bleibt doch die Gegenfrage in Kraft: »Wer hat die Bibel für geschlossen erklärt? Sollte die Bibel nicht noch im Wachsen begriffen sein?« (WTB II, 766 / N III, 569).[126] Das Schriftprinzip ist für Novalis gleichbedeutend mit der Selbstbestimmung zur Stagnation.

4.) Indem sich der Protestantismus nur in Antithese zum Katholizismus selbst begreifen kann, schneidet er sich auch von dessen reicher, vor allem künstlerischer Tradition ab. Statt auf »Kirchen, [. . .] mit ermunternden Bildern geschmückt« (§ 2, 733 / 508), setzen die Evangelischen auf die Reinheit des ›Wortes‹; die »Liebe zur Kunst«, welche die katholische Kirche auszeichnete, wird auf protestantischer Seite unter Generalverdacht gestellt. Dieser Punkt ist nicht zuletzt hinsichtlich der künstlerischen Verarbeitung der Mariologie wichtig, worauf im nächsten Abschnitt noch einzugehen sein wird.

5.) Im Zuge dieser Kritik ist auch Hardenbergs Verständnis der Lutherrezeption zu verstehen.[127] Die Ambivalenz von Luthers Leistungen war bereits herausgestellt worden. Das evangelische Christentum hat diese Zwiespältigkeit kontinuiert. Die Leerstellen, die insbesondere der philologielastige Biblizismus aufgerissen hat, werden deshalb so kompensiert, dass der Person des Reformators eine der protestantischen Idee völlig unangemessene Stellung eingeräumt wird: Luther wurde »bei einem großen Theil der Protestanten zum Rang eines Evangelisten erhoben und seine Uebersetzung canonisirt« (§ 5, 737 / 512), d. h. hier, mit gleichsam religiösen Qualitäten versehen. Was an religiöser Sinnfülle des Katholizismus verloren gegangen ist, muss durch die Verehrung der Reformatoren und dem Gedächtnis ihrer Tat ausgeglichen werden – womit die Heiligenverehrung hinterrücks wieder in die evangelische Frömmigkeit Einzug hält. Bricht das

---

[126] Auch hier befindet er sich in Übereinstimmung mit Schleiermacher, der in den »Reden« ebenfalls die Geschlossenheit des Kanons ablehnt: Die Autoren des Neuen Testaments »haben dem heiligen Geist nie Grenzen gesezt« (305). Erst später wurden ihre Schriften »für einen geschloßnen Codex der Religion unbefugter Weise erklärt« (ebd.). Ergänzungen sind möglich und haben faktisch auch immer stattgefunden, indem die Schriften bedeutender Christen der Bibel gleich geachtet wurden: »Die heiligen Schriften sind Bibel geworden aus eigener Kraft, aber sie verbieten keinem anderen Buche auch Bibel zu sein oder zu werden, und was mit gleicher Kraft geschrieben wäre, würden sie sich gern beigesellen lassen.« (Ebd.)

[127] Von einem ausgeführten *Bild* Luthers bei Hardenberg kann kaum gesprochen werden. Deshalb erfährt man bei Sara Ann Malsch, The image of Martin Luther in the Writings of Novalis and Friedrich Schlegel, Frankfurt a. M. 1974, auch in Wahrheit nichts über ein solches. Faktisch geht es stattdessen um Spekulationen über die geschichtsphilosophische Rolle des ›mephistophelischen‹ Prinzips, für das Luther angeblich einsteht.

Luthertum damit seiner eigenen Kritik gleichsam die Spitze ab, so verstellt darüber hinaus die exklusive Orientierung an den Gründerfiguren auch den Blick für solche Gestalten im evangelischen Christentum, die Luther vielleicht an religiöser Kraft ebenbürtig sind oder zumindest mit einer zeitgemäßeren Vollmacht gesegnet sind, wie »Zinzendorf, Jacob Böhme und mehrere« (§ 7, 738 / 513), wobei Novalis sicherlich auch an Schleiermacher denkt.[128] Luther war als religiöser Reformator zu würdigen und gegebenenfalls zu kritisieren. Indem sich die Evangelischen aber dessen begaben und einer unreflektierten Luther-Verehrung frönten, sorgten sie dafür, daß »[s]tatt des Protestantism [...] das Luthertum hervor« (WTB II, 831 / N III, 669) kam. Der dadurch entstehende Konservativismus setzt dann einfach nur eine Doktrin gegen die andere und verleugnet den protestantischen Impuls.

Das Denken in Partikularkirchen, die unklare Amtstheologie, der Biblizismus, die Sprödigkeit gegenüber der katholischen Symboltradition und der Lutherkult sind die Hauptmonenda, die Novalis aus seiner Utopie heraus gegen den zeitgenössischen Protestantismus vorbringt. Es ist nicht zuviel gesagt, dass er hier durchaus den Gedanken einer *ecclesia semper reformanda* aufnimmt.

Damit kann abschließend noch einmal auf die Frage nach dem Pluralismuskonzept eingegangen werden. Zunächst ist festzuhalten, dass der ganze Gedankengang am Ende des 18. Jahrhunderts nur in einem protestantischen Kopf entspringen konnte. Innerhalb der Theologiegeschichte der Neuzeit war – vor allem im Deismus – das Konzept eines Minimalkonsenses diskutiert worden, der unter dem Titel »natürliche Religion« das Ideal einer transkonfessionellen Kirche grundlegen helfen sollte. Dieses Konzept verfolgt Novalis nicht, da er es mit Schleiermacher für dem Wesen der Religion gänzlich unangemessen hält. Oben war bereits auf die Möglichkeit hingewiesen worden, seine Idee von Christentum als vergeistigten Katholizismus zu bezeichnen. Genauso gut könnte man aber auch von einem angereicherten Protestantismus sprechen, der mindestens den reichhaltigen Symbolwelten des katholischen Raumes in Kunst und Kirchenmusik gegenüber offen ist. Letztlich führen diese Etikettierungen nicht wirklich weiter. Novalis' Plädoyer gilt nicht der Abstraktion von den jeweiligen religiösen Eigenheiten, sondern vielmehr einem erneuten Sich-Besinnen auf das Beste *aller* christlichen Traditionen. Von einem hierarchisch-paternalistischen Katholizismus ist Novalis genauso weit entfernt wie von einem strikten *sola-scriptura*-Protestantismus. Stattdessen plädiert er für ein frei aneignendes *best of both worlds*.

---

[128] Diese Kritik von Novalis darf auch gegenüber den Übertragungen seiner Zeit in Klassik und Idealismus geltend gemacht werden, welche Luther vor allem hinsichtlich seiner Kulturleistung für die deutsche Nation aufs Podest hebt; vgl. dazu Heinrich Bornkamm, Luther im Spiegel der deutschen Geistesgeschichte, Heidelberg 1955, 11–36. Im Lichte dieser Darstellung wird deutlich, daß es durchaus nicht selbstverständlich war, Luther primär als religiöse Figur zu deuten – wie Novalis es tut.

5. Christliche Symbolwelt: »Die geistlichen Lieder«

Mitte November des Jahres 1799 schreibt Friedrich Schlegel an Schleiermacher, der »Europa«-Essay sei nicht der einzige Text gewesen den Novalis bei dem bereits erwähnten Treffen den Freunden mitgeteilt habe. »Auch christliche Lieder hat er uns gelesen; die sind nun das göttlichste was er je gemacht hat. Die Poesie darin hat mit nichts Aehnlichkeit, als mit den innigsten und tiefsten unter Goethens früheren kleinen Gedichten.« (N IV, 646) Diese Lieder waren der Grundstock der heute in der Regel unter dem Titel »Geistliche Lieder« veröffentlichten Sammlung von Gedichten mehr oder weniger expliziten christlichen Inhalts. Die vorgetragenen Exemplare waren zur Aufnahme ins »Athenäum« vorgesehen, der dritte Jahrgang enthielt dann aber von Novalis die »Hymnen an die Nacht«.

Diese Lieder stellen nur einen – wenn auch den bedeutendsten – Ausschnitt aus der teils projektierten, teils tatsächlich begonnenen religiösen Schriftstellerei Hardenbergs dar. Die Studienhefte jener Zeit belegen, dass sich Novalis ausführlich mit diversen religiösen Textgattungen wie auch Predigten, Traktaten oder Gebeten beschäftigte und dazu Vorbilder auf diesem Felde rezipierte.[129] Mit Ludwig Tieck zusammen plante Novalis einige Veröffentlichungen, wie erneut Schlegel an Schleiermacher berichtet: Zu den Liedern »nehmen sie noch Predigten dazu, und lassens drucken, und Hardenberg denkt Dir das Ganze zu dediciren.« (Ebd.) Zu der Ausführung dieses Plans kam es dann aber nicht. Für den geplanten Abdruck der Lieder im »Athenäum« hatte Novalis den Titel »Probe eines neuen, geistlichen Gesangbuchs« vorgesehen.[130] Novalis stellt sich hier in den Diskurs des späten 18. Jahrhunderts, das von Reformen, Überarbeitungen und gänzlichen Neukonzeptionen kirchlicher Gesangbücher geprägt war.[131]

In der Forschung stand in der Regel die Frage im Vordergrund, ob diese Lieder als authentische Glaubenszeugnisse des Dichtersubjekts Novalis zu gelten hätten, und wenn ja, in welcher Weise. Artikuliert sich in ihnen ein persönlich überzeugtes positionelles Christentum, oder hat man eher mit einer letztlich nachchristlichen, romantischen Religionsform zu rechnen?[132] Diese Alternative ist letztlich schief gestellt, weil in beiden Fällen der jeweils vorausgesetzte Begriff

---

[129] Die früheste solcher Projektnotizen lautet: »Religiöse Fantasieen – ErbauungsBuch. Geistliche Lieder. Gebete für J[ulie]. *Das heilige Leben* oder die bessre Welt. eine Geschichte. Loosungen.« (WTB II, 752 / N III, 556.)

[130] Brief an Friedrich Schlegel vom 31.1.1800, WTB I, 727.

[131] Vgl. ALEXANDER VÖLCKER, Art. Gesangbuch. In: TRE 12 (1984), 547–565, besonders 554–557.

[132] Einen Überblick über die ganze Breite der Deutungen gibt MARGOT SEIDEL, Novalis' *Geistliche Lieder*, Frankfurt a. M. 1983, 56–59. Seidel selbst optiert dafür, dass die Lieder »durchaus auf dem Boden der christlichen Konfessionen stehen« (312). Die Gegenposition wird besonders prominent von HANS-GEORG KEMPER, Gottebenbildlichkeit und Naturnachahmung im Säkularisierungsprozeß, Bd. 1, Tübingen 1981, 136–139, vertreten. Danach sei das christliche

von Christentum unausgewiesen bleibt: Ob die Lieder persönliche Zeugnisse eines Christen sind, hängt davon ab, welchen Begriff vom Christentum man hat. Diese Frage braucht hier nicht weiter verfolgt werden. Stattdessen wollen wir einerseits untersuchen, ob sich aus der Interpretation der Lieder selbst ein Beitrag zu einer Symboltheorie gewinnen läßt, und andererseits, wie sich vor diesem Hintergrund der lyrische Umgang mit tradierten Symbolen des Christentums ausnimmt. Abschließend ist noch einmal auf die Frage nach der Rolle des Pietismus für Novalis und diese Lieder im besonderen einzugehen.

5. 1. Symbolisieren als Grundstruktur der »Geistlichen Lieder«

Es mag dichterisch gesinnten Gemütern wie ein Sakrileg vorkommen, aber das geistliche Lied Nr. XV, das berühmte kleine Marienlied, ist über seine poetischen Qualitäten hinaus vielleicht derjenige Text Hardenbergs, der am umstandslosesten einer symboltheoretischen Interpretation zugänglich ist. Anstelle der Frage der Rolle der Marienverehrung, die uns weiter unten noch beschäftigen wird, ist hier dieser theoretische Subtext zu eruieren, welcher höchst wichtige symboltheoretische Gedanken von Novalis enthält. Das Gedicht beginnt:

> »Ich sehe dich in tausend Bildern,
> Maria, lieblich ausgedrückt.«

Der Akt des Sehens richtet sich zunächst bloß auf Gegenstände der Erfahrung. Ist ein solcher Gegenstand ein Bild, so kommt es zu jener dem Bild an sich eigenen Doppelstruktur, dass man nämlich vermittelst des Bildes das darin Abgebildete sieht. In diesem speziellen Fall ist wichtig, dass das Abgebildete nur im Bild sichtbar ist, da Maria, die Mutter Jesu, von einem lyrischen Ich des Jahres 1800 nicht mehr *in persona* angeschaut werden kann. Zwischen Bild und Abgebildetem besteht eine Ausdrucksrelation, die bereits einen Akt der Einbildungskraft voraussetzt: Denkt man beispielsweise an ein Ölbild, so hebt sich aus den verschiedenen Farbschichten das Sujet des Bildes heraus, das als eine Einheit wahrgenommen wird, in diesem Fall: Maria. Es ist eine interessante Frage, inwieweit diese Relation durch kulturelles Wissen mitbestimmt ist. Wo beispielsweise die Jesusgeschichte gar nicht bekannt ist, kann es nicht zur Eindruckseinheit »Maria« kommen.[133] Doch können wohl andere Einheiten an die Stelle treten, wie etwa »eine Mutter mit einem Kind« oder »eine schöne Frau«. Weit wichtiger als diese Frage ist ein prinzipieller Umstand: In der Einheitswahrnehmung wird einerseits von den speziellen Ausgestaltungen des konkreten Bildes abstrahiert, insofern auf dem Bild wohl noch zahlreiche andere Elemente zu sehen sein mögen. Ande-

---

Gewand dieser Lieder lediglich eine Art Tarnung, um der christlichen Gemeinde den Übergang in die fortschrittlichere romantische Religion zu erleichtern.

[133] Dies soll sich in kunsthistorischen und literaturwissenschaftlichen Seminaren, etwas gehäuft in Ostdeutschland, in den letzten Jahren immer mehr als Problem gezeigt haben.

rerseits gehen diese Bildelemente in den Aufbau der Ausdrucksrelation auf eine vorthematische Weise mit ein, indem Arrangement, Farbgebung und anderes die Bildwahrnehmung bereits steuern, bevor man sich diskursiv über diese Elemente Rechenschaft geben könnte.

Die Ausdrucksrelation wird allererst hergestellt und liegt noch nicht in dem Bild als solchen: »*Ich* sehe dich«. Darüber hinaus wird sie von Novalis auf eine bestimmte Weise qualifiziert. Die Ausdrucksrelation ist nicht nur ein vom Ich gestifteter Sachverhalt, sondern ein werthaftes Phänomen: Maria ist in den Bildern »lieblich« ausgedrückt. Vermutlich werden nicht alle Bilder, die es geben kann, als werthaft erfahren. Im sinnhaften Aubau von Bildwelten aber liegt genau diese Struktur vor.

Nicht nur der Fortgang des Gedichtes, sondern auch schon bereits das Wort »tausend« in der ersten Zeile macht allerdings klar, dass wir uns hier noch auf einer vorläufigen Ebene befinden: Es gibt viele, beliebig viele schöne Marienbilder, die sich für das lyrische Ich durch nichts voreinander auszeichnen.

> »Doch keins von allen kann dich schildern,
> Wie meine Seele dich erblickt.«

Da Novalis »keins von allen« schreibt, ist das angedeutete Überbietungsverhältnis prinzipieller, nicht bloß kontingenter Natur. Das Organ des »Erblickens« sind in den ersten Zeilen die Augen gewesen; hier spricht das lyrische Ich nun metaphorisch von einem Sehen der Seele. Hier stehen wir vor der eigentlichen Leistung der Einbildungskraft, welche in freier Weise das innere Bild entwirft, das den äußeren Bildern überlegen ist. Sehr aufschlussreich ist an dieser Stelle der Begriff des »Schilderns«: Eine Schilderung ist ja eigentlich das diskursive Nacherzählen eines Bildes oder einer Begebenheit. Das innere Bild steht zum äußeren in demselben Verhältnis wie ein äußeres Bild zu seiner Schilderung, das innere Bild ist bildlicher als das äußere, und zwar im Sinne eines Stufungsverhältnisses: Die Ausdrucksrelation des äußeren Bildes wird ihrerseits zum inneren Bild, und dessen Eindruckseinheit ist wiederum das, was die Seele erblickt.

Hier stellt sich die Frage, ob damit nicht in unzulässiger Weise das Erblicken der Seele an äußere Medien gekoppelt wird. Diese Frage kann verneint werden. Dafür spricht bereits der Umstand, dass ein Verhältnis der Überbietung überhaupt nur mit Bezug auf ein äußeres Bild ausgesagt werden kann. Vor allem aber gibt es kein inneres Bild ohne die Transzendierung eines äußeren Mediums, an welches das innere Bilden also rückbezogen bleibt. Dies Medium muss nicht unbedingt ein Bild sein, man kann auch an andere Vorlagen denken, wie etwa an eine Erzählung. Novalis selbst hat in seiner Jugend die lukanische Frühgeschichte in ein dichterisches Epos umgesetzt.[134] Auch dort wurde gleichsam ein inneres Bild von Maria erzeugt, welches sich als Medium des ersten Kapitels des

---

[134] N VI.1, 234–238.

Lukas-Evangeliums bediente. Die Einbildungskraft ist also nicht frei in der Weise, dass sie ohne irgendeinen äußeren Anhaltspunkt Gestalten erschafft, sondern dass sie eine gegebene Anschauung bildlich transzendiert und dadurch allererst zum Medium eines Bildes höherer Ordnung macht.

Ein kurzer Seitenblick auf die literarische Anregung, die Novalis hier höchstwahrscheinlich aufgenommen hat, mag dies verdeutlichen. Es handelt sich um den Aufsatz »Raffaels Erscheinung« von Wilhelm Heinrich Wackenroder,[135] in dem dieser über den Schaffensprozess des Malers Raffael beim Malen eines Madonnenbildes phantasiert. Raffael hat die Arbeit bereits begonnen, bleibt aber unzufrieden. Des Nachts fällt ein Lichtstrahl auf das unfertige Bild, und mit einem Mal sieht Raffael das vollendete Bild vor dem inneren Auge. Seiner Meisterschaft gelingt es, das Bild entsprechend auszuführen. Diese Begebenheit erzählt Wackenroder als Auslegung des – wohl authentischen – Ausspruchs Raffaels: »Ich halte mich an ein gewisses Bild im Geist, welches in meine Seele kommt.«[136] Dieser Ausspruch dient nach Meinung Wackenroders als Beweis für eine Inspirationstheorie der Kunst: Man muss sie als eine göttliche Eingebung verstehen. Der große Künstler zeichnet sich dadurch aus, dass er das innere Bild im Werk niederlegt, wobei man davon ausgehen darf, dass Raffael sowohl die biblischen als auch die kirchlichen Marientexte bekannt waren und er wohl auch bereits Maria in tausend Bildern lieblich ausgedrückt gesehen hat. Novalis verallgemeinert diese Beschreibung und gibt ihr dadurch eine neue Pointe: Alle Bilder, selbst die der größten Meister, bleiben in der Ausführung notwendig hinter dem Bild der Seele zurück, wobei sie dieses aber zugleich vor dem inneren Auge des Betrachters evozieren. Dies innere Bild, zu dem alle äußeren nur als Medien zu stehen kommen, empfängt bereits die fromme Seele bloß als solche.

Der Status dessen, was die Seele erblickt, kann indes noch etwas genauer erläutert werden. Dazu dient die zweite Strophe des Marienliedes:

> »Ich weiß nur, daß der Welt Getümmel
> Seitdem mir wie ein Traum verweht,
> Und ein unnennbar süßer Himmel
> Mir ewig im Gemüthe steht.«

Die Einleitung »Ich weiß nur, daß« verweist auf eine dichterische Ellipse, denn sie ist nur verständlich als Gegenstück zu einem Satz, der mit »Ich weiß nicht« beginnt: Statt etwas, das das lyrische Ich nicht weiß, weiß es nur das, was dann gesagt wird. Was ist es, das hier dichterisch ausgelassen wird, das also nicht gewusst wird? Es ist das innere Bild, von dem in der zweiten Strophe gar nicht mehr die Rede. Es bietet sich deshalb die Vemutung an, dass das, ›was die Seele

---

[135] Vgl. MARGOT SEIDEL, aaO., 142-156.

[136] WILHELM HEINRICH WACKENRODER / LUDWIG TIECK, Herzensergießungen eines kunstliebenden Klosterbruders (1797), Stuttgart 1979, 11.

erblickt‹, nach Novalis nicht einmal für das lyrische Ich selbst den Status eines Wissens hat. Was hier korreliert wird, ist die Eindruckseinheit eines äußeren Mediums mit dem, was die Seele erblickt. Es sind also zwei Erzeugnisse der Einbildungskraft, die in Beziehung stehen. Diese Beziehung hat erkenntnislogisch den Status eines Nicht-Wissens. Aber das ist eben nicht alles, was dazu zu sagen wäre. Etwas weiß das lyrische Ich eben doch, nämlich die Sinnkonstruktion, die dieser Beziehung entspringt:»Seitdem« dieses Bild gegeben oder erzeugt wurde, hat sich etwas geändert. Diese Änderung, die im Bereich der Selbstdeutung angesiedelt ist, kann als Wissen bezeichnet werden, insofern sie für das lyrische Ich von einem persönlichen Gewißheitseffekt begleitet ist. Aber dieses Wissen ist keins der gegenständlich-theoretischen Art. Der jener Relation entspringende Sinn kann nur mit metaphorischen Ausdrücken umschrieben werden. Alle vermeintliche begriffliche Umschreibung, wie etwa ›Ruhe des Gewissens‹, ›religiöse Erfüllung‹ oder was sonst möglich wäre, stellen gegenüber dem Text der Strophe selbst keine echte Bestimmungszunahme dar, sondern sind bei Lichte besehen genau so bildlich wie dieser selbst.

Trotzdem kann die Auslegung jenes Sinns doch metaphorisch ein Wissen heißen, da es eben auch so etwas wie eine bildliche Bestimmtheit gibt. Das zeigt sich an dem Phänomen, dass die Wahl der gleichnishaften Umschreibung des Zustandes ganz und gar nicht beliebig ist, sondern als mehr oder weniger angemessen empfunden wird. Aber diese bildliche Bestimmtheit wird auch erst zum Problem, wenn das innere Bild kommuniziert werden will oder soll. Wird das innere Bild geschildert, so muss man hierfür auf metaphorische Ausdrücke zurückgreifen. Genau deshalb ist die ästhetische oder religiöse Kontemplation gegenüber ihren sprachlichen Ausdrücken etwas Vorgängiges und Unabhängiges.

Durch den sprachlichen Ausdruck einer solchen Sinnrelation im Gedicht konkurriert nun das lyrische Ich mit der Maria im Gemüt der Leserin und des Lesers um die Stelle im inneren Bild. Denn das Medium des Gedichts erzeugt die Eindruckseinheit eines Menschen in der Kontemplation. Diese kann nun ihrerseits zum Medium eines zweiten Sinns werden, und als Vermittlung zu etwas fungieren, das nur die Seele erblickt.

Unsere Interpretation hat sich dieses Liedes besonders angenommen, weil sich der zugrundeliegende Gedankengang aus diesem Text mit einem nur kurzen Anfahrtsweg erheben ließ. Es ließe sich aber zeigen, dass auch die anderen Lieder mit ähnlichen Figuren arbeiten. Besonders die visuellen Metaphern, auf die wir hier großen Wert legten, ziehen sich wie ein roter Faden durch die Gedichte. Der Glaube schaut den Himmel an (I.5), die Erlösten sehen den Himmel offen (I.7), die Menschen sollen sich die milden Blicke Christi tief in die Seele gehen lassen (II.4) und sich sein Antlitz einprägen (II.5), sein Leiden betrachten (VIII.2), auch Maria wird noch in einem anderen Lied erblickt (XIV.1). Die Liste ließe sich unschwer verlängern. Stets gilt die Generalüberschrift des kleinen Marienliedes, dass nichts all das Geschaute so schildern kann, wie es die Seele erblickt – genau deswegen braucht es das ästhetische und religiöse Symbol, wie umgekehrt die Seelenschau auf die ästhetische Mediatisierung und Symbolisierung angewiesen ist.

5.2. Drei zentrale Symbole: Sünde, Erlösung, Maria

Die christliche Gesangbuchdichtung hat stets überkommene Themen- und Symbolwelten auf je neue Weise zu bearbeiten gesucht, und Novalis macht hierbei keine Ausnahme. Seinem symboltheoretischen Gesamtansatz zufolge wird sich erwarten lassen, dass bestimmte Themen in den Vordergrund gerückt, und dass diese auch eine verändernde Behandlung erfahren werden. Die »Geistlichen Lieder« tragen in ihrer jetzigen Fassung keine Überschriften, was Novalis ursprünglich anders geplant hatte. So stand über der Handschrift des ersten Liedes der Titel »Mit ihm und ohne ihn« (N I, 609). In gewisser Weise könnte diese Überschrift über viele dieser Lieder zu stehen kommen. Denn der Umschwung der Schrecken eines Lebens ohne Christus zu den Freuden eines Daseins mit ihm ist ein immer wiederkehrendes Thema. Eine ähnliche Struktur hatte ja auch schon das bereits interpretierte Lied Nr. XV gezeigt: Der heilvolle Zustand ist da, »seitdem« das innere Bild der Maria geschaut wurde. Traditionell gesprochen, stehen also die Themen Sünde und Erlösung inhaltlich im Vordergrund der Lieder. Ihnen wollen wir uns zunächst zuwenden, um danach nach auf das Bild der Maria einzugehen.

1. In den letzten Aufzeichnungen von Novalis finden sich zwei Entwürfe eines Sündenbegriffs. Der spätere ist inspiriert durch eine intensive Lektüre von Fichtes »Sittenlehre«, an die Novalis sich vorbehaltlos anschließt: »In Fichtens Moral sind die richtigsten Ansichten der Moral.« (WTB II, 840 / N III, 685.) Sie nimmt ihren Ausgangspunkt bei dem Faktum des Willens,[137] der als das eigentliche Wesen des Menschen angenommen wird. Das Wollen ist immer zweckgerichtet, und doch muss um der Allgemeinheit dessen, was der Wille wollen kann, der Wille zunächst und vor allem, worauf er sich konkret richten kann, als reine Selbstbestimmung des vernünftigen Wesens gedacht werden.[138] Insofern der Wille durch das Ich selbst dem Sittengesetz gemäß bestimmt ist, nennt ihn Novalis in freier Aneignung einen reinen sittlichen Willen. Spricht man nun in religiöser Sprache auch von einem Willen Gottes, so kann man zwischen beiden Größen keinen Unterschied feststellen: »Unser reiner sittlicher Wille ist Gottes Willen.« (WTB II, 838 / N III, 684) Novalis geht in dieser Konzeption von

---

[137] »Ich finde mich selbst, als mich selbst, nur wollend.« (JOHANN GOTTLIEB FICHTE, Das System der Sittenlehre (1798), § 1, SW IV, 18.

[138] Vgl. zu den Eingangsparagraphen der Sittenlehre die Darstellung von BJÖRN PECINA, Liebe des Seins, Diss. theol., Halle 2003, 87-105.

einer tiefen Wahlverwandtschaft eines ethischen Christentums mit der Philosophie Fichtes aus. Der Sündenbegriff ist dem zugeordnet als ein Missverhältnis des Eigenwillens zum reinen sittlichen Willen. In diesem Sinne gilt: »Die Sünde ist allerdings das eigentliche Übel in der Welt. Alles Ungemach kommt von ihr her.« (WTB II, 838f/ N III, 684) Novalis lässt diesen Gedankengang in dem Satz gipfeln: »Ohne dies Verständniß kann man sich Xsti Verdienst nicht zu eigen machen.« (Ebd.) Diese Gewissenslehre wird für den zweiten Teil des »Heinrich von Ofterdingen«, so viel davon erhalten ist, bestimmend.

Es ist aber wichtig zu sehen, dass diese Konzeption nicht die der »Geistlichen Lieder«, des früheren Entwurfs, ist. Die Sündenlehre dieser Texte, wenn man von einer solchen sprechen möchte, ist ganz an einem nichtmoralischen Ansatz orientiert.[139] Wir wollen das Lied Nr. I als das einzige, in dem der Ausdruck »Sünde« selber fällt, als Ausgangspunkt nehmen. Das Lied ist zweigeteilt, dieselbe Struktur »Ohne ihn – mit ihm« wird zwei Mal ausgefüllt, zuerst vom Standpunkt des Individuums (Str. 1-4), dann vom Standpunkt der Gemeinde aus (Str. 6-9). Die Strophen 5 und 10 sind jeweils gleichsam doxologische Abschlüsse des vorigen Gedankengangs.

Der Zustand vor oder außer Christus wird zunächst beschrieben als ein Geängstigtsein und eine Hoffnungslosigkeit in Bezug auf die Zukunft. Das Erleben der Ruhlosigkeit führt zu einer vergeblichen Suche nach Erfüllung durch endliche Dinge, die nur zu einem Gefühl des Leergelassenseins führt. Novalis kann diesen Zustand bündig so zusammenfassen:

»Wer hielte ohne Freund im Himmel,
Wer hielte da auf Erden aus?«

In den entsprechenden Strophen des zweiten Abschnitts wechselt Novalis dann zum »wir« über. Er beginnt mit dem Worten:

»Ein alter schwerer Wahn von Sünde
War fest an unser Herz gebannt.«

Die Deutung dieser Passage ist in der Forschung sehr umstritten.[140] Folgt aus der Sünde ein Wahn des Menschen, oder besteht sie selbst in einem Wahn? Diese zweite Auffassung scheint einigen Interpretationen ein Anschlag auf die Wirklichkeitsnähe des alten christlichen Sündenbegriffs.[141] Dies ist aber lediglich eine positionelle Sicht der Dinge, die sich mit dem Text nicht ohne weiteres decken lässt. Zum ersten, der altevangelische Sündenbegriff macht eine ontologische Aussage über den Menschen und seine Sündenverfallenheit, Novalis aber meidet alle seinsmäßige Redeweise:

---

[139] MARGOT SEIDEL, Novalis' *geistliche Lieder*, Frankfurt 1983, 245-250, vermengt beide Konzeptionen.

[140] Vgl. den Überblick bei HERBERT UERLINGS, aaO., 255.

[141] Vgl. MARGOT SEIDEL, aaO., 247.

>»Ein jedes Werk schien uns Verbrechen,
Der Mensch ein Götterfeind zu seyn,
Und schien der Himmel uns zu sprechen,
So sprach er nur von Tod und Pein.«

Novalis bedient sich hier zwar gewisser traditioneller Sprachelemente, doch der zweimalige Hinweis: es »schien« so zu sein, macht deutlich genug, dass das Wesen der Sünde tatsächlich in einem Wahn besteht, und zwar aus der Perspektive der Erlösten in einem Irrtum über die Stellung des Menschen und das Verhältnis Gottes zu ihm. Zum zweiten, die alte Sündenlehre ist eng verknüpft mit der Vorstellung des Zorns Gottes. Diese Vorstellung fällt aber bei Novalis gänzlich aus. Zwar greift er auch hier wieder entsprechende Bildkreise auf:

>»Furcht vor des Todes Richterschwerdte
Verschlang der Hoffnung Ueberrest.«

Aber hier ist eben nicht gesagt, dass diese Furcht begründet ist, sondern auch sie steht im Kontext des »scheinen«. Die Sünde hat ihre lebensweltlich-affektive Erscheinung in einem verfinsterten Herzen, das von einer Ruhe- und Sinnlosigkeit zur anderen getrieben wird. Es deutet sich hier bei Novalis bereits jener Umschwung an, den Paul Tillich für den Übergang von der mittelalterlich-reformatorischen Frömmigkeit zur modernen namhaft gemacht wird, dass die menschliche Differenzerfahrung, die unter dem Titel der »Sünde« reflektiert wird, sich nicht mehr an Fragen der Schuld, sondern der Sinnlosigkeit entzündet.[142]

Die hier erarbeitete Grundstruktur lässt sich ohne Schwierigkeit auch in anderen Liedern wiederfinden: Zukunftsangst, Einsamkeit und Verschlossenheit gegen andere sind Basisphänomene, die immer wieder anklingen.[143] In dieser Auffassung artikuliert sich also gerade Kritik an einem ontologischen Sündenbegriff, der bewusst auf eine lebensweltliche Ausweisbarkeit verzichtet.[144] Dies wird noch genauer erläutert werden können, wenn das Gegenstück, der Gedanke der Erlösung, dargestellt ist.

2. Wir gehen zu diesem Zweck erneut zu dem Lied Nr. I. zurück. Der Vorgang der Erlösung wird beschrieben als ein innerliches Sich-der-Seele-Kund-

---

[142] PAUL TILLICH, Systematische Theologie, Bd. 1, Stuttgart 1956, 61: »Es ist keine Übertreibung, wenn man sagt, der heutige Mensch erfahre seine Situation als Zerrissenheit und Zwiespalt, Selbstzerstörung, Sinnlosigkeit und Verzweiflung in allen Lebensbereichen. [...] Die Frage, die aus dieser Erfahrung sich erhebt, ist nicht wie in der Reformation die Frage nach dem gnädigen Gott und der Vergebung der Sünden«.

[143] »Die Zukunft liegt in öder Dürre / Entsetzlich lang und bang vor ihm – / Er schweift umher, allein und irre, / Und sucht sich selbst mit Ungestüm« (III.4); vgl. auch IV.3.; X.1-4; XI.2-4; XIII.1.

[144] Der materialdogmatische Sinn einer solchen Kritik ist, die genannten Phänomene allererst in ihrem religiösen Sinn begreiflich zu machen und damit theologisch einzuholen; in der Annahme, damit angemessener über die Sünde zu sprechen als in den alten Schemata von Adams Fall und der Weitergabe der Verderbnis von Geschlecht zu Geschlecht.

geben Christi (Zeile 17). Vergleichbare Metaphern aus den anderen Liedern sind ein ›Vernehmen‹ Jesu (III.7), ein ›Erfahren im Herzen‹ (IV.1), ein ›Sich-Auftun des Inneren‹ (IV.3), ein ›Sich-Herüberneigen‹ Gottes (XIII.2). Dieser Vorgang bewirkt eine völlig veränderte Perspektive, die von Novalis zunächst recht global ausgesagt wird:

> »Hat Christus sich mir kundgegeben,
> Und bin ich seiner erst gewiß,
> Wie schnell verzehrt ein lichtes Leben
> Die bodenlose Finsterniß.«

Diese Generalperspektive lässt sich in dreierlei Hinsicht entfalten. Zunächst stellt sie ein neues Verhältnis des Menschen zu sich selbst und seiner persönlichen Lebensgeschichte bereit:

> »Mit ihm bin ich erst Mensch geworden;
> Das Schicksal wird verklärt durch ihn«.

Die Erlösung zieht ferner ein verändertes Weltverhältnis nach sich; die Welt ist nun nicht mehr der Ort der Entfremdung, sondern wird zur Welt Gottes, eine Stätte der überfließenden Entfaltungsmöglichkeiten, wie Novalis in teilweise gar erotischen Metaphern mitzuteilen weiß:

> »Das Leben wird zur Liebesstunde,
> Die ganze Welt sprüht Lieb und Lust.
> Ein heilend Kraut wächst jeder Wunde,
> Und frey und voll klopft jede Brust.«

Deutlich zeigt sich hier, dass Novalis der Vorstellung der Welt als Jammertal gänzlich abhold ist. Auch hier artikuliert sich ein gegenüber dem Altprotestantismus signifikant geändertes Weltempfinden.[145] Drittens schließlich läßt sich die Erlösung als neues Gottesverhältnis auslegen. Das Erleben nach dem Kommen des Herrn, der im Innern ein »Feuer [. . .] angefacht« (Zeile 59f.) hat, bedeutet in dieser Hinsicht:

> »Nun sahn wir erst den Himmel offen
> Als unser altes Vaterland,
> Wir konnten glauben nun und hoffen,
> Und fühlten uns mit Gott verwandt.«

Das menschliche Leben hat seine ursprüngliche Herkunft aus Gott, und der Glaube ermöglicht, diese Sichtweise wieder einzunehmen. Die Sünde bestand gerade darin, sie zu verdunkeln und unmöglich zu machen. Die geschehene Erlösung zeigt den eigentlichen Zustand der Verwandtschaft des Menschen mit Gott wieder an. Novalis geht in diesen Liedern davon aus, dass die Sünde mit der Erlösung tatsächlich auch beseitigt ist:

---

[145] Vgl. dazu auch das Lied V, Strophe 4: »Wenn ich ihn nur habe, / Hab' ich auch die Welt.«

»Seitdem verschwand bey uns die Sünde,
Und fröhlich wurde jeder Schritt«.

Die traditionelle lutherische Anschauung, dass der Mensch auch nach der Erlösung »Gerechter und Sünder zugleich« (*simul peccator et iustus*) sei und bleibe, hat Novalis offensichtlich nicht nachvollzogen. Ja, man kann sogar sagen, dass er überhaupt der Ansicht ist, dass der Protestantismus einer gewissen Überschätzung des Sündengedankens frönt. In den Studienaufzeichnungen zur Zeit der »Geistlichen Lieder« findet sich dazu einiges Material. In seinen Randbemerkungen zu Friedrich Schlegels »Ideen«, der dort behauptet (Ath. Bd. 3, 15), die Sünde sei die »eigentliche Centralanschauung des Christenthums«, notiert sich Novalis; »Sollte nicht die Sünde nur das Nichtich des Xstenthums – oder vielleicht gar nur *annihilando* durch das Xstenthum gesezt werden?« (WTB II, 725 / N III, 491) Das Christentum ›setzt‹ zwar die Sünde, aber nur als etwas, das bereits im Begriff ist überwunden zu werden. Ein permanentes Behaften des Menschen bei seiner Sünde widerspricht nicht nur dem Gefühl der Erlösten, sondern unterschreitet auch die Reichweite der Erlösung selbst: »Die Vernichtung der Sünde – dieser alten Last der Menschheit – und alles Glaubens an Buße und Sühnung ist durch die Offenbarung des Xstenthums eigentlich bewürckt worden.« (WTB II, 760 / N III, 563) Mit dieser Neuwertung der Sündenidee geht also auch die Ablehnung des Bußgedankens einher: Sie widersprechen eigentlich dem Geist des Christentums, zumindest wenn man die Buße wie die Reformation als die vollständige Zerknirschung des Herzens versteht.[146] Konsequenterweise findet sich in den »Geistlichen Liedern« auch keinerlei Anspielung auf die Buße in diesem Sinne.

Versucht man eine theologiegeschichtliche Einordnung dieser Ideen, so kann man zwei Aspekte unterscheiden. Zum einen ist diese Konzeption nicht denkbar ohne die Relativierung des Erbsündengedankens in der Aufklärungstheologie. Johann Joachim Spalding, der »bedeutendste«[147] unter der Neologen, fasst zusammen, was diese kirchliche und theologische Richtung im Allgemeinen dachte: Die Lehre von der Erbsünde und der vollkommenen Unfähigkeit des natürlichen Menschen zum Guten ist nicht nur unbiblisch, sondern auch noch kontraproduktiv: Sie möchte zwar diejenige »Demüthigung« erzielen, »ohne welche keine wahre Umkehrung zu Gott, kein Gefühl unserer gänzlichen Abhängigkeit von seiner Gnade, keine gründliche Besserung des Herzens möglich ist.«[148] Aber das gelingt ihr nicht, weil sie als eine rein theoretische und sogar

---

[146] Novalis kritisiert folgerichtig auch die Liturgie: »Das Lamentable unserer Kirchenmusik ist blos der Religion der Buße [...] angemessen« (WTB II, 763 / N III, 567). Zu Luthers Bußbegriff vgl. Ulrich Barth, Die Entdeckung der Subjektivität des Glaubens. In: ders., Aufgeklärter Protestantismus, Tübingen 2004, 27-51, hier 29-34.

[147] Emanuel Hirsch, Geschichte der neuern evangelischen Theologie, Bd. 4, Gütersloh ³1964, 15.

[148] Johann J. Spalding, Von der Nutzbarkeit des Predigtamtes (²1773), Tübingen 2003, 171.

in sich widersprüchliche Lehre keinen Einfluss auf das innere Affektleben hat. Das angestrebte Gefühl kann nur von dem Bewusstsein einer konkreten Verfehlung hervorgebracht werden, »und lediglich von demselben entspringet diese Wirkung«.[149] Nur auf diese Weise kann sich der Mensch auch als ethische Humanität selbst ernst nehmen.[150] Johann Gottfried Herder hat dann ähnlich gegen die philosophische Umformung der Erbsündenlehre bei Immanuel Kant argumentiert: »Darf ich aber bekennen, daß ich der Hypothese von einer radikalen bösen Grundkraft im menschlichen Gemüt und Willen durchaus nichts Gutes abgewinnen kann? Ich lasse sie jedem Liebhaber; meinem Verstande bringt sie kein Licht, meinem Herzen keine freudige Regung.«[151] Es handelt sich bei ihr bestenfalls um ein Stück Philosophenmathematik, die aber weit hinter dem, was sie will, zurückbleibt: Aufklärung des Verstandes und Verbesserung des Herzens sind von ihr nicht zu erwarten. Was den zweiten Aspekt betrifft, so geht Novalis aber mit seiner Konzeption noch weit über die Aufklärung hinaus. Unter seinen Zeitgenossen passt die Konzeption allein zu dem Entwurf des späten Fichte: In seiner »Anweisung zu seeligen Leben« (1806) vertritt dieser den Standpunkt, dass derjenige, der wahrhaft in der Religion der Liebe lebt, keine Sünde mehr kennt, nicht mehr von ihr betriffen ist, und noch mehr: Sie »hebt uns weit weg über die Möglichkeit zu sündigen.«[152] Novalis nimmt diesen Standpunkt gleichsam vorweg: »Dem ächt Religiösen ist nichts *Sünde*.« (WTB II, 786 / N III, 589) Die einmal geschehene Erlösung nimmt die Gläubigen gänzlich aus der Sünde heraus.

Es stellt sich die Frage, ob die eben entwickelten Gedankengänge über Sünde und Erlösung mit dem zusammenstimmen, was im vorigen Teilabschnitt aus dem Lied Nr. XV als hermeneutischer Schlüssel gefunden wurde. Diese Frage kann rundheraus bejaht werden. Man darf annehmen, dass dem lyrischen Ich die Geschichten von Jesus sowie traditionelle dogmatische Festlegungen bereits bekannt waren. Es bedarf also eines zusätzlichen Moments, das über diese Äußerlichkeiten hinausführt. Die entsprechenden Metaphern sind am Beginn dieses Punktes bereits genannt worden. Doch ganz gleich, ob diese Vermittlung worthaft gedacht wird, nach Art eines Teilhabeverhältnisses[153] oder einer inneren Offenbarung: Stets ist es ein *Bild* von Jesus, das dem erlösten Ich zuteil

---

[149] AaO., 173.

[150] Zum theologischen Ansatz der Aufklärungstheologie vgl. ANDREAS KUBIK, Praktisches Christentum. In: Arnulf v. Scheliha et al. (Hg.): Protestantismus zwischen Aufklärung und Moderne, Frankfurt a. M. 2005, 30–41.

[151] JOHANN GOTTFRIED HERDER, Briefe zur Beförderung der Humanität, 123. Brief. Ich verdanke den Hinweis auf diese Stelle dem Herder-Forscher Claas Cordemann.

[152] JOHANN GOTTLIEB FICHTE, Die Anweisung zu seeligen Leben, 6. Vortrag, SW V, 491. Zu dieser Schrift vgl. BJÖRN PECINA, aaO., 302–343.

[153] Vgl. Lied V.1: »Wenn ich ihn nur habe, / Wenn er mein nur ist, / [. . .] Weiß ich nichts von Leide, / Fühle nichts als Andacht, Lieb' und Freude.«

wird und das dichterisch ausgestaltet wird. Die Gedichte transportieren keine Lehrformeln, sondern innerliche Anschauungen Christi. Was Novalis hier entwirft, ist keine Christologie, sondern eine implizite Theologie des Jesusbildes. Dies ist sowohl theologisch wie auch frömmigkeitsgeschichtlich ein wirklicher Umschwung.

Fragen wir abschließend danach, wie dieses Bild beschaffen ist: Gelegentlich zeichnet Novalis eine kosmische Christophanie, bei der die ganze Natur den Herrn erwartet (Lied XII).[154] Das bei weitem häufigere Bild ist aber das des innerlich der Seele gegenwärtigen Auferstandenen:

> »Ich sag' es jedem, daß er lebt
> Und auferstanden ist,
> Daß er in unsrer Mitte schwebt
> Und ewig bei uns ist.« (IX.1)[155]

Die Auferstehung ist nichts anderes als die gegenwärtige innere Begegnung mit dem Erlöser, und der Glaube an sie keineswegs an Fragen der Wiederbelebung des Leichnams Jesu orientiert. Nicht von ungefähr verwendet Novalis hier den Begriff des »Schwebens«, der in der idealistischen Diktion das Oszillieren zwischen Endlichkeit und Unendlichkeit meint. Jesus wird gezeichnet als der, der im Inneren die Hemmungen des religiösen Lebens hinwegnimmt.

> »Da kam ein Heiland, ein Befreyer,
> Ein Menschensohn, voll Lieb' und Macht;
> Und hat ein allbelebend Feuer
> In unserm Innern angefacht.« (I.8)

Dabei kann sich Novalis zur Ausmalung dieser Zeichnung unterschiedlicher Mittel bedienen; auch umstrittene Theologoumena wie die Zwei-Naturen-Lehre[156] oder die Inkarnation[157] können herangezogen werden. Sie haben aber nicht mehr die Funktion, die Erlösung durch Christus dogmatisch auszusagen, sondern dienen als Komponenten des Symbols, weil sie aufgrund ihrer großen Bildhaftigkeit dazu geeignet sind. Gleiches gilt für die Passion: Zwar greift Novalis die Formel »für uns gestorben« gelegentlich auf.[158] Aber eine Darlegung, zu welchem Zweck dieser Tod nötig sei, erfolgt nirgends: Auch der Tod Jesu gehört schlicht mit zu den Komponenten, aus welchen sich die Eindruckseinheit seines Bildes zusammensetzt.[159]

---

[154] Auf diesen Punkt hat besonders IRMTRUD VON MINNIGERODE, Die Christusanschauung von Novalis, Berlin 1941, Wert gelegt.

[155] Nach MARTIN DOERNE, Protestantische Humanität, Göttingen 1969, bietet dieses Lied – am Rande gesagt – den besten Schlüssel »zu Schleiermachers Christusverständnis und zugleich zu den Grundmotiven seines Kirchen- und Gemeindegedankens« (21).

[156] »Unser ist sie nun geworden, / Gottheit, die uns oft erschreckt« (II.6).

[157] »Ein Gott für uns, ein Kind für sich / Liebt er uns all' herzinniglich« (XII.11).

[158] Vgl. III.6f.; IV.1; VIII.2.

[159] Auf die Nähe dieses Jesusbildes zur Christologie Schleiermachers hat besonders EMANUEL

3.) Vor nicht geringe Schwierigkeiten hat die Auslegung immer wieder die Anrufung von Maria, der Mutter Jesu in den »Geistlichen Liedern« und darüber hinaus gestellt. Um eine kontrollierte These zu erzielen, sei zunächst der Bezug auf Maria im Gesamtwerk bedacht. Im Frühwerk findet sich, wie bereits erwähnt, ein dichterisches Epos, das sich an das erste Kapitel des Lukas-Evangeliums anlehnt. Mittlere Texte sprechen recht unbefangen, aber sehr sachlich in verschiedenen Kontexten von der »Madonna«.[160] Erst die späten Gedichte und Romane zeigen eine persönliche Verehrung und gar Anrufung der ›Mutter Gottes‹ – ein Zug, zu dem es übrigens in den Studienheften keinerlei Parallele gibt. Fragt man zunächst nach biographischen Daten, die diesen Umschwung motivieren könnten, so lassen sich eine ganze Reihe aufzählen. Sehr bedeutend ist sicherlich der gemeinsame Besuch der romantischen Freunde in der Dresdener Gemäldegalerie und Antikensammlung Ende August 1798. Unter anderem war dort Raffaels Sixtinische Madonna ausgestellt. Dieser Besuch veranlasste Novalis zu »Studien über die bildende Kunst«, in denen sich der für das oben interpretierte Marienlied so wichtige Spruch findet: »Die Einbildungskraft ist der wunderbare Sinn, der uns alle Sinne *ersetzen* kann« (WTB II, 423 / N II, 650), wenn auch eine direkte Verknüpfung der Theorie der Einbildungskraft mit Reflexionen über die »Madonna« (420 / 648) noch fehlt. Wichtiger aber noch als der Besuch selbst war vielleicht sein Niederschlag in Texten: Nicht nur Wackenroder hatte sich schon früher – wie oben dargelegt – von Raffael zu dichterischer Bearbeitung anregen lassen, sondern auch der von Novalis hoch verehrte August Wilhelm Schlegel, der den Besuch in seinem Dialog »Die Gemählde« verarbeitete.[161] Gleich in dreierlei Hinsicht ist die Raffael betreffende Passage interessant. Zum einen, nach einer ausführlichen Bildbeschreibung debattieren die drei Diskutanten Louise, Waller und Reinhold über das Verhältnis von Kunst und konfessioneller Frömmigkeit, zum zweiten sprechen sie über das Verhältnis von Malerei und Poesie, und zum dritten rezitiert Waller einige selbstgedichtete Marien-Sonette, die Raffaels Bild in ihm ausgelöst haben. In diesem Dialog findet sich Vieles von dem vorgebildet, was Novalis in seinen Marienliedern produktiv weiter verarbeitet hat. Einen dritten Hinweis auf einen Umschwung der Marienanschauung gibt ein geistliches Lied selbst: Das Lied Nr. VIII ist im Versmaß der lateinischen Dichtung »Stabat mater dolorosa« gedichtet und auch thematisch verwandt; vielleicht hat Novalis die berühmte Vertonung von Giovanni Pergolesi (1710-1736) gekannt:

Hirsch, Schleiermachers Christusglaube, Gütersloh 1968, 14-19, hingewiesen, der sich dabei vor allem auf die »Geistlichen Lieder« konzentriert. Es ist sehr merkwürdig, dass Wolfgang Sommer, Die Christologie des jungen Schleiermacher, Frankfurt 1973, der dieses Buch doch zur Kenntnis genommen hat, bei seiner Novalis-Darstellung die Lieder nicht berücksichtigt.

[160] Vgl. N II, 438f, 543, 618.

[161] August Wilhelm Schlegel, Die Gemählde. In: Athenäum, Bd. 2 (1799), 39-151, zu Raffael 124-145.

»Weinen muß ich, immer weinen;
Möcht' er einmal nur erscheinen,
Einmal nur von ferne mir.
Heilge Wehmuth! ewig währen
Meine Schmerzen, meine Zähren;
Gleich erstarren möcht' ich hier.«

Fasst man diese Überlegungen zusammen, so ergibt sich folgendes Bild: Es gibt
außer dem dichterischen Werk selbst keinen Hinweis darauf, dass Novalis zur
Maria ein persönliches religiöses Verhältnis hatte, aber zahlreiche Indizien über
Begegnungen mit Mariendarstellungen in der Kunst (Malerei, Lyrik, Musik).[162]
Dabei ist es auch und gerade katholische Kunst, die ihn anspricht, und die unter protestantischen Dichtern des späten 18. Jahrhunderts zu einem vielfältigen
dichterischen Umgang mit der Madonna führte: Novalis reiht sich hier in eine
ganze Phalanx ein, was den Wegbegleiter Henrik Steffens dazu führte, von einer
förmlichen »Modererscheinung« zu sprechen.[163]

Es dürften drei Motive sein, die Novalis schließlich dazu veranlassten, neben
dem vorherrschenden Bezug auf Jesus in den »Geistlichen Liedern« auch Maria
in das Symbolensemble aufzunehmen: Erstens, das Bild von Maria hat in der
Geschichte der Kunst oft genug bewiesen – in Statuen, Altarbildern, Gesängen
usw. –, dass es zu höchster ästhetisch-religiöser Reflexion und Produktion anregt, die zum Gemüt auch unabhängig von dessen konfessioneller Einstellung
sprechen kann. Wenn daher die These aus dem vorigen Abschnitt, dass Novalis das Beste aller Frömmigkeitstradition bewahren wollte, richtig ist, so gehört
die katholische Marienkunst sicherlich mit darunter. Zweitens, wenn es ferner
richtig ist, dass der christliche Hensymbolismus die Ergänzung durch einen Pansymbolismus aushält, so ist gerade für ein protestantisches Christentum der Bezug
auf Maria gleichsam die Probe auf's Exempel. Ironisch gesagt: Nicht nur »alles«,
sondern sogar die Jungfrau Maria kann dem christlichen Gemüt zur Vermittlerin
werden; aber natürlich zur symbolischen Vermittlerin, nicht zur ontologischen
Himmelskönigin der katholischen Mariologie. Und schließlich drittens, das Bild
der jungfräulichen Mutter ermöglicht schon durch seinen profanen Bildgehalt
allerlei Anknüpfungsmöglichkeiten für biographische Eintragungen. Gerade das
Lied Nr. XIV addiert zahlreiche zusätzliche Bedeutungsmögichkeiten, indem es
Maria zugleich als Mutter Gottes, als die eigene Mutter, und andeutungsweise
auch als Geliebte anspricht. Dabei wird – ein besonderer Kunstgriff – das gewisse
Konkurrenzverhältnis, das sich damit zwischen Jesus und Maria auftut, im Ge-

---

[162] Eventuell kannte Novalis auch einen Hauptvertreter der katholischen Barockmystik, den
Jesuiten Jakob Balde, dessen Marienlieder Herder und August Wilhelm Schlegel der protestantischen Welt anempfohlen; vgl. dazu MARGOT SEIDEL, aaO., 129.

[163] Zit. nach HERBERT UERLINGS, aaO., 261. Vgl. zum Thema ferner GERTRUD LAYER, Madonnenkult und Madonnenideal in der Romantik, Diss. masch., Tübingen 1925; zu Novalis im
Besonderen, 29-38.

dicht selbst reflektiert, wenn auch bloß stehengelassen und keiner echten Lösung zugeführt:

> »Der kleine Gott auf deinen Armen
> Wollt' des Gespielen sich erbarmen;
> Du aber hobst den hehren Blick
> Und gingst in tiefe Wolkenpracht zurück.« (XIV.3)

Die Einführung der Madonna in das Werk des Novalis verdankt sich also einer Gemengelage von Interessen: Der Wille zur Anknüpfung an die kirchliche Kunsttradition, eine gewisse Lust an der Provokation sowie die Möglichkeit zur Verarbeitung biographischer Daten – bekannt sind seine eigene starke Mutterbindung; eventuell spielt auch seine erste Braut Sophie eine Rolle – gehen Hand in Hand. Demgegenüber verbleibt die Frage, inwieweit das Marienbild von Novalis der katholischen Dogmatik entspricht, vergleichsweise äußerlich.[164]

5.3. Novalis und der Pietismus

Unser Kapitel begann mit einer ausführlichen Untersuchung der religiösen Jugendbiographie von Novalis. Sie konnte wahrscheinlich machen, dass Novalis, obwohl seine Eltern der herrnhutischen Gemeine nahestanden, doch kein eigenes inneres Verhältnis zur pietietischen Frömmigkeit besaß. Nun gelten neben dem Elternhaus gerade die »Geistlichen Lieder« als Hauptbeleg für den Pietismus des Novalis. Hier ist allerdings sofort auf die methodischen Schwierigkeiten aufmerksam zu machen, die eine solche These voraussetzt: Mit welchem Begriff von Pietismus wird gearbeitet, sind die Merkmale überhaupt für den Pietismus, den Herrnhutischen zumal, spezifisch, und wie kann man eine Übereinstimmung mit der Gedankenwelt des Novalis feststellen? Nochmals zeigt der Vergleich mit Schleiermacher, wie sehr viel schwieriger das Problem in Sachen Novalis zu handhaben ist: Wir wissen, wo und wie Schleiermacher mit der Brüdergemeine in Berührung kam, und es gibt Primärtexte wie etwa Briefe von ihm, die sich zur Sache äußern. All dies ist bei Novalis nicht gegeben. Hier hat allein die implizite Analyse weit späterer Quellen die Beweislast zu tragen.

Um den entsprechenden Nachweis zu führen, kann entweder auf den Wortschatz oder auf eine Übereinstimmung bestimmter theologischer Grundannahmen verwiesen werden. Betrachten wir nacheinander diese beiden Wege.

a) Als Gewährsmann für die pietistische Sprache des Novalis wird in der Regel August Langen mit seinem berühmten »Wortschatz des deutschen Pietismus« aufgerufen. Nun vertritt dieser in der Tat auch selbst eine entsprechende These: »Pietistischer Geist zeigt sich gehaltlich und sprachlich ferner vor allem in Hardenbergs Geistlichen Liedern.«[165] Doch bleibt der Beleg dieser These ver-

---

[164] Zu dieser Frage vgl. MARGOT SEIDEL, aaO., 128-142. Seidel bietet in der Sekundärliteratur bei weitem am meisten Vergleichsmaterial.

[165] AUGUST LANGEN, Der Wortschatz des deutschen Pietismus, Tübingen 1954, 474.

gleichsweise blass. Zum einen stößt sich dieser Satz in seiner Apodiktizität mit der methodischen Besonnenheit, die Langen in der Regel an den Tag legt, indem er sonst vorsichtiger ist und auf die verschlungenen Vermittlungskanäle der pietistischen Massensprache aufmerksam macht. Zum zweiten widerspricht sich Langen selbst, wenn er andernorts »die ältere Mystik an erster Stelle zu nennen« weiß,[166] wenn es um die Quellen der religiösen Sprache der Frühromantik geht. Und zum dritten, wohl am wichtigsten: Die Liste des Vokabulars, die Langen aus Novalis' Liedern zum Beleg seiner These zusammenstellt, ist nicht so beweiskräftig, wie er meint. Für eine ganze Reihe von Wörtern gibt er selbst keine einzige echt-pietistische Parallele an,[167] zahlreiche andere hält er selbst nicht für besonders spezifisch. So bleiben aus der zunächst scheinbar sehr beeindruckenden Reihe lediglich die Metaphern des Flüssigen und die charakteristischen Verbalbildungen mit dem Präfix »durch-« (durchdringen, durchbeben) übrig.[168]

b) Theologisch kann man schon eher einige Entsprechungen namhaft machen. Hier wäre zunächst auf die Konzentration der »Geistlichen Lieder« auf das Jesusbild zu verweisen.[169] Dieser Hinweis gewinnt zusätzlich an Gewicht, wenn man sich fragt, zu welcher Frömmigkeitstradition dieses Jesusbild passt. Gewiss ist es nicht der altevangelische Schmerzensmann und Erbarmer, der aus diesen Liedern spricht. Ebenfalls wird hier nicht der weise Volkslehrer der Aufklärung besungen. Die größte Nähe besteht zweifellos zum herrnhutischen Herzensfreund.[170] Dazu passt ferner die gewisse Entmoralisierung des Sündenbegriffs, wie sie im Herrnhutischen Pietismus gegenüber der älteren, namentlich Hallischen Richtung stattfand.

Allerdings kann man auch zu dem Gesagten eine Gegenrechnung aufmachen. Was das Jesusbild angeht, so ist zunächst auf das Zurückfahren der Passionselemente bei Novalis hinzuweisen. Ferner fehlt bei Novalis ganz die Anschauung

---

[166] AaO., 471.

[167] Dazu gehören: in sich gekehrt; kalt; sanftes Zwingen; herausgeben; süße Scham; kühle Ströme (Strom: ja, *kühle* Ströme: nein); hersenden.

[168] Die Werkausgabe verweist noch auf das zweimalige Vorkommen des Ausdrucks »Vaterland«, der ebenfalls für den Pietismus spezifisch sein soll (N I, 610). Aber die entsprechende Vorstellung ist doch bereits biblisch (Joh 14,2; 2Kor 5,8; Phil 1,23 u. ö.), und das Wort kommt außerdem ausgerechnet in einem von Novalis nachweislich gekannten, weil selbst bearbeiteten Lied vor: »O Heiland, reiß die Himmel auf«, gedichtet 1622 von dem Katholiken Friedrich Spee: »Ach, kom, führ uns mit starcker Hand / vom Elend zu dem Vatterland« (EG 7, Strophe 6). Vgl. zu Novalis' Bearbeitung dieses Lieds HERBERT UERLINGS, Spee – Schiller – Novalis. In: Eckhard Grunewald / Nikolaus Gussone (Hg.), Von Spee zu Eichendorff. Berlin 1991, 37–60.

[169] WOLFGANG SOMMER, Schleiermacher und Novalis, Frankfurt a. M. 1973, 33, geht sogar soweit:»Gerade aber Novalis hat sich im Gegensatz zu Schleiermacher hernach in seinen christologischen Anschauungen wieder ganz die überkommenen pietistischen Anschauungen zu eigen gemacht, zumal in seinen ›Geistlichen Liedern‹.« Sommer bringt für diese These aber keinen einzigen Beleg bei.

[170] Auch Novalis spricht von Jesus als dem »Freund« (I.2).

von Jesus als dem »Überwinder« der Menschen.[171] Was den Sündenbegriff angeht, so wird, wenn man von der bereits erwähnten Nähe absieht, die oben
gegebene Rekonstruktion wohl kaum jemand für herrnhutisch halten.[172]

Versuchen wir ein Fazit. Das einheitliche Bild der Forschung, dass es sich
bei Novalis um einen ›Herrnhuter höherer Ordnung‹ handele, ist längst nicht
so selbstverständlich, wie es scheint. Das stärkste Argument dafür ist die Nähe
im Jesusbild, wie es die »Geistlichen Lieder« artikulieren. Es erscheint uns aber
nicht als günstig, diese als Reflex der biographischen Prägung zu deuten. Die
Untersuchung der Jugendbiographie hatte ergeben, dass Novalis damals aufgeklärter Frömmigkeit näher war als pietistischer. Insofern kann von dem Erwerb
des herrnhutischen Jesusbildes als von einer freien, selbständigen Aneignung gesprochen werden. Auch hier ist wieder an seine Idee der Anknüpfung an das
Beste der christlichen Frömmigkeitstraditionen zu erinnern: In einer Zeit, wo
sowohl die aufgeklärte Ethikotheologie als auch das altevangelische Christentum
in die Krise gerieten, konnte gerade das herrnhutische Jesusbild wieder an Plausibilität zulegen, nicht zuletzt wegen seiner eher freiheitlichen Jesusauffassung im
Zentralsymbol des »Freundes«. Dazu ist es nicht erforderlich, eine spezielle biographische Prägung anzunehmen: Wo Frömmigkeitstraditionen in Fluss geraten,
ist eine selektive Aneignung nicht unwahrscheinlich.

Es soll hier nicht behauptet sein, dass das letzte Wort in dieser Angelegenheit
schon gesprochen worden ist. Es bedürfte aber einer Spezialuntersuchung,[173] die
sich die Mühe macht, einerseits die herrnhutischen Quellen – vor allem die von
Novalis nachweislich gekannten – auszuwerten und andererseits die möglichen
Rezeptionskanäle genau zu verfolgen,[174] eine Arbeit, die an dieser Stelle nicht
geleistet werden kann.

6. Christliche Mythologie: Die »Hymnen an die Nacht«

Der gebildeten Welt verbindet sich der Name Novalis, mehr noch als mit den
»Geistlichen Liedern«, mit den »Hymnen an die Nacht«. Dieses 1800 im dritten

---

[171] So Zinzendorf in dem bekannten Lied »Herz und Herz vereint zusammen« (EG 251.2).

[172] MARGOT SEIDEL, aaO., bleibt gerade hinsichtlich des Themas »Pietismus« relativ wortkarg;
immerhin weist sie auf gewisse Nähen von Novalis' Thematisierung des Abendmahls zu Zinzendorfs Abendmahlslehre hin (216-231).

[173] Das Urteil von KLAUS LINDEMANN, Geistlicher Stand und religiöses Mittlertum, Frankfurt
a. M. 1971, 94, Anm. 41: »Eine Untersuchung, die die exakten Beziehungen zwischen dem
Pietismus und Novalis aufzeigt, liegt noch nicht vor«, ist keineswegs revisionsbedürftig.

[174] Ein Beispiel: Die Eltern von Novalis hatten vermutlich Kontakt zu der Herrnhutischen
Kolonie in Neudietendorf, wo der junge Friedrich vielleicht sogar kurz zur Schule ging (vgl.
N IV, 538). Ein anderes Beispiel: Zu einer erneuten Beschäftigung mit dem Pietismus wird
Novalis unter anderem durch die Schrift Kants »Der Streit der Fakultäten« veranlasst, wo dieser
eine böse Abrechnung mit dem Pietismus hält (vgl. die Notizen WTB II, 660f / N III, 420f).

Band des »Athenäum« erschienene Werk gilt nicht nur als das bedeutendste von Novalis, sondern als ein Text der Weltliteratur. Die Interpretation könnte sich auf viele Aspekte richten: auf die zwischen Lyrik und Prosa changierende, beide auch virtuos mischende Form, auf die Motivik von Licht und Nacht, Traum und Sexualität, auf den Aufbau und die Struktur.[175] Wir wollen uns hier auf nur einen, und zwar einen inhaltlichen Aspekt konzentrieren. Novalis leistet mit seinem Prosagedicht nämlich auch einen gewichtigen Beitrag zur Diskussion um das Verhältnis von Mythos und Christentum, welche gerade das Ende des 18. Jahrhunderts außerordentlich bewegte. Das Besondere an dieser Debatte war, dass Wissenschaftler, Künstler und Kritiker sich in gleichem Maße und auf je eigene Weise an ihr beteiligten, der theoretische und der ästhetische Diskurs sich also überlappten – ein Umstand, der tief in der Sache selbst begründet ist.

Es gilt, in einem ersten Schritt die damalige Kontroverse schlaglichtartig nach ihren Hauptmomenten aufzuhellen. Dies geschieht in drei Punkten, die hier in aller Kürze dargestellt seien, um uns in einem zweiten Schritt dann Novalis' eigenen theoretischen Bemühungen um diesen Themenkreis zuzuwenden. Vor diesem Hintergrund sollen dann die »Hymnen an die Nacht« unter unserem Leitaspekt interpretiert werden. Dabei wird naturgemäß die fünfte Hymne im Vordergrund stehen, aber so weit wie nötig auch in der Reihe der anderen Hymnen kontextualisiert werden.

6.1. Hauptstationen der Debatte um den Mythos

Die neuere wissenschaftliche Diskussion um das Thema des Mythos eröffnete der Göttinger Altertumskundler Christian Gottlob Heyne, dessen Mythentheorie vor allem für die sich soeben von der Dogmatik emanzipierenden Bibelwissenschaften und deshalb zum Beispiel auch für den jungen Schelling von großer Bedeutung wurde. In der ästhetischen Debatte schlug das Gedicht »Die Götter Griechenlands« von Friedrich Schiller hohe Wellen und rief eine wahre Flut von Aufsätzen und weiteren Gedichten hervor, die sich kritisch oder bejahend mit Schillers Verhältnisbestimmung von Antike und Christentum auseinandersetzten; neben den »Hymnen« etwa auch Hölderlins »Brod und Wein«. Viel diskutiert wurden schließlich die zahlreichen Überlegungen zu einer ›Neuen Mythologie‹, unter denen – neben dem so genannten »Ältesten Systemprogramm des Deutschen Idealismus« – sicherlich Friedrich Schlegels »Rede über die Mythologie«, die ebenfalls im dritten Band des »Athenäum« als Teil seines »Gespräch über Poesie« erschienen war, als besonders charakteristisch zu gelten hat. Gehen wir die drei Momente der Reihe nach durch.

1. Die Theorie des Mythos von Christian Gottlob Heyne (1729–1812) kann

---

[175] Vgl. zu den unterschiedlichen Facetten der bisherigen Deutungsgeschichte HERBERT UERLINGS, Friedrich von Hardenberg, genannt Novalis, Stuttgart 1991, 277–319.

als der eigentliche Auftakt der modernen Mythentheorie angesehen werden.[176] Diese These erschließt sich allerdings nur vor dem Hintergrund der Vorgeschichte: In der griechischen Antike kreisen um den Ausdruck *mythos* noch gehaltvolle Debatten: um sein Verhältnis zum *logos*, um seine spezifischen Leistungen, um seine narrative Struktur, die sich gelegentlich bereits in förmlicher Mythenkritik niederschlagen konnten. Der Transfer des Ausdrucks in den lateinischen Sprachraum als *fabula* bedeutete demgegenüber einen Umschwung, und vor allem die christliche Polemik gegen die tradierten Göttergeschichten knüpfte einseitig an jene Mythenkritik an. Somit gelten die Mythen bis ins 18. Jahrhundert hinein »als heidnische Erzählungen ohne Wahrheit, sondern höchstens mit poetischem Wert«.[177] Man versteht sie, kurz gesagt, entweder als Lüge oder als Wahrheit im poetischen Gewande, die erst durch allegorische Auslegung zugänglich ist.

An dieser Stelle hakt Heyne ein.[178] Der Mythos gehört zwar tatsächlich der bildlichen Sprache an, kann aber dennoch nicht als poetisch bezeichnet werden, da Poesie Absicht und Plan voraussetzt. Eben davon kann aber bei der Entstehung der Mythen nicht die Rede sein. Heynes bahnbrechende These lautet, dass der Mythos Ausdruck einer spezifischen Denkform ist, welche den an ihr Teilnehmenden mit Unvermeidlichkeit gegenübertritt. Die Erzeugnisse sind also deshalb nicht poetisch, weil die Menschen damals gar keine andere Wahl hatten, als sich mythisch auszudrücken. Deswegen ist die allegorische Auslegung des Mythos sinnlos. Da unter den geistigen Vermögen in der Kindheit des Menschengeschlechts erst die Einbildungskraft vollständig ausgeprägt ist, besteht ein Mangel an Abstraktionsvermögen, der sich darin niederschlägt, dass überall konkrete Wesenheiten (zumeist Götter) da eintreten, wo man sich die Dinge nicht anders erklären kann, also überall, wo nicht menschliches Handeln und Tun der klare Grund ist: Die Menschen des Orients und des älteren Griechenlands »beziehen es auf das Eingreifen der Götter zurück; sie schieben das Heilige al-

---

[176] Vgl. die grundlegende Arbeit von CHRISTIAN HARTLICH / WALTER SACHS, Der Ursprung des Mythosbegriffs in der modernen Bibelwissenschaft, Tübingen 1952. Dazu treten AXEL HORSTMANN, Mythologie und Altertumswissenschaft. Der Mythosbegriff bei Christian Gottlob Heyne. In: Archiv für Begriffsgeschichte 16 (1972), 60-85; FRITZ GRAF, Die Entstehung des Mythosbegriffs bei Christian Gottlob Heyne. In: ders. (Hg.), Mythos in mythenloser Gesellschaft, Stuttgart / Leipzig 1993, 284-294.
[177] ERNST MÜLLER, Art. Mythos. In: Ästhetische Grundbegriffe Bd. 4 (2002), 309-346, 309; zum bisherigen Absatz aaO., 311-322.
[178] Für einen Überblick über die wichtigsten Schriften vgl. CHRISTIAN HARTLICH / WALTER SACHS, aaO., 11. Die Grundzüge von Heynes Theorie stehen bereits 1763 fest. Die These: »Die begrifflichen Veränderungen gehen auf Herder, Hamann und insbesondere Christian Gottlob Heyne zurück, die in einem engen Diskussionszusammenhang stehen, so daß es in der Forschung umstritten ist, wem das Primat zukommt« (ERNST MÜLLER, aaO., 322), ist apologetisch zugunsten der beiden Erstgenannten: Herder hatte als Teenager damals noch nichts zum Thema geschrieben, und Hamann ist ein dezidierter Vertreter eines Verständnis des Mythos als Poesie, wenn er auch die Allegorese ablehnte; vgl. aaO., 323f.

lem unter, was sich ereignet; [...] also kein Ereignis, keine Handlung, in der nicht die Götter intervenieren.«[179] Diese Grundthese impliziert das Modell einer historischen Entwicklung: Aus dem mythischen Stadium wachsen langsam Geschichte und Philosophie hervor. Der Mythos ist somit gleichsam der Mutterboden, aus dem die ›höheren‹ Geistessphären entspringen:»Aus den Mythen geht sowohl alle Geschichte wie alle Philosophie der früheren Menschen hervor.«[180]

Die Frage ist, wann für den Altertumskundler dieser Schritt anzusetzen ist. Hier vertritt Heyne nun die aufregende These, dass bereits Homer und Hesiod nicht mehr Teilnehmer des mythischen Stadiums sind, sondern die Mythen poetisch verarbeiten. Die griechische Antike gehört also nur in ihrer vorliterarischen Phase dem mythischen Zeitalter (*aetas mythica*) an. Gleichwohl behauptet Heyne, dass das mythische Stadium ein universales Phänomen ist. Zum Beleg verweist er auf die soeben eintreffenden Reiseberichte aus Afrika und Nordamerika, wo es noch ungebrochen im Mythos lebende Kulturen gebe.

Diese Konstruktion dient natürlich auch dazu, ein aufgeklärtes Zeitalter über sich selbst zu verständigen, also den Mythos zeitlich und räumlich in großer Entfernung zu verorten: Auch die gegenwärtige Kultur besaß einmal Mythen, aber das ist lange her. Von einer gegenwärtigen Wirkmächtigkeit des Mythos weiß diese Theorie nichts. Doch ist dies auch nicht ihr Ziel; sie will ja vor allem eine Theorie der Auslegung antiker Texte entwickeln, und tut hier den entscheidenden Schritt, eine historische, näherhin psychologisch-genetische Theorie des Mythos zu entwickeln. Heynes Theorie war außerordentlich erfolgreich; in den Bibelwissenschaften übertrugen sie vor allem Johann Gottfried Eichhorn und Johann Philipp Gabler auf die Auslegung des Alten Testaments. In diese Fluchtlinie gehören auch die theologischen Jugendschriften von Schelling, der ebenfalls Heyne rezipiert.[181] Novalis ist noch als Gymnasiast auf Heyne aufmerksam geworden (vgl. N IV, 71f), wobei es keine Dokumente über eine Auseinandersetzung gibt; weit wichtiger für den frühromantischen Diskurs dürfte der Umstand sein, dass die Brüder Schlegel beide direkte Hörer von Heynes Vorlesungen gewesen waren, also seine Mythentheorie aus erster Hand kannten.

2. Friedrich Schiller hat sein Gedicht »Die Götter Griechenlands« eher als Gelegenheitsarbeit verstanden: Wieland hatte Schiller gebeten, für die neue Ausgabe seiner Zeitschrift »Der Teutsche Merkur« (März 1788) einiges beizusteuern,

---

[179] Homines Orientis et veteris Graeciae »referrent ad interventionem deorum; numen omnibus quae gerentur, interponerent; [...] ita nihil gestum, nihil actum, in quo non dii intervenirent.« (Zit. nach Hartlich / Sachs, aaO., 15.)

[180] »A mythis omnis priscorum hominum cum historia tum philosophia procedit«, zit. nach Hartlich / Sachs, aaO., 12f.

[181] Vgl. dazu WILHELM G. JACOBS, Anhaltspunkte zur Vorgeschichte von Schellings Philosophie. In: Hans Michael Baumgartner, Schelling. Eine Einführung in seine Philosophie, München / Freiburg 1975, 27-44, besonders 32-35.

und so machte sich Schiller an das Verfassen dieses fünfundzwanzigstrophigen Gedichts. Inhaltlich gehört es zur Frucht von Schillers intensivem Studium der antiken griechischen Literatur, das er 1787 / 88 betrieb, da in der Schule eher die Römer im Vordergrund gestanden hatten. Es ist ein Klagegesang auf das Verschwinden der freudvollen antiken Götterwelt, welche scharf kontrastiert wird mit der Gegenwart.[182] Schiller hat sich selbst dazu bekannt, die beiden Gegenüber zum Zwecke größtmöglichen Kontrasts jeweils stark vereinseitigt zu haben: »Der Gott, den ich den Göttern Griechenlands in Schatten stelle, ist [...] eine aus vielen gebrechlichen schiefen Vorstellungsarten zusammengeflossene Mißgeburt. [...] Die Götter der Griechen, die ich ins Licht stelle, sind nur die lieblichen Eigenschaften der griechischen Mythologie in *eine* Vostellungsart gefaßt.«[183] Antithetik ist in mehrfacher Hinsicht das Verfahren bei der Komposition dieses Gedichts.

Womit Schiller allerdings wohl nicht gerechnet hatte, war die große Kontroverse, die er – damals ja noch keinswegs der alle an Bedeutung überragende ›Klassiker‹ – mit seinem Gedicht auslöste.[184] In Aufsätzen oder gar Gegengedichten wurde vor allem Schillers religiöse Haltung zum Thema gemacht. Man warf ihm vor, die Sinnleere der Gegenwart der Verantwortung des Christentum zuzuschanzen, wobei vor allem auf die erwähnten Einseitigkeiten Bezug genommen wurde. Mag diese Lesart auch an den ästhetischen Intentionen des Gedichts vorbeigehen, mit dem Gedicht und der Kontroverse war endgültig ein Thema gesetzt, das gerade für die Frühromantiker bestimmend sein sollte: das Verhältnis von Mythos und Christentum, oder auch der Beitrag des Christentums zur Entwicklung des modernen Geistes.

Nach diesem Gedicht[185] ist die moderne Geisteshaltung das Resultat einer innerern Wahlverwandtschaft von der Gotteslehre der Aufklärung, vor allem des Deismus[186] und einer mechanistischen Naturauffassung, welche die Schönheit und Lebendigkeit der antiken Götterwelt bei weitem unterschreitet.

»Fühllos selbst für ihres Künstlers Ehre,
Gleich dem toten Schlag der Pendeluhr.

---

[182] Vgl. zur Auslegung CLAUDIA AMTMANN-CHORNITZER, »Schöne Welt, wo bist du?«, Erlangen / Jena 1997, 19-44.

[183] Brief an Körner vom 25.12.1788, NA Bd. 25, 167.

[184] Vgl. WOLFGANG FRÜHWALD, Die Auseinandersetzung um Schillers Gedicht »Die Götter Griechenlands«. In: Jahrbuch der deutschen Schillergesellschaft 13 (1969), 251-271.

[185] Zitiert wird nach der ersten Ausgabe; die zweite Fassung erschien erst 1800.

[186] Allerdings werden die theologischen Intentionen des Deismus durch den stereotypen Hinweis auf das Bild von Gott, der nach der Schöpfung nur noch Zuschauer des Weltlaufs ist, bei weitem nicht abgedeckt, wenn nicht gar verfehlt; vgl. dazu neuerdings ULRICH BARTH, Mündige Religion – Selbstdenkendes Christentum. Deismus und Neologie in wissenssoziologischer Perspektive. In: ders., Aufgeklärter Protestantismus, Tübingen 2004, 201-224, besonders 201-213.

Dient sie knechtisch dem Gesetz der Schwere.
Die entgötterte Natur.« (Zeilen 165-168)

Wieviel sinnreicher war es damals, als man etwa die Sonne – heute »seelenlos
ein Feuerball« (Z. 18) – noch als das Werkzeug eines Gottes ansehen konnte,
wo überhaupt die ganze Natur in all ihren Manifestationen »eines Gottes Spur«
(Z. 16) aufwies. Das Pantheon wird als Ort der ewigen Geselligkeit und Lebens-
lust beschrieben, während der aufgeklärte Gott in seiner Selbstgenügsamkeit –
Schiller parodiert hier das Theologoumenon von der Seligkeit Gottes in sich –
geradezu als einsam gezeichnet wird:

> »Freundlos, ohne Bruder, ohne Gleichen [...]
> Herrscht ein andrer in des Äthers Reichen, [...]
> Selig, eh sich Wesen um ihn freuten,
> Selig im entvölkerten Gefild',
> Sieht er in dem langen Strom der Zeiten
> Ewig nur – sein eignes Bild.« (Z. 177-184)

Zu dem eigentlichen Skandal aber führte, dass Schiller diese Entwicklung als
Wirkung des Christentums zu behaupten scheint. Zwar wird diese These nicht
explizit ausgesprochen,[187] aber durch das Gedicht als Ganzes wird sie mehr als
deutlich nahegelegt. Stein des Anstoßes war besonders diese Strophe:

> »Alle jene Blüten sind gefallen
> Von des Nordes winterlichem Wehn
> *Einen* zu bereichern unter allen,
> Mußte diese Götterwelt vergehn.« (Z. 153-156)

Schiller beklagt eine allgemeine Entzauberung der Welt. Diese führt einerseits
zu einer Verödung des Gottesbildes, indem Gott zu einem abstrakten Gedanken-
konstrukt wird, der nur »mühsam« (Z. 87) im Land der Ideen, und gar »fruchtlos«
(Z. 88) in der Sinnenwelt ausgespäht werden kann. An die Stelle der vollen Natur
tritt das Bild einer dumpfen Kirche als Ort der Gottesverehrung (vgl. Z. 89-102),
statt durch Lebensfreude muss der moderne Gott durch »Entsagen« (Z. 104) ge-
feiert werden. Andererseits ist auch das menschliche Selbstverständnis tangiert.
Da der Mensch einfach in die Reihe der Organismen hineingehört, ist er »nur
der Würmer erster, edelster« (Z. 190). Ohne das Gegenüber der Götterwelt –
denn dem modernen Gott, wie Schiller ihn hier versteht, kann der Mensch kein
Gegenüber sein – hat der Mensch keine Veranlassung, sich selbst einen erhöhten
Wert zuzuschreiben. Und so gipfelt dieser Gedankengang in dem Ausruf:

> »Da die Götter menschlicher noch waren,
> Waren Menschen göttlicher.« (Z. 191f)

---

[187] Um diesem Umstand Rechnung zu tragen, ist im Folgenden nicht vom christlichen, sondern vom ›modernen‹ Gott die Rede.

Schiller dürfte weniger ein pauschale Ablehnung des Christentums intendiert, sondern das Thema der Rationalitätskritik, die der Rekurs auf die mythische Welt darstellt, vor Augen gehabt haben. Nur in der Poesie gelingt es, momenthaft das ›Goldene Zeitalter‹ noch einmal aufleben zu lassen, eine These, die in der zweiten Fassung des Gedichts noch deutlicher herausgearbeitet wird.

Novalis, für den Schiller in seiner Jugendlyrik ein großes Vorbild war, hat noch vor Beginn seines Studiums eine kurze »Apologie von Friedrich Schiller« (WTB I, 103; N II, 24f) verfasst, die bereits auf die ersten Wogen dieser Debatte erstaunlich kenntnisreich[188] zurückblickt: »Man hat fast überall über das vortreffliche Gedicht der Herrn Raths Schiller Die Götter Griechenlands Weh und Ach geschrien, ihn für einen Atheisten und ich weiß nicht für was Alles erklärt«. Novalis nimmt sich dann vor, »den Wenigen, die meine Pièce lasen« – der Essay wurde aber nicht veröffentlicht –, einen Wink zu geben, wie das Gedicht zu verstehen sei. Zu der Ausführung dieses Winks ist es dann aber nicht gekommen; die spätere Auseinandersetzung ist implizit den »Hymnen an die Nacht« zu entnehmen.

3. Als Friedrich Schlegel in seinem 1800 veröffentlichten »Gespräch über die Poesie« die Notwendigkeit einer »neue[n] Mythologie«[189] darlegte, war das schon kein ganz neuer Gedanke mehr. Bereits Herder hatte ihn in die Debatte eingeführt,[190] und auch im so genannten »Ältesten Systemprogramm des Deutschen Idealismus«[191] war er prominent vertreten.[192] Aber erst Schlegels Text macht ihn Novalis vertraut. In der Gesprächsrunde, die Schlegel vorführt, halten sich die – männlichen – Teilnehmer (die Frauen dürfen sich ›immerhin‹ am Gespräch beteiligen) gegenseitig Vorträge, die anschließend diskutiert werden. Einer der Teilnehmer, Ludoviko genannt, hat eine »Rede über die Mythologie« vorbereitet. Nach seiner Auffassung fehlt es der Poesie seiner Zeit an einem Mittelpunkt, welche nur in einer Mythologie bestehen kann. Darin ist enthalten, dass die christliche Religion, so wie sie sich präsentiert, diese Mythologie faktisch nicht abgibt. Ludoviko ruft deshalb dazu auf, an der bewussten Konstruktion einer solchen neuen Mythologie mitzuarbeiten. Der philosophische Idealismus biete dazu die besten Voraussetzungen, indem er einerseits die konstruierende Subjektivität ganz in den Mittelpunkt stellt, andererseits die Ergän-

---

[188] Novalis hat wenigstens die Beiträge von Graf Stolberg, Wieland und Franz von Kleist zur Kenntnis genommen, vgl. WOLFGANG FRÜHWALD, aaO., 251-253.

[189] Ich zitiere den Text nach dem Original: Athenäum, Bd. 3 (1800), 96.

[190] Vgl. ULRICH GAIER, Formen und Gebrauch neuer Mythologie bei Herder. In: Herder-Jahrbuch 5 (2000), 111-133.

[191] Dieser Titel, der vom erstmaligen Herausgeber Franz Rosenzweig stammt, ist übrigens unzutreffend, da man als das älteste Systemprogramm des Idealismus den § 8 von Fichtes Schrift »Über den Begriff der Wissenschaftslehre« (1794) anzusehen hat.

[192] Vgl. dazu und zum Folgenden HELMUT BUCHHOLZ, Perspektiven der Neuen Mythologie, Frankfurt a. M. 1990, 119-138. 179-216.

zung durch einen »grenzenlosen Realismus« (99) geradezu fordert. Ein solcher Realismus kann aber nicht mehr als Philosophie auftreten, da ihm als solcher ja gerade vom Idealismus der Boden entzogen war. Die neue Mythologie aber kann der Ort sein, an dem sich das Bedürfnis nach einem Realismus ausleben kann.der entscheidende Gedanke ist nun der, dass sie dies im Medium des Ästhetischen tut.[193] »Was sonst das Bewußtsein ewig flieht, ist hier dennoch sinnlich geistig zu schauen und festgehalten« (101). Die spinozanische Philosophie, die Dichtungen Cervantes' und Shakespeares, aber auch die damals noch weitgehend unerschlossenen Schriften des Orients und aus Fernost, schließlich die neuere Physik werden als die geeigneten Materialien einer neuen Mythologie ausgegeben.

Der Text ist zwar erst nach der Fertigstellung der »Hymnen an die Nacht« erschienen. Novalis war aber mit den entprechenden Ideen des Freundes schon zuvor vertraut, welche vermutlich in die abschließende Konzeption der »Hymnen« mit eingeflossen sind. Man muss nicht nur deren Stellungnahme, sondern auch die theoretischen Erwägungen, die Novalis in seinen späten Studienheften zum Thema »Mythologie« angestellt hat, vor dem Hintergrund des Schlegelschen Textes lesen.

Damit sind die drei für Novalis wesentlichen Momente der damaligen Debatte um den Mythosbegriff versammelt, und wir können uns nun der Interpretation jener theoretischen Aufzeichnungen zuwenden.

6.2. Ansätze zu einer Mythentheorie in Novalis' Studienheften

Bereits als Schüler hatte Novalis einen kleinen Essay mit dem merkwürdigen Titel »Mythologie für Frauenzimmer« (N II, 12f) entworfen.[194] Er versteht unter »Mythologie oder Fabellehre [. . .] die Erzählungen des Ursprungs und der Abentheuer der griechischen und römischen Gottheiten.« (12f) Diese Definition ist terminologisch wichtig, da sie die These bestätigt, dass »Mythologie« – oder das deutsche Pendant »Fabellehre« – im 18. Jahrhundert nicht als ›Reflexion auf den Mythos‹ gedeutet wurde, sondern eher den Inbegriff der Erzählungen entsprechenden Inhalts meinte.[195] Der antike Mythos wird von Hardenberg im

---

[193] Zu Recht verweist darauf, dass es sich bei dem Text deshalb mindestens auch um eine wenn schon nicht argumentativ ausgewiesene, so doch »triumphale Intergration historischer wie aktueller Theorienasprüche« handelt, STEFAN MATUSCHEK, »Doch Homeride zu sein, auch nur als letzter, ist schön.« Zur Bedeutung der Mythologie bei Friedrich Schlegel. In: DVjS 72 (1998), 115-125, hier 125. Diese Studie verbreitet helles Licht über Schlegels Argumentationsstrategien.

[194] Die Überschrift spielt höchstwahrscheinlich auf die damals in Mode kommenden Wochenzeitschriften an, die im Gefolge aufgeklärt-emanzipatorischer Ideale speziell zur Bildung von Frauen beitragen sollten.

[195] Vgl. ERNST MÜLLER, aaO., 322. »Mythologie« ist in der neuzeitlichen Wissenschaftssprache der ältere Begriff, während »Mythos« erst künstlich geschaffen wurde, um anzuzeigen, dass es sich gerade nicht um reflektierte Erzählungen handelt.

wesentlichen als eine Einheit verstanden, die zugleich ihre »Religion« (13) ausdrückt. Seit Sokrates ist aber sein Ansehen durch die Philosophie der Vernunft
im Schwinden, das aufkommende Christentum tut ein Übriges, und der Restau-
rationsversuch unter Kaiser Julian (reg. 361-363 n. Chr.) – von der christlichen
Geschichtsschreibung auch gern als »Julian Apostata« bezeichnet – bedeutet lediglich noch ein kurzes Aufflackern der alten Religion: Die Mythologie ist jetzt
bloß noch ein Bildungsgut, ein poetisches Vorbild.[196] Man kann davon ausgehen,
dass dieses Bild ungefähr das damalige höhere Schulwissen wiedergibt.

Etwas reichhaltiger wird es bereits in den »Vermischten Bemerkungen« von
1797 / 98, unter denen die hundertste lautet: »Die Fabellehre enthält die Ge-
schichte der urbildlichen Welt – Sie begreift Vorzeit, Gegenwart und Zukunft.«
(WTB II, 272 / N II, 456) Hier deutet sich zum ersten Mal bei Novalis an:
Der Mythos ist nicht nur eine Angelegenheit der Vergangenheit. Die erzählten
Begebenheiten enthalten gleichsam zeittranszendente Konstellationen.

In den späten Studienheften greift Novalis zunächst den viel diskutierten Gegensatz zwischen Griechentum und Christentum auf: Während das Christentum
die Volksreligion der Vielen ist und keinerlei Voraussetzungen zur Teilnahme an
ihm macht, gilt demgegenüber: »Die griechische Mythologie scheint für die
gebildeteren Menschen zu seyn – und also in gänzlicher Opposition mit dem
Xstenthum.« (WTB II, 811f / N III, 651) Doch bereits in diesem Notat nennt
Novalis dieses auch »ein ächtes Schauspiel«. (Ebd.)[197] Gerade die Tatsache, dass
das Christentum »[v]om gemeinen Manne« (ebd.) ausgeht, verleiht ihm unter
modernen Bedingungen neue Auslegungsmöglichkeiten.

Die beiden zuletzt genannten Aspekte – dass der Mythos nicht nur eine Angelegenheit der Vergangenheit und dass das Christentum in hohem Maße poe-
sietauglich ist – führen zunächst dazu, dass Novalis den Begriff der Mythologie
von seinem historischen Ursprung abstrahiert; er kann im Folgenden auch von
»ächtdeutscher Mythologie« (N III, 670 / WTB II, 832) und von »indische[r]
Mythologie« (N I, 343) sprechen. Doch ist diese Ausweitung nur ein Zwischen-
schritt auf dem Weg zu einem nicht mehr an überlieferte Texte gebundenen
Begriff: Gibt es überall auf der Welt Mythologien im herkömmlichen Sinne,
warum sollte es dann nicht möglich sein, selbst welche zu verfassen? So fasst
er für den Entwurf zum zweiten Teil seines Romans »Heinrich von Ofterdingen« den Plan, »[w]underliche Mythologie« (ebd.) einzuflechten, die allererst
zu schreiben wäre. Der allgemeine Begriff von Mythologie, der sich aus den
gesammelten Merkmalen zusammensetzt, bezeichnet also Mythologie »hier in
meinem Sinn, als freye poëtische Erfindung, die die Wircklichkeit sehr mannichfach symbolisirt« (WTB II, 830 / N III, 668). Hier dürfte der romantische

---

[196] Den Vorbildcharakter betont auch noch die späte Notiz WTB II, 754 / N III, 558.
[197] Vielleicht ist dies als Analogie zum aufkommenden bürgerlichen Theater gemeint, welches
gegen Ende des 18. Jahrhunderts das herkömmliche Drama des Adels verdrängt.

Diskurs um die ›Neue Mythologie‹ im Werk Hardenbergs am deutlichsten zu greifen sein.

Von diesem erarbeiteten Begriff her geht Novalis einen zugleich ungewöhnlichen und doch nahe liegenden Schritt weiter: Er ahnt die Möglichkeit, das Christentum selbst als Mythologie zu fassen und zu behandeln. Damit ist vielleicht noch nicht einmal so sehr die Einsicht gemeint, dass viele der heiligen Erzählungen des Christentums religionswissenschaftlich in der Tat als Mythen angesehen werden können – die Weihnachtsgeschichte etwa kann als die Erzählung einer Theogonie gelesen werden –, sondern mehr noch die Überzeugung, dass sich der Stoff des Christentums zu aktuellen poetisch-mythologischen Bearbeitungen exzellent eignet:

»Über die möglich Mythologie (Freyes Fabelthum) des Xstenthums, und seine Verwandlungen auf Erden. Gott. als Arzt, als Geistlicher, als Frau, Freund, etc. Alles Gute in der Welt ist unmittelbar Wircksamkeit Gottes. In jedem Menschen kann mir Gott erscheinen. Am Xstenthum hat man Ewigkeiten zu studiren – Es wird einem immer höher, und mannichfacher und herrlicher.« (WTB II, 827 / N III, 666)

Es ist nach Novalis also denkbar, das Christentum als Mythos zu inszenieren, und zwar vor dem Hintergrund der Idee der ›Neuen Mythologie‹: Es läßt sich als eine freie Erfindung rekonstruieren, die, wie oben gesagt, »die Wircklichkeit sehr mannichfach symbolisirt«. Das geeignete Medium dazu ist das Ästhetische. Im Raum der Kunst kommt man gar nicht darauf, das Dargestellte auf eine vermeintliche Wirklichkeit hin zu befragen, und gerade dieser Umstand bietet die Möglichkeit, wieder die »Geschichte der urbildlichen Welt« zu erzählen.[198]

Gemäß einem Grundzug frühromantischen Philosophierens ist dieser Ansatz zugleich Programm und Prognose. Eine sehr hellsichtige Notiz von Novalis lautet: »Das Xstenthum ist durchaus historische Religion, die aber in die Natürliche der Moral, und die *Künstliche* der Poesie, oder die Mythologie übergeht.« (WTB II, 829 / N III, 667) An sich ist das Christentum tief verwoben mit seinen historischen Ursprungsereignissen. Aber der Anspruch ging noch darüber hinaus: Es war ja zugleich Heilsgeschichte, die Heilstatsachen waren in einer *fides historica*, um diesen lutherischen Ausdruck aufzunehmen, dem allgemeinen Wahrheitsbewusstsein zugänglich. Dieser historische Glaube bricht nun durch die Fortschritte in der Geschichtswissenschaft und durch die erkenntniskritische Philosophie über kurz oder lang in sich zusammen. Novalis rechnet mit zwei Formen von Christentum, die aus dieser Umformungskrise erstehen werden: zum einen das ethische Christentum im Sinne der Aufklärung, als einer allge-

---

[198] HEINZ GOCKEL, Mythos und Poesie, Frankfurt a. M. 1981, geht eher am Rande auf Novalis ein. Er interpretiert ihn ganz vor dem Hintergrund der antiken Orpheus-Tradtion; Novalis habe sich selbst als neuen Orpheus gesehen bzw. seinen Roman »Heinrich von Ofterdingen entsprechend inszeniert: »Sein Ofterdingen ist Orpheus. Die Identifikation ist ungebrochen.« (305) Der Bezug auf das Christentum fällt dafür bei Gockel aus.

meinen Religion der Vernunft, und zum anderen das ästhetische Christentum im Sinne der Neuen Mythologie, das im Medium der Kunst weiterhin die christlichen Symbolbestände tradiert und ästhetisch ausdeutet: »[I]n den Fabellehren [bildet] das Leben einer höhern Welt sich in wunderbarentstandnen Dichtungen auf mannichfache Weise ab.« (WTB I, 381 / N I, 333) Wenn auch, worauf wir im Schlusskapitel zuammenfassend zu sprechen kommen werden, die Idee einer kontrollierten Re-Mythologisierung nur ein Teil seines christentumstheoretischen Umformungsprogramms ist, so ist doch der Diagnose, das Christentum wandle sich von einer historischen zu einer ethisch-vernünftigen einerseits und einer ästhetischen Religion andererseits, eine gewisse zeitdiagnostische Scharfsichtigkeit nicht abzusprechen.

6.3. Die »Hymnen« als mythologische Bearbeitung des Christentums

Wenn vom Verhältnis der »Hymnen« zum Christentum in der Forschung die Rede ist, so steht auch hier, ähnlich wie bei den »Geistlichen Liedern«, häufig die Frage nach des Dichters persönlicher Religiosität im Vordergrund.[199] Den unter der gegenwärtigen Literaturwissenschaft in etwa erzielten Konsens fasst Herbert Uerlings in seiner eigenen Deutung, die sich an seinen umfänglichen Forschungsbericht anschließt, trefflich zusammen.[200] Danach zeige sich insbesondere die 5. Hymne als »romantischer Mythos«, nicht als »christliche Offenbarung« (315). Die biblischen Elemente, die Novalis verarbeitet, würden gewiss nicht gegen das Christentum ausgespielt, aber doch in einer Weise poetisch bearbeitet, dass sie über dieses hinausragten: »Es geht also nicht um Offenbarung, sondern um poetische Fiktion und Setzung.« (316) Die sich in den »Hymnen« artikulierende Religiosität sei also eine transchristliche, poetische Religion, welche die biblische Motivik als Metaphern in sich aufnehme, aber das christliche Jenseits in eine »immanente Transzendenz« (317; i. O., kursiv) umbilde. Novalis unterliegt nach Uerlings vermutlich sogar einer partiellen Selbsttäuschung: Denn er »hat geglaubt, diese frühromantische Utopie sei durchaus vereinbar mit dem Christentum, jedenfalls mit einem neu interpretierten, so neu, daß es mit dem dogmatischen Glauben in der Substanz vieles nicht mehr gemeinsam gehabt hätte.« (319)

Gegen diese *opinio communis* hat – ebenfalls unter akribischer Berücksichtigung der neuesten Forschung – jüngst ein Theologe, der Hamburger Kirchenhistoriker Johann Anselm Steiger, schärfsten Einspruch erhoben und gerade die »Hymnen« für das Christentum reklamiert.[201] Zwar sei es richtig, dass Novalis

---

[199] Klassisch der Aufsatz von Klaus Ziegler, Die Religiosität des Novalis im Spiegel der »Hymnen an die Nacht«. In: Zeitschrift für deutsche Philologie, Bd. 70 (1947 / 49), 396–418; Bd. 71 (1951 / 52), 256–277.

[200] Vgl. Herbert Uerlings, aaO., 311–319.

[201] Vgl. Johann Anselm Steiger, Die Sehnsucht nach der Nacht, Heidelberg 2003.

durchaus frei mit der biblischen Motivik umgehe, aber es handele sich nichts-destoweniger um eine solche »höchst eigenständige Umsetzung, die in vielerlei Hinsicht im biblisch-christlichen Glauben wurzelt« (30). Es gehe nicht an, No-valis lediglich »als Projektionsfläche der eigenen Distanziertheit dem christlichen Glauben gegenüber zu mißbrauchen« (ebd.). Die Forschung habe übersehen, dass die biblischen und auch liturgischen Anspielungen sehr viel zahlreicher sei-en, als gemeinhin angenommen. Novalis habe die »rechte Verhältnisbestimmung von Distanz zur Welt und Weltzugewandtheit« (65) im Sinne des lutherischen und johanneischen Christentums getroffen, was daran liege, dass er letztlich im eschatologisch-apokalyptischen Glauben (vgl. 73f) und im Vertrauen auf den Gottmenschen Christus im Sinne des altkirchlichen Dogmas (vgl. 86) lebe.

Ob der von Steiger präsentierte Novalis nicht selbst bloß eine Projektionsflä-che ist, und welchen Sinn dieser Vorwurf, der einfach reihum weiter gegeben werden kann, daher haben könnte, braucht hier nicht entschieden zu werden. Beide Deutungen treffen aber in zweierlei überein: Zum einen setzen sie das Wesen des Christentums in dessen Dogmatik und konstatieren dann Überein-stimmung von Novalis' Gedankenwelt mit dem Dogma oder eben nicht. Beide unterschreiten damit das christentumstheoretische Niveau, das ihr Referenzau-tor selbst vorgegeben hat.[202] Und zum anderen beziehen sich beide zur Abgren-zung von Hardenbergs Position lediglich auf Schillers »Götter Griechenlands« und vernachlässigen den weiteren mythentheoretischen Diskurs. Dadurch wird beinahe notwendig eine schiefe Alternative errichtet.

Es erscheint uns nicht nicht als günstig, zum Zwecke der Interpretation der »Hymnen« den Umweg über die persönliche Religiosität des Novalis zu ma-chen. Stattdessen soll gefragt werden, ob sich an den »Hymnen« nicht die Idee einer dezidiert mythologischen Bearbeitung des Christentums exemplifizieren lassen könnte.

Bereits die Gattungsangabe »Hymnen« verweist zurück auf die Antike: Der Hymnus markiert für die Romantiker denjenigen Punkt in der griechischen Li-teraturgeschichte, wo »der alte weltimmanente Mythos als Symbol der Transzen-denz uminterpretiert worden ist«.[203] Gemäß der im 18. Jahrhundert gängigen Mythosdefinition ist der Mythos in erster Linie eine Göttergeschichte: Genau eine solche präsentiert Novalis mit der 5. Hymne.[204] Bereits in der eisernen Zeit war die Erde »der Götter Aufenthalt« (161 / 141). Jene Zeit wird abgelöst durch »das herrliche neue Göttergeschlecht« (ebd.), welches mit Schiller auf die Zeit

---

[202] Inbesondere durchzieht Steigers Darstellung eine die Grenze zum Ressentiment nicht im-mer respektierende Abneigung gegen die Aufklärungstheologie, deren Nähen zu Novalis Steiger planmäßig ausblendet, ja leugnet.

[203] LUDWIG STOCKINGER, Religiöse Erfahrung, aaO., 390.

[204] Seitenzahlen im Text im Folgenden stets WTB I / N I. Zitiert wird nach dem Athenäums-druck, nicht nach der Handschrift, da diese mit Sicherheit nicht die von Novalis intendierte Endredaktion enthält.

des vorliterarischen Griechenland verweist. Dessen goldene Zeit geht zu Ende durch die Heraufkunft des Todes; die griechischen Götter, unfähig, ihn zu besiegen, ziehen sich in »der Offenbarungen mächtige[n] Schooß« (165 / 144), die Nacht, zurück. In veränderter Gestalt, im »Sohn« (ebd.) kehren sie zurück. Seine Geburt weckt die Welt zu neuer Hoffnung auf. Sein Tod und seine Auferstehung läuten »die Stunde der Geburt der neuen Welt« (169 / 147) ein. Bereits seiner Anhängerschaft vorangegangen »mit voller Sehnsucht in des Vaters Arm« (169 / 149), antizipiert die Gemeinde noch auf Erden im Gesang die Zeit des »ewgen Leben[s]« (173 / 153), wenn »unser aller Sonne / Ist Gottes Angesicht« (ebd.). Novalis erhebt hier also durchaus den Anspruch, einen Mythos neu verfasst zu haben.

Dieser Mythos transportiert aber zugleich das Wissen um seine Konstruiertheit mit und drückt sie selbst aus. Der götterlose Zeitraum zwischen dem Verschwinden des griechischen Pantheons und der Erscheinung Christi wird mit Worten beschrieben, die uns aus Novalis' Kritik an der Neuzeit, sofern sie einem Naturalismus und Materialismus Vorschub leistet, bekannt sind.

»Die Götter verschwanden mit ihrem Gefolge – Einsam und leblos stand die Natur. Mit eiserner Kette band sie die dürre Zahl und das strenge Maaß. [...] Entflohn war der beschwörende Glauben, und die allverwandelnde, allverschwisternde Himmelsgenossin, die Fantasie. Unfreundlich blies ein kalter Nordwind über die erstarrte Flur, und die erstarrte Wunderheymath verflog in den Aether. Des Himmels Fernen füllten mit leuchtenden Welten sich.«[205] (165 / 145).

Einer aufmerksamen und gebildeten Leserschaft konnte das nicht verborgen bleiben. Novalis macht also selbst klar, dass er hier nicht den Verlauf der tatsächlichen abendländischen Religionsgeschichte nacherzählt. Diese Offenheit ist nötig, weil die Adressaten eben nicht mehr in einer mythischen Kultur leben. Paradoxerweise stimmt eben dadurch die Erzählung wieder auf einer tieferen Ebene zu den Formgesetzen des Mythos: Er erzählt nicht die Zeit der Welt, sondern eine Vor-Zeit oder auch Über-Zeit. Diese wird von Novalis durch gezielte Anachronismen dargestellt.

Damit kann er einer wichtigen Funktion des Mythos gerecht werden: der ätiologischen. Die 5. Hymne ist zugleich eine deutende Erzählung der religiösen Lage der Gegenwart.[206] Es ist die bereits in der »Europa«-Rede besprochene Gefährdung des heiligen Sinns, die Novalis hier thematisiert, indem er sie in jene mythische Zwischenzeit verlegt. Wie die Götterleere, die Schiller beklagte, in Wahrheit die Heraufkunft des Sohnes erwartete, so ist die Krise der Religion in der Gegenwart nur der Vorbote der Renaissance des ›heiligen Sinns‹. Dabei

---

[205] Dieser letzte Satz spielt sicherlich auf die Kopernikanische Wende an, also auf die Ablösung des geozentrischen Weltbildes.

[206] In eine ähnliche Richtung zielte bereits HANS-JOACHIM MÄHL, Die Idee des goldenen Zeitalters im Werk des Novalis (1965), Tübingen ²1994: »Es ist [...] nichts anderes als ein Symbol der eigenen Gegenwart, das Novalis hier entwirft« (389).

erweist sich auch hier, dass der Rationalismus kein bloßer Irrweg war, denn er ist die Voraussetzung für eine Verinnerlichung der Religion:[207]

»Ins tiefre Heiligthum, in des Gemüths höhern Raum zog mit ihren Mächten die Seele der Welt – zu walten dort bis zum Anbruch der tagenden Weltherrlichkeit.« (165 / 145)

Insofern die Aufklärung das Licht zu ihrem Symbol gemacht hat und zugleich aber den heiligen Sinn bedroht, muss dieser sich der Nacht zuwenden. Dabei wäre es ganz abwegig, hier eine scharfe Antithese zur Aufklärung ausmachen zu wollen. Denn der Zyklus der »Hymnen« beginnt doch gerade mit einem ausgiebigen Lobpreis des Lichts:

»Welcher Lebendige, Sinnbegabte, liebt nicht vor allen Wundererscheinungen des verbreiteten Raums um ihn, das allerfreuliche Licht« (149 / 131).

Aber freilich: Die Quelle religiöser Inspiration kann das Licht unter den gegenwärtigen Bedingungen nicht mehr sein.. Hier heißt es: »Abwärts wend ich mich zu der heiligen, unaussprechlichen Nacht.« (Ebd.) Sehen wir kurz hin, was als ihre eigentliche Leistung beschrieben wird: Sie ist »unendlicher Geheimnisse schweigender Bote« (153 / 135).[208] Nur in einer doppelt paradoxen Bestimmung kann ihre Leistung ausgesagt werden. Sie bringt Geheimnisse, aber als *schweigender* Bote: nicht auf dem Wege des Diskursiven werden diese Geheimnisse mitgeteilt, denn es sind »*unendliche* Geheimnisse.« Sie bleiben dem Licht des Verstandes auch dann Geheimnisse, wenn sie offenbart werden.[209] »Himmlischer, als jene blitzenden Sterne, dünken uns die unendlichen Augen, die die Nacht uns geöffnet« (151 / 133). Diese Bestimmungen entstammen bereits den ersten beiden »Hymnen«; sie bilden also die notwendige Voraussetzung dafür, die mythische Erzählung der 5. Hymne, in der die Nacht als solche gar nicht thematisiert wird, überhaupt erst verstehen zu können. Sie richtet sich an die ›Hermeneutik der Nacht‹, sie verkündet nicht nur den heiligen Sinn, sondern sie wendet sich auch an ihn.

Zur weiteren Ausgestaltung des Fortgangs wählt Novalis nun Metaphern aus der biblisch-christlichen Vorstellungswelt. Damit ist vorderhand diese mythische Erzählung ohne Zweifel ein christlicher Mythos. Diese Deutung muss sich aber noch an einer inhaltlichen Auslegung bewähren, um nicht hinter den erreichten Forschungsstand zurückzufallen.

---

[207] Diese These scheint mir etwas vorsichtiger als die stärkere von HERBERT UERLINGS, aaO., 313, nach der der Rationalismus diese Verinnerlichung sogar »bewirkt«.

[208] Genaugenommen gilt diese Bestimmung dem »Schlaf«, der hier aber synonym mit der Nacht gelesen werden kann, denn es ist der »heilige[] Schlaf«, nicht bloß dessen mitleidiger »Schatten«. (Ebd.)

[209] Hier ist noch einmal auf die Nähe zu Paul Tillich hinzuweisen, für den genau dies das Wesen des religiösen Mysteriums ausmacht: »Was wesentlich geheimnisvoll ist, kann seinen Geheimnischarakter nicht verlieren, auch wenn es offenbart ist.« (PAUL TILLICH, aaO., 132.)

Durch den Kunstgriff, die Krise der Religion noch in den vorchristlichen Mythos zu verlegen,[210] wird das Christentum nicht, wie bei Schiller, die letztlich verantwortliche Instanz für den Niedergang der antiken Welt, sondern im Gegenteil diejenige Größe, welche die Krise zu bewältigen in der Lage ist. Und hier ist zu fragen, welches Christentum sie meistert. Das Bildmaterial, das Novalis beibringt, gemahnt zweifellos an bestimmte, traditionell zentrale Inhalte. Aber, und das ist das entscheidende, Novalis präsentiert eben *nicht* das Dogma, sondern ein Kunstwerk, eine konstruierte mythische Erzählung. Die 5. Hymne hat selbst die Form eines poetisierten Christentums, das auf die angesprochene Krise reagiert. Es ist von daher verfehlt, Novalis für ein Christentum zu reklamieren, das sein Wesen im Dogma hat. Darüber hinaus stimmt die weitere Erzählung der Hymne mit den Ergebnissen der vorigen Abschnitte überein: Christus ist ja in der Logik des Gedichts gleichsam die Re-Inkarnation der alten Götterwelt, sie zentriert sich in ihm. Ebenfalls wird »Maria« (171 / 151) als zum Himmel aufgefahrene Mittlerin angesprochen, die ihre Vermittlungsmacht aber vom Einen Mittler her bekommt: »Sie war die Erste in der neuen Heymath bei dir« (171 / 149). All diese Mittlergestalten verweisen letztlich auf den Einen Gott, von dem konsequenterweise dann auch erst in der allerletzten Zeile der 5. Hymne die Rede ist. Das hier gesuchte Christentum ist also jenes mehrgestaltige, freie und doch traditionsbewusste Christentum, das Pansymbolismus und Hensymbolismus in sich aufzunehmen in der Lage ist.

Ironischerweise verliert in bestimmter Hinsicht gerade dieses Christentum wiederum die Scheu vor bestimmten Symbolen, die von der Aufklärungstheologie einer Kritik unterzogen worden waren: »Die Darstellung [. . .] hebt darüber hinaus gerade die von der Bibelkritik als bloß mythologisch zurückgewiesenen Elemente besonders hervor, wie die Jungfrauengeburt, den Stern von Bethlehem, die Weisen aus dem Morgenland, die Naturereignisse bei der Kreuzigung Jesu und die Auferstehung.«[211] Gerade weil sie mythologisch sind, eignen sie sich besonders zur mytho-poetischen Verarbeitung: Nicht als Dogmen, sondern aufgrund ihres unschlagbaren Bildgehaltes werden diese Symbole von Novalis in die Hymne eingeflochten.

Auf ein Element ist noch einzugehen, um die Deutung abzurunden. Die Nachricht von dem Kinde wird von einem Sänger verbreitet:

»Von ferner Küste, unter Hellas heiterm Himmel geboren, kam ein Sänger nach Palästina und ergab sein ganzes Herz dem Wunderkinde [. . .]. Der Sänger zog voll Freudigkeit nach Indostan – das Herz von süßer Liebe trunken; und schüttete in feurigen Gesängen es unter jenem milden Himmel aus, daß tausend Herzen sich zu ihm neigten, und die fröhliche Botschaft tausendzweigig emporwuchs« (168f / 147).

---

[210] Vgl. dazu HERMANN TIMM, Die heilige Revolution, aaO., 109f.
[211] LUDWIG STOCKINGER, Religiöse Erfahrung, aaO., 391.

Mit der Gestalt dieses Sängers besteht Novalis auf den Heroldqualitäten der romantischen Kunst, er hat sich gleichsam selbst in die Hymne hineingemalt. Zum einen dient dieser Kunstgriff dazu, den ›gemachten‹ Charakter dieses mythischen Gedichtes zu unterstreichen: Da der Hörerschaft die biblische Geschichte bekannt ist, weiß sie, dass dort von einem »Sänger« keine Rede ist. Zum anderen unterstreicht er den transzendentalpoetischen Anspruch seiner Hymnen:[212] Die Tätigkeit des Dichters wird in das Werk hinein transponiert und somit gespiegelt. Anders gesagt: Der romantische Dichter tut genau dasselbe, was der mythische »Sänger« tut, aber von Gnaden des Dichters. Damit erhält die romantische Kunst selbst religiöse Mittlerqualitäten, was allerdings keine Ablösung der Religion durch die Kunst oder auch nur eine neue Kunstreligion bedeutet, sondern nur nochmals auf jenen gestuften Vermittlungsprozess verweist.

Damit können wir den Gedankengang beschließen. Novalis reagiert auf die von Heyne geschaffene Diskurslage, indem er dessen Hauptthese von der Unwiederbringlichkeit der mythischen Welt aufnimmt: Einem Zeitalter, das nicht mehr im mythischen Bewusstsein lebt, muss der Mythos *als* Mythos präsentiert werden. Andernfalls würde der Mythos kritische Abwehrreaktionen provozieren, die seine Wirkkraft erheblich beeinträchtigen würden. Novalis ist mit Friedrich Schlegel darin einig, dass diese Präsentation am besten im Medium des Ästhetischen geschehen kann. Denn es bremst jene kritischen Abwehrreaktionen von vornherein aus, da es eine historische Wahrheit ohnehin nicht behauptet. Um so ungehinderter kann es spielerisch – spielerisch wie alle Kunst – die Geschichte der Über-Zeit erzählen. Gegen Friedrich Schiller behauptet Novalis, dass letztlich nicht das Christentum, sondern der religionsfeindliche Zweig der Aufklärung für die Krise des ›heiligen Sinns‹ verantwortlich ist. Ein Christentum, das sich auf seine reiche spirituelle und intellektuelle Tradition besinnt, ohne sogleich in konfessionelle Abwehrmechanismen zu verfallen, wird im Gegenteil als das geeignete Heilmittel dieser Krise empfohlen. Der Versuch, eine partielle Re-Mythologisierung christlicher Gehalte in der Kunst zu etablieren, wird als bewusste Fortschreibung solcher Traditionen verstanden. Er ist aber auch, wie eine Gesamtschau der Hardenbergschen Religionstheorie zeigt, nur ein Teil seines ästhetischen und religiösen Erneuerungsprogramms – wenn auch einer, der bei ihm selbst zu äußerst tiefsinniger Kunstproduktion geführt hat.

---

[212] Vgl. zum Thema der Transzendentalpoesie oben S. 262-267.

Schluss

Novalis als einen Philosophen, als einen Religionsphilosophen zumal, zu interpretieren, ist immer noch keine Selbstverständlichkeit. Trotz des Aufschwungs, den die Novalis-Philologie seit dem Erscheinen der historisch-kritischen Ausgabe genommen hat, gilt er der gebildeten Welt in erster Linie als romantischer Dichter, und in zweiter Linie als genialischer Fragmentist. Unsere Arbeit stellt sich in die Bemühungen der neueren Forschung ein, hier ein differenzierteres Bild zu gewinnen. Ohne Hardenbergs Rang als Dichter schmälern zu wollen, ist doch seine philosophische Hinterlassenschaft als Größe eigenen Rechts wahrzunehmen und zu deuten. Demzufolge hatte unsere Novalis-Darstellung mit einer Interpretation der »Fichte-Studien« einzusetzen, als dem frühesten und konzentriertesten philosophischen Textkorpus, das von ihm überliefert ist. Sie ergab zunächst, dass Novalis unbedingt in die Geschichte des deutschen Idealismus einzureihen und nicht auszusortieren ist. Er teilt Fichtes Grundeinsicht, dass die »Sfäre des Ich [...] für uns alles umschließen«[1] muss. Allerdings unterscheidet sich die Weise, wie er diese Grundeinsicht füllt, von Fichte dann nicht unerheblich. Dabei liegen die Differenzen weniger auf dem Felde der Ethik; hier zeigt sich Novalis als einer der getreuesten Anhänger Fichtes. Man hat sie vielmehr in der Kunst- und Religionstheorie zu suchen; ein Umstand, der allerdings auch einem veränderten transzendentalphilosophischen Gesamtarrangement geschuldet ist.

Als die *differentia specifica* innerhalb der idealistischen Grundentscheidung haben wir Novalis' Symboltheorie interpretiert. In einem ersten Schritt gilt es nun, den von ihr vorausgesetzten Symbolbegriff noch einmal unabhängig von den jeweiligen Erörterungskontexten nach seiner theoretischen Struktur darzustellen. Der zweite Schritt wird diesen Symbolbegriff in seinen systematischen Bezugsrahmen einpassen und so eine kritische Sicherung der Ergebnisse erlauben, die zugleich in übergreifende Fragezusammenhänge führt. Von da aus werden abschließend systematisch-theologische Überlegungen angestellt, die über die eigentliche Interpretation hinausgehen, aber im Anschluss an und in der Auseinandersetzung mit Novalis gewonnen wurden.

---

[1] Novalis, Fichte-Studien, WTB II, 9 / N II, 104.

1. Die theoretische Struktur des Symbolbegriffs von Novalis

Es ist in der philosophischen Darlegung eines Begriffs, der doch erst nach und nach in seinen verschiedenen Momenten entfaltet werden soll, unvermeidlich, dass dieser Begriff wiederum von vornherein die Darstellung steuerte und also in gewissem Sinne bereits vorausgesetzt war. Diese Unvermeidlichkeit steigert sich, wenn die Darlegung nicht einfach in dem Nachzeichnen eines Gedankengangs bestehen kann, sondern auf rekonstruktivem Wege aus verschiedensten Kontexten die Momente gleichsam zusammenklauben muss. Dies ist der Fall bei Novalis' Symbolbegriff. Obwohl die symbolische Beziehung beinahe allerorten in seinem Werk auszumachen war, suchte man ihre systematische Behandlung vergebens: Es gibt es nicht *den* Text, an dem sich die Interpretation zu orientieren hätte. Diese Tatsache forderte den Durchgang durch weite Teile des Gesamtwerks. Der Versuch einer Zusammenfassung des Symbolbegriffs wird sich, statt die Kärrnerarbeit noch einmal im Kleinen zu wiederholen, zweckmäßigerweise von den Quellentexten entfernen und seine theoretische Struktur frei erläutern.

Die Symboltheorie ist Teil einer allgemeinen Zeichentheorie, aber innerhalb ihrer doch als ein eigener Modus anzusehen. Symbolisieren ist eine eigene Weise des Bezeichnens, und das Symbolverstehen ein spezieller Fall der Zeicheninterpretation. Diese These ist in der modernen Geschichte des Zeichenbegriffs gelegentlich zurückgewiesen worden, aber auf Kosten von Distinktionsmöglichkeiten gerade hinsichtlich des ästhetischen und des religiösen Symbolisierens, die diese Unterscheidung eröffnet. Alles, was von einem allgemeinen Zeichenbegriff gilt, muss also auch auf das Symbol zutreffen; darüber hinaus müssen diesem aber noch weitere Merkmale zukommen, die das Zeichen als solches nicht besitzt. Jedes Symbol ist ein Zeichen, aber nicht jedes Zeichen auch ein Symbol.[2]

Zum Zwecke unserer Erläuterung ist es nicht erforderlich, einen eigenen Zeichenbegriff zu entwerfen oder sich einem bestimmten Zeichenbegriff anzuschließen. Die Unterschiede der verschiedenen Versuche, die auf diesem Gebiete gemacht wurden, fallen letztlich für unsere Zwecke doch nicht so erheblich ins Gewicht. Erforderlich ist hier lediglich, den Zeichenbegriff so weit zu fassen, dass auch Vorstellungen unter ihn begriffen werden können. Auch Vorstellungen

---

[2] Mit dieser terminologischen Grundentscheidung ist zugleich die Hoffnung verbunden, dass das vom großen Sprachforscher Karl Bühler hinsichtlich des Symbolbegriffs diagnostizierte Dilemma nicht das letzte Wort haben muss: »Jedenfalls liebten die Romantiker und hätschelten den Symbolbegriff in einer Bedeutungsfülle, die dem bedeutungsschwangeren ›Bild und Gleichnis‹ ganz nahe stand, während die Logiker [...] für Abmagerung und Formalisierung des Begriffs-Inhalts eintraten. Derart, daß am Ende nichts übrig blieb als die beliebige verabredete Zuordnung von irgend etwas als Zeichen zu irgend etwas als dem Bezeichneten.« (KARL BÜHLER, Sprachtheorie (1934), Stuttgart 1982, 186; zit. nach OLIVER R. SCHOLZ, Art. Symbol. In: HWPh 10, Sp. 723–738, hier 735).

können Zeichen sein; es wäre sogar möglich, eine Zeichentheorie so zu konzipieren, dass ausschließlich Vorstellungen Zeichen sein können. Doch wollen wir dies hier nicht diskutieren, sondern folgenden Arbeitsbegriff den weiteren Ausführungen zugrunde legen: Ein Zeichen ist diejenige Entität, die für eine zeichenverwendende Instanz innerhalb eines Zeichensystems auf eine andere Entität verweist.[3] Der Vorgang der Auslegung eines Zeichens kann stets in mehreren Interpretationshinsichten erfolgen. So verweist das Wort »Baum« für einen kompetenten Sprecher innerhalb des Zeichensystems der deutschen Sprache auf das Konzept des Baumes, für einen Besucher innerhalb des Zeichensystems Klingelschilder hingegen auf eine in der zugehörigen Wohnung lebende Person Frau Baum.

Indem diese Arbeitsdefinition auf den Symbolbegriff übertragen wird, ergeben sich bereits eine Reihe von Abgrenzungen. Zum einen gibt es keine Symbole ohne einen Subjektsbezug. Zum anderen gibt es auch keine Symbole außerhalb eines entsprechenden Umfeldes. »Wasser« und »Licht« etwa sind keineswegs an sich Symbole, sondern lediglich dann, wenn sie es in einem Symbolkontext für jemanden sind. Die aufgeklärte Zeichentheorie arbeitete mit der Unterscheidung von natürlichen und willkürlichen Zeichen; angewandt auf diese These kann man sagen, dass es keine natürlichen Symbole gibt; Symbole sind in prinzipieller Hinsicht willkürliche Zeichen. Soll es Symbole geben, so sind diese also allererst zu bilden. Hingegen gibt es den seltenen Fall, dass der Bedeutungsgehalt eines Symbols sich in einer Weise verfestigt hat, dass er innerhalb eines bestimmten Kulturraums nicht mehr als arbiträr wahrgenommen werden kann. Dieses Phänomen dementiert zwar nicht unseren Arbeitsbegriff, macht aber auf ein Problem aufmerksam, nämlich die Rolle der kulturellen Vermittlung hinsichtlich des Symbols. Wir wollen hier so verfahren, dass zunächst die Struktur der symbolischen Beziehung für sich behandelt wird, um am Schluss auf dieses Problem noch einmal eigens einzugehen.

Eine Grundschwierigkeit der Symboltheorie besteht darin, dass es sehr viele divergierende mögliche Entitäten für die symbolische Funktion gibt. Ein Wort kann ebenso zu einem Symbol werden wie ein Ding, ein Mensch, eine Erzählung, ein Ölgemälde oder ein Musikstück oder anderes. Diese Schwierigkeit besteht nicht in gleicher Weise, wenn man all diese als bloße Zeichen versteht. Denn in dem Fall lassen sich viele Probleme der Interpretation weitgehend verlagern auf die Frage nach den Elementen eines Zeichensystems (Buchstaben, Phoneme, Noten u. a.) und ihrer Kombinatorik. Damit kann aber nicht das

---

[3] Dieser Zeichenbegriff wurde von uns im Wesentlichen aus der Semiotik der Aufklärung gewonnen. Es ist eine grandiose Verzeichnung, wenn behauptet wird: Als »gemeinsamen Nenner« aller modernen Zeichentheorien könne »sicherlich die Kritik des rationalistischen Zeichenmodells der Aufklärung, beruhend auf einer zweistelligen Repräsentationsrelation«, namhaft gemacht werden (DIETER MERSCH, Einleitung. In: Ders. (Hg.), Zeichen über Zeichen, München 1998, 14).

Phänomen erklärt werden, dass beim Symbol manche zwar einen Sinn nachvollziehen können, aber ihm dennoch nicht eine solche Bedeutung zumessen wie andere.[4] Ein Musikstück ›sagt‹ dem einen viel, der anderen gar nichts, während die Zeichenkomplexion der Partitur doch die gleiche bleibt und vielleicht beide über die Kompositionstechnik gleich informiert sind. Die Vorstellung des Menschen Jesus verweist in gewisser Hinsicht auf seine Lehren und Überzeugungen, die man mit historischen Methoden schlecht und recht erforschen und kennen kann: Der einen aber ›bedeutet‹ dieser Mensch etwas, dem anderen nicht. Der Satz »Jesus nimmt die Sünder an« ist für den einen Kern und Stern einer ganzen Weltanschauung, für den anderen ein bloßes Wortgeklingel, obwohl ihm die Semantiken der spachlichen Ausdrücke ›Jesus‹, ›Sünder‹, ›annehmen‹ bekannt sind.

Die Frage, die zum harten Kern der Symboltheorie von Novalis führt, lautet demnach: Worauf verweist das Symbol *als Symbol*? Denn so wahr es auch ein Zeichen ist, muss es verweisen. Die Einschränkungen: für wen? und: in welchem Rahmen? vermögen diese Frage nur zu spezifizieren, nicht aber überflüssig zu machen. Schon bei einem einfachen Ölbild fällt die Antwort schwer. Denn es ist vielleicht möglich, durch eine Bildsemiotik die Codierungen einzelner Komponenten aufzuschlüsseln. Aber damit ist noch nicht aufgehellt, was das Bild als Ganzes ›sagt‹. Bei Musik wird die Problematik noch deutlicher: Was Bach mit einzelnen Phrasen und Klangfarben verbunden hat, kann man vielleicht wissen, aber worauf verweist der zweite Satz des berühmten d-moll-Doppelkonzerts als Ganzer? Oder bei einer religiösen Erzählung, zum Beispiel einem Evangelium: Die Worte lassen sich identifizieren, bestimmte Verhaltensweisen kulturell aufschlüsseln: Was aber ›meint‹ ein solcher Text?

Einen ersten Hinweis mag die soeben vorläufig gegebene Zusatzbestimmung »als Ganzes« geben, insofern Ganzheit eine eigentümliche Form von Einheit darstellt. Ein Gebilde als Symbol verweist zunächst einmal auf einen bestimmten Einheitsaspekt dieses Gebildes. Davon zu unterscheiden ist die Einheitsfunktion eines Zeichens, wenn dieses als Medium des Bestimmens fungiert. In diesem Fall nämlich drängt das Zeichen zur Einheit des Urteils. Das Symbol aber verweist auf eine andere, auf eine der Anschauung eigene, bildliche Einheit. Novalis sagt, das Bild sei eine »Anschauung von Anschauungen«. Wir haben sie als eine Eindruckseinheit bestimmt. Wie so oft bei transzendentalphilosophischen Erwägungen darf man sich von der visuellen Metaphorik nicht auf's Glatteis führen lassen: Abkürzend kann auch von der Eindruckseinheit eines Musikstücks als einer bildlichen Einheit gesprochen werden. Diese Einheit ist bereits als eine eigene Leistung des Mentalen (die Tradition spricht hier von »Einbildungskraft«) anzusehen. Die Relation zwischen dem Symbol und seiner bildlichen Einheit bildet einen bezeichnenden Zusammenhang erster Stufe,

---

[4] Selbstverständlich sind die Ausdrücke »Sinn« und »Bedeutung« an dieser Stelle gänzlich unterminologisch gemeint.

welcher bereits sinnvoll interpretierbar ist. Er ist freilich, prinzipiell betrachtet, ein bloß subjektiver Sinnzusammenhang: In welcher Weise die Einbildungskraft diese Eindruckseinheit erzeugt, kann von keiner externen Warte aus festgelegt werden, wenn die Variationsbreite auch durch die Komponenten des Symbols (Buchstaben, Noten, Bildelemente usw.) restringiert ist. Das Subjekt kann sich auf dieser Stufe gegenüber dem Sinnzusammenhang so verhalten: »Ich verstehe, was gemeint ist.«

Indes reicht dieser Zusammenhang noch nicht aus, um den Begriff des Symbols vollständig zu bestimmen. Dazu bedarf es noch eines zweiten Schrittes. In ihm wird jene Einheit der Anschauung selbst noch einmal zum Ausgangspunkt eines Verweisungszusammenhangs. Dieser ist noch schwerer zu fassen als jener erste, und doch ist sein Vorkommen schlechterdings evident, wenn es von jenem bloßen ›Verstehen was gemeint ist‹ dazu kommt, dass das Symbol dem Subjekt wirklich ›etwas sagt‹, wenn also ein noch über jenes Meinen hinausliegender Sinn erzielt wird. Novalis spricht davon, dass das Bezeichnete in diesem zweiten Zusammenhang das sei, »was die Seele erblickt«. Dieser metaphorische, aber doch sprechende Ausdruck ist noch einer theoretischen Aufhellung fähig. Es handelt sich um ein rein innermentales Gebilde, das einen merkwürdigen Doppelcharakter zeigt. Einerseits ist es völlig unbestimmt, indem hier nicht einmal mehr irgendein Material vorliegt, das überhaupt noch einer Bestimmung zugänglich wäre. Andererseits kann man paradoxerweise doch nicht davon sprechen, dass hier überhaupt so etwas wie Bestimmtheit vollständig abwesend wäre: Dies beweist das Phänomen, dass man den Versuch eines sprachlichen Ausdrucks dieser Sinnbeziehung als in höchstem Maße unangemessen oder im Gegenteil sehr angemessen bewerten kann. Oder, dasselbe anders ausgedrückt: Das Symbol ist dem Subjekt, um es mit Tzvetan Todorov zu sagen, ein »motiviertes Zeichen«, es ist etwas an ihm selbst, was es zum Bezeichnen geschickt macht. »Symbolisch« ist in dieser Hinsicht geradezu ein Gegenbegriff zu »beliebig«. Novalis hat jenes Beziehen ein Bestimmen, das »nicht ein wirkliches Bestimmen ist«, genannt, was von uns als ein virtuelles Bestimmen ausgelegt worden war. Erkenntnistheoretisch handelt es sich bei dem, worauf die Eindruckseinheit verweist, also um ein fiktionales Gebilde. Die Fiktion ist die Beziehung eines virtuellen Gehaltes auf die Form der Bestimmtheit, was dazu führt, dass die Fiktion in wohlgeformten Sätzen aussagbar ist. Dieser eigentliche Gegenstand des Symbols muss ebenfalls als ein Produkt der Einbildungskraft angesehen werden, und zwar der Einbildungskraft als dem Vermögen des Fiktionalen. Dieses Vermögen geht also konstitutiv in den Aufbau symbolischer Beziehungen ein.

Das Symbol ist also ein doppelter, und zwar ein gestufter Bezeichnungsvorgang eigener Art: Eine sinnliche Anschauung wird zunächst auf ihre eigene bildliche Einheit des Ausdrucks bezogen, welche wiederum als Zeichen einer ihr zugeordneten Fiktion gilt. Es dürfte offensichtlich sein, dass dem Begriff der

»Fiktion« hier keinerlei pejorative Konnotationen anhaften. Er kann ja nur ab-
wertend gebraucht werden, wenn er den Gegenbegriff zu »Wahrheit«, »Sein«
oder ähnlichem abgibt. Davon kann hier aber überhaupt nicht die Rede sein,
da Wahrheit an das Vorliegen einer Beziehung von Anschauung und Begriff gekoppelt ist. Im Gegenteil ist die Einbildungskraft als das Vermögen des Fiktiven
geradezu unersetzlich, wenn es um das Stiften symbolischer Sinnbeziehungen
geht. Das Symbol lässt den Bereich der Wahrheit weit hinter sich[5] – es sei denn,
man spräche von so etwas wie einer ›existenziellen Wahrheit‹: ein Ausdruck, der
aber nur als Symbol überhaupt einen Sinn ergibt. Mit dem Ausdruck »Fiktion«
ist hier nur auf eine versachlichte Ebene gebracht, was andernorts als der Bereich
des »Unsagbaren« oder »Unaussprechlichen« bezeichnet wird.

Aufgrund ihres spezifischen Charakters kann die symbolische Beziehung kaum
anders als mit paradoxen Ausdrücken erläutert werden. So liegt in der Bedeutung
des Symbols, wie schon gesagt, eine bestimmte Unbestimmtheit vor; Unbestimmtheit, insofern hier der Bereich begrifflichen Bestimmens längst verlassen
ist; bestimmt, insofern sprachliche Auslegungen zur symbolischen Beziehung in
einer Angemessenheitsrelation stehen. Ferner kann man der Fiktion den Status
einer unanschaulichen Anschauung zuschreiben; unanschaulich, insofern hier
nichts sinnlich angeschaut wird, anschaulich, insofern sie kein Begriff ist, sondern ein Erzeugnis der Einbildungskraft. Novalis hat dieses paradoxe Verhältnis
auf den Begriff der »schaffenden Betrachtung« gebracht: Eine Betrachtung liegt
hier insofern vor, als der Ausgangspunkt, das Symbol selbst, stets ein Gegenstand
der sinnlichen Anschauung ist, aber es ist eine *schaffende* Betrachtung, da die
Bedeutung des Symbols eben nicht das ist, was die Bedeutung der Anschauung
als bloßes Zeichen wäre, sondern ein selbstgeschaffenes mentales Konstrukt. Das
Symbol fungiert, wie Novalis sagt, als das »Medium« dieser Bedeutung. Insofern
hier zwei Sinnrelationen unterschieden werden, kann man davon sprechen, dass
dem Symbol als Symbol ein ›Bedeutungsüberschuss‹ eigne. Dieser ist aber nicht
darin zu sehen, dass hier eine Bedeutung zu einer anderen hinzuaddiert würde.
Er basiert vielmehr auf der eigentümlichen Unbestimmtheit, die der Bedeutung
des Symbols eigen ist.

Wenn eingangs das Symbol als eine spezifische Bezeichnungsweise abgegrenzt
wurde, so geschah das nicht mit dem Ziel, einen allgemeinen Zeichenbegriff
pauschal zu dementieren. Die hier rekonstruierte Symboltheorie mündet vielmehr in ein Plädoyer dafür, im wissenschaftlichen Kontext an der Anwendung
des Symbolbegriffs möglichst zu sparen. Denn seine hier dargelegte Struktur
macht ihn weitgehend nur für zwei Sphären des menschlichen Geistes erklä-

---

[5] Diese Sätze lassen sich nur bestreiten, wenn man im Sinne des späten Fichte die absolute
Wahrheit allererst als Bedingung der Möglichkeit eines sinnfähigen Bewusstseins entfalten wollte;
vgl. dazu RODERICH BARTH, Absolute Wahrheit und endliches Wahrheitsbewußtsein, Tübingen
2004, 357–392.

rungskräftig: für das Feld der Kunst und im Bereich der Religion.[6] Denn das Symbol ist von der Art, dass das, was es als Symbol bezeichnet, unhintergehbar an das Symbol selbst gekoppelt ist, wodurch es evoziert wird. Und dieses Aufrufen liegt allein in dem bildlichen Gehalt des Symbols.[7] Es ist kein Zufall, dass die Frühromantik nicht nur eine Bewegung zur Erneuerung der Kunst war, sondern auch ganz entschieden für die Religion als eigene Provinz im Gemüte optierte.

Die Frage ist allerdings, ob es innerhalb dieser Symboltheorie möglich ist, beide Größen voneinander zu unterscheiden, da sie doch beide auf demselben symbolischen Verhältnis aufruhen. Oder zugespitzt gefragt: Hätte nicht jene Forschungsrichtung Recht, welche für die Frühromantik ein Aufgehen der Religion in die Kunst behauptet?

Man darf diese Frage verneinen. Religion und Kunst artikulieren nämlich ihrerseits jeweils noch einmal eine eigene Weise, sich zu der symbolischen Beziehung zu verhalten. Für die Kunst ist das Symbol hinsichtlich seines Charakters als Artefakt der Fixpunkt, d. h. das nicht Relativierbare. Das Symbolisierte wird diesem gleichsam nur spielerisch zugeordnet, und das Subjekt ist zufrieden, wenn andere Subjekte dasselbe Kunstwerk in ganz andere Symbolrelationen einstellen. In der Religion verhält es sich umgekehrt. Hier gilt das Symbolisierte gerade in seiner Unbestimmtheit als dasjenige, worum es eigentlich geht. Die anschaulichen Mittel gelten ihm gegenüber ›nur‹ als Symbole – wobei dieses »nur« nicht bedeutet, dass der Gehalt auch anders als durch das Symbol zugänglich wäre, sondern lediglich, dass das religiöse Bewusstsein für sich betrachtet, wie Novalis sagt, in der »erhabenen Ueberzeugung von der Relativität jeder positiven Form« lebt. Es kann an sich die Verschiedenheit der Symbole ganz gut akzeptieren, solange es dabei in dem Bewusstsein bleiben kann, dass dasselbe Symbolisierte ›gemeint‹ ist. Nun kann es natürlich keinen externen Standpunkt geben, von dem aus diese Gemeinsamkeit festgestellt werden könnte. Religion bedarf daher einer kommunikativen Dimension, welche die Subjektivität der symbolischen Beziehung durch die heuristische Vermutung eines gemeinsamen ›Gemeinten‹ ergänzt.

Hier stoßen wir nun auf das tiefste Problem einer solchen Symboltheorie. Wie am Zeichenbegriff der Aufklärung zu lernen war, liegt Bedeutung immer nur da vor, wo ein Zeichen innermental mit dem korreliert wird, worauf es verweist. Insofern beim Symbol das Bezeichnete gar nicht unabhängig von dem Symbol existiert, ist das symbolisierende (und damit fingierende) Einzelsubjekt nicht nur formal als beziehende Instanz, sondern sogar material an der Bedeutungskon-

---

[6] Es ließen sich immerhin Ausnahmen denken, vor allem die (Tiefen-) Psychologie. Vgl. für eine theologische Diskussion des sprachlichen Symbols bei Joachim Scharfenberg und Sigmund Freud ANNE M. STEINMEIER, Wiedergeboren zur Freiheit, Göttingen 1998, 19–68.

[7] Das bedeutet nicht, dass nicht gewisse Synergieeffekte mit kulturellen Konnotationen, persönlichen Erinnerungen und anderem, also mit der Zeichenfunktion im engeren Sinne des Symbols, eintreten können.

stitution beteiligt. Dadurch gewinnt alles Symbolverstehen bewusst oder unbewusst den Charakter der Selbstauslegung. In der ästhetischen Erfahrung behält diese die Eigenart des Spiels bei und bleibt einfach Freude an der geistigen Agilität,[8] wobei dieses Spiel natürlich seinen eigenen Ernst und seine eigene Würde hat. Stets bleibt das Kunstwerk souverän gegenüber allen Verzweckungen, und seien es solche der Selbstauslegung. In der Religion aber geht es um Selbstdeutung im Horizont des Unbedingten; sie kann deshalb nicht als Spiel verstanden werden. Nun kann solche Selbstdeutung nicht anders geschehen als durch Symbole. Die Frage ist daher: Wie ist die Unendlichkeitsdimension religiösen Symbolisierens zu erklären?

Novalis hat diese Frage nicht direkt beantwortet. Man kann aus den einschlägigen Ausführungen vielleicht drei Interpretationsmöglichkeiten extrahieren. Die erste: Das innere Bild, das dem Symbol zugeordnet ist, wird als Versinnlichung des *Gedankens* des Unendlichen verstanden. Diesem Gedanken gegenüber bleiben zwar alle Bilder, auch alle inneren, relativ, erzeugen aber in ihrer permanenten Spannung zum Gedanken und ihrem ständigen Versuch einer Selbstanpassung jenen unendlichen Bedeutungsraum, der dem religiösen Symbol eigen ist. Diese Deutung würde die symboltheoretischen Grundgedanken des Novalis von einer kantischen Perspektive her auslegen: Denn für Kant steht das Symbol in einem kategorialen Analogieverhältnis zur Idee des Unbedingten, die ein Gedanke ist. Die zweite Interpretationsmöglichkeit ist eher eine Variation der ersten. Die Einbildungskraft erzeugt virtuelle Welten. Virtualität ist an sich noch nicht Unendlichkeit, aber sie vollzieht sich in einem unendlichen Spielraum. In jedem fingierenden Akt wird dieser Spielraum eine Strecke weit durchmessen. Der Überschritt zum Religiösen erfolgt erst dann, wenn der Unendlichkeitsaspekt selbst noch einmal thematisch wird. Dann zeigt sich, dass dieser unendliche Spielraum in Wahrheit keine Idee, also kein Gedanke ist, sondern selbst eine Anschauung. Er ist selbst etwas, worauf ein Symbolisierungsvorgang verweist. Er verdankt sich dem Umstand, dass die Einbildungskraft in sich niemals einen Anlass finden muss, das Ausmessen des Möglichkeitshorizontes abzubrechen. Diese Interpretation variiert die erste insofern, als auch hier die gedanklich Reflexion ins Mittel treten muss, aber nur, um den unendlichen Spielraum noch einmal eigens zu bedenken, der an sich gedacht wird als der Einbildungskraft auch ohne dieses Bedenken zur Verfügung stehend. Die dritte Interpretationsmöglichkeit sieht die Dinge anders: Dem Bilden des inneren Bilds eines religiösen Symbols wohnt selbst diese Unendlichkeitsdimension inne. Wir hatten gesagt, die vom Symbol aufgerufene Eindruckseinheit müsse nicht notwendigerweise ihrerseits noch einmal verweisen. Wenn sie aber diese Funktion einnimmt, so steht sie in Korrelation zu einem ›Geschauten‹, das seinerseits nicht

---

[8] Davon möchte sich – vermutlich zu ihrem eigenen Schaden – solche Kunst ausnehmen, welche mit dem Anspruch auftritt: »Du musst dein Leben ändern« (Rilke).

noch einmal in diese Funktionalität überführt wird. Genau deswegen wird das Geschaute als qualitativ überlegen eingeschätzt; überlegen, weil es nicht mehr für weitere Verweisungen funktionalisierbar ist. Die grundsätzliche Unangemessenheit zwischen Eindruckseinheit und dem, worauf sie verweist, ist gleichsam die Kehrseite der funktionalen Zuordnung von Bild und Abgebildetem. Die Unendlichkeit ist mithin Ausdruck einer prinzipiellen Wertdifferenz, und, so gesehen, ein Absatzprodukt des Bildens selbst. Sie ist ein Effekt, den die Einbildungskraft erzeugt. Auch verfügt diese gleichsam über interne Unterscheidungskriterien, um diese spezifische Bildqualität von anderen Eigenprodukten abzugrenzen.

Als die Grundfrage erweist sich, ob von Novalis die Unendlichkeitsdimension des religiösen Symbols ohne Rekurs auf ›letzte Gedanken‹ (Dieter Henrich) bzw. ein »Letztgemeintes« (Paul Tillich) erklärt wird oder nicht. Obwohl die Frage sehr schwierig zu beantworten ist, möchte ich doch vermuten, dass in der Fluchtlinie des gesamten Theoriedesigns von Novalis am ehesten die dritte Deutung liegt. Dies liegt nicht nur aufgrund der hohen Schätzung der Einbildungskraft bei Novalis überhaupt nahe. Sie vermag auch am ehesten zu erklären, dass das Symbolisieren ein *Erfüllungserlebnis* mit sich bringen kann. Zwar hat es die Religion bei weitem nicht nur mit solchen Erlebnissen zu tun, sondern sie bewegt sich über weite Strecken im Medium der bloßen Sinnvermutung. Aber sie kennt auch Momente tiefer Sinnerfüllung – kennt, um es mit Novalis zu sagen, den »unnennbar süßen Himmel«, der »ewig im Gemüthe steht«. Während sich bei den anderen beiden Deutungen dieses Erlebnis paradoxerweise über ein Ungenügen, nämlich das permanente Scheitern der Einzelvorstellungen aufbauen müsste, beruhigt sich die Seele bei der dritten, weil sie ja tatsächlich etwas »erblickt« – und nicht in der Iterierung des Nicht-Erblickens ihre Erfüllung finden soll.

Welche Konzeption man letztlich auch überzeugend findet, so viel ist aber jedenfalls gewiss, dass die Sinnwelten der Religion im Bereich des Fiktionalen angesiedelt sind. Der große Anspruch der Religion liegt darin, dass diese virtuellen Welten ein basales Momente menschlicher Selbstauslegung darstellen. Bevor aber sofort der Verdacht des Illusionismus laut wird, sei daran erinnert, dass bereits in durchaus irdischen Bezügen fiktionale Bildwelten überall am Werk sind. Beispielsweise ist das Vertrauen in einen guten Freund in seinem bisherigen verlässlichen Verhalten mir gegenüber begründet. In diesem Vertrauen liegt aber noch mehr, nämlich die Gewissheit, dass er mich auch fürderhin nicht verraten wird. Aber dieses Vertrauen ist kein Wissen, sondern eine Fiktion: Ich stelle mir sein zukünftiges Verhalten lediglich vor. Vertrauen ist fiktional, und dennoch oder gerade deswegen lege ich mich von daher aus – und vertraue. Oder: Wenn zwei sich entschließen zu heiraten, so tun sie es, weil sie das *Bild* einer gelingenden Lebensgemeinschaft vor Augen haben, das eine Fiktion ist. Aber aufgrund dieses Bildes wagen sie den Schritt. Ins Formale gewendet, haben solche

Operationen den Charakter eines induktiven Schlusses vom Einzelnen auf das komparativ Allgemeine, dem keineswegs Notwendigkeit innewohnt. Man kann sagen: Insofern sich Subjekte von daher auslegen, ist das Virtuelle real. Dies gilt bereits in vielem Alltäglichen; um wieviel mehr in Kunst und Religion! Das Kriterium der Religion ist also nicht, ob sie naturalistischen Einsprüchen genügt, die bereits an den Fiktionen des Alltags scheitern, sondern ob sie etwas zum Selbstverständnis des Menschen beiträgt.[9]

Damit können wir auf unser Problem vom Anfang zurückkommen und die Frage nach der kulturellen Vermittlung des Symbols noch einmal aufgreifen. Der Einfachheit halber beschränken wir uns hier auf den Bereich der Religion; für die Kunst gilt das Gleiche in ähnlicher Weise. Das Problem besteht in Folgendem: Wenn keine Gegenstände an sich Symbole sind, sondern im Prinzip von einem Subjekt durch einen kreativen Akt dazu gemacht werden, wie ist es dann zu erklären, dass es doch in aller Regel dieselben Symbole sind, die in einem Kulturraum verwendet werden und an denen religiöse Sinnstiftung erfahren wird? Und, dasselbe Problem anders zugespitzt: Wäre es aus der Perspektive der Symboltheorie von Novalis überhaupt wünschenswert, dass Symbole kulturell weiter tradiert werden, oder müsste er nicht konsequenterweise in Nietzsches Stoßseufzer einstimmen: »Tausend Jahre und nicht ein neuer Gott«?

Zunächst einmal gilt, was stets gegenüber dem Konter der soziologischen Betrachtung zugunsten der transzendentalphilosophischen gesagt werden muss: Was Novalis untersucht, ist die symbolische Beziehung als solche, und nicht ihr kontingentes kulturelles Entstehen. Aber dieser Hinweis für sich unterschreitet doch das Gewicht der Anfrage. Denn man kann sie auch so formulieren: Stimmt die bewusstseinsphilosophische Ableitung, oder lebt man nicht einfach in übernommenen Symbolwelten?

Diese Frage kann deshalb auch nicht allein auf bewusstseinstheroetischem Weg beantwortet werden. Prinzipiell kann man sagen, dass das Herstellen eines bezeichnenden Zusammenhangs psychologisch eine Aufnahmebereitschaft – von der Philosophie der Aufklärung als »Aufmerksamkeit« bezeichnet – voraussetzt; dies ist allerdings kein Spezifikum des Symbols, sondern trifft für alle Zeichen zu, wie man sich anhand des Mathematikunterrichts erinnern wird. Diese Auf-

---

[9] Die Studie von WOLFHART PANNENBERG, Das Irreale des Glaubens. In: Dieter Henrich / Wolfgang Iser (Hg.), Funktionen des Fiktiven, München 1983, 17–34, zeichnet sich dadurch aus, dass sie im Anschluss an Kant auch »in der religiösen Bewußtseinsbildung ein produktives Moment vermutet« (19). Fiktionalität impliziert noch nicht Unwahrheit. Die Leistung überzeugender religiöser Fiktionen bestehen in der »Erweiterung des Realitätsbewußtseins« (33). Aber nach Pannenberg ist die religiöse Fiktion immer auf Überführung in Wirklichkeit angelegt, und sei es auf ihre ultimative Abgleichung mit dieser im Eschaton. Damit bleibt die Fiktion jedoch unter dem Projektionsverdacht, vor dem Pannenberg sie gerade hatte retten wollen, und nur eine eschatologische Verifikation sowie ihre Prolepse im Glauben kann diesen Verdacht letztlich entkräften.

nahmebereitschaft eines Heranwachsenden wird aber von den für die Erziehung maßgeblichen Personen auf bestimmte Gegenstände gelenkt, die daher gegenüber anderen einen gewissen ›Vorsprung‹ haben. Somit ist, wie die Tradierung aller kulturellen Güter, auch die der gebräuchlichen Symbole ein normaler Vorgang bei der Reproduktion von Gesellschaften. Dies ist die eine Seite der Medaille. Die andere ist die: Wenn der Überlieferungsvorgang von Kulturgütern zur Reproduktion von Gesellschaft dient, so ist aus dieser Perspektive der Tradierungsvorgang auch wünschenswert. Es wäre vielmehr Zeichen einer kulturellen Krise, wenn die Tradierung der religiösen Symbole einer Gesellschaft nicht mehr funktioniert – wobei Krisen in der Geschichte von Zeit zu Zeit unausweichlich zu sein scheinen. Zu Nietzsches Seufzer aber ist zu sagen, dass sich die symbolische Kreativität nicht bloß in der Erschaffung neuer Symbole ausdrückt, sondern weit häufiger in der Korrelation des Symbols mit den zuzuordnenen fiktionalen Gehalten. Dies kann man auch als ›Lebendigkeit des Symbols‹ bezeichnen. Wenn auch Novalis auf das hier traktierte Problem nicht theoretisch reflektiert hat, so hat er sich doch mit seinen »Geistlichen Liedern« aktiv an der Revitalisierung von traditionellen Symbolbeständen beteiligt. In die Krise gerät das Symbol erst, wenn sich nichts mehr mit ihm verbindet, was bis zum »Absterben« des Symbols (Paul Tillich) führen kann.

Doch muss auch noch einmal festgehalten werden, dass all diese Auslassungen Novalis' Symboltheorie lediglich ergänzen, indem der prinzipielle Bescheid ergeht, dass keine soziologische und psychologische Betrachtung erläutern kann, was es bedeutet, wenn ein Gegenstand zum Symbol wird. Die sich einstellende Sinnbeziehung ist unableitbar. Indes besteht doch kein Anlass, aus diesem Umstand vorschnell theologisches Kapital schlagen zu wollen. Denn die sich in einem Evidenzbewusstsein niederschlagende Unableitbarkeit ist kein Proprium des Symbols, sondern gehört wiederum dem Zeichenverstehen als solchem an. Für die Theologie ist es genug, wenn sich auf den Symbolbegriff eine plausible Religionstheorie gründen lässt; sollte dies erbracht worden sein, so wäre das schon mehr, als man gegenwärtig von der Rezeption eines idealistischen Theoretikers wie Novalis erwarten kann.

2. Der systematische Rahmen des Symbolbegriffs von Novalis

Nach der theoretischen Struktur des Symbolbegriffs sollen nun diejenigen systematischen Aspekte dargestellt werden, die sich im Laufe der Arbeit ergaben. Im Wechselspiel mit diesen Aspekten hatten sich wesentliche Momente des Symbolbegriffs überhaupt erst aufgebaut: der subjektivitätstheoretische (1), der ästhetische (2), der poetologische (3) und der religionstheoretische Aspekt (4). Dabei sind dann auch die ideengeschichtlichen Stationen zu würdigen, sofern sie zur systematischen Erläuterung beitrugen. Der Gang der Untersuchung hat uns von der Semiotik der Schulphilosophie über den Symbolbegriff Kants zu den Grundzügen der frühen Philosophie Fichtes geführt, vor deren Hintergrund die »Fichte-Studien« von Novalis interpretiert wurden. Neben diesem wichtigsten Textkonvolut wurden die symboltheoretisch relevanten Texte seiner späteren Zeit untersucht. Ästhetik und Religionstheorie kamen als diejenigen Sphären des philosophischen Geistes zu stehen, an denen der Symbolbegriff seine ureigene Leistung entfalten konnte.

1.) Dem subjektivitätstheoretischen Ertrag von Novalis' Symboltheorie nähert man sich zweckmäßigerweise an, indem man sich die Frage stellt, wieso der menschliche Geist überhaupt in der Lage ist, Zeichenrelationen zu stiften und zu interpretieren. Denn es liegt ja zumeist nicht in den Dingen selbst, dass sie als Zeichen für andere Dinge fungieren können. Die Zeichenrelation bloß als solche, abstrahiert von allen real vorkommenden bezeichnenden Zusammenhängen, ist ganz und gar ein Erzeugnis des Geistes. Wieso bringt er diese hervor?

Es ist klar, dass eine Antwort auf diese Frage nur auf dem Wege einer transzendentalen Spekulation, durch »Abstraktion und Reflexion« (Fichte) gefunden werden kann. Hierzu gehen wir noch einmal kurz auf Fichte ein. Dasjenige, wovon nicht mehr abstrahiert werden kann, was vielmehr die Basis allen Abstrahierens abgibt, ist für den frühen Fichte das »Ich«. Allerdings ist damit nicht die konkrete Individualität gemeint, denn auch von dieser kann noch abstrahiert werden. Für das Ich, die Subjektivität, gilt ganz im Allgemeinen: »Ich = Ich«. Dieser Satz fordert aber, wenn der Geist als ein Selbstanfängliches und das heißt: als Instanz von Freiheit gedacht werden soll, dass seine Gültigkeit nicht von einem anderen Prinzip her erwiesen werden kann. Das Ich ist folglich diejenige Größe, die sich selbst hervorbringt. Den Streit zu schlichten zwischen dieser Ansicht, die in der intellektuellen Anschauung ergriffen wird, und der konkurrierenden Perspektive, die den Geist lediglich als ein Epiphänomen einer als absolut verstandenen Materie denkt, gibt es nach Fichte keinerlei theoretische Möglichkeit mehr: Sie ist praktisch zu fällen. Es hängt also davon ab, ob sich der Mensch als freies Wesen wissen *will* oder nicht.[10] Hat man sich aber entsprechend entschieden, so ist einem eben damit klar geworden, dass die Identität der Subjektivität nichts ist, dessen man sich erst noch reflexiv zu versichern hätte, sondern dass diese es vielmehr ist, von der alles Wollen und Fühlen und alle Reflexion immer schon herkommt.[11]

Novalis hat sich in dieser Alternative voll und ganz auf die Seite Fichtes ge-

---

[10] »Man hätte nie sagen sollen: der Mensch *ist* frei; sondern: der Mensch strebt nothwendig, hoft, nimmt an, er sey frei. / – Der Saz: der Mensch *ist* frei, ist nicht wahr«; JOHANN GOTTLIEB FICHTE, Practische Philosophie (1793 / 94), GA II / 3, 183.

[11] Dies nicht gesehen zu haben, ist der Kardinalfehler der frühen Fichte-Interpretation Dieter Henrichs und der von ihr inspirierten Darstellung der philosophischen Frühromantik von Manfred Frank.

schlagen. Dies wird nicht zuletzt an seiner Unterschrift unter das Programm einer Kulturethik, wie es Fichte verfolgt hat, deutlich. Gleichwohl nimmt er eine nicht unbedeutende Korrektur an Fichte vor. Dieser hat nämlich nach des Novalis Meinung »zu willkührlich« alles ins Ich gelegt. Nach Novalis können wir nämlich zusätzlich auch davon nicht abstrahieren, dass wir das Wesen der Identität bloß in einem »Scheinsatz« aufstellen können, indem jeder Satz der Form »a = a« das, was er behauptet, nämlich die Identität, nur unzureichend aufzustellen vermag. Identität kann von uns immer nur so begriffen werden, dass sie zugleich eine basale Entfremdung aufstellt. Bezogen auf die Identität des Ich besagt dies: »Es muß ein Nichtich seyn, damit Ich sich, als Ich setzen kann.« Dieses »es muß seyn« ist nun weder so auszulegen, dass das Nicht-Ich dem Ich logisch oder gar ontologisch vorausginge, noch so, dass damit doch eine dem Ich wenigstens gleichursprüngliche Sphäre gesetzt wäre. Denn das Nicht-Ich ist *ab ovo* nichts anderes als das Ich, das sich selbst durch eine »Alienation« oder auch »Selbstfremdmachung« fremdgesetzt hat. Allein diese basale Fremdsetzung erklärt, warum von uns das Wesen der Identität nur in einem Scheinsatz aufgestellt werden kann. Es war also richtig von Fichte, alle Realität ins Ich zu verlegen, aber er musste es nach Novalis' Meinung so tun, dass zugleich das Moment der Entfremdung des Ich von sich selbst deutlich würde. Selbstentfremdung ist für Identität des Ich konstitutiv. Anders gesagt: Von Identität kommen wir nicht nur her, sondern wir gehen auch zu ihr hin, indem diese Entfremdung um der Totalität des Ich willen als Aufzuhebendes gesetzt ist. Das absolute Ich wird daher von Novalis nicht als reine Thesis, sondern als »Absolut synthetische[s] Ich« angesehen.

Dass mit dem Stichwort »Entfremdung« nicht notwendigerweise ein leidvoller Zustand bedeutet wird, zeigt der Umstand, dass es just dieser Zusammenhang ist, welcher die menschliche Fähigkeit zu Zeichen letztbegründet. Denn das alienierte Selbst wird vom Ich als Zeichen für sich selbst, für seine eigene Identität ausgelegt. Das Zeichenvermögen kommt uns deshalb zu, weil die menschliche Subjektivität in sich selbst zeichenhaft verfasst ist. Der Selbstbezug wird als Zeichen für die Identität der Subjektivität interpretiert. Jene ›Unruhe im Geiste‹ gibt also den Ausschlag dafür, dass Zeichengebrauch möglich ist und stattfindet – in gewissem Sinn die eigentliche Begründung für das Stattfinden von Kultur.

2.) Die soeben geschilderte subjektivitätstheoretische Grundlegung der Zeichentheorie hat in sich selbst bereits einen deutlichen Hang zur Ästhetik. So nimmt es auch nicht wunder, dass Novalis am Ende der »Fichte-Studien«, die im Wesentlichen der Ausarbeitung seiner gegenüber Fichte variierenden Ich-Theorie gewidmet sind, auf Prinzipienfragen der Ästhetik zu sprechen kommt. Erstes Anliegen ist es, das Freiheitsbewusstsein auch auf dem Felde der Ästhetik zur Geltung kommen zu lassen. Eine der Grundoperationen des Ich besteht, wie gesehen, darin, sein alieniertes Selbst als Zeichen für sich selbst zu interpretieren, es also als Darstellung seiner selbst zu lesen. »Das Ich muß sich, als darstellend setzen« – dies wird dann auch zum Hauptsatz seiner frühen ästhetischen Überlegungen. Soll dieses Darstellen unter den Bedingungen der Endlichkeit erscheinen, so braucht es ein Medium, um die Synthesis des absoluten Ich ihrerseits noch einmal darzustellen. Als dieses Medium gelten Novalis die Kunstwerke. Die produktive Einbildungskraft wird von Novalis in diesem Zusammenhang als Vermögen des Entwerfens interpretiert. Das ästhetische Entwerfen ist dabei, dem Freiheitscharakter des Ich gemäß, in gar keiner Weise beschränkt. Das ästhetische Ich wählt aus der Fülle der Möglichkeiten frei einen Entwurf aus, den es im Kunstwerk zur Ausführung gelangen lassen will. In diesem Wahlakt bestimmt sich das Ich folglich ästhetisch selbst. Kunst dient also in dieser produktions-ästhetischen Hinsicht als Medium der Für-sich-selbst-Darstellung des Ich.

Das Potential, das diese weitgehend freischwebend entwickelten Gedankengänge bereitstellten, konnte dann vollständig abgerufen werden, als sich Novalis im Jahre 1797 – gemeinsam v. a. mit den Brüdern Schlegel – wieder ausführlicher mit Kunst zu beschäftigen begann. Seine Leistung kann in zweifacher Hinsicht betrachtet werden: Zum einen nach der kritischen Seite. Bereits sein Ansatzpunkt in der Ich-Theorie zeigte deutlich an, dass Novalis nicht mehr gewillt sein würde, das Wesen der Kunst als Nachahmung der Natur zu bestimmen. Seine explizite Auseinandersetzung mit diesem Prinzip, das er – vermittelt über August Wilhelm Schlegel – in der Fassung des französischen Klassizismus kennenlernt, bündelt dann auch die Kritik, die die zweite Hälfte des 18. Jahrhunderts bereits an diesem Grundsatz vorgetragen hatte, zu einer vollständigen Verabschiedung. Im Hinblick auf eine Produktionsästhetik verhindert dieser Grundsatz nämlich das freie Entwerfen und bindet die Kunst an ihr äußerliche Gesichtspunkte. Die Verabschiedung tangiert aber auch den Bereich der Rezeptionsästhetik. Diese Kritik wird uns näher an die eigene Kunstauffassung von Novalis heranbringen. Das Mimesis-Prinzip verpflichtet die Kunst auf einen an einer vermeintlichen ›Klassik‹ orientierten Zeitgeschmack. Es ist demgegenüber aber zu erwarten, dass neue Kunstentwürfe – die ja bereits prinzipiell als Darstellungen der Freiheitsdimension des Ich gerechtfertigt sind – bei ihrem ersten Auftreten auch Ablehnung hervorrufen. Die Avantgarde darf nach Novalis dem Geschmack voraus sein und ihn bilden, was die Theorie der Nachahmung prinzipiell nicht denken kann. Dazu kommt noch ein zweites, und damit sind wir bei der eigentlichen konstruktiven Seite: In seiner Auseinandersetzung mit Friedrich Schlegels Fragmententheorie und der zeitgenössischen Naturphilosophie entdeckt Novalis den kreativen Rezipienten, der ausgehend von einem Impuls auf freie Weise assoziiert und sich gleichsam seinen eigenen Vers auf das Gehörte oder Gesehene macht; einen Vorgang, den das Mimesis-Prinzip planmäßig zu verhindern sucht. Kunst will nach Novalis in einen potentiell unendlichen Bedeutungsraum eingestellt werden. Genau diese Ansicht aber erlaubt, wie sich oben bereits andeutete, die Auffassung der Kunst als Symbol. Denn zum Symbol stehen wir nach Novalis im Verhältnis der »schaffenden Betrachtung«. Das Kunstwerk ist als Anschauung vorgegeben und wird insofern betrachtet (bzw. im Falle der Musik gehört), aber sein Bedeutungsraum wird, wenn wir es als Symbol verstehen, von uns allererst geschaffen. Die Bedeutung eines Kunstwerks misst sich demnach nicht nach seiner Naturtreue, sondern nach seinen Anregungsqualitäten und deren möglichen Sublimierungsgraden. So rühmt Novalis an Shakespeare, der ihm wie der gesamten Frühromantik als Prophet der neuen Kunst gilt, dass dessen Werke »sinnbildlich und vieldeutig, einfach und unerschöpflich«[12] sind.

Die ästhetischen Folgen dieser neuen Ansicht haben die Frühromantiker mehr geahnt, als dass sie sie erfasst oder in eigenen Werken zur Darstellung gebracht hätten. Immerhin war Novalis so viel schon deutlich, dass das Sujet eines Kunstwerks gegenüber der Ausführung deutlich relativiert wird: »Der Stoff ist nicht der Zweck des Kunstwerks, aber die Ausführung ist es.« Kunst wirkt nicht bloß über den Inhalt, sondern auch über Material und die einzelnen Elemente, wie die Nachahmungstheorie an der Musik längst hätte lernen müssen. Abgesehen von der Gattungsgeschichte der einzelnen Kunstformen wird man sicherlich sagen müssen, dass die symbolische Kunstauffassung von Novalis die moderne Kunst mindestens mit vorbereitet hat.

Dies kann man sich auch noch an einem anderen Aspekt klarmachen. Jahrhundertelang war es eine ausgemachte Sache, dass Kunst es mit der Darstellung des Schönen zu tun habe, wie auch immer dies im Einzelnen zu bestimmen wäre. In der Klassik erlebt diese Ansicht eine letzte Blüte. Die Frühromantik – Friedrich Schlegel zuerst – hingegen bricht mit ihr. Es mag nach wie vor möglich sein, ein Kunstwerk als ›schön‹ zu klassifizieren: Über seinen Charakter als Kunst oder gar über seinen Wert hat man damit nicht eben Erschöpfendes gesagt. Die künstlerische Darstellung, als Symbol verstanden, wird daran gemessen, ob sie etwas ›sagt‹ oder ›ausdrückt‹, und weniger daran, ob sie schön ist. Auch diese Relativierung des Schönen hat sich in der Kunstgeschichte der Moderne vollständig durchgesetzt.

3.) Jede ästhetische Theorie ist mehr oder weniger dadurch geprägt, an welcher Kunst sie sich hauptsächlich orientiert. Obwohl es bei Novalis an Ausführungen zu allen möglichen Künsten durchaus nicht mangelt, ist die Leitkunst bei ihm ganz klar die Literatur, und zwar nicht nur hinsichtlich seines eigenen künstlerischen Schaffens, sondern auch in Bezug auf seine ästhetischen Überlegungen. Diese nehmen daher über weite Strecken den Charakter einer Poetik an. Novalis ist zutiefst beeindruckt von den Gestaltungsmöglichkeiten, welche die revolutionäre Erzähltechnik Goethes in dessen Roman »Wilhelm Meisters Lehrjahre« eröffnet, um deren großer Freiheit willen Friedrich Schlegel ihn neben Fichtes Wissenschaftslehre und der Französischen Revolution als eine der

---

[12] NOVALIS, Letzte Fragmente und Studien, WTB II, 766 / N III, 569.

größten Tendenzen des Zeitalters proklamierte. Das Urteil über Goethes überlegene Gestaltungskraft hat Novalis auch dann noch aufrecht erhalten, als er aus inhaltlichen Gründen zum »Wilhelm Meister« in schärfsten Gegensatz geriet. Die Form des Romans wurde in seiner Bedeutung ungeheuer aufgewertet und löste das Drama, besonders die Tragödie, welche um ihres erhabenen Sujets willen vormals die Gipfelfunktion innehatte, in der *pole position* literarischer Gattungen ab. Goethe wird Novalis zum Vorbild dessen, was er fernerhin »Poetisieren« nennt. Novalis ist dabei sehr stark am Wortsinn des griechischen *poiesis* orientiert: Die Schriftstellerei gewinnt für ihn in hohem Maße den Charakter des planmäßigen Verfertigens. Methodisch lässt sich Novalis dabei besonders von der Musik inspirieren: »Man muß schriftstellern, wie Componiren.« Nicht axiologisch, aber methodisch und heuristisch kommt der Musik eine Vorrangstellung unter den Künsten zu; die Schriftstellerei kann ihr aber nacheifern.

Unter dem Stichwort »Transzendentalpoesie« begreifen Schlegel und Novalis nicht nur – in Analogie zur ›kopernikanischen Wende‹ in der Philosophie – den Aufweis der Verfahrensgeleitetheit des produzierenden Subjekts. Sondern sie plädieren auch dafür, den konstruktiven Charakter ihrer Tätigkeit auf der Ebene des Erzählten mit einzubauen. Das Fingieren wird selbst zu einem Gegenstand des Poetisierens. Auf der Werkebene führt die Widerspiegelung dessen, was der romantische Autor tut, zu einem höheren Grad an Reflexivität: Die Spannung zwischen Fiktionalität und Konstruiertheit steigert sich; ein Vorgang, der von den Frühromantikern rückhaltlos affirmiert wird. Der moderne Roman ist der Romantik in diesem Punkt – häufig sogar zu einer ›Aporetik‹ oder ›Fragwürdigkeit des Erzählens‹ gesteigert[13] – über weite Strecken gefolgt.

Allerdings geht die romantische Poesie nicht in dem neuen Formbewusstsein auf. In inhaltlicher Hinsicht ist der Leitbegriff der Schriftstellerei das »Romantisieren«. Durch bestimmte literarische Verfahren ist es möglich, Leserin und Leser so mit dem Erzählten in Korrelation zu bringen, dass der das Symbol konstituierende überschießende Bedeutungsraum allererst erzeugt wird. Als solche Verfahren ergaben sich Erzählereinschaltungen, Vorwegnahme von Ereignissen in Träumen oder Gedichten, Buch-im-Buch-Strukturen, Verwendungen der romantischen »Mir war als wenn«-Formel, gezielte Anachronismen, De-Konkretisieren von bekannten Stoffen und andere mehr. Das Romantisieren ist also gleichsam der ins Technische gewendete umgekehrte Vorgang des Symbolverstehens. Das Romantisieren stellt aber nicht nur eine Transzendierung, sondern in der ästhetischen Erfahrung auch auch eine *Unterbrechung* des gewohnten Lebens zur Verfügung: »Alle Poesie unterbricht den gewöhnlichen Zustand – das gemeine Leben«. Diese These ist auch aus einer anderen Perspektive nicht uninteressant: In der Theologie wurde erwogen, etwa das Wesen des Gottesdienstes in der

---

[13] Vgl. zur Einführung in diesen Komplex FRANZ K. STANZEL, Theorie des Erzählens, Göttingen ⁴1989, 24–38.

Unterbrechung des Alltags zu suchen. Die ästhetische Unterbrechung tritt unter modernen Bedingungen funktional der religiös-kultischen an die Seite, wenn sie nicht sogar noch attraktiver geworden ist.[14] Es bietet sich nicht an, hier von einer der beiden Warten aus wertend eingreifen zu wollen, vielmehr müssten die spezifischen Unterbrechungsleistungen im Zusammenhang der generellen Funktionen von Kunst und Religion erörtert werden.

Unter Berücksichtigung dieser gerafften Zusammenfassung der Poetik Hardenbergs kann, diesen Punkt beschließend, noch zu einigen allgemeinen Fragen der Ästhetik Stellung genommen werden. Da ist zunächst die Frage nach der Funktion von Kunst anzusprechen.[15] Die ältere Kunsttheorie bestimmte diese zumeist mit der Formel »delectare et prodesse«, wobei die Zuordnung dieser beiden Termini unterschiedlich aussehen konnte. Kunst zeichnet sich durch sinnliche Qualitäten aus, welche aber nicht als bloßer Selbstzweck zu stehen kommen, sondern häufig funktional auf moralische oder religiöse Erziehung oder Bildung hingeordnet sind. In einem einfachen Sinne werden beide Funktionsbestimmungen von einer symbolischen Kunstauffassung abgelehnt. Weder hat es Kunst mit einem bloßen unterhaltenden Kitzel zu tun: Novalis ist ein entschiedener Gegner allen Abstellens auf »Affekte«. Noch aber hat Kunst es mit einem direkten Einfluss auf Sittlichkeit oder Religiosität der Rezipierenden zu tun. Der eigentliche Zweck der Kunst ist das Anregen der freien Reflexion und der ungebundenen geistigen Agilität.[16] Es lässt sich freilich argumentieren, dass die alte Funktionsbestimmung dann auf einer sublimierten Ebene wieder zutrifft: Kunst hat durch ihren Freiheitscharakter eine Analogie zur Reflexion der freien moralischen Persönlichkeit, und sie tut ihren Dienst auf »angenehme Weise«, wie wir ausgeführt hatten. Vor weitergehenden Fantasien über universale Versöhnungsleistungen, wie sie unter seinen Zeitgenossen etwa Schelling angestrengt hat, bleibt Novalis aber schon deswegen verschont, weil bei ihm die Synthesis der Kunst gleichberechtigt neben dem Projekt der Enzyklopädie und der Kulturethik zu stehen kommt. Kunst hat ihre Stelle im Gesamt einer Philosophie des Geistes, aber es wäre nur zu ihrem Schaden, wenn sie mit Ansprüchen versehen wird, welche einzulösen sie nicht in der Lage ist und sein will.

Eng damit verbunden ist ein Zweites, nämlich die Frage nach der Autono-

---

[14] Vgl. zu dem Changieren des Unterbrechungs-Theorems zwischen ästhetischer und religiöser Valenz sowie zu den jeweiligen Vor- und Nachteilen ULRICH BARTH, Religion und ästhetische Erfahrung. In: Ders., Religion in der Moderne, Tübingen 2003, 235-262, hier 245-249. 257f. Hier auch der Hinweis auf Friedrich Schleiermacher, von dem die theologische Unterbrechungsidee stammt.

[15] Vieles in dieser Schlussreflexion verdankt sich der Auseinandersetzung mit dem brillanten Artikel von WOLFGANG ULLRICH, Art. Kunst / Künste / System der Künste. In: Ästhetische Grundbegriffe, Bd. 3 (2001), 556-616.

[16] Ganz ähnlich hat NELSON GOODMAN, Sprachen der Kunst (²1976), Frankfurt 1995, als »primäre[n] Zweck« der Kunst »Erkenntnis an und für sich«, also eine dezidiert »kognitive Zielsetzung« (237) angegeben.

mie der Kunst. Sie wird von Novalis zunächst im Wortsinne behauptet: Kunst schafft sich ihre eigenen Entwicklungs- und Formgesetze. Sie kann ferner auch nicht auf eine andere Sphäre des Geistes zurückgeführt werden und ist insofern ein eigenständiger Artikulationsmodus. Sie ist schließlich von Verzweckungs-anmutungen ökonomischer und moralischer Natur freizuhalten. Etwas anderes wäre allerdings eine gänzliche Abkopplung der Kunst von den anderen geistigen Formtätigkeiten. Novalis steht hier einerseits natürlich ganz in der idealistischen Tradition eines umfassenden Persönlichkeitsideals. Doch selbst wenn man davon einmal absehen wollte – und es ist die Frage, inwieweit trotz aller vordergrün-diger Kritik an diesem Ideal etwa die gängigen gesellschaftlichen Erziehungs-und Bildungsziele immer noch von ihm leben –, wird man von Novalis her ar-gumentieren wollen, dass es der Kunst letztlich zum Nachteil gereichte, wollte sie in ihren Stoff- und Formdebatten die Auseinandersetzung mit gesellschaft-lichen, wissenschaftlichen und religiösen Themen und Verfahren nicht mehr suchen. Ein abstraktes *l'art pour l'art* hätte Novalis wohl für ein Missverständnis der Autonomie der Kunst erachtet. Autonomie hat für Novalis stets Vernetzung zu ihrem Komplement.

Gilt die Kunst als eine autonome Geistessphäre im eben spezifizierten Sinne, so stellt sich die Frage, ob es nicht auch ganz eigener Begabungen auf diesem Gebiete bedarf. Die Frage ist also, ob Novalis als Vertreter einer Genieästhetik anzusehen ist. Diese Frage ist nicht mit einem klaren Ja oder Nein zu beant-worten. Novalis rechnet damit, dass in der künstlerischen Produktion bestimmte Vermögen eine Rolle spielen, welche stärker oder schwächer ausgeprägt sein können. Einbildungskraft und Darstellungsfähigkeit sind unterschiedlich stark verteilt. Allerdings ist festzuhalten, dass Novalis den Terminus »Genie« in aller Regel nicht für den ästhetischen Zusammenhang im engeren Sinne verwendet, sondern den selbsttätigen Geist ganz im allgemeinen so bezeichnet. Das Genie im engeren Sinne ist anders bestimmt: »Was man aber gewöhnlich Genie nennt – ist Genie des Genies.«[17] Diese Formulierung aus einem Fragment lässt sich unter Rückgriff auf eine Denkfigur Fichtes aufklären. Fichte unterscheidet zwischen denjenigen Handlungen, welche der menschliche Geist bloß als solcher ausführt, als wie Setzen, Unterscheiden, Beziehen usw, von denjenigen des Philosophen, welcher diese Handlungen des Denkens selbst noch einmal denkt. In Analogie dazu ist jener Satz von Novalis gebildet. Das *poiein* ist seiner Meinung nach ja nicht an die Sphäre des Ästhetischen gebunden. Das »Genie des Genies« wird aber hier besonders leicht sichtbar: Denn es zeichnet sich dadurch aus, dass es die poietischen und poetischen Verfahren bewusst macht, reflektiert und gezielt einzusetzen vermag. Das Kunstwerk ist nicht in jeder Hinsicht das schlechter-dings Unableitbare: Dies gilt vielmehr nur für den Entwurf. Weit mehr als darauf legt Novalis aber das Augenmerk auf die Seite der Verfahren, der Ausführungen.

---

[17] NOVALIS, Vermischte Bemerkungen Nr. 22, WTB II, 234.

Weite Teile seiner Untersuchungen sind der Möglichkeit von Ausführungsregeln gewidmet. In der Kunst ist mittelfristig etwas Ähnliches anzustreben, was die Tranzendentalphilosophie auf ihrem Felde bereits erreicht hat: »Der ächte Gewinst bey Fichte und Kant ist in der *Methode* – in der *Regularisation des Genies.* / Die genialischen Einfälle und Methoden sind hier gleichsam exhaurirt und in ein System gebracht.«[18] In eine ähnliche Richtung zielen auch Überlegungen zu einer gemeinschaftlichen Kunstproduktion, welche ebenfalls eine Relativierung eines genialischen Autorsubjekts zur Folge haben. Als Vertreter einer Genieästhetik kann man Novalis m. E. nur mit großen Einschränkungen ansehen.

4.) Hatte der Symbolbegriff Novalis bei der gedanklichen Klärung seiner neuen Kunstauffassung geholfen, so erweist er sich in religionstheoretischer Hinsicht als beinahe noch ergiebiger. Novalis gehört mit in die Reihe derer, die ihre Unterschrift unter die transzendentale Erkenntniskritik nicht zurückzogen und dennoch über das kantisch-fichtesche Projekt einer Ethikotheologie hinausstrebten. Dies ist besonders hinsichtlich Kants aufschlussreich, denn dieser hatte explizit seine Grundlegung einer moralischen Religion verbunden mit einem Konzept religiöser Symbolisierung, das Gott als heiligen Gesetzgeber, gütigen Regenten und gerechten Richter sich vorzustellen empfahl. Novalis empfindet sowohl die Grundlegung als auch diese Symbolisierung des Absoluten – beim Fichte des Atheismusstreits noch einmal abstrahiert zur »moralischen Weltordnung« – als zu eng. Der religiöse Symbolismus muss über das Feld des Moralischen hinaus ausgeweitet werden.

Dieser Symbolismus schlägt sich sogleich in einer religiösen Mittlertheorie nieder. Sie ist deswegen auf seine allgemeine Symboltheorie beziehbar, weil beide von der gleichen zeichenhaften Struktur sind und also letztlich in jener tranzendentalen vermittelten Selbstbeziehung wurzeln.[19] Die Mittlertheorie kennt zwei Grundtypen von Religion: den Pansymbolismus, welcher von der Idee lebt, dass alles Irdische Vermittlungsqualitäten zum Göttlichen haben kann, und den Hensymbolismus, der vielmehr meint, dass letztlich nur *ein* solches Irdisches der Idee der Vermittlung überhaupt angemessen ist. Beide Formen sind aber auch einer Kombination fähig: Alles, was vermittelt, kann noch einmal in einer universalen Mittlerinstanz zentriert werden.

Mit diesem Gedanken bewegt sich Novalis bereits auf die Grundlegung seiner Christentumstheorie zu. Sie wird durchgeführt in der berühmten Rede »Die Christenheit oder Europa«. Sie war von uns – nicht nur wegen ihrer permanenten Bezugnahme auf Schleiermachers Reden »Über die Religion« – als Dokument einer innerprotestantischen Debatte interpretiert worden, aber mit dem Ziel des Abbaus von konfessioneller Emphase. Zu diesem Zweck wurde die geneigte Leserschaft mit einem romantisierten Mittelalter konfrontiert, welches

---

[18] Novalis, Das allgemeine Brouillon, Nr. 921, WTB II, 686 / N III, 445.
[19] Die Anschauung der Mittelinstanz ist das eigentlich religiöse Symbol.

vor allem anderen dem Protestantismus ins Stammbuch schrieb, dass es auch
außerhalb der Mauern der lutherischen Rechtfertigungslehre bewundernswerte
Formen von Christentum gibt. In einer Zeit, wo der »heilige Sinn« des Menschen durch eine Kultur des Nützlichskeits- und Besitzdenkens in Gefahr gerät,
ist es ohne Alternative, in einer freien Aneignung auf das Beste aller christlichen
Traditionen zurückzugreifen. Novalis entwirft hier so etwas wie ein ›Christentum ohne Berührungsängste‹, wobei diese Idee auch noch über den konfessionellen Bereich hinausreicht: Was immer dem heiligen Sinn dient, ihn fördert
und stimuliert, soll willkommen sein, sei es aus dem modernen wissenschaftlichen Denken, sei es gar aus nicht-christlichen Religionen. Das Christentum
muss wieder *Religion* werden und darf sich nicht in seinem Dasein als Nützlich-
keitslehre, Bibel-Philologie oder bloßem kulturellen Kitt erschöpfen. Es muss
dafür Sorge tragen, dass es sich in Gestalt einer lebendigen Symbolkultur erhält. Novalis würde es als fahrlässig erachten, sich hier aus dogmatischer Sorge
geeigneten Sprach-, Bild- und Vorstellungsmaterials zu enthalten. In gewisser
Weise verbirgt sich darin ein Plädoyer für so etwas wie einen wohlverstandenen
Synkretismus, der nach diesem Verständnis dem Christentum von Anfang an in-
newohnte.[20] Dies scheint ein echtes Proprium Hardenbergs zu sein: Er lebt in
dem klaren Bewusstsein der Notwendigkeit einer Umformung des Christentums
in der Neuzeit, aber er begreift diese Notwendigkeit vor allem als Sprachaufga-
be.[21] Von daher rührt sein Interesse an der christlichen Frömmigkeitstradition
und die besondere Liebe, mit der er sich gerade einigen frommen Außensei-
tern wie Paracelsus, Jakob Böhme oder Zinzendorf zuwendet – und nicht daher,
dass er glaubt, bei ihnen tiefere Einsicht zu gewinnen. Umformung des Christentums, das heißt für Novalis in erster Linie: Produktion neuer Sprach- und
Symbolwelten. Dabei genügt es seiner Meinung nach nicht, allein auf die Bibel als ›Sprachschule des Glaubens‹ (Ulrich H. J. Körtner) zurückzugehen. Neue
Zeiten müssen sich auch neue Ausdrücke schaffen dürfen.

Man kann sich unter Anknüpfung an diesen letzten Punkt den Gedanken
auch noch einmal auf einem anderen Anfahrtsweg klar machen. Das Programm
einer Umformung des Christentums ist *ab ovo* ein apologetisches Progamm. Nun
kennt die neuprotestantische Apologetik, grob gesagt, zwei Haupttypen. Der erste knüpft an kritische – anti-dogmatische oder anti-kirchliche – Einwände der
Adressaten an und erklärt, sie richteten sich nur gegen kontingente Fehlentwicklungen. Diesen Fehlentwicklungen wird dann die Darlegung des ›eigentlichen‹

---

[20] Vgl. dazu FALK WAGNER, »Nämlich zu Haus ist der Geist nicht am Anfang«. Systematisch-
theologische Erwägungen zum Synkretismus. In: NZSTh36 (1994), 237-267.

[21] Eins folgt hier aus dem anderen. Die Aufgabe richtet sich vor allem an die religiösen Praktikanten, neue Sprachformen auszubilden: eine Anstiftung zur Kreativität. Diese Auffassung hat
mithin nichts zu tun mit der Verklausulierung einer dogmatischen Offenbarungstheologie zum
›Sprachereignis‹ (Eberhard Jüngel) oder einer vermeintlich metakritischen, von Hamann inspirierten Sprachtheologie (Oswald Bayer).

Wesens des Christentums entgegengestellt, von dem man meint, ihm könne die kritische Sympathie nicht versagt werden. Der zweite wählt den Weg über einen allgemeinen Religionsbegriff, unter den sich die Adressaten subsumieren wollen oder sollen. Anschließend wird das Christentum dann als die letztlich allein in Frage kommende Religion behauptet. Beide Typen können auch vermischt auftreten, wovon Schleiermachers »Reden« wohl das glänzendste Beispiel abgeben.[22] Diese Formen von Apologetik sind unbedingt notwendig und sinnvoll. Sie haben aber den mehr oder weniger gravierenden Nachteil, dass sie, wo sie doch erklärtermaßen auf das Christentum hinauswollen, relativ viel Vor-Text aufbieten müssen, bevor sie ihr eigentliches Ziel in Angriff nehmen. Dies erhöht nicht nur die Zugangsschwellen, sondern erzeugt häufig einen latenten Unwillen, indem diese Verfahren dem Verdacht nicht immer entgehen können, das ›Abholen‹ der Adressaten fungiere lediglich als Vehikel der verschleierten wahren Absichten. So sah es beispielsweise Goethe, der Schleiermachers »Reden« nach anfänglicher Zustimmung dort, wo sie christlicher wurden, nur noch mit einer »fröhlichen Abneigung« las.

Diese Schwierigkeiten umgeht Novalis, indem er sich der apologetischen Gattung enthält. Ein ›Wesen des Christentums‹ herauszupräparieren ist sein Anliegen nicht. Die Ratio dieser Enthaltung besteht darin, dass sich möglicherweise noch in einer kritischen Bestimmung des Wesens des Christentums vergessene Bedürfnisse nach einer *doctrina pura* artikulieren, die nicht unbedingt bedient werden müssen. Das gleiche gilt für den dogmatischen Reduktionismus, der jene Wesensbestimmungen oft begleitet. In poetischer Gestalt tauchen bei Novalis Jungfrauengeburt, Transsubstantiation, leibliche Auferstehung und andere Reizthemen auf. Warum sollte man sie sich versagen, wenn sie sich doch lyrisch auf anregende Weise verarbeiten lassen? Das Christentum des Novalis hat auch gegenüber der eigenen dogmatischen Tradition keine Berührungsängste. (Eine Ausnahme bildet der Sündenbegriff, aber nicht wegen dessen moderner Explikationsschwierigkeiten, sondern weil nach Novalis der Sünde in der protestantischen Tradition ein völlig ungerechtfertigtes Gewicht beigemessen wurde.) Und einen allgemeinen Religionsbegriff hat Novalis zwar entworfen, aber nicht unmittelbar in apologetischer Absicht. Vielmehr identifiziert er sich in seinen religiösen Schriften stets von vornherein als christlicher Sprecher. Wenn man einen allgemeinen Religionsbegriff ohnehin voraussetzen kann – so könnte man die zugrunde liegende Überlegung extrapolieren –, warum sollte man ihn dann erst noch umständlich explizieren, warum also erst über die, statt gleich aus der Religion heraus zu sprechen?

---

[22] Unter diesem Gesichtspunkt ist es bedauerlich, dass sich beim großen Schleiermacher-Kongress 1999 in Halle kein einziger Beitrag den »Reden« als apologetischer Schrift näherte; vgl. Ulrich Barth / Claus-Dieter Osthövener, 200 Jahre »Reden über die Religion«, Berlin / New York 2000.

Die Formen, die er dazu wählt, sind vorwiegend Lyrik und Prosa, geplant waren aber auch Predigten, Erbauungsbücher und Gebete. Dies sind alles Formen, die sich eines theoretischen Prätextes enthalten und ein ›direktes‹ Sprechen favorisieren. Man könnte also bei Novalis allenfalls von einer impliziten Apologetik sprechen, insofern sein religiöses Schrifttum auch auf eine Krisendiagnose reagieren will. Diese implizite Apologetik hat ihr Zentrum in der oben bereits angesprochenen Forderung, den religiösen Charakter des Christentums wieder in den Vordergrund zu stellen.

In diesen Zusammenhang gehören auch seine Überlegungen zu einer partiellen Re-Mythologisierung des Christentums. Diese werden entworfen vor dem Hintergrund der zeitgenössischen mythologischen Debatte. Danach ist es nicht nur geboten, die mythischen Elemente der biblischen Tradition als solche wahrzunehemen. Es ist darüber hinaus möglich, im Medium des Ästhetischen diese Tradition *als Mythos* auch dem mythenkritischen Zeitalter darzustellen. So bleibt die Rezeptionsautonomie gewahrt; und gleichzeitig kann das christlich-mythische Kunstwerk seine Wirkung zwischen dem ästhetischen Reiz und dem vermuteten Angesprochensein unterbewusster Schichten der Seele durch den Mythos entfalten. Von hier aus lassen sich Linien ziehen zu dem modernen Versuch, den Mythos im Kunstwerk wiederzubeleben, unter denen das Werk Richard Wagners sicherlich einen Höhepunkt darstellt.

Fasst man das hier gezeichnete Bild zusammen, so gehört Novalis als Religions- und Christentumstheoretiker auf jeden Fall in die Theoriegeschichte des Neuprotestantismus, und nicht zu den Absetzbewegungen von ihm.[23] Das von mir so genannte ›Christentum ohne Berührungsängste‹ lässt sich am besten als Spielart eines aufgeklärten Protestantismus begreifen, wenn man diesen Ausdruck in einem weiten, methodischen Sinn nimmt und ihn nicht auf die speziellen Richtungen der Neologie und des theologischen Rationalismus beschränkt. Aufgeklärter Protestantismus liegt, unabhängig von der materialen Ausgestaltung, überall dort vor, wo besonders folgende Momente zum Tragen kommen: die Orientierung am Individuum als dem Ausgangspunkt theologischer Reflexion, die Abwehr jedes Klerikalismus, das Einfordern des Rechts auf religiöse Selbstbestimmung, das Bewusstsein von der Notwendigkeit einer dauernden Umformung der christlichen Lehrgehalte.

Dieses Ergebnis scheint im Widerspruch zu stehen zu Novalis' Biographie, in der man einen herrnhutischen Pietismus als alles bestimmenden Faktor ansieht. Unsere Untersuchung hatte aber ergeben, dass dieser Annahme die Selbstverständlichkeit, mit der sie in der Regel behauptet wird, keineswegs zukommt. Eine Untersuchung des Jugendnachlasses ergab als gesichertes Ergebnis, dass zumindest in seinen *formative years* eine starke Berührung mit der Frömmigkeit und

---

[23] So lautete bereits die – richtige – These von EMANUEL HIRSCH, Geschichte der neuern evangelischen Theologie, Bd. IV, 432-446.

der Theologie der Neologie und der aufgeklärten Gesangbuchdichtung stattgefunden hat. Wiewohl die Eltern Hardenberg der Brüdergemeine vermutlich nahestanden, scheinen die Nähen etwa zum herrnhutischen Jesusbild bei Novalis eher durch eine spätere Aneignung – im Sinne der oben erwähnten Theorie – erklärt werden zu können. Christentumsgeschichtlich folgt hieraus ein Plädoyer für die Annahme, dass sich seit der Aufklärung neuprotestantische Frömmigkeitsformen gebildet haben, die aus den unterschiedlichsten Strömungen sich speisen. So kann etwa die selbstverständliche Frömmigkeit großer aufgeklärter Theologen wie Adolf von Harnack, Rudolf Otto, Ernst Troeltsch oder Albert Schweitzer weder einseitig auf den Pietismus, noch auf ein konfessionelles Luthertum zurückgeführt werden.[24]

3. Systematisch-theologische Erwägungen im Anschluss an Novalis

Der philosophische Kritizismus und Idealismus bedeutete in der Theologiegeschichte der Neuzeit einen tiefen Einschnitt, da er – von der Aufklärungstheologie vorbereitet – dem Doktrinalismus in der Dogmatik endgültig ein Stoppschild setzte. Eine Rehabilitierung des Glaubensbegriffs der altprotestantischen Orthodoxie, der von der intellektuellen Notiznahme und Zustimmung zu den Glaubenswahrheiten (*notitia et assensus*) seinen Ausgang nahm, ist nur noch unter planmäßiger Umgehung der Einsichten des Kritizismus möglich. Kant und der frühe Fichte hatten aus dieser Tatsache den Schluss gezogen, den Religionsbegriff ganz im Rahmen einer Ethikotheologie zu verorten. Genau an dieser Stelle aber ging, wie gesagt, die junge, am Idealismus geschulte Generation um 1800 noch über Kant und Fichte hinaus: Der ethikotheologische Rahmen fasst bei weitem nicht alles das, was legitimerweise »Religion« genannt werden kann.[25] In diesem Überschritt hat die idealistisch-romantische Epoche geradezu ihre religionstheoretische Gesamtsignatur. Sie prägt auch das Denken des Novalis. Religion ist das symbolisierende Betrachten einer endlichen Erscheinung als Vermittlungsinstanz zur Sphäre des Göttlichen und affiziert – wie Novalis in unmittelbarer sachlicher Nähe zu Schleiermacher sagt – den »heiligen Sinn« des Menschen. Das Sich-Ergehen in fiktionalen, geheimnisvoll bedeutsamen Welten ist ein Wert menschlichen Geisteslebens an sich und verhält sich zur praktischen Sphäre schlechterdings spröde.

---

[24] Was Harnack angeht, könnte man freilich zu Recht auf sein streng lutherisches Elternhaus hinweisen; indes hat er sich von dieser spezifischen Frömmigkeit erstaunlich unkompliziert gelöst; vgl. dazu jetzt CHRISTIAN NOTTMEIER, Adolf von Harnack und die deutsche Politik 1890-1930, Tübingen 2004, 26-29.41-55.62-87.

[25] Freilich hat Fichte diese Ausweitung in seiner Werkgeschichte später ebenfalls vollzogen; vgl. BJÖRN PECINA, Liebe des Seins, Diss. theol., Halle 2003, 283-373.

Der idealistische Symbolismus hat sich auch in der systematischen Theologie vielfältig als ein sinnvoller fundamentaltheologischer Ansatz erwiesen. Man denke nur an die Religionstheorie Rudolf Ottos, der die theologischen Begriffe als Deutungsmuster (»Ideogramme«) des religiösen Gefühls versteht, an die Theorie religiöser Sprache bei Emanuel Hirsch, der ihr den Status von Gleichnissen zweiter Stufe zukommen lässt, oder an die Reformulierung der Kreuzestheologie bei Paul Tillich, bei der sich der Träger des Zentralsymbols – Jesus von Nazareth – gänzlich selbst zugunsten des von ihm symbolisierten Gehalts negiert. Die Liste der Beispiele ließe sich unschwer fortsetzen.[26] Was im Anschluss an die Auseinandersetzung mit Novalis zu dem Gespräch innerhalb dieses Rahmens beizutragen wäre, sei im Folgenden dargestellt.

a) Jede Form von evangelischem Christentum, die sich selbst als in kritischer Kontinutität der Christentumsgeschichte stehend begreift, sieht sich einem bestimmten Set von Themen gegenüber, denen es eine Bearbeitung erfahren lassen will. Ein auf Novalis positiv sich beziehendes Christentumsverständnis kann diese Themen natürlich nicht einfach als *credenda* verhandeln, wie dies für den Altprotestantismus der Fall war. Sie müssen in anderer Weise vorkommen: nämlich als Bilder. Ein solcher Protestantismus weiß (und versucht, dieses Wissen produktiv umzusetzen), dass nicht mehr die lehrhafte Darlegung eines dogmatischen Topos, sondern das entsprechende innere Bild im Zentrum der Religion steht. Nicht die Gotteslehre, sondern das Gottes*bild*, nicht die Christologie, sondern das Jesus*bild* formen die Frömmigkeit. Die lehrmäßige Darstellung hat es dann nicht mit der Entfaltung autoritativer Lehrgrundlagen, sondern mit der systematischen Ausdeutung solcher Bildgehalte zu tun. Bedeutet dies in dogmatiktheoretischer Hinsicht sicherlich einen wichtigen Umschwung, so kann man doch einige Indizien dafür anführen, dass in religiöser Hinsicht auch frühere Zeiten von der enormen inneren Kraft der Bilder überzeugt waren. Dies wird exemplarisch deutlich an der Rolle, die das Bild für Martin Luther spielt. Luther hat selbstverständlich stets betont, dass sich der Glaube in Assertionen, in mit Gewissheit ausgedrückten Sätzen auslegt. Desgleichen aber weist er regelmäßig auf die Wichtigkeit des Bildes hin. Und zwar wird sie für die ganze Breite des Bildbegriffs betont: für die besonders plastische Nacherzählung ebenso wie für Malerei und für die Bilder, die vor dem inneren Auge entstehen.[27] Man kann drei Funktionen unterscheiden. Zum ersten dient das Bild der größeren Eindrücklichkeit im religiösen Aneignungsprozess. Zum zweiten erweitern die Bilder die Spannweite der Selbstauslegungsmöglichkeiten, indem sie exemplarische

---

[26] Man darf hier auch auf die zu Unrecht in Vergessenheit geratene Dissertation von EMIL BRUNNER, Das Symbolische in der religiösen Erkenntnis, Tübingen 1914, hinweisen. Brunners weitere theologische Entwicklung gehört im Lichte dieses Erstlingswerks in die Reihe der ›dialektisch-theologischen‹ Verneinungen der eigenen theologischen Herkunft.

[27] Vgl. den Überblick bei HERMANN STEINLEIN, Luthers Anlage zur Bildhaftigkeit. In: Luther-Jahrbuch 22 (1940), 9-45.

Veranschaulichungen von inneren Befindlichkeiten liefern. Das Bild unterstützt daher den religiösen Selbstumgang der Betrachtenden. Die dritte Funktion berührt die besondere Rolle des Christusbildes, von dem im Folgenden vor allem die Rede sein soll. Nach Luther wird im Bild Christi exemplarisch und wirkend der Vorgang der Anfechtung und ihrer Überwindung veranschaulicht: Der Leidensweg Christi kann von Luther auch als ein Angefochtensein von den Bildern des Todes, der Sünde und der Hölle dargestellt werden. Die Überwindung dieser Anfechtung wird dann als ein Sieg des Bildes vom gnädigen Gott beschrieben. Das »Bild, auf das wir sehen sollen, ist seinerseits eine Überwindung solcher andrängender Bilder. Wir werden also auf den Prozess der Überwindung als solchen gelenkt«.[28] Er ist uns im Bilde Christi »gar feyn furgemalet«.[29] Von diesen Bestimmungen Luthers ist die tröstende Wirkung des Bildes vom leidenden Christus in die altlutherische Frömmigkeit übergegangen. Das eindrucksvollste Beispiel ist vielleicht Johann Sebastian Bachs musikalische Umsetzung des Chorals Nr. 52 in der »Johannes-Passion«:

»Erschein mir in dem Bilde
zu Trost in meiner Not,
wie du, Herr Christ, so milde
dich hast geblut' zu Tod.«

Den Prozess der ein-bildenden Deutung beschreibt der Spätorthodoxe Valentin Ernst Löscher in seinem Passionslied »Ich grüße dich am Kreuzesstamm«, wo es vom gekreuzigten Gotteslamm heißt:

»doch sieht mein Glaube wohl an dir,
daß Gottes Majestät und Zier
in diesem Leibe wohne.« (EG 90.1)[30]

Man wird freilich sogleich einräumen müssen, dass diese Rolle des Bildes im Altluthertum immer zurückgebunden ist an das christologische Lehrstück, von dem die materiale Füllung des Bildes sehr stark vorgeprägt ist und an dem die Bilder auch ihr Kriterium haben. An dieser Stelle bringt die Moderne also einen echten Umschwung, der auf das engste mit der Romantik zusammenhängen dürfte. Die Moderne der Frömmigkeit hat ihr Zentrum in der Freisetzung der Bilder. Damit ist zweierlei gemeint. Zum einen lässt sich die Einbildungskraft nicht mehr an die Kandare der Lehrgrundlagen nehmen und pocht auf das Recht,

---

[28] CLAUS-DIETER OSTHÖVENER, Erlösung. Transformationen einer Idee im 19. Jahrhundert, Tübingen 2004, 46. Über die Rolle des Bildes des leidenden Christus bei Luther vgl. aaO., 41-47.

[29] MARTIN LUTHER, Fastenpostille (1525), WA 17 / 2, 189. Im Lateinischen gebraucht Luther das Verb *depingere*.

[30] Wendungen, in denen das »Bild Christi« beschworen wird, finden sich auch in EG 85.10; 88.1; 89.1 und öfter.

sich ihr je eigenes Gottesbild oder Jesusbild zu entwerfen. Wenn dabei natürlich kulturell tradierte Vorstellungsgehalte die Bandbreite der möglichen Bilder
mitbestimmen, so tangiert das indes nicht den prinzipiellen Bescheid über ihr
Eigenrecht. Zum zweiten wird die faktisch schon bestehende Pluralität an Jesus-
bildern als legitimes Faktum wahrgenommen und ausdrücklich begrüßt. Ob nun
der angefochtene Schmerzensmann, der innerliche Herzensfreund, der Panto-
krator, der weise Volkslehrer, der Beistand der Geschlagenen und Entrechteten,
der ›neue Mann‹ eines ganzheitlichen Lebens oder wie sich das fromme Bewusstsein auch immer auf Jesus von Nazareth bezieht: Es wäre desaströs, sollten einige
dieser und anderer Bilder – unbeschadet des in dieser Pluralität liegenden Kon-
fliktpotentials – von vornherein aus dogmatischen Gründen unterdrückt und für
illegitim erklärt werden – noch ganz abgesehen von der langfristigen Unmöglichkeit solchen Verbietens. Indem der Fokus des Jesusbildes auch nicht mehr
nur auf die Passion gerichtet wird, findet auch eine Entschränkung statt. Die
Beschäftigung mit dem ›historischen Jesus‹, die nicht zufällig im Umkreis der
Romantik einen enormen Aufschwung nahm, hat, so gesehen, nicht nur histo-
riographisch-literarkritische, sondern auch eminent frömmigkeitsgeschichtliche
Gründe.

Mit der Freisetzung des Bildes als dem in symboltheoretischer Hinsicht entscheidenden Datum der religiösen Moderne – und hier ist auch die Faszinations-
kraft katholisch-künstlerischer Symbolwelten für den Protestanten Novalis und
darüber hinaus zu verorten – verändert sich auch die Rolle der Kunst für die
Religion. Bereits Luther schätzte den illustrativen Wert, den die Malerei für den
christlichen Glauben haben konnte, wobei bemerkenswert ist, dass ihn mit den
Frühromantikern eine besondere Hochachtung vor dem Werk Albrecht Dürers
verbindet. Aber auch hier hat sich das Verhältnis spätestens seit der Romantik
beträchtlich verändert. Einmal, die Produktion und vor allem die Rezeption
von Kunst, nicht nur von religiöser Kunst, kann in der Kunstandacht zu einem religiösen Akt eigenen Rechts werden. Zum zweiten, der Umgang mit
der Kunst vertieft die Bildfähigkeit der religiösen Subjekte, was ihnen zu neu-
en Einbildungsmöglichkeiten in ihrer frommen Bildproduktion verhilft. Dazu
kommt noch ein Drittes: Im Rückgriff auf das im 18. Jahrhundert formulierte
Ideal der Autonomie der Kunst kann man sagen, dass die Kunst zu einem echten Gegenüber der Religion wird. Religion besitzt kein Monopol mehr auf die
Thematisierung des inneren Menschen. Es ist nicht selten, dass sich das moderne Subjekt in der Kunst adäquater ausgedrückt findet als in der Religion und
dass Kunst vielfach die Religion an Deutungskompetenz und Reflexionsanre-
gung noch übertrifft. Es kann aber auch zu ganz eigen gearteten Formen von
Zusammenwirkung kommen, bei denen beide Sphären gerade in ihrer Autonomie sich gegenseitig inspirieren, ohne dass die eine von der anderen bloß in
Dienst genommen würde. Gerade im ästhetisch-religiösen Symbol schließt sich

die Fiktionalität des Kunstwerks mit der Intention eines unendlichen Gehalts in der Religion zusammen, doch so, dass auch in diesem Zwitterdasein eine ästhetische und eine religiöse Auslegung je für sich möglich bleiben.

Fragen wir nun noch danach, ob es in der neueren evangelischen Theologie bereits Ansätze gab, die den hier geschilderten Überlegungen entsprechen. Man hat weniger an den eingangs erwähnten Paul Tillich zu denken, trotz der Ähnlichkeiten im strukturellen Aufbau der Symboltheorie. Der Grund dafür liegt darin, dass Tillich gegen eine am Jesusbild orientierte Frömmigkeit eine tiefe Abneigung verspürte. Sein Interesse galt der Explikation des allgemeinen Gehalts, den eine spekulative Christologie unter sich begreifen kann, und nicht dem innerlichen Anschauen eines persönlichen Bildes. Nein, das Jesusbild als zentrales religiöses Symbol gehört zum festen Bestand der Theologie des späten 19. Jahrhunderts. So spricht etwa Wilhelm Herrmann von dem »Bilde Jesu«, ja vom »Bild des inneren Lebens Jesu«,[31] dessen Schau jenes innere Erleben auslöst, das das persönliche christliche Leben prägt, und das in der christlichen Gemeinde bewahrt wird. Adolf von Harnack hat gleich zu Beginn seiner berühmten Vorlesungen über das Wesen des Christentums darauf hingewiesen, er wolle nichts anderes als mithelfen, »das Bild Jesu Christi« in der öffentlichen Kommunikation zu halten.[32] Aber nicht nur bei den großen liberalen Theologen findet sich diese Gedankenfigur, auch der seine Theologie gerade als Gegenmodell anempfehlende Martin Kähler macht von ihr Gebrauch: »Was wir von ihnen [scil. den Evangelisten] empfangen, ist eigentlich nur ein ›Charakterbild‹ [...]; so tritt uns in jeder kleinen Geschichte die volle Person unsers Herrn entgegen.«[33]

Fragt man nach den Gründen dieses Befundes, so muss zur Beantwortung dieser Frage etwas ausgeholt werden. Es war Schleiermacher, der als erster die Ergebnisse der historischen Jesusforschung zu koppeln wusste mit einer Biographietheorie, welche die Konstruktion eines Lebenslaufes in einen aus ihr entspringenden Totaleindruck der zu behandelnden Person münden lässt.[34] In mühevoller Kleinarbeit hatte die neutestamentliche Wissenschaft im weiteren Verlauf des 19. Jahrhunderts zur Kenntnis zu nehmen, dass das vorhandene Material zu einer förmlichen Biographie Jesu schlicht nicht ausreicht. Aber, und dies war der entscheidende Gedanke, es zeigte sich, dass das Erzielen eines re-

---

[31] WILHELM HERRMANN, Der Verkehr des Christen mit Gott, Stuttgart / Berlin ⁵/⁶1908, 57.

[32] ADOLF VON HARNACK, Das Wesen des Christentums (1900), hg. von Claus-Dieter Osthövener, Tübingen 2005, 9.

[33] MARTIN KÄHLER, Der sogenannte historische Jesus und der geschichtliche, biblische Christus (1892), hg. von Ernst Wolf, München 1953, 60f. Die dem Bilde korrespondierende Tätigkeit der biblischen Schriftsteller ist das »[S]childern« (60) der Person Jesu.

[34] Vgl. dazu MARKUS SCHRÖDER, Die kritische Identität des Christentums in der Neuzeit, Tübingen 1996, 186-211. Dass Schleiermacher hinsichtlich des Quellenwertes des Johannes-Evangeliums einer Fehleinschätzung unterlag, mindert die konstruktive Kraft dieser Synthese keineswegs.

ligiös valenten Eindrucks nicht zwingend an die Darstellung einer Biographie gebunden ist. Zum Erzeugen jenes Gesamteindrucks von Jesus hat das nach ihm fragende Bewusstsein auch an dem vorliegenden Textmaterial volle Genüge. Die implizite These der Herrmann, Harnack, Kähler und anderer lautet daher: Das Scheitern des Biographieprojekts verhindert nicht, dass aus den neutestamentlichen Schriften ein deutliches Bild der Person Jesu heraussticht, das immer wieder auf's Neue religiöse Kontemplation initiiert.[35]

Gegen diese Konzeption ist von Albert Schweitzer der Vorwurf erhoben worden – und die Theologie des 20. Jahrhunderts hat ihn immer wieder nachgesprochen –, dass sich das von diesen Theologen verbreitete Jesusbild keineswegs durch vermeintlich unbefangene historische Wissenschaft ergebe, sondern sich im Gegenteil massiven Werteintragungen des jeweiligen Forschersubjekts verdanke.[36] Doch der Vorwurf geht ins Leere. Dabei fällt weniger ins Gewicht, dass derselbe Vorwurf auch gegen Schweitzers eigenes Jesusbild, das sich ganz am Kosmopolitismus des ethischen Willens Jesu entzündet, erhoben werden kann. Vielmehr ergibt es keinen Sinn, jemandem etwas vorzuwerfen, was gar nicht zu vermeiden ist. Es gibt keine Möglichkeit für das fromme Bewusstsein, seine eigene konstruktiven Eintragungen zu überspringen, und es ist letztlich naiv anzunehmen, man müsse nur endlich die Vorurteile beiseite räumen, dann würde sich das wissenschaftliche Bild Jesu – bei Beachtung aller Finessen der historischen Methode und bei hinreichend angestrengter Forschungshaltung – gleichsam von selbst ergeben.[37]

Im Wissen um jene Unmöglichkeit versuchte insbesondere die Dialektische Theologie, diesem scheinbaren Dilemma dadurch zu entgehen, dass sie ihm die vermeintliche Objektivität des christologischen Kerygmas und Dogmas entgegensetzte. Aus symboltheoretischer Sicht lässt sich dieses Vorgehen in zweierlei Hinsicht rekonstruieren: Zum einen bedeutet es die willkürliche Bindung an die subjektiven Werteintragungen der ersten Christen, die sie der Person Jesu zumaßen. Zum zweiten bedeutet es in der Lage der frühen 1920er Jahre nichts anderes als den Versuch einer Etablierung eines Jesusbildes, das – dem damaligen Zeitgeschmack entsprechend – stärker widerspenstige, aber auch autoritäre Züge in Jesus einträgt bzw. hevorhebt. Dieses Jesusbild affiziert freilich das entsprechend gestimmte Gemüt so gut wie jedes andere. Sofern allerdings diese Konzeption vermeinte, aus der Subjektivität der Konstruktion auszubrechen, so unterlag sie dem bis heute gängigen Irrtum, eine vorkritische Kanon- oder Inspirationstheo-

---

[35] Das Bewusstsein für das Scheitern des Biographieprojekts ist etwa um 1880 weitgehend entwickelt. Vgl. dazu und zum Thema des Jesusbildes im späten 19. Jahrhundert JOHANN HINRICH CLAUSSEN, Die Jesus-Deutung von Ernst Troeltsch, Tübingen 1996, 78-97.

[36] Vgl. ALBERT SCHWEITZER, Geschichte der Leben-Jesu-Forschung (Tübingen ⁵1951), Berlin 1971, besonders deutlich 371-374, aber auch sonst ein *ceterum censeo*.

[37] Den letzten Versuch von Rang in dieser Richtung hat bekanntlich Emanuel Hirsch unternommen.

rie könne an die Stelle dessen treten, was sinnvollerweise Objektivität heißt. Das Jesusbild eines Karl Barth oder Rudolf Bultmann ist nicht weniger phantasieimprägniert als das der Liberalen, nur dass diese wussten, dass sie von Bildern redeten.

Im Lichte unserer Arbeit legt sich ein ganz anderer Vorwurf nahe. Die Liberalen — und noch viel mehr natürlich ihre dogmatischen Nachfahren — haben eher noch nicht genug auf die Konstruktivität ihres Verfahrens auch in religiöser Hinsicht reflektiert.[38] An dieser Stelle war die Philosophie der Frühromantik bereits einen Schritt weiter. Es ist die Einbildungskraft, die religiösen Bildgehalten erst ihre symbolische Tiefe und Weite gibt, die für die schiere Unaufhörlichkeit von Bedeutungszuschreibungen verantwortlich zeichnet. Dies gilt auch und gerade für das Bild Jesu. Jede Ausgestaltung dieses Bildes lebt von den Übertragungen der in der ›schaffenden Betrachtung‹ befindlichen Interpreten. Im Lichte der Religionstheorie von Novalis stellt sich dieser Sachverhalt keineswegs als das große Manko der Religion dar. Bilder zu schaffen von ›ewigem‹ Gehalt, von denen die Seele sich nähren kann, muss vielmehr als ihre fundamentale Eigenleistung verstanden werden.[39] Die symbolisierende Phantasie ist nicht die große Bedrohung, sondern in Wahrheit integrales Aufbaumoment einer jeden Christologie. In dem Begreifen dieses Gedankens ist uns Novalis immer noch weit voraus.

b) Abschließend ist noch kurz auf jene Bildkomplexe einzugehen, die im Allgemeinen als »Mythen« bezeichnet werden. Seit der Mitte des 18. Jahrhunderts ist klar, dass das heilige Buch der Christenheit neben Geschichtserzählungen auch eine ganze Reihe von solchen Mythen enthält. Ja gerade die Geschichten, welche die zentralen christlichen Feste begründen und von der wunderbaren Empfängnis und Geburt des Gottmenschen, von seiner Auferstehung, und von der Ausgießung des Heiligen Geistes erzählen, sind Mythen im eminenten Sinne. Das eigentliche Problem, das die aufgeklärte Mythentheorie vor allem Christian Gottlob Heynes der Theologie stellte, ist, dass sie den Mythos als eine an die Antike gebundene Denkform nachwies. Der Mythos lebt nur in seiner Korrelation mit einem lebendigen mythischen Bewusstsein. Existiert dies nicht mehr, so wird der Mythos zum historischen Dokument der ›Kindheit des Denkens‹. Zugleich hinterlässt er aber auch — das war das Pathos von Friedrich

---

[38] Von diesem Urteil ist Ernst Troeltsch auszunehmen, vgl. dessen umfangreichen Aufsatz ERNST TROELTSCH, Die Selbständigkeit der Religion. In: ZThK 5 (1895), 361-436; 6 (1896), 71-110.167-218. Vgl. dazu auch JOHANN HINRICH CLAUSSEN, aaO., 1-4.252-285.

[39] Eine ganz andere Frage ist, wie man demgegenüber das Bedürfnis des religiösen Bewusstseins nach einem ›höheren Realismus‹ zu deuten hat. Ob man dies durch eine verständnisvolle, gleichwohl aber kritische Genetisierung (so ULRICH BARTH, Religion in der Moderne, Tübingen 2003, 78-80) als Randphänomen deutet, oder ob man es nicht vielmehr als das auf Entwicklung drängende Unruhemoment der Religion zu verstehen hat, bedarf noch weiterer Untersuchung.

Schillers Gedicht »Die Götter Griechenlands« – eine Sinnlücke, die eigentlich nicht adäquat zu schließen ist. Die verschiedenen Versuche der Theologie, diesem Problem zu begegnen, wie analogisch-moralische Auslegung, existentiale Interpretation oder tiefenpsychologische Aneignung, haben es je auf ihre Weise pragmatisch handhabbar gemacht, aber nicht produktiv aufgenommen oder gar gelöst .

Erst vor diesem Hintergrund gewinnt das romantische Programm der »Neuen Mythologie« seine eigentliche Rasanz. Im Medium des Ästhetischen lässt sich der Idee nach die verlorengegangene Ganzheit wieder restituieren, womit zugleich der alles zerscheidende und kritisierende Verstand seinerseits einer Kritik unterworfen wird. Denn diese zumindest temporär wiederzugewinnende Einheit ist ein Werk der Einbildungskraft. Novalis nimmt nun innerhalb dieser Debatte insofern eine Sonderstellung ein, als er – anders als Hölderlin oder Friedrich Schlegel – diese Idee explizit für das Christentum fruchtbar zu machen versucht. Neue Mythologie heißt für Novalis: ästhetische Re-Mythologisierung des Christentums. Dazu bietet gerade seine Bildtheorie einen vielversprechenden Ansatz.

Auf seiner Linie weiterdenkend, sind die Mythen zunächst einmal nichts anderes als eben solche Bilder, an denen sich die Religion entzündet. In ihrem bloßen Bildcharakter steht die Frage nach der Tatsächlichkeit des Berichteten ganz im Hintergrund. Ferner zeichnen sich die Mythen durch einen besonders hohen Grad an Assoziationspotential aus, und zwar deswegen, weil sich ihre Auslegungsgeschichte im kulturellen Gedächtnis gleichsam an sie angelagert hat. Ein direkter Zugriff auf den Mythos ist sowieso nicht mehr möglich. Und schließlich kann die Mythenkritik selbst noch einmal reflexiv mit aufgenommen werden: Versteht man nämlich die Mythen nicht als naive Berichte vermeintlicher Tatsächlichkeiten, sondern als grandiose Erzeugnisse des menschlichen Geistes angesichts der großen Fragen des Lebens, so tritt ihr Wesen als Bild noch stärker heraus, und das dergestalt ›Abgemalte‹ zeigt sich in seiner bildnerischen Unübertrefflichkeit, indem jede Mythenauslegung, sei sie kritisch oder affirmativ, in Wahrheit die Lebendigkeit ihres Gegenstandes als Bild noch voraussetzt.

All dies spricht in gewisser Weise dafür, den Mythos an gegebenem Orte als solchen vorkommen zu lassen. Dass die christliche Theologie die Mythenkritik beherrscht, wenn sie will, hat sie oft genug gezeigt. Solche aufgeklärte Kritik ist eine Form von Brechung hinsichtlich der früheren Ungebrochenheit der Erklärungskraft des Mythos. Aber der heutige Zugang zu ihm ist ohnehin immer schon gebrochen, eben einfach deshalb, weil wir nicht mehr unter den Bedingungen eines mythischen Bewusstseins leben. Es hat deshalb wenig Sinn, ohne Not noch eine weitere Brechungsstufe hinzuzufügen. Das theologische Vorexerzieren von Mythenkritik erbringt auch in der Regel nicht – wie eigentlich intendiert – den Nachweis von Aufgeklärtheit und damit Gesprächstauglichkeit, sondern erzeugt heute eher den Verdacht mangelnder Ehrfurcht oder wenigstens Irritation über den Umgang der religiösen Praktikanten mit ihren eigenen heiligen Texten.[40]

Das moderne Bewusstsein hat durchaus einige Übung darin, sich zwischen verschiedenen Rationalitätsanmutungen hin- und herzubewegen. Natürlich ist der Rekurs auf den Mythos nicht jederzeit angebracht. Aber das Medium des Ästhetischen, wozu man auf jeden Fall auch die gottesdienstliche Liturgie zählen sollte, kann durchaus der Ort sein, den Mythos zu zelebrieren, ohne ihn noch eigens zu brechen. Seine Bildkraft und innere Stimmigkeit können sich dann ästhetisch entfalten, ohne dass man sich genötigt sehen müsste, das in ihm Symbolisierte jederzeit reflexiv noch einzuholen. Unter modernen Bedingungen besteht allerdings ein gewisser Zwang, den Mythos selbst zu inszenieren. Das stellt Aufgaben eigener Art an die dafür Zuständigen. Die neuere Praktische Theologie hat inzwischen diese Notwendigkeit bereits vielfach wahrgenommen und zu reflektieren begonnen.

Die nötige Einstellung des religiös Praktizierenden ist gelegentlich als »Zweite Naivität«[41] bezeichnet worden. Danach kann man sich dem Mythischen zwar nicht mehr ungebrochen, aber doch unter methodischer Ausblendung des kritischen Bewusstseins öffnen, legitimiert durch das Wissen, dass der Mythos, als Symbol verstanden, doch auf einer ganz anderen Ebene wirken will. Der Vorschlag hat auf den ersten Blick etwas sehr Einleuchtendes, greift aber doch etwas zu kurz. Denn das Konzept der »zweiten Naivität« übersieht, dass der religiöse Akt selbst, das Interpretieren eines Symbolzusammenhangs zum Zwecke der Selbstauslegung, niemals naiv sein kann: Naivität setzt eine fortgeschrittene Bildungsebene voraus, auf die hin ein Bewusstsein sublimiert werden kann – und eben die liegt hier nicht vor, wenn man nicht platten Formen von Religionskritik das Wort reden möchte. Es gibt kein Darüberhinaus der Religion im menschlichen Geist. Das besagt indessen nicht, dass es nicht Ausdrucksformen geben kann, die auch im Bewusstsein ihrer Symbolizität durchaus als naiv einzuschätzen sind.

Schon deshalb kann es sich das Christentum nicht leisten, auf reflexive Bearbeitung seiner (mythischen) Gehalte zu verzichten. Der Mythos muss tradiert, inszeniert und reflektiert werden. Religionspädadgogik, Liturgik und Glaubenslehre leisten also jeweils ihren eigenen Beitrag zur Bewältigung und produktiven

---

[40] Dies gilt nicht zuletzt deswegen, da man dem christlichen Mythos durchaus auch Kriterienfunktion zumessen kann. Wo immer religiöse Symbolwelten sich selbst noch als Ausdeutungen und Auslegungen der Ursprungsmythen begreifen können, da ist eine Kontinuität der Christentumsgeschichte gewährleistet. Ein Mehr an kriteriologischer Steuerung der frommen Bildproduktion gibt es im Lichte der hier vorgetragenen Theorie nicht, mehr braucht es aber auch nicht.

[41] Werner Jetter, Symbol und Ritual, Tübingen ²1979, 61. Im Hintergrund stehen Überlegungen von Paul Ricœur.

Bearbeitung des Problems »Mythos«. Dass aus diesem Nebeneinander, ja sogar Ineinander von Inszenzierung und Reflexion subjektive Integrationsprobleme entstehen, mit denen sich das zugleich modern und fromm sein wollende Subjekt konfrontiert sieht, ist unbestritten. Eine Religionstheorie vom Schlage eines Novalis erlaubt es aber, diese Probleme als Bildungsprobleme zu identifizieren. Die Materialien zur *deren* Lösung hat die Theologie des aufgeklärten Protestantismus seit Jahrhunderten bereit gestellt.

Anhang

Quellen- und Literaturverzeichnis

Quellen

ARISTOTELES, Philosophische Schriften in sechs Bänden, Hamburg 1995.

−: Poetik. Griechisch / Deutsch. Übersetzt und herausgegeben von Manfred Fuhrmann, Stuttgart 1994 (= RUB 7828).

Athenaeum. Eine Zeitschrift von August Wilhelm Schlegel und Friedrich Schlegel. 3 Bde., Berlin 1798-1800 (ND Darmstadt 1983).

BATTEUX, CHARLES, Einschränkung der Schönen Künste auf einen einzige Grundsatz; aus dem Französischen übersetzt, und mit verschiednen eignen damit verwandten Abhandlungen begleitet von Johann Adolf Schlegeln, erster Theil (1758), 3. Aufl., Leipzig 1770.

BUDDEUS, JOHANN FRANZ, Institutiones theologicae dogmaticae variis observationibus illustratae, Leipzig 1723.

BÜRGER, GOTTFRIED AUGUST, Sämtliche Werke. Herausgegeben von Günter und Hiltrud Hertzschel, München 1987.

CALVIN, JEAN, Commentarius in Epistolam priorem ad Corinthios (1546). Calvini Opera, Vol. 49, Braunschweig 1892.

COMTE, AUGUST, Die Soziologie. Die positive Philosophie im Auszug, hg. von Friedrich Blaschke, 2. Aufl. mit einer Einleitung versehen von Jürgen v. Kempski, Stuttgart 1974 (= Kröners Taschenausgabe, Bd. 107).

D'ALEMBERT, JEAN LE ROND, Einleitung zur ›Enzyklopädie‹ (1751). Herausgegeben und mit einem Essay von Günther Mensching, Aus dem Französischen von Annemarie Heins, Frankfurt a. M. 1989.

FICHTE, JOHANNE GOTTLIEB Gesamtausgabe der Bayerischen Akademie der Wissenschaften, hg. v. R. Lauth / H. Jacob, Stuttgart / Bad Cannstatt 1964ff.

−: Sämmtliche Werke, hg. v. Immanuel Hermann Fichte. Berlin 1971 (Nachdruck von: Johann Gottlieb Fichtes sämmtliche Werke, hg. v. I. H. Fichte, Berlin 1845 / 46; und: Johann Gottlieb Fichtes nachgelassene Werke, hg. v. I. H. Fichte, Bonn 1834 / 35).

−: Wissenschaftslehre 1804, Zweiter Vortrag vom 16. April bis 8. Juni, hg. von Reinhard Lauth und Joachim Widmann unter Mitarbeit von Peter Schneider, Hamburg 1986 (= PhB 284).

GOETHE, JOHANN WOLFGANG, Unterhaltung deutscher Ausgewanderten (1795), hg. von Leif Ludwig Albertsen, Stuttgart 1991 (= RUB Nr. 6558).

−: Werke. Jubiläumsausgabe in 6 Bänden, hg. von Fr. Apel u. a., Darmstadt 1998.

GOTTSCHED, JOHANN CHRISTOPH, Versuch einer critischen Dichtkunst, Leipzig 4. Aufl. 1751 (ND Hildesheim 1962).

GRESCHAT, MARTIN (Hg.), Vom Konfessionalismus zur Moderne, Neukirchen-Vluyn 1997 (= Kirchen- und Theologiegeschichte in Quellen: ein Arbeitsbuch, Bd. IV).

HEGEL, GEORG FRIEDRICH, Enzyklopädie der philosophischen Wissenschaften im Grundrisse (1830). Hauptwerke in sechs Bänden, Bd. 6, Hamburg 1999.

HEMSTERHUIS, FRANS, Alexis, oder vom goldenen Zeitalter, Vermischte philosophische Schriften des Herrn Hemsterhuis, Bd. 2, Leipzig 1797.

−: Opere. A cura di Claudia Melica, Neapel 2001.

−: Oeuvres de Francois Hemsterhuis, Bd. 1, Leuuwarden 1846.

HERDER, JOHANN GOTTFRIED, Sämtliche Werke, hg. von Bernhard Suphan, Berlin 1909 (ND Hildesheim 1967).

HÖLDERLIN, FRIEDRICH, Sämtliche Werke und Briefe, Band II, hg. von Michael Knaupp, Darmstadt 1998.

HORAZ, Sämtliche Werke. Lateinisch und deutsch, hg. von Hans Färber, München / Zürich, 10. Aufl. 1985.

JACOBI, FRIEDRICH HEINRICH, Über die Lehre des Spinoza in Briefen an den Herrn Moses Mendelssohn (1785-1819), Hamburg 2000 (= PhB, Bd. 517).

KANT, IMMANUEL, Gesammelte Schriften, hg. von der Königlich-Preußischen Akademie der Wissenschaften, Berlin 1900ff.

−: Kritik der praktischen Vernunft (1788), hg. von Wilhelm Weischedel, Frankfurt a M. 1974 (= stw Bd. 56).

−: Kritik der reinen Vernunft, hg. von R. Schmidt, Hamburg 1956.

−: Kritik der Urteilskraft, hg. von Karl Vorländer, Hamburg 1924.

−: Prolegomena zu einer jeden künftigen Metyphysik, die als Wissenschaft wird auftreten können (1783), hg. von Karl Vorländer, Hamburg 1905 (ND Hamburg 1957) (= PhB Bd. 40).

KRUG, WILHELM TRAUGOTT, Versuch einer Systematischen Enzyklopädie der Wissenschaften, Bd. 1, Wittenberg / Leipzig 1796.

LAMBERT, JOHANN HEINRICH: Abhandlung vom Criterium veritatis (1761), hg. v. K. Bopp. In: Kant-Studien. Ergänzungshefte, Bd. 36, Berlin 1915.

−: Neues Organon oder Gedanken über die Erforschung und Bezeichnung des Wahren und dessen Unterscheidung vom Irrtum und Schein, Bd. 1 (1764), hg. von Günter Schenk, Berlin 1990.

LEIBNIZ, GOTTFRIED WILHELM, Betrachtungen über die Erkenntnis, die Wahrheit und die Ideen. In: Hauptschriften zur Grundlegung der Philosophie, übersetzt von A. Buchenau, hg. von Ernst Cassirer, Bd. 1, Hamburg 1966 (= PhB Bd. 107), 22-29.

LESSING GOTTHOLD EPHRAIM, Werke in acht Bänden, hg. von Herbert G. Göpfert u. a., München 1976 (ND Darmstadt 1996).

LUTHER, MARTIN, Fastenpostille (1525). Werke. Kritische Gesamtausgabe, Bd. 17 / 2, Weimar 1927, 1-247.

MEIER, GEORG FRIEDRICH: Anfangsgründe aller schönen Wissenschafte (1748ff), 3 Bde., Halle 1755 (ND Hildesheim 1976).

−: Auszug aus der Vernunftlehre (1752). In: Kant, Immanuel: Gesammelte Schriften, hg. v. d. Königlich-Preußischen Akademie der Wissenschaften, Bd. XVII, Berlin 1900ff.

−: Ontologie (= Metaphysik, Bd. 1), 2. Aufl., Halle 1765.

−: Psychologie (= Metaphysik, Bd. 3), 2. Aufl., Halle 1765.

−: Theoretische Lehre von den Gemüthsbewegungen überhaupt, Halle 1744.

−: Vernunftlehre (1752), 2 Bde., hg. v. G. Schenk, Halle 1997.

−: Versuch einer allgemeinen Auslegungskunst (1757). Mit einer Einleitung und Anmerkungen hg. von Axel Bühler und Luigi Cataldi Madonna, Hamburg 1996 (= PhB Bd. 482).

MORITZ, KARL PHILIPP, Schriften zur Ästhetik und Poetik, hg. von Hans Joachim Schrimpf, Tübingen 1962.

MUSÄUS, KARL AUGUST, Volksmärchen der Deutschen, 1782-1786.

NOVALIS, Fichte Studies. Edited by Jane Kneller, Cambridge University Press 2003 (= Cambridge Texts in the History of Philosophy).

–: Schriften, Die Werke Friedrich von Hardenbergs. Sechs in sieben Bänden. Hg. von Paul Kluckhohn und Richard Samuel, Stuttgart 1960ff.

–: Werke, Tagebücher und Briefe Friedrich von Hardenbergs, 3 Bde., hg. von Hans-Joachim Mähl und Richard Samuel, München 1978 (ND Darmstadt 1999).

PLATON, Politeia. Werke in acht Bänden (hg. von Günter Eigler), Bd. 4, 2. Aufl., Darmstadt 1990.

REINHOLD, KARL LEONHARD, Über die Möglichkeit der Philosophie als strenge Wissenschaft. In: ders., Beyträge zur Berichtigung bisheriher Missverständnisse der Philosophen. Erster Band, das Fundament der Elementarphilosophie betreffend, Jena 1790, 341-372, neu herausgegeben von Faustino Fabbianelli, Hamburg 2003 (= PhB Bd. 554a), 229-251.

–: Über das Fundament des philosophischen Wissens nebst einigen Erläuterungen über die Theorie des Vorstellungsvermögens, Jena 1791, ND Hamburg 1978 (= PhB Bd. 299).

SCHELLING, FRIEDRICH WILHELM JOSEF, Philosophische Untersuchungen über das Wesen der menschlichen Freiheit (1809), hg. von Thomas Buchheim, Hamburg 1997 (= PhB Bd. 503).

–: System des transzendentalen Idealismus (1800), Ausgewählte Schriften Bd. 1, Frankfurt 1985.

–: Werke. Historisch-kritische Ausgabe. Hg. von Hans-Michael Baumgartner et al., Stuttgart 1976ff.

SCHILLER, FRIEDRICH, Werke. Nationalausgabe. Hg. von Julius Petersen und Gerhdard Fricke, Weimar 1943ff.

SCHLEGEL, AUGUST WILHELM, Sämmtliche Werke. Hg. von Eduard Böcking, Leipzig 1846ff. (ND Hildesheim 1971).

SCHLEGEL, FRIEDRICH, Kritische Friedrich-Schlegel-Ausgabe. Hg. von Ernst Behler unter Mitwirkung von Jean-Jacques Anstett und Hans Eichner, München / Paderborn / Wien 1959ff.

–: Schriften zur Literatur, hg. von Wolfdietrich Rasch, München 1972.

SCHLEIERMACHER, FRIEDRICH, Kurze Darstellung des theologischen Studiums zum Behuf einleitender Vorlesungen (1811), Leipzig 1910 (ND Darmstadt 1993).

–: Über die Religion. Reden an die Gebildeten unter ihren Verächtern (1799). Hg. von Günter Meckenstock, Berlin / New York 2001.

JOHANN JOACHIM SPALDING, Von der Nutzbarkeit des Predigtamtes, (2. Aufl., Berlin 1773), Tübingen 2003

WACKENRODER, WILHELM HEINRICH / TIECK, LUDWIG, Herzensergießungen eines kunstliebenden Klosterbruders (1797), Stuttgart 1979 (= RUB Nr. 7860).

WOLFF, CHRISTIAN, Vernünfftige Gedancken von Gott, der Welt und der Seele des Menschen, auch von allen Dingen überhaupt [Deutsche Metaphysik], 4. Aufl., Halle 1751, neu hg. von Charles A. Corr, Hildesheim 1983.

Sekundärliteratur

AERTSEN, JAN A., Art. Schöne (das) II. Mittelalter, HWPh 8 (1992), 1351-1356.

AHLERS, BOTHO, Die Unterscheidung von Theologie und Religion. Ein Beitrag zur Vorgeschichte der Praktischen Theologie im 18. Jahrhundert, Gütersloh 1980.

ALBRECHT, MICHAEL, Kants Antinomie der praktischen Vernunft, Hildesheim / New York 1978 (= Studien und Materialien zur Geschichte der Philosophie, Bd. 21).

ALEXANDER, WERNER, Hermeneutica Generalis. Zur Konzeption und Entwicklung der allgemeinen Verstehenslehre im 17. und 18. Jahrhundert, Stuttgart 1993.

ALLISON, HENRY E., Kant's Transcendental Idealism. An interpretation and defense, New Haven / London 1983.

AMTMANN-CHORNITZER, CLAUDIA, »Schöne Welt, wo bist du?« Die Rückkehr des Goldenen Zeitalters in geschichtsphilosophischen Gedichten von Schiller, Novalis und Hölderlin, Erlangen / Jena 1997 (= Erlanger Studien, Bd. 111).

APEL, FRIEDMAR, Die Zaubergärten der Phantasie. Zur Theorie und Geschichte des Kunstmärchens, Heidelberg 1978.

ASMUTH, CHRISTOPH, Bild – Negation – Kreativität. In: Kreativität. XX. Kongress für Philosophie, hg. von Günter Abel, Bd. 2, Berlin 2005, 193-204.

–: Von der Kritik zur Metaphysik. Der transzendentalphilosophische Wendepunkt Kants und dessen Wende bei Fichte. In: Klaus Kahnert / Burkhard Mojsisch (Hg.), Umbrüche. Historische Wendepunkte der Philosophie von der Antike bis zur Neuzeit. FS für Kurt Flasch zu seinem 70. Geburtstag, Amsterdam / Philadelphia 2001, 167-187.

ASSMANN, ALEIDA / ASSMANN, JAN, Art. Mythos. In: HrwG Bd. 4 (1998), 179-200.

BADER, FRANZ, Die Mehrdeutigkeit der drei Grundsätze in Fichtes »Grundlage der gesamten Wissenschaftslehre von 1794 / 95. In: Klaus Hammacher / Albert Mues (Hg.), Erneuerung der Transzendentalphilosophie im Anschluß an Kant und Fichte. Reinhard Lauth zum 60. Geburtstag, Stuttgart 1979, 11-41.

BAHR, PETRA, Darstellung des Undarstellbaren. Religionstheoretische Studien zum Darstellungsbegriff bei A. G. Baumgarten und I. Kant, Tübingen 2004 (= Religion in Philosophy and Theology, Bd. 9).

BALMES, HANS JÜRGEN, Kommentar. (= Novalis. Werke, Tagebücher und Briefe, Bd. 3), München 1978 (ND Darmstadt 1999).

BARTH, ANDREAS, Inverse Verkehrung der Reflexion. Ironische Textverfahren bei Friedrich Schlegel und Novalis, Heidelberg 2001 (= Neues Forum für allgemeine und vergleichende Literaturwissenschaft, Bd. 14).

BARTH, KARL, Die kirchliche Dogmatik, Bd. I / 1, 5. Aufl., Zürich 1947.

–: Die protestantische Theologie im 19. Jahrhundert. Ihre Vorgeschichte und ihre Geschichte, 3. Aufl., Zürich 1960.

BARTH, RODERICH, Absolute Wahrheit und endliches Wahrheitsbewußtsein. Das Verhältnis von logischem und theologischem Wahrheitsbegriff – Thomas von Aquin, Kant, Fichte und Frege, Tübingen 2004 (= Religion in Philosophy and Theology, Bd. 13).

BARTH, ULRICH, Ästhetisierung der Religion – Sakralisierung der Kunst. Wackenroders Konzept der Kunstandacht. In: Ders., Aufgeklärter Protestantismus, Tübingen 2004, 225-256.

–: Aufgeklärter Protestantismus, Tübingen 2004.

–: Die Entdeckung der Subjektivität des Glaubens. Luthers Buß-, Schrift und Gnadenverständnis. In: Ders., Aufgeklärter Protestantismus, Tübingen 2004, 27-51.

–: Gott als Grenzbegriff der Vernunft. Kants Destruktion des vorktitisch-ontologischen Theismus. In: ders., Gott als Projekt der Vernunft, Tübingen 2005, 235-262.

–: Gott als Projekt der Vernunft, Tübingen 2005.

–: Gott und Natur. Schellings metaphysische Deutung der Evolution. In: Ders., Religion in der Moderne, Tübingen 2003, 461-481.

–: Der Letztbegründungsgang der ›Dialektik‹. Schleiermachers Fassung des transzendentalen Gedankens. In: Ders., Aufgeklärter Protestantismus, Tübingen 2004, 353-385.

–: Mündige Religion – Selbstdenkendes Christentum. Deismus und Neologie in wissenssoziologischer Perspektive. In: Ders., Aufgeklärter Protestantismus, Tübingen 2004, 201-224.

–: Objektbewußtsein und Selbstbewußtsein. Kants erkenntnistheoretischer Zugang zum Ich-Gedanken. In: ders., Gott als Projekt der Vernunft, Tübingen 2005, 195-234.

–: Religion in der Moderne, Tübingen 2003.

–: Religion und ästhetische Erfahrung. Interdependenzen symbolischer Erlebniskultur. In: Religion in der Moderne, Tübingen 2003, 235-262.

–: Die Religionstheorie der ›Reden‹. Schleiermachers religionstheoretisches Modernisierungsprogramm. In: Ders., Aufgeklärter Protestantismus, Tübingen 2004, 269-289.

—: Die religiöse Selbstdeutung der praktischen Vernunft. Kants Grundlegung der Ethikotheologie. In: ders., Gott als Projekt der Vernunft, Tübingen 2005, 263-307.

—: Art. Vernunft II. Philosophisch. In: TRE 34 (2002), 738-768.

—: Von der Ethikotheologie zum System religiöser Deutungswelten. Pantheismusstreit, Atheismusstreit und Fichtes Konsequenzen. In: Ders., Religion in der Moderne, Tübingen 2003, 285-311.

—: Was ist Religion? Sinndeutung zwischen Erfahrung und Letztbegründung. In: Ders., Religion in der Moderne, Tübingen 2003, 3-27.

—: Zur Barth-Deutung Eberhard Jüngels. In: Theologische Zeitschrift Basel 40 (1984), 296-320. 394-415.

BARTH, ULRICH / OSTHÖVENER, CLAUS-DIETER (Hg.), 200 Jahre »Reden über die Religion«. Akten des 1. Internationalen Kongresses der Schleiermacher-Gesellschaft, Halle 14.-17. März 1999, Berlin / New York 2000 (= Schleiermacher-Archiv, Bd. 19).

BAUM, MANFRED, Deduktion und Beweis in Kants Transzendentalphilosophie. Untersuchungen zur *Kritik der reinen Vernunft*, Königstein / Ts. 1986.

BAUMANNS, PETER, Fichtes Wissenschaftslehre. Probleme ihres Anfangs. Mit einem Kommentar zu § 1 der »Grundlage der gesamten Wissenschaftslehre«, Bonn 1974 (= Abhandlungen zur Philosophie, Psychologie und Pädagogik, Bd. 96).

—: Kants Philosophie der Erkenntnis. Durchgehender Kommentar zu den Hauptkapiteln der »Kritik der reinen Vernunft«, Würzburg 1997.

BECK, LEWIS WHITE, Kants »Kritik der praktischen Vernunft«. Ein Kommentar (1960). Ins Deutsche übersetzt von Karl-Heinz Ilting, 3. Aufl., München 1995 (= Kritische Information, Bd. 19).

—: Lambert und Hume in Kants Entwicklung von 1769-1772. In: Kant-Studien 60 (1969), 123-130.

BEESE, MARIANNE, Novalis. Leben und Werk, Rostock 2000.

BEETZ, MANFRED, Georg Friedrich Meiers semiotische Hermeneutik. In: Ders. / Giuseppe Cacciatore, Die Hermeneutik im Zeitalter der Aufklärung, Köln / Weimar / Wien 2000 (= Collegium Hermeticum, Bd. 3), 17-30.

BEETZ, MANFRED / CACCIATORE, GIUSEPPE (Hg.), Die Hermeneutik im Zeitalter der Aufklärung, Köln / Weimar / Wien 2000 (= Collegium Hermeticum, Bd. 3).

BEHLER, ERNST, Das Fragment. In: Klaus Weissenberger (Hg.), Prosakunst ohne Erzählen. Die Gattungen der nicht-fiktionalen Kunstprosa, Tübingen 1985 (= Konzepte der Sprach- und Literaturwissenschaft, Bd. 34), 125-143.

—: Der Antagonismus von Weimarer Klassik und Jenaer Frühromantik. In: Walter Haug / Wilfried Barner (Hg.), Ethische contra ästhetische Legitimation von Literatur, Tübingen 1986 (= Kontroversen, alte und neue, Bd. 8), 167-175.

—: Einleitung. In: Ders. (Hg.), Friedrich Schlegel: Über das Studium der griechischen Poesie 1795-97. Studienausgabe, Paderborn 1981, 13-128.

—: Goethes Wilhelm Meister und die Romantheorie der Frühromantik. In: Ders., Studien zur Romantik und zur idealistischen Philosophie, Bd. 2, Paderborn 1993, 157-172.

—: Symbol und Allegorie in der frühromantischen Theorie. In: Ders., Studien zur Romantik und zur idealistischen Philosophie, Bd. 2, Paderborn 1993, 249-263.

BENJAMIN, WALTER, Der Begriff der Kunstkritik in der deutschen Romantik (1920). In: Ders., Gesammelte Schriften, Bd. I / 1. Abhandlungen, Frankfurt a. M. 1980 (= es: Werkausgabe), 7-122.

BEUTEL, ALBRECHT, Kunst als Manifestation des Unendlichen. Wackenroders »Herzensergiessung eines kunstliebenden Klosterbruders« (1796/97). In: ZThK 97 (2000), 210-237.

BLUMENBERG, HANS, Wirklichkeitsbegriff und Möglichkeit des Romans. In: Hans Robert Jauß

(Hg.), Nachahmung und Illusion. Kolloquium Gießen 1963. Vorlagen und Verhandlungen, 2. Aufl., München 1969 (= Poetik und Hermeneutik, Bd. 1).

BONDELI, MARTIN: Das Anfangsproblem bei Karl Leonhard Reinhold. Eine systematische und entwicklungsgeschichtliche Untersuchung zur Philosophie Reinholds in der Zeit von 1789 bis 1803, Frankfurt a.M. 1995 (= Philosophische Abhandlungen, Bd. 62).

BONGARDT, MICHAEL, Die Fraglichkeit der Offenbarung. Ernst Cassirers Philosophie als Orientierung im Dialog der Religionen, Regensburg 2000 (= Ratio fidei, Bd. 2).

BORNKAMM, HEINRICH, Luther im Spiegel der deutschen Geistesgeschichte. Mit ausgewählten Texten von Lessing bis zur Gegenwart, Heidelberg 1955.

BRINKMANN, RICHARD, Romantische Dichtungstheorie in Friedrich Schlegels Frühschriften und Schillers Begriffe des Naiven und Sentimentalischen. In: Deutsche Vierteljahrsschrift für Literaturwissenschaft und Geistesgeschichte 32 (1958), 344-371.

BRUNNER, EMIL, Das Symbolische in der religiösen Erkenntnis. Beiträge zu einer Theorie des religiösen Erkennens, Tübingen 1914.

BUCHHOLZ, HELMUT, Perspektiven der Neuen Mythologie. Mythos, Religion und Poesie im Schnittpunkt von Idealismus und Romantik um 1800, Frankfurt a. M. 1990 (= Berliner Beiträger zur neueren deutschen Literaturgeschichte, Bd. 13).

BÜHLER, AXEL (Hg.), Unzeitgemäße Hermeneutik. Verstehen und Interpretation im Denken der Aufklärung, Frankfurt a. M. 1994.

BÜHLER, KARL, Sprachtheorie. Die Darstellung der Sprache (1934), Stuttgart 1982 (= utb, Bd. 1159).

BURKHARDT, HANS, Logik und Semiotik in der Philosophie von Leibniz, München 1980 (= Reihe Analytica).

BUSSMANN, HANS, Eine systemanalytische Betrachtung des Schematismuskapitels in der Kritik der reinen Vernunft. In: Kant-Studien 85 (1994), 394-418.

CAMARTIN, ISO, Kants Schematismuslehre und ihre Transformation beim frühen Fichte, Diss. Regensburg 1971.

CARLSSON, ANNI, Die Fragmente des Novalis, Basel 1939.

CASSIRER, ERNST, Philosophie der symbolischen Formen (1923ff), 3 Bde., 2. Aufl. 1953 (ND Darmstadt 1994).

–: Wesen und Wirkung des Symbolbegriffs, Darmstadt 1956 (ND Darmstadt 1965).

CATALDI MADONNA, LUIGI, Von Thomasius bis Semler. Entwicklungslinien der Hermeneutik in Halle. In: Dies. (Hg.), Hermeneutik der Aufklärung, Hamburg 1994 (= Aufklärung, Bd. 8 / 1), 49-70.

–: Einleitung. In: Dies. (Hg.), Georg Friedrich Meier, Versuch einer allgemeinen Auslegungskunst (1757), Hamburg 1996 (= PhB Bd. 482), VII-CII.

CARL, WOLFGANG, Die transzendentale Deduktion in der zweiten Auflage. In: Georg Mohr / Marcus Willaschek (Hg.), Immanuel Kant: Kritik der reinen Vernunft, Berlin 1998 (= Klassiker auslegen, Bd. 17 / 18), 189-216.

CHAOULI, MICHEL, The Laboratory of Poetry. Chemistry and Poetics in the Work of Friedrich Schlegel, Baltimore / London 2002 (= Parallex).

CLAUSSEN, JOHANN HINRICH, Die Jesus-Deutung von Ernst Troeltsch im Kontext der liberalen Theologie, Tübingen 1997 (= Beiträge zur historischen Theologie, Bd. 99).

CRAMER, KONRAD, »Gegeben« und »Gemacht«. Vorüberlegungen zur Funktion des Begriffs »Handlung« in Kants Theorie der Erkenntnis von Objekten. In: Gerold Prauss (Hg.), Handlungstheorie und Transzendentalphilosophie, Frankfurt 1986, 41-81.

–: Nicht-reine synthetische Urteil a priori. Ein Problem der Transzendentalphilosophie Kants, Heidelberg 1985 (= Heidelberger Forschungen, Bd. 25).

DAIBER, JÜRGEN, Experimentalphysik des Geistes. Novalis und das romantische Experiment, Göttingen 2001.

DANZ, CHRISTIAN, Der Begriff des Symbols bei Paul Tillich und Ernst Cassirer. In: Enno Rudolph / Dietrich Korsch (Hg.), Die Prägnanz der Religion in der Kultur. Ernst Cassirer und die Theologie, Tübingen 2000 (= Religion und Aufklärung, Bd. 7), 201-228.

DEMMERLING, CHRISTOPH, Im Dickicht der Zeichen. In: Philosphische Rundschau 50 (2003), 97-123.

DEUSER, HERMANN, Gott: Geist und Natur. Theologische Konsequenzen aus Charles S. Peirce' Religionsphilosophie, Berlin / New York 1993 (= Theologische Bibliothek Töpelmann, Bd. 56).

DICK, MANFRED, Die Entwicklung des Gedankens der Poesie in den Fragmenten des Novalis, Bonn 1967 (= Mainzer philosophische Forschungen, Bd. 7).

DIERKSMEIER, CLAUS, Zum Begriff des religiösen Gefühls im Anschluß an Kant. In: ZNThG 8 (2001), 201-217.

DIERSE, ULRICH, Art. Religion VI. 18. Jahrhundert, HWPh 8 (1992), 653-673.

–: Enzyklopädie. Zur Geschichte eines philosophischen und wissenschaftstheoretischen Begriffs, Bonn 1977 (= Archiv für Begriffsgeschichte, Supplementheft 2).

DILTHEY, WILHELM, Novalis (1865). In: Ders., Das Erlebnis und die Dichtung, 7. Aufl., Leipzig / Berlin 1921.

DIEZ, MAX, Novalis und das allegorische Märchen. In: Gerhard Schulz (Hg.), Novalis. Beiträge zu Werk und Persönlichkeit Friedrich von Hardenbergs, 2. Aufl., Darmstadt 1986 (= Wege der Forschung, Bd. 248).

DOD, ELMAR, Die Vernünftigkeit der Imagination in Aufklärung und Romantik. Eine komparatistische Studie zu Schillers und Shelleys ästhetischen Theorien in ihrem europäischen Kontext, Tübingen 1985 (= Studien zur deutschen Literatur, Bd. 84).

DOERNE, MARTIN, Protestantische Humanität, Göttingen 1969 (= Göttinger Universitätsreden, Bd. 54).

DONNER, HERBERT, Geschichte des Volkes Israel und seiner Nachbarn in Grundzügen, Bd. 2, 2. Aufl., Göttingen 1995.

DÜRBECK, GABRIELE, Einbildungskraft und Aufklärung: Perspektiven der Philosophie, Anthropologie und Ästhetik um 1750, Tübingen 1998 (= Studien zur deutschen Literatur, Bd. 148).

EBELING, GERHARD, Dogmatik des christlichen Glaubens, Bd. 1, Tübingen 1979.

EICHELDINGER, MARTINA, Einleitung. In: N VI.1, 3-46.

EISENRING, MAX, Johann Heinrich Lambert und die wissenschaftliche Philosophie der Gegenwart, Zürich 1942.

ELLSIEPEN, CHRISTOF, Anschauung des Universums und Scientia Intuitiva. Die spinozistischen Grundlagen von Schleiermachers früher Religionstheorie, Berlin / New York 2006.

ESDERS, MICHAEL, Begriffs-Gesten. Philosophie als kurze Prosa von Friedrich Schlegel bis Adorno, Frankfurt a. M. 2000 (= Literatur als Sprache, Bd. 14).

FALKENBURG, BRIGITTE, Kants Kosmologie. Die wissenschaftliche Revolution der Naturphilosophie im 18. Jahrhundert, Frankfurt a.M. 2000 (= Philosophische Abhandlungen, Bd. 77).

FETSCHER, JUSTUS, Art. Fragment. In: Ästhetische Grundbegriffe Bd. 2 (2001), 551-588.

FLASCH, KURT, Ars imitatur naturam. Platonischer Naturbegriff und mittelalterliche Philosophie der Kunst. In: Ders. (Hg.), Parusia. Studien zur Philosophie Platons und zur Problemgeschichte des Platonismus. Festgabe für Johannes Hirschberger, Frankfurt a.M. 1965, 265-306.

FÖRSTER, ECKART, Die Dialektik der reinen praktischen Vernunft. In: Otfried Höffe (Hg.), Immanuel Kant: Kritik der praktischen Vernunft, Berlin 2002, (= Klassiker Auslegen, Bd. 26), 173-186.

FRANK, MANFRED, »Alle Wahrheit ist relativ, alles Wissen symbolisch«. Motive der Grundsatz-Skepsis in der frühen Jenaer Romantik (1796). In: Revue Internationale de Philosophie 50 (1996), 403-436.

—: Einführung in die frühromantische Ästhetik, Frankfurt a.M. 1989 (= es NF 563).

—: Das »fragmentarische Universum« der Romantik. In: Lucien Dällenbach / Christiaan L. Hart Nibbrig (Hg.), Fragment und Totalität, Frankfurt a. M. 1984 (= es NF 107), 212-224.

—: Fragmente einer Geschichte der Theorie des Selbstbewußtseins. In: ders. (Hg.), Selbstbewußtseinstheorien von Fichte bis Sartre, Frankfurt a. M. 1991.

—: »Intellektuelle Anschauung«. Drei Stellungnahmen zu einem Deutungsversuch von Selbstbewußtsein: Kant, Fichte, Hölderlin / Novalis. In: Enst Behler (Hg.), Aktualität der Frühromantik, Paderborn 1987, 96-126.

—: Die Philosophie des sogenannten »magischen Idealismus«. In: Euphorion 63 (1969), 88-116.

—: Das Problem »Zeit« in der deutschen Romantik. Zeitbewußtsein und Bewußtsein von Zeitlichkeit in der frühromantischen Philosophie und in Tiecks Dichtung (1972), 2., mit einem Nachwort versehene Aufl., Paderborn 1990.

—: Selbstgefühl. Eine historisch-systematische Erkundung, Frankfurt a. M. 2002 (= stw 1611).

—: »Unendliche Annäherung«. Die Anfänge der philosophischen Frühromantik, Frankfurt a.M. 1997 (= stw 1328).

—: Von der Grundsatz-Kritik zur freien Entfaltung. Die ästhetische Wende in den *Fichte-Studien* und ihr konstellatorisches Umfeld. In: Athenäum. Jahrbuch für Frühromantik 8 (1998), 75-95.

FRANK, MANFRED / KURZ, GERHARD, Ordo inversus. In: Herbert Anton et al. (Hg.), Geist und Zeichen. FS Arthur Henkel zu seinem 60. Geburtstag, Heidelberg 1977, 75-97.

FREGE, GOTTLOB, Über Sinn und Bedeutung (1892). In: Ders.: Funktion, Begriff, Bedeutung, 5. Aufl., Göttingen 1980, 40-65.

FRICKE, CHRISTEL, Kants Theorie des reinen Geschmacksurteils, Berlin / New York 1990 (= Quellen und Studien zur Philosophie, Bd. 26).

FRITSCHE, JOHANNES, Art. Religiosität, HWPh 8 (1992), 774-780.

FRÜHWALD, WOLFGANG, Die Auseinandersetzung um Schillers Gedicht »Die Götter Griechenlands«. In: Jahrbuch der deutschen Schillergesellschaft 13 (1969), 251-271.

FUHRMANN, MANFRED, Nachwort. In: Ders. (Übers. und Hg.), Aristoteles: De arte poetica <dt.> Poetik, Stuttgart 1994 (= Universal-Bibliothek, Bd. 7828), 144-178.

GAIER, ULRICH, Formen und Gebrauch neuer Mythologie bei Herder. In: Herder-Jahrbuch 5 (2000), 111-133.

—: Krumme Regel. Novalis' Konstruktionslehre des schaffenden Geistes und ihre Tradition, Tübingen 1970 (= Untersuchungen zur deutschen Literaturgeschichte, Bd. 4).

GARDINER, JANET, Novalis, Das Gedicht. In: Jahrbuch des freien deutschen Hochstifts 1974, 209-234.

GARHAMMER, ERICH / SCHÖTTLER, HEINZ-GÜNTHER, Predigt als offenes Kunstwerk, München 1998.

GEROGIORGAKIS, STAMATIOS, Die Rolle des Schematismuskapitels in Kants Kritik der reinen Vernunft, Diss. München 1998.

GLENN, JOHN D., Kant's Theory of Symbolism. In: Andrew J. Reck (Hg.), Knowledge and Value. Essays in Honor of Harold N. Lee, The Hague 1972 (= Tulane Studies in philosophy, Bd. 21), 13-21.

GLOY, KAREN, Die drei Grundsätze aus Fichtes »Grundlage der gesamten Wissenschaftslehre« von 1794. In: Philosophisches Jahrbuch 91 (1984), 289-307.

GOCKEL, HEINZ, Mythos und Poesie. Zum Mythosbegriff in Aufklärung und Frühromantik, Frankfurt a. M. 1981 (= Das Abendland, NF, Bd. 12).

GOODMAN, NELSON, Sprachen der Kunst. Ein Ansatz zu einer Symboltheorie (1973), 2. Aufl., Frankfurt 1995.

GÖTZE, MARTIN, Ironie und absolute Darstellung. Philosophie und Poetik in der Frühromantik, Paderborn 2001.

GRÄB, WILHELM, Religion in vielen Sinnbildern. In: Dietrich Korsch / Enno Rudolph (Hg.), Die Prägnanz der Religion in der Kultur. Ernst Cassirer und die Theologie, Tübingen 2000 (= Religion und Aufklärung, Bd. 7), 229-248.

GRAF, FRITZ, Die Entstehung des Mythosbegriffs bei Christian Gottlob Heyne. In: Ders. (Hg.), Mythos in mythenloser Gesellschaft. Das Paradigma Roms, Stuttgart / Leipzig 1993 (= Colloquium Rauricum, Bd. 3), 284-294.

GROB, KARL, Ursprung und Utopie. Aporien des Textes. Versuche zu Herder und Novalis, Bonn 1976 (= Studien zur Germanistik, Anglistik und Komparatistik, Bd. 44).

GUNKEL, HERMANN, Genesis übersetzt und erklärt, 2., verbesserte Aufl., Göttingen 1902 (= HKAT I / 1).

HABERKORN, MICHAELA, Naturhistoriker und Zeitenseher. Geologie und Poesie um 1800: Der Kreis um Abraham Gottlob Werner (Goethe, A. v. Humboldt, Novalis, Steffens, G. H, Schubert), Frankfurt a. M. 2004 (= Regensburger Beiträge zur deutschen Sprach- und Literaturwissenschaft, Reihe B, Bd. 87).

HAERING, THEODOR, Novalis als Philosoph, Stuttgart 1954.

HAMMACHER, KLAUS, Hemsterhuis und seine Rezeption in der deutschen Philosophie und Literatur des ausgehenden achtzehnten Jahrhunderts. In: Marcel F. Fresco et al. (Hg.), Frans Hemsterhuis (1721-1790). Quellen, Philosophie und Rezeption, Münster 1995 (= Niederlande-Studien, Bd. 9), 405-432.

HANEWALD, CHRISTIAN, Apperzeption und Einbildungskraft. Die Auseinandersetzung mit der theoretischen Philosophie Kants in Fichtes früher Wissenschaftslehre, Berlin / New York 2001 (= Quellen und Studien zur Philosophie, Bd. 53).

HANNAH, RICHARD W., The Fichtean dymnamics of Novalis' poetics, Bern / Frankfurt a. M. 1981 (= Stanford German Studies, Bd. 17).

HANSEN, ERK F., Wissenschaftswahrnehmung und -umsetzung im Kontext der deutschen Frühromantik. Zeitgenössische Naturwissenschaft und Philosophie im Werk Friedrich von Hardenbergs (Novalis), Frankfurt a.m. / Berlin 1992 (= Europäische Hochschulschriften, Reihe I, Bd. 1350).

HÄRLE, WILFRIED, Dogmatik, 2. Aufl., Berlin / New York 2000.

HARNACK, ADOLF VON, Das Wesen des Christentums. Sechzehn Vorlesungen vor Studierenden aller Fakultäten im Wintersemester 1899 / 1900 an der Universität Berlin gehalten, hg. von Claus-Dieter Osthövener, Tübingen 2005.

HARTLICH, CHRISTIAN / SACHS, WALTER, Der Ursprung des Mythosbegriffs in der modernen Bibelwissenschaft, Tübingen 1952 (= Schriften der Studiengemeinschaften der Evangelischen Akademien, Bd. 2).

HARTMANN, NICOLAI, Die Philosophie des deutschen Idealismus. Dritte, unveränderte Aufl., Berlin / New York 1974.

HASLINGER, JOSEF, Die Ästhetik des Novalis, Bonn 1981 (= Literatur in der Geschichte, Geschichte in der Literatur, Bd. 5).

HAYM, RUDOLF, Die romantische Schule (1870). Ein Beitrag zur Geschichte des deutschen Geistes. 3. Aufl., Berlin 1914.

HEGENER, JOHANNES, Die Poetisierung der Wissenschaften bei Novalis, dargestellt am Prozeß der Entwicklung von Welt und Menschheit. Studien zum Problem enzyklopädischen Welterfahrens, Bonn 1975 (= Abhandlungen zur Kunst-, Musik- und Literaturwissenschaft, Bd. 170).

HEIDEGGER, MARTIN, Kant und das Problem der Metaphysik (1929), Frankfurt 1991 (= Heidegger Gesamtausgabe, Bd. I / 3).

HELFER, MARTHA, The retreat of representation: the concept of Darstellung in German critical discourse, New York 1996 (= SUNY Series intersections: philosophy and critical theory).

HENRICH, DIETER, Die Beweisstruktur von Kants transzendentaler Deduktion. In: Gerold

Prauss (Hg.), Kant. Zur Deutung seiner Theorie von Erkennen und Handeln, Köln 1973 (= Neue wissenschaftliche Bibliothek, Bd. 63: Philosophie), 90-104.

–: Fichtes ursprüngliche Einsicht, Frankfurt a.M. 1967 (Ausg. 1966) (= Wissenschaft und Gegenwart, Heft 34).

–: Der Grund im Bewußtsein. Untersuchung zu Hölderlins Denken (1794-1795), Stuttgart 1992.

–: Konstellationen. Probleme und Debatten am Ursprung der idealistischen Philosophie (1789-1795), Stuttgart 1991.

–: Über die Einheit der Subjektivität. In: Philosophische Rundschau Bd. 3 (1955), 28-69.

HERRMANN, WILHELM, Der Verkehr des Christen mit Gott im Anschluss an Luther dargestellt, Stuttgart / Berlin [5/6]1908.

HESELHAUS, CLEMENS, Die Wilhelm-Meister-Kritik der Romantiker und die romantische Romantheorie. In: Hans Robert Jauß (Hg.), Nachahmung und Illusion. Kolloquium Gießen 1963. Vorlagen und Verhandlungen, 2. Aufl., München 1969 (= Poetik und Hermeneutik, Bd. 1).

HEUSDEN, BAREND VAN, Cassirers Ariadnefaden – Anthropologie und Semiotik. In: Hans Jörg Sandkühler / Detlev Pätzold (Hg.); Kultur und Symbol. Ein Handbuch zur Philosophie Ernst Cassirers, Stuttgart 2003, 111-147.

HEUSSI, KARL, Kompendium der Kirchengeschichte, 12. Aufl., Tübingen 1960.

HILTSCHER, REINHARD, Der dritte Grundsatz in Fichtes Wissenschaftslehre von 1974 / 95. In: Wiener Jahrbuch für Philosophie 25 (1993), 45-68.

–: Wahrheit und Reflexion. Eine transzendentalphilosophische Studie zum Wahrheitsbegriff bei Kant, dem frühen Fichte und Hegel, Bonn 1998 (= Abhandlungen zur Philosophie, Psychologie und Pädagogik, Bd. 251).

HIRSCH, EMANUEL, Fichtes Religionsphilosophie im Rahmen der philosophischen Gesamtentwicklung Fichtes, Göttingen 1914.

–: Geschichte der neuern evangelischen Theologie im Zusammenhang mit den allgemeinen Bewegungen des europäischen Denkens, 5 Bde., 3. Auflage Gütersloh 1964. (Nachdrucke Münster 1984, Waltrop 2000).

–: Schleiermachers Christusglaube. Drei Studien, Gütersloh 1968.

HÖHLE, THOMAS, Friedrich Schlegels Auseinandersetzung mit Lessing. Zum Problem des Verhältnisses zwischen Romantik und Aufklärung. In: Weimarer Beiträge. Zeitschrift für Literaturwissenschaft, Ästhetik und Kulturtheorie, Bd. 23, Heft 2 (1977), 121-135.

HOHNER, ULRICH, Zur Problematik der Naturnachahmung in der Ästhetik des 18. Jahrhunderts, Erlangen 1976 (= Erlanger Studien, Bd. 12).

HOLY, JIRI, Zum Begriff der Einbildungskraft bei Novalis. In: Germanistica Pragensia 9 (1984), 49-58.

HORSTMANN, AXEL, Mythologie und Altertumswissenschaft. Der Mythosbegriff bei Christian Gottlob Heyne. In: Archiv für Begriffsgeschichte 16 (1972), 60-85.

HUBIG, CHRISTOPH, Die Zeichentheorie Johann Heinrich Lamberts. Semiotik als philosophische Propädeutik. In: Zeitschrift für Semiotik 1 (1979), 333-344.

HÜHN, LORE, Das Schweben der Einbildungskraft. Eine frühromantische Metapher in Rücksicht auf Fichte. In: Fichte-Studien 12 (1997), 127-151.

IBER, CHRISTIAN, Frühromantische Subjektkritik. In: Fichte-Studien 12 (1997), 111-126.

ISER, WOLFGANG, Fingieren als anthropologische Dimension der Literatur, Konstanz 1990 (= Konstanzer Universitätsreden, Bd. 175).

JACOBS, WILHELM G., Anhaltspunkte zur Vorgeschichte von Schellings Philosophie. In: Hans Michael Baumgartner, Schelling. Einführung in seine Philosophie, München / Freiburg 1975 (= Kolleg Philosophie), 27-44.

JANKE, WOLFGANG, Enttönter Gesang – Sprache und Wahrheit in den »Fichte-Studien« des

Novalis. In: K. Hammacher / A. Mues, Erneuerung der Transzendentalphilosophie im Anschluß an Kant und Fichte. Reinhard Lauth zum 60. Geburtstag, Stuttgart 1979, 168-203.

–: Fichte. Sein und Reflexion – Grundlagen der kritischen Vernunft, Berlin 1970.

–: Vom Bilde des Absoluten, Berlin / New York 1993.

JANZ, ROLF-PETER, Autonomie und soziale Funktion der Kunst. Studien zur Ästhetik von Schiller und Novalis, Stuttgart 1973.

JETTER, WERNER, Symbol und Ritual. Anthropologische Elemente im Gottesdienst (1978), 2. Aufl., Göttingen 1979.

JUCHEM, JOHANN G., Cognitio symbolica. Die Last der Kreativität. In: Peter Schmitter / H. Walter Schmitz (Hg.), Innovationen in Zeichentheorien. Kultur- und wissenschaftsgeschichtliche Studien zur Kreativität, Münster 1989 (= Materialien zur Geschichte der Sprachwissenschaft und Semiotik, Bd. 4), 175-198.

JÜNGEL, EBERHARD, Gott als Geheimnis der Welt. Zur Begründung der Theologie des Gekreuzigten im Streit zwischen Theismus und Atheismus, 2., durchges. Aufl., Tübingen 1977.

KABITZ, WILLY, Studien zur Entwicklungsgeschichte der Fichteschen Wissenschaftslehre aus der Kantischen Philosophie. Mit bisher ungedruckten Stücken aus Fichtes Nachlaß (1902). 2. Aufl., Darmstadt 1968 (= Libelli, Bd. 172).

KÄHLER, MARTIN, Der sogenannte historische Jesus und der geschichtliche, biblische Christus (1892), hg. von Ernst Wolf, München 1953.

KAISER, GERHARD, Klopstock. Religion und Dichtung, 2., durchgesehene Aufl., Königstein 1975 (= Monographien Literaturwissenschaft).

KANG, YOUNG AHN, Schema and Symbol. A study in Kant's Doctrine of Schematism, Amsterdam 1985.

KASPEROWSKI, IRA, Mittelalterrezeption im Werk des Novalis, Tübingen 1994 (= Hermaea, NF, Bd. 74).

KARDAUN, MARIA, Der Mimesisbegriff in der griechischen Antike. Neubetrachtungen eines umstrittenen Begriffes als Ansatz zu einer neuen Interpretation der platonischen Kunstauffassung, Amsterdam 1993 (= Verhandelingen / Koninklije Nederlandse Akademie van Wetenschappen, Afdeling Letterkunde; N.R.; Bd. 153).

KEINER, ASTRID, Hieroglyphenromantik. Zur Genese und Destruktion eines Bilderschriftmodells und zu seiner Überforderung in Friedrich Schlegels Spätphilosophie, Würzburg 2003 (= Epistemata Reihe Literaturwissenschaft, Bd. 459).

KELEMEN, JÁNOS, Kant's Semiotics: On His 200-Year-Old Critique of Judgement. In: Thomas A. Sebeok / Jean Umiker-Sebeok (Hg.), Recent Developments in Theory and History. The Semiotic Web 1990, Berlin / New York 1991 (= The semiotic web, Approaches to semiotics, Bd. 100), 201-217.

KEMPER, HANS-GEORG, Gottebenbildlichkeit und Naturnachahmung im Säkularisierungsprozeß. Problemgeschichtliche Studien zur deutschen Lyrik in Barock und Aufklärung, 2 Bde., Tübingen 1981 (= Studien zur deutschen Literatur, Bd. 64).

KIM, CHUNGJOO, Die Lehre von den transzendentalen Schemata in Kants »Kritik der reinen Vernunft«. Zeitbestimmungen, Schemata und deren Verwendung in den Verstandesgrundsätzen, Diss. Köln 1997.

KITTLER, FRIEDRICH A., Irrwege des Eros und die »absolute Familie«. Psychoanalytischer und diskursanalytischer Kommentar zu Klingsohrs Märchen in Novalis' »Heinrich von Ofterdingen«. In: Bernd Urban / Winfried Kudzus, Psychoanalytische und psychopathologische Literaturinterpretation, Darmstadt 1981 (= Ars Interpretandi, Bd. 10), 421-470.

KLEMMT, ALFRED, Karl Leonhard Reinholds Elementarphilosophie. Eine Studie über den Ursprung des spekulativen deutschen Idealismus, Hamburg 1958.

KLOTZ, CHRISTIAN, Reines Selbstbewußtsein und Reflexion in Fichtes Grundlegung der Wissenschaftslehre (1794-1800). In: Fichte-Studien Bd. 7, hg. von K. Hammacher, R. Schottky und W.H. Schrader, Amsterdam 1995, 27-48.

KNELLER, JANE, Introduction. In: Novalis: Fichte Studies, Cambridge 2003, (= Cambridge Texts in the History of Philosophy), ix-xxxiv.

KODALLE, K. M. / OHST, MARTIN (Hg.), Fichtes Entlassung. Der Atheismusstreit vor 200 Jahren, Würzburg 1999 (= Kritisches Jahrbuch der Philosophie, Bd. 4).

KOLLER, HERMANN, Mimesis in der Antike. Nachahmung, Darstellung, Ausdruck, Bern 1954 (= Dissertationes Bernenses, Bd. I,5).

KOMMERELL, MAX, Novalis: »Hymnen an die Nacht« (1942). In: Gerhard Schulz (Hg.), Novalis. Beiträge zu Werk und Persönlichkeit Friedrich von Hardenbergs, 2. Aufl., Darmstadt 1986 (= Wege der Forschung, Bd. 248).

KONG, BYUNG-HYE, Die ästhetische Idee in der Philosophie Kants. Ihre systematische Stellung und Herkunft, Frankfurt 1999 (= Europäische Hochschulschriften Reihe XX, Bd. 482).

KORSCH, DIETRICH / RUDOLPH, ENNO (Hg.), Die Prägnanz der Religion in der Kultur. Ernst Cassirer und die Theologie, Tübingen 2000 (= Religion und Aufklärung, Bd. 7).

KRINGS, HERMANN, Natur als Subjekt. Ein Grundzug der spekulativen Physik Schellings. In: Reinhard Heckmann et al. (Hg.), Natur und Subjektivität. Zur Auseinandersetzung mit der Naturphilosophie des jungen Schelling, Stuttgart 1985 (= problemata, Bd. 106), 111-128.

KROIS, JOHN M., Cassirers semiotische Theorie. In: Klaus Oehler (Hg.), Zeichen und Realität, Bd. 1, Tübingen 1984.

KRONER, RICHARD, Von Kant bis Hegel, Bd. 1 (1921), 3. Aufl. Tübingen 1977.

KUBIK, ANDREAS, Das Christentum des Novalis und seine Stellung in der neueren Theologiegeschichte. Ein Hinweis für künftige Untersuchungen. In: Rolf Ahlers (Hg.), System and Context / System und Kontext. Early Romantic and Early Idealistic Constellations, New York 2004 (= New Athenaeum, Vol. 7), 419-438.

—: Praktisches Christentum. Vesuch über das theologische Interesse der Neologie (Spalding, Jerusalem, Toellner). In: Arnulf v. Scheliha et al. (Hg.); Protestantismus zwischen Aufklärung und Moderne (= FS Ulrich Barth), Frankfurt a. M. 2005, 30-41.

KULENKAMPFF, JENS, Kants Logik des ästhetischen Urteils (1978), 2. Aufl., Frankfurt 1994 (= Philosophische Abhandlungen, Bd. 61).

KÜNG, HANS, Religion im Spiegel romantischer Poesie. In: Ders. / Walter Jens, Dichtung und Religion: Pascal, Gryphius, Lessing, Hölderlin, Novalis, Kierkegaard, Dostojewski, Kafka, München 1985, 164-182.

KÜNNE, WOLFGANG, Prinzipien der wohlwollenden Interpretation. In: Intentionalität und Verstehen, Frankfurt a. M. 1990, 212-236.

KURZ, GERHARD, *Hysteron Proteron*: Inverse Figuren in Hamanns Hermeneutik und darüber hinaus. In: Colloquium Helveticum 29 (1999): ORDO INVERSUS, hg. von Josephine Kenworthy, 67-76.

KURZKE, HERMANN, Romantik und Konservativismus. Das »politische« Werk Friedrich von Hardenbergs (Novalis) im Horizont seiner Wirkungsgeschichte, München 1983 (= Schriften zur Deutschen und Allgemeinen und Vergleichenden Literaturwissenschaft, Bd. 5).

KUTSCHERA, FRANZ V., Ästhetik, 2. Aufl., Berlin / New York 1998.

LANGEN, AUGUST, Der Wortschatz des deutschen Pietismus, Tübingen 1954.

LANGER, SUSANNE, Philosophie auf neuen Wegen. Das Symbol im Denken, im Ritus und in der Kunst (1942). Aus dem Amerikanischen übersetzt von Ada Löwith, Frankfurt a. M. 1965.

LAUTH, REINHARD (Hg.), Philosophie aus einem Prinzip. Karl Leonhard Reinhold. Sieben Beiträge nebst einem Briefekatalog seines 150. Todestages, Bonn 1974 (= Conscientia. Studien zur Bewußtseinsphilosophie, Bd. 6).

–: Die transzendentale Naturlehre Fichtes nach den Prinzipien der Wissenschaftslehre, Hamburg 1984 (= Schriften zur Transzendentalphilosophie, Bd. 6).

LAYER, GERTRUD, Madonnenkult und Madonnenideal in der Romantik, Diss. masch., Tübingen 1925.

LAZZARI, ALESSANDRO, »Das Eine, was der Menschheit Noth ist«. Einheit und Freiheit in der Philososophie Karl Leornhard Reinholds (1789-1792), Stuttgart 2004 (= Spekulation und Erfahrung, Bd. II / 49).

LEVENTHAL, ROBERT S., Semiotic Interpretation. In: Deutsche Vierteljahrsschrift für Literaturwissenschaft und Geistesgeschichte 60 (1986), 223-248.

LINDEMANN, KLAUS, Geistlicher Stand und religiöses Mittlertum. Ein Beitrag zur Religionsauffassung der Frühromantik in Dichtung und Philosophie, Frankfurt a. M. 1971 (= Gegenwart der Dichtung, Bd. 5).

LOHEIDE, BERNWARD, Fichte und Novalis. Transzendentalphilosophisches Denken im romantisierenden Diskurs, Amsterdam 2000 (= Fichte-Studien Supplementa, Bd. 13).

LORENZ, KUNO / GERHARDUS, DIETFRIED / PHILIPPI, BERND, Art. Zeichen. In: Enzyklopädie Philosophie und Wissenschaftstheorie Bd. 4 (1996), 823-827.

LOVEJOY, ALEXANDER O., On the Meaning of ›Romantic‹ in Early German Romanticism. In: Modern Language Notes 31 (1916), 385-396; 32 (1917), 65-77.

MÄHL, HANS-JOACHIM, Die Idee des goldenen Zeitalters im Werk des Novalis. Studien zur Wesensbestimmung der frühromantischen Utopie und zu ihren ideengeschichtlichen Voraussetzungen (1965), 2. Aufl., Tübingen 1994.

–: Novalis und Plotin. Untersuchungen zu einer neuen Edition und Interpretation des ›Allgemeinen Brouillons‹. In: Jahrbuch des freien deutschen Hochstifts 1963, 139-250.

MAHONEY, DENNIS F., Die Poetisierung der Natur bei Novalis. Beweggründe, Gestaltung, Folgen, Bonn 1980 (= Abhandlungen zur Kunst-, Musik-, und Literaturwissenschaft, Bd. 286).

MAJETSCHAK, STEFAN, »Iconic Turn«. Kritische Revisionen und einige Thesen zum gegenwärtigen Stand der Bildtheorie. In: Philosophische Rundschau 49 (2002), 44-64.

MALSCH, SARA ANN, The image of Martin Luther in the Writings of Novalis and Friedrich Schlegel. The Speculative Vision of History and Religion, Frankfurt a. M. 1974.

MALSCH, WILFRIED, »Europa«, poetische Rede des Novalis. Deutung der französischen Revolution und Reflexion auf die Poesie in der Geschichte, Stuttgart 1965.

MATHY, DIETER, Zur frühromantischen Selbstaufhebung des Erhabenen im Schönen. In: Christine Pries (Hg.), Das Erhabene: zwischen Grenzerfahrung und Größenwahn, Weinheim 1989, 143-160.

MATUSCHEK, STEFAN, »Doch Homeride zu sein, auch nur als letzter, ist schön.« Zur Bedeutung der Mythologie bei Friedrich Schlegel. In: Deutsche Vierteljahrsschrift für Literaturwissenschaft und Geistesgeschichte 72 (1998), 115-125.

–: Literarische Spieltheorie: von Petrarca bis zu den Brüdern Schlegel, Heidelberg 1998 (= Jenaer germanistische Forschungen; NF, Bd. 2).

MAKREEL, RUDOLF, Einbildungskraft und Interpretation. Die hermeneutische Tragweite von Kants *Kritik der Urteilskraft* (1990). Aus dem Amerikanischen übersetzt von Ernst Michael Lange, Paderborn 1997.

MEHLHORN, P., Art. Zollikofer, Joachim Georg. In: RE, 3. Aufl., Bd. 21 (1913), 711-715.

MENNEMEIER, FRANZ NORBERT, Fragment und Ironie beim jungen Friedrich Schlegel. Versuch der Konstruktion einer nicht geschriebenen Theorie. In: Poetica. Zeitschrift für Sprach- und Literaturwissenschaft, Bd. 2, Heft 3 (1968), 348-370.

–: Unendliche Fortschreibung und absolutes Gesetz. Das Schöne und das Häßliche in der Kunstauffassung des jungen F. Schlegel. In: Helmut Schanze (Hg.), Friedrich Schlegel und die Kunsttheorie seiner Zeit, Darmstadt 1985, 342-369 (= Wege der Forschung, Bd. 609).

MENNINGHAUS, WINFRIED, Die frühromantische Theorie von Zeichen und Metapher. In: The Germany Quarterly Bd. 62, Heft 1 (1989), 48-58.

–: Unendliche Verdopplung. Die frühromantische Grundlegung der Kunsttheorie im Begriff absoluter Selbstreflexion, Frankfurt a. M. 1987.

MERSCH, DIETER, Vorwort. In: Ders. (Hg.), Zeichen über Zeichen. Texte zur Semiotik von Charles Sanders Peirce bis zu Umberto Eco und Jacques Derrida, München 1998, 7-36 (= dtv, Bd. 30653).

METZ, RUDOLF, Johann Heinrich Lambert als deutscher Philosoph. In: Friedrich Löwenhaupt (Hg.), Johann Heinrich Lambert. Leistung und Leben, Mulhouse (Mülhausen) 1943.

METZ, WILHELM, Kategoriendeduktion und Einbildungskraft in der theoretischen Philosophie Kants und Fichtes, Stuttgart 1991 (= Spekulation und Erfahrung. Texte und Untersuchungen zum Deutschen Idealismus, Bd. II / 21).

MEYER, E.R., Schleiermachers und C.G. von Brinckmanns Gang durch die Brüdergemeine, Leipzig 1905.

MEYER-BLANCK, MICHAEL, Ernst Cassirers Symbolbegriff – zeichentheoretisch gegengelesen. In: Enno Rudolph / Dietrich Korsch, Die Prägnanz der Religion in der Kultur, Tübingen 2000 (= Religion und Aufklärung, Bd. 7), 91-99.

–: Vom Symbol zum Zeichen. Symboldidaktik und Semiotik, Hannover 1995 (= Vorlage NF, Bd. 25).

MILZ, BERNHARD, Der gesuchte Widerstreit. Die Antinomie in Kants *Kritik der praktischen Vernunft*, Berlin / New York 2002 (= Kantstudien Ergänzungshefte, Bd. 139).

MINNIGERODE, IRMTRUD VON, Die Christusanschauung von Novalis, Berlin 1941 (= Neue deutsche Forschungen, Bd. 284 / Abt. Religions- und Kirchengeschichte, Bd. 8).

MITTMANN, JÖRG-PETER, Das Prinzip Selbstgewißheit. Fichte und die Entwicklung der nachkantischen Grundsatzphilosophie, Bodenheim 1993 (= Athenäums Monographien: Philosophie, Bd. 270).

MOENKEMEYER, HEINZ, Francois Hemsterhuis. Admirers, Critics, Scholars. In: Deutsche Vierteljahrsschrift für Literaturwissenschaft und Geistesgeschichte, Bd. 51 (1977), 502-524.

MOHR, GEORG / WILLASCHEK, MARCUS (Hg.), Immanuel Kant: Kritik der reinen Vernunft, Berlin 1998 (= Klassiker Auslegen Bd. 17 / 18).

MOLNÁR, GEZA VON, Novalis' »Fichte Studies«. The Foundation of his Aesthetics, Den Haag 1970 (= Stanford Studies in Germanics and Slavics, Bd. 7).

MÖRCHEN, HERMANN, Die Einbildungskraft bei Kant (1930), 2., unveränderte Aufl., Tübingen 1970.

MORRIS, CHALES W., Grundlagen der Zeichentheorie (1938), Frankfurt 1988.

MOST, G. W., Art. Schöne (das) I. Antike, HWPh 8 (1992), 1343-1351.

MOXTER, MICHAEL, Kultur als Lebenswelt. Studien zum Problem einer Kulturtheologie, Tübingen 2000 (= Hermeneutische Untersuchungen zur Theologie, Bd. 38).

MUEHLECK-MÜLLER, CATHLEEN, Schönheit und Freiheit. Die Vollendung der Moderne in der Kunst: Schiller – Kant, Würzburg 1989 (= epistemata, Bd. 36).

MÜLLER, ERNST, Art. Mythos / mythisch / Mythologie. In: Ästhetische Grundbegriffe, Bd. 4 (2002), 309-346.

MÜLLER-DYES, KLAUS, Gattungsfragen. In: Heinz Ludwig Arnold / Heinrich Detering (Hg.), Grundzüge der Literaturwissenschaft, 4. Aufl., München 2001 (= dtv, Bd. 30171), 323-348.

MURRMANN-KAHL, MICHAEL, »Mysterium Trinitatis«? Fallstudien zur Trinitätslehre in der evangelischen Dogmatik des 20. Jahrhunderts, Berlin / New York 1997.

NEUBAUER, JOHN, Das Verständnis der Naturwissenschaften bei Novalis und Goethe. In: Herbert Uerlings (Hg.), Novalis und die Wissenschaften, Tübingen 1997 (= Schriften der Internationalen Novalis-Gesellschaft, Bd. 2), 49-63.

—: Symbolismus und symbolische Logik. Die Idee der Ars Combinatoria in der Entwicklung der modernen Dichtung, München 1978 (= Humanistische Bibliothek, Reihe I, Bd. 28).

NEUMANN, MICHAEL, Unterwegs zu den Inseln des Scheins. Kunstbegriff und literarische Form in der Romantik von Novalis bis Nietzsche, Frankfurt a. M. 1991 (= Das Abendland, NF, Bd. 19).

NOTTMEIER, CHRISTIAN, Adolf von Harnack und die deutsche Politik 1890–1930. Eine biographische Studie zum Verhältnis von Protestantismus, Wissenschaft und Politik, Tübingen 2004 (= Beiträge zur historischen Theologie, Bd. 124).

NOWAK, KURT, Schleiermacher. Leben, Werk, Wirkung, 2. Aufl., Göttingen 2002.

OBERGFELL, FRANK, Begriff und Gegenstand bei Kant. Eine phänomenologische Untersuchung zum Schematismus der empirischen und mathematischen Begriffe und der reinen Verstandesbegriffe in der »Kritik der reinen Vernunft«, Würzburg 1985 (= Epistemata Reihe Philosophie, Bd. 25).

O'BRIEN, WILLIAM ARCTANDER, Novalis. Signs of Revolution, Durham / London 1995 (= Post-Contemporary interventions).

OSINSKI, JUTTA, Katholizismus und deutsche Literatur im 19. Jahrhundert, Paderborn 1993.

OSTHÖVENER, CLAUS-DIETER, Erlösung. Transformationen einer Idee im 19. Jahrhundert, Tübingen 2004 (= Beiträge zur historischen Theologie, Bd. 128).

PAETZOLD, HEINZ, Die Realität der symbolischen Formen. Die Kulturphilosophie Ernst Cassirers im Kontext, Darmstadt 1994.

PANNENBERG, WOLFHART, Das Irreale des Glaubens. In: Dieter Henrich / Wolfgang Iser (Hg.), Funktionen des Fiktiven, München 1983 (= Poetik und Hermeneutik, Bd. X), 17-34.

—: Fichte und die Metaphysik des Unendlichen. In: ZPHF 46 (1992), 348-362.

PECINA, BJÖRN, Liebe des Seins, Diss. theol. Halle 2002, 379-392.

PEIRCE, CHARLES SANDERS, Phänomen und Logik der Zeichen (1903). Hg. und übersetzt von Helmut Pape, Frankfurt a. M. 1983 (= stw, Bd. 425).

PIEPER, ANNEMARIE, Kant und die Methode der Analogie. In: Gerhard Schönrich / Yasushi Kato (Hg.), Kant in der Diskussion der Moderne, Frankfurt a. M. 1996 (= stw, Bd. 1223), 92-112.

PIKULIK, LOTHAR, Frühromantik. Epoche – Werk – Wirkung, München 1992 (= Arbeitsbücher zur Literaturwissenschaft).

PLUMPE, GERHARD, Ästhetische Kommunikation der Moderne, Bd. 1, Opladen 1993.

—: Epochen moderner Literatur, Opladen 199.

POCHAT, GÖTZ, Geschichte der Ästhetik und Kunsttheorie von der Antike bis zum 19. Jahrhundert, Köln 1986.

POLLOK, KONSTANTIN, Kants »Metaphysische Anfangsgründe der Naturwissenschaft«. Ein kritischer Kommentar, Hamburg 2001 (= Kant-Forschungen, Bd. 13).

POTEPA, MACIEJ, Subjekt, Sprache und Verstehen bei Novalis, Schleiermacher und Friedrich Schlegel. In: Marek J. Siemek (Hg.), Natur, Kunst, Freiheit. Deutsche Klassik und Romantik aus gegenwärtiger Sicht, Amsterdam / Atlanta 1998 (= Fichte-Studien Supplementa, Bd. 10), 73-91.

POTHAST, ULRICH, Über einige Fragen, Frankfurt a.M. 1971 (= Philosophische Abhandlungen, Bd. 36).

POZZO, RICARDO, Georg Friedrich Meiers »Vernunftlehre«. Eine historisch-systematische Untersuchung, Stuttgart 2000 (= FMDA, Bd. II / 15).

PREISENDANZ, WOLFGANG, Zur Poetik der deutschen Romantik I: Die Abkehr vom Grundsatz der Naturnachahmung. In: Hans Steffen (Hg.)., Die deutsche Romantik. Poetik, Formen und Motive, Göttingen 1967, 54-74.

PREUL, REINER, Reflexion und Gefühl. Die Theologie Fichtes in seiner vorkantischen Zeit, Berlin 1969 (= TBT, Bd. 18).

RADERMACHER, HANS, Fichtes Begriff des Absoluten, Frankfurt a.M. 1970 (= Philosophische Abhandlungen, Bd. 34).

RANKE, LEOPOLD VON, Denkwürdigkeiten des Staatskanzlers Fürsten von Hardenbergs bis zum Jahre 1806, Bd. I, Leipzig 1877.

RECKI, BIRGIT, Kultur als Praxis. Eine Einführung in Ernst Cassirers Theorie der symbolischen Formen, Berlin 2004 (= DZfPh, Sonderbd. 6).

RICHTER, CORNELIA, Die Religion in der Sprache der Kultur: Schleiermacher und Cassirer. Kulturphilosophische Symmetrien und Divergenzen, Tübingen 2004 (= Religion in philosophy and theology, Bd. 7).

ROTHE, RICHARD, Novalis als religiöser Dichter. In: Ders., Gesammelte Vorträge und Abhandlungen, Elberfeld 1886, 64–82.

ROSALES, ALBERTO, Sein und Subjektivität bei Kant. Zum subjektiven Ursprung der Kategorien, Berlin / New York 2000 (= Kantstudien Ergänzungshefte, Bd. 135).

RUDER, KLAUS, Zur Symboltheorie des Novalis, Marburg 1974 (= Marburger Beiträge zur Germanistik, Bd. 44).

RUDOLPH, ENNO, Ernst Cassirer im Kontext. Kulturphilosophie zwischen Metaphysik und Historismus, Tübingen 2003.

RUDOLPHI, MICHAEL, Produktion und Konstruktion. Zur Genese der Naturphilosophie in Schellings Frühwerk, Stuttgart 2001 (= Schellingiana, Bd. 7).

RÜHLE-GERSTEL, ALICE, Friedrich Schlegel und Chamfort. In: Euphorion. Zeitschrift für Literaturgeschichte, Bd. 24 (1922; Reprint Liechtenstein 1967), 809–860.

RÜHLING, FRANK, Die Deduktion der Philosophie nach Fichte und Friedrich von Hardenberg. In: Fichte-Studien Bd. 12 (1997), 91–110.

–: Friedrich von Hardenbergs Auseinandersetzung mit der kritischen Transzendentalphilosophie. Aspekte eines Realitätsbegriffs in den »Fichte-Studien«, Diss. Jena 1995.

RUSTERHOLZ, PETER, Semiotik und Hermeneutik. In: Ulrich Nassen (Hg.), Texthermeneutik. Aktualität, Geschichte, Kritik, Paderborn / München / Wien / Zürich 1979 (= utb, Bd. 961), 37–57.

RYUE, HISANG, Über Fichtes ersten Grundatz: »Ich bin«. Kommentar zu dem § 1 der Grundlage der gesamten Wissenschaftslehre (1794 / 95), München 1999 (= Philosophie).

SALA, GIOVANNI B., Kants »Kritik der praktischen Vernunft«. Ein Kommentar, Darmstadt 2004.

SAMUEL, RICHARD, Die poetische Staats- und Geschichtsauffassung Friedrich von Hardenbergs (Novalis). Studien zur romantischen Geschichtsphilosophie, Frankfurt a. M. 1925 (= Deutsche Forschungen, Heft 12).

SANER, H., Art. Chiffre. In: HWPh 1 (1971), Sp. 1001.

SAVIGNY, EIKE VON, Art. Zeichen. In: Handbuch philosophischer Grundbegriffe, Bd. 6 (1974), 1787–1798.

SCHÄFER, DOROTHEE, Die Rolle der Einbildungskraft in Fichtes Wissenschaftslehre von 1794 / 95, Diss. Köln 1967.

SCHALK, FRITZ, Einleitung in die Encyklopädie der französischen Aufklärung, München 1936 (= Münchner romanistische Arbeiten, Bd. 6).

SCHANZE, HELMUT, Index zu Novalis' »Heinrich von Ofterdingen«, Frankfurt a. M. / Bonn 1968 (= Indices zur deutschen Literatur, Bd. 1).

–: Romantik und Aufklärung. Untersuchungen zu Friedrich Schlegel und Novalis. 2., erweiterte Aufl., Nürnberg 1976.

SCHEER, BRIGITTE, Zur Begründung von Kants Ästhetik und ihrem Korrektiv in der ästhetischen Idee, Frankfurt 1971 (= Philosophie als Beziehungswissenschaft, Bd. 11).

SCHENK, GÜNTER, Leben und Werk des halleschen Aufklärers Georg Friedrich Meier, Halle 1994 (= Reihe Hallesche Gelehrtenbiographien).

SCHENK, GÜNTER / GEHLHAR, FRITZ, Der Philosoph, Logiker, Mathematiker und Naturwissenschaftler Johann Heinrich Lambert. In: Wolfgang Förster (Hg.), Aufklärung in Berlin, Berlin (DDR) 1989, 130-164.

SCHENKER, MANFRED, Charles Batteux und seine Nachahmungstheorie in Deutschland, Leipzig 1909 (= Untersuchungen zur neueren Sprach- und Literatur-Geschichte, NF Bd. 2).

SCHIEWER, GESINE LENORE, Cognitio symbolica. Lamberts semiotische Wissenschaft und ihre Diskussion bei Herder, Jean Paul und Novalis, Tübingen 1996 (= Frühe Neuzeit, Bd. 22).

SCHLAICH, KLAUS, Kollegialismus. Die Kirche und ihr Recht im Zeitalter der Aufklärung, Diss. Tübingen 1967.

SCHLENSTEDT, DIETER, Art. Darstellung. In: Ästhetische Grundbegriffe. Historisches Wörterbuch in sieben Bänden, Band 1 (2000), 831-875.

SCHMAUS, MARION, Die poetische Konstruktion des Selbst. Grenzgänge zwischen Frühromantik und Moderne: Novalis, Bachmann, Christa Wolf, Foucault, Tübingen 2000 (Hermaea, NF Bd. 92).

SCHMITT, ARBOGAST, Mimesis bei Aristoteles und in den Poetikkommentaren der Renaissance. Zum Wandel des Gedankens von der Nachahmung der Natur in der frühen Neuzeit. In: Andreas Kablitz (Hg.), Mimesis und Simulation, Freiburg 1998 (= Rombach Wissenschaften Reihe Litterae, Bd. 52) 17-53.

SCHOLZ, OLIVER R., Art. Symbol. In: HWPh 10, Sp. 723-738.

–: Die allgemeine Hermeneutik bei Georg Friedrich Meier. In: Axel Bühler (Hg.), Unzeitgemäße Hermeneutik. Verstehen und Interpretation im Denken der Aufklärung, Frankfurt a. M. 1994, 158-191.

SCHÖNBORN, ALEXANDER VON, Karl Leonhard Reinhold. Eine annotierte Bibliographie, Stuttgart 1991,

SCHRÖDER, DIRK, Fragmentpoetologie im 18. Jahrhundert und bei Friedrich von Hardenberg. Untersuchungen zur vergleichenden Rekonstruktion der impliziten Poetologie von Aphorismus und Fragment im ausgehenden 18. Jahrhundert, Diss. Kiel 1976.

SCHULZ, GERHARD / NEWALD, RICHARD, Geschichte der deutschen Literatur von den Anfängen bis zur Gegenwart, Bd. 7: Schulz, Gerhard, Die deutsche Literatur zwischen Französischer Revolution und Restauration. Erster Teil: 1789-1806, 2. Aufl., München 2000.

–: Novalis. Beiträge zu Werk und Persönlichkeit Friedrich von Hardenbergs, 2., erw. Aufl., Darmstadt 1986 (= Wege der Forschung, Bd. 248).

–: Poesie als Poetik oder Poetik als Poesie? Zur späten Lyrik von Novalis. In: Herbert Uerlings (Hg.), Novalis. Poesie und Poetik, Tübingen 2004 (= Schriften der Internationalen Novalis-Gesellschaft, Bd. 4), 93-107.

–: »Potenzierte Poesie«. Zu Friedrich von Hardenbergs Gedicht »An Tieck«. In: Wulf Segebrecht (Hg.), Klassik und Romantik, Stuttgart 1984 (= Reclam Universalbibliothek, Bd. 7892), 243-255.

SEEL, GERHARD, Die Einleitung in die Analytik der Grundsätze, der Schematismus und die obersten Grundsätze. In: Georg Mohr / Marcus Willaschek (Hg.), Immanuel Kant, Kritik der reinen Vernunft, Berlin 1998 (= Klassiker Auslegen Bd. 17 / 18), 217-246.

SEIBERT, DORETTE, Glaube, Erfahrung und Gemeinschaft. Der junge Schleiermacher und Herrnhut, Göttingen 2003 (= Forschungen zur systematischen und ökumenischen Theologie, Bd. 102).

SEIDEL, MARGOT, Friedrich von Hardenberg (Novalis). Die unveröffentlichte religiöse Jugendlyrik. In: Jahrbuch des freien deutschen Hochstifts 1981, 261-337.

–: Novalis' *Geistliche Lieder*, Frankfurt a. M. 1983.

SEPASGOSARIAN, WILHELMINE MARIA, Der Tod als romantisierendes Prinzip des Lebens. Eine systematische Auseinandersetzung mit der Todesproblematik im Leben und Werk des Novalis (Friedrich von Hardenberg), Frankfurt 1991 (= Europäische Hochschulschriften, Bd. I / 1229).

SIEGWART, GEO, Einleitung. In: Ders. (Hg.), Johann Heinrich Lambert: Texte zur Systematologie und zur Theorie wissenschaftlichen Erkennens, Hamburg 1988 (= Philosophische Bibliothek, Bd. 406).

SILBER, JOHN R., The Importance of the Highest Good in Kant's Ethics. In: Ethics 73 (1963), 179-197.

SIMON, HEINRICH, Der magische Idealismus. Studien zur Philosophie des Novalis, Heidelberg 1906.

SIMON, JOSEF, Zeichenphilosophie und Transzendentalphilosophie. In: Ders. (Hg.), Zeichen und Interpretation (I), Frankfurt a. M. 1994 (= stw, Bd. 1158), 73-98.

SÖDER, KARL, Erkenntnistheoretische und methodologische Aspekte der Zeichentheorie Johann Heinrich Lamberts. In: Zeitschrift für Phonetik, Sprachwissenschaft und Kommunikationsforschung 35 (1982), 627-633.

SOLLER, ALOIS K., Trieb und Reflexion in Fichtes Jenaer Philosophie, Würzburg 1984 (= Epistemata Reihe Philosophie, Bd. 20).

SOMMER, WOLFGANG, Die Christologie des jungen Schleiermacher und ihre Beziehung zum Christusbild des Novalis, Frankfurt a. M. 1973.

SÖRENSEN, BENGT A., Symbol und Symbolismus in den ästhetischen Theorien des 18. Jahrhunderts und der deutschen Romantik, Kopenhagen 1963.

SPECHT, ERNST KONRAD, Der Analogiebegriff bei Kant und Hegel, Köln 1952 (= Kantstudien Ergänzungshefte, Bd. 66).

STANZEL, FRANZ K., Theorie des Erzählens, 4., durchges. Aufl., Göttingen 1989 (= utb, Bd. 904).

STARK, THOMAS, Symbol, Bedeutung, Transzendenz. Der Religionsbegriff in der Kulturphilosophie Ernst Cassirers, Würzburg 1997

STEGMAIER, WERNER, Kants Theorie der Naturwissenschaft. In: Philosophisches Jahrbuch 87 (1980), 363-377.

STEIGER, JOHANN ANSELM, Die Sehnsucht nach der Nacht. Frühromantik und christlicher Glaube bei Novalis (1772-1801), Heidelberg 2003.

STEIGER, KLAUS PETER, Die Geschichte der Shakespeare-Rezeption, Stuttgart / Berlin 1987, (= Sprache und Literatur, Bd. 123).

STEINLEIN, HERMANN, Luthers Anlage zur Bildhaftigkeit. In: Luther-Jahrbuch 22 (1940), 9-45.

STEINMEIER, ANNE M., Wiedergeboren zur Freiheit. Skizzen eines Dialogs zwischen Theologie und Psychoanalyse zur theologischen Begründung des seelsorgerlichen Gesprächs, Göttingen 1998 (= Arbeiten zur Pastoralpsychologie, Bd. 33).

STIERLE, KARLHEINZ, Art. Fiktion. In: Ästhetische Grundbegriffe 2 (2001), 380-428.

STOCKINGER, LUDWIG, Novalis und der Katholizismus. In: Herbert Uerlings (Hg.), »Blüthenstaub«. Rezeption und Wirkung des Werks von Novalis, Tübingen 2000 (= Schriften der Internationalen Novalis-Gesellschaft, Bd. 3), 99-124.

–: Religiöse Erfahrung zwischen christlicher Tradition und romantischer Dichtung bei Friedrich von Hardenberg (Novalis). In: Walter Haug / Dietmar Mieth (Hg.), Religiöse Erfahrung. Historische Modelle in christlicher Tradition, München 1992, 361-393.

STOLZENBERG, JÜRGEN, Fichtes Begriff der intellektuellen Anschauung. Die Entwicklung in den Wissenschaftslehren von 1793 / 94 bis 1801 / 02, Stuttgart 1986 (= Deutscher Idealismus, Bd. 10).

–: Fichtes Satz »Ich bin«. Argumentanalytische Überlegungen zu Paragraph 1 der *Grundlage der gesamten Wissenschaftslehre* von 1794 / 95. In: Fichte-Studien, Bd. 6 (1994), 1-34.

–: Das freie Spiel der Erkenntniskräfte. Zu Kants Theorie des Geschmacksurteils. In: Ursula Franke (Hg.), Kants Schlüssel zur Kritik des Geschmacks. Ästhetische Erfahrung heute – Studien zur Aktualität von Kants »Kritik der Urteilskraft«, Hamburg 2000 (= Sonderheft der Zeitschrift für Ästhetik und allgemeine Kunstwissenschaft), 1-28.

STRACK, FRIEDRICH, Novalis und Fichte. Zur bewußtseinstheoretischen und zur moralphilosophischen Rezeption Friedrich von Hardenbergs. In: Herbert Uerlings (Hg.), Novalis und die Wissenschaften, Tübingen 1997 (= Schriften der Internationalen Novalis-Gesellschaft, Bd. 2), 193-211.

—: Im Schatten der Neugier. Christliche Tradition und kritische Philosophie im Werk Friedrichs von Hardenberg, Tübingen 1982 (= Studien zur deutschen Literatur, Bd. 70).

STRIEDTER, JURIJ, Die Fragmente des Novalis als »Präfiguationen« seiner Dichtung (1953), München 1985.

STROHSCHNEIDER-KOHRS, INGRID, Die romantische Ironie in Theorie und Gestaltung, 2., erw. Aufl., Tübingen 1977 (= Hermaea, NF Bd. 6).

SUMMERER, STEFAN, Wirkliche Sittlichkeit und ästhetische Illusion. Die Fichterezeption in den Fragmenten und Aufzeichnungen Friedrich Schlegels und Hardenbergs, Bonn 1974 (= Abhandlungen zur Philosophie, Psychologie und Pädagogik, Bd. 78).

THEISSEN, GERD / MERZ, ANNETTE, Der historische Jesus. Ein Lehrbuch, Göttingen 1996.

THIERSTEIN, JOHANN R., Novalis und der Pietismus, Diss. Bern 1913.

TILLICH, PAUL, Recht und Bedeutung religiöser Symbole (1961). In: GW V, Stuttgart 1964, 237-244.

—: Systematische Theologie, Bd. 1, 2. Aufl., Stuttgart 1956.

TILLIETTE, XAVIER, Erste Fichte-Rezeption. Mit besonderer Berücksichtigung der intellektuellen Anschauung In: Klaus Hammacher (Hg.), Der transzendentale Gedanke. Die gegenwärtige Darstellung der Philosophie Fichtes, Hamburg 1981 (= Schriften zur Transzendentalphilosophie, Bd. 1), 532-543.

TIMM, HERMANN, Die heilige Revolution, Frankfurt a. M. 1978.

—: Gott und die Freiheit. Studien zur Religionsphilosophie der Goethezeit, Bd. 1, Frankfurt a. M. 1974 (= Studien zur Philosophie und Literatur des neunzehnten Jahrhunderts, Bd. 22).

TODOROV, TZVETAN, Symboltheorien (1977), Aus dem Französischen von Beat Gyger, Tübingen 1995 (= Konzepte der Sprach- und Literaturwissenschaft, Bd. 54).

TOMBERG, MARKUS, Studien zur Bedeutung des Symbolbegriffs. Platon, Aristoteles, Kant, Schelling, Cassirer, Mead, Ricoeur, Würzburg 2001 (= Epistemata Reihe Philosophie, Bd. 300).

TREBELS, ANDREAS, Einbildungskraft und Spiel. Untersuchungen zur Kantischen Ästhetik, Bonn 1967 (= Kantstudien Ergänzungshefte, Bd. 93).

TROELTSCH, ERNST, Die Selbständigkeit der Religion. In: ZThK 5 (1895), 361-436; 6 (1896), 71-110. 167-218.

TSCHIERSKE, ULRICH, Vernunftkritik und ästhetische Subjektivität. Studien zur Anthropologie Friedrich Schillers, Tübingen 1988 (= Studien zur deutschen Literatur, Bd. 97).

TUSCHLING, BURKHARD (Hg.), Probleme der »Kritik der reinen Vernunft«. Kant-Tagung in Marburg 1981, Berlin 1984.

UERLINGS, HERBERT, Friedrich von Hardenberg, genannt Novalis. Werk und Forschung, Stuttgart 1991.

—: Novalis (Friedrich von Hardenberg), Stuttgart 1998.

—: Spee – Schiller – Novalis. Frühromantische Religiosität in der Lyrik Friedrich von Hardenbergs. In: Eckhard Grunewald / Nikolaus Gussone (Hg.), Von Spee zu Eichendorff. Zur Wirkungsgeschichte eines rheinischen Barockdichters. Berlin 1991, 37-60.

ULLRICH, WOLFGANG, Art. Kunst / Künste / System der Künste. In: Ästhetische Grundbegriffe, Bd. 3 (2001), 556-616.

UNTERBURGER, KLAUS, Determinismuswiderlegung in der kritischen Philosophie Immanuel Kants und bei Johann Gottlieb Fichte in der Phase bis 1796, Neuried 1999.

VAIHINGER, HANS, Die Philosophie des Als ob. System der theoretischen, praktischen und religiösen Fiktionen der Menschheit auf Grund eines idealistischen Positivismus (1911), 3. Aufl., Leipzig 1918.

VETTER, MARTIN, Zeichen deuten auf Gott. Der zeichentheoretische Beitrag von Charles S. Peirce zur Theologie der Sakramente, Marburg, 1999 (= Marburger theologische Studien, Bd. 52).

VOERSTER, ERIKA, Märchen und Novellen im klassisch-romantischen Roman, Bonn 1964 (= Abhandlungen zur Kunst-, Musik- und Literaturwissenschaft, Bd. 23).

VOGL, THOMAS, Die Geburt der Humanität. Zur Kulturbedeutung der Religion bei Ernst Cassirer, Hamburg 1999 (= Cassirer-Forschungen, Bd. 4).

VÖLCKER, ALEXANDER, Art. Gesangbuch. In: TRE 12 (1984), 547-565.

VÖLKER, LUDWIG (Hg.), Lyriktheorie. Texte vom Barock bis zur Gegenwart, Stuttgart 1990.

VOLKMANN-SCHLUCK, KARL HEINZ. Novalis' magischer Idealismus. In: Hans Steffen (Hg.), Die deutsche Romantik. Poetik, Formen und Motive, Göttingen 1967, 45-53.

VONESSEN, RENATE, Der Symbolbegriff in der Romantik. In: Manfred Lurker (Hg.), Beiträge zu Symbol, Symbolbegriff und Symbolforschung, Baden-Baden 1982 (= Bibliographie zur Symbolik, Ikonographie und Mythologie, Erg.bd. 52), 189-198.

VORDTRIEDE, WERNER, Novalis und die französischen Symbolisten. Zur Entstehungsgeschichte des dichterischen Symbols, Stuttgart 1963 (= Sprache und Dichtung, Bd. 8).

WAGNER, FALK, Der Gedanke der Persönlichkeit Gottes bei Fichte und Hegel, Gütersloh 1971.

–: »Nämlich zu Haus ist der Geist nicht am Anfang«. Systematisch-theologische Erwägungen zum Synkretismus. In: NZsysTh 36 (1994), 237-267.

–: Zur gegenwärtigen Lage des Protestantismus, 2. Aufl., Gütersloh 1995.

WAIBEL, VIOLETTA L., Hölderlin und Fichte 1794-1800, Paderborn 2000.

–: »Innres, äußres Organ«. Das Problem der Gemeinschaft von Körper und Seele in den *Fichte-Studien* Friedrich von Hardenbergs. In: Athenäum. Jahrbuch für Frühromantik 10 (2000), 159-181.

–: »Systemize Systemlessness«. On the »Hiergloyphic Power« of Subjectivity in Friedrich von Hardenberg's *Fichte Studies*. In: Rolf Ahlers (Hg.), System and Context / System und Kontext. Early Romantic and Early Idealistic Constellations, New York 2004 (= New Athenaeum, Vol. 7), 375-418.

WANNING, BERBELI, Novalis zur Einführung, Hamburg 1996 (= Zur Einführung, Bd. 124).

–: Statt Nicht-Ich – Du! Die Umwendung der Fichteschen Wissenschaftslehre ins Dialogische durch Novalis (Friedrich von Hardenberg). In: Fichte-Studien 12 (1997), 153-168.

WASCHKE, ERNST-JOACHIM, Art. Messias II. Altes Testament. In: RGG 4. Aufl., Bd. 5 (2002), 1144-1146.

WIESE, BENNO V., Novalis und die romantischen Konvertiten. In: Betty Heimann u.a. (Hg.), Romantik-Forschungen, Halle 1929 (= DVjS Buchreihe, Bd. 16), 205-242.

WILDFEUER, ARMIN G., Praktische Vernunft und System. Entwicklungsgeschichtliche Untersuchungen zur ursprünglichen Kant-Rezeption Johann Gottlieb Fichtes, Stuttgart 1999 (= Spekulation und Erfahrung. Texte und Untersuchungen zum Deutschen Idealismus, Bd. II / 40).

WIMMER, REINER, Kants kritische Religionsphilosophie, Berlin / New York 1990 (= Kantstudien Ergänzungshefte, Bd. 124).

WOLF, ALFRED, Zur Entwicklungsgeschichte der Lyrik von Novalis. Ein stilkritischer Versuch, Uppsala 1928 (= Uppsala Universitets Arsskrift).

WOLTERS, GEREON, Basis und Deduktion. Studien zur Entstehung und Bedeutung der axiomatischen Methode bei J. H. Lambert (1728-1777), Berlin / New York 1980 (= Quellen und Studien zur Philosophie, Bd. 15).

WUNDT, MAX, Die deutsche Schulphilosophie im Zeitalter der Aufklärung, Tübingen 1945 (= Heidelberger Abhandlungen zur Philosophie und ihrer Geschichte, Bd. 32).

ZACHHUBER, JOHANNES, Art. Überschwang, HWPh 11 (2001), Sp. 56-58.

ZAHN, MANFRED, Zeichen, Idee und Erscheinung. Symbolkonzepte in der Philosophie des Deutschen Idealismus. In: Manfred Lurker (Hg.), Beiträge zu Symbol, Symbolbegriff und Symbolforschung, Baden-Baden 1982, 217-228 (= Bibliographie zur Symbolik, Ikonographie und Mythologie, Erg.bd. 1).

ZIEGLER, KLAUS, Die Religiosität des Novalis im Spiegel der »Hymnen an die Nacht«. In: Zeitschrift für deutsche Philologie, Bd. 70 (1947 / 49), 396-418; Bd. 71 (1951 / 52), 256-277.

Namenregister

Sachregister

– freier 85
– Gottes 350
– guter 73
Wissen, 90–94, 104f, 218f, 221, 223, 349
– absolutes 105
Wissenschaft, 3, 86f, 335
– positive 220
– Totalwissenschaft 222
Wissenschaftslehre, 200, 215, 303

Zeichen, 4f, 7, 12, 25–39, 42, 45–49, 51,
    53–55, 78, 145, 162, 181–184, 271, 378–
    383, 386–389
– Arbitrarität 32, 39

– Begriff 8f, 13, 23, 181, 378f, 382f
– figürliche 54
– natürliche 29f, 36, 39
– willkürliche 29f, 34, 379
Zeichentheorie, 13, 25, 27, 33, 41f, 378f,
    389
Zeit, 65, 111, 115, 127
Zeitdiagnose, 191f, 194, 317, 331f, 334
– religiöse 373
Zorn Gottes, 352
Zweck, 304
Zwei-Naturen-Lehre, 356
Zweite Naivität, 311, 407

Beiträge zur historischen Theologie

Herausgegeben von Albrecht Beutel

Alphabetische Übersicht

Gestrich, Christof: Neuzeitliches Denken und die Spaltung der dialektischen Theologie. 1977. *Band 52.*

Gräßer, Erich: Albert Schweitzer als Theologe. 1979. *Band 60.*

Graumann, Thomas: Die Kirche der Väter. 2002. *Band 118.*

Grosse, Sven: Heilsungewißheit und Scrupulositas im späten Mittelalter. 1994. *Band 85.*

Gülzow, Henneke: Cyprian und Novatian. 1975. *Band 48.*

Hamm, Berndt: Promissio, Pactum, Ordinatio. 1977. *Band 54.*

– Frömmigkeitstheologie am Anfang des 16. Jahrhunderts. 1982. *Band 65.*

Hammann, Konrad: Universitätsgottesdienst und Aufklärungspredigt. 2000. *Band 116.*

Hoffmann, Manfred: Erkenntnis und Verwirklichung der wahren Theologie nach Erasmus von Rotterdam. 1972. *Band 44.*

Holfelder, Hans H.: Solus Christus. 1981. *Band 63.*

Hübner, Jürgen: Die Theologie Johannes Keplers zwischen Orthodoxie und Naturwissenschaft. 1975. *Band 50.*

Hyperius, Andreas G.: Briefe 1530–1563. Hrsg., übers. und komment. von G. Krause. 1981. *Band 64.*

Jacobi, Thorsten: „Christen heißen Freie": Luthers Freiheitsaussagen in den Jahren 1515–1519. 1997. *Band 101.*

Jetter, Werner: Die Taufe beim jungen Luther. 1954. *Band 18.*

Jorgensen, Theodor H.: Das religionsphilosophische Offenbarungsverständnis des späteren Schleiermacher. 1977. *Band 53.*

Jung, Martin H.: Frömmigkeit und Theologie bei Philipp Melanchthon. 1998. *Band 102.*

Kasch, Wilhelm F.: Die Sozialphilosophie von Ernst Troeltsch. 1963. *Band 34.*

Kaufmann, Thomas: Die Abendmahlstheologie der Straßburger Reformatoren bis 1528. 1992. *Band 81.*

– Dreißigjähriger Krieg und Westfälischer Friede. 1998. *Band 104.*

– Das Ende der Reformation. 2003. *Band 123.*

Kleffmann, Tom: Die Erbsündenlehre in sprachtheologischem Horizont. 1994. *Band 86.*

Klein, Michael: Westdeutscher Protestantismus und politische Parteien. 2005. *Band 129.*

Koch, Dietrich-Alex: Die Schrift als Zeuge des Evangeliums. 1986. *Band 69.*

Koch, Gerhard: Die Auferstehung Jesu Christi. ²1965. *Band 27.*

Koch, Traugott: Johann Habermanns „Betbüchlein" im Zusammenhang seiner Theologie. 2001. *Band 117.*

Köpf, Ulrich: Die Anfänge der theologischen Wissenschaftstheorie im 13. Jahrhundert. 1974. *Band 49.*

– Religiöse Erfahrung in der Theologie Bernhards von Clairvaux. 1980. *Band 61.*

Korsch, Dietrich: Glaubensgewißheit und Selbstbewußtsein. 1989. *Band 76.*

Kraft, Heinrich: Kaiser Konstantins religiöse Entwicklung. 1955. *Band 20.*

Krause, Gerhard: Andreas Gerhard Hyperius. 1977. *Band 56.*

– Studien zu Luthers Auslegung der Kleinen Propheten. 1962. *Band 33.*

– siehe *Hyperius, Andreas G.*

Krauter-Dierolf, Heike: Die Eschatologie Philipp Jakob Speners. 2005. *Band 131.*

Krüger, Friedhelm: Humanistische Evangelienauslegung. 1986. *Band 68.*

Kubik, Andreas: Die Symboltheorie bei Novalis. 2006. *Band 135.*

Kuhn, Thomas K.: Der junge Alois Emanuel Biedermann. 1997. *Band 98.*

– Religion und neuzeitliche Gesellschaft. 2003. *Band 122.*

Lindemann, Andreas: Paulus im ältesten Christentum. 1979. *Band 58.*

Mädler, Inken: Kirche und bildende Kunst der Moderne. 1997. *Band 100.*

Markschies, Christoph: Ambrosius von Mailand und die Trinitätstheologie. 1995. *Band 90.*

Mauser, Ulrich: Gottesbild und Menschwerdung. 1971. *Band 43.*

Mostert, Walter: Menschwerdung. 1978. *Band 57.*

Nottmeier, Christian: Adolf von Harnak und die deutsche Politik 1890 bis 1930. 2004. *Band 124.*

Ohst, Martin: Schleiermacher und die Bekenntnisschriften. 1989. *Band 77.*

– Pflichtbeichte. 1995. *Band 89.*

Osborn, Eric F.: Justin Martyr. 1973. *Band 47.*

Osthövener, Claus-Dieter: Erlösung. 2004. *Band 128.*

Pfleiderer, Georg: Theologie als Wirklichkeitswissenschaft. 1992. *Band 82.*

– Karl Barths praktische Theologie. 2000. *Band 115.*

Raeder, Siegfried: Das Hebräische bei Luther, untersucht bis zum Ende der ersten Psalmenvorlesung. 1961. *Band 31.*

– Die Benutzung des masoretischen Textes bei Luther in der Zeit zwischen der ersten und zweiten Psalmenvorlesung (1515–1518). 1967. *Band 38.*

– Grammatica Theologica. 1977. *Band 51.*

Rieger, Reinhold: Contradictio. 2005. *Band 133.*

Sallmann, Martin: Zwischen Gott und Mensch. 1999. *Band 108.*

Schaede, Stephan: Stellvertretung. 2004. *Band 126.*

Schäfer, Rolf: Christologie und Sittlichkeit in Melanchthons frühen Loci. 1961. *Band 29.*

– Ritschl. 1968. *Band 41.*

Schröder, Markus: Die kritische Identität des neuzeitlichen Christentums. 1996. *Band 96.*

Schröder, Richard: Johann Gerhards lutherische Christologie und die aristotelische Metaphysik. 1983. *Band 67.*

Schwarz, Reinhard: Die apokalyptische Theologie Thomas Müntzers und der Taboriten. 1977. *Band 55.*

Sockness, Brent W.: Against False Apologetics: Wilhelm Herrmann and Ernst Troeltsch in Conflict. 1998. *Band 105.*

Spehr, Christopher: Aufklärung und Ökumene. 2005. *Band 132.*

Sträter, Udo: Sonthom, Bayly, Dyke und Hall. 1987. *Band 71.*

– Meditation und Kirchenreform in der lutherischen Kirche des 17. Jahrhunderts. 1995. *Band 91.*

Strom, Jonathan: Orthodoxy and Reform. 1999. *Band 111.*

Tietz-Steiding, Christiane: Bonhoeffers Kritik der verkrümmten Vernunft. 1999. *Band 112.*

Thumser, Wolfgang: Kirche im Sozialismus. 1996. *Band 95.*

Trelenberg, Jörg: Das Prinzip „Einheit" beim frühen Augustinus. 2004. *Band 125.*

Voigt, Christopher: Der englische Deismus in Deutschland. 2003. *Band 121.*

Wallmann, Johannes: Der Theologiebegriff bei Johann Gerhard und Georg Calixt. 1961. *Band 30.*

– Philipp Jakob Spener und die Anfänge des Pietismus. ²1986. *Band 42.*

Waubke, Hans-Günther: Die Pharisäer in der protestantischen Bibelwissenschaft des 19. Jahrhunderts. 1998. *Band 107.*

Weinhardt, Joachim: Wilhelm Hermanns Stellung in der Ritschlschen Schule. 1996.
   Band 97.
Werbeck, Wilfrid: Jakobus Perez von Valencia. 1959. *Band 28.*
Wittekind, Folkart: Geschichtliche Offenbarung und die Wahrheit des Glaubens. 2000.
   Band 113.
Ziebritzki, Henning: Heiliger Geist und Weltseele. 1994. *Band 84.*
Zschoch, Hellmut: Klosterreform und monastische Spiritualität im 15. Jahrhundert.
   1988. *Band 75.*
– Reformatorische Existenz und konfessionelle Identität. 1995. *Band 88.*
ZurMühlen, Karl H.: Nos extra nos. 1972. *Band 46.*
– Reformatorische Vernunftkritik und neuzeitliches Denken. 1980. *Band 59.*

Einen Gesamtkatalog schickt Ihnen gerne der Verlag
Mohr Siebeck · Postfach 2040 · D-72010 Tübingen.
Neueste Informationen im Internet unter www.mohr.de